中國歷代名著全譯叢書

# 国语全译

（修订版）

黄永堂　译注

贵州出版集团
贵州人民出版社

# 中国历代名著全译丛书

## 编 委 会

（以姓氏笔画为序）

王运熙　　余冠英　　张　克(常务)
罗尔纲　　程千帆　　缪　钺

# 再版说明

出版的境界是:为饥作浆,为旱作润,为冥作光,为往圣继绝学。《中国历代名著全译丛书》担当这一历史的重托,挟着春风走到了学人和国学爱好者的面前。

书似青山常乱叠,眼光如炬淘金来。《中国历代名著全译丛书》自上个世纪九十年代推出,即以权威、精到、普及的面貌风靡整个书界。本套丛书曾获中宣部精神文明建设五个一工程奖及中华人民共和国出版规划重点项目。但多年断档,令人怀恋。上个世纪九十年代的名著全译,多以三五本的规模推出,而今天的《中国历代名著全译丛书》,出手尽显大家气度,一次集中推出五十种,满足眼睛与心灵的饕餮。

中华民族有数千年的文明历史,产生了辉煌灿烂的古代文化。浩如烟海的历代名著,就是中国古代文化遗产的重要组成部分。这些文字不仅记录了中国古代各个方面的历史与人文,物质与精神,成为后来人的精神家园,而且对中华民族的成长提供了丰富的营养,对中华民族的形成和发展产生了巨大的凝聚力和感召力。

但古人留下的典籍,由于时代的变异,语言的古奥,当下人已难识其庐山真面目。且以往坊间的不少古籍今译的读物,大都难尽人意:

——选译本。如《国语选译》《诗经选译》等。了解中国古代文学批评史的人知道,"选"是一种评论的方式。鲁迅先生曾指出,如果对陶渊明只选"采菊东篱下,悠然见南山",而不选"刑天舞干戚,猛志固常在"这类"金刚怒目"式的作品,那就很难使读者对陶渊明的"全人"有完整的认识,若"再加抑扬",就"更离真实"了。所以说选译本的缺陷是显而易见的。

——白话本。如《白话史记》《白话搜神记》之类。这类今译本有的置原文于不顾,随意增删敷衍,从严格意义上已不是原书;有的译文尚称严谨,但无原文对照核查,欲引用古人文句还要另觅原书,难称人意。

——单译本。这类书最多,译文之外附有原文、注释,其中也不乏质量较高者。遗憾的是见木不见林,缺乏学术系统性,读者买到一本算一本,对中华民族传统文化的了解很难达到全面。

本丛书在策划之初就考虑到避免以上各种译本之不足,本着推陈出新、汇聚英华、弘扬传统、振兴华夏之宗旨,化艰深为浅显,融译注为一炉,俾使社会各界广大读者了解我国古代各名著之完整原貌,有利于当下人文精神建设,又利于中外文化之交流译介,乃延聘海内学界通人,精选史有定评之夏商迄晚清经史子集四部,以全注全译形式重新装帧、重新校勘整理出版。所选各书前言对该名著之时代、作者、内容、成就、文献版本皆有详赡说明,各篇各卷前有简明扼要的题解,原文选用业经整理的善本,注释采用学术界公认的成果,译文强调忠实原文、通达流畅。

书行天下,道亦随之,既有品味,又有普及,为大家营造出一片文化底蕴深厚、知识境界广博、思想空间深邃的精神沃土,是《中国历代名著全译丛书》的孜孜追求。此次修订是在前辈学人呕心沥血的基础上,重新进行认真的审读和勘校,是在"国学热"基础上的一次新的提升,在强调通俗性的同时,亦重视学术性与资料性。今日重现书界,必将旋起一种新的阅读风暴。

我们相信,这套丛书的问世,对传播中华民族优秀的传统文化,提升我们国家的软实力,形成当代的人文精神有着重要意义,在现代化人文化的进程中对开启今人智慧、滋养今人心灵都有着不可估量的意义。

经典不腐更不朽,它是源远流长的活水,天光云影,亘古永在。

贵州人民出版社<br>2008 年 9 月

# 目 录

前　言 ················································································ 1

卷一　周语上 ······································································ 1
  1. 祭公谏穆王征犬戎 ····················································· 1
  2. 密康公母论小丑备物终必亡 ········································ 6
  3. 邵公谏厉王弭谤 ························································ 8
  4. 芮良夫论荣夷公专制 ················································ 11
  5. 邵公以其子代宣王死 ················································ 13
  6. 虢文公谏宣王不籍千亩 ············································· 14
  7. 仲山父谏宣王立戏 ··················································· 20
  8. 穆仲论鲁侯孝 ·························································· 21
  9. 仲山父谏宣王料民 ··················································· 22
  10. 西周三川皆震伯阳父论周将亡 ································· 25
  11. 郑厉公与虢叔杀子颓纳惠王 ···································· 26
  12. 内史过论神 ··························································· 28
  13. 内史过论晋惠公必无后 ··········································· 32
  14. 内史兴论晋文公必霸 ·············································· 38

**卷二 周语中** ......................................................... 42
  1. 富辰谏襄王以狄伐郑及以狄女为后 ................ 42
  2. 襄王拒晋文公请隧 ........................................ 48
  3. 阳人不服晋侯 ............................................... 52
  4. 襄王拒杀卫成公 ........................................... 54
  5. 王孙满观秦师 ............................................... 55
  6. 定王论不用全烝之故 .................................... 57
  7. 单襄公论陈必亡 ........................................... 62
  8. 刘康公论鲁大夫俭与侈 ................................. 68
  9. 王孙说请勿赐叔孙侨如 ................................. 71
  10. 单襄公论郤至佻天之功 ............................... 73

**卷三 周语下** ......................................................... 80
  1. 单襄公论晋将有乱 ........................................ 80
  2. 单襄公论晋周将得晋国 ................................. 84
  3. 太子晋谏灵王壅谷水 .................................... 88
  4. 晋羊舌肸聘周论单靖公敬俭让咨 ................... 98
  5. 单穆公谏景王铸大钱 .................................... 102
  6. 单穆公谏景王铸大钟 .................................... 106
  7. 景王问钟律于伶州鸠 .................................... 113
  8. 宾孟见雄鸡自断其尾 .................................... 119
  9. 刘文公与苌弘欲城周 .................................... 121

**卷四 鲁语上** ......................................................... 125
  1. 曹刿问战 ....................................................... 125
  2. 曹刿谏庄公如齐观社 .................................... 127
  3. 匠师庆谏庄公丹楹刻桷 ................................. 128
  4. 夏父展谏宗妇觌哀姜用币 ............................. 129
  5. 臧文仲如齐告籴 ........................................... 130
  6. 展禽使乙喜以膏沐犒师 ................................. 132
  7. 臧文仲说僖公请免卫成公 ............................. 134
  8. 臧文仲请赏重馆人 ........................................ 136

9. 展禽论祭爰居非政之宜 …………………………………… 138
10. 文公欲弛孟文子与郈敬子之宅 ……………………………… 142
11. 夏父弗忌改昭穆之常 …………………………………………… 144
12. 里革更书逐莒太子仆 …………………………………………… 146
13. 里革断罟匡君 …………………………………………………… 148
14. 子叔声伯辞邑 …………………………………………………… 150
15. 里革论君之过 …………………………………………………… 152
16. 季文子论妾马 …………………………………………………… 154

卷五　鲁语下 ……………………………………………………… 156
1. 叔孙穆子聘于晋 ………………………………………………… 156
2. 叔孙穆子谏季武子为三军 ……………………………………… 158
3. 诸侯伐秦鲁人以莒人先济 ……………………………………… 160
4. 襄公如楚 ………………………………………………………… 161
5. 季冶致禄 ………………………………………………………… 165
6. 叔孙穆子知楚公子围有篡国之心 ……………………………… 166
7. 叔孙穆子不以货私免 …………………………………………… 168
8. 子服惠伯从季平子如晋 ………………………………………… 170
9. 季桓子穿井获羊 ………………………………………………… 172
10. 公父文伯之母对季康子问 …………………………………… 173
11. 公父文伯饮南宫敬叔酒 ……………………………………… 174
12. 公父文伯之母论内朝与外朝 ………………………………… 175
13. 公父文伯之母论劳逸 ………………………………………… 176
14. 公父文伯之母别于男女之礼 ………………………………… 180
15. 公父文伯之母欲室文伯 ……………………………………… 181
16. 公父文伯卒其母戒其妾 ……………………………………… 182
17. 公父文伯之母朝暮之哭 ……………………………………… 183
18. 孔丘论大骨 …………………………………………………… 184
19. 孔丘论楛矢 …………………………………………………… 185
20. 闵马父笑子服景伯 …………………………………………… 187
21. 孔丘非难季康子以田赋 ……………………………………… 188

卷六　齐语 ································· 191
　　1. 管仲对桓公以霸术 ····················· 191
　　2. 管仲佐桓公为政 ······················· 200
　　3. 桓公为政既成 ························· 204
　　4. 管仲教桓公亲邻国 ····················· 205
　　5. 管仲教桓公足甲兵 ····················· 207
　　6. 桓公帅诸侯而朝天子 ··················· 208
　　7. 葵丘之会天子致胙于桓公 ··············· 211
　　8. 桓公霸诸侯 ··························· 213

卷七　晋语一 ······························· 217
　　1. 武公伐翼止栾共子无死 ················· 217
　　2. 献公卜伐骊戎胜而不吉 ················· 218
　　3. 史苏论骊姬必乱晋 ····················· 224
　　4. 献公将黜太子申生而立奚齐 ············· 226
　　5. 献公伐翟柤 ··························· 228
　　6. 优施教骊姬远太子 ····················· 230
　　7. 献公作二军以伐霍 ····················· 232
　　8. 优施教骊姬谮申生 ····················· 235
　　9. 申生伐东山 ··························· 239

卷八　晋语二 ······························· 243
　　1. 骊姬谮杀太子申生 ····················· 243
　　2. 公子重耳夷吾出奔 ····················· 250
　　3. 虢将亡舟之侨以其族适晋 ··············· 252
　　4. 宫之奇知虞将亡 ······················· 254
　　5. 献公问卜偃攻虢何月 ··················· 255
　　6. 宰周公论齐侯好示 ····················· 256
　　7. 宰周公论晋侯将死 ····················· 258
　　8. 里克杀奚齐而秦立惠公 ················· 259
　　9. 冀芮答秦穆公问 ······················· 268

| 卷九　晋语三 | 270 |
| --- | --- |
| 1. 惠公入而背外内之赂 | 270 |
| 2. 惠公改葬共世子 | 271 |
| 3. 惠公悔杀里克 | 273 |
| 4. 惠公杀丕郑 | 274 |
| 5. 秦荐晋饥晋不予秦籴 | 277 |
| 6. 秦侵晋止惠公于秦 | 279 |
| 7. 吕甥逆惠公于秦 | 284 |
| 8. 惠公斩庆郑 | 287 |

| 卷十　晋语四 | 291 |
| --- | --- |
| 1. 重耳自狄适齐 | 291 |
| 2. 齐姜劝重耳勿怀安 | 294 |
| 3. 齐姜与子犯谋遣重耳 | 298 |
| 4. 卫文公不礼重耳 | 299 |
| 5. 曹共公不礼重耳而观其骈胁 | 301 |
| 6. 宋襄公赠重耳以马二十乘 | 303 |
| 7. 郑文公不礼重耳 | 305 |
| 8. 楚成王以周礼享重耳 | 308 |
| 9. 重耳婚媾怀嬴 | 311 |
| 10. 秦伯享重耳以国君之礼 | 315 |
| 11. 重耳亲筮得晋国 | 318 |
| 12. 秦伯纳重耳于晋 | 321 |
| 13. 寺人勃鞮求见文公 | 324 |
| 14. 文公遽见竖头须 | 328 |
| 15. 文公修内政纳襄王 | 329 |
| 16. 文公出阳人 | 332 |
| 17. 文公伐原 | 335 |
| 18. 文公救宋败楚于城濮 | 335 |
| 19. 郑叔詹据鼎耳而疾号 | 339 |
| 20. 箕郑对文公问 | 340 |
| 21. 文公任贤与赵衰三让贤 | 342 |

22. 文公学读书于臼季 …… 344
23. 郭偃论治国之难易 …… 345
24. 胥臣论教诲之力 …… 346
25. 文公称霸 …… 349

### 卷十一　晋语五 …… 351

1. 臼季举冀缺 …… 351
2. 宁嬴氏论貌与言 …… 352
3. 赵宣子论比和党 …… 354
4. 赵宣子请师伐宋 …… 356
5. 灵公使钼麑杀赵宣子 …… 358
6. 范武子退朝告老 …… 359
7. 范武子杖文子 …… 360
8. 郤献子分谤 …… 361
9. 张侯御郤献子 …… 362
10. 师胜而范文子后入 …… 363
11. 郤献子等各推功于下 …… 364
12. 苗棼皇谓郤献子不知礼 …… 365
13. 车者论梁山崩 …… 366
14. 伯宗妻论民不戴其上难必及 …… 368

### 卷十二　晋语六 …… 370

1. 赵文子冠 …… 370
2. 范文子不欲伐郑 …… 373
3. 晋败楚师于鄢陵 …… 375
4. 郤至甲胄见客 …… 376
5. 范文子论内睦而后图外 …… 377
6. 范文子论外患与内忧 …… 378
7. 范文子论胜楚必有内忧 …… 380
8. 范文子论德为福之基 …… 383
9. 范文子论私难必作 …… 384
10. 栾书发郤至之罪 …… 386

11. 长鱼矫胁栾中行 ·········································· 388
   12. 韩献子不从栾中行召 ······································ 389

卷十三　晋语七 ·················································· 391
   1. 栾武子立悼公 ············································ 391
   2. 悼公即位 ················································ 393
   3. 悼公始合诸侯 ············································ 397
   4. 祁奚荐子午以自代 ········································ 400
   5. 魏绛谏悼公伐诸戎 ········································ 402
   6. 悼公使韩穆子掌公族大夫 ·································· 403
   7. 悼公使魏绛佐新军 ········································ 404
   8. 悼公赐魏绛女乐歌钟 ······································ 405
   9. 司马侯荐叔向 ············································ 407

卷十四　晋语八 ·················································· 409
   1. 阳毕教平公灭栾氏 ········································ 409
   2. 辛俞从栾氏出奔 ·········································· 413
   3. 叔向母论叔鱼羊食我之生 ·································· 414
   4. 叔孙穆子论死而不朽 ······································ 415
   5. 范宣子与和大夫争田 ······································ 417
   6. 訾祏死范宣子勉范献子 ···································· 421
   7. 师旷论乐 ················································ 422
   8. 叔向谏杀竖襄 ············································ 423
   9. 叔向论比而不别 ·········································· 424
   10. 叔向与子朱不心竞而力争 ································· 425
   11. 叔向论忠信而本固 ······································· 426
   12. 叔向论务德无争先 ······································· 428
   13. 赵文子请免叔孙穆子 ····································· 429
   14. 赵文子为室张老谓应从礼 ································· 431
   15. 赵文子称贤随武子 ······································· 433
   16. 秦后子谓赵孟将死 ······································· 434
   17. 医和视平公疾 ··········································· 435

18. 叔向均秦楚二公子之禄 ……… 437
19. 郑子产来聘 ……… 439
20. 叔向论忧德不忧贫 ……… 441

**卷十五　晋语九** ……… 444
1. 叔向论三奸同罪 ……… 444
2. 中行穆子帅师伐狄围鼓 ……… 445
3. 范献子戒人不可以不学 ……… 448
4. 董叔欲为系援 ……… 449
5. 赵简子欲有斗臣 ……… 450
6. 阎没叔宽谏魏献子无受贿 ……… 450
7. 董安于辞赵简子赏 ……… 452
8. 赵简子以晋阳为保障 ……… 453
9. 邮无正谏赵简子无杀尹铎 ……… 454
10. 铁之战赵简子等三人夸功 ……… 456
11. 卫庄公祷 ……… 457
12. 史黯谏赵简子田于蝼 ……… 458
13. 少室周知贤而让 ……… 459
14. 史黯论良臣 ……… 460
15. 赵简子问贤于壮驰兹 ……… 461
16. 窦犨谓君子哀无人 ……… 462
17. 赵襄子使新稚穆子伐狄 ……… 463
18. 智果论智瑶必灭智宗 ……… 464
19. 士茁谓土木胜惧其不安人 ……… 466
20. 智伯国谏智襄子 ……… 467
21. 晋阳之围 ……… 469

**卷十六　郑语** ……… 471
1. 史伯为桓公论兴衰 ……… 471
2. 平王之末秦晋齐楚代兴 ……… 483

### 卷十七　楚语上 · 484

1. 申叔时论傅太子之道 · 484
2. 子囊议恭王之谥 · 487
3. 屈建祭父不荐芰 · 489
4. 蔡声子论楚材晋用 · 490
5. 伍举论台美而楚殆 · 496
6. 范无宇论国为大城未有利者 · 500
7. 左史倚相儆申公子亹 · 504
8. 白公子张讽灵王宜纳谏 · 506
9. 左史倚相儆司马期唯道是从 · 510

### 卷十八　楚语下 · 512

1. 观射父论绝地天通 · 512
2. 观射父论祀牲 · 516
3. 子常问蓄货聚马斗且论其必亡 · 521
4. 蓝尹亹避昭王而不载 · 525
5. 郧公辛与弟怀或礼于君或礼于父 · 526
6. 蓝尹亹论吴将毙 · 528
7. 王孙圉论国之宝 · 530
8. 鲁阳文子辞惠王所与梁 · 532
9. 叶公子高论白公胜必乱楚国 · 533

### 卷十九　吴语 · 539

1. 越王勾践命诸稽郢行成于吴 · 539
2. 吴王夫差与越荒成不盟 · 543
3. 夫差伐齐不听申胥之谏 · 545
4. 奚斯释言于齐 · 548
5. 申胥自杀 · 549
6. 吴晋争长未成勾践袭吴 · 552
7. 吴晋争长夫差陈兵而得为盟主 · 555
8. 夫差退于黄池使王孙苟告于周 · 560
9. 勾践灭吴夫差自杀 · 562

**卷二十　越语上** …………………………………………… 572
　　勾践灭吴 …………………………………………………… 572

**卷二十一　越语下** ………………………………………… 580
　　范蠡佐勾践灭吴 …………………………………………… 580

**国语解叙** …………………………………………………… 595

# 前　言

## 一

中华文化源远流长，有着浩如烟海的文化历史典籍，《国语》是其中优秀的一部。它是先秦时期三部历史名著（《左传》《国语》《战国策》）之一，是我国最早的国别史。全书共二十一卷，七万余字，按周、鲁、齐、晋、郑、楚、吴、越八国，分别记载了上自西周穆王征犬戎（约公元前967年），至战国初年赵、魏、韩三家灭智氏（公元前453年），约五百一十五年间的部分历史人物的言论和史事。

《国语》以"国"分目，记"语"为主，故书名《国语》。它与《左传》所记载的史事都以春秋时期为主，只不过《左传》依鲁君纪年，记事以鲁国为中心，是解释《春秋》的，被称做《春秋内传》；而《国语》则分国系年，事件以所记国为中心，韦昭《国语解》说："其文不主于经（《春秋》）"，因此又称做《春秋外传》。

司马迁说："左丘失明，厥有《国语》。"（《报任安书》）班固《汉书·艺文志》也记载："《国语》二十一篇，左丘明著。"有关《国语》的作者，在唐宋以前，多执汉儒之说，认为是左丘明，而《国语》正是撷拾《左传》的编余材料写作而成的。但自"（晋）傅玄、（隋）刘炫、（唐）啖助、陆淳，皆以为与左氏文体不类"（清姚际恒《古今伪书考》），宋人陈振孙更认定其"必非出一人手也"（《直斋书录解题》），清代的赵翼则说："《国语》本列国史书原文，左氏特简料而存之，非手撰也。"（《陔余丛考》）经历代学者的考校甄别，已基本上推翻了《国语》作者为左丘明之说。

《国语》以记言为主，而它记载的言论系依据旧史的记录。我国古代史官建制甚早，周制，王朝及诸侯各国均设有史官，而且编制完备，分工明确，有大史、小史、左史、右史等职。古者"君举必书……，左史记言，右史记事；事为《春秋》，言为《尚书》。"（《汉书·艺文志》）另外，各诸侯国之间的朝聘会盟、兴邦灭国、天灾人事、死丧事故等，均赴告周王室及各国,供史官记录。《墨子》里面说墨翟曾见"百国春秋"(见《隋书·李德林传》及《史通·六家论》引《墨子》佚文),《孟子·离娄下》说:"晋之《乘》,楚之《梼杌》,鲁之《春秋》,一也。"《晋语七》也说:"羊舌肸习于春秋",可见当时各诸侯国的历史记载是比较完备的,而且不少史料已各自汇编成集。而《国语》的《晋语九》《吴语》《越语》已涉及战国初年的某些历史事实,故近现代学者一般认为,《国语》当是战国初期一位熟悉各国历史掌故的人,根据当时周王室和部分诸侯国的旧史史料,经过选择整理,加工汇编而成的。这个汇编者可能不是左丘明,但他必是阅读过《左氏传》的人,否则便不会在内容上有意识地补其缺遗了。

## 二

《国语》成书于战国初期,那是一个社会急剧动荡变革的时代。铁制农具的使用,生产力的提高,生产关系的变化,城市经济的繁荣,旧制度的崩溃,王室的衰落,国与国之间的剧烈兼并,华夏与四境民族的融汇交往,学术文化思想的活跃,矛盾交错,异彩纷呈。《国语》虽然因为体例的限制,反映社会生活面比较狭窄,但它在时代的影响下,其思想内容仍是相当复杂纷繁、多彩多姿的,举凡"邦国成败,嘉言善语,阴阳律吕,天时人事逆顺之数"(《国语解叙》)概被纳入,尤着力于政治事件、经济体制、军事行动、内政外交、典章制度、道德礼仪等方面的言论记述。《周语》三卷,记载了西周穆王、厉王直至东周襄王、景王、敬王时有关"邦国成败"的部分重大政治事件,反映了从西周到东周的社会政治变化的过程。《鲁语》二卷,则着重记载鲁国上层社会一些历史人物的言行,反映了春秋时期这个礼义之邦的社会面貌。《齐语》一卷,主要记载管仲辅佐齐桓公称霸采取的内政外交措施及其主导思想。《晋语》九卷,篇幅占全书三分之一强,它比较完整地记载了从武公替晋为诸侯,献公之子的君权之争,文公称霸,一直到战国初年赵、魏、韩三家灭智氏的政治历史,从公元前678年到公元前453年,时间长,分量重,所以有人把《国语》称为"晋史"。《郑语》一卷记周太史伯论西周末年天下兴衰继替的大局势。《楚语》二卷,主要记灵王、昭王时的历史事件。《吴语》一卷、《越语》二卷记春秋末期吴、越争霸的史实。

《国语》在记事上较《左传》早二百四十六年,记载的史实除《周语上》的一部分和《郑语》属于西周外,是以春秋时期为主。只不过《左传》是编年体,《国语》是国别体;《左传》长于记"事",《国语》长于记"言"。言论既需要理论的论证,形象的表达,也要以大量的事实作为论辩的缘起,所以在史实记载上,两书可相互参证。据统计,在《国语》记事中和《左传》内容大致相同的有六十多条,内容不同的有九十四条,所记内容相同而史实有出入,人物、年代有差异者近一百条。《国语》在史学价值和文学成就上虽不及《左传》,但仍有其独到之处。

首先,它开创了国别史的体例。这种分地域(国)记事的体例,在记同一时代的某国历史时,便以某国的事件和人物为主要记述对象,由于其有背景的联系,故与整个时代无割裂之感。这种体例后来多用于分封割据时的历史记载,如陈寿的《三国志》便是继承发展这种体例的硕果。而《战国策》及后来欧阳修主撰的《新五代史》、明崔鸿汇辑的《十六国春秋》和清人吴任臣撰的《十国春秋》便是这种体例的延续,司马迁的《史记》中的"世家"一类体例也显然是受到《国语》的影响。

其次,由于《国语》的作者是以变革发展的史学观念来看待历史,尽管大部分旧史是从维护正统、甚至保守的立场记录的史事,但通过作者采撷的篇章、事件、言论,除客观地保存了大量史料外,也反映出当时处于社会大动荡时期人们的思想意识和一些进步的观点,交待了历史的演进。《周语上·虢文公谏宣王不籍千亩》篇,写宣王不遵循古制,不举行亲耕千亩籍田的典礼,这实则是当时农业经济体制改革的一项进步措施。柳宗元说:"古之必籍千亩者,礼之饰也。"(《非国语》)西周共和后,公田制已经难于维持,周宣王废弃名义上亲耕实则民力助耕千亩籍田的制度,不要这个"礼制"的装饰品,是废弃助法(西周税法的一种)改行彻法、改力役地租为物品地租的一项改革措施,它和"料民"(普查人口)一样,是具有进步意义的。虽然《周语》的作者以反作正地记载了虢文公和仲山父的谏言,但坚持实施新政策法令的周宣王不予理睬,新税法、新政令在政治斗争中取胜,事实上成就了周宣王的中兴,历史在变革中前进发展。这些地方可看出作者眼光之敏锐。再从《鲁语上》里革将晋人弑君委过于君主本身,《晋语二》里克杀掉祸乱晋国的骊姬及幼君奚齐、卓子,申明自己是出于维护国家政权的公心,而不是为一己之私利,这些记载比之其他史书将弑君者一概斥为乱臣贼子有本质的区别。

《国语》还通过言论的记述,揭露社会矛盾,反映社会现实,反映出当代重要政治人物的精神面貌。比如《周语上》记厉王弭谤屠杀人民、纵容荣夷公搞专利;《晋语》记献公杀子、骊姬进谗、惠公争夺君权出卖国家利益;《楚语》记灵王建章华台、令尹子常蓄货聚马;《吴语》记吴王夫差好大喜功对外进行武力扩张、杀伍子胥等,对统治阶级的腐败残暴、贪婪奢侈有一定的揭露和批判。而对统治阶级中一些比较有远见卓识的政治家、军事家和具有爱国精神、美德美行的人物,则给予褒扬赞美,比如《齐语》中的管仲、齐桓公;《鲁语》中的展禽、里革、臧文仲、公父文伯之母;《晋语》中的晋文公、赵衰、赵盾、晋悼公、叔向;《吴语》《越语》中的伍子胥、范蠡、文种、勾践等等,表现了作者的是非观念和爱憎分明的态度。

《国语》的作者虽然在思想观念上没有能跳出西周敬天保民的窠臼,作品中掺杂了不少天命神鬼的迷信,但显然已经将鬼神放在了"民(人)"的附属地位,认识到"民"是国家生存、社会发展的主体,是起决定作用的。《鲁语上·展禽论祭爰居非政之宜》,写执政卿臧文仲让人们去祭祀海鸟爰居,遭到展禽的批评,他认为祭祀是国家大事,要重视,但不可淫祀(滥设祭祀),应该是"法施于民则祀之,以死勤事则祀之,以劳定国则祀之,能御大灾则祀之,能扞大患则祀之",也就是只有为人民建立了功劳,对历史文化有卓越贡献的人,比如,黄帝、尧、舜、鲧、禹、契、冥、商汤、后稷、周文王、周武王等才配成为祭祀的对象。这实质上是以"人事"为着眼点,以"神事"为附庸物。还有不少篇目表现了作者重视民众的力量、关心民众的利益的观点,特别是《周语上》记国人驱逐暴君周厉王,《越语》把国家兴亡、战争成败的关键放在是否能得到民众拥护上来写,都无疑具有积极的现实意义,值得充分肯定。

三

《国语》作为优秀的历史散文,是直接用当代语言就"事"说理的。这些"事",有内政,有外交,有国事,有家事,天道、鬼神、地理、人事,应有尽有,可以说,它把春秋时代那些议论精详、形象生动的言论都记录了下来,在散文发展史上有其独特的成就。

第一,《国语》长于记历史人物的谏言和对话,语言古朴简洁,而议论时的旁征博引,对话中的巧譬善喻,却又能使文章理由充足,曲折尽情,具有较强的说服力。像《召公谏厉王弭谤》,全文仅二百五十六字,除用数十字交待清楚前因后果外,主要是记西周政治家召穆公对周厉王弭谤暴政的谏言,议论中先是征引古代天子听言求治的事例来讽谏厉王,突出"为川者决之使导,为民者宣之使言"的正面论点;又用"民之有口,犹土之有山川"、"民虑之于心而宣之于口"这客观存在的事实,来论证"防民之口,甚于防川;川壅而溃,伤人必多"的观点,说明堵塞言路的危险性,切不可等闲视之。这段谏言,说理层层推进,有忠告,有警言,有理由,有办法,极富于逻辑性。用水比喻人民,形象贴切。水从表面上看来是很柔弱的,可是它的力量集合起来,可以冲决任何坚固的堤防,这些比喻富有说服力,成为后世治国理民的至理名言,千百年来一直闪耀着真理的光辉。《国语》精彩的记言,对后世的议论文,特别是战国诸子的议论文有直接的影响。

第二,不少对话幽默风趣,口吻毕肖,颇能表现出人物的个性和精神面貌。《晋语四》写齐姜与子犯谋遣重耳,重耳酒醒后以戈逐子犯,说:"你们合伙把我弄走,将来事业不成功,看我不吃了您这当舅舅的肉(狐偃是重耳的舅父)"。狐偃边躲边嚷说:"事业不成,还不知我死在哪里,您怎么能与豺狼去争吃野地里的死尸呢?事业有成,晋国的一切鲜美食物您都吃不完,我狐偃这腥臊难咽的老肉您哪会吃得进口呢?"幽默诙谐,妙趣横生,人物的精神面貌栩栩如生地跃然纸上。其他如《晋语》的《叔向谏杀竖襄》《董叔欲为系援》《赵简子欲有斗臣》等,叔向对答晋悼公、董叔、赵简子那些话,滑稽诙谐,寥寥数语却满含机锋,人物个性刻画和精神面貌的揭示都是比较成功的。

第三,《国语》虽然叙事少,但篇章完整,不少故事情节生动,有头有尾,对人物性格也有较细致的刻画,可以单独成为一个个文学短篇。比如《晋语》的"献公杀子",写优施与骊姬合谋陷害太子申生,先写优施教骊姬怎样掌握申生"小心精洁,而大志重,又不忍人"的性格特点,要她采取对申生进行人格上的污辱诽谤的办法,因为像申生这样立身行事小心谨慎,洁身自爱又自视甚高的正人君子是受不了侮辱的,又不忍心对人有恶意,只能忍心对自己。后来骊姬果然用弑父弑君的大罪名诬陷申生,逼他自杀。这种含心理分析的描写,在其他历史散文中还是少见的。尤其写优施争取大夫里克,使他不助申生,利用里克

性格软弱,又拿不定主意的弱点,以俳优的身份在酒宴上起舞,唱《暇豫之歌》暗示里克站在申生一边将对自己不利,后面写:

优施出,里克辟奠,不飨而寝。夜半,召优施,曰:"曩而言戏乎?抑有所闻之乎?"曰:"然。君既许骊姬杀太子而立奚齐,谋既成矣。"里克曰:"吾秉君以杀太子,吾不忍。通复故交,吾不敢。中立其免乎?"优施曰:"免。"

描写生动,对话精练,凸现出人物的性格特点。其他像《叔向谏杀竖襄》《董叔欲为系援》《阎没叔宽谏魏献子无受贿》《史黯谏赵简子田于蝼》等等,都是一些精彩的文学短篇。

另外,《国语》偶尔也有盛大的场面描写,如《吴语·吴晋争长夫差陈兵而得为盟主》篇,写诸侯各国在黄池会盟,吴晋两国争当盟主久而未决,夫差的老对头越王勾践趁机袭击吴国,进兵姑苏,杀吴太子友,又沿淮河陈兵断绝吴王夫差的归路。重兵深入中原的吴王夫差,远离本国,听到后院起火,情势不利,只好听从大夫王孙雒计谋,孤注一掷,以兵势威胁晋国以求速决。吴王夫差黄昏时就下令厉兵秣马,半夜时让将士全副武装,列队布阵,一百个士兵为一行,一百行共一万士兵组成一个方阵,中间的方阵"皆白裳、白旂、素甲、白羽之矰,望之如荼。王亲秉钺,载白旗以中陈而立。左军亦如之,皆赤裳、赤旂、丹甲、朱羽之矰,望之如火。右军亦如之,皆玄裳、玄旗、黑甲、乌羽之矰,望之如墨。"这披袍带甲三万士兵组成的三个方阵,中间像一片盛开的白茅草花,左边像熊熊燃烧的火海,右边像一派墨黑的汪洋,色泽浓丽,对比鲜明,何等壮观。这三万人组成的军阵逼近晋军营寨,在天明时突然金鼓齐鸣,三军将士大声呐喊吼叫,作出进攻的姿态,造成强大的声势,如火如荼,惊天动地,晋军果然吓得坚守不出。这段描写作者不惜笔墨,极力渲染气氛,写得有声有色,耀眼夺目,十分精彩,同时对比揭示出吴王夫差强大兵威下惨痛的内心。这些描写表现出历史散文在文学上进展的痕迹。

当然,《国语》由于受分国系年、记言为主体例的限制,取材比较零散,记载的史事也有不少漏误。一些地方记述琐屑,情节枝蔓,甚至有荒诞不经、穿凿附会不近事理之处。但这尽可视作散文发展进程中的必然,不必对古人过分苛求。《国语》作为中华民族优秀文化遗产中的珍品,仍然是值得我们阅读的。

## 四

《国语》自传世以来，历代皆有注家，比较著名的有东汉的郑众、贾逵，三国时魏的王肃、吴的虞翻、唐固、韦昭，晋的孔晁等七家，但注文多已散佚，只韦昭《国语解》独存。由于韦《解》结合《春秋》《左传》注释史实，比较尊重历史，在史料考据上可与其互为佐证；内容充实，吸取前人注释的精华，客观上保存了郑众以来诸家注释的原貌，并征引其他古书古事；训释切当，注文要言不繁，颇中肯綮，因此《国语》传世的版本多与韦《解》并行。清代和近现代学者对《国语》和韦《解》校释的著作比较多，成果也较大，著名的有清洪亮吉《国语韦解注疏》、董增龄《国语正义》、汪远孙《国语校注本三种》、黄丕烈《校刊明道本韦氏解国语札记》，以及近人吴曾祺《国语韦解补正》、沈镕《国语详注》、徐元诰《国语集解》等。

《国语》现存的版本，有明道本和公序本两种。1978年上海古籍出版社据《四部备要》排印的以明道本为底本，参校了《四部丛刊》影印的明刻公序本，出版了《国语》点校本上下册。这本《国语全译》是以上海古籍出版社点校本为工作底本，主要参照董增龄《国语正义》，并适当参考其他版本点校注释的。每篇都含题解、原文、注释、译文四部分。注释以韦《解》为主，为增强学术性、资料性，也借鉴吸收了我国历代特别是近现代学者关于《国语》《左传》《诗经》《吕氏春秋》等古代文化典籍的研究成果，其中像《礼志》为何书、"男女不淫，牛马选具"等条还托专人请教过四川大学教授缪钺前辈。因一般未注明出处，特在此一并申明致谢。译文以直译为主，在不影响原文和文章风格的情况下间有意译，虽知于"信、达、雅"尚有差距，但也力求明白晓畅。

《国语》旧本向无篇名，为使读者了解每则言论之精萃所在，故基本上沿上海古籍出版社点校本之例，给相当能独立成篇的每则故事冠以篇名，以醒目点题。篇名拟定的原则主要是以"言"为中心，但有的篇章故事情节完整，不忍其割裂，就集中为一则，如《越语下》，是以记载范蠡助勾践灭吴的谋略策划言论为主，贯串起一场越灭吴的战争，全文系一气呵成，便未循上海古籍出版社点校本分为八则之例。还有《吴语》第七则，原题为《吴欲与晋战得为盟主》，我以为不如《吴晋争长夫差陈兵而得为盟主》醒豁点题，故径改。其余按文意对个别篇章的分段也有些变动。《国语》记载每则故事，一般是按事件缘起、针锋相对的言论、直接后果三部分结构篇章,底本于较长文字的故事大部分按此结构分段,但也有例外,于短篇则概未分段。为突出作为文章中心的言论,使读者加深对思想内容的理解,本书对后果部分文字较长的或时间相距多年者也另起段,如《邵公谏厉王弭谤》《西周三川皆震伯阳父论周将亡》《王孙说请勿赐叔叔侨如》《公父文伯之母论劳逸》等篇作如是处理。另外,如《周语上·穆仲论鲁侯孝》一文,前面一段文字"三十二年春,宣王伐鲁,立孝公,诸侯从是而不睦。"本就是上文宣王为鲁废长立幼的后果,原底本归入本文,与穆仲论鲁侯孝的内容毫不相干。再如《富辰谏襄王以狄伐郑及以狄女为后》文,襄王不听的后果应该是"狄人来",富辰"以其属死之",而"初,惠后欲立王子带,故以其党启狄人。狄人遂入周,王乃出居于郑,晋文公纳之",显然是文公请隧的缘起,且既是《周语》而全书未有称"周王"之例,故以上数则的分段及标点皆择善而从岳麓书社点校本(1988年版)。在全书校点中,也曾适当吸收一些前人的校勘成果,有与底本不同者,均予出校说明。

先秦姓氏人名,称谓多歧,一般读者未易明了,本拟以其在书中出现的先后为序,列一"姓氏人名简释",因贵州人民出版社此套《全译丛书》无此体例,只得作罢,遂采取在注释和译文中参互解决之法。至于民族国邑山水之名,宫室器皿衣裳之制度,则随文出注,不予另列。

《国语》传世两千四百多年,版本流传,辑补刊刻,错漏难免。而《国语》的内涵,则似简而实繁,似易而实难。加上条件所限,可供参考的资料甚少,如沈镕《国语详注》、徐元诰《国语集解》等迄今均未觅得。个人水平有限,点校注释中的错误疏漏势所难免,恳请读者及海内外方家批评指正。

**黄永堂**
**1992年8月初稿于贵州人民大学**
**1994年3月定稿于贵州大学**

# 卷一　周语上

## 1. 祭公谏穆王征犬戎

【题解】

　　周穆王为炫耀兵威,想用不供时享的名义去征讨犬戎,祭公谋父为了制止他这种错误行为,进行劝谏。祭公从"先王耀德不观兵"的传统经验出发,征引史事,说明要以德服人,不可滥用武力;再从先王规定的"五服"法制,戎狄属于"荒服",犬戎氏的君长又并没违背"终王"之制,说明伐非其罪,朝廷是师出无名。穆王不听,出兵征讨犬戎。结果是"得四白狼,四白鹿以归。自是荒服者不至。"这真是对穷兵黩武者的绝妙讽刺。

【原文】

　　穆王将征犬戎①,祭公谋父谏曰②:"不可。先王耀德不观兵③。夫兵戢而时动④,动则威;观则玩,玩则无震⑤。是故周文公之《颂》曰⑥:'载戢干戈,载櫜弓矢⑦。我求懿德⑧,肆于时夏⑨,允王保之⑩。'先王之于民也,懋正其德而厚其性⑪,阜其财求而利其器用⑫,明利害之乡⑬,以文修之⑭,使务利而避害,怀德而畏威,故能保世以滋大⑮。

　　"昔我先世后稷⑯,以服事虞、夏⑰。及夏之衰也⑱,弃稷不务,我先王不窋用失其官⑲,而自窜于戎、狄之间⑳。不敢怠业,时序其德㉑,纂修其绪㉒,修其训典㉓,朝夕恪勤㉔,守以敦笃,奉以忠信,奕世载德㉕,不忝前人㉖。至于武王,昭前之光明而加之以慈和,事神保民,莫弗欣喜。

商王帝辛㉗,大恶于民。庶民不忍,欣戴武王,以致戎于商牧㉘。是先王非务武也,勤恤民隐而除其害也㉙。

“夫先王之制,邦内甸服㉚,邦外侯服㉛,侯卫宾服㉜,夷、蛮要服㉝,戎、狄荒服㉞。甸服者祭㉟,侯服者祀㊱,宾服者享㊲,要服者贡㊳,荒服者王㊴。日祭、月祀、时享、岁贡、终王,先王之训也。有不祭则修意㊵,有不祀则修言㊶,有不享则修文㊷,有不贡则修名㊸,有不王则修德㊹,序成而有不至则修刑㊺。于是乎有刑不祭,伐不祀,征不享,让不贡㊻,告不王。于是乎有刑罚之辟㊼,有攻伐之兵,有征讨之备,有威让之令,有文告之辞。布令陈辞而又不至,则增修于德而无勤民于远㊽,是以近无不听,远无不服。

“今自大毕、伯士之终也㊾,犬戎氏以其职来王。天子曰:‘予必以不享征之,且观之兵。’其无乃废先王之训而王几顿乎㊿!吾闻犬戎树惇(51),帅旧德而守终纯固(52),其有以御我矣。”

王不听,遂征之,得四白狼、四白鹿以归。自是荒服者不至。

## 注释

①穆王:周穆王,名满,西周第五世君主,为昭王之子,康王之孙。犬戎:我国古代西方民族西戎之别名,又名昆夷、犬夷。据《史记·匈奴列传》,周朝初年,犬戎在今陕西省泾水、渭水流域一带游牧。

②祭(zhài 债)公谋父(fǔ 甫):周武王之弟周公姬旦之后,为周王卿士,封于祭(今河南郑州附近),谋父是他的字。

③耀:明,彰明。观:示,夸炫。兵:指兵力、武力。

④戢(jí 辑):聚,收藏。时动:按一定的季节行动,如春夏秋务农,冬季讲武。

⑤玩:意同黩(dú 读),指态度轻慢,此谓滥用武力。震:惧,惧怕。

⑥周文公之《颂》:文,周公姬旦的谥号。此处所引《颂》诗,见《诗经·周颂·时迈》,这篇颂是称颂周武王的。

⑦“载戢干戈”二句:收起干戈,藏好弓箭。载,语助词,无意义。干,盾;戈,戟:为古代战争中常用的防卫和进攻的兵器,故也用为兵器的通称。櫜(gāo 高):弓衣,即收藏弓的袋子,这里名词用作动词,作收藏解。

⑧懿(yì 意)德:美好的品德。

⑨肆:传扬。时:通“是”。夏:华夏,中国。又一说,夏即大,大的乐歌,武王常求美德,陈述其功绩,谱入乐歌,传扬开去。

⑩允:信,相信。保:保有。

⑪懋:勉励。
⑫阜:大,多,使之加多。用:此指农具之属。
⑬明利害之乡(xiàng 向):阐明利害的所在。乡,处所。
⑭文:礼法。
⑮滋:增益,加多。
⑯先世后稷(jì 寄),底本与《史记·周本纪》并作"先王世后稷",据董增龄《国语正义》校改。世:父子相继,即世袭。后稷:周族的始祖,姓姬名弃,于舜时为农官,故称弃为后稷。后,君主;稷,官名,掌管农事。
⑰服事:诸侯定期朝贡,或在朝廷任职,是以服数(见本文注㉚至㉞"甸服"、"侯服"等注)事奉天子,称为服事。虞:虞舜。夏:指夏启。弃为舜的农官,弃子不窋(zhuó 酌)继为夏启的农官,故称"服事虞夏"。
⑱夏之衰:指夏启的儿子太康的时代。
⑲用:因而。
⑳自窜于戎狄之间:不窋于太康时失官,自夏而迁于邠(bīn 宾,今陕西彬县附近),邠西近戎,北临狄,故言戎狄之间。窜,逃走。
㉑序:通"叙",陈述,告白。
㉒纂(zuǎn 缵):这里指继续。绪:绪业,即事业。
㉓修其训典:加强先人传承下来的教化法度。
㉔恪(kè 克):恭敬,谨慎。
㉕奕(yì 义)世:累世,一代接一代。奕,次第。
㉖忝(tiǎn 舔):辱。前人指始祖后稷。
㉗商王帝辛:辛,殷纣王之名。
㉘商牧:商地牧野。公元前 1066 年正月(子月),周武王以五万士卒伐商,与纣兵大战于牧野(旧址在今河南淇县南面),纣兵十七万,倒戈反攻,二月(丑月)底周兵攻入商都朝歌,纣王自焚于鹿台而死,商朝灭亡。按,以上为范文澜《中国通史》据《史记·周本纪》《鲁世家》以及《竹书纪年》年代推算。
㉙恤:体恤,忧念。隐:疾患,痛苦。
㉚邦内:指国都四面方圆千里的区域。夏称邦内,商称邦畿(jī 机),周又称王畿。甸(diàn 佃):田,古代称国都郊外的地方为甸。甸服,古代在王畿外围,每五百里为一区划,按距离远近分侯服、甸服、卫服(或称绥服)、要服、荒服(见《尚书·益稷》《禹贡》),服内各按规定提供职贡。以上为夏、商制,周制则分九服(见《周礼·夏官·职方氏》)。邦内甸服,邦内之人以耕作田地交钱出兵车服事天子,故称甸服。
㉛邦外:指甸服以外五百里的区域。侯:《史记·夏本纪》裴骃《集解》引孔安国《尚书序》云"侯,候也。斥候而服事也。"(斥候,行军作战时在前沿侦察敌情的

人。)侯服,言诸侯国为王前驱而服事天子。

㉜侯卫:诸侯国的外卫,即侯服以外五百里的区域。宾服:因不是诸侯,而是以宾客的身份服事天子,故称宾服。又一说,以侯为侯服,卫为卫服;宾,朝见,即言侯服、卫服区域内的要定期朝见天子。但前既言"邦外侯服",则此即有重复之嫌,故不取。

㉝夷蛮:古代对边远地区民族的蔑称,俗谓东夷西戎南蛮北狄。要服:指侯卫以外五百里的区域。要,束缚。因夷蛮之地距国都甚远,依靠立盟定约,用约束性的规定使其服事天子,故称要服。

㉞荒服:因戎狄之地距国都更远,处于荒野,顺应其风俗而使之服事天子,故称荒服。《史记集解》引马融说:"政教荒忽,因其故俗而治之。"

㉟祭:指供应天子每天祭祀所需的物品。

㊱祀:指供应天子每月的祭祀用品。

㊲享:献。指供应天子四时(四季)的享献,祭祀天子的始祖。

㊳贡:岁贡。要服者六年一朝觐天子,贡纳祭品祭祀天子的远祖及天地之神。

㊴荒服者王:韦昭《注》云,"九州之外,谓之藩国,世一见,各以其所贵宝为贽。"指夷狄的首领承认周天子的正统地位,每一王终,新王继位,即以本国珍宝作礼物来朝见天子。

㊵意:思想意念。

㊶修言:指天子自己检点所发布的号令,是否合乎古制。

㊷文:政令教化。

㊸名:尊卑职贡的名分。

㊹德:文德,指仁义礼乐。

㊺序:次序,指以上"意、言、文、名、德"五者的次序。刑:刑罚。

㊻让:谴责。

㊼辟:法令、条例。

㊽勤:劳苦。

㊾大毕、伯士:犬戎氏的两个君主名。

㊿几:危,倾覆。顿:败坏,毁弃。

㈤树惇:立性淳朴。

㈥纯固:专一。

【今译】

　　周穆王将要去征讨犬戎。祭公谋父劝阻说:"不可。先王只彰明美德而不炫耀武力。兵力聚集储备,按时行动,一出动就要显出威势;炫耀武力就是滥用,滥用就没有威慑力了。因此,周公作的诗中说:

'收起干戈,藏好弓箭,我寻求美好的德行,传扬到全中国。相信我王能永保天命。'先王对于百姓,勉励并端正他们的道德,而使他们的本性更敦厚;增加他们的财富,而使他们的器具便利顺手。对他们阐明利害的所在,用礼法教育他们,使他们能专力求利而避害,感激王的恩德而惧怕刑法的威严,所以先王能够世代保有天下,而且日益强大。

"从前我们的先王弃和不窋相继担任农官,服事虞舜、夏启。到夏朝衰败的时候,废除农官,不重视农事,我们的祖先不窋因此失去了这个官职,只好自己逃避到戎狄之间的邠地。他不敢荒废农事,经常陈述先辈的德行,继续先辈的事业,完善先辈的教化法度,夜以继日始终恭敬勤奋,以惇厚的品性来坚守他的职责,以忠信的美德来奉行他的事业,自此代代相传,继承这优良的品德,没有辱没祖先的地方。到了武王,发扬先辈的光辉业绩,再加上慈爱和善,敬事神明,抚育百姓,神民没有不欣喜的。商天子辛,被百姓极端痛恨。百姓忍受不了他的暴虐,衷心地拥戴武王,因此,武王在商地牧野打败了他。这可见先王并非要诉诸武力,原是为关怀可怜百姓的痛苦,去掉他们的祸害啊。

"先王的制度:王都四面千里区域内称为甸服;甸服外五百里属于侯服;诸侯国的外卫地区称为宾服;夷蛮边远之地称为要服;戎狄荒野之地称为荒服。甸服地区要供给天子每天祭祀所需的物品;侯服地区要供给天子每月的祭祀用品;侯卫宾服的君主要供给天子每季的享献;要服的君长要每年向天子进贡;荒服的君长臣服于天子,刚继位时朝见一次。每天一次供给天子祭祀父、祖的祭品,每月一次供给天子祭祀高祖、曾祖的祭品,每季一次供给天子祭祀始祖的祭品,每年一次贡献给天子祭祀远祖和天地之神的祭品,终生一次朝见天子:这是先王的训示啊。如果有不供日祭的,天子就要反省自己的思想意念;如果有不供月祀的,天子就要检查自己所发布的号令;如果有不供每季享献物品的,天子就要修明他的政令教化;如果有不贡纳每年的祭物的,天子就要正尊卑职贡的名分;如果有不来朝见的,天子就要加强仁义礼乐的教化。以上五方面都做到了,而有的仍不来,就得动用刑罚了。于是,对于不供祭物的,要依法惩办;对于不供祀物的,要派军队去讨伐;对于不供时享的,要命令诸侯去征讨;对于不纳岁贡的,要派遣使者去责备;不来朝见的,要用文书去晓喻。这样,有刑罚的律条,有讨伐的军队,有征讨的举动,有诘责的命令,有晓喻的文辞。如果发布了诘责的命令，晓喻的文辞还是不来，就要再次修明自己的礼乐政教，断不可劳苦百姓到远方作战。因此，近处没有不听从的，远处没有不归顺的。

"现在，自从大毕、伯士这两位君长去世后，犬戎氏都尽其职守来朝见。您却说：'我一定要用不供时享的罪名征讨他们，并向他们显示兵威。'这岂不是置先王的训示而不顾，破坏了'终王'之制吗？我听说那犬戎氏树立了淳厚的风尚，能够遵循他们先辈的德行，始终如一地恪守他们'终王'的职责，他们必定有了抵抗我们的准备了。"

周穆王不听谋父的劝阻，仍去征讨犬戎。结果，仅得了四头白狼、四头白鹿回朝。从此以后，边远的戎狄等族，再也不来朝见了。

## 2. 密康公母论小丑备物终必亡

【题解】

密康公的母亲认为，德行、地位不够条件的小人物，不应该有数量多而优裕的物质享受，所以劝导密康公将三个同时奔就他的美女献给周王。康公不听，一年后，密国被攻灭。这虽然不一定是这件事的必然后果，但密康公母作为一个贵族妇女，能够用"小丑备物终必亡"的道理，教训身为诸侯的儿子，不让他纵情物欲，还是十分明智的，西汉刘向将她归入《列女传·贤明类》。

【原文】

恭王游于泾上①，密康公从②，有三女奔之③。其母曰④："必致之于王。夫兽三为群⑤，人三为众，女三为粲⑥。王田不取群⑦，公行下众⑧，王御不参一族⑨。夫粲，美之物也。众以美物归女⑩，而何德以堪之⑪？王犹不堪，况尔小丑乎⑫？小丑备物，终必亡。"康公不献。一年，王灭密。

注释

①恭王：周恭王，名伊扈，穆王的儿子。泾：水名，发源于今宁夏六盘山东麓，流经甘肃省，至陕西省高陵县入渭河。

②密:古代诸侯国名,故址在今河南密县东南,其地离泾水较近。康公:密国之君,姬姓,失名。

③奔:古时指女子不经媒妁而私与男子结合。《周礼·地官·媒氏》:"仲春之月,令会男女,奔者不禁。"

④其母:密康公之母。据西汉刘向《列女传》言"姓隗(wěi 尾)氏。"

⑤兽三为群:野兽三只以上称群。

⑥粲(càn 灿):美貌。《诗·唐风·绸缪》:"今夕何夕,见此粲者。"《疏》:"女三为粲。粲,美物也。……粲者,众女之美称也。"

⑦王田不取群:天子打猎得三兽,他不会全部拾取。《史记》张守节《正义》引曹大家说:"田猎得三兽,王不尽收,以其害深也。"《周易·系辞下》:"三与五同功而异位。三多凶,五多功,贵贱之等也。"韩康伯《注》认为"三五阳位,柔非其位,处之则危。"古时以三表示多数,三居下卦之极,故多凶;五居中,处尊,故多功。

⑧公行下众:诸侯有何重大行动决策要与众人商议(以示谦下尊贤)。《史记·周本纪》作"公行不下众",文义相悖。公,指诸侯。

⑨王御不参一族:天子娶女不能娶同父所生的三姐妹为嫡夫人及左右媵夫人。媵(yìng 映),此指诸侯女儿出嫁时随嫁之女,即妾。据《公羊传·隐公元年》注,因立嗣立嫡,嫡夫人无子则立右左媵之子,故嫡与二媵异国,即使一国之女亦应异父,为广嗣续的原因。参,三。

⑩女:同汝。

⑪堪:任,承受。

⑫丑:类。小丑,犹言地位低下的小人物之类。

【今译】

周恭王出游于泾水地方,密国诸侯康公陪同,有三个美女同时来奔就他。康公的母亲说:"你一定要把他们进献给天子。那三只野兽就聚合为群,三个人就集合为众,三个美女就美得耀眼夺目。天子出猎击中三只野兽,他不会全部据为己有;诸侯的重大行动要与众人商议而定;天子娶女不娶同父所生的三个姐妹。那美女,是颜色动人的美物,三个人都同时献美物给你享用,你有何德行来承受它呢?天子还不敢享用,何况你这样的小人物呢?小人物享用美好的东西,最终必定自取灭亡。"康公不献出美女。一年后,恭王灭掉密国。

# 3. 邵公谏厉王弭谤

【题解】

　　周厉王暴虐,还严禁国人议论。贵族大臣邵公指出这种行为的错误,力加劝阻。厉王坚决不改,最后被起义的百姓驱逐到彘地。本文生动地记录了邵公进谏的说辞,并对这一历史事件的始末作了扼要的记述。文章结构谨严,说辞气势充沛,语言生动,譬喻恰切,很具说服力。

【原文】

　　厉王虐①,国人谤王②。邵公告王曰③:"民不堪命矣④。"王怒。得卫巫⑤,使监谤者,以告⑥,则杀之。国人莫敢言,道路以目⑦。王喜,告邵公曰:"吾能弭谤矣⑧。乃不敢言。"邵公曰:"是障之也⑨。防民之口,甚于防川。川壅而溃⑩,伤人必多。民亦如之。是故为川者⑪决之使导⑫;为民者宣之使言⑬。故天子听政,使公卿至于列士献诗⑭,瞽献曲⑮,史献书⑯,师箴⑰,瞍赋⑱,矇诵⑲,百工谏⑳,庶人传语㉑,近臣尽规㉒,亲戚补察㉓,瞽、史教诲㉔,耆、艾修之㉕,而后王斟酌焉。是以事行而不悖㉖。民之有口,犹土之有山川也,财用于是乎出;犹其有原隰衍沃也㉗,衣食于是乎生。口之宣言也,善败于是乎兴,行善而备败㉘,其所以阜财用、衣食者也㉙。夫民虑之于心而宣之于口,成而行之,胡可壅也㉚?若壅其口,其与能几何㉛?"

　　王不听。于是国人莫敢出言㉜。三年,乃流王于彘㉝。

注释

①厉王:周厉王。名胡,夷王之子,穆王的四世孙,在位三十七年(公元前878—公元前841年)。

②国人:古代农夫住在田野小邑,称为野人;工商业者住在通都大邑,称为国人。公元前841年举行起义驱逐厉王的,系城市工商业者(据范文澜《中国通史简编》修订本)。谤:议论,责备。

③邵(shào 韶)公:即邵穆公,名虎,西周宗室邵康公之后,世代为周王卿士。

④命:指厉王暴虐的政令。

⑤卫巫:卫国的神巫。

⑥以告:以谤者告。

⑦道路以目:人民相遇于道路,不敢交谈,只能彼此以眼神示意。形容敢怒而不敢言。

⑧弭(mǐ 米)谤:消除谤言,止住了议论。

⑨是障之也:障,本指防水的堤,筑堤以防水也叫"障",此为"阻挡、堵塞"之意。邵公言下之意,是厉王用暴力堵住人民的口,并没有使谤言真正消除。

⑩壅(yōng 佣):堵塞。溃:决堤泛滥。

⑪为川者:治水的人。"为"作"治"解,与下文"为民者"的"为"同义。

⑫决之使导:决,开通水道;导,通畅。

⑬宣之使言:宣,示。示意开导他们,使其畅言。

⑭公卿列士:三公九卿。三公,是古时辅助国君掌握军政大权的最高官员,周的三公为太师、太傅、太保;九卿为中央政府的九个高级官职,周以少师、少傅、少保(又称"三少"、"三孤")、冢宰、司徒、宗伯、司马、司寇、司空为九卿。列士:士有上士、中士、下士,故称列士,官名,位次于大夫。献诗:公卿列士对政治有所讽谏,用献诗的方式表达,所献的诗,可能就是采自民间的风谣。

⑮瞽献曲:韦昭《注》:"无目曰瞽。瞽,乐师;曲,乐曲也。"盲者善于听辨声音,古代乐官都由盲者充任,又称"太师"(不同于三公之太师),所献乐曲多采自民间,故能反映出人民的意见。

⑯史献书:史,指外史之官。书,古代典籍。外史献书,使国君了解古代政治的成败,做为借鉴。

⑰师箴(zhēn 真):少师献箴言纠正国君的错误。师,少师,次于太师的乐官;箴,一种具有劝戒意义的韵文,与后世的格言相近。

⑱瞍(sǒu 叟)赋:瞍朗诵公卿列士所献之诗给国君听。瞍,韦昭《注》:"无眸子曰瞍。"即眼中无瞳仁的盲人。赋,不歌而诵。

⑲矇:有眸子而失明的人。诵:指不配合乐曲的诵读。矇朗诵外史和少师所献的"书"、"箴",意在使国君牢记不忘。

⑳百工谏:百工在奏乐曲时劝谏国君。工,指乐工(用杜预说,见《左传》杜《注》)。

㉑庶人传语:老百姓没有机会直接向国君进谏,但他们平日的街谈巷议,也能辗转传达给国君知道。庶人,即平民。

㉒近臣尽规:国君左右亲近之臣,进劝戒之辞。尽,即"进";规,规谏。

㉓亲戚:指与君王同宗的大臣。补:弥补王的过失。察:监督王的行政。

㉔史:太史,掌礼的官员。瞽史教诲是言乐师用音乐、太史用礼法来对王进行教诲。

㉕耆(qí棋)艾：古代六十岁的人叫耆，五十岁的人叫艾，这里指国君的师傅和朝中老臣。修：戒饬，警告。
㉖悖(bèi贝)：违背。
㉗原：宽阔平坦的土地。隰(xí习)：低下而潮湿的土地。衍：低下而平坦的土地。沃：有河流灌溉的土地。
㉘行善而备败：好的加以推行，坏的加以防范。
㉙阜：增多。
㉚胡可壅也：怎能加以堵塞呢？胡，何。
㉛其与能几何：即"其能几何与"。几何，犹言"多久"。与，同"欤"。
㉜"国人"，原底本无"人"字，从公序本增。
㉝"三年"句：过了三年，把厉王驱逐到彘(zhì雉)地。《史记·周本纪》作"三年，乃相与畔，袭厉王。厉王出奔于彘。"故"流"不应作"放逐、流放"解。彘，晋地，在今山西省霍县境内。

## 【今译】

　　周厉王暴虐无道，国内的百姓指责他的过失。贵族大臣邵穆公告诉他说："百姓已经受不了您暴虐的政令了。"厉王听了大怒，找来一个卫国的神巫，让他监视指责自己有过失的人。只要卫巫来报告，厉王就把被告发的人杀掉。百姓不敢再议论王的过失，相遇于道路，只能彼此用眼睛示意而已。厉王高兴了，告诉邵公说："我能消除指责我过失的言论了，他们不敢再胡说了。"邵公说："您这是堵住百姓的口啊。堵塞百姓的嘴巴，比堵塞江河的后果还要严重。筑堤堵塞河水，河水壅塞而一旦溃决泛滥，结果伤害的人一定很多，堵百姓的嘴巴也是一样。因此，治水的人应该疏通河道，使水畅流无阻；治理百姓的人应该引导他们，使他们知无不言，言无不尽。所以，天子处理政事，要上自三公九卿下自士人进献讽谏的诗篇，乐师进献反映民意的歌曲，史官进献可资借鉴的史书，乐官进献寓有劝戒意义的韵文，瞍者朗诵讽谏的诗篇，矇者诵读寓劝戒意义的文辞，乐工们借奏乐时进谏，老百姓对政事的意见间接地传达给王，常在国王左右的近臣向王进陈规谏，宗族大臣弥补和监督王的行政，乐师用歌曲、史官用礼法对王进行教诲，王的师傅和元老重臣也经常对王劝戒提醒，然后由天子斟酌取舍。这样，政事施行起来才不致违背情理。人有嘴巴，就好像大地有高山大河一样，人类的财富用度都从这里产生出来；又好像大地有平洼高低各种土地一样,人类的穿衣吃饭的资源都从这里产生。让人说话,国家政事的好坏才能从这里反映出来。推行善政防范败亡,就能使百姓的衣食财用大大地增多。百姓们有意见,在心里考虑,用嘴巴说出,考虑成熟了,就自然要流露出来,怎么可以堵塞呢?如果堵住百姓的嘴巴不让说话,这样做能长久吗?"

厉王听不进邵公的忠言劝谏。这样,国内的百姓没有敢再说话的。仅仅过了三年,人们就把厉王驱逐到彘地去了。

# 4. 芮良夫论荣夷公专制

【题解】

周厉王不但暴虐无道,还十分贪婪,在位时纵容荣夷公搞专利,实行垄断山林川泽的政策,无限度地剥削人民。大臣芮良夫认识到这会造成民怨沸腾,导致周王室的败亡,提出批评意见。厉王不加理睬,一意孤行,用荣夷公为执政卿,周室衰微,自己也落得个被国人驱逐的下场。

【原文】

厉王说荣夷公①,芮良夫曰②:"王室其将卑乎!夫荣公好专利而不知大难。夫利,百物之所生也,天地之所载也③,而或专之,其害多矣。天地百物,皆将取焉,胡可专也?所怒甚多,而不备大难,以是教王,王能久乎?夫王人者④,将导利而布之上下者也⑤,使神人百物无不得其极⑥,犹日怵惕⑦,惧怨之来也。故《颂》曰⑧:'思文后稷⑨,克配彼天⑩。立我烝民⑪,莫匪尔极⑫。'《大雅》曰⑬:'陈锡载周⑭。'是不布利而惧难乎?故能载周,以至于今。今王学专利⑮,其可乎?匹夫专利,犹谓之盗,王而行之,其归鲜矣。荣公若用,周必败。"既,荣公为卿士,诸侯不享,王流于彘。

【注释】

①荣夷公:《墨子·所染》《吕氏春秋·仲春·当染》作"荣夷终"。荣:国名,周同姓畿内诸侯。荣伯自周成王时即世为周王卿士,荣夷公为荣伯后人,夷为其

谥号。荣夷公为厉王执政,实行专利,引起国人反抗。《竹书纪年·厉王元年》:"作夷宫,命卿士荣夷公落",则其早已导君于奢侈享受。说:同"悦"。

②芮(ruì 锐)良夫:周王卿士。芮也是周之同姓畿内诸侯国名(封邑在今陕西省大荔县东南),芮伯自武王时即世为周王卿士,良夫为芮伯后人。

③载:成。

④王(wàng 旺):统治。王人者:指统治臣民的帝王。

⑤导:引导、开浚。布:赋,给予。上下:上指天神,下指人民。

⑥极:中。《书·洪范》:"建用皇极。"《传》:"极,中也。"中正的准则,此指适当的位置。

⑦怵(chù 触)惕:戒惧。《古文尚书·囧(jiǒng 窘)命》:"怵惕惟厉,中夜以兴,思免厥愆。"

⑧此处所引《颂》诗,见《诗经·周颂·思文》。

⑨思:发语词。文:指教化万民的文德。后稷:见《周语上》1 注⑯。

⑩克:能。

⑪立:同"粒",谷粒。蒸民:众民。立我蒸民,言后稷教民种谷,使众民得以生存。

⑫匪:非。极:极点、顶点。

⑬此处所引《大雅》诗,见《诗经·大雅·文王》。

⑭陈锡载周,《毛诗》作:"陈锡哉周"。陈(shēn 深):一再,重复。锡:通"赐"。"载"与"哉"此处义同,创建。

⑮卿士:又称卿事,春秋时官名,此专指执政卿。《左传·隐公三年杜注》:"卿士,王卿之执政者。"

【今译】

周厉王宠信荣夷公,大臣芮良夫说:"周王室大概就要衰微了吧!那位荣公喜好独占财利却不知道预防大难。利,是由百物产生的,是由天地生成的,如果有人垄断它,痛恨这种人的就太多了。天地百物生成的财利,众人都可以取用,怎么可以垄断呢?独占财利犯了众怒,而又不防备大难,用这种办法教唆王,王的统治能持久吗?当一国之君的人,应当开发财利给神明和百姓,使神明百姓与天地百物没有不各得其所的,还要天天戒惧,唯恐招来怨恨。所以《颂》诗说:'那个以文德教化万民的后稷,他的功德堪配上天。他教导万民种出粒粒谷米,民人没有不按他教导的准则去做的。'《大雅》也说:'文王一再将大利赐福给天下民人,奠定了周王朝的帝业。'这难道不是赐人财利而又时时在警惕怕出乱子吗？所以文王才能成就周朝的基业,从那时一直延续到今。现在王却去学独占财利,这能行得通吗？平民百姓独占财利,还称叫强盗,王如果推行独占财利的政策,那归附的人就会越来越少。荣公如果受到重用,周朝的王业一定衰败。"以后,荣公被任命为卿士,诸侯不再来朝贡,厉王最终被国人驱逐到彘地。

# 5. 邵公以其子代宣王死

【题解】

本则写邵公以自己的儿子替宣王去死,并宣扬事君应当"险而不怼,怨而不怒"的为臣之道。

【原文】

彘之乱,宣王在邵公之宫①,国人围之。邵公曰:"昔吾骤谏王②,王不从,是以及此难。今杀王子,王其以我为怼而怒乎③!夫事君者险而不怼,怨而不怒,况事王乎?"乃以其子代宣王,宣王长而立之④。

注释

①宣王:周宣王(公元前 827—公元前 782 年在位),厉王之子,名靖。宫:房屋的通称。古时不论贵贱,住房都可称宫,秦汉以后始专指帝王所居的房屋。
②骤:屡次,多次。
③怼(duì 对):怨恨。
④彘之乱:为公元前 842 年。其后,以周、邵二公为首的周室公卿共同执政,号称共和,历十四年。公元前 827 年,厉王崩于彘,周公、邵公奉太子靖即位,是为周宣王。

【今译】

在周厉王被驱逐到彘地的那次动乱中,宣王藏匿在邵公家里,国人包围了邵公的府第。邵公说:"当初我曾多次劝谏天子,天子不听从,因此才遭到这种祸难。现在如果听任国人杀掉太子,天子将认为我是愤恨他而迁怒。凡是事奉君主的人宁肯身处险地而不愤恨,即使心里埋怨也不迁怒,何况是侍奉天子呢?"于是用自己的儿子代替宣王死难,待宣王长大成人又拥立他登上王位。

# 6. 虢文公谏宣王不籍千亩

【题解】

周宣王废除籍田制,大臣虢文公力加劝谏。这篇谏言阐述了古代农业的重要作用:它是宗庙祭祀、人民生存、百官供给、国家安定、财用资源、国力强盛的基础和保证,农业经济在国家政治生活中占有头等重要的地位。因此,天子"亲耕"千亩籍田的古礼必须坚决遵循,以起到鼓励百姓重视农耕、组织带动全国农事活动的作用。同时还详尽地叙述了古代天子举行籍田礼仪的全过程和有关的农事活动。这些反映出古代中国以农立国、周人重视农业的历史传统,也有助于读者了解一些西周时期有关农业祭祀的礼仪制度。

【原文】

宣王即位,不籍千亩①。虢文公谏曰②:"不可。夫民之大事在农,上帝之粢盛于是乎出③,民之蕃庶于是乎生④,事之供给于是乎在,和协辑睦于是乎兴,财用蕃殖于是乎始,敦庞纯固于是乎成⑤,是故稷为大官⑥。古者,太史顺时觇土⑦,阳瘅愤盈⑧,土气震发,农祥晨正⑨,日月底于天庙⑩,土乃脉发⑪。

"先时九日,太史告稷曰:'自今至于初吉⑫,阳气俱蒸⑬,土膏其动⑭。弗震弗渝,脉其满眚⑮,谷乃不殖。'稷以告王曰:'史帅阳官以命我司事曰⑯:"距今九日,土其俱动,王其祇祓⑰,监农不易⑱。"'王乃使司徒咸戒公卿、百吏、庶民⑲,司空除坛于籍⑳,命农大夫咸戒农用㉑。

"先时五日,瞽告有协风至㉒,王即斋宫㉓,百官御事㉔,各即其斋三日。王乃淳濯飨醴㉕。及期,郁人荐鬯㉖,牺人荐醴㉗,王祼鬯㉘,飨醴乃行,百吏、庶民毕从。及籍,后稷监之,膳夫、农正陈籍礼㉙,太史赞王㉚,王敬从之。王耕一墢㉛,班三之㉜,庶民终于千亩。其后稷省功㉝,太史监之;司徒省民,太师监之㉞;毕,宰夫陈飨㉟,膳宰监之㊱。膳夫赞王,王歆大牢㊲,班尝之,庶人终食。

"是日也,瞽帅、音官以风土㊳。廪于籍东南㊴,钟而藏之㊵,而时布之于农。稷则遍诫百姓,纪农协功㊶,曰:'阴阳分布,震雷出滞㊷,土不备垦,辟在司寇㊸。'乃命其旅曰:'徇㊹!'农师一之,农正再之,后稷三之,司空四之,司徒五之,太保六之㊺,太师七之,太史八之,宗伯九之㊻,王则大徇。耨获亦如之㊼。民用莫不震动,恪恭于农,修其疆畔㊽,日服其镈㊾,不解于时,财用不乏,民用和同。

"是时也,王事唯农是务,无有求利于其官㊿,以干农功㊱,三时务农而一时讲武㊲,故征则有威,守财有财。若是,乃能媚于神而和于民矣㊳,则享祀时至而布施优裕也㊴。

"今天子欲修先王之绪而弃其大功㊵,匮神乏祀而困民之财,将何以求福用民?"

王不听。三十九年,战于千亩㊶,王师败绩于姜氏之戎㊷。

### 注释

①不籍千亩:不遵循天子亲耕田亩的古制。籍,籍田,古时帝王于春耕前亲耕农田以奉祀宗庙,并寓劝农之意。《诗经·周颂·载芟(shān 山)序》毛亨《传》:"籍田,甸师氏所掌,王载耒耜(lěi sì 累四)所耕之田,天子千亩,诸侯百亩。籍之言借也,借民力治之,故谓之籍田。"可见籍田千亩,名义上是天子亲耕,以供奉祖宗祭祀用的米饭。天子治民听政,不能亲耕,说是借民力来助耕,所以叫籍田。

②虢(guó 国)文公:周文王同母弟虢仲的后裔,为周王卿士。虢公封地在今陕西宝鸡市境,为周王室畿内诸侯,春秋时为晋所灭。

③上帝之粢(zī 姿)盛:祭祀时供奉上帝的米饭。粢,古代供祭祀用的谷类。盛,置放于器皿中。

④蕃庶:生生不息地繁殖。蕃,生长。庶,众多。

⑤敦:厚。厖(máng 忙):大。

⑥稷:本为一种粮食作物,即黍,古时以为百谷之长,故以稷为农官之长。中国以农立国,且"民以食为天",因称其为大官。

⑦太史:史官,掌天文历法史事,周时为史官及历官之长。觅(mì 密):视,观察。

⑧瘅(dàn 旦):厚,盛。愤:积。盈:满。

⑨农祥:星名,即房星,为二十八宿之一,东方苍龙七宿的第四宿。祥,象,指天象。晨正:房星正月中晨见南方。星宿为古人测定岁时季节的观测对象,周历正月为夏历(现称农历)三月,房星正月中晨见南方,即为立春之日,是一年农事起始的星象征候。

⑩日月底于天庙:太阳月亮交会于北方营室星。天庙,星名,即营室星,二十

八宿之一,为北方玄武七宿的第六星。

⑪脉:指土地的脉理。脉发,孟春三月,天气转暖,大地解冻,地气蒸腾,这时土地就像人体的血管一样膨胀充盈。《礼记·月令·孟春》:"是月也。天气下降,地气上腾,天地和同,草木萌动。"郑玄《注》:"此阳气蒸达,可耕之候也。《农书》曰:'春土冒橛,陈根可拔,耕者急发。'"因冬土冻定,庄稼橛根与地平,孟春三月,土气升长,庄稼橛根冒出地面,陈根朽烂,可拔去。农民当急速开发其地。

⑫初吉:周历的二月初一至初七八。王国维说:"古者盖分一月之日为四分:一曰初吉,谓自一日至七八日也。"(见《观堂集林》卷一《生霸死霸考》)

⑬蒸:升腾。

⑭膏:滋润。动:松动。

⑮渝:变。眚(shěng 省):灾病。

⑯史:指太史。阳官:即春官。《周礼》以宗伯为春官,掌邦礼。司事:这里指主管农事的官员。

⑰祗(zhī 支):恭敬。袚(fú 服):沐浴斋戒后祈福除灾。

⑱监:到场察看。不易:不改变农作物最适宜在土地上生长之时。

⑲司徒:官名。《周礼·地官》谓大司徒主管教化,为六卿之一。百吏:百官。庶民:指甸师(管田事职贡之官)直接统领的三百个农民,他们为周王耕种千亩籍田。《周礼·天官》:"甸师掌帅其属而耕耨王籍,以时入之,以共斋(通"粢 zī")盛。"《经典释文》:"言掌帅其属者,谓除府史,有胥三十人、徒三百人而耕种耘耨于王之籍田。"

⑳司空:官名,金文写作"司工"。主管宫室营造、制造车服舆马、监督手工业奴隶的官,为六卿之一。除坛于籍:在籍田上除地为高坛,即建造祭坛以备袚除。

㉑农大夫:韦《注》以为即田畯,官名,掌管监督农奴的农事工作。按,田畯不见于《周礼》,疑即载师,地官之属,既管田事,又兼劝农,参见《周礼·地官·载师》。农用:农具器物。

㉒"瞽告"句:瞽为盲乐师,风出于土,据言瞽能聆风辨音。协风,和风,即春日和融之风。

㉓斋:祭祀前整洁身心,以示虔诚恭敬。斋宫为帝王斋祀之所。

㉔御事:治事,处理公务。

㉕淳濯(zhuó 茁):沐浴。飨醴(xiǎng lǐ 响里):饮甜酒。醴,甜酒。

㉖郁人:官名。《周礼·春官》:"郁人掌裸(guàn 灌)器。"荐:献。鬯:即郁鬯,古代祭祀用的一种酒,煮郁金香草取汁和黍酿成。

㉗牺人:官名,主管酒器。

㉘裸(guàn 灌)鬯:用裸器酌郁鬯浇奠地上,是祭农神开始时的礼仪。《大戴礼记·夏小正》:"初岁祭耒,始用畅(鬯)也。"

㉙膳夫:官名,主管帝王的饮食馐馔。农正:即田大夫。陈:敷陈。

㉚赞:引导。

㉛王耕一坺(fá伐):周王用一耒耜(lěi sì 磊四,上古翻土的农具)单独耕地翻土。清董增龄《国语正义》云,两人并头各执一耜发土为耦(ǒu 偶),一人独耕为坺,帝王至尊,无可并耕者,故用一耒耜独耕。《吕氏春秋·孟春纪》高诱《注》:"三推为一发(坺)。"可见只是以耒耜象征性地三推而已。《昭明文选》潘岳《籍田赋》李善《注》:"一耜之发"可证。

㉜班:次。班三之:王以下的公卿大夫百官按其地位高低各推三次。据韦昭《注》:"王一坺,公三,卿九,大夫二十七。"

㉝省:巡视。省功,言籍田翻土完毕,由稷检查田的工作完成情况。

㉞太师:官名,三公之一。《古文尚书·周官》:"立太师、太傅、太保,兹惟三公。论道经邦,燮理阴阳。"《孔传》:"师,天子所师法。"

㉟宰夫:官名,主管朝仪之事。《周礼·天官·冢宰》:"宰夫之职,掌治朝之法,以正王及三公六卿大夫群吏之位。"

㊱膳宰:即膳夫。

㊲歆(xīn 心):享。太牢:宴会或祭祀时并用牛、羊、豕三牲,叫太牢。《礼记·月令》孔颖达《疏》:"耕后设飨……用飨之馈具而行燕礼以劳群臣。"

㊳瞽帅:世界书局1936年铜版本作"瞽师",即盲乐师。音官:乐官。风土:用律管省风土,风气和暖,则土气适于栽种。律管,本指用来定音的竹管,据说把葭莩的灰塞在律管里,某个月到了,和它相应的律管里的葭灰就飞动起来,这就是古人候风的吹灰之法。以十二律分属十二月,以候十二月之风,气至则风动,风动则吹灰,不出为衰,全出为猛,半出为和。古人认为风生于土,故候风必以土。参见《吕氏春秋·季夏·音律》及《礼记·月令》郑玄《注》。

㊴廪(lǐn 凛):粮仓。籍田的粮仓又称御廪、神仓。

㊵钟:聚。

㊶纪:综合管理。协:同。

㊷阴阳分布:指春时一天之内昼与夜长短均等。滞:这里指蛰(zhé 哲)虫,即冬眠的虫类。

㊸辟:罪。司寇:官名,《周礼·秋官》大司寇主管刑狱,为六卿之一。据《大戴礼记·盛德篇》:"司寇之官以成义。"故由司寇治其不备垦之罪。

㊹旅:众,指三百个服劳役的人。循:行,即劳作。

㊺太保:官名,三公之一。与太师、大傅均为辅助天子的大臣。《古文尚书·周官》《孔传》:"保安天子于德义者。"

㊻宗伯:官名,六卿之一。《古文尚书·周官》:"宗伯掌邦礼,治神人,和上下。"《周礼·春官》有大宗伯,掌邦国祭祀典礼。

㊼耨(nòu 槈):锄草。获:收获。如之:如耕时的班次。

㊽疆畔:指田土的四境。

㊾镈(bó 博):锄草的农具。

㊿求利:指统治者变更农民服劳役的时间(本应是农闲时),追求眼前利益。

(51)干:干扰、妨碍。

(52)三时:指春夏秋。一时:指冬季。

(53)媚:取悦。

(54)布施:把财物施舍给人。

(55)大功:指农事。

(56)千亩:地名,据《史记》司马贞《索隐》云"在西河介休县(今山西省介休县)。"

(57)姜氏之戎:西戎的一种,传说为炎帝(姜姓)之后,其祖先在尧时曾佐禹治洪水,封为四岳之官,赐为侯伯,复姓为姜。

【今译】

周宣王即位后,废弃了天子亲耕千亩籍田的礼仪。虢文公进谏说:"不可这样。人民的重大任务在农事,供奉上帝的米饭从这出,人类生生不息的繁衍赖这生存,朝廷百官的供给靠这支撑,和平协调团结亲密的关系由这产生,国家的财政收入从这开始征收,国力强大繁荣昌盛的局面从这里奠定基础。因为这样,农官稷是个重要的官职。古时候,太史要按时观测土地,看到日照时数逐渐增多,冻结的土地已经回暖,房星在正月的早晨出现在南方的天幕上,太阳月亮交会在北方营室星所在的天空,立春时节土气开始充盈升腾。

"在这之前九天,太史报告大农官稷说:'从今天到初吉这段时间,阳气使解冻的土地暖热升腾,土性滋润充满生机。这时如果不适时翻动,土质会过于润泽而产生病虫害,庄稼将没有收成。'稷将这情况上奏天子说:'太史率领掌礼仪的官员来通知我们主管农事的官说:"从现在起的九天之内,土地全都适宜翻动了。请天子斋戒沐浴举行祈求土神谷神保佑五谷丰登的祭礼,并且监察全国的农事不误农时。"'天子于是命大司徒一体周知三公九卿、文武百官和在籍田服劳役的农民作好准备,大司空负责命人在籍田上建造祭坛,命令农大夫让农民准备好农具。

"这之前的第五天,盲乐师禀告有春日的和风降临。天子到斋宫整洁身心,百官处理公务后,各自到斋宫随侍三日。天子于是斋戒沐浴饮甜酒。到了祭祀那天,郁人献上鬯酒,牺人将郁鬯酒奉上,天子酌郁鬯酒浇奠土地祭告农神,饮祭酒,然后出发,百官、庶民全都跟从。到了籍田上,大农官后稷监察,膳夫、农正负责籍礼的具体事务,太史引导天子,天子恭敬地跟随着太史行礼如仪。天子单独用耒耜在地里三推表示亲耕,三公九卿百官按照品位高低依次各推三次以上,服劳役的庶民耕完千亩籍田。这之后,稷检查籍田的翻土完成情况,太史监察这一工作;大司徒清点参加籍礼的人数,太师监察这一工作;完毕,宰夫布置安排好劳酒宴席,膳夫监察这一工作。膳夫引导天子走向宴席,天子先享用宴席上的牛羊豕各味菜肴,三公九卿、百官按品位高低依次品尝,耕完籍田的庶民吃完这些酒食。

"这一天,盲乐师、乐官用律管审听风气土性。在籍田东南面建御仓,收获后聚集保存在这里,而后按农时需要拿出谷种。大农官稷通告全国百姓,要大家齐心协力从事农业劳动,说:'春天昼夜长短差不多,春雷震响使冬眠的虫类复甦出土活动。全国的田地如果不做好春耕,由大司寇治罪。'于是命令在籍田上服劳役的平民说:'赶紧劳作!'农师第一、农正第二、后稷第三、司空第四、司徒第五、太保第六、太师第七、太史第八、宗伯第九,天子率领着这些公卿百官亲自去视察籍田的农事。锄草、收获时也像这样郑重。全国农民的农具都出动,认真恭谨地专心从事农业劳动,修整好田边土角,天天用镈锄草,不敢在农忙时稍有懈怠,这样才能使国家财政供给不会缺乏,人民的生产生活秩序协调。

"在农忙这段时间,天子把农业生产看成是唯一大事,千万不能为追求眼前利益而变更人民服劳役的时间,以致干扰农业劳动。务必用春夏秋三时从事农业生产而冬季农闲讲习武事,这样出兵征讨才有威势,平时也有财力物力的保证。只有像这样,才能得到神的欢心和人民的拥护,祭祀的用品按时献上,而且能布施给百姓丰盛的财用。

"现在您想继承先王的大业却放弃先王赖以成就事业的农事,使祭祀鬼神的粮食匮乏,又使人民的财力困难,还怎么求神的庇佑和役使民力呢?"

宣王不听从。继位三十九年,战争发生在千亩这地方,朝廷的军队被西戎姜氏打败。

# 7. 仲山父谏宣王立戏

**【题解】**

这篇文章记周宣王为鲁国立太子,废长立幼,樊仲山父劝阻不听,最后造成鲁国内乱的史实,从一个侧面反映出当时正统的宗法观念。

**【原文】**

鲁武公以括与戏见王①,王立戏,樊仲山父谏曰②:"不可立也!不顺必犯③,犯王命必诛,故出令不可不顺也。令之不行,政之不立,行而不顺,民将弃上④。夫下事上,少事长,所以为顺也。今天子立诸侯而建其少,是教逆也。若鲁从之而诸侯效之,王命将有所壅⑤,若不从而诛之,是自诛王命也⑥。是事也,诛亦失,不诛亦失,天子其图之⑦!"王卒立之。鲁侯归而卒,及鲁人杀懿公而立伯御⑧。三十二年春,宣王伐鲁,立孝公⑨,诸侯从是而不睦。

### 注释

①鲁武公:周公姬旦封于鲁(今山东省曲阜),其子伯禽为鲁公,武公名敖,为伯禽五世孙。括:武公长子。戏:武公幼子,公元前817年武公卒,立,是为懿公。

②樊仲山父:周王卿士,食采于樊(今湖北襄樊市樊城镇)。一说为鲁献公之仲子,入辅周室,是仲山父为姬姓。

③不顺:指不遵循常典。古制,嗣子(王位爵邑的继承人)立嫡,无嫡立长。宣王爱戏,不为鲁立长子括为太子,而立幼子戏,故仲山父谏阻。犯:违逆。

④民将弃上:嗣子在家族中是以兄统弟,在政治上是以君统臣,立幼则是使长子事幼子,故人民一定不会听从。

⑤王命将有所壅:指先王立子立长的训命将壅塞不行。

⑥是自诛于王命也:是自己就诛于先王立长之训命。

⑦图:谋。

⑧伯御:韦《注》以伯御为括。《史记·鲁世家》以伯御为括之子。译文从《史记》。

⑨孝公:鲁懿公戏之弟,名称。《史记·鲁世家》:"伯御即位十一年(公元前796年),周宣王伐鲁,杀其君伯御。……立称于夷宫,是为孝公。"

【今译】

　　鲁武公带着长子括与幼子戏朝见周宣王，宣王要立戏为鲁太子。樊仲山父劝阻说："不可以立戏为太子。不按长幼的顺序立太子，鲁人必定会违背王命，违背王命必定招到诛杀，所以发出政令不可以不遵循典制。下达的政令如果行不通，政事就无法设置，勉强执行了而不是遵循古制，人民将要抛弃那强行扶到上位的。那在下位的服事上位的，年幼的服事年长的，这就是叫遵循古制。现在天子立诸侯的继承人却扶助那年幼的，这是教导诸侯违背制度。如果鲁国听从，接着其他诸侯也仿效，先王立长的训命将壅塞不行；如果鲁国不听从，朝廷杀掉鲁国自立的长子，这是自己违背先王的训命。立太子立幼这事的结果，杀掉他有过失，不杀掉他也有过失，希望天子慎重考虑它的后果。"宣王最终仍立戏为鲁太子。鲁武公回国后不久去世，鲁人杀掉宣王立的懿公戏，拥立括的儿子伯御为国君。三十二年春天，周宣王率领军队征讨鲁国，立鲁孝公，各国诸侯从那时起不再亲近周王室。

# 8. 穆仲论鲁侯孝

【题解】

　　本文记樊穆仲论鲁侯奉行孝道，劝宣王立他为诸侯之长的史实。

【原文】

　　宣王欲得国子之能导训诸侯者①，樊穆仲曰②："鲁侯孝③。"王曰："何以知之？"对曰："肃恭明神而敬事耇老④；赋事行刑⑤，必问于遗训而咨于故实⑥；不干所问⑦，不犯所咨。"王曰："然则能训治其民矣。"乃命鲁孝公于夷宫⑧。

注释

　　①国子：指姬姓宗族的子弟。导训诸侯：即由天子任命为诸侯之长，负责教导训戒诸侯。按，古代中国分境内为九州（冀、豫、雍、扬、兖、徐、梁、青、荆），每州置牧，为一州之长官，周时以贤德的诸侯担任，称州伯。（见《礼记·王制》郑玄

【注】）
②樊穆仲：即樊仲山父，穆是仲山父的谥。
③孝：此指善事尊长。
④明神：古代对神的尊称。耇(gǒu枸)老：老年人。许慎《说文解字》："耇,老人面冻黎若垢。"指老人面部肌肉僵硬容色如垢。《史记·鲁世家》作"耆(qí其)老"。
⑤赋事行刑：指处理政务执行法纪。
⑥遗训：指先王的教导训命。咨(zī资)：咨询、征求(意见)。故实：指历史上足以效法的旧事。
⑦干：抵触。
⑧夷宫：韦《注》："夷宫者，宣王祖父夷王之庙。古者爵命必于祖庙。"

【今译】
　　宣王想在姬姓子弟中物色一个能以言行教导诸侯的人。樊穆仲说："鲁侯贤孝。"周王问："从什么可以看出呢？"回答说："鲁侯能用肃穆恭谨的态度奉事神明，能以尊敬的态度对待年长的人；他处理政务执行法纪时，必定要向年高有德的人请教有无先王遗留的训命，以及询问历史上可以比照的旧事；不与先王遗训相抵触，不与德高望重者的意见相违背。"宣王说："那么他一定是能够教导治理好那些老百姓的。"于是在夷宫举行任命鲁孝公为诸侯之长的仪式。

# 9. 仲山父谏宣王料民

【题解】
　　普查人口，统计全国的人口数字，这是一个国家政治生活中的大事，周宣王要这样做，本来无可厚非。仲山父进行劝阻，认为应当像古代那样，通过各部门的职官和一些具体事务，国君能大致了解人口情况就可以了，并且危言耸听地说普查人口会危害国家并且祸及子孙，果然到宣王的儿子西周灭亡，这是否有直接的因果关系，倒是值得引起读者思考的。

【原文】

宣王既丧南国之师①,乃料民于太原②。仲山父谏曰:"民不可料也!夫古者不料民而知其少多,司民协孤终③,司商协民姓④,司徒协旅⑤,司寇协奸⑥,牧协职⑦,工协革⑧,场协入⑨,廪协出⑩,是则少多、死生、出入、往来者皆可知也。于是乎又审之以事⑪,王治农于籍,蒐于农隙⑫,耨获亦于籍,狝于既蒸⑬,狩于毕时⑭,是皆习民数者也⑮,又何料焉?不谓其少而大料之,是示少而恶事也⑯。临政示少,诸侯避之。治民恶事,无以赋令。且无故而料民,天之所恶也,害于政而妨于后嗣。"王卒料之,及幽王乃废灭⑰。

注释

①"宣王"句:此指《虢文公谏宣王不籍千亩》文提到的"三十九年,战于千亩,王师败绩于姜氏之戎。"丧,亡;南国,指江汉之间的楚、申、吕、邓、陈、蔡等国。宣王讨伐姜戎时,起用南方诸侯国的军队以佐兵威,被姜戎战败,南国军队丧亡惨重。

②料:估计。料民,调查人口数字。太原:也作"大原",地名,《诗经·小雅·六月》:"薄伐玁狁(xiǎn yǔn 险允),至于太原。"宋朱熹《诗集传》以为即太原府阳曲县(西南即今山西省太原市);清顾炎武《日知录三·太原》以周人抗御玁狁必在泾阳、原州之间(即今宁夏固原县北界),故此太原当邻近泾阳。

③司民:官名,掌管户口登记。协:合,此指符合姓氏人名与户籍。孤:无父。终:死。

④司商:官名,主管赐族授姓。董增龄《正义》言司商即《周礼》春官之属大司乐,因古乐皆名商,故大司乐一名司商。

⑤司徒:官名,见《周语上》6 注⑲。韦《注》称其"掌合师旅之众。"旅:师旅,即军队。

⑥司寇:官名,《周礼·秋官》大司寇主管刑狱,小司寇年终则令(其下属)统计狱毙、讼、刑数字,所以韦《注》称"掌合奸民以知死刑之数。"奸:即奸民,此指违法犯禁被处以狱刑的百姓。

⑦牧:官名,即牧人。《周礼·地官》:"牧人掌牧六畜,而阜藩其物,以供祭祀之牲牷(quán 全)。"

⑧工:官名,即百工,管理百工匠作。革:变更。

⑨场:官名,即场人。《周礼·地官》:"场人掌国之场圃,而树之果蓏(luǒ 裸,瓜类植物的果实)珍异之物,以时敛而藏之。"

⑩廪:官名,即廪人。《周礼》地官之属,主管国库粮食出入。

⑪事:此指因籍田的耕作与田猎(古时借狩猎以阅兵)检阅人数。

⑫蒐(sōu 搜):春天打猎。隟:闲。

⑬狝(xiǎn 显):秋天打猎称狝。狝,杀,顺秋时肃杀之气,故称秋猎为狝。烝:杨伯峻《春秋左传·隐公五年注》言读如升。《论语·阳货》"新谷既升"之升。秋天新谷登场,天子尝新。既烝,即既升。

⑭狩(shòu 受):冬天围猎称狩。毕:指庄稼收获,一年农事已毕即可冬狩。

⑮习:简习,大致了解。

⑯"不谓其少……恶事也",言王不考虑经过战争人口减少反而大张旗鼓地调查人口数字,这是自己暴露人口少而厌恶政事,不愿休养生息的作法。

⑰幽王:宣王之子,名宫涅,公元前781—公元前771年在位,是西周最末一位君主。

## 【今译】

宣王在与姜戎作战中丧失了长江和汉水之间的军队后,打算在太原按籍查阅人口统计数字。仲山父进谏说:"不可以在这时候统计人口数字。古代不公开统计人口数字却能掌握人口的多少。朝廷有主管户籍的司民合计出民人生老病死的数字,主管赐族授姓的司商按国中姓氏合计出数目,主管教化的司徒合计出可充作师旅的人数,主管刑狱的司寇合计出犯人和死刑人数,主管牧养六畜的牧官合计出自己管辖内的人数,百工核计出工匠变动的人数,场人掌管场院果圃的收入敛藏,廪人掌握国库粮谷出入数字,这样各负其责,全国人口的多少、生死数字,出入、往来情况就全都知道了。同时,国君还可以通过一些具体事务审察了解人口情况。天子在千亩籍田上亲耕,仲春农闲时打猎,夏时到籍田检查除草间苗,新谷登场后的仲秋去捕获禽兽,一年农事完毕的冬闲围猎禽兽,这些活动都是熟习了解人口数字的机会,又有什么必要按籍统计人口数字呢?不考虑因为战争会使人口减少反而大张其鼓去搞人口普查,这是自己暴露人口少而厌恶从根本上治理国事。国君从事政治却又向天下暴露自己国力的弱小,诸侯将因此而离心疏远。治理人民却又厌恶政事,将无法实施政令。况且没事找事去统计什么人口数字,这是上天所憎恶的,将有害于国家的政治而且祸害子孙。"宣王最终坚持统计人口数字,到他的儿子幽王,西周就灭亡了。

# 10. 西周三川皆震伯阳父论周将亡

【题解】

　　山崩地震是自然现象,但古人却认为与国家气数兴衰密切相关,从伯阳父的言论可以了解古人对这类问题的认识。

【原文】

　　幽王二年,西周三川皆震①。伯阳父曰②:"周将亡矣！夫天地之气,不失其序③;若过其序,民乱之也④。阳伏而不能出,阴迫而不能烝,于是有地震。今三川实震,是阳失其所而镇阴也⑤。阳失而在阴,川源必塞⑥;源塞,国必亡。夫水土演而民用也⑦。水土无所演,民乏财用,不亡何待？昔伊、洛竭而夏亡⑧,河竭而商亡⑨。今周德若二代之季矣⑩,其川源又塞,塞必竭。夫国必依山川⑪,山崩川竭,亡之征也。川竭,山必崩。若国亡,不过十年,数之纪也⑫。夫天之所弃,不过其纪。"

　　是岁也,三川竭,岐山崩。十一年,幽王乃灭,周乃东迁⑬。

注释

①西周:指西周都城镐京(又称宗周、西都),故地在今陕西西安市西南,澧水东岸。三川:指泾水、渭水、洛水。
②伯阳父:《汉书·五行志》服虔《注》言为周太史。
③序:次序。
④过:失,混淆。民:即人,不敢直接指斥君王而泛指人。
⑤镇阴:《史记·周本纪》《汉书·五行志》并作"填阴"。指阳气被阴气所填塞而不能升腾。
⑥川源必塞:指地震引起川源断塞。
⑦演:润,指水行土中滋润土地。
⑧伊、洛竭而夏亡:夏朝定都阳城(今河南登封县东南),为伊水、洛水所近,此言伊、洛二水干涸夏朝灭亡。竭,尽。
⑨河竭而商亡:商都城朝歌(故址在今河南淇县),黄河从东北过,此言黄河枯竭商亡。

⑩二代之季:指夏代和商代的末期。
⑪国:此指国都。
⑫数之纪:数起于一,终于十,到十则变更,故称十为数之纪。纪,极、终。
⑬周幽王十一年,即公元前771年,犬戎破周都镐京,杀幽王于骊山下。后诸侯奉幽王太子宜臼登位,为平王,公元前770年迁都雒邑(今洛阳),是为东周。

【今译】

周幽王二年,西周都城镐京所在的汧水、渭水、洛水一带同时发生地震。伯阳父说:"周将要灭亡了。那天地之间的阴阳二气,不能失去次序,如果失去次序,这是人扰乱所造成的。阳气滞伏在地下不能出来,阴气压迫使它不能升腾,于是发生地震。现在三川震动,是阳气失去发泄的处所而被阴气所填塞的结果。阳气失所而滞伏于阴气之下,川源必定阻塞;川源阻塞,国家必定灭亡。水土滋润生长万物,人民赖以生存。没有水源滋润土地,人民的财用缺乏,国家不灭亡还等什么?从前伊水、洛水干涸而夏朝灭亡,黄河枯竭而殷商灭亡。现在周室的德行就像夏商两代的末期一样,国都附近的川源又阻塞,川源被阻塞最后必然枯竭。凡国都必定依山带河,山崩川涸,这是灭亡的预兆啊!河水枯竭,必定导致山崩。大概国家灭亡,不会超过十年了,因为十是数的终极啊。那上天要抛弃的,不会超过十这个极数。"

这一年,果然泾、渭、洛三川涸竭,岐山崩坍。十一年,幽王被杀,西周灭亡,周室于是东迁洛邑。

# 11. 郑厉公与虢叔杀子颓纳惠王

【题解】

在一次军事政变中,周惠王被赶走,取王位而代之的子颓一伙身处险境,却居然歌舞不息,乐祸而忘忧,最终被郑厉公与虢叔所杀,惠王得以复位。

【原文】

惠王三年①,边伯、石速、蒍国出王而立子颓②。王处于郑三年。
王子颓饮三大夫酒,子国为客③,乐及遍舞④。郑厉公见虢叔⑤,

曰:"吾闻之,司寇行戮,君为之不举⑥,而况敢乐祸乎⑦!今吾闻子颓歌舞不息⑧,乐祸也。夫出王而代其位,祸孰大焉!临祸忘忧,是谓乐祸。祸必及之,盍纳王乎?"

虢叔许诺。郑伯将王自圉门入⑨,虢叔自北门入,杀子颓及三大夫,王乃入也。

### 注释

①惠王:周惠王(公元前676—公元前652年在位),平王五世孙,庄王之孙,僖王之子,名阆。

②"边伯"句:边伯、石速、蒍(wěi)(委)国,均为周王室大夫。颓,周庄王宠妾姚姬所生子,庄王甚爱之,使大夫蒍国当子颓的师傅,并命结交边伯、石速,子颓日益骄横。惠王即位后,收取蒍国园圃、边伯宫室以广王室园囿,又削去石速秩禄,故三人作乱,奉子颓为君。公元前674年,惠王出奔温地(周畿内国名,故城在今河南省温县境),郑厉公派人迎王居栎地(故城在今河南禹县境)。

③子国:即蒍国。客:指上客。

④遍舞:指奏乐遍及上古六代的舞曲。杨伯峻《春秋左传注·庄公二十年》:"六代之乐者,黄帝之《云门》《大卷》;尧之《大咸》;舜之《大韶》;禹之《大夏》;汤之《大濩》;周武王之《大武》也。"

⑤郑厉公:郑庄公之子姬突。虢叔:周王卿士,即虢公丑、虢公林父。

⑥举:这里指举乐。

⑦乐祸:以祸为乐,即以灾祸为高兴。

⑧"歌舞不息",公序本作"歌舞不思忧。"

⑨圉(yǔ语)门:王城的南门。

### 【今译】

周惠王三年,边伯、石速、蒍国赶走惠王,立庄王少子颓为周王,惠王在郑地栎住了三年。

王子颓请三位大夫饮酒,蒍国被当做上宾,奏乐时竟遍及上古六代舞曲。郑厉公去见虢叔,说:"我听说,司寇在行刑杀人时,国君为此还要减膳撤乐,怎么竟敢以灾祸为乐呢!现在我听说王子颓那伙人歌舞饮酒不息,这是以灾祸为乐。赶走君王并且篡夺他的王位,祸患还有比这更大的吗?大祸临头却不忧虑,这就叫以灾祸为乐。灾祸一定会降临到他们头上,我们何不使天子回国复位呢?"

虢叔同意他的意见。郑伯带兵保护惠王从南门攻入,虢叔率兵从北门攻入,杀掉子颓和作乱的三位大夫,惠王于是复位。

# 12. 内史过论神

【题解】

本文记述周朝大夫内史过对神的议论,他认为鬼神现身降临,可以预示国家的兴亡衰替,但到底降的是福是祸是吉是凶,却要看君主的德行而定。现在因虢君失德,神降临在虢国的莘地,预言虢将要亡国,可见仍是以人事为先。

【原文】

十五年,有神降于莘①,王问于内史过②,曰:"是何故③?固有之乎?"对曰:"有之。国之将兴,其君齐明、衷正、精洁、惠和④,其德足以昭其馨香⑤,其惠足以同其民人⑥。神飨而民听,民神无怨,故明神降之,观其政德而均布福焉。国之将亡,其君贪冒、辟邪、淫佚、荒怠、粗秽、暴虐⑦;其政腥臊⑧,馨香不登⑨;其刑矫诬⑩,百姓携贰⑪。明神不蠲而民有远志⑫,民神怨痛,无所依怀⑬,故神亦往焉,观其苛慝而降之祸⑭。是以或见神以兴,亦或以亡。昔夏之兴也,融降于崇山⑮;其亡也,回禄信于聆隧⑯。商之兴也,梼杌次于丕山⑰;其亡也,夷羊在牧⑱。周之兴也,鸑鷟鸣于岐山⑲;其衰也,杜伯射王于鄗⑳。是皆明神之志者也。"

王曰:"今是何神也?"对曰:昔昭王娶于房㉑,曰房后,实有爽德㉒,协于丹朱㉓,丹朱凭身以仪之,生穆王焉㉔。是实临照周之子孙而祸福之。夫神壹不远徙迁㉕,若由是观之,其丹朱之神乎?"王曰:"其谁受之?"对曰:"在虢土。"王曰:"然则何为?"对曰:"臣闻之:道而得神,是谓逢福;淫而得神,是谓贪祸㉖。今虢少荒㉗,其亡乎?"王曰:"吾其若之何?"对曰:"使太宰以祝、史帅狸姓㉘,奉牺牲、粢盛、玉帛往献焉㉙,无有祈也。㉚"

王曰:"虢其几何㉛?"对曰:"昔尧临民以五,今其胄见㉜,神之见也,不过其物㉝。若由是观之,不过五年。"王使太宰忌父帅傅氏及祝、史奉牺牲、玉鬯往献焉㉞。内史过从至虢,虢公亦使祝、史请土焉㉟。内史过归,以告王曰:"虢必亡矣,不禋于神而求福焉㊱,神必祸之;不亲于民而求用焉㊲,人必违之。精意以享,禋也㊳;慈保庶民,亲也。今虢公动匮百姓以逞其违㊴,离民怒神而求利焉㊵,不亦难乎!"

十九年,晋取虢㊶。

### 注释

①莘(shēn 深):西虢地。今河南省三门峡市西有峡石镇,峡石镇西十五里有莘原,即其地。

②内史过:内史,周大夫,据《周礼·春官》内史掌爵禄废置,策命诸侯及孤、卿、大夫。过,此内史之名。

③故:事,指以往历史上的故事、成例。

④齐明:无所不明,行为则无偏无颇。衷正:正直无私。精洁:精诚洁净。惠和:仁爱宽和。

⑤馨(xīn 新)香:散布得很远的香气。

⑥同:指同心。

⑦贪冒:图财利。冒,亦贪。辟邪:即邪辟,行为偏邪不正。淫佚:纵欲放荡。荒怠:对政务荒废懈怠。粗秽:指祀神之礼粗恶而器物不洁。

⑧其政腥臊:推行的政令好比腐烂的食物一样臭恶之味远扬。腥臊:比喻秽恶的事物。

⑨馨香不登:指祀神而神不享其不洁之气。登,上达。即《尚书·君陈》所谓的"黍稷非馨,明德唯馨。"政治清明则芳香之气上达神明,是以德动之,而非黍稷之馨香为神享用。

⑩矫诬:假托名义诬陷无辜。

⑪携贰:犹言离心。携,离。贰,二心。

⑫蠲(juān 娟):清洁,通"涓"。远志:指人民有叛离之心。

⑬依怀:归依。

⑭苛慝(tè 特):苛细繁杂而又奸邪凶恶。

⑮融:祝融。《吕氏春秋·孟夏》:"其帝炎帝,其神祝融。"高诱《注》:"祝融,颛顼氏后,老童之子吴回也,为高辛氏火正,死为火官之神。"崇山:即中岳嵩山。

⑯回禄:传说中的火神名。《左传·昭公十八年》:"郑于是禳火于玄冥、回禄。"《注》:"玄冥,水神;回禄,火神。"信:再宿,《左传·庄公三年》:"凡师一宿为舍,再宿为信,过信为次。"《注》:"信者,住经再宿,得相信问也。"聆(qín 琴)隧:古地名,已不可考今为何地。

⑰梼杌(táo wù 陶务):一说为古代四凶(指不服从舜控制的四个部族的首领,后皆被舜流放,即浑敦、穷奇、梼杌、饕餮)之一,即鲧;另一说为传说中凶兽名,旧题汉东方朔《神异经·西荒经》:"西方荒中有兽焉,其状如虎而犬毛,长二尺,人面虎足,猪口牙,尾长一丈八尺,搅乱荒中,名梼杌,一名傲狠,一名难驯。"据上文,祝融与回禄均为火神,而下文夷羊为神兽,则梼杌当为凶兽为宜。次:停留超过二宿。丕山:即大山,一说为山名,在河东(山西省境内黄河以东,秦汉前称河东)。

⑱夷羊:传说中的神兽。《竹书纪年·帝辛四十八年》:"夷羊见。"即殷纣王四十八年,夷羊现。牧:地名,即牧野,商都朝歌附近,在今河南淇县南。

⑲鸑鷟(yuè zhuó 越浊):凤之别名。岐山:西周发祥之地,在今陕西岐山县东北,因传说周室兴而凤鸣岐山,故后世又名此山为凤凰堆。

⑳杜伯:杜国(故地在今西安市东南)伯爵,陶唐氏尧的后代,为周宣王大夫。据韦《注》引《周春秋》,杜伯无罪而被宣王所杀,后化为厉鬼射杀宣王。鄗(hào 耗):也写作"镐",周都镐京。

㉑昭王:周昭王,周成王之孙、康王之子,名瑕。房:国名,子爵。

㉒爽德:贰德,即在德行上有过失差错。

㉓丹朱:上古帝尧之子,《史记·五帝本纪》云:"尧知子丹朱之不肖,不足授天下,于是乃权授舜。"

㉔凭身:依托,托身。仪:匹,相匹敌。此句言房后不肖,恶德有似丹朱,丹朱依其身而生穆王。

㉕壹:一心。

㉖贪祸:以贪得祸。

㉗荒:指沉溺于酒色田猎物质享受中。

㉘太宰:官名,周六卿之首,即天官冢(zhǒng 肿)宰,统百官,掌邦国大事及祭祀。祝:大祝,掌祝辞祈祷的官。史:太史,掌祭祀时执仪注,安排参与者所居位置次序的官。狸姓:丹朱的后代,古人认为鬼神不享受异族的祭祀,此神既为丹朱的托身,所以安排他的后代前往。

㉙牺牲:供祭祀用的纯色全体牲畜。粢盛:黍稷之类祭品。玉帛:此指祭祀的礼品。

㉚无有祈也:没有祈求,只祭祀尽礼而已。

㉛虢其几何:虢国灭亡大概还有多久?其,加强疑问语气。

㉜胄(zhòu 宙):后,此指丹朱的后身之神。

㉝物:物数,此指事物发生发展、消亡的规律。

㉞忌父:周公忌父。傅氏:狸姓的后代。据董增龄《国语正义》引《路史后纪》言,狸姓之后太繇,夏后氏封之傅,在周仍为傅氏。玉鬯(chàng 畅):祭祀时盛酒

祭神的玉器。

㉟祝史：指虢国的祝、史，据韦《注》为祝应、史嚚（yín 银）。请土：请神赐给土田。《汉书·五行志》："谷永曰……昔虢公为无道，有神降曰，'赐尔土田。'"《左传·庄公三十二年》："神赐之土田。"

㊱禋（yīn 音）：洁祀，指自正其身而祭祀。

㊲用：用民之财力。《左传·庄公三十二年》云："虢必亡矣，虐而听于神。"虢君暴虐，不恤民力而听于神，故必亡。可与此互参。

㊳享：献。禋：禋祀。用祭神的牲醴和玉帛置放柴上，烧柴，烟起上升，因禋气之上而表达祭祀的诚意，叫禋祀。

㊴匮：使百姓匮乏，即用其财力。逞：快意。违：邪，邪辟的行径。

㊵离民：使民不亲附。怒神：用不洁的行径触怒神明。求利：指虢君向神请土。

㊶晋取虢：周惠王十九年冬（公元前 658 年）晋献公假道虞国灭虢并灭虞。《史记·晋世家》言"晋灭虢，虢公丑奔周。还，袭灭虞。"

## 【今译】

周惠王十五年，有神灵降临莘地。惠王向内史过提出自己的疑问，说："这种事历史上有过吗？曾经有过这种事吗？"回答说："有这种事。国家将要兴盛，国君天纵聪明，行事正直无私，祀神精诚洁净，治民仁爱宽和，他的德行足以使神灵受享芳香，他的恩惠使人民团结一心。神灵享受而人民听从，民神都无怨尤，所以神灵降临人间，观看他的德政而普遍地降福。国家将要灭亡，国君贪财图利，行为偏邪不正，日常纵欲放荡，政事荒废懈怠，祀神粗恶不洁，对人民凶恶残酷；推行的政令臭名远扬，祭祀时芳香的气味不能上达神灵；国家的刑法是诬陷无辜，百姓离心离德。聪明正直的神灵不享受他不洁的祭祀而人民有叛离他的心思，神灵怨恨痛心，无所归依，所以神灵亦降临人间，亲眼看到他政治的苛酷凶恶而对他降临灾祸。由于以上缘故，看见神灵降临有的预示着兴盛，也有的预示着衰亡。当初，夏朝将要兴起，火官之神祝融降临嵩山；将要灭亡时，火神回禄一连两夜出现在聆隧。商朝将要兴起时，凶兽梼杌一连数日出现在丕山；将要灭亡时，神兽夷羊出现在商都朝歌附近的牧野。周朝将要兴起时，凤凰在岐山鸣叫；将要灭亡时，杜伯的冤魂化为厉鬼在鄗京射杀宣王。以上这些，都是神灵降临人世而记载在典籍上的。"

惠王问:"现在降临莘地的是什么神?"回答说:"当初昭王从房国娶来妻子,叫做房后。房后确实德行不好,就符合尧子丹朱那样不肖,丹朱依托房后为配偶,生下穆王。这是降临在周的子孙身上来的祸灾。神一心依托于人身而不远离左右,如果从这方面看来,那是丹朱神吧?"惠王问:"谁承受这种灾祸?"回答说:"神降临虢地,虢地承受。"王问:"为什么认为是虢地承受?"回答说:"我听说:行正道而使神灵降临,是迎来福祥;行为放荡而使神灵降临,这是叫因贪心而招来灾祸。现今虢君开始耽于酒色田猎的享受,这岂不是预兆着衰亡吗?"惠王问:"我该怎么对待这件事呢?"回答说:"派遣太宰带着太祝、太史,率领丹朱的后代狸姓,奉着牺牲、祭品、礼品去献给神,不向神祈求什么。"

王问:"虢国的灭亡还有多久?"回答说:"当初尧五年到民间巡守一次,现在是他的后代出现,神已经现身了,不会超过这个物数。从这看来,不超过五年。"惠王派遣太宰周公忌父率领丹朱的后代傅氏以及太祝、太史捧着祭牲、玉鬯到莘地去祭神。内史过跟从太宰他们一同到虢,虢公亦派太祝、太史祭神并祈求神赐给土田。内史过回到周都,禀告惠王说:"虢国一定会灭亡啊!对神祭献时不修正自己的言行而向神祈求降福,神一定会降灾祸给他;不亲近人民而滥用民财,人民一定会背叛他。用精洁的祭品和美好的德行祭神,这叫禋;以慈爱的胸怀保护人民,这叫亲。现今虢公动不动就匮乏百姓来满足他不正当的需求,背离人民触怒神灵而想得利,这不是太难了吗!"

惠王十九年,晋国攻取了虢国。

## 13. 内史过论晋惠公必无后

【题解】

晋惠公靠出卖国家利益返国为君,登上统治地位后,立身行事不修君德。在道义上,背弃内外诺言,疏远邻国,亏待大臣,不讲信用和忠恕;在礼仪上,废弃贽礼,不敬天子,淫纵邪恶,失掉民心。内史过根据他的所作所为,认为他即使不亡国也会绝后,后来果然如此。

内史过对身处显位者不以精、忠、礼、信立身行事,不是"亹亹怵惕,保任戒惧"、小心谨慎地事君保民,反而"淫纵其身",不知约束自己的批评,在今天还有一定的鉴戒意义。

【原文】

襄王使邵公过及内史过赐晋惠公命①。吕甥、郤芮相晋侯不敬②,晋侯执玉卑③,拜不稽首④。

内史过归,以告王曰:"晋不亡,其君必无后。且吕、郤将不免。"王曰:"何故?"对曰:"《夏书》有之曰:'众非无后,何戴?后非众,无与守邦'⑤。在《汤誓》曰:'余一人有罪,无以万夫;万夫有罪,在余一人'⑥。在《盘庚》曰:'国之臧,则惟女众。国之不臧,则惟余一人,是有逸罚。'⑦如是则长众使民⑧,不可不慎也。民之所急在大事⑨,先王知大事之必以众济也,是故祓除其心⑩,以和惠民。考中度衷以莅之⑪,昭明物则以训之⑫,制义庶孚以行之⑬。祓除其心,精也;考中度衷,忠也;昭明物则,礼也;制义庶孚,信也。然则长众使民之道,非精不和,非忠不立,非礼不顺,非信不行。今晋侯即位而背外内之赂⑭,虐其处者⑮,弃其信也;不敬王命,弃其礼也;施其所恶,弃其忠也;以恶实心,弃其精也。四者皆弃⑯,则远不至而近不和矣,将何以守国?

"古者,先王既有天下,又崇立上帝、明神而敬事之⑰,于是乎有朝日、夕月以教民事君⑱。诸侯春秋受职于王以临其民,大夫、士日恪位著以儆其官⑲,庶人、工、商各守其业以共其上⑳。犹恐其有坠失也,故为车服、旗章以旌之㉑,为贽币㉒、瑞节㉓以镇之,为班爵、贵贱以列之㉔,为令闻嘉誉以声之㉕。犹有散、迁、懈慢而著在刑辟㉖,流在裔土㉗,于是乎有蛮、夷之国,有斧钺、刀墨之民㉘,而况可以淫纵其身乎?

"夫晋侯非嗣也㉙,而得其位,亹亹怵惕㉚,保任戒惧㉛,犹曰未也。若将广其心而远其邻㉜,陵其民而卑其上㉝,将何以固守?

"夫执玉卑,替其贽也㉞;拜不稽首,诬其王也㉟。替贽无镇㊱,诬王无民。夫天事恒象㊲,任重享大者必速及,故晋侯诬王,人亦将诬之;欲替其镇㊳,人亦将替之。大臣享其禄㊴,弗谏而阿之㊵,亦必及焉。"

襄王三年而立晋侯,八年而陨于韩㊶,十六年而晋人杀怀公㊷。怀公无胄。秦人杀子金、子公㊸。

**注释**

①襄王:周襄王(公元前651—公元前619年在位),周僖王之孙,惠王之子,名郑。邵公过:即邵武公、邵穆公之后,为周王卿士。赐命:天子赐予诸侯爵服等赏命,也写作"锡命"。春秋时,天子赐命诸侯,有在即位时赐之者,如鲁文公、晋惠公;有即位八年始赐之者,如鲁成公;对齐灵公,则天子将婚于齐乃赐之;于鲁桓公、卫襄公则既葬乃赐之。赐命有辞,同时赐之玉圭、冕服之类。见杨伯峻《春秋左传注·僖公十一年》本条。晋惠公(公元前650—公元前637年在位)晋献公之庶子,名夷吾。

②吕甥:《史记·晋世家》作"吕省",亦称瑕甥,或称阴饴甥,并称瑕吕饴甥、吕甥子金,晋国大夫。郤芮(xì ruì 系锐):即冀芮,字子公,又称郤成子,晋国大夫。《左传·僖公三十三年》《晋语五》言文公授冀芮子冀缺下军大夫,复与之冀,则芮食邑于冀,故称冀芮。相:赞礼,即任司仪引导行礼。《周礼·秋官·习仪》《注》:"出接宾曰摈,入赞礼曰相。"

③玉:指侯爵所受之玉圭。据《周礼·考工记·玉人》言诸侯自始封,天子赐之命圭,世世守之,"命圭七寸,谓之信圭,侯守之"。卑:指执玉的位置低于礼仪所规定。

④拜不稽首:《周礼·春官·太祝》:"辩九拜,一曰稽首。"郑《注》:"拜诚至地也。"孔《疏》:"稽首,臣拜君也,此为敬之极。"拜不稽首,即仅低头与腰齐,弯腰而已。

⑤此处所引数句见《尚书·虞书·大禹谟》,"后非众,无与守邦"作"……后非众,罔与守邦"。董增龄《正义》说:"今所传《大禹谟》至东晋始出,故学者谓非孔壁真古文,韦昭生三国时未见其书,故注曰:'逸书'。内史过但言夏书而不言'禹谟',……晋人采之入《禹谟》耳。"元:善。后:君。

⑥今本《尚书·汤誓》无此二句,韦昭《注》即称"已散亡矣"。余一人:天子自称,意即我一人。此二句意为我一人有罪,无罪万夫,万夫有罪,在我一人,因失于教导之故。

⑦此处"国"字,本作"邦"。《尚书·盘庚上:》文:"邦之臧,惟汝众。邦之不臧,惟予一人有佚罚。"臧:善。佚:过失。罚:罪。言国有善政,由众臣之功;国有失败,是我有过。其罪在我一人。

⑧长(zhǎng 掌)众:为众之长。

⑨大事:指祭祀和战争。《左传·成公十三年》:"国之大事,在祀与戎。"

⑩祓除:举行除灾祈福的仪式。

⑪考:省。忖:忖度。涖(lì 利):临。

⑫昭明:显明,光明。物则:事物的法则。

⑬义:宜。庶:众。孚:信任。

⑭背外内之赂:据《左传·僖公九年》:"晋郤芮使夷吾重赂秦以求入。"《史记·晋世家》言相约"以晋河西之地与秦"。《晋语·里克杀奚齐》云:"(夷吾)命里克以汾阳之田百万,命丕郑以负蔡之田七十万。"于是外由秦(穆公)发兵,内里克、丕郑杀骊姬之子奚齐及卓子。周襄王二年(公元前650年)夷吾入主晋,立为惠公。即位后,外不予秦地,内不予里克、丕郑之田,故言背外内之赂。

⑮虐:指亏待、丕使夷吾入,反被惠公杀害。事见《史记·晋世家》并《左传·僖公十一年》。处者:指里克、丕郑,原为献公使辅奚齐的臣子,处于国内。

⑯四者:指上言的"精忠礼信。"

⑰崇:尊崇。立:指建立祭祀的礼制。上帝:上天。明神:此指日月。

⑱朝日夕月:即春分朝日、秋分夕月。《周礼·春官》:"朝日祀五帝。"郑玄《注》"朝日,春分拜日于东门之外,祀五帝(东方青帝、南方赤帝、西方白帝、北方黑帝、中央黄帝)于四郊。"《周礼·典瑞》郑《注》:"王朝日者,示有所尊,训民事君也。天子掌春分朝日,秋分夕月觐礼,拜日于东门之外。"颜师古云:"朝日以朝,夕月以暮。"此句言天子至尊尚且拜日迎月,民事君同此理。

⑲恪:小心谨慎。位著:古代宫廷中廷左右的两侧叫位,门屏之间叫宁(zhù柱),是君王视朝时站立的地方,宁也写作著。位著,此指在朝为官任职之意。儆:同"警",警惕,戒惧。

⑳庶人:泛指无官爵的平民、百姓。共:同"供"。

㉑车服:车舆和章服(以图文为等级标志的礼服)。旗:旌旗。章:帜,指服饰。古代以不同样式的旌旗与服饰,作为区别等级的标志。《礼·月令》:"(季夏之月)以给郊庙祭祀之服,以为旗章,以别贵贱等级之度。"旌:表,表明,识别。

㉒挚:见面礼,古代有六挚之礼,即诸侯、卿、大夫、士、庶人、工商相见时彼此赠送的礼物,体现出等级的区别。币:本为幣,即缯帛。古时以束帛为祭祀或馈赠宾客的礼物,也称币。此指六币。六币为古时贵族阶层宴享、朝觐时赠送礼物的规格。《周礼·秋官·小行人》:"圭以马,璋以皮,琮以锦,琥以绣,璜以黼。"其中"马、皮"非皮帛,但用之当币,故总言六币。

㉓瑞:瑞玉,此指六瑞。古代用玉作为朝聘的信物,分为六等,称六瑞,见《周礼·春官·大宗伯》及《秋官·小行人》。节:符信,此指六节,古时卿大夫朝聘天子诸侯时用作凭证的六种信物。《周礼·秋官·小行人》:"山国用虎节,土国用人节,泽国用龙节,皆以金为之;道路用旌节,门关用符节,都鄙用管节,皆以竹为之。"前三者用金属(铜)铸造,后三者以竹制作,以示区别。

㉔班爵:班次爵位。

㉕令闻:好名声。嘉誉:美好的名誉。声:褒扬。指众臣有功德的,天子即用策命表彰其功德,赏赐爵秩,褒扬之。以上言法制之备悉。

㉖散迁懈慢:指对职责放任、推卸、懈怠、懒惰。著:指用法令明文规定。

辟:罪。

㉗裔(yì 异)土:边远的地方。

㉘钺:大斧。加之斧钺,即刑杀。刀墨:在犯人额上刺刻涂墨的刑罚,即古代的黥(qíng 晴)刑,也叫"墨刑"。

㉙晋侯非嗣:指惠公夷吾系献公庶子非嫡长子事。

㉚亹(wěi 尾)亹:勤勉不倦。怵(chù 触)惕:警惕戒惧。

㉛保:守。任:职。保任,这里指保住自己的地位。

㉜广其心:指纵情放任自己。远其邻:指背弃信义不履行割地予秦的诺言事。

㉝陵:虐。陵其民,指亏待有功于己之臣。卑其上:指不敬天子。

㉞替:废弃。《汉书·五行志中》颜师古《注》:"替,废惰也。"

㉟诬:罔,欺骗。

㊱无镇:无重,无以自重。

㊲恒:常。象:指所谓预示吉凶的征象。

㊳镇:镇圭,古代朝聘时王所执的信物。此代指天子。

㊴享其禄:指食君主的爵禄。

㊵阿:随声附和,阿谀。

㊶陨于韩:周襄王八年(公元前644年),秦怨晋惠公背信弃义,举兵伐晋。秦晋交兵韩原,晋全军覆没,惠公被俘,幸秦穆公夫人伯姬(晋献公之女)求情,三月后惠公被释归晋。

㊷怀公:晋怀公,惠公之子圉,质于秦,襄王十五年,惠公卒,子圉逃归,即位为怀公。周襄王十六年(公元前636年),秦穆公出兵助公子重耳返国,怀公兵败,出奔高梁,重耳即位为晋文公,遣人刺杀怀公于高梁。

㊸子金、子公:晋臣吕甥、郤芮的字。二人悔纳重耳,欲纵火焚宫袭杀重耳,寺人披告密,晋文公潜会秦伯于秦地王城。吕、郤二人焚公宫,索文公不获,追至黄河渡口,秦穆公设计诱杀之。

【今译】

周襄王派遣邵公过与内史过赐予晋惠公爵服命圭。晋臣吕甥、郤芮为晋侯赞礼,态度很不恭敬。晋惠公执玉圭位置低于礼仪规定,朝拜不行稽首礼。

内史过回到周都,将这情况报告周王,并说:"晋国即使不灭亡,它现任的君主也必定没有后嗣。甚至吕、郤二人也将逃不脱杀身之祸。"周王问:"是什么原因呢?"回答说:"《夏书》有这样的话:'百姓没有好君王,还拥戴什么人?君王没有百姓,就没有人来保卫国家。'《商书·

汤誓》上说:'我一个人有罪孽,由我一人承受,不要将灾难降临到众百姓头上;众百姓有罪,罪过都在我一个人身上。'《盘庚》上说:'国家治理得好,是你们众臣的功劳;国家治理得不好,是我一个人有过有罪。'像这样的君主才能为民之长役使人民,这是不可以不慎重的。百姓最关心的是国家存亡的大事,古时的君主都懂得战争要胜利必须得到民众的拥护,所以在决议大事前要举行除凶祈福的仪式,使心去除邪念归于纯洁,用慈爱的心地施恩于人。要用忠恕之道将心比心去对人,公开国家的政策法令去教育百姓,临政决事应当得到众臣信任而推行它。使内心去除邪念,是纯洁;将心比心,是忠恕;公开国家的政策法令,是懂礼;临政立事使众臣能信任,是讲信义。既然如此,为民之长统治人民的原则就是:心地不纯洁不能慈爱,不是忠恕之道无法立身人世,不讲礼仪就不合乎制度,不重信用事情行不通。现在晋侯刚即位就背弃对外对内许下的酬谢,亏待留在国内的大臣,是背弃信义;不尊敬天子的赐命,是废弃礼法;拿自己也厌恨的做法去对待别人,是抛弃忠恕之道;用邪恶充满自己的内心,是不要纯洁。人立身行事的信、礼、忠、精都被抛弃,就会使远的不来归附,近的不能同心,那又凭什么来保有自己的国家呢?

"古时候先王在统一天下后,又尊崇地订立一套祭祀天地日月神祇的礼节来恭敬事奉,这样就有天子在春分拜日、秋分迎月的礼仪用来教育人们事奉君主的道理。诸侯春秋两季从天子那里接受任务来治理百姓,大夫、士人在朝为官,天天要小心谨慎地履行职责,平民百姓、百工、商人各自安于自己的职业来供应朝廷。又顾虑就这样做都还有不周到,所以规定了不同等级的车舆、礼服、旌旗、服饰来表示差别,规定不同等级使用的见面礼物、宴享祭祀礼品、朝聘天子诸侯时的玉信、符节来表示慎重;规定臣子的班次爵位、人的贵贱尊卑来分别对待,众臣有功德就用策命表彰、爵秩赏赐表示褒扬。还有放任、不安本分、懈怠、懒惰的,就用法令明文规定是犯罪,流放到边远地方,这样中国的四境外就有蛮夷的国家,有杀头、刺字的罪人,人哪里还敢在声色中放纵自己呢?

"那晋侯夷吾不是晋献公的嫡长子,而得到先人的爵位,就应该时时警惕戒惧,小心谨慎地保住自己的地位,即使这样做都还很不够。如果纵情放任不能约束自己因而疏远了与邻国的关系,杀害留守国内的大臣而且不尊敬天子,那拿什么来巩固自己的地位呢?

"执玉的位置低,是废弃了关于聘问时的见面礼仪;下拜不行稽首礼,是欺骗天子的行为。废弃见面礼仪是不慎重,欺骗天子就失掉人民。那上天常常通过一些事情来预兆未来,特别是责任重大、爵位尊显的人灾祸来得更快,所以晋侯欺骗天子,臣民亦将要欺骗他;晋侯废弃朝拜天子的礼仪,臣民亦将会背弃他。地位尊显的大臣享受了君主的爵位和俸禄,不劝谏君主而附和他,也肯定会遭到灾祸。"

周襄王三年,惠公登上晋国的统治地位,襄王八年就在韩原当了秦国人的俘虏。十六年,他的儿子怀公被晋文公派人刺杀。怀公没有后嗣。秦穆公设计杀了吕甥和郤芮。

## 14. 内史兴论晋文公必霸

【题解】

本篇记晋文公初即位时一次接待天子使臣的经过。他尊敬王命,恭行贽礼,与前文晋惠公的表现成鲜明的对比。内史兴认为从礼可以观察出一个人的立身行事,人君能知礼、遵礼,具有忠、信、仁、义的德行,可以使"民不怨而财不匮,令不偷而动不携",就没有什么大事不成功的,断言他将称霸诸侯。周襄王听从内史兴的建议,对晋文公厚加礼遇,后来晋文公帮助周室平定祸乱,拥戴襄王回国复位,成为春秋五霸之一。

阅读本文,还有助于了解春秋时期一些朝觐聘问的典礼制度。

【原文】

襄王使太宰文公及内史兴赐晋文公命①,上卿逆于境②,晋侯郊劳③,馆诸宗庙,馈九牢④,设庭燎⑤。及期,命于武宫⑥,设桑主⑦,布几筵⑧,太宰莅之,晋侯端委以入⑨。太宰以王命命冕服⑩,内史赞之,三命而后即冕服⑪。既毕,宾、飨、赠、饯如公命侯伯之礼⑫,而加之以宴好。

内史兴归,以告王曰:"晋,不可不善也。其君必霸,逆王命敬,奉礼义成⑬。敬王命,顺之道也;成礼义,德之则也⑭。则德以导诸侯,诸侯必归之。且礼所以观忠、信、仁、义也,忠所以分也⑮,仁所以行也⑯,信所以守也,义所以节也⑰。忠分则均,仁行则报,信守则固,义节则度⑱。分均无怨,行报无匮,守固不偷⑲,节度不携⑳。若民不怨而财不匮,令不偷而动不携,其何事不济!中能应外,忠也;施三服义㉑,仁也;守节不淫㉒,信也;行礼不疚㉓,义也。臣入晋境,四者不失,臣故曰:'晋侯其能礼矣,王其善之!'树于有礼,艾人必丰㉔。"

王从之,使于晋者,道相逮也㉕。及惠后之难,王出在郑,晋侯纳之㉖。

襄王十六年,立晋文公。二十一年,以诸侯朝王于衡雍,且献楚捷,遂为践土之盟,于是乎始霸㉗。

### 注释

①太宰文公:周王卿士,王子虎。内史兴:周内史,叔兴父。晋文公(公元前636—公元前628年在位):晋献公之子,惠公夷吾异母兄,名重耳。

②上卿:官名。周制,宗周及诸侯皆有卿,分上中下三级。逆:迎。

③郊劳:此指到国都郊外迎接、慰劳。

④馈(kuì 愧):进献。《周礼·天官·膳夫注》:"进物于尊者曰馈。"《仪礼·聘礼》:"主国待来聘之卿故五牢。"此言九牢,是晋文公以上公之礼待太宰文公并内史兴,以示尊重天子。牛羊豕各一为一牢。

⑤设庭燎(liáo 辽):设大烛于殿庭。《诗经·小雅·庭燎》:"夜未央,庭燎之光。"《疏》:"庭燎者,树之于庭,燎之为明,是烛之大者。"

⑥武宫:晋武公之庙。武公,文公的祖父晋武公(《史记·晋世家》称曲沃武公)姬称。周僖王四年(公元前678年)晋武公灭晋侯缗,周王命其为晋君,列为诸侯,于是尽并晋地,故奉之为太祖。宫,诸侯宗庙也称宫。

⑦桑主:桑木牌位。古代父母死,葬后,还祭于殡(bìn 鬓)宫(临时停柩之所),叫虞祭,虞祭所主的神主,用桑木制成,故名桑主。参见《仪礼·既夕礼》。此称献公之神主,晋献公死已久,文公不愿继位于惠公、怀公之后,故立献公之桑主,以子继父。

⑧布:陈设。几筵:指祭祀席。

⑨端:指玄端,黑色布礼服,古代诸侯、大夫、士的祭服,其他冠、婚礼亦用之。端为端正之意。委:委貌,周代的一种礼帽,以黑色丝织物缝制成,参见《仪礼·士冠礼》。

⑩冕(miǎn 免)服:古代帝王按等级赐给公侯卿大夫士的制服,也用作举行吉礼时的礼帽、礼服。韦《注》:"冕,大冠也。服,鷩(bì 敝)衣也。"

⑪三命而后即冕服：此指三次以王命命文公，文公三让而后接受。《周礼·大宗伯》："一命受职，再命受服，三命受位。"

⑫宾：指接待客人的规格，即迎宾之礼。飨：主人设宴款待客人的宴飨之礼。饯：郊外送行设宴饯别的饯别之礼。如公命侯伯之礼：如公接受王命，而主人用侯伯待公之礼。太宰为上卿，故以公礼对待以示尊崇。

⑬成：适当，指完全达到礼义的规范要求。

⑭则：指道德的准则、标准。

⑮分：指均分，即掌握分寸，不偏不倚。

⑯行：指施恩惠的仁慈行为。

⑰节：节制。

⑱度：限度。

⑲偷：苟且。

⑳携：离。

㉑施三服义：贾逵云："三谓忠信仁"；韦《注》："三谓三让也"。义，宜。服得其宜，指端委，从韦《注》。

㉒守节不淫：公序本作"守礼不淫。"

㉓疚：病，疲累，表现懒洋洋的。

㉔艾：报。

㉕逮：及，络绎不绝之意。

㉖"及惠后之难"三句：惠后，周惠王之后，襄王母陈妫。（从《左传》说）陈后有宠，欲立幼子带为太子未果。惠王崩，襄王即位后三年，带与戎狄谋伐襄王，事发，带奔齐。十二年，召回，与襄王后隗（wěi 尾）氏私通，襄王废隗后。襄王十六年，周大夫颓叔、桃子借狄人伐周，奉带为王。襄王出奔郑，居于氾。十七年，晋文公纳王而诛带。事见《左传·僖公二十四年、二十五年》。

㉗"二十一年"数句：《左传·僖公二十八年》记："晋文公败楚于城濮，至于衡雍，作王宫于践土。"与宋、齐、郑、鲁、陈、蔡、邾、莒、卫等国诸侯会盟，并献楚俘于王，这就是历史上有名的践土之盟，晋文公于是成为霸主。鲁僖公二十八年（公元前 631 年）即周襄王二十一年。

【今译】

周襄王派遣太宰文公及内史兴赏赐晋文公命服。晋国派上卿在边境迎接天子的使者，晋侯亲自到都城郊外迎接并慰劳，为表示尊崇天子，安排使者住在晋君的宗庙里，进献九牢，在殿庭设大烛。到吉日，在晋武公庙隆重举行仪式，设晋献公神主，并恭陈祭祀席。天子使者太宰到武宫主持仪式,晋侯穿戴着规定的礼服礼帽恭敬地进入殿堂。太宰宣布天子的命令,赏赐晋文公侯爵的冠冕、鹜衣,内史引导文公行礼如仪,太宰三次宣布天子的命令,文公推让三次,然后穿戴上天子赏赐的冠冕、鹜衣。仪式完毕,主人接见天子使者的礼节、设宴的规格、赠送的礼物、送行的宴席都完全按公接受天子的命令出使侯伯的标准礼仪,而且态度始终宴乐友好。

内史兴回来后,将以上的情况禀告周王,并说:"晋国,不可以不好好对待啊!晋国国君必定会称霸。他迎接天子的赏赐态度恭敬,举行的仪式都按朝廷礼制规定。尊敬王命,是顺乎礼义之道;行礼得当,是懂得道德的准则。以标准的道德规范引导诸侯,诸侯必定诚心归服。况且,从礼可以看出忠、信、仁、义。忠,内心就能做到不偏不倚;仁,行为就会施恩;信,遵守诺言就言行一致;义,处理政务就有节制。不偏不倚分配就平均,仁慈的行为会得到报偿,遵守承诺就会信念坚定,重义有节制就能掌握分寸。分配能平均,上下臣民就无怨尤;行为得到报偿,财用就不会匮乏;遵守承诺,做事就不苟且循私;处理政务有节度,人民就不会离心离德。如果臣民没有怨尤,并且财用又不匮乏,执行命令不苟且敷衍而且行动不背离,那还有什么事不成功!内心正直能够周旋外事,是忠的表现;三次推让,冠服穿戴都合乎标准,是仁的表现;遵守礼节而又不过分,是信的表现;举行礼仪没出什么毛病,是义的表现。我进入晋国后,看到忠信仁义四者都具备,我所以敢这么说:'晋侯这个人是懂得礼义的,天王可要好好对待他啊!'对懂礼义的诸侯树恩,得到的报偿必定丰厚。"

襄王听从内史兴的话,中央朝廷出使到晋国的使者,在路上络绎不绝。到惠后造成王子带篡位的灾难来临时,襄王出奔郑国,晋侯接纳襄王并使其回国复位。

周襄王十六年,朝廷承认晋文公。到襄王二十一年,文公就率领天下诸侯在衡雍朝拜天子,并且向王献上城濮之战中打败楚国俘获的战利品,这才有诸侯拥戴天子的践土之盟,周王于是策命文公为天下诸侯之长。

# 卷二　周语中

## 1. 富辰谏襄王以狄伐郑及以狄女为后

【题解】

　　周襄王因为小怨而命狄人征伐郑国，还因此感激狄人而纳狄女为后，富辰劝谏他不可因小怨而抛弃曾有功于周室的郑国，更不可缔结有利于外敌的婚姻而引狼入室，襄王不听，因而遭到祸难，只好仍出奔郑国。富辰的谏言，着眼点在于国家，认为对待亲情、婚姻，国君要以国家利益为重，要对国家民族负责。他提出的"七德"、"利内、利外"和强调"夷夏之防"所反映的则是当时的等级、伦理、宗法观念和民族意识。

【原文】

　　襄王十三年，郑人伐滑①。王使游孙伯请滑②，郑人执之③。王怒，将以狄伐郑④。富辰谏曰⑤："不可。古人有言曰：'兄弟谗阋，侮人百里⑥。'周文公之诗曰：'兄弟阋于墙，外御其侮⑦，若是则阋乃内侮，而虽阋不败亲也。郑在天子，兄弟也⑧。郑武、庄有大勋力于平、桓⑨；我周之东迁，晋、郑是依⑩；子颓之乱，又郑之由定⑪。今以小忿弃之，是以小怨置大德也⑫，无乃不可乎！且夫兄弟之怨，不征于他，征于他，利乃外矣⑬。章怨外利，不义；弃亲即狄，不祥；以怨报德，不仁。夫义所以生利也，祥所以事神也，仁所以保民也。不义则利不阜⑭，不祥则福不降，不仁则民不至。古之明王不失此三德者，故能光有天下⑮，而和宁百姓,令闻不忘。王其不可以弃之。"王不听。十七年,王降狄师以伐郑⑭。

王德狄人⑮,将以其女为后。富辰谏曰:"不可。夫婚姻,祸福之阶也⑯。由之利内则福,利外则取祸。今王外利矣,其无乃阶祸乎?昔挚、畴之国也由大任⑰,杞、缯由大姒⑱,齐、许、申、吕由大姜⑲,陈由大姬⑳。是皆能内利亲亲者也㉑。昔鄢之亡也由仲任㉒,密须由伯姞㉓,郐由叔妘㉔,聃由郑姬㉕,息由陈妫㉖,邓由楚曼㉗,罗由季姬㉘,卢由荆妫㉙,是皆外利离亲者也㉚。"

王曰:"利何如而内?何如而外?"对曰:"尊贵、明贤、庸勋、长老、爱亲、礼新、亲旧㉛。然则民莫不审固其心力以役上令,官不易方㉜,而财不匮竭,求无不至,动无不济。百姓兆民㉝,夫人奉利而归诸上㉞,是利之内也。若七德离判㉟,民乃携贰,各以利退,上求不暨㊱,是其外利也。夫狄无列于王室㊲,郑伯南也㊳,王而卑之,是不尊贵也。狄,豺狼之德也,郑未失周典,王而蔑之,是不明贤也。平、桓、庄、惠皆受郑劳㊴,王而弃之,是不庸勋也。郑伯捷之齿长矣㊵,王而弱之,是不长老也。狄,隗姓也,郑出自宣王㊶,王而虐之,是不爱亲也。夫礼,新不间旧,王以狄女间姜、任㊷,非礼且弃旧也。王一举而弃七德,臣故曰利外矣。《书》有之曰:'必有忍也,若能有济也。㊸'王不忍小忿而弃郑,又登叔隗以阶狄㊹。狄,封豕豺狼也㊺,不可厌也㊻。"王不听。

十八年,王黜狄后㊼。狄人来,诛杀谭伯㊽。富辰曰:"昔吾骤谏王,王弗从,以及此难。若我不出,王其以我为怼乎!"乃以其属死之。

### 注释

①滑:姬姓小国,都城费(bì闭),在今河南偃师县附近。先是郑伐滑,滑人听命,郑退师,滑叛郑而服卫,故郑文公使公子士泄、堵俞弥帅师伐滑,见《左传·僖公二十四年》。

②游孙伯:周大夫。《左传·僖公二十四年》:"王使伯服、游孙伯如郑请滑,郑人囚之。"《史记·周本纪·襄王十三年》并言之,则游孙伯、伯服二大夫均为周王使者。

③郑人执之:郑人指郑文公姬捷。据《左传》及《史记·郑世家》言郑文公怨惠王之亡在栎,文公父厉公入之,而惠王不赐厉公爵,又怨襄王使滑背郑事卫,故不听王命,而囚王使者。

④狄:也写作"翟",北方隗姓之国。

⑤富辰:周大夫。

⑥阋(xì 细):争斗。"兄弟阋阅,侮人百里",言兄弟之间虽因谗而相争斗,仍然会联合起来共同对付那关系疏远的。百里,比喻关系疏远者,这里指狄人,富辰所引大约是古代俗语。

⑦此处所引诗,见《诗经·小雅·棠棣》。侮,《诗》作"务"。《笺》:"兄弟虽内阋而外御侮也。"

⑧郑在天子,兄弟也:郑始封之祖桓公姬友,为周厉王之子,宣王之弟,故言。见《史记·郑世家》。

⑨郑武、庄:指郑武公滑突、庄公寤生。平、桓:周平王宜臼、平王之孙桓王林。周幽王被犬戎所灭,郑武公以卿士辅助平王东迁洛邑;郑庄公为桓王卿士,奉王命讨不尊天子的宋国。所以言郑武、庄有大勋力于平、桓。事见《史记·郑世家》及《左传·隐公十年》。

⑩"我周东迁"二句:东迁,周平王东迁洛邑,史称东周。《晋语四·郑文公不礼重耳》:"(郑)先君武公与晋文侯戮力同心,股肱周室,夹辅平王。"也指周室东迁依靠郑、晋二国帮助。

⑪"子颓之乱":见《周语上》11。

⑫置:废弃。

⑬征:召。他:指狄人。

⑭降:下令。《左传·僖公二十四年》:"(周襄王十七年)王使颓叔、桃子二大夫出狄师,伐郑,取栎"。

⑮德:因此而感激之意。

⑯阶:阶梯。

⑰挚、畴:殷商时二诸侯国名。太任:王季之妃,周文王之母,是历史上有名的贤妇。挚、畴二国,任姓,奚仲(夏代的车正官,相传为初造车之人,春秋时薛国的始祖)、仲虺(商汤的左相)之后。太任,为挚国之君的次女,《列女传》言"太任之性,端壹诚庄,维德之行。及其有身,目不视恶色,耳不听淫声,口不出傲言,能以胎教子,而生文王。"参见《诗经·大雅·大明》及《思齐》。

⑱杞(qǐ 起)缯(zēng 曾):二古国名,姒姓,相传为夏禹之后。周武王封夏禹后人东楼公于杞,后为楚灭。见《周本纪》。太姒:有莘氏之女,姒姓,文王之妻,武王之母,也是历史上有名的贤妇。

⑲齐、许、申、吕:四国名,姜姓,传说中尧帝时四岳(分掌四时、方岳巡守之官)的后代。太姜:王季之妃,王季之母。《烈女传》云:"太姜有色而贞顺,率导诸子,至于成童,靡有过失,太王谋事必于太姜,迁徙必与。"《诗经·大雅·绵》:"爰及姜女,聿来胥宇。"

⑳陈:妫(guī 龟)姓,相传为舜帝之后。古陈国"都宛丘之侧(今河南省淮阳

县一带)"。夏时始封,其后或失或续,周武王时又得续封。见《周本纪·正义》引《括地志》。《左传·襄公二十五年》言周武王:"以元女大姬配(虞)胡公而封诸陈。"大姬:周武王长女。

㉑亲亲:亲其所当亲近的。《礼·中庸》:"仁者人也,亲亲为大。义者宜也。守贤为大。"

㉒鄢:古地名,春秋时为郑邑。《左传·隐公元年》"郑伯克段于鄢"即此,故城在今河南鄢陵县;一说春秋时莒邑,后为楚所灭,故城在今湖北襄阳宜城县。

㉓密须:也称密,国名,姞(jí吉)姓。相传黄帝之后得姓者十四人,其一为姞。《诗经·大雅·皇矣》:"密人不恭,敢拒大邦。"高亨《今注》云:"密,古国名,在今甘肃灵台县西。"《左传·定公四年》:"封唐叔以大路密须之鼓,阙巩(之甲)、沽洗(之钟)。"韦《注》云"(密须)不由嫁女而亡。"此典当如清全祖望《困学纪闻》所言:"密须之亡即共王所灭之密。共王游泾上,密康公从,有三女奔之,伯姞殆女中之一也。"

㉔郐(kuài 快):古国名,(在今河南睢县境),妘姓,春秋时为郑武公所灭。《公羊传·桓公十一年》:"古者郑国处于留。先郑伯有善于郐公者,通于夫人,以取其国而迁都焉。"所言即为此事。

㉕聃(nán 南):姬姓诸侯国(今河南开封境)。《史记·管蔡世家》:"武王既崩,成王少,周公旦专王室。封季载(文王少子)于冉。"冉即聃。郑也为姬姓,同姓相娶,聃夫人为郑女。杨伯峻《春秋左传注·僖公二十四年》引沈家本《史记琐言》、朱绪曾《开有益斋读书续志》谓聃之亡在鲁桓公、庄公之时,被楚所灭。

㉖息:姬姓。陈:妫姓。陈女为息侯夫人,蔡哀侯亦娶于陈。蔡哀侯欲无礼于息妫,息妫怒,告之息侯,息侯导楚伐蔡。蔡哀侯对楚文王盛赞息妫之美,楚灭息,虏息妫归,立为夫人,生堵敖及成王。见《左传·庄公十四年》。

㉗邓由楚曼:邓,古国名,故地在今河南邓县一带,曼姓。楚曼,邓女为楚武王熊通夫人,生文王熊赀。楚文王十二年(公元前678年),"伐邓,灭之。"(《史记·楚世家》)

㉘罗:古国名,熊姓。故址初在今湖北宜城县西,为楚所迫,多次迁徙,最后迁于湖南平江县南,终为楚所灭。季姬:姬氏之女,为罗夫人。参见《左传·桓公十三年》。

㉙卢:古国名,故地在今湖北省南漳县境,妫姓。卢女为楚夫人(未审为何王)。《左传·文公十六年》:"自卢以往,振廪同食。"可见其时卢已为楚邑,则罗、卢被楚灭当在楚武王、文王之时。

㉚外利离亲:指以上妇人,皆因行事有利于外,不能亲于所亲,故亡其国。

㉛庸:用。长:尊重之意。亲:六亲,指父子、兄弟、夫妇。新:新来者,指过境宾客。旧:指先君的旧臣。

㉜官不易方:官府不朝令夕改。方,规范。
㉝百姓:指百官。兆:十亿为兆。民:黎民。
㉞夫人:等于说人人。
㉟七德:指前尊贵、明贤、庸勋、长老、爱亲、礼新、亲旧。判:通"叛"。
㊱暨(jì 寄):至,到。
㊲狄无列于王室:指戎狄距中央朝廷甚远,不是以诸侯身份服事天子。列,位次。
㊳郑伯南也:《左传·昭公十三年》:"郑伯男也。"南、男相通,即男服。周制,按距王畿远近,每五百里依次为别,分为九等服事天子,即侯、甸、男、采、卫、蛮、夷、镇、藩九服(见《周礼·夏官·职方氏》),郑在男服。
㊴平、桓见本文注⑧。庄:周庄王,桓王之子,名佗。惠:周惠王,庄王之孙。惠王遭庄王幼子颓之乱,出居于郑,郑厉公纳之,与虢公伐杀子颓,复立惠王。
㊵捷:郑文公姬捷。齿长:谓年长。
㊶出自宣王:封于宣王之世。郑始封国君郑桓公姬友为周厉王之子,周宣王弟。
㊷间:疏远。王以狄女间姜、任,因姜姓、任姓之女世代为周王后妃,今以狄女为后,是疏远姜姓、任姓诸侯。
㊸书:《尚书》。《古文尚书·君陈》:"必有忍,其乃有济。有容,德乃大。"即言必须有忍耐,才会有成功。
㊹叔隗:狄国之女,襄王立为王后。阶:顺阶而升,指引狄祸周。
㊺封豕:大猪。封豕豺狼,比喻凶暴贪婪的元凶首恶。
㊻猒:同餍(yàn 厌),满足。《左传·僖公二十四年》:"报者倦矣,施者未厌。"即指狄人"不可猒也。"
㊼黜(chù 触):废免。狄后立,与襄王弟王子带私通,故襄王废其后位。
㊽谭伯:周大夫。据《左传·僖公二十四年》,周大夫颓叔、桃子奉大叔带以狄师攻王,大败周师,获周公忌父、原伯、毛伯、富辰,无谭伯之名。

【今译】

　　周襄王十三年,郑国出兵讨伐滑国。襄王派大夫游孙伯去为滑国求情,郑文公下令囚禁了使者。襄王大怒,将要下令让北狄的军队去讨伐郑国。大夫富辰劝谏说:"千万不能这样做。古人有这样的说法:'兄弟之间因谗言而相争斗,但仍然要联合防备外人欺侮。'周文公作诗说:'兄弟之间在墙内争吵,但要共同抵御外人的欺凌。'如果能这样,即使相争斗也是在内部,那虽然兄弟之间有矛盾也不会伤害了亲情。郑君与天子,好比兄弟的关系。郑国先君武公、庄公曾经在平王、桓王时有拥戴王室的大功勋;我周室东迁洛邑,是依靠了晋、郑两君的辅助;子颓制造叛乱,又由郑厉公平定。现在因为小矛盾就不顾郑国先世的功劳,这就叫因小怨而忘大德,恐怕不能这样做吧!况且兄弟之间有怨恨,不该征召他人来解决,征召他人来,利益就被外人得去了。对外人公开自己内部的矛盾更使外人得利,不义;抛弃亲情引来狄师,不祥;用怨恨报答别人的恩德,不仁。道义会带来利益,祥和才能事奉神明,仁爱才能保有百姓。不行道义则利益不丰厚,不祥和神明不会降福,不仁爱就得不到百姓的拥戴。古代贤明的君主不会丧失这三种好德行,所以才能大得天下人心,而协调安抚百姓,美名永远不被人们忘记。天王千万不可以抛弃亲近的郑国。"襄王不听从。十七年,襄王下令让北狄的军队去讨伐郑国。

襄王因此而感激狄人,打算娶狄君的女儿为王后,富辰进谏说:"不可。婚姻,是引来幸福与祸患的阶梯啊!因为缔结婚姻而对内部有利就带来幸福,对外人有利就会招来灾祸。现在王缔结的婚姻对外人有利,那岂不是自己引来祸患吗?当初挚国、畴国的兴盛是由于大任,杞国、缯国能够保存是由于大姒,齐、许、申、吕四国得福是由于大姜,陈在周得到续封是由于大姬,这些都是由于缔结婚姻而对内部有利,亲近所应当亲近的,所以国家兴盛的例子。而当初鄅的灭亡是由于娶了仲任,密须国的灭亡是由于娶了伯姞姐妹,邻国的灭亡由于娶了叔妘为夫人,聃国被楚灭是由于郑姬,息国被楚灭由于陈妫,邓国的灭亡是因为楚武王夫人邓曼,罗国被楚灭是娶了季姬,卢国灭亡则因为嫁女为楚王夫人,由于这些女人行事对外人有利,离间该亲近的,所以灭亡国家。"

襄王说:"怎样的事情是对内部有利,怎样的事情又对外人有利呢?"富辰说:"尊重位次贵显的,宣扬有好德行的,任用有功之臣,尊敬年长的人,爱护亲人,按礼节接待过境宾客,亲近先王的元老重臣。能够做到以上这些,人民没有不安定内心,尽力报效上令差遣的。官府不朝令夕改,而财源就不会匮乏枯竭,向上天祈求降福没有得不到的,行动也决没有不成功的。官吏和人民,人人都能趋利避害而归之于天子的德行感化,这就是有利于内了。如果以上七种德行做不到,人民就会离心离德,人人都追求自身利益而离开君主,上位者无论怎样招致都不来响应,这就是有利于外了。那北狄在王室是没有位次的,而郑国君主位在南服,王却贬低他,这是不尊重位次高贵的。狄人的心像豺狼一样贪之无厌,郑国没有不遵从周室的典章制度,王却轻视他,这可不是在宣扬好德行。周的平王、桓王、庄王、惠王都曾受过郑国拥戴,王却抛弃他,这是不任用有功之臣。郑国君主捷年长,你比他年轻却轻视他,这是不尊重老人。狄,是北方隗姓的国家,郑国始封的先祖是宣王的弟弟,王却亏待他,这是不爱护亲人。礼法规定,新的不能代替旧的,王却要娶狄女代替自古与周室通婚的姜氏、任氏,不但不合乎礼法,简直是不念旧情。王这一举动而背弃七种好德行,我因此而说是有利于外人。《尚书》上有这样的教导:'必须有忍耐,才能够成功。'臣不愿看着您因为小小的怨恨而抛弃郑国,又提高叔隗的地位而引来狄人。狄人,是很凶暴贪婪的,是永远满足不了他的贪心的。"襄王不听从。

  襄王十八年,襄王因狄后私通于王子带而废去她的后位。狄国的大军来进犯,杀大夫谭伯。富辰说:"当初我多次劝谏王,王不接受我的意见,所以才遭到这种大祸。如果我不豁出命去,王以为我是对他怀有怨恨啊!"于是率领他的亲人宗族战死。

## 2. 襄王拒晋文公请隧

【题解】

  晋文公向周襄王请求赐给他以天子的葬礼,本就含有轻视周王室的意思。襄王慑于晋国的声威,碍于文公新近有功王室,便采取以守为攻的方法,用"亲亲"、"尊尊"的礼法大防来拒绝。通篇答话似扬实抑,没有一句直接说不许其请,但句句都在说不能允许的理由,婉转说来,层层逼近,一直说得晋文公不敢再请求为止。

  本文从一个侧面反映出中国古代礼制的完备和等级森严。

【原文】

  初,惠后欲立王子带①,故以其党启狄人②。狄人遂入周,王乃出居于郑③,晋文公纳之④。

晋文公既定襄王于郑⑤,王劳之以地⑥,辞,请隧焉⑦。王不许,曰:"昔我先王之有天下也,规方千里以为甸服,以供上帝山川百神之祀⑧,以备百姓兆民之用,以待不庭不虞之患。其余以均分公侯伯子男⑩,使各有宁宇⑪,以顺及天地,无逢其灾害,先王岂有赖焉⑫。内官不过九御⑬,外官不过九品⑭,足以供给神祇而已⑮,岂敢歆纵其耳目心腹以乱百度⑯?亦唯是死生之服物采章⑰,以临长百姓而轻重布之⑱,王何异之有?今天降祸灾于周室⑲,余一人仅亦守府⑳,又不佞以勤叔父㉑,而班先王之大物以赏私德㉒,其叔父实应且憎,以非余一人,余一人岂敢有爱㉓?先民有言曰㉔:'改玉改行㉕。'叔父若能光裕大德,更姓改物㉖,以创制天下,自显庸也,而缩取备物以镇抚百姓㉗,余一人其流辟旅于裔土㉘,何辞之有与?若由是姬姓也,尚将列为公侯,以复先王之职,大物其未可改也。叔父其懋昭明德㉙,物将自至,余何敢以私劳变前之大章,以忝天下㉚?其若先王与百姓何?何政令之为也?若不然,叔父有地而隧焉,余安能知之?"文公遂不敢请,受地而还。

### 注释

①初:因此时惠后已死,追叙在此前之事,故言初。惠后:周惠王之后。《左传》以惠后为襄王、叔带之生母,《庄公十八年》:"陈妫归于京师,实惠后。"《僖公二十四年》:"冬,王使来告难,曰:'不穀不德,得罪于母弟之宠子带。'"而《史记·周本纪》则认为:"襄王母早死,后母曰惠后,惠后生叔带。"从《左传》。王子带:惠王子,襄王幼弟,封于甘,故《左传》称甘昭公。

②其党:指周大夫颓叔、桃子。《左传·僖公二十四年》:"秋,颓叔、桃子奉大叔以狄师伐周,大败周师。"故称"启狄人"。

③出居于郑:据《周本纪》《左传》言襄王出居于郑之氾地(在今河南省襄城县南)。因周襄王曾出居于此,故名襄城。

④晋文公纳之:据《僖公二十四年》,周襄王十七年,王子带借狄人之兵即位,襄王出奔,"冬,王使来告难。"次年(公元前634年),晋文公纳王而诛叔带。参见《左传·僖公二十四年、二十五年》及《史记·周本纪》。

⑤定:平定周室之乱,使襄王复位。郏(jiá夹):周王城地名,在今河南洛阳市西。

⑥劳:赏赐。襄王因晋文公勤王之功,把阳樊、温原、欑茅之田赏给他。

⑦隧:隧葬,挖地通路打隧道。《左传·僖公二十五年》杜《注》引贾逵说:"隧,王之葬礼,开地通路曰隧。"古代天子葬礼有隧道(全系地下道),诸侯有羡道

(地道而露出地面)。详见杨伯峻《左传注·僖公二十五年》。晋文公请用隧葬,含有看轻周王室之意。

⑧上帝:天神。山川百神:指地神。

⑨不庭:不来朝贡。不虞:意料不到的事故。

⑩其余:指甸服以外的土地,均分给公侯伯子男。据《礼记·王制》孔颖达《注》,言公之地方五百里,侯四百里,伯三百里,子二百里,男一百里。

⑪宁宇:安居。

⑫赖:利。《吕氏春秋·离俗》:"其视富贵也,苟可得也,其必不之赖。"高诱《注》:"赖,利也。"

⑬九御:九嫔。嫔,宫廷内的女官名。《礼记·婚义》:"古者,天子后立六宫、三夫人、九嫔。"

⑭九品:即九卿,详见《周语上》3注⑭。据《周礼·冬官·匠人》:"内有九室,九嫔居之,外有九室,九卿朝焉。"

⑮神:指天神。祇(qí 祈):地神。因嫔与卿主祭祀,故言"是以供给神祇而已。"

⑯猒:满足。耳目:指声色。心腹:指嗜好欲望。

⑰服物:此指使用的器物及礼仪,包括隧葬。采章:绣绘有彩色花纹的旌旗、车舆、服饰。

⑱轻重:贵贱尊卑的等级。布:展示。

⑲天降灾祸:指叔带之乱。

⑳府:指先王的府藏。

㉑不佞(nìng 泞):自谦之词,即不才。叔父:天子称同姓诸侯叫叔父。

㉒班:即颁,分给。大物:指隧葬。

㉓爱:吝啬。

㉔先民:先人、前人。

㉕玉:佩玉。据韦《注》:"佩玉所以节(别)行步也。君臣尊卑迟速有节。"改玉改行,言佩玉用来分别君臣的行步,佩什么玉就享受什么礼仪,改变佩玉就必须改变行步(指地位)。

㉖更(gēng 耕)姓:易姓。改物:如改换历法、变更服色之类。更姓改物,意思是改变姬姓的周王朝为他姓王朝。

㉗缩:收。备物:指上面提到的服物采章之类。

㉘流:流放。辟(bì 避):退避。

㉙懋(mào 茂):勉,勤勉。

㉚私劳:私德。大章:指服物采章的规定。忝(tiǎn 腆):玷辱。

**【今译】**

　　当初,惠后想立叔带为天子,所以让叔带结交的党羽引来狄人。狄军于是进入周王城,周襄王就出亡居住在郑,晋文公派军队护送襄王返国。

　　晋文公在郏地使襄王复位后,周襄王用田地来赏赐他,文公谢绝接受,而请求允许他死后采用掘地道的天子葬礼。襄王不同意,说:"从前我们的先王得了天下,划定王都周围方圆千里的地方为甸服,来供给天地山川百神的祭祀,用来提供百官万民的财用,防备诸侯不朝贡和意外的祸患。其余的土地用来平均分给公、侯、伯、子、男,使诸侯各有安宁的住处,可用来恭顺地服事天地,不致于遭到灾害,先王自己难道得到什么好处吗?天子的官制,内官不过设九嫔,外官不过设九卿,仅仅是为了供奉天神地祇罢了,哪里敢放纵他的声色嗜欲来扰乱各种制度呢?天子只不过是生前死后享用的服饰礼仪不同,用来统治百姓,表明尊卑贵贱的等级罢了。此外,天子和诸侯又有什么区别呢?现在上天降灾祸给我周室,我个人仅仅是个守成的君主,又没有才干而劳驾叔父,如果拿先王规定的隧葬来酬谢个人的私恩,叔父还应该憎恶我,责怪我个人,我个人又何尝舍不得这隧葬之礼呢?前人有这样的话:'改变佩玉,就必须改变他的地位。'叔父如果能发扬光大美好的德行,变更姬姓王朝改换服物采章,创立新制度,自己向天下宣布,从而收取天子生前死后享用的服饰葬礼,用来镇抚百姓,我个人即使被流放退避在边远的地方,又有什么话好说呢?如果天下还是姬姓的,叔父还是做周室的诸侯,执行先王规定的职责,那么,隧葬还是不可以轻易改动的。叔父如果能勤修德行,这种葬礼也许会自然来到,我又怎么敢因个人私恩改变先王规定的重要制度,取辱于天下呢?那样做,又怎么对得住先王和百姓呢?还能推行什么政策法令呢?再若不然,叔父尽可以在自己的封地上开地道采用天子的葬礼,我又怎么能知道呢?"文公听了,便不敢再请求,只好接受赏地,回到晋国。

# 3. 阳人不服晋侯

【题解】

　　阳樊被围,守将仓葛不愿使百姓玉石俱焚,于是面对晋国强大的兵威据理力争,他说的话有理、有利、有节,义正而辞严,是一篇弱者折服强者的绝妙辞令。

【原文】

　　王至自郑,以阳樊赐晋文公①。阳人不服②,晋侯围之。仓葛呼曰③:"王以晋君为能德,故劳之以阳樊,阳樊怀我王德④,是以未从于晋。谓君其何德之布以怀柔之⑤,使无有远志⑥?今将大泯其宗祊⑦,而蔑杀其民人⑧,宜吾不敢服也!夫三军之所寻⑨,将蛮、夷、戎、狄之骄逸不虔⑩,于是乎致武。此羸者阳也⑪,未狎君政⑫,故未承命。君若惠及之,唯官是征⑬,其敢逆命,何足以辱师!君之武震,无乃玩而顿乎⑭?臣闻之曰:'武不可觌,文不可匿⑮。觌武无烈,匿文不昭⑯。'阳不承获甸,而只以觌武,臣是以惧。不然,其敢自爱也?且夫阳,岂有裔民哉⑰?夫亦皆天子之父兄甥舅也,若之何其虐之也?"晋侯闻之,曰:"是君子之言也⑱。"乃出阳民。

注释

　　①阳樊:阳为其邑名,因周初封樊仲山父,故名阳樊,又名樊,亦名阳,在今河南省济源县东南。
　　②不服:不肯属晋。
　　③仓葛:阳樊守臣名。
　　④怀:思念。
　　⑤怀柔:招来安抚,即采取感化手段加以笼络。《诗经·周颂·时迈》:"怀柔百神,及河乔岳。"
　　⑥远志:离叛之心。
　　⑦泯:灭。祊(bēng崩):庙门。宗祊意指宗庙。
　　⑧蔑杀:等于说灭杀。
　　⑨寻:讨,讨伐。

⑩将:已有。骄逸不虔:骄横放纵,对王室不恭顺。意即有夷蛮戎狄的行为,天王让用武力讨伐。
⑪羸(léi 雷):弱。
⑫狎(xiá 侠):熟习。
⑬官:指晋的主管官员。征:召。
⑭武震:兵威。玩:亵渎,指滥用兵力。顿:挫伤,轻慢。指用武力征服的行为不是出于正义,这将使自己的兵威受到亵渎甚至轻慢。
⑮觌:同"黩",滥用。文:文德,指德行教化。匿:隐而不现。
⑯烈:威力。
⑰裔民:边民。《左传·文公十八年》杜预《注》:"裔,边也。"裔民,这里指凶恶之民流放四境边远之地者。
⑱君子:指有道德操守的人。

【今译】

　　周襄王从郑国返回王城复位,将畿内阳樊邑赏赐给晋文公。阳樊人不肯归属晋国,晋文公派兵包围了城邑。阳樊守将仓葛高呼说:"天王认为晋君有安定王室的功劳,所以赏赐阳樊给晋国。阳樊人思念天王的恩德,因这缘故而不愿从属于晋。看晋君有什么恩惠施与人民,来感化安抚人民,使阳樊人不产生离叛之心呢?现在却准备大肆毁灭我们的宗庙,甚至杀尽我们的人民,确实使我们不敢归顺啊!三军所以应该讨伐的,是那四境蛮夷戎狄骄横放纵对王室不恭顺的,天王才让诸侯用武力进行征服。现在势力单弱的阳樊,只不过是不熟悉晋君的政令,所以没有服从归属于晋的命令。晋君如果施恩惠给阳樊人,我们也会听从晋的主管官员的征召,那里敢于违抗命令,那里又用得着屈尊军队来征讨呢?晋君赫赫的兵威,岂不是滥用而且受到亵渎吗?我听到过这样的话:'武力不可滥用,文德不可不宣扬。滥用武力就没有了威望,不宣扬文德就不能发扬光大。'阳樊人得不到服事天王为甸服,而现在又只看到晋君炫耀兵威,我为此而感到畏惧不安。不然的话,哪敢吝啬这块土地而不归顺呢?况且阳樊这里,难道会有该流放边地的凶顽百姓吗?大家都是天子的父兄甥舅,又何必来残杀我们呢?"晋侯听到后,说:"这都是君子说的话啊。"于是下令放阳樊人随意出境。

## 4. 襄王拒杀卫成公

【题解】

卫成公为了争夺君权，屈杀摄政的弟弟叔武，大臣元咺在诸侯会盟温地时提起诉讼，卫成公败诉，盟主晋文公拘捕了他并打算杀掉，周襄王为了抑制晋文公的野心，搬出君上臣下、"君臣无狱"的封建礼法，拒绝杀掉卫成公。因为这样做，又导致了另一场兄弟君臣之间的互相残杀。

【原文】

温之会，晋人执卫成公归之于周①。晋侯请杀之，王曰："不可。夫政自上下者也②，上作政，而下行之不逆，故上下无怨。今叔父作政而不行③，无乃不可乎？夫君臣无狱④，今元咺虽直，不可听也。君臣皆狱，父子将狱，是无上下也。而叔父听之，一逆矣⑤。又为臣杀其君，其安庸刑？布刑而不庸，再逆矣。一合诸侯，而有再逆政，余惧其无后⑥。不然，余何私于卫侯？"晋人乃归卫侯⑦。

【注释】

①温：地名，在今河南省温县西南，当时已由周王赏赐给晋文公，为晋地。卫成公：文公燬之子郑。卫成公三年（公元前632年，周襄王二十年），晋文公向卫借道救宋，成公恃楚而不从。楚师败于城濮，成公惧，出奔楚。使大夫元咺（xuǎn选）奉弟叔武摄政，参与践土之盟。有人谗元咺欲立叔武，卫成公杀元咺之子元角，元咺仍遵成公之命奉叔武守卫国。并恳请晋文公让卫成公归国为君，文公首肯。卫成公怀疑叔武，不到约定日期就提前进入卫国，叔武闻君至，喜迎，被前驱公子歂（chuán 船）犬射杀，元咺出奔晋。襄王二十一年冬，诸侯会盟朝襄王于温地。成公与元咺当面对质，理屈，晋文公于是拘捕了卫成公，押送京师。事见《左传·僖公二十八年》。《公羊传》则言叔武非前驱射杀，而为卫侯复位后诛杀，稍异。

②政自上下者也：上，指天子；下，指执行者。

③不行：指不顺。

④君臣无狱：意思是君臣之间不能就是非曲直而打官司。狱，讼。

⑤逆:违背,此指违背封建道德规范的行为。
⑥无后:指以后没有再用道义会合诸侯的机会了。
⑦晋人乃归卫侯:襄王不让治卫成公之罪,使囚于周都。晋文公派医生衍下鸩(zhèn振)毒杀卫成公,卫大夫宁俞买通医生,用计使成公不死。后鲁僖公为成公求情,派人向周襄王及晋文公分别进献白璧十双,卫成公得以归国为君。事见《左传·僖公三十年》及《鲁语下》7。

【今译】

　　温地诸侯会盟并朝拜襄王后,晋文公派人拘捕了卫成公,把他囚禁在周王城。晋文公请襄王下令杀掉卫成公,襄王说:"不可。政令是从上而下贯彻的,朝廷颁布法令,而下面去执行不违背它,这样上下才能勾通不产生隔阂怨尤。现在叔父颁行政令却不顺乎礼法,这恐怕不妥当吧?按说君臣之间是不应该兴起诉讼的,现在元咺虽然理直,但他为臣我们不应听从他的意见。如果说君臣之间可以兴起诉讼,那父子之间也可以打官司,这是没有上下尊卑了。而叔父还要听从臣下的一面之词,是第一点背逆礼法。又为臣下而杀掉君主,那该用甚么刑法才恰当呢?宣布了法令而不用,是再一次违背礼法。仅一次诸侯会盟,就发生两起违逆政令的事,我怕的是以后没有再用道义会盟诸侯的机会了。不因为这个原因,我又有什么值得去偏袒卫侯的呢?"晋文公于是放回卫侯。

# 5. 王孙满观秦师

【题解】

　　秦师远道偷袭郑国,经过周王城北门时,向周天子表示象征性的敬意,行动轻狂无比,周大夫王孙满看到这个情况,断言秦军一定会打败仗。后来,秦军果然在崤山遭到晋人的伏击,三帅被俘,全军覆没。

【原文】

　　二十四年,秦师将袭郑①,过周北门②,左右皆免胄而下拜③,超乘者三百乘④。

　　王孙满观之⑤,言于王曰:"秦师必有谪⑥。"王曰:"何故?"对曰:

"师轻而骄⑦,轻则寡谋,骄则无礼。无礼则脱⑧,寡谋自陷。入险而脱⑨,能无败乎?秦师无谪,是道废也⑩。"

是行也,秦师还⑪,晋人败诸崤,获其三帅丙、术、视⑫。

### 注释

①秦师将袭郑:公元前628年(周襄王二十五年、鲁僖公三十二年)。秦穆公派大夫孟明视、西乞术、白乙丙为将,远道去偷袭郑国。

②周北门:周王都城洛邑的北门。

③左右:戎车的左右卫。免:脱。胄:一名兜鍪,兵士戴的头盔。因兵车参乘,驾车者居中央,故左右卫脱掉头盔下拜行礼,对周王表示象征性的敬意。

④超乘者:左右卫跃而登车者。上文言"免胄而下",此言"超乘者",则左右卫刚一下车就又跳上车去,这是轻狂无礼的举动。

⑤王孙满:周恭王之子圉的曾孙,时为周大夫。

⑥谪:咎,灾祸。

⑦轻而骄:轻狂放肆,骄傲无礼。指超乘之举,说明军纪不严。

⑧脱:随便。

⑨险:险要之地,指崤山。

⑩道:古道,古人的教导或格言。

⑪秦师还:秦军的偷袭行动被到周贩牛的郑国商人弦高察觉,于是假托郑君之命犒劳秦军,一面派人回国报告。孟明视等知道偷袭不成,于是顺手牵羊灭掉滑国而班师回秦。

⑫"晋人"两句:周襄王二十六年夏,秦军经过晋境,晋襄公派大将先轸率兵埋伏在崤山,大败秦军,俘获三帅。

### 【今译】

周襄王二十四年,秦国军队想要偷袭郑国,行军通过周王城北门,每辆兵车上的左右卫都只是摘下头盔向王宫礼拜,算是向周天子表示敬意。但刚一下车又一跃而登车前进的有三百辆兵车的左右卫。

王孙满看见了这情形,对周王说:"秦国军队一定会遇到大灾祸。"王问:"为什么呢?"王孙满说:"秦国军队举动轻狂而骄横,轻狂无礼就缺少谋略,骄横就不注意礼节。不注意礼节就会随随便便,缺少谋略会自己陷入困境。进入险要之地还在随随便便,漫不经心,能够不失败吗?秦国军队不遭到灾祸,那自古传下来的道理就不管用了。"

这次偷袭郑国的军事行动劳而无功,秦国军队回国途中,遭到晋国伏兵在崤山的痛击,秦军的三个主帅白乙丙、西乞术、孟明视全被晋军俘虏。

# 6. 定王论不用全烝之故

【题解】

古代礼仪制度规定严格,周定王在接见晋国使臣随会时,用肴烝招待,随会怀疑是降低了规格。定王于是告诉他,全烝、房烝、肴烝三种宴飨礼仪的规格和适用的场合,又强调所谓"华夷之辨"、"亲疏之别",表明用肴烝是表示亲密友好,合乎礼仪规范的。

本文对我们了解春秋时期的朝聘宴飨的典礼制度有一定参考价值。

【原文】

晋侯使随会聘于周①,定王享之肴烝②,原公相礼③。范子私于原公④,曰:"吾闻王室之礼无毁折⑤,今此何礼也?"王见其语,召原公而问之,原公以告。

王召士季,曰:"子弗闻乎,禘郊之事,则有全烝⑥;王公立饫,则有房烝⑦;亲戚宴飨,则有肴烝⑧。今女非他也,而叔父使士季实来修旧德,以奖王室⑨。唯是先王之宴礼,欲以贻女。余一人敢设饫禘焉,忠非亲礼⑩,而干旧职⑪,以乱前好?且唯戎、狄则有体荐⑫。夫戎、狄,冒没轻儳⑬,贪而不让。其血气不治,若禽兽焉。其适来班贡⑭,不俟馨香嘉味,故坐诸门外,而使舌人体委与之⑮。女今我王室之一二兄弟⑯,以时相见⑰,将和协典礼⑱,以示民训则⑲,无亦择其柔嘉⑳,选其馨香,洁其酒醴,品其百笾㉑,修其簠簋㉒,奉其牺象㉓,出其樽彝㉔,陈其鼎俎㉕,净其巾幂㉖,敬其祓除㉗,体解节折而共饮食之。于是乎有折俎加豆㉘,酬币宴货㉙,以示容合好,胡有孑然其效戎、狄也㉚?

"夫王公诸侯之有饫也,将以讲事成章㉛,建大德、昭大物也㉜,故立成礼烝而已㉝。饫以显物㉞,宴以合好,故岁饫不倦㉟,时宴不淫㊱,月会、旬修、日完不忘㊲。服物昭庸㊳,采饰显明㊴,文章比象㊵,周旋序顺㊶，容貌有崇㊷，威仪有则㊸，五味实气㊹，五色精心㊺，五声昭德㊻，五义纪宜㊼，饮食可飨，和同可观㊽，财用可嘉㊾，则顺而德建。古之善礼者，将焉用全烝？"

武子遂不敢对而退。归乃讲聚三代之典礼㊿，于是乎修执秩以为晋法㉛。

**注释**

①晋侯：指晋景公姬獳（rú 儒），晋文公之孙，成公之子。随会：晋正卿，士芳之孙，成伯之子，又称士会、士季、季武子、范子。聘：诸侯向天子或诸侯之间派遣使臣问候修好。

②定王：周定王（公元前606—公元前586年在位），周襄王之孙，顷王之子，名渝。享：设享礼款待。肴烝：古代祭祀、宴会时，连肉带骨盛放在俎（zǔ 阻，古代陈放牲体的木制漆饰礼器）内，叫肴烝，又叫折俎。肴，《经典释文》："熟肉有骨曰肴"，即今之排骨。

③原公：周大夫原襄公。相（xiàng 向）礼：古代行朝聘、会盟、享宴、祭礼等礼仪时有专人引导成礼，称相礼，其人称相。

④私：私下。

⑤毁折：废弃减免。

⑥禘（dì 帝）郊：禘，祭名，大祭称禘。在国都南效祭天地，称禘郊。全烝：将整个牲体置放俎上，并不煮熟，称全烝，故韦《注》云"凡禘郊皆血腥也。"

⑦王公：天子、诸侯。立饫（yù 欲）：立着行礼，不坐，所以称立饫。《周语下·刘文公与苌弘欲城周》言"夫礼之立成者为饫，昭明大节而已。"韦《注》："立成，立行礼，不坐也。言饫礼所以教民敬式，昭明大体而已。"房烝：将半个牲体置于俎上，称房烝，也叫体烝。《诗经·鲁颂·闵宫》："笾豆大房。"清陈奂《诗毛氏传疏》认为"房"即"旁"，全烝为全体之俎，房烝为半体之俎。

⑧亲戚：此指天子的同族父兄，因晋族姬姓，于周天子为同族父兄。

⑨奖：成，使和解。据《左传·宣公十六年》："晋侯使士会平王室。"杜《注》："平，和也。"即晋侯派遣士会去调和周王室诸卿士之间的矛盾。

⑩忠：厚。亲礼：亲戚宴享之礼。言房烝、全烝虽然丰厚，但非宴享亲戚的礼仪。

⑪干：犯。旧职：故事，老规矩。

⑫体荐：即房烝。

⑬冒没：冒昧不顾其他。轻儳（chán 谗）：轻狂不懂上下尊卑的礼节。儳，不整齐。

⑭适来:往来。班贡:交纳贡品。班,赋。

⑮舌人:翻译官。韦《注》:"舌人能达异方之志,象胥官也。"《周礼·秋官·象胥》:"掌蛮夷闽貉戎狄之国,使掌传王之言而谕说焉,以和亲之。若以时入宾,则协其礼与其辞言传之。"体委:分解牲体委弃于地。

⑯一二:表示少数、少量。

⑰时:时享,古时春夏秋冬四时宗庙的祭祀。按,古制,宾服的诸侯要每季献上祭祀天子始祖的祭物,因此与周王一年有四时相见。

⑱和协典礼:朝聘时以礼和合使之得体。

⑲训:教诲,即向人民公开宣扬。

⑳无亦:不也。柔嘉:细嫩肥美。

㉑笾(biān边):古代祭祀宴享时用来盛果脯、干果的竹编食器,形制如豆(木制高脚盘),有盖。《周礼·天官·笾人》:"掌四笾之实。"郑玄《注》:"笾,竹器如豆者,其容实皆四升。"百笾,形容果品之多。

㉒修:备。簠簋(fǔ guǐ抚鬼):古时祭祀、宴享时用来盛黍稷稻粱的器皿,先时以竹木制作,后多以青铜铸造。《礼记·乐记》:"簠簋俎豆,制度文章,礼之器也。"《释文》:"内方外圆曰簋,以盛黍稷;外方内圆曰簠,以盛稻粱。皆容一斗二升。"

㉓奉:进献。牺象:牺尊与象尊的合称,古代酒器。《周礼·春官·司尊彝》:"其朝践用两献(牺)尊,其再献用象尊。"《注》:"郑司农(众)云:'牺尊,饰以翡翠;象尊以象凤凰,或曰以象骨饰尊。'"《国语正义》引魏王肃《国语章句》云:"鲁郡于地中得齐大夫子尾送女器,有牺尊,以牺牛为尊,然则象尊,樽为象形也。二尊形如牛、象,而背上负尊。"后世出土的古代酒器、祭器多如王肃说。

㉔樽彝:即尊彝,古代酒器、礼器总名。《周礼·春官·司尊彝》:"掌六尊六彝之位。"六尊,牺、象、著、壶、太、山;六彝,鸡、鸟、斝(jiǔ贾)、黄、虎、蜼(wèi位)。

㉕鼎:古代烹饪器,常见者三足两耳,青铜铸造。俎:这里指切割牲肉用的砧板。韦《注》:"俎设于左,牛豕为一列,鱼腊肠胃为一列,肤特(切细的牲肉)于东。"

㉖静:洁。巾幂(mì密):古代覆盖尊彝等礼器的巾帛。

㉗祓除:扫除,使洁净之意。

㉘折俎:即肴烝,杨伯峻《春秋左传注》云:"因折断其骨节后置之俎上,故亦曰折俎。"加豆:享宴之后以豆器盛腌菜、腌肉酱之类献上。韦《注》:"加豆谓既食之后所加之豆也,其实芹菹兔醢(hǎi海)之属。"

㉙酬币:主人酬宾的礼物。宴货:宴会时赠送的礼品。韦《注》:"其宴束帛为好,谓之宴货。"《左传·昭公五年》:"宴有好货。"杜《注》:"宴饮以货为好,衣服车马,在客所无。"

㉚孑(jué决)然:此指整头牲畜囫囵的样子。
㉛讲事:讨论战争等国家大事。章:章程,制度。
㉜大德:大功勋。大物:大器度。
㉝立成:指不坐下。礼烝:指按礼仪献上准备好的礼品。
㉞显物:指上面列举的那些为宴会而准备好的器物,向客人表示已准备齐全之意。
㉟岁饫:一年举行一次饫礼。
㊱淫:过多。
㊲日完:完一日所做之事。不忘:不忘所遵循的礼仪。
㊳服:冕服。物:表示等级的旗章。昭:表明。庸:功。
㊴采饰:彩色饰物,指代表身份地位的旌旗车舆服饰上的彩色饰物。
㊵文章:古代青赤相配为文,赤白相配为章,此指在衣裳上织绣白黑相配的黼(fǔ斧,一对斧头形)、黑青相配的黻(fú弗,两弓形相背)花纹。比象:比照物象,用青、黄、赤、白、黑五种正色绘山、龙、花、虫之象。文章比象,总指在礼服上绘绣的花纹图样以示等级差别。
㊶周旋:此指主宾之间的应酬。序顺:各以次序遵循礼仪的规定。
㊷容貌:指主宾的仪容、态度。崇:修饰。
㊸威仪有则:地位使人尊重畏服,仪表堪为人之表率。
㊹五味:酸、苦、甘、辛、咸。实气:血气充实。韦《注》:"味以实气,气以行志。"
㊺五色:青、黄、赤、白、黑,旧时以这五种颜色为正色。警心:警心。此句指用五色绘绣的服章来区别尊卑,昭明等级,所以警其心,使言行不致僭越。
㊻五声:即古乐五声音阶宫、商、角、徵(zhǐ纸)、羽。昭德:昭明政治的好坏。古人认为"声音之道与政通矣","是故治世之音,安以乐,其政和。乱世之音,怨以怒,其政乖。亡国之音,哀以思,其民困。"见《礼记·乐记》。
㊼五义:指父义、母慈、兄友、弟恭、子孝这五种封建伦理规范。
㊽和同可观:韦《注》"以可去否曰和;一心不二曰同。"和同即友情,用于言行则道德仁义可观。
㊾财用可嘉:指主人宴会酬宾的礼品代表深情厚意,故可嘉美。
㊿三代:夏、商、周三代。
51执秩:《左传·昭公二十九年》:"文公是以作执秩之官,为被卢之法。"《僖公二十七年》:"作执秩以正其官,民听不惑而后用之。"则执秩当为官名,主管爵禄。此以执秩代晋国法典名。

【今译】

晋景公派遣随会朝聘周王朝,定王用肴烝的礼仪招待他,原公做赞礼。随会私下问原公说:"我听说周王室的礼仪并没有废弃或减免的,今天这个酒宴是什么礼仪?"定王看见他们在说话,就召来原公问谈些什么,原公把随会的谈话内容禀告了定王。

　　定王召见随会,说:"你没有听说过吗?天子祭天的礼仪,就有整个牲体放在盛肉的器具里的全烝;天子诸侯站立行享礼,就有半个牲体放在盛肉的器具里的房烝;天子为同族父兄设宴招待,就有折断的带骨肉放在盛肉的器具里的殽烝。现在因为我看待你不比其他人,你随季是我叔父派遣来重新修好旧日亲情,并调和王室卿士间矛盾的使者。这是先王设下的宴享礼仪,我用来招待你。我个人又那敢为你设房烝、全烝呢?房蒸、全烝虽然丰厚,但不是招待亲戚的礼仪,而且违犯了先王定下的老规矩,我哪敢扰乱先王用殽烝款待亲戚的好意呢?况且只有戎狄来朝才用体荐的礼仪。那些戎人、狄人,都是野蛮粗俗不懂礼节的,贪多而不谦让。他们血气方刚没有教养,就像禽兽一样。他们来自边远地方向中央朝廷交纳贡品,等不及享受宴会上馨香的嘉肴,所以,让他们坐在殿门外,就派遣翻译官把牲口的肉割给他们。你现在是我们周王室关系亲密的兄弟,一年有四时宗庙祭祀的机会相见,在朝聘时的接待必须礼仪得体,并且用这给天下人作出表率。不也应该选择那细嫩肥美的牲口,挑选那芳香美味的食品,洁净那爽口的美酒,依次排列好盛满干果肉脯的竹编笾器,准备好盛满黍稷的簋簋,捧出牺尊与象尊,搬出贵重的樽器彝器,放好烹调用的鼎和切割牲肉用的砧板,盖上清洁的巾幂,恭敬地扫除,把牲肉按部位切细,割下折断的肉骨头烹调,来一同美美地享受这些酒菜果品么!在这之后,又用高脚盘盛上腌菜、肉酱佐食,饮宴时赠送上等礼品,以表示礼仪和双方的亲近友好,那有像对付戎狄那样将整头牲肉赏赐了事的?

　　"朝廷上天子与王公诸侯站立行享礼,是为了商议国家大事制定政策法令,建立大功业,表明朝廷的恢宏器度,所以站立行礼,按礼仪奉上准备好的食品而已。站立行享礼只是把设宴时准备好的器物向客人表示,饮宴则是表现了实际的友好,所以站立行享礼一年一次不让人倦怠,每季举行一次宴会也不过分,计算一个月的经费开支,小结十天之内所完成的工作,一日之事一日毕,都是没有忘记应遵从的礼仪。礼服礼帽旗帜名号是表示功勋大小,旌旗车舆服饰上的彩色饰物表明身份地位。在礼服上绣绘彩色物象,在宴会上主宾之间的应酬按照等级遵循礼仪,主宾的仪容、态度用礼仪修饰,地位使人敬服而仪表堪为表率。五味使人体血气充实,五色使人时时警惕,五声昭明政治的好坏,五义记录了上下尊卑长幼的得体。宴会上饮食的酒肉可以表示享受的规格,和睦同心的言行可以看出主宾高尚的德行,主人酬宾的礼品可以表现深情厚意,遵循了礼法并且建立了道德规范。古代完美的礼仪有的是,又何必只用全烝来体现?"

随会于是不敢说什么就退下。回到晋国后就刻意讲求夏、商、周三代的典礼,并据此修明法典作为晋国的法度。

## 7. 单襄公论陈必亡

【题解】

周王室使臣单襄公路过陈国时,看到一些不良现象,回国向周定王汇报,断定陈侯必有大的灾难,国家也必定灭亡。在论述过程中,他列举陈侯违背农事季节、不注重经济建设、不执行国事交往原则、君臣荒淫逸乐不理政事,以致造成田园荒芜、民生凋弊、内政外交一片混乱、社会秩序陷于瘫痪这四个方面的大量事实,征引古制古典,逐层剖析,最后归结出这种国不像国的状况"岂能久乎"的结论,很具逻辑性和说服力。

【原文】

定王使单襄公聘于宋①。遂假道于陈,以聘于楚②。火朝觌矣③,道茀不可行④,候不在疆⑤,司空不视涂⑥,泽不陂⑦,川不梁⑧,野有庾积⑨,场功未毕⑩,道无列树⑪,垦田若艺⑫,膳宰不致饩⑬,司里不授馆⑭,国无寄寓⑮,县无施舍,民将筑台于夏氏⑰。及陈,陈灵公与孔宁、仪行父南冠以如夏氏⑱,留宾不见。

单子归,告王曰:"陈侯不有大咎,国必亡。"王曰:"何故?"对曰:"夫辰角见而雨毕⑲,天根见而水涸⑳,本见而草木节解㉑,驷见而陨霜㉒,火见而清风戒寒。故先王之教曰:'雨毕而除道,水涸而成梁,草木节解而备藏,陨霜而冬裘具㉓,清风至而修城郭宫室。'故《夏令》曰㉔:'九月除道,十月成梁。'其时儆曰㉕:'收而场功,待而畚梮㉖,营室之中,土功其始㉗。火之初见,期于司里㉘。'此先王所以不用财贿,而广施德于天下者也。今陈国火朝觌矣,而道路若塞,野场若弃,泽不陂障,川无舟梁,是废先王之教也。

"周制有之曰:'列树以表道,立鄙食以守路㉙。国有郊牧㉚,疆有寓望㉛,薮有圃草㉜,囿有林池㉝,所以御灾也。其余无非谷土,民无悬耜㉞,野无奥草㉟。不夺民时,不蔑民功㊱。有优无匮㊲,有逸无罢㊳。国有班事㊴,县有序民㊵。'今陈国道路不可知,田在草间,功成而不收,民罢于逸乐,是弃先王之法制也。

"周之《秩官》有之曰㊶:'敌国宾至㊷,关尹以告㊸,行理以节逆之㊹,候人为导,卿出郊劳㊺,门尹除门㊻,宗祝执祀㊼,司里授馆,司徒具徒,司空视途,司寇诘奸㊽,虞人入材㊾,甸人积薪㊿,火师监燎㉛,水师监濯㊵,膳宰致饔㊳,廪人献饩㊴,司马陈刍㊵,工人展车㊶,百官以物至,宾入如归。是故小大莫不怀爱㊷。其贵国之宾至㊸,则以班加一等,益虔。至于王吏,则皆官正莅事,上卿监之。若王巡守㊹,则君亲监之。'今虽朝也不才,有分族于周㊺,承王命以为过宾于陈㊻,而司事莫至,是蔑先王之官也。

"先王之令有之曰:'天道赏善而罚淫,故凡我造国,无从非彝,无即慆淫,各守尔典,以承天休。㊼'今陈侯不念胤续之常㊽,弃其伉俪妃嫔㊾,而帅其卿佐以淫于夏氏,不亦渎姓矣乎㊿?陈,我大姬之后也。弃衮冕而南冠以出,不亦简彝乎?是又犯先王之令也。

"昔先王之教,懋帅其德也,犹恐殒越㉛,若废其教而弃其制,蔑其官而犯其令,将何以守国?居大国之间㊵,而无此四者,其能久乎?"

六年,单子如楚。八年,陈侯杀于夏氏㊳。九年,楚子入陈㊴。

**注释**

①单(shàn 善)襄公:名朝,食邑于单,为周王卿士,"襄"是他的谥。宋:国名,辖地在今河南省东部及山东、江苏、安徽三省之间,都亳(今河南商丘县)。

②假:借。自宋到楚需经陈国,当时周室衰微,所以用诸侯相聘问的礼仪向陈国借道。

③火:即二十八宿中的心宿,又叫商星。觌(dí 狄):见。此时为夏历十月,心宿早晨见于东方。

④道茀(fú 弗):野草塞路。

⑤候:候人,掌迎送宾客的官员。《周礼·夏官·候人》:"若有方治则帅而致于朝,及归,送之于境。"

⑥司空:详见《周语上》6 注㉒,司空的职责也包括修治道路。

⑦泽:水积聚的地方,这里指塘堰。陂(bēi 卑):堵水的堤岸。

⑧梁:桥梁。

⑨庾积(yǔ zī 与姿):露天堆积(粮食谷物)。《史记·文帝纪》《集解》引胡广曰:"在邑曰食,在野曰庾。"

⑩场功:指收割庄稼。场,打粮、晒粮的场地。

⑪列树:古时在道路两旁种树作为标记,战时也可砍伐作拒敌护城之用。列,整齐排列。

⑫垦田:已开垦的田土。薮(yì 艺):茅草芽。若薮,形容庄稼稀少。

⑬膳宰:即膳夫。饩(xì 细):活的牲畜。据《仪礼·聘礼》,古时有馈赠客人活牲的礼节。

⑭司里:即里宰,掌管客馆的官,《周礼·地官》之属。

⑮寄寓:犹言宾馆。

⑯施舍:宾客休息的地方。

⑰夏氏:指陈国大夫夏征舒家。

⑱陈灵公(公元前 613—公元前 599 年在位):陈国君主,名平国。孔宁、仪行父:陈国的两个卿。南冠:楚地的帽子。

⑲辰角:星名,即角星,二十八宿之一。古人把东南西北四方的二十八宿分别联系起来想象成动物形象,叫四象。如东方苍龙七宿(角、亢、氐、房、心、尾、箕),从角宿到箕宿看成一条龙,角宿象龙角,氐、房象龙身,尾宿即龙尾。辰角即龙角。角宿九月初寒露节早晨在东方出现。

⑳天根:星名。在寒露后五天的早晨出现。涸(hé 河):水干。

㉑本:星名,指东方苍龙七宿之一的氐宿。在寒露后十天的早晨出现。节解:指草木枯萎叶落。

㉒驷:星名,即苍龙七宿之一的房星。在九月中霜降节时早晨出现。陨霜:降霜。

㉓裘:皮衣。冬裘具,据《周礼·天官·司裘》:"中秋献良裘,季秋献功裘,以待颁赐。"郑玄《注》引郑众云:"良裘,王所服也;功裘,卿大夫所服。"

㉔夏令:此指夏朝时颁行的一部历法。

㉕儆(jǐng 警):提醒。

㉖而:同"尔",你。偫(zhì 志):预备。畚(běn 本):畚箕,盛土的器具。梮(jū 菊):抬土的器具。

㉗营室:星名,即定星。夏历十月黄昏时,出现在南方的天空中。土功:土木

工程建造。古人在定星正中时建筑房屋,参见《诗经·鄘风·定之方中》郑《笺》。

㉘期:会合。

㉙鄙:四境边邑。鄙食,边邑大道每十里有庐屋,设有饮食。既分里程,又可备传报。

㉚郊牧:此指国都郊外辟有放牧之地。

㉛疆:指边境。寓:旅舍。望:候望,指接待人员。

㉜薮(sǒu 叟):泽无水叫薮。圃草:丰茂的草。

㉝囿(yòu 佑):园囿,即种植花木、养畜禽兽的园林,犹今之公园,但古时多为供君主贵族阶层打猎游乐的场所。

㉞悬:挂。耜(sì 四):上古时翻土的农具。

㉟奥:深。

㊱蔑:废弃。

㊲优:宽裕。

㊳罢(pí 皮):同"疲"。

㊴国:此指城邑。班:次,指有条理。

㊵序民:指民有次序地为官府服力役或轮休。

㊶秩官:此指按官职品级写明职司内容、制度的一本手册。

㊷敌国:地位相等的国家。

㊸关尹:又叫司关、关人,主管出入关口的官吏,地官之属。

㊹行理:官名,行人(主管外交事务)的助手,又称小行人。节:符节。

㊺卿出郊劳:据《仪礼·聘礼》:"宾至于近郊……,君使卿朝服用束帛劳。"即行郊劳之礼。

㊻门尹:又叫司门,管门的官吏,地官之属。除门:打扫门径。

㊼宗:宗伯,六卿之一,掌邦国祭礼之礼。祝:官名,有大祝、小祝,为宗伯之下属。

㊽司徒、司空、司寇:均见《周语上》6注⑲⑳㊸。

㊾虞人:即山虞,又叫虞师,掌管山泽的官。地官之属。

㊿甸人:即甸师,主管照明柴薪的官。天官之属。

㉛火师:又称司火、司烜氏,管火的官吏。燎:庭燎,见《周语上》14注⑤。

㉜水师:即萍氏,管水的官吏。与火师同为秋官之属。

㉝饔(yōng 雍):熟食。

㉞廩人:掌管出纳米谷的官吏,地官之属。饩(xì 细):生食,此指谷米。

㉟司马:这里指主管养马的官吏,即圉人,夏官之属。刍:喂马的草料。

㊱工人:工匠。展:这里指察看、检查。

㊲小大:指来宾及其随从人员。

(58)贵国:大国。

(59)官正:官长。莅(h 利):临。

(60)巡守:指天子巡行诸国。据《周礼·秋官·大行人》,天子十二年一巡守。

�61分族:亲族的分支。

(62)过宾:过境的宾客。

(63)彝:常,这里指常规。慆(tāo 滔):轻慢。休:吉祥、美善。此数句《今文尚书·汤诰》为:"凡我造邦,无从匪彝,无即慆淫,各守尔典,以承天休。"这里称先王之令,大约为周文王、武王的教诲。

(64)胤(yìn 印):后代。

(65)伉俪:配偶,此指陈灵公的夫人。

(66)媟(dú 毒)姓:亵媟姓氏。因夏征舒父御叔为陈公子夏之子、灵公之从祖父,与灵公同为妫姓,灵公帅二卿孔宁、仪行父同与征舒母夏姬淫乱,故言媟姓。

(67)大姬:见《周语中》1 注㉑。

(68)衮冕(gǔn miǎn 滚免):衮衣冠冕,为古代帝王及诸侯的礼服礼帽。

(69)陨越:颠仆、坠落,这里指灭亡。

(70)大国:指晋、楚。

(71)陈侯杀于夏氏:事见《左传·宣公十年》:"陈灵公与孔宁、仪行父饮酒于夏氏。公谓行父曰:'征舒似女'。对曰:'亦似君'。征舒病之。公出,自其厩射而杀之。二子奔楚。"

(72)楚子:指楚庄王。楚子入陈,事见《左传·宣公十一年》。楚庄王讨夏氏杀君之罪,欲灭陈置为楚县,楚大夫申叔时劝谏,庄王复封陈,公元前 598 年,陈成公即位为君。

【今译】

周定王派单襄公到宋国聘问,于是向陈国借道,以便去聘问楚国。这时,心星在早晨出现在东方的天空。进入陈国,道路上杂草丛生不便行走,迎送宾客的候人不在边境上,主管路政建设的司空不巡视道路,塘堰上不筑堤坝,河流上未架桥梁,田野里有露天堆积的粮食,庄稼还没收割完毕,路旁没有排列做标识的树木,田地里的庄稼长得像草。膳夫不送牲肉给宾客,司里没有给安排好宾馆,国都没有宾馆,县里没有旅舍,人民却要去替夏氏筑台。到了国都,陈灵公和孔宁、仪行父,戴着楚国时兴的帽子去夏姬家,丢下宾客不接见。

单襄公回来,报告周定王说:"陈侯本人不遭到大灾祸,国家也一定灭亡。"定王问:"什么原因?"回答说:"大凡角星早晨出现在东方,雨水就要稀少;天根星在寒露节后的早晨出现,河水就要干涸;氐星早晨出现,草木逐渐枯落;房星出现,寒霜下降;心宿出现,寒风提醒人们准备御寒。所以先王的遗教说:'雨水稀少,就修整道路;河水干涸,就正好修建桥梁;草木枯落,就预备储藏粮食;寒霜下降,就准备好冬衣;寒风吹来,就修整城郭房舍。'所以《夏令》说:'九月修道路,十月架桥梁。'到时候还要提醒百姓说:'做完你们的农活,准备好你们盛土抬土的器具,定星出现在天空正中时,开始夯土建屋。心星刚开始升起在东方,到司里处会合集中。'这就是先王之所以不需用财物,就能广泛地施恩德给天下人民的缘故。现在的陈国,心星在早晨出现了,但道路无人修整仍堵塞不通,田地里的庄稼活没人管,塘堰不筑堤坝,河上不架桥梁,这是废弃了先王的遗教啊!

"我们周朝的法制规定说:'排列树木来标志道路的远近,在四境边邑的大路上设立供应食宿的房舍以守卫道路。国都郊外有牧场,边境上有客寓和接待人员,无水的池沼里有丰茂的草,园林里有林木和池塘,这些都是用来防御灾害的。其余的地方没有不可以种粮食的土地,农民没有闲挂着的农具,田地里没有野草。不妨害农事季节,不浪费人民的劳力。这样才能使百姓生活富裕而不缺吃少穿,生活安逸而不至于疲劳。城邑的管事人员有条理地工作,地方上的民工有秩序地为官府服役。'现在的陈国,道路找不到,农田在草里头,庄稼成熟了也不收割,老百姓被陈侯的荒淫逸乐搞得很疲劳,这是废弃了先王的法制啊!

"我周朝的《秩官》里这样规定:'地位相等国家的使者到了,守关的官员要去报告,小行人拿着符节去迎接,候人作引导,卿出城郊去慰劳,管门的官吏安排打扫门径,宗伯、太祝陪同来宾到宗庙行礼,司里安排好宾馆,司徒分派服役的人,司空巡察道路,司寇检查纠察工作,虞人供应木材器用,甸人准备好烧柴,火师料理好夜晚照明的火烛,水师查看洗濯用水,膳夫送来熟食,廪人陈上备用的谷米,圉人摆出喂牲口的草料,工匠检查车辆,有关官员按照自己的主管职责供应物品,使来的宾客感到好像回到家一样。这样,来宾和他们的随从人员没有不感激盛情的。当那大国的贵宾来到,安排接待的官吏品位还要加高一级,更加恭敬。要是天子的使者到了,那对宾客的迎送供给的接待人员都要各司的正职官员到职管事,由正卿监督他们。至于天子亲自巡视,那就要由国君亲自出面监督办事。'现在我单朝虽然没有才能,也算周王的亲族,奉了天子的命令,做陈国的过路宾客,可是陈国的主管官员竟不到场,这是轻视先王的法制啊!

"先王的训令有这样的记载:'上天是奖赏善良而惩罚淫恶的,所以凡是我分封的诸侯国,不要遵从不按常规的法则,不要有轻慢淫乱的行为,各自遵守你们的法规,接受上天赐给的幸福吉祥。'现在陈侯竟然不考虑继嗣的伦理常法,抛弃他的夫人、妃嫔,带领他的臣下到夏氏家里去干淫乱的事,不也是侮辱自己的姓氏么?陈国,本是我武王的长女太姬的后代。陈侯不穿戴周的礼服礼帽,戴起楚国的帽子招摇过市,这不也是过分随便么?这又是违犯了先王的训令啊!

"对先王的教导,要尽力遵循,按照他们的德行去做,还害怕政权颠覆不保。如果废弃先王的教导,抛开先王的制度,轻视先王定下的官制,触犯先王的训令,又拿什么来保住国家?陈国夹在晋、楚两个大国之间,而没有做到以上四条,还能长久得了吗?"

周定王六年,单襄公到楚国。八年,陈灵公被夏征舒杀掉。九年,楚庄王攻入陈国。

## 8. 刘康公论鲁大夫俭与侈

【题解】

刘康公认为季孙、孟孙两家生活节俭,必定能长久掌握鲁国政权;叔孙、东门两家奢侈,必定会自取败亡。这说明统治者生活的节俭或奢侈,直接影响他们的政治地位是否巩固。文中极力赞美节俭,反对奢侈,所提出的"以俭足用则远于忧"、"人臣而侈,国家弗堪,亡之道也"这些看法,在今天仍有一定的教育意义。

【原文】

定王八年,使刘康公聘于鲁①,发币于大夫②。季文子、孟献子皆俭③,叔孙宣子、东门子家皆侈④。

归,王问鲁大夫孰贤?对曰:"季、孟其长处鲁乎!叔孙、东门其亡乎!若家不亡,身必不免。"王曰:"何故?"对曰:"臣闻之:为臣必臣,为君必君⑤。宽肃宣惠,君也;敬恪恭俭,臣也。宽所以保本也⑥,肃所以济时也⑦,宣所以教施也⑧,惠所以和民也。本有保则必固,时动而济则无败功,教施而宣则遍,惠以和民则阜。若本固而功成,施遍而民阜,乃可以长保民矣,其何事不彻⑨?敬所以承命也,恪所以守业也,恭所以给事也⑩,俭所以足用也。以敬承命则不违,以恪守业则不懈,以恭给事则宽于死⑪,以俭足用则远于忧⑫。若承命不违,守业不懈,宽于死而远于忧,而可以上下无隙矣,其何任不堪⑬?上任事而彻,下能堪其任,所以为令闻长世也。今夫二子者俭,其能足用矣,用足则族可以庇。二子者侈,侈则不恤匮⑭,匮而不恤,忧必及之,若是则必广其身。且夫人臣而侈,国家弗堪,亡之道也。"王曰:"几何?"对曰:"东门之位不若叔孙,而泰侈焉⑮,不可以事二君。叔孙之位不若季、孟,而亦泰侈焉,不可以事三君。若皆蚤世犹可⑯,若登年以载其毒⑰,必亡。"

十六年,鲁宣公卒。赴者未及,东门氏来告乱,子家奔齐⑱。简王十一年,鲁叔孙宣伯亦奔齐,成公未殁二年⑲。

### 注释

①刘:周王室畿内的诸侯国。刘即留,今河南省偃师县境。《左传·隐公十一年》:"(周桓王)取邬、刘、芳、邘(yú于)之田于郑。"则刘原为郑地,后为刘康公采邑。康公:周王卿士。

②发币于大夫:天子解发礼币使聘问于大夫。币,聘问时赠送的礼物,如玉、马、皮、圭、璧、帛之类。

③季文子:即季孙行父,季友(鲁桓公之幼子,庄公之弟)之孙,齐仲无佚之子,世为鲁国上卿。季文子俭,《史记·鲁周公世家》:"(襄公)五年,季文子卒。家无衣帛之妾,厩无食粟之马,府无金玉,以相三君(宣、成、襄)。"可见其俭。孟献子:即仲孙蔑。为庄公之仲弟庆父之曾孙,公孙敖之孙,本称仲孙氏,因讳庆父之恶,改为孟。世为鲁上卿。

④叔孙宣子:即叔孙侨如、宣伯。庆父之弟、季友之兄,名叔牙,宣子为叔牙之曾孙,庄叔得臣之子,为鲁下卿。以上三家鼎足而立,自僖公朝即并执鲁政,因同为鲁桓公后代,故称"三桓。"东门子家:即公孙归父,为庄公之孙,东门遂(襄仲)之子,时为鲁国大夫。

⑤为臣必臣,为君必君:指为臣必恭敬、为君必宽惠之君纲臣德。

⑥本:位。宽厚可得人心,故可以保位。

⑦济时:按时完成。

⑧教施：表示恩惠。

⑨彻：达。

⑩给事：服务。

⑪宽：距离远。宽于死，意思是离死罪远。

⑫以俭足用则远于忧：此言节俭足用既无乏绝之忧，还可避免骄奢僭上之罪。

⑬堪：胜任。

⑭不恤匮：不怜恤国人的匮乏。

⑮泰：同"太"。

⑯早世犹可：意思是本人早死则其宗族尚可免于覆亡。蚤，同"早"。早世，早离人世。

⑰登年：经历多年。登，指加多。载其毒：肆行祸害。载，行。毒，害。

⑱"赴者未及"三句：周定王十六年，东门子家与宣公谋，想利用晋国力量去掉三桓的势力。子家聘晋未返，宣公死。季孙行父逐子家，东门子家出奔齐国。事见《左传·宣公十八年》。赴者未及，向中央朝廷报丧的还没到。这里说明不可以事二君。赴，告丧。

⑲"简王十一年"三句：周简王十一年（鲁成公十六年），叔孙宣伯与鲁宣公夫人穆姜谋，想去掉季、孟二家势力，晋人不与同谋，鲁诸大夫盟而逐叔孙宣伯，叔孙氏出奔齐国。用"成公未殁二年"，说明叔孙氏"不可以事三君。"

【今译】

　　周定王八年，定王派刘康公到鲁国去聘问，给鲁国大夫们分赠礼品。他看到季文子、孟献子都很节俭，叔孙宣子、东门子家却很奢侈。

　　刘康公回来后，定王问他鲁大夫哪一个贤德？刘康公回答说："季、孟两家大概会长期在鲁国当政吧！叔孙、东门两家大概会败亡吧！如果不是整个家族毁灭，他们自身也必定不能免除灾祸。"定王问："为什么呢？"回答说："我听说：做臣子的要像个臣子的样子，做君主的要像个君主的样子。宽厚、严整、周遍、仁爱，这是做君主的道德；忠敬、谨慎、谦恭、节俭，这是做臣子的本分。宽厚是用来保住根基的，严整是用来及时成就事业的，周遍是用来表示恩惠的，仁爱是用来亲近百姓的。根基得到保护，地位就必然巩固；及时行动使事业成功，就不会有失误；表示恩惠周遍，就不会造成遗漏；用仁爱亲近百姓，就可以增加财富。如果根基巩固又能事业成功，施恩周遍而人民富有，就可以长久地保有人民，那还有什么事做不到呢？忠敬是用来完成君主命令的，谨慎是用来保住家业的，谦恭是用来为办事服务的，节俭是用来保证足够用度的。用忠敬来完成命令就不会违背君主，用谨慎来保住家业就不会懈怠，用谦恭来为办事服务就可以远离死亡，用节俭来保证用度就没有忧愁。如果能完成君主的命令而不违背，为保住家业而不懈怠，既能免遭死罪又不愁用度不足，就可以使君臣之间没有什么疑忌，那还有什么事不能胜任的呢？君主让办的事能畅通无阻，臣下能胜任君主的委托，就可以长久地保持美名了。现在这季、孟两家节俭，节俭就足够保证用度了，用度充足族人就可得到庇护。叔孙、东门两家奢侈，奢侈就不会怜恤族人的贫困，贫困的族人得不到周济，忧患就必然会降临到这两家头上，像这样一定也是个不顾君上只肥自身的人。况且做臣下的如此奢侈，国家财政也受不了，这是一条自取灭亡的路啊。"定王又问："叔孙、东门两家大概可以维持多久？"刘康公回答说："东门的职位不如叔孙宣伯，却过分奢侈，不可能事奉两代君主。叔孙的地位没有季、孟高，也过分奢侈，不可能事奉三代君主。倘若这两人早死还罢了，如果活得时间长而又肆行祸害，宗族必定覆灭。"

周定王十六年，鲁宣公去世。报丧的人还没到，东门氏就派人来朝廷报告鲁国发生内乱，子家逃亡到齐国。周简王十一年，鲁国的叔孙宣伯也逃亡到齐国，那是在鲁成公死前两年。

# 9. 王孙说请勿赐叔孙侨如

【题解】

周大夫王孙说善于观察人，通过与鲁卿叔孙侨如的交谈，就断定他的出使别有内情，要周王不要赏赐礼物给贪鄙的人；而与仲孙蔑交谈后，则向周王进言重赏谦让的仲孙蔑。这说明人主赏罚臣下应以德义为先，也表现了王孙说的为人精明和行事正派。

【原文】

简王八年，鲁成公来朝①，使叔孙侨如先聘且告②。见王孙说③，与之语。说言于王曰："鲁叔孙之来也，必有异焉。其享覜之币薄而言诒④,殆请之也;若请之,必欲赐也。鲁执政唯强⑤,故不欢焉而后遣之;且其状方上而锐下,宜触冒人⑥。王其勿赐。若贪陵之人来而盈其愿,是不赏善也,且财不给。故圣人之施舍也议之⑦,其喜怒取与亦议之。是以不主宽惠,亦不主猛毅,主德义而已。"王曰:"诺"。使私问诸鲁,请之也。

王遂不赐,礼如行人⑧。及鲁侯至,仲孙蔑为介⑨,王孙说与之语,说让⑩。说以语王,王厚贿之。

### 注释

①简王:周简王(公元前585—公元前572年在位),定王之子,名夷。周简王八年为鲁成公十三年,成公将与周、晋伐秦,故朝周王。
②《左传·成公十三年》作:"宣伯(即叔孙侨如)欲赐,请先使。"
③王孙说:周大夫。
④享:这里指进献君主的礼物。觐(jìn 晋):朝见君主。
⑤鲁执政:指鲁上卿季孙行父。
⑥且其状方上而锐下:况且他的面相上方而下颔尖削。董增龄《正义》:"《说文》:'狼似犬,锐头。'狼性贪戾,宣伯锐下似之,故知其触冒人。"冒:犯。
⑦施舍:给予不给予。
⑧行人:古代官名,掌朝觐聘问等外交事务礼仪。《周礼·秋官》有大小行人,诸侯各国也设行人之官。
⑨介:传达宾主之言的人叫介。古时朝觐聘问,主有傧相迎宾,宾有随从通传,叫介。《仪礼·聘礼》:"聘礼,上公七介,侯伯五介,子男三介。"
⑩说(yuè 悦):好。让:谦让。

### 【今译】

周简王八年,鲁成公来朝见天子,派叔孙侨如带着礼物作为先遣人员并报告成公来朝的事。叔孙侨如会见了王孙说,与他交谈。王孙说报告周王说:"鲁国叔孙侨如这次来,必定另有内情。看他带来进献天子的礼物菲薄但说话又极力讨好,可能是有什么要求;如果是提出什么要求,必定是想得到天王的赏赐。鲁国的当权者只因为畏避他的强悍,不喜欢他才派他来的;况且这个人的面相上额方广而下颔尖削,一看就是个喜欢冲撞人的。请王不要赏赐他。如果贪婪骄横的人来便满足他的欲望,这是奖赏不良善啊,何况财政开支有困难。所以圣人在施恩还是不施恩的对象上有选择,表现得高兴不高兴、接受不接受上也有考虑。因为这样,赏罚就不是为宽厚仁慈的名义,也不是为威严果断的名义,不过是表彰道德仁义罢了。"简王说:"好吧。"派人私下问从鲁国来的其他人,叔孙宣伯果然是自己请求来的。

周王于是不赏赐他,只以普通外交官的礼节招待他。等到鲁侯到达,朝见天王时,仲孙蔑以上介的身份辅助鲁成公行礼。王孙说与他交谈,仲孙蔑十分谦让。王孙说把这情况报告简王,简王于是重重地赏赐仲孙蔑。

# 10. 单襄公论郤至佻天之功

【题解】

晋楚鄢陵之战后,晋卿郤至借向周天子报喜之机,在周室卿大夫中积极活动,拼命宣扬自己,把晋国的胜利全部说成是自己的功劳,为夺取正卿地位制造舆论。单襄公有知人之明,又见识过人,他鄙薄郤至的为人,针对其言行一一批驳。首先,他认为郤至想压倒位次在自己之上的七卿,进行篡位夺权,是结七怨,将无法防范怨恨。第二,认为郤至自夸的仁、礼、勇三大功劳,实则是奸仁、奸礼、奸勇的三种诡诈手段。前者是贪天之功占为己有,会引起天怨人怒,众叛亲离;后者违背战争目的,危害国家利益,也给自己带来耻辱。断言他不但达不到目的,还会加速走向灭亡。郤至回国的第二年,果然被晋厉公所杀。

【原文】

晋既克楚于鄢①,使郤至告庆于周②。未将事③,王叔简公饮之酒④,交酬好货皆厚⑤,饮酒宴语相说也。

明日,王叔子誉诸朝。郤至见邵桓公⑥,与之语。邵公以告单襄公曰:"王叔子誉温季,以为必相晋国,相晋国,必大得诸侯,劝二三君子必先导焉,可以树⑦。今夫子见我⑧,以晋国之克也,为己实谋之,曰:'微我⑨,晋不战矣!楚有五败,晋不知乘,我则强之。背宋之盟⑩,一也;德薄而以地赂诸侯⑪,二也;弃壮之良而用幼弱⑫,三也;建立卿士而不用其言⑬,四也;夷、郑从之,三陈而不整⑭,五也。罪不由晋,晋得其民⑮,四军之帅,旅力方刚⑯;卒伍治整⑰,诸侯与之⑱。是有五胜也:有辞⑲,一也;得民,二也;军帅强御,三也;行列治整,四也;诸侯辑睦,五也。有一胜犹足用也,有五胜以伐五败,而避之者,非人也。不可以不战。栾、范不欲⑳,我则强之。战而胜,是吾力也㉑。且夫战也微谋,吾有三伐㉒;勇而有礼,反之以仁。吾三逐楚君之卒,勇也;见其君必下而趋,礼也㉓;能获郑伯而赦之,仁也㉔。若是而知晋国之政㉕,楚、越必朝。'

"吾曰:'子则贤矣,抑晋国之举也,不失其次,吾惧政之未及子也。'谓我曰:'夫何次之有?昔先大夫荀伯自下军之佐以政㉖,赵宣子未有军行而以政㉗,今栾伯自下军往㉘。是三子也,吾又过于四之无不及㉙。若佐新军而升为政,不亦可乎?将必求之。'是其言也,君以为奚若?"

襄公曰:"人有言曰:'兵在其颈㉚。'其郤至之谓乎!君子不自称也,非以让也,恶其盖人也。夫人性,陵上者也㉛,不可盖也。求盖人,其抑下滋甚,故圣人贵让。且谚曰:'兽恶其网,民恶其上㉜。'《书》曰:'民可近也,而不可上也㉝。'《诗》曰:'恺悌君子,求福不回㉞。'在礼,敌必三让㉟,是则圣人知民之不可加也㊱。故王天下者必先诸民,然后庇焉,则能长利。今郤至在七人之下而欲上之,是求盖七人也,其亦有七怨㊲。怨在小丑,犹不可堪,而况在侈卿乎㊳?其何以待之?

"晋之克也,天有恶于楚也,故儆之以晋。而郤至佻天之功以为己力㊴,不亦难乎?佻天不祥,乘人不义㊵,不祥则天弃之,不义则民叛之。且郤至何三伐之有?夫仁、礼、勇,皆民之为也。以义死用谓之勇,奉义顺则谓之礼,畜义丰功谓之仁。奸仁为佻㊶,奸礼为羞㊷,奸勇为贼㊸。夫战,尽敌为上,守和同顺义为上㊹。故制戎以果毅㊺,制朝以序成㊻。叛战而擅舍郑君,贼也;弃毅行容㊼,羞也;叛国即仇㊽,佻也。有三奸以求替其上㊾,远于得政矣。以吾观之,兵在其颈,不可久也。虽吾王叔,未能违难。在《太誓》曰㊿:'民之所欲,天必从之。'王叔欲郤至,能勿从乎?"

郤至归,明年死难[51]。及伯舆之狱,王叔陈生奔晋[52]。

### 注释

①克:胜。鄢:郑国地名,原为鄢国,为郑武公所灭,后改名鄢陵(今河南鄢陵

县)。"晋既克楚于鄢,"即鄢陵之战。公元前575年晋厉公伐郑,楚共王救郑,晋在鄢陵大败楚军。事见《左传·成公十六年》。

②郤(xì 细)至:晋卿,他在鄢陵之战时任晋新军副帅,食邑于温,又称温季。告庆:以战胜楚国的好消息报告周天子。

③未将事:指未举行告庆之礼前。

④王叔简公:周大夫,又称王叔陈生。

⑤交酬好货:相互赠送表示友好的礼品。

⑥邵桓公:周王卿士。

⑦二三君子:诸位、诸君。导:导晋厉公升郤至为上卿。树:立,培植。

⑧夫子:指郤至。

⑨微:无,没有。

⑩背宋之盟:背弃在宋所定的盟约。指公元前579年(周简王七年),宋上卿华元促成晋楚订盟,鄢陵之战前楚救郑攻晋,故言背盟。结盟事,见《左传·成公十二年》。

⑪以地赂诸侯:简王十一年(公元前575年),楚共王派公子成还汝阴的土地给郑国,郑于是叛晋而与楚结盟。

⑫弃壮之良而用幼弱:不用年壮的良才(指申叔时),而用年幼智弱的人(指楚中军将司马子反,他在鄢陵之战后自杀)。

⑬建立卿士而不用其言:指楚共王不听卿士子囊的劝谏,背弃与晋缔结的盟约。

⑭夷:这里指楚共王调动的楚国东邻的附庸小国。三陈而不整:指夷、郑、楚三国军队虽摆出阵势但不严整。以上情事见《左传·成公十二年—十七年》。

⑮罪不由晋:指楚背叛与晋缔结的盟约,并非晋有罪,故使晋国得民心。

⑯四军之帅:指晋厉公时所立四军,用八卿为帅。中军栾书为帅,士燮为佐;上军郤锜为帅,荀偃为佐;下军韩厥为帅,智䂣为佐;新军赵旃为帅,郤至为佐。旅力:众力。

⑰卒伍:周代军队的编制名称。《周礼·地官·小司徒》:"五人为伍,五伍为两,四两为卒,五卒为旅。"则五人为伍,百人为卒,后泛指军队。

⑱诸侯与之:据《左传·成公十六年》,栾黡(yǎn演)六月至鲁,郤犨(chōu抽)至卫、齐乞师,但晋师于四月即出兵,故诸侯军队皆不及参战。

⑲有辞:有说辞。因楚背盟,使晋师出有名。

⑳栾、范:指晋国的中军主帅栾书、范燮。

㉑是吾力:是我的功劳。当时郤至认为楚有六间,机不可失,力主进攻,终使晋大胜。见《左传·成公十六年》。

㉒伐:功。三伐:指下文提到的勇、礼、仁三种功德。

㉓"吾三逐……礼也"：据《左传·成公十六年》："郤至三遇楚子之卒，见楚子，必下，免胄而趋风（向前快走，以示恭敬）。"

㉔能获郑伯而赦之：《左传·成公十六年》："郤至从（追击）郑伯，其（车）右茀翰胡曰：'余从之乘（从后面攀登郑君的战车），而俘以下。'郤至曰：'伤国君有刑（罪）'。亦止。"故言能生俘郑君却出于道义而赦之。

㉕知政：执掌政权。

㉖荀伯：荀林父，是郤至的先人。据《左传·宣公十二年》，晋景公救郑，其时正卿郤缺已死，故荀林父从下军之佐（第六卿）升任正卿，将中军，导致泌之战晋军被楚军打败。

㉗赵宣子：赵盾。据《左传·文公三年》，晋襄公七年，赵盾自中军佐（第二卿）升任正卿，代狐射姑将中军。军行（háng 杭）：军列。

㉘栾伯：栾书。鄢陵之战时，栾书以下军统帅（第五卿）地位升为中军统帅正卿。晋国一向以中军统帅秉持国政，而以上三人都为越级提升为正卿，故郤至心向往之。

㉙是三子：这三个人，指荀林父、赵盾、栾书。吾又过于四：加上我是四个。

㉚兵在其颈：刀压在脖子上，指死到临头。

㉛陵：同凌。凌驾，胜过。

㉜兽恶其网，民恶其上：兽痛恨罗网是因为危害了自己，人民厌恶在上位者是因为侵害了自己。

㉝民可近也，而不可上也：《古文尚书·五子之歌》作"民可近，不可下。"意义完全相反。根据上文"人性陵上"、"民恶其上，"且郤至在七人之下而欲凌驾，则当为"不可上。"

㉞引诗见《诗经·大雅·旱麓》。恺悌（kǎi tì 凯惕）：谦和近人。回：邪辟。

㉟敌：敌体，指地位相等，无上下尊卑之分的人。三让：再三谦让。《礼·聘礼》有"三让而后传命"、"三让而后入庙门"、"三揖而后至阶"、"三让而后升"，可见在地位相等的主宾之间尚注重三让礼仪，郤至比以上七人地位为低，则更当谦让。

㊱加：上，凌驾其上。

㊲七怨：七个对头。

㊳侈：大，此指地位高。

㊴佻（tiāo 挑）：偷，攫取。

㊵乘：凌驾，超越。

㊶奸仁：用诡诈手段来表现仁德。指郤至在战场上可以俘获郑伯，却放走，借以表示自己仁德。

㊷奸礼：用诡诈手段表示尊重礼法。指郤至在战场上见到楚王时，下车疾走

表示恭敬的行为。

㊸奸勇:用诡诈手段表示勇敢。指郤至多次遭遇楚军,却不伤害楚王的行为。贼:作动词用,戕害。

㊹守和同:保持和平友好。

㊺制戎:统帅军队。

㊻制朝:管理国家政治。序:指按爵位的次序升官。

㊼容:礼仪。弃义行容,指郤至见楚君下趋致礼的事。

㊽即仇:亲近敌人,指放走郑伯。

㊾替:废除,取代。

㊿《太誓》:指《古文尚书·泰誓篇》。

(51)明年死难:次年遭难而死。周简王十二年(公元前574年),晋厉公杀三郤(郤锜、郤犨、郤至)。事见《左传·成公十七年》。

(52)"及伯舆之狱"二句:周灵王九年(公元前563年),王叔陈生与周大夫伯舆为争权而打官司,周王袒护伯舆,王叔陈生败诉后逃亡到晋。事见《左传·襄公十年》。

【今译】

晋国在鄢陵打败楚军以后,派郤至到周报喜。在举行告庆仪式之前,王叔简公请郤至喝酒,互相赠送的表示友好的礼物都很丰厚,他们边饮边谈,双方十分融洽。

第二天,王叔子就在朝堂上赞扬郤至。郤至见到邵桓公,也主动与他攀谈。邵公把这事告诉单襄公说:"王叔子赞赏温季,认为他必定会当上晋国的相,倘若他在晋国执政,必定大得诸侯的拥护,所以劝在朝的各位一定要引导晋君升郤至为上卿,这样我们就可以在晋国培植势力。今天郤至见到我,认为晋国打了胜仗,是由于他谋划的结果。说:'假如没有我,晋国就不会打赢这一仗了!楚军有五个致命的弱点,晋军却不知道利用,是我勉强他们同楚军作战的。背叛在宋国定的盟约而向晋军进攻,这是第一;不讲道义却用汝阴的土地贿赂郑国。这是第二;不起用年壮的良才却任用年轻智谋不足的人,这是第三;建立了卿士制度却不采纳他们的主张,这是第四;东夷和郑国的军队虽然听从调遣,但三国的军队摆出阵势却不严整,这是第五。这次战争的罪责不在晋国,晋国是得到民心的;四军的统帅,个个都强盛有实力;军队治理得纪律严明,诸侯支持我们。这使晋军具有五个必胜的条件:师出有名,这是第一条;得到民心,这是第二条;统帅们强盛有实力,这是第三条;队伍严整,这是第四条;诸侯与晋友好亲睦,这是第五条。晋国只要有一个胜利条件就够了,何况以五个必胜的条件去打有五个失败因素的敌人,如果还要回避不打这一战,那简直不是人了。所以我们不可以不出战。栾书、范燮还不想打,我却坚决主张打。打了而且打胜了这一仗,这是我的功劳啊!况且他们打仗毫无谋略,我在这场战争中却有三大功劳;我勇敢而讲礼节,反过来还施恩德给敌人。我在战场上多次追杀楚军,是勇敢;我看见楚君必定下车急走表示恭敬,是讲礼节;能够俘虏郑伯却放了他,是仁德。像我这样勇敢、讲礼节、施仁德的人执掌晋国的政权,楚、越等国必定归附晋国。'

"我说:'您确实是有才干的。但晋国提拔正卿,向来不失掉循级而升的次序,我怕政权不一定会落到您头上。'郤至对我说:'哪有什么次序?从前我家先大夫荀伯是从下军副帅第六卿升为正卿掌管晋国国政的,赵宣子没有军功却从中军副帅第二卿升为正卿执政,现今栾伯就是从下军主帅第五卿升为正卿的。这三个人越级任用,现在加上我是四个,何况我没有什么不如他们的。假如我由新军副帅升为正卿执掌政权,不也可以吗?我一定要把政权抓到手。'这就是他说的话,您认为怎么样?"

单襄公说:"人们有句俗话叫'刀压在脖子上还不知死。'大概就是指郤至这种人吧!君子是不会给自己摆功的,并不是因为谦让,而是厌恶掩盖别人的长处。大凡人的天性,总喜欢超出在上位的,但不能用掩盖别人长处这种手段。越是要掩盖别人长处的,他压制下边的人越厉害,所以圣人看重谦让。况且有句谚语说:'野兽痛恨危害他们的罗网,老百姓厌恶侵害他们的官吏。'《尚书》说:'对待百姓只可以亲近,不可以凌驾在他们之上。'《诗》的《旱麓篇》也说:'谦和近人的君子,不用邪僻的手段求福。'从礼法上讲,地位相当的人必须再三谦让,因此圣人知道对百姓不可以凌驾在他们之上。所以统治天下的人必须先为百姓着想,然后自己才能得到庇护,这样就能长久得到好处。现在郤至的地位在其他七卿之下却想要凌驾他们之上,这是想掩盖其他七卿的长处,这样必定招来七个人的仇恨。与小人结怨,后果尚且不堪设想,何况是和地位高的卿士呢?他将怎样来防范对方的仇恨呢?

"晋军战胜楚国,是上天憎恨楚国,所以借晋人警戒他们。但郤至却窃取上天的功劳当做自己的功劳,这不也是很难的吗?窃取上天的功劳是不吉祥的,欺凌人是不道德的。不吉祥上天就要抛弃他,不道德百姓就要叛离他。何况郤至哪来什么三大功劳呢?他说的仁、礼、勇,都是一般人应该做到的。为正义而死难效力叫勇,以正义为号召而遵循法则叫礼,积累恩义而增大功劳叫仁。用诡诈手段表现仁德是窃取,用诡诈手段表示礼节是耻辱,用诡诈手段表现勇敢是危害国家。战争,要以全歼敌人为主要目的,或者是以能维护和平遵循道义为主要目的。所以,统帅军队要果敢而坚毅,治理朝政要按位次才能办成事。背离战争的主要目的而擅自放走郑君,是危害国家;不坚决打击敌人却讲礼节,是耻辱;背叛国家讨好敌人,是窃取仁德。有以上三种狡诈行为却想取代比自己地位高的人,我看离执掌政权的要求太远了。依我看来,刀已经压在他脖子上了,死期不会很远了。即使是我们这位王叔子,也不可能避免灾难。《太誓》上这样说:'百姓所向往的,上天必定满足他们。'王叔想利用郤至在晋国培植势力,能不受到牵连吗?"

郤至回到晋国后,第二年被晋厉公杀害。到王叔陈生与伯舆打官司的时候,王叔陈生因败诉而逃亡到晋国。

# 卷三　周语下

## 1. 单襄公论晋将有乱

【题解】

在柯陵之会上，单襄公从晋侯视远而步高的仪容，认为他可观君德的步言视听已失其二；而郤氏家族三卿五大夫，君宠位尊，三卿却不知戒惧，在交际语言上犯了冲撞、诬罔、矜夸的毛病，这是在树怨，从而推断出他们都不免于祸，而晋国也将有内乱。文章结尾照应前文，交待了晋侯和三郤的可悲结局，用以证实单襄公的判断正确，展现了一个目光敏锐、善于识人的政治家形象。

【原文】

柯陵之会①，单襄公见晋厉公视远步高②。晋郤锜见，其语犯③。郤犨见，其语迂④。郤至见，其语伐⑤。齐国佐见，其语尽⑥。鲁成公见，言及晋难及郤犨之谮⑦。

单子曰："君何患焉！晋将有乱，其君与三郤其当之乎！"鲁侯曰："寡人惧不免于晋，今君曰'将有乱'，敢问天道乎，抑人故也⑧？"对曰："吾非瞽、史，焉知天道⑨？吾见晋君之容，而听三郤之语矣，殆必祸者也。夫君子目以定体⑩，足以从之，是以观其容而知其心矣。目以处义，足以步目，今晋侯视远而足高，目不在体，而足不步目，其心必异矣，目体不相从，何以能久？夫合诸侯，民之大事也⑪，于是乎观存亡。故国将无咎，其君在会，步言视听，必皆无谪，则可以知德矣。视远，日绝其义;足高,日弃其德;言爽,日反其信;听淫,日离其名。夫目以处义[12],足以践德,口以庇信,耳以听名者也,故不可不慎也。偏丧有咎[13];既丧,则国从之[14]。晋侯爽二[15],吾是以云。

"夫郤氏,晋之宠人也,三卿而五大夫[16],可以戒惧矣。高位实疾颠[17],厚味实腊毒[18]。今郤伯之语犯,叔迁,季伐[19]。犯则陵人,迁则诬人,伐则掩人。有是宠也,而益之以三怨,其谁能忍之!虽齐国子亦将与焉[20]。立于淫乱之国,而好尽言,以招人过[21],怨之本也。唯善人能受尽言,齐其有乎?吾闻之,国德而邻于不修[22],必受其福。今君逼于晋,而邻于齐,齐、晋有祸,可以取伯[23],无德之患,何忧于晋?且夫长翟之人利而不义[24],其利淫矣,流之若何?"

鲁侯归,乃逐叔孙侨如。简王十一年,诸侯会于柯陵。十二年,晋杀三郤。十三年,晋侯弑[25],于翼东门葬[26],以车一乘。齐人杀国武子[27]。

### 注释

①柯陵:郑国地名(今地不详)。鲁成会十七年(公元前574年),鲁侯与尹子、单子、晋侯、齐侯、宋公、卫侯、曹伯、邾人在柯陵结盟。

②晋厉公(公元前580—公元前572年在位):名州蒲,为晋成公之孙,景公之子。

③郤锜(qí其):又称驹伯,晋卿,为郤克之子。犯:侵凌、冲撞。

④郤犨(chōu抽):又称苦成叔,晋卿,为郤锜之族兄,郤步扬之子。迁:迂回,绕弯子。

⑤伐:矜夸,这里指自伐其功。

⑥国佐:又称国武子,齐卿,为国归父之子。尽:尽言。韦《注》:"尽其心意,善恶褒贬,无所讳也。"

⑦鲁成公(公元前590—公元前573年在位):鲁宣公之子,名黑肱。言及晋难及郤犨之谮(zèn):鄢陵之战前,晋派栾黡出使鲁国要鲁出兵。鲁成公因惧母穆姜作乱,遂待在坏隤加强宫室防护措施,没有如期赶到。晋公族大夫郤犨接受叔孙侨如的贿赂,在晋厉公面前诽谤鲁成公,晋侯不和成公见面。故鲁成公对单襄公说这事。谮,诬陷。

⑧天道:上天的赏罚。人故:人事,人为的力量。

⑨瞽史:乐师与太史。据言乐师能聆风辨音而知吉凶,太史熟悉古代政事变动,均可借天道提出警告。

⑩目以定体：靠眼睛决定手足的行动。体，指手和脚。
⑪合：会盟。民，公序本作"国"。
⑫目以处义：这里指眼神代表礼节是否得体。
⑬偏丧：失去部分。前言步言视听，而晋厉公已失其二，故言偏丧。
⑭既丧：全丧。国从之：国家随之而灭亡。
⑮爽：韦《注》以为当为"丧"字之误。丧二：指丧失视与步应遵从的礼节规范。
⑯郤氏三卿五大夫：郤氏三卿为郤锜、郤犫、郤至，另有五人为大夫，故又号八郤。
⑰疾：速。颠：陨落。
⑱厚味：比喻丰厚的俸禄。腊（xī西）：极，很。
⑲伯、叔、季：古人常用伯、仲、叔、季排行兄弟的次第，等于现在的老大、老二、老三、老幺。
⑳与：遭遇到。
㉑招：列举。
㉒国德：自己本国有德。邻于不修：与不修德者为邻。
㉓取：替代。伯：通"霸"。
㉔长狄之人：指叔孙侨如。公元前616年，叔孙侨如之父叔孙得臣曾帅兵在咸地打败狄人，获瞒国君长狄侨如，为彰扬自己功劳，于是用侨如命名自己的长子宣伯，故叔孙宣伯名叔孙侨如。见《左传·文公十一年》。不义：指叔孙侨如与鲁成公之母穆姜通奸，想驱逐季、孟二家，独自专权鲁国。
㉕晋侯弑：晋侯被杀。公元前574年，晋厉公杀三郤。次年，栾书、中行偃杀厉公宠臣胥童，并诛杀厉公于匠丽氏，葬于翼地东门外。见《左传·成公十七、十八年》
㉖翼：为晋国旧都，即故绛，故城在今山西省翼城县东南。
㉗齐人杀国武子：公元前573年，齐灵公杀国佐。齐庆克与灵公母声孟子通奸，国佐曾责问庆克，声孟子向灵公进谗言。公元前574年，国佐在卢地杀庆克，次年，国佐被杀。事见《左传·成公十七、十八年》。

【今译】

诸侯在柯陵会盟，单襄公见晋厉公眼睛只看远处走路脚步抬得高。晋大夫郤锜拜见，单襄公见郤锜说话盛气凌人；郤犫来拜见，见郤犫说话绕弯子；郤至来拜见，见郤至说话总是自夸。齐国的国佐来拜见，见国佐说话过于坦直。鲁成公拜会单襄公，说到晋国将加罪给自己以及郤犨在晋厉公前诬陷他的事。

单襄公说:"您有什么可害怕的!晋国很快会发生内乱,晋君和三郤大概都会遭难啊!"鲁侯说:"寡人害怕将遭到晋人的杀害,现在您却说晋国将发生内乱,请问是从天意看出还是从人事预测?"回答说:"我不是乐师、太史,怎么会观测天意?我只不过从晋君的仪容和听三郤说话的语态,料定晋国必定会发生祸乱罢了。有道德的人眼神决定手足的行止,行步的进退随之跟从,因此,看一个人的仪容就可以知道他的内心啊。眼睛看东西的目光要得当,行步的快慢随眼光而动。现在晋侯那样子,眼睛看远处而脚步抬得高,眼睛所视与手足的行动相违背,脚步的进退不与眼光相协调,他的心思必定在想别的。眼睛和手足的行动已经不相跟从,这个人怎么会长久呢?会合诸侯,是国家大事,从这可以看出一个国家的兴衰成败。如果国家没有什么祸患,它的君主参加会盟,走路说话看物听言,必定都没有可指责的,就可以看出君主的德行。眼睛看着远处,一天天自绝于正义;脚步抬得高,一天天抛弃了仁德;说话不算数,一天天的更加违背信义;听多了奉承话,一天天背离君主的名声。那眼神用以表现道义,行步用以表现德行,说话用以庇护信誉,耳朵用来分辨万物的声名,不可以不谨慎啊!丧失了部分,本人有灾祸;全部丧失,国家随之而灭亡。晋侯已经丧失了两样,我才有这样的推测。

"另外,那郤氏是晋国得宠的人,宗族里有三卿五大夫,早该警醒自身了。因为地位愈高垮台愈快,味道越美毒性越大。现今郤氏三兄弟,大的说话盛气凌人,老二说话绕弯子,小的那个只知为自己摆功劳。盛气凌人容易得罪人,绕弯子是用不实之词加害人,自己摆功劳是想压倒别人。有这样恩宠的地位,再增加得罪人、加害人、压倒别人这三种怨恨,那还有谁能容忍得了他们!就是齐国子也不能幸免灾祸。处在淫乱的国家,却喜欢讲直话,列举别人的过失,这是结冤家对头的根源啊。只有善人能接受坦直的话,齐国难道有这种人吗?我听说,自己的国家有德而又与不修德的国家为邻,必定会得到福佑。现在您受逼于晋国,而又与齐国是邻居,齐、晋国有祸,正可以取代他们霸主的地位。没有德行的人带来的祸患,有什么值得为受晋国的逼迫而发愁的?况且叔孙侨如那家伙贪利而行事不义,他喜好骄奢淫欲,把他放逐了怎么样?"

鲁侯回国,就驱逐了叔孙侨如。周简王十一年,诸侯在柯陵会盟。十二年,晋厉公杀掉三郤。十三年,晋侯被杀,葬在晋的旧都翼地的东门外,只用了一乘车。这一年,齐灵公杀掉国武子。

## 2. 单襄公论晋周将得晋国

【题解】

晋悼公从小出居于周,为单襄公的家臣,单襄公根据平日对他的举止言谈、品德容仪的观察,认为他具备成就文德的十一个条件,而与生俱来的"慎成端正"四种美德是完成文德的辅助,论证他一定会入主晋国。最后还依据卜筮、占梦,证实自己的论断,谆谆嘱咐儿子要善待周子。后来,晋周果然回国为君。

【原文】

晋孙谈之子周适周,事单襄公①。立无跛②,视无还③,听无耸④,言无远⑤;言敬必及天,言忠必及意⑥,言信必及身⑦,言仁必及人,言义必及利,言智必及事⑧,言勇必及制⑨,言教必及辨⑩,言孝必及神⑪,言惠必及和,言让必及敌;晋国有忧未尝不戚,有庆未尝不怡。

襄公有疾,召顷公而告之⑫,曰:"必善晋周,将得晋国。其行也文⑬,能文则得天地。天地所胙,小而后国⑭。夫敬,文之恭也;忠,文之实也;信,文之孚也⑮;仁,文之爱也;义,文之制也;智,文之舆也⑯;勇,文之帅也;教,文之施也⑰;孝,文之本也⑱;惠,文之慈也;让,文之材也。象天能敬⑲,帅意能忠⑳,思身能信,爱人能仁,利制能义,事建能智,帅义能勇,施辨能教,昭神能孝㉑,慈和能惠,推敌能让。此十一者,夫子皆有焉㉒。

"天六地五,数之常也㉓。经之以天,纬之以地㉔。经纬不爽㉕,文之象也。文王质文㉖,故天胙之以天下。夫子被之矣㉗,其昭穆又近㉘,可以得国。且夫立无跛,正也;视无还,端也;听无耸,成也;言无远,慎也。夫正,德之道也;端,德之信也;成,德之终也;慎,德之守也。守终纯固㉙,道正事信,明令德矣㉚。慎成端正,德之相也。为晋休戚㉛,不背本也。被文相德,非国何取!

"成公之归也,吾闻晋之筮之也㉜,遇《乾》之《否》,曰:'配而不终,吾三出焉。'一既往矣㉞,后之不知,其次必此。且吾闻成公之生也,其母梦神规其臀以墨㉟,曰:'使有晋国,三而畀骥之孙。'故名之曰'黑臀',于今再矣㊲。襄公曰骥,此其孙也。而令德孝恭,非此其谁?且其梦曰:'必骥之孙,实有晋国。'其卦曰:'必三取君于周㊳。'其德又可以君国㊴,三袭焉㊵。吾闻之《大誓》㊶,故曰:'朕梦协朕卜,袭于休祥,戎商必克。'㊷以三袭也。晋仍无道而鲜胄㊸,其将失之矣。必早善晋子,其当之也。"

顷公许诺。及厉公之乱,召周子而立之,是为悼公㊹。

### 注释

①谈:晋襄公之孙惠伯,名谈。周:谈之子,后即位为晋悼公。(公元前572—公元前558年在位)。晋自骊姬向献公进谗言以后,君主之群公子皆不留国内。赵盾立灵公,谈避居周,为单襄公家臣,谈因子在周所生,故名周。古礼规定,诸侯之子称公子,公子之子称公孙,故又称周子、孙周。

②跛(bì 壁):偏,指站立时一脚倾斜。
③还:指眼睛看东西转来复去。
④听无耸:不耸着耳朵听。
⑤远:指非耳目所能及。
⑥意:心意。
⑦身:自身,自己。
⑧事:指立身行事。
⑨制:法制,法度。
⑩辩:通"辨",指辨别是非的能力。
⑪言教必及神:《史记·夏本纪》:"致孝于鬼神。"《集解》引马融说:"祭祀丰洁。"可见言孝必及神是做给活人看的。
⑫顷公:单襄公的儿子。
⑬文:文德。
⑭阼(zuò 坐):"祚"的本字,福佑。小而后国,意为天地所福佑的人,小的得国,大的得天下。
⑮孚:覆,庇护。
⑯舆:车舆。
⑰施:布施,施行。
⑱孝:这里指事奉亲长恭顺有礼。

⑲象天:以天为偶象、为准则。

⑳帅:遵循。

㉑昭:尊崇,尊显。

㉒夫子:古代对男子的尊称,这里指孙周。

㉓天六地五:天有阴、阳、风、雨、晦、明六气(六种气象),地有金、木、水、火、土五行(五种物质)。

㉔经之以天,纬之以地:以天的六气为经,以地的五行为纬编织而成文德,这两句比喻经营、治理天下。

㉕爽:差。

㉖质文:性质有文德。

㉗被:受到庇荫。

㉘昭穆:从周代开始,贵族阶层把始祖以下的同族男子逐代先后相承地分为"昭"、"穆"两辈。在宗庙或墓地,始祖居中,二世、四世、六世位于始祖的左方,称昭;三世、五世、七世,位于始祖的右方,称穆,以此来分别宗族内部的长幼、亲疏、远近。

㉙纯固:完美坚固。

㉚令德:美德。

㉛为晋休戚:公序本作"为吾休戚"。

㉜成公:晋文公的庶子,名黑臀。归:从周回晋。成公之归,公元前607年,晋灵公被杀,晋正卿赵盾派公族大夫赵穿到周迎立公子黑臀为君,即晋成公。可参见《晋语五》5。筮:用蓍(shī 诗)草占卦。

㉝遇乾之否(pǐ 痞):得到《乾》卦变为《否》卦。乾下乾上为《乾》,同卦相叠;坤下乾上为《否》,异卦相叠。乾,天,比喻人君;坤,地,比喻人臣。故言"配而不终",即婚配而子孙不终为君。乾初九九,二九三变,为《否》卦,三爻三变,所以说"君三出焉。"即三次从外迎立君主。

㉞一:指成公。

㉟规:画。

㊱三:三世。畀(yú 愚):给予。驩(huān 欢):晋襄公名驩。孙:指周子。自孙以下的后人都称孙,周子为晋襄公曾孙。

㊲于今再矣:晋成公黑臀之后传景公据,再传厉公寿曼,与黑臀共三世为君。

㊳其卦:指前面提到的《乾》卦变为《否》卦的卦象,乾下变为坤,乾喻君,坤喻臣,变有臣象。乾卦九五,为人君之象,周是天子之国,三爻有三变,所以说三取君于周。

㊴君:君临、统治。

㊵袭:重合。三袭,指文德、占梦、占卦三者符合。

㊶大:《今文尚书》作"泰",《史记》作"太"。大、泰、太,古代音义皆同。《大誓》上中下是周武王伐纣的誓师词。以下所引的三句出自《大誓中篇》。

㊷朕(zhèn阵):古时的第一人称,无贵贱之分,自秦始皇起专用为皇帝的自称。协:符合。戎:征伐。

㊸仍:数次,多次。无道:暴虐,不行德政。胄:后,这里指晋君之后人。

㊹"及厉公之乱"三句:据《春秋左传·经十八年》"庚申,晋弑其君州蒲。"《传》及《史记·晋世家》均言厉公自鄢陵之战后,欲尽去群大夫,使胥童以兵八百袭杀三郤(锜、犨、至)。厉公七年(公元前574年)十二月,晋上卿栾书、中行偃杀厉公。派智䓨、士鲂迎公子周,即位,为晋悼公,是年十四岁。

【今译】

　　晋襄公的孙子谈,谈的儿子周在周室为单襄公门下的家臣。周子这个人站时正立而不用一脚倾斜,眼视物不东张西望,不尖着耳朵去听人隐私,不是耳闻目见的不说。谈到敬就像对上天一样,谈到忠必定出自心意,谈到信必定从自己作起,谈到仁必定要施给他人,谈到义必定要对他人有利,谈到智必定要看其为人处事,谈到勇必须是能尊重法度,谈到教必须是能分辨是非,谈到孝必定看其对鬼神的态度,谈到惠必定先有和睦,谈到让必定看其对处于对等地位者的态度。晋国有忧患,他从没有不悲戚的;晋国有吉庆,他总是为之高兴。

　　单襄公身患重病,召来自己的儿子单顷公说:"我死之后,你仍必须好好对待周子,他将来一定会入主晋国。因为从他的行为表现出有治理国家的文德,有文德的人便会得到天地的庇佑。天地要庇佑的人,即使福分小也会得国。敬,体现出文德中的恭敬;忠,是文德的实质;信,是文德的庇护;仁,是文德慈爱的表现;义,体现出文德的法度;智,好比载行文德的车舆;勇,是对文德的遵循;教,是文德施行的结果;孝,是文德的根本;惠,是文德慈爱的表现;让,是文德的应用。以对上天的态度为准则就能做到肃敬,遵循自己的意愿去推己及人便能忠恕,反躬自省便能树立信用,爱护别人便体现了仁德,以遵从法制为有利才是真正的道义,能立身行事才是真正有智慧,为正义而行动是真正的勇敢,推行礼制使明辨是非才能教化,尊显鬼神才能孝亲,慈爱和睦才是仁惠,对力量相匹敌的人也讲礼节才是能谦让。这十一条,他这个人都具备。

　　"天有六气,地有五行,这是天地的常数。以天的六气为经,以地的五行为纬,有条有理地经管天下,经纬不差,是文德的表现。文王的质性有文德,所以上天福佑他得到天下。周子蒙文王的余荫,他在王族内部与晋君最亲,因此,可由此入主晋国。况且晋周在站立时双脚不倾斜,是正直;视物不东张西望,是端肃;不尖着耳朵听人隐私,是坚定;不是耳闻目见的不说,是谨慎。正直,是文德成就的道路;端肃,可以维护文德的信用;坚定,使文德能完成;谨慎,使文德能保有。完成保有文德并使它更完美坚固,道路正直而行事重信用,确实表现了美好的德行啊!谨慎、坚定、端肃、正直,是完成文德的辅助。与晋国的荣辱同喜忧,是不背弃根本。蒙受文王的余荫而又有四种美好的德行辅助,不是得国又会是什么呢?

"当初成公能从周回晋国为君,我听说是晋人占筮的结果,得到《乾》卦变为《否》卦,说:'婚配而子孙不能世代为君,晋君将有三个是自外而后返国的。'成公是第一个,已经是过去的事实,以后的不知是谁,第二个必定应在周子。况且我听说成公出世时,他母亲梦见神人在他屁股上打上黑记,说:'使他统治晋国,传三代后交给骓的子孙。'所以给取名'黑臀',现在的晋君是成公卜来的二世了。晋襄公名骓,周子是他的曾孙。而周子具有孝亲恭肃的美好德行,不是他又有谁能入主晋国呢?况且占梦也说:'必定是骓的子孙,最终得到晋国。'那卦也说:'必定是从宗周三次迎接君主。'周子的德行足可以做国君,德行、占梦、占卦三者吻合。我听说过当初武王伐纣的故事,《大誓》里这样说:'我的梦符合我的卜兆,梦和卜兆都是吉祥的,征伐商纣一定会胜利。'武王是梦兆、卜兆和吉祥三者符合,征伐商纣胜利而有天下。晋厉公屡屡不行德政而晋国公族的后人又少,他将失去晋国了。你一定要及早结交周子,他将得到晋国的。"

单顷公听从他父亲的话。到厉公被杀,晋人接回周子并立他为君,这就是晋悼公。

# 3. 太子晋谏灵王壅谷水

【题解】

周灵王时,周的东都王城谷水与洛水争抢水道,侵凌王宫,灵王想堵截谷水,太子晋坚决反对。他认为古代圣王能保有天下,是因为行事顺应天地的本性,使百姓生有财用,死有归依。并列举历史上的共工氏、有崇伯鲧就是因为堵塞河水,危害天下,所以招来杀身之祸。大禹用疏导的好办法治水,四岳(四方诸侯之长)辅助他,所以受到上天的嘉美,福佑大禹得天下。又回顾周的先人创业的艰难,而两水相斗正是神灵在示警,希望父王拿九黎、三苗、夏桀、商纣的灭亡作前车之鉴,指出不顺应"象天、仪地、和民、顺时、供神"这五条常规行事,就是亡国之君的作为,就会祸及子孙。

【原文】

灵王二十二年①,谷、洛斗,将毁王宫②。王欲壅之③,太子晋谏曰④:"不可。晋闻古之长民者,不堕山⑤,不崇薮⑥,不防川,不窦泽⑦。夫山,土之聚也;薮,物之归也;川,气之导也⑧;泽,水之钟也⑨。夫天地成而聚于高,归物于下。疏为川谷,以导其气;陂塘汙庳⑩,以钟其美。是故聚不阤崩⑪,而物有所归;气不沈滞,而亦不散越⑫。是以民生有财用,而死有所葬⑬。然则无夭、昏、札、瘥之忧⑭,而无饥、寒、乏、匮之患,故上下能相固,以待不虞,古之圣王唯此之慎⑮。

"昔共工弃此道也⑯,虞于湛乐⑰,淫失其身⑱,欲壅防百川,堕高堙庳,以害天下。皇天弗福,庶民弗助,祸乱并兴,共工用灭。其在有虞⑲,有崇伯鲧⑳,播其淫心㉑,称遂共工之过,尧用殛之于羽山㉒。其后伯禹念前之非度㉓,厘改制量㉔,象物天地㉕,比类百则㉖,仪之于民㉗,而度之于群生,共之从孙四岳佐之㉘。高高下下㉙,疏川导滞㉚,钟水丰物,封崇九山㉛,决汨九川㉜,陂鄣九泽㉝,丰殖九薮㉞,汩越九原㉟,宅居九隩㊱,合通四海㊲。故天无伏阴㊳,地无散阳㊴,水无沉气,火无灾燀㊵,神无闲行㊶,民无淫心,时无逆数,物无害生。帅象禹之功,度之于轨仪㊷,莫非嘉绩㊸,克厌帝心㊹。皇天嘉之,祚以天下,赐姓曰'姒',氏曰'有夏'㊺,谓其能以嘉祉殷富生物也㊻。祚四岳国,命以侯伯㊼,赐姓曰'姜',氏曰'有吕'㊽,谓其能为禹股肱心膂㊾,以养物丰民人也。

"此一王四伯,岂繄多宠㊿?皆亡王之后也㉛。唯能厘举嘉义,以有胤在下,守祀不替其典。有夏虽衰,杞、鄫犹在㉜;申、吕虽衰,齐、许犹在㉝。唯有嘉功,以命姓受祀㉞,迄于天下。及其失之也,必有慆淫之心间之㉟。故亡其氏姓,踣毙不振㊱;绝后无主,湮替隶圉㊲。夫亡者岂繄无宠？皆黄、炎之后也㊽。唯不帅天地之度，不顺四时之序，不度民神之义，不仪生物之则，以殄灭无胤㊾，至于今不祀。及其得之也，必有忠信之心间之㊿。度于天地而顺于时动，和于民神而仪于物则，故高朗令终㉑，显融昭明㉒，命姓受氏，而附之以令名。若启先王之遗训，省其典图刑法，而观其废兴者，皆可知也。其兴者，必有夏、吕之功焉；其废者，必有共、鲧之败焉。今吾执政无乃实有所避㉓，而滑夫二川之神㉔，使至于争明㉕，以妨王宫，王而饰之㉖，无乃不可乎！

### 注释

①灵王：周灵王（公元前571—公元前544年在位），周简王之子，名大心。

②谷、洛：谷水、洛水。谷水，出河南渑（mǐn 敏）池县，会涧水，又东合涧水为涧河。洛水在周王城南面，谷水在王城北面，灵王时，谷水漫出王城西，南流与洛水会合，王城西南坍毁，浸凌王宫，故《左传·襄公二十四年》言齐人在郏地为周王筑城。斗：形容两水交会，激湍如格斗。

③壅之：想堵塞城西南使谷水仍北流。

④晋：周灵王太子，名晋，早死，后未立为周王。

⑤堕：毁。

⑥崇：高，使增高。薮（sǒu 擞）：韦《注》："泽无水曰薮。"即水浅草茂的泽地。

⑦窦（dòu 豆）：溃决。

⑧气之导：古人认为河川是通导天地之气的。

⑨钟：聚。

⑩陂（bēi 杯）塘：蓄水的池塘。汙庳（wā bēi 洼杯）：低洼而积水的地方。

⑪陁（zhì 至）：溃塌。韦《注》："大曰崩，小曰陁。"

⑫沈滞：伏积。越：远。

⑬"是以"两句：物有所归，所以人生在世上有财用；山陵不陁崩，所以死有土葬的地方。

⑭夭：短寿夭折。昏：迷乱发狂。札：疫病，因遭瘟疫而死亡。瘥（cuó 嵯）：病。

⑮此：指天地的本性。

⑯共（gōng 恭）工：一说为传说中的古帝王，与颛顼（zhuān xū 专须）争为帝，有头触不周山故事，又一说为尧时的大臣，与驩兜、三苗、鲧并称为四凶，被尧流放于幽州。见《尚书·舜典》。本文指后说。

⑰虞：安。湛乐：淫乐。

⑱失：古"佚"字。淫佚，放荡。

⑲有虞:即传说中的古帝王舜。
⑳伯鲧(gǔn 滚):古诸侯名,禹之父,据说他治水用堙的方法而导致失败,被尧处死。鲧封于崇,称有崇氏。
㉑播:放肆。淫心:荒唐的念头。
㉒殛(jí 急):诛杀。据《史记·夏本纪》,殛鲧于羽山者为舜。而《左传·昭公七年》却言"尧殛鲧于羽山。"实则为尧时,舜摄行天子之政巡狩而殛鲧。羽山,《太平寰宇记》认为在山东蓬莱县东南三十里,其余传说甚多,不一一列举。
㉓伯禹:鲧的儿子,继为夏后氏部落的领袖,史称禹、夏禹、大禹、戎禹、伯禹,姒姓。古史相传,禹继承鲧的事业,采用疏导的方法治水,历十三年,水患始平。舜死后,禹继为帝,建立夏王朝,也称夏后氏、夏后或夏氏。前:前人,指自己的父亲鲧。
㉔厘(lí 离):治理。制量:制度。
㉕象物天地:取法天地之间的万物形象。《易·系辞》:"在天成象,在地成形,变化见矣。"
㉖比类:比照旧例。类,象。百则:形容各种制度之多。
㉗仪:准则,标准,法度。
㉘共:指共工氏。从孙:兄弟之孙。四岳:官名,分掌四时、主持四岳(东岳泰山、西岳华山、南岳衡山、北岳恒山)祭祀的大臣,也为四方诸侯之长。佐:辅助。据《史记·夏本纪》:"尧崩,帝舜问四岳曰:'有能成美尧之事者使居官?'皆曰:'伯禹为司空,可成美尧之功。'"言四岳荐禹继鲧而治水,未言助其治水。
㉙高高:增高大山,指下文提到的封崇九山。下下:筑堤障贮水,即陂障九泽。
㉚疏川:决江疏河,指下文的决汨九川。导滞:打通阻碍,如凿龙门、辟伊阙等。
㉛封崇:堆积,增高,即除掉壅塞,疏通水泉,使山不崩堕。九山:据《史记·夏本纪》,九山为汧、壶口、砥柱、太行、西倾、熊耳、嶓冢、内方、岐。
㉜决汩(gǔ 古):溃决疏通。九川:据《夏本纪》,为弱水、黑水、黄河、瀁(yàng 样,《禹贡》作"漾")水、长江、沇水、淮河、渭河、洛河。
㉝陂障:堤防。九泽:据《尚书·禹贡》,为雷夏、大野、彭蠡(lǐ 里)、震泽、云梦、荥波、荷泽、孟诸、猪野。
㉞丰殖:丰茂成长。九薮:九州的湖泊。据《吕氏春秋·有始》及《淮南子·墬形训》,为具区、云梦、阳华、大陆、圃田、孟诸、海隅、巨鹿、大昭。水深为薮,则天然蓄水为湖泊,筑堤障水成泽堰。
㉟汩越:打通扩展。九原:九州的土地。
㊱九隩(ào 奥):九州中可以定居的地方。
㊲合通:即会同。四海:《尔雅·释地》:"九夷八狄七戎六蛮,谓之四海。"合

通四海,会同四海到京师,指四境外进贡到京师的道路都畅通无阻。

㊳伏阴:盛夏时节出现的寒气。伏阴会产生霜雹,与下面的散阳都是气候反常。

㊴散阳:严冬时节出现的地气和暖。散阳会使草木不按节令开花结实。

㊵灾:指自然发生的火灾。燀(chǎn 产):生起,发生,这里指人为的火灾。

㊶闲行:这里指(奸神厉鬼)出外作祟。

㊷帅:循。象禹:大禹。轨仪:轨道法则。

㊸嘉:美。绩:功。

㊹克:能。厌:合。

㊺赐姓曰姒(sì 四):《史记·夏本纪》《集解》引《礼纬》《帝王世纪》言"(禹)祖以吞薏苡生。"故尧取吞薏苡之吉祥而赐姓姒。夏:大。董增龄《正义》言因禹治水使天下富盛功绩伟大,故赐氏为夏。韦《注》则言因封于夏(今山西夏县北),故称有夏氏、夏后氏。

㊻祉(zhǐ 止):福。殷:盛。

㊼侯伯:诸侯之长,此指任命四岳为四方诸侯之长。

㊽赐姓曰姜:据言神农氏炎帝,人身牛首,长于姜水,因为姜姓。四岳为炎帝之后,有佐禹治水之功,尧因复赐祖姓,使继炎帝之后。

㊾股:大腿。肱(gōng 工):手肘到手腕部分。膂(lǚ 吕):脊骨。股肱心膂,都是人体重要部位,用来比喻君主左右辅助得力的大臣。

㊿一王:指禹。四伯:指四岳,因为命为四方诸侯之长,故称四伯。繄(yī 衣):是。

(51)亡王之后:禹是鲧之子,禹为帝即进祀鲧为王。四岳为古帝王共工氏之后,共工氏侵凌诸侯争与颛顼为帝,头触不周山而亡。故称一王四伯为亡王之后。

(52)杞、鄫:夏的后代。商汤灭夏桀,封夏之后,周武王复封杞国、鄫国,周灵王时还存在,故言"有夏虽衰,杞鄫犹在"。后杞为楚灭,鄫为莒灭。

(53)申、吕:均为四岳之后,姜姓。后申为楚灭,吕在周时已失国。齐、许:姜姓诸侯国。周武王灭殷纣,封功臣谋士,师尚父(姜子牙)为首封,封于营丘,(在今山东临淄县境),国号齐,公元前404年,为田氏取代。许后为楚灭。

(54)受祀:受命封为诸侯,祭祀社稷山川。祀,疑当为"氏"。

(55)慆淫:享乐过度。间:代。

(56)踣(bó 博)弊:倾覆衰颓。振:救。

(57)堙:堙没。隶:奴仆。圉:马伕。

(58)黄炎之后:鲧为黄帝轩辕氏之后,共工氏为炎帝神农氏之后。见《史记·五帝本纪》及《帝王世纪》等。

(59)殄(tiǎn 舔)灭:绝灭。

⑥⓪之：这里指慆淫之心。
⑥①高朗：高尚明达。令终：好成果。
⑥②显融：显赫长久。昭明：发扬光大。
⑥③避：违背。
⑥④滑：乱。
⑥⑤明：指水道。
⑥⑥饰之：修整王宫（使遏制二川）。

**【今译】**

　　周灵王二十二年，王城北的谷水与王城南的洛水水患严重，争抢水道，洪水浸凌王宫有塌毁的危险。灵王想堵塞城西南截住谷水，太子晋劝谏说："不可。我听说古代统治人民的君主，不毁掉高山，不填高沼泽，不堵塞河流，不溃决湖堤。高山，是土堆积成的；沼泽，是生物归依的所在；河流，是大地的通道；湖泊，是水汇聚的地方。那天与地形成而土石积聚在高处，万物归依在低处。高处疏通为川峡河谷，引导地气；低处形成池塘湖沼，用来滋润大地。这样土堆积的高山不崩塌，而万物也有归依的处所；地气不伏积沉滞，而也不散漫扩远。这使人类生有财帛食用，死有埋骨的处所。那样，就真正做到人既没有短寿、迷乱、瘟疫、疾病的痛苦，也没有忍饥、受冻、物质缺乏的忧虑，所以君臣上下的关系能牢固，用来防备国家发生意外的事故，古时的圣王对是否顺应天地的本性，行事上是特别慎重的。

　　"当初共工氏背弃了这个道理，安于淫乐享受放荡得丧失了本性，想要堵塞大地上的河水，崩毁高山来填平低谷，这样来危害天下。上帝不保佑他，百姓不拥护他，天灾人祸都发生，共工氏因此而败亡。这样到了有虞氏时代，有崇氏伯鲧，他放纵自己荒唐的念头，他的作为犯了和共工同样的错误，尧因而把他诛杀在羽山。他的儿子禹，认识到父亲采用的堙塞不是根治水患的好办法，修改制定出新的法度，取法天地之间的万物形象，比照各种旧例，以人民的利益为准则，而施行在一切生物上，共工的侄孙四岳辅助他。按照地形的高下，疏浚河道打通障碍，聚水成湖使百物丰茂地繁殖，治理增高九州的山脉，疏通开浚九州的河流，为九州之中的沼泽筑了堤防，茂殖了九州的湖泊，开通扩展九州境内可耕种的土地，九州的土地都可以居住了，让河流都归流大海。从此天在盛夏不出现寒潮,地在严冬不出现和暖;水里没有伏积的秽气,火灾也不会从天而降;奸神厉鬼不出外祸害人民,人民不会产生邪僻的念头;四时寒暑不倒行逆施,谷物也没有发生病虫害。遵循着大禹的功绩,按照他制定的轨道法则施行,没有不获得好结果的,他的所作所为合乎尧帝的意愿。上天嘉美他的功绩,保佑他得到天下,尧赐他姓姒,封地在夏,说他能用治水的伟大功绩使天下富盛百物生长。上天保佑四岳为诸侯,尧任命他们为四方诸侯的首领,赐他们姓姜,封地在吕,说他们能担任大禹治水的辅助大臣,存活万物使人民生活富裕。

"这一王四伯,难道是因为受到上天的特殊垂爱?他们都不过是亡国之君的后裔啊。只不过他们能治理水患采用好办法,因此能后继有人,保住祭祀,不废常规。有夏氏后来虽衰败,但姒姓的杞国、鄫国至今还在;申国、吕国虽然都已灭亡,但姜姓的齐国、许国还在。只因为他们有伟大的功绩,才得到封爵赐姓设立宗庙,有的甚至享有天下。到了他们败亡的时候,必定是因为享乐过度的意愿代替了艰苦创业的功劳。所以他们的后代灭亡了自己的氏姓,倾覆衰颓一蹶不振;甚至绝了后代没有给祖先祭祀的人,有的默默无闻沦落为奴仆马伕。那亡国之君难道是因为得不到上天的宠爱?都是黄帝、炎帝的后嗣啊。只因为他们不遵循天地的法度,不顺应春夏秋冬四时的次序,不揣度人民和神灵的意愿,不按照万物生存的规律,这才会灭绝无后嗣,甚至于到现在没有祭祀的人。那能得到天下或受封为诸侯的,必定是用忠诚信义的心思克制自己享乐游玩的念头。遵循天地的法度,顺应春夏秋冬四季的次序,和睦人民和神灵,而且按照万物生长的规律行事,所以他们品德高尚明达,功绩显赫长久发扬光大,得到赐姓封国的光荣,而且随之拥有美好的名声。假若我们翻开先王的遗训,研究他们制定的典礼、图象、刑律、法则,再结合历史上朝代的衰落兴盛,也都会知道其中道理的。那兴盛的,必定建立有夏禹、四岳的功绩的;那衰颓的,必定有共工、伯鲧的败政的。现今我周执掌政权,大概确实存在违背天地至性的事,而且扰乱了谷水、洛水神灵的安宁,使他们甚至争抢水道,并将危害王宫,天王将因此而加固王宫使遏制二水,这恐怕不恰当吧!

【原文】

"人有言曰:'无过乱人之门①。'又曰:'佐饔者尝焉②,佐斗者伤焉③。'又曰:'祸不好,不能为祸④。'《诗》曰:'四牡骙骙,旟旐有翩。乱生不夷,靡国不泯⑤。'又曰:'民之贪乱,宁为荼毒⑥。'夫见乱而不惕,所残必多,其饰弥章⑦。民有怨乱,犹不可遏,而况神乎?王将防斗川以饰宫,是饰乱而佐斗也,其无乃章祸且遇伤乎?自我先王厉、宣、幽、平而贪天祸⑧,至于今未弭。我又章之,惧长及子孙,王室其愈卑乎?其若之何?

"自后稷以来宁乱⑨,及文、武、成、康而仅克安民⑩。自后稷之始基靖民⑪,十五王而文始平之⑫,十八王而康克安之⑬,其难也如是。厉始革典,十四王矣⑭。基德十五而始平,基祸十五其不济乎!吾朝夕儆惧,曰:'其何德之修,而少光王室,以逆天休⑮?'王又章辅祸乱,将何以堪之?王无亦鉴于黎、苗之王⑯,下及夏、商之季,上不象天,而下不仪地,中不和民,而方不顺时⑰,不共神祇,而蔑弃五则⑱。是以人夷其宗庙,而火焚其彝器⑲,子孙为隶,下夷于民⑳,而亦未观夫前哲令德之则。则此五者而受天之丰福,飨民之勋力,子孙丰厚,令闻不忘,是皆天子之所知也。

"天所崇之子孙,或在畎亩㉑,由欲乱民也。畎亩之人,或在社稷,由欲靖民也㉒。无有异焉!《诗》云:'殷鉴不远,在夏后之世㉓。'将焉用饰宫?其以徼乱也㉔。度之天神,则非祥也。比之地物,则非义也。类之民则,则非仁也。方之时动,则非顺也。咨之前训,则非正也。观之《诗》《书》,与民之宪言㉕,则皆亡王之为也。上下仪之㉖,无所比度,王其图之!夫事大不从象,小不从文。上非天刑,下非地德㉗,中非民则,方非时动而作之者,必不节矣。作又不节,害之道也。"

王卒壅之。及景王,多宠人㉘,乱于是乎始生。景王崩,王室大乱㉙。及定王,王室遂卑㉚。

> [!注释]
> ①乱人:指狂惑怨世的人。
> ②佐饔(yóng雍)者:辅助饔人的人,即厨官的下手。饔人,官名,掌割烹煎和之事。《周礼》有内饔、外饔,"内饔掌王、后及世子膳羞割烹煎和之事。""外饔掌外祭祀之割烹。"共设上士四人,下士八人,下士大约就是佐饔者。

③佐斗者：在双方争斗中打帮拳的人。

④祸不好不能为祸：前一"祸"作"使人得祸、危害"解，后一"祸"作"祸祟"解。

⑤此处所引，见《诗经·大雅·桑柔》第二章。骙骙（kuí 癸）：形容马强壮。旟（yú 愚）：绘有鹰鸟的旗。旐（zhào 兆）：绘有龟蛇的旗。夷：平定。泯：灭。

⑥此二句见《桑柔》第十一章。贪乱：因贪婪而作乱。宁：乃，竟。荼（tú 途）毒：苦害。

⑦弥章：更加彰著。

⑧厉、宣、幽、平：厉王暴虐，宣王不籍千亩而料民，幽王宠褒姒昏乱无道而西周灭亡，平王东迁后不能修明政治，以上四王都是导致周室衰亡的祸根，太子晋认为他们是逆天行事造成的。贪天祸：夺天时行事造成灾祸。

⑨宁乱：安定灾难。自后稷以来宁乱，指尧时洪水祸害黎民，禹治水患，周的始祖后稷（参见《周语上》1 注⑰）被舜任为农官，教民农艺，天下得利，故称安定了灾难。

⑩文、武、成、康：指为周朝奠定基业的周文王姬昌，灭亡殷商的武王姬发，继承并巩固周统治地位的成王姬诵、康王姬钊。他们统治时政简刑轻，百姓安宁，史称"成康之治"。

⑪基：始。靖：安。

⑫十五王而文始平之：意思是从后稷播百谷利民，以后经历十五代人，每世都修德政，到文王时才开始平定民乱受命于天。十五王：指后稷、不窋、鞠陶、公刘、庆节、皇仆、差弗、毁隃、公非、高圉、亚圉、公祖、太王、王季、文王。都是周的先祖，能继承后稷的事业而历史上有声誉的。

⑬十八王：前十五王加武王、成王、康王。

⑭十四王：从厉王至今传十四王，即厉、宣、幽、平、桓、庄、僖、惠、襄、顷、匡、定、简、灵这十四王。

⑮少：才。逆：迎。休：庆。

⑯黎：九黎，古代南方的部落名。苗：三苗，南方部族名，相传为九黎之后。

⑰方：四方，四境。

⑱蔑：灭。五则：指上言的象天、仪地、和民、顺时、供神这五条常规。

⑲彝：概指宗庙祭器彝、尊之类。

⑳夷：平，犹言"同等"。

㉑畎（quǎn 犬）亩：田间。畎，田地中间的沟。亩，这里指田埂。

㉒社稷：土神与谷神。历朝开国必须先建社坛、稷坛，每年祭祀，而灭人之国，必定先变更被灭国的社稷，故以社稷为国家政权的标志。靖：治。

㉓此处所引，见《诗经·大雅·荡》第八章。夏后：周人称夏朝为夏后氏。

㉔徼(yāo 腰):同"邀",招致,引来。

㉕宪言:用以供人效法或鉴戒的俗语,相当于格言,如本文"无过乱人之门"之类。

㉖原本作"议",从公序本改作"仪"。仪:比照。

㉗天刑:上天的法则。地德:指地利。

㉘景王:周景王。宠人:指王子朝及其家臣宾孟等人。

㉙景王崩王室大乱:景王无嫡子,立子猛,又许宾孟立子朝,未立而王崩,单靖公、刘献公立子猛,而攻子朝,王室大乱。

㉚定王:当指周贞定王(公元前 468—公元前 441 年在位),名介,景王曾孙,敬王之子。贞定王时为战国初年,周室大臣专政,诸侯无长,王室更为卑弱。

## 【今译】

"有人说过这样话:'不要登狂惑怨世者的门。'又说:'厨师的下手先尝味道,打帮拳的人先被打伤。'又说:'损人不利已,就不要去制造祸端。'《诗》上说:'四匹马驾着兵车不停奔跑,画着鹰隼龟蛇的旗在空中飘,战乱一起不平定,没有哪国不纷扰。'又说:'民众遭乱因暴政,岂愿反抗遭残杀。'看到祸乱将产生却不警戒,那受到的伤害必定很严重,再加以掩饰,祸败的现象将更明显。民众有怨恨将要作乱,还不可能阻止得住,何况是神灵怨恨作乱呢?天王打算为防止两水争抢水道而加固王宫,这是掩饰祸乱而且加剧它们的争斗,这不就等于是使祸乱加速发展并且使自己去受伤害吗?自从我周的先人厉王、宣王、幽王、平王因为逆天行事造成祸乱以来,至今还没有停止。现在我王又露出制造祸乱的苗头,我只怕长此以往将祸及子孙,周王室将更加衰微吧?难道就让事情这样下去吗?

"我周自从先祖后稷以来都在安定灾难,又经过文王、武王、成王、康王四世的努力,也仅做到使百姓能安宁生活。想当初从后稷就开始安定人民,经过十五代王的努力,到文王时才开始平定祸乱受命于天,经过十八代王的努力,到康王才做到使天下完全安定,先辈创建基业是这样的艰难。到厉王却开始变更先王制定的法则,这样到父王就是十四代王了。开始施行德政要十五代才奠定基业,从开始制造祸乱到第十五代也大概会有不利吧?我早晚警惕戒惧,说:'到底要怎样整饬政治,才能光大王室,迎来上天的吉庆呢?'但父王却反而引发加剧祸乱,国家将怎么受得了?父王何不拿九黎、三苗被诛灭的事作鉴戒,还有后来的夏桀、商纣的灭亡也是前车之鉴。他们就是上不取法天象，下不比照地物，中不和睦民众，并且在四境之内违逆农时，没有了祭祀天神地祇的谷米，从而完全抛弃了这五条常规。因此他们被人毁灭了宗庙，火焚了祖先牌位，子孙沦为仆役，与平民百姓落到同等低下的地位，这就是他们没有看到前贤们施行美德的法则。按照这五条原则行事才会受到上天丰厚的福佑，享受到人民大力的赞助，子孙长享厚福，民众永远不忘他们的美名，这些都是天子知道的。

"上天所看重的人的子孙，有的落在农家，是因为他扰乱了百姓。而出身农家的子弟，有的在朝廷任职，是上天希望他安定人民。这没有什么可奇怪的！《诗经》上说：'殷纣王的前车之鉴不远，就在夏桀被灭亡那时代。'还用得着修整王宫？行为就足以招来祸乱了。揣度天神的态度，就可知是不吉祥了。比照地上万物生长的规律，就可知是不适宜了。比式和睦民众的法则，就可知是不仁德了。四方违逆农时的举动，就不是顺应节令。对比前贤的遗训，就不是在行正道。看《诗经》《尚书》中的教导，还有民间流行的那些格言，就可知都是亡国之君的所作所为了。拿从古到今的事例来比照，没有可以比照的先例，父王还是好好考虑吧！这事大的方面从天象没有征兆，小的方面从《诗经》《尚书》找不到依据。上不合乎天法，下不合乎地利，中不合乎民意，四方不按节令劳作，也必定不符合法度。劳作了又不符合法度，是引来灾祸的途径啊。"

灵王最终堵塞城西南使谷水仍北流。到景王时多宠信小人，祸乱也由此开始产生。景王死后，周王室发生大乱。到贞定王时，王室就衰微了。

## 4. 晋羊舌肸聘周论单靖公敬俭让咨

【题解】

晋国上大夫羊舌肸到周室聘问，从周王卿士单靖公迎送国宾的礼仪，看出他具有行止恭敬、居处节俭、待人谦让、临事咨询的美德，结合《诗·周颂·昊天有成命》的解释，对单靖公的评价很高，认为他能使周室再度兴盛，而且个人也必定子孙昌盛。

【原文】

晋羊舌肸聘于周①,发币于大夫及单靖公②。靖公享之,俭而敬③;宾礼赠饯,视其上而从之④;燕无私⑤,送不过郊⑥;语说《昊天有成命》⑦。

单之老送叔向⑧,叔向告之曰:"异哉!吾闻之曰:'一姓不再兴。'今周其兴乎!其有单子也。昔史佚有言曰⑨:'动莫若敬,居莫若俭,德莫若让,事莫若咨。'单子之贶我⑩,礼也,皆有焉。夫宫室不崇⑪,器无彤镂⑫,俭也;身耸除洁⑬,外内齐给⑭,敬也;宴好享赐,不逾其上,让也;宾之礼事,放上而动⑮,咨也。如是,而加之以无私,重之以不殄⑯,能避怨矣。居俭动敬,德让事咨,而能避怨,以为卿佐,其有不兴乎!

"且其语说《昊天有成命》,颂之盛德也⑰。其诗曰:'昊天有成命⑱,二后受之⑲,成王不敢康⑳。夙夜基命宥密㉑,於,缉熙㉒!亶厥心,肆其靖之㉓。'是道成王之德也㉔。成王能明文昭,能定武烈者也㉕。夫道成命者,而称昊天,翼其上也㉖。二后受之,让于德也㉗。成王不敢康,敬百姓也。夙夜,恭也;基,始也。命,信也。宥,宽也。密,宁也。缉,明也。熙,广也㉘。亶,厚也。肆,固也。靖,和也。其始也㉙,翼上德让,而敬百姓。其中也,恭俭信宽,帅归于宁。其终也,广厚其心,以固和之。始于德让,中于信宽,终于固和,故曰成㉚。单子俭敬让咨,以应成德。单若不兴,子孙必蕃,后世不忘。

"《诗》㉛:'其类维何?室家之壶㉜。君子万年,永赐祚胤。'类也者,不忝前哲之谓也。壶也者,广裕民人之谓也。万年也者,令闻不忘之谓也。胤也者,子孙蕃育之谓也。单子朝夕不忘成王之德,可谓不忝前哲矣。膺保明德㉝,以佐王室,可谓广裕民人矣。若能类善物,以混厚民人者㉞,必有章誉蕃育之祚,则单子必当之矣。单若有阙,必兹君之子孙实续之,不出于他矣㉟。"

## 注释

①羊舌肸(xī 西):羊舌职之子,字叔向。晋国上大夫。
②发币:见《周语中》8 注②。单靖公:周王卿士,单襄公之孙,顷公之子。
③俭而敬:享礼不丰厚而执礼甚恭敬。
④宾礼赠饯:见《周语上》14 注⑫。上:指位在单靖公之上者。
⑤燕无私:指酬币、宴货、加豆(见《周语中》6 注㉘㉙)之类不逾越礼节,不私

下表示亲近。燕,通"宴"。

⑥送不过郊:饯行时至郊而返,也是无私的表现。外城叫郭,郭以外叫郊。

⑦语:指宴饮时交谈。《昊(hào 浩)天有成命》:《诗经·周颂》篇名。

⑧老:室老。春秋列国卿大夫家有臣属,职务有宰、司徒、司马等,不世袭,由卿大夫任免,称家臣。室老为家臣之长。《仪礼·丧服注》:"室老,家相也。"

⑨史佚:周武王时的太史尹佚。见《史记·周本纪》。

⑩贶(kuàng 况):赠送。

⑪崇:高,指修建高崇可供眺望的台观。

⑫彤(tóng 同):朱红色。镂(lòu 陋):雕刻。

⑬耸:同"竦(sǒng)",戒惧。除洁:修整使洁净。

⑭外:在朝廷。内:治家事。齐:整肃。

⑮放:同"仿",仿效、依随。

⑯淆:杂,混杂,等于说"凑热闹"。指众人送过郊,单子送不过郊的事。

⑰颂之盛德也:歌唱的是文王、武王的盛德。《昊天有成命》为周王祭祀成王所唱的乐歌。

⑱昊天:苍天,皇天。成命:定命。

⑲后:古时称君为后。二后,指文王、武王。受之:接受上天的成命。

⑳成王:名诵,武王之子。康:安乐。

㉑夙(sù 诉)夜:早晚。基命:奉持天命,即奉持上天赐给的王业。宥(yǒu 幼)密:宽仁宁静。

㉒於:古"乌"字,赞叹词。缉熙:(前途)光明。

㉓亶(dǎn 胆):厚实,忠实。亶,《毛诗正义》(见中华书局 1979 年《十三经注疏》影印本)、朱熹《诗集传》(上海古籍出版社 1980 年版)均作"单",音义俱同。厥:指成王。肆:遂,于是。靖:太平。

㉔成王之德:成就王业的德行。

㉕明:阐明,发扬光大。文昭:指文王光照天地的德行。定:成,守成。烈:威。能定武烈,指成王时平定武庚、管蔡之乱,讨伐徐国、奄国的战争获得胜利,安定全国,是继承了武王之威。

㉖翼:敬,敬奉。

㉗让于德也:对有德之人谦让。指文王聘吕尚,武王询箕子、访八虞等事。

㉘广:光大。

㉙其始也:指《昊天有成命》颂歌的开始,即前三句。下文"其中也",指其颂歌中段二句;"其终也",指颂歌的终句。

㉚故曰成:所以谥为成。

㉛引诗见《诗经·大雅·既醉》第六章。

㉜类:族,家族。壸(kǔn捆):广,这里指推广。
㉝膺:前胸,这里为"以胸抱"之意。
㉞混:同。
㉟单:指单氏爵邑的继承人,即世子。兹君:此君,指单靖公。他:他族。

【今译】

　　晋国大夫羊舌肸到周室聘问,解发礼币赠送给周室诸大夫以及单靖公。单靖公设宴招待他,宴席不丰盛但礼节恭敬;接待羊舌肸的礼节、赠送的礼物、饯别的酒宴,都是看比自己职位高的人怎么做而照此办理;享宴时不私下表示亲热,送行时不过郊;宴席中谈话和吟诵的是《昊天有成命》。

　　单靖公的家臣室老送别羊舌肸时,羊舌肸告诉他说:"奇怪啊！我听到过这样的话:'一个朝代不会有两度兴盛。'现在周却大概会再次兴盛吧,是因为有单子啊。当初太史佚有过这样的话说:'最有礼貌的行止莫过于恭敬,最合理的持家莫过于节俭,最好的品德莫过于谦让,最标准的行事莫过于经常咨询。'单子接待我,是照礼节的规定,什么都齐备。单子的住居平地起屋不建高台,器用上没有红漆和雕饰,这是节俭;他做人心存戒惧不断修整使品德完美,在朝任职和治理家事能整肃供给,这是恭敬;接待宾客的宴席、赠礼,规格不超过比自己地位高的人,这是谦让;接待宾客的礼貌行事,仿效比自己地位高的人去做,这是咨询。做到了这些,还加上不私下对外宾表示亲热,再加上送行时不混杂,这是能避免嫌怨。居处节俭行止恭敬,品德谦让临事咨询,而且能避免嫌怨,用他担任卿士,周室那有不兴盛的啊！

　　"况且单子在宴席间还解释乐歌《昊天有成命》,这是歌颂周先王的大德啊！那诗里叙说:'皇天有定命,文王武王接受上天的成命奠定了周室伟大的基业,成王不敢贪于安乐。他们昼夜辛勤,奉持天命宽仁安宁。啊,前途无限光明！用尽了自己的心思,天下于是安定和平。'这首诗是歌颂文王武王能成就王业的大德啊！是歌颂成王能发扬文王光照天地的德行,能平定叛乱继承武王之威的啊！那歌唱定命,而称是皇天授予,这是敬奉上天啊！称文王武王接受天命王业,是对有德的人谦让啊！称成王不敢贪于安乐,这是对百官的敬重啊！昼夜辛勤,是说成王的恭敬啊！基,是奉持天命的开始。命,是信任的意思。宥,有宽仁的意思。密,是安宁的意思。缉,是逐渐光明的意思。熙,就是光明。亶,是厚实的意思。肆,就是逐渐巩固的意思。靖,是太平的意思。乐歌的开始,是赞美上天以及先王谦让的德行,并且表现出对文武百官的敬重。那中间的内容,表现出整肃、节俭、信任、宽仁,遵循着这些原则,天下才得到安宁。那结束的句子,表现出发扬光大前人的事业,要用尽自己的心思,天下才能永远太平。这首颂歌,开始于品德谦让,中间表现信任宽仁,结束于天下永远太平,说能成就上天的定命,所以谥为'成'。单子节俭、恭敬、谦让、咨询,能担负对前人的事业保业守成。单子的宗族即使不兴盛,他本人的子孙也必定繁荣昌盛,因为后人不会忘记守成。

"《诗三百篇》上说:'那家族的好运是怎样的呢?是他使全族同心同德,推广到治理天下。只愿君子活到一万年,永远享受天赐给你的福禄和子孙。'说到了家族,正是没有辱没前贤的说法。说到了推广,正是由家族推广到人民。万年这个话,就是说要永远不忘祖先的美德。胤的意思,是说君子的子孙永远繁衍昌盛。单子时刻都不忘记前人成就王业的大德,可说是不辱没前贤啊。尽力保持前人的美德,用来辅佐王室,可说是推广到人民了。这样能以此类推做好事,并用同样的心思厚待天下百姓的人,必定会得到彰明信誉、子孙昌盛的福佑,那单子必定会承受到这种福佑的。单氏宗族的继承人如果缺乏,必定是这个人的子孙去嗣续,不会出在其他人的啊。"

# 5. 单穆公谏景王铸大钱

【题解】

东周时钱币流通开始逐步代替实物交易,周景王要铸造大面值的钱币而废掉轻币,单穆公力加劝阻。他首先指出古时是轻币和重币配合流通使用,使百姓感到便利,认为现在铸大钱的实质,是搜刮百姓旧日的积蓄来充实国库,这等于是堵塞河源使它成为死水坑,百姓的财用枯竭,王室会更加困难,结果只能是"离民而佐灾"。单穆公重视民意,阻止铸大钱的着眼点是因其损害民利,这无疑是可取的。

【原文】

　　景王二十一年①,将铸大钱②。单穆公曰③:"不可。古者,天灾降戾④,于是乎量资币⑤,权轻重⑥,以振救民⑦。民患轻,则为作重币以行之⑧,于是乎有母权子而行⑨,民皆得焉。若不堪重,则多作轻而行之,亦不废重,于是乎有子权母而行⑩,小大利之⑪。

　　"今王废轻而作重,民失其资,能无匮乎?若匮,王用将有所乏,乏则将厚取于民⑫。民不给,将有远志,是离民也⑬。且夫备有未至而设之⑭,有至而后救之,是不相入也⑮。可先而不备,谓之怠⑯;可后而先之,谓之召灾。周固羸国也⑰,天未厌祸焉⑱,而又离民以佐灾,无乃不可乎?将民之与处而离之,将灾是备御而召之,则何以经国⑲?国无经,何以出令?令之不从,上之患也,故圣人树德于民以除之。

　　"《夏书》有之曰⑳:'关石、和钧㉑,王府则有㉒。'《诗》亦有之曰㉓:'瞻彼旱麓㉔,榛楛济济㉕。恺悌君子㉖,干禄恺悌㉗。'夫旱麓之榛楛殖㉘,故君子得以易乐干禄焉。若夫山林匮竭,林麓散亡,薮泽肆既㉙,民力凋尽㉚,田畴荒芜,资用乏匮,君子将险哀之不暇㉛,而何易乐之有焉?

　　"且绝民用以实王府㉜,犹塞川原而为潢汙也,其竭也无日矣。若民离而财匮,灾至而备亡,王其若之何?吾周官之于灾备也,其所怠弃者多矣,而又夺之资,以益其灾,是去其藏而翳其人也。王其图之!"

　　王弗听,卒铸大钱。

### 注释

　　①景王:周景王(公元前544—公元前520年在位),名贵,周灵王之子。周景王二十一年(公元前524年)为鲁昭公十八年。

　　②大钱:金属铸造的大面值的钱币。韦《注》引贾逵说:"虞、夏、商、周金币(即钱币)三等:或赤、或白、或黄。黄为上币,铜铁为下币。大钱者,大于旧,其价重也。"

　　③单穆公:周王卿士,单靖公之曾孙,名旗。

　　④戾(lì利):到,至。天灾降戾,《汉书·食货志下》为"天降灾戾。"

　　⑤量:度。资币:资财钱币。《汉书·食货志》颜师古《注》:"凡言币者,皆所以通货物,易有无也,故金之与钱,皆名为币也。"

　　⑥权:称量。

　　⑦振:同"拯。"以拯救民,《汉书·食货志》作"以救民。"

　　⑧患轻:患币轻而物贵。币轻,指钱的形制、质地俱轻。重币:刑制、质地都重

的钱币,即下文的母钱。

⑨母:重币为母。子:轻币为子。母权子而行,权衡母子的轻重,以母代子,重币代轻币流通使用。韦《注》云:"以子贸物,物轻则子独行,物重则以母权而行之。子母相通。"

⑩不堪重:此指物轻币重,价值不能平衡,物不任币,妨碍流通使用。堪,任。轻:轻币。

⑪子权母:指重币尚不足,以轻币加上使与货物价值平衡。

⑫小大利之:指钱无论大小,各有其用,故百姓觉得便利。

⑬厚取:厚敛,从重索取。

⑭不相入:是说以上二者(备未至而先设与至而后救)各看时宜,是不能相混淆的。

⑮怠:缓。

⑯羸(léi 雷):弱。

⑰厌:满足。未厌祸,对降灾不感到满足,即不停止降灾祸之意。

⑱经国:经纬国家,治理国家。韦《注》:"君以善政而行之之为经,臣奉而行之为纬也。"

⑲这里所引的二句,见《伪古文尚书·五子之歌》。生当三国时的韦昭未见,故韦《注》称之为《逸书》。

⑳关:衡。石(shí 时):古代计量单位,《汉书·律历志》:"三十斤为钧,四钧为石。"和:平。钧:均。

㉑此处所引,为《诗经·大雅·旱麓》的第一章。

㉒旱:山名,在今陕西南部。麓:山脚。

㉓榛(zhēn 真):一种落叶乔木。楛(hù 户):一种丛生的小乔木,形似荆条,赤茎。济济:众多。

㉔恺悌:和乐平易。君子:这里指贵族。

㉕干:求。禄:福。

㉖肆:极。既:尽。

㉗凋:损伤。

㉘险:危,绝。

㉙潢汙(huáng wā 黄挖):低洼积水处。大的叫潢,小的叫汙。

㉚周官:指周执政的六卿之官,即天官冢宰、地官司徒、春官宗伯、夏官司马、秋官司寇、冬官司空,这里代指政府。灾备:备灾的法令。

㉛殹(yì 易):障蔽物,这里有制造隔阂之意。

㉜《汉书·食货志下》于此后尚有:"文曰'宝货',肉好皆有周郭,以劝农澹不足,百姓蒙利焉。"观点迥乎不同。

## 【今译】

周景王二十一年,朝廷准备铸造大面值的钱币。单穆公进谏说:"不能这样做。古时候,天灾降临,执政者于是度量资财与钱币,权衡它们的轻重,来拯救百姓。百姓嫌钱币轻而物价贵,就铸造重币来加入使用,这样就有重币配合轻币流通使用,百姓就都达到愿望了。如果物品的价值够不上重币,就多铸造轻币供流通使用,但也不废掉重币,于是又有轻币配合重币流通使用,钱小钱大都有用途,大家就都觉着便利了。

"现在君王打算废掉轻币而铸造重币,百姓将失去大量资财,能不匮乏吗?如果民间匮乏,君王的财用也将匮乏。君王财用匮乏了,就将向百姓重重索取。百姓无法供给,就将产生逃离家园的念头,这是离散民众啊!况且拿国家的财物准备来说,有危险未到而预作安排的,有危险已到然后设法补救的,这两者是不能相混淆的。本来可以事先安排却不作好准备,这叫做懈怠;可以后来再做却提前做了,这叫做召灾。周的国力本来就很弱了,上天从未停止过降临灾祸,现在又离散百姓给自己增加灾祸,恐怕不能这样做吧?本应与百姓共处却离散他们,本应防备灾祸却反而把它召来,还怎么治理国家?国家没有治理好,凭什么来发布政令?发布政令下面不遵从,这是执政者的忧患啊,所以圣人对百姓树立德政,以此来根除下面不遵政令的忧患。

"《夏书》上有这样的话:'权衡称量,公平均分,朝廷是有合理法度的。'《诗》里也有这样的话:'看那旱山的山脚下,榛树楛条那么的茂盛。安乐和易的君子,用那安乐和易求得上天降福。'旱山山脚的榛树楛条生长茂密,所以君子能安乐和易地求上天降福。假如那山林光秃秃一片,山脚林木都没有,湖沼也都枯竭,百姓的财力损伤殆尽,田园荒芜,物资财用都很缺乏,那君子将陷于危险的境地,悲哀都来不及,哪里还有什么平易安乐呢?

"况且刮尽民财来充实君王的府库,就好比堵塞河源而成为死水坑一样,那最后枯竭的日子就没几天了,如果百姓逃离而财用枯竭,灾祸到了却毫无救灾的准备,君王您打算怎么办呢?我周的官员对于备灾的法令,其所忽略废弃的地方太多了,现在又夺走百姓的资财,来增加他们的灾难,这是抢走他们的积蓄而制造与百姓的隔阂。希望君王还是好好考虑一下。"

景王不听从,最终还是铸造了大钱。

# 6. 单穆公谏景王铸大钟

【题解】

中国的音乐产生时代很早，统治阶级非常重视音乐，在国家政治生活中，"作乐"与"制礼"并提，都是头等大事，所以乐律、乐器的制作、音乐的演奏都很讲究，古人并且使音乐与天时、节令、农事、度量衡制作甚至国家政治紧密联系。本文记单穆公与乐官州鸠劝谏周景王不可铸大钟，不仅从其浪费财力上看，主要还是从音乐与政治的关系上来进行告诫，通过说明乐器制作必须遵从法度，阐述"声音之道与政通"（《礼记·乐记》）的道理，要天子勤修德政，不可做违逆民意的事。

另外，阅读本文，还有助于了解春秋时期的音乐文化中，音乐所使用的乐音及其相互之间的关系和古代乐器制作的原理。

【原文】

二十三年①，王将铸无射，而为之大林②。单穆公曰："不可。作重币以绝民资，又铸大钟以鲜其继③。若积聚既丧，又鲜其继，生何以殖④？且夫钟不过以动声，若无射有林，耳弗及也⑤。夫钟声以为耳也，耳所不及，非钟声也。犹目所不见，不可以为目也。夫目之察度也，不过步武尺寸之间⑥；其察色也，不过墨丈寻常之间⑦。耳之察和也，在清浊之间⑧；其察清浊也，不过一人之所胜⑨。是故先王之制钟也，大不出钧，重不过石⑩。律度量衡于是乎生⑪，小大器用于是乎出⑫，故圣人慎之。今王作钟也，听之弗及，比之不度⑬，钟声不可以知和，制度不可以出节，无益于乐，而鲜民财，将焉用之！

"夫乐不过以听耳，而美不过以观目。若听乐而震，观美而眩，患莫甚焉。夫耳目，心之枢机也⑭，故必听和而视正。听和则聪，视正则明。聪则言听，明则德昭。听言昭德，则能思虑纯固。以言德于民，民歆而德之，则归心焉。上得民心，以殖义方⑮，是以作无不济，求无不获，然则能乐。夫耳内和声⑯，而口出美言，以为宪令⑰，而布诸民，正之以度量，民以心力，从之不倦。成事不贰⑱，乐之至也。口内味而耳内声，声味生气⑲。气在口为言，在目为明。言以信名，明以时动⑳。

名以成政,动以殖生。政成生殖,乐之至也。若视听不和㉑,而有震眩,则味入不精。不精则气佚,气佚则不和。于是乎有狂悖之言,有眩惑之明,有转易之名,有过慝之度㉒。出令不信,刑政放纷㉓,动不顺时,民无据依,不知所力,各有离心。上失其民,作则不济,求则不获,其何以能乐?三年之中,而有离民之器二焉㉔,国其危哉!"

王弗听,问之伶州鸠㉕。对曰:"臣之守官弗及也㉖。臣闻之,琴瑟尚宫㉗,钟尚羽㉘,石尚角㉙,匏竹利制㉚,大不逾宫,细不过羽。夫宫,音之主也㉛。第以及羽。圣人保乐而爱财㉜,财以备器,乐以殖财㉝。故乐器重者从细,轻者从大。是以金尚羽,石尚角,瓦丝尚宫,匏竹尚议,革木一声㉞。

"夫政象乐,乐从和,和从平㉟。声以和乐㊱,律以平声㊲。金石以动之,丝竹以行之,诗以道之㊳,歌以咏之,匏以宣之,瓦以赞之,革木以节之㊴。物得其常曰乐极,极之所集曰声㊵,声应相保曰和,细大不逾曰平。如是,而铸之金,磨之石,系之丝木,越之匏竹,节之鼓而行之,以遂八风㊶。于是乎气无滞阴,亦无散阳㊷,阴阳序次㊸,风雨时至,嘉生繁祉㊹,人民和利,物备而乐成,上下不罢㊺,故曰乐正。今细过其主妨于正㊻,用物过度妨于财,正害财匮妨于乐。细抑大陵,不容于耳,非和也。听声越远㊼,非平也。妨正匮财,声不和平,非宗官之所司也㊽。

"夫有和平之声,则有蕃殖之财。于是乎道之以中德,咏之以中音㊾,德音不愆,以合神人㊿,神是以宁,民是以听。若夫匮财用,罢民力,以逞淫心㉛,听之不和,比之不度,无益于教,而离民怒神,非臣之所闻也。"

王不听,卒铸大钟。二十四年,钟成,伶人告和。王谓伶州鸠曰:"钟果和矣。"对曰:"未可知也。"王曰:"何故?"对曰:"上作器,民备乐之,则为和㉒。今财亡民罢,莫不怨恨,臣不知其和也㉓。且民所曹好㉔,鲜其不济也。其所曹恶,鲜其不废也。故谚曰:'众心成城,众口铄金㉕。'三年之中,而害金再兴焉㉖,惧一之废也。"王曰:"尔老耄矣㉗!何知?"二十五年,王崩,钟不和。

### 注释

①二十三年:周景王二十三年(公元前522年),为鲁昭公二十年。
②无射(yì 易):钟名。无射本为古音十二乐律(十二个标准音)之一,古时钟

为庙堂祭祀享宴的重要乐器之一，铸钟而使钟声应无射之律，故钟名无射。大林：钟名，钟应林钟律，林钟为阴律之一，声大，故称大林，也称函钟。韦《注》引贾逵说："无射，钟名，律中无射也。大林，无射之覆也。作无射，为大林以覆之，其律中林钟也。"

③鲜：寡少。鲜其继，因铸大钟用物多，会使财政发生困难，使财物减少。

④生：生财。殖：增加。

⑤无射有林耳弗及：无射为阳律细声，林钟为阴律大声，细声被大声压抑，所以耳朵就无法分辨声音的清浊。

⑥步武：长度名，周以八尺为步，半步为武。步武尺寸，极言其距离短。

⑦墨丈寻常：均为古代量物的单位名。五尺为墨，十尺为丈；八尺为寻，十六尺为常。墨丈寻常比喻距离有限。

⑧清浊之间：指律吕的变化。古音十二律分为阴阳两类，黄钟、太蔟（còu凑）、姑洗（xiǎn险）、蕤（ruí锐）宾、夷则、无射为阳律，叫做六律；大吕、夹钟、中吕、林钟、南吕、应钟为阴律，叫做六吕，合称为律吕。五音宫商角徵羽的音高用律来确定，比如用黄钟所定的宫音，就比用大吕所定的角音要低沉得多，《管子·地员篇》说："凡听宫，如牛鸣窌（jiào窖）；凡听角，如雉登木。"清浊之间指清浊适度则声音和谐。

⑨胜：举。

⑩钧：乐器的调律器称钧，调节乐音也称钧，又写做均。韦《注》说："钧，所以钧音之法也。以木长七尺，有弦系之，以为钧法。"《吕氏春秋·适音》高诱《注》言"三十斤为钧"。陈奇猷《吕氏春秋校释》（学林出版社1984年版）以高说为非，云："既以'大'言，则钧当非重量名。……钧为度量钟音律度大小之器，以七尺之木，系之以弦，击弦所发之音，以定钟音之律度。比之今日之乐器，'钧'即今之'标音'，所以定乐器律度之高低者。'大不出钧，重不过石'，谓钟音律度之大者不得超过钧所发之音，钟之重不得超过百二十斤。"解说甚明，是。

⑪律：音律。度：指长短，即分、寸、尺、丈、引。量：量容积大小的量器，即龠（yuè 越）、合、升、斗、斛。衡：称轻重的衡器单位，即铢、两、斤、钧、石。律度量衡都生于黄钟，《汉书·律历志》言，黄钟之管容秬黍千二百粒，粒百为铢，是为一龠。龠二为合，合重一两。

⑫小：指锱（zī 资，六铢为锱，重六百黍）、铢、分、寸等小的计量单位。大：指斤、钧、丈、尺等大的计量单位。

⑬不度：指不符合"大不出钧，重不过石"的法度。

⑭枢机：户枢门阃，枢主开，机主闭，故以枢机并言，比喻事物的关键部分。

⑮殖：树立。义方：正道。

⑯内：同"纳"。

⑰宪:法。

⑱贰:变。

⑲气:气血(也包括意志)。声味生气,五声五味产生气血,充实意志。《大戴礼记·四代篇》:"子曰:'食为味,味为气,气为志'。"《左传·昭公二十年》:"晏子曰:'先王之济五味,和五声也,以平其心,成其政也。声亦如味,一气,二体,三类,四物,五声,六律,七音,八风,九歌,以相成也。君子听之,以平其心。心平德和。"这些都说明古人认为五味五声产生气血,充实意志,对人的内心、对德行修养的作用。

⑳信:审,审定。名:号令。

㉑视听不和:指无射钟、大林钟混在一起,使人听到震耳,看到目眩,不和谐。

㉒慝(tè 特):邪恶。

㉓放:放任,随便。纷:繁杂。

㉔离民之器二:指铸大钱、制大钟。

㉕伶(líng 零):官名,乐官。《左传·昭公二十一年》作"泠"。州鸠:此乐官的名字。

㉖守官:官位的职守。臣之守官弗及,因为单穆公谈的是音乐对政治经济的影响,是卿大夫的事,州鸠职掌音乐,所以说不是自己职责范围所当知道的。

㉗宫:五声之一的宫调。琴瑟尚宫,琴瑟为小形制的丝弦乐器,按轻者从大、重者从细的器乐制作原则,故以定宫调为上。

㉘钟尚羽:钟声大,故以定羽调为上。

㉙石:指磬一类用石制的乐器。

㉚匏(páo 袍):指笙竽之类的管乐器。匏瓜形象葫芦,古管乐器笙竽用匏做座,上设竹簧管,故以匏作笙竽的代称。竹:指箫。

㉛宫,音之主:宫声大,古人常以宫作为音阶的第一级音,故称宫为五声之主。

㉜保:依靠,利用。

㉝乐以殖财:古人用音乐省土、候风、纪农事,用五声和四季、五方(东南西北中)、五行(金土水火土)相配,用十二律与十二月相配,与农业关系密切,所以说音乐能增殖财用。

㉞以上金石瓦丝匏竹革木八类乐器又称八音。依《周礼·春官·大师》郑玄《注》,金指钟镈(bó 帛),石指磬,土(土器有陶、瓦之别,文中称"瓦")指埙(xuān 宣),革指鼓鼗(táo 桃),丝指琴瑟,木指柷敔(zhù yǔ 注羽),匏指笙,竹指管箫。议:定,从乐曲本身的调自定。一声:只有一种声调,而没有清浊的区别。

㉟和:和谐,古人认为八类乐器达到协调才算和谐。平:平稳。

㊱声:指宫商角徵羽五声。声以和乐,根据五声制成的八类乐器来调和乐曲。

㊲律:十二律。律以平声,因为宫商角徵羽只有相对音高,没有绝对音高,在

实际音乐中,五声的音高要用律来确定。比如:以黄钟为宫(即黄钟宫),则商用太蔟律,角用姑洗律,徵用林钟律,羽用南吕律,这样就确定了五声的音高。

㊳诗以道之:用诗表达出自己的心意。《尚书·舜典》:"诗言志,歌永言,声依永。"

㊴节:打节拍。古乐用鼓、柷敔击节和止乐。

㊵集:会。声:这里指所谓正声。

㊶八风:《吕氏春秋·古乐》高诱《注》:"八风,八卦之风。"陈奇猷先生《吕氏春秋校释》以高氏为汉儒之旧说,释为"八方之风声",陈说是。

㊷滞阴、散阳:见《周语下》3注㊳㊴。

㊸阴阳:天地。这里是用阴阳来解释天地之间万物的化生。

㊹嘉生:生长茂盛的谷物叫嘉生,这在古代认为是瑞征吉兆。

㊺罢:同"疲"。

㊻细:指无射钟的乐音。无射为阳律细声。主:正,指无射律的标准音高。

㊼越远:微细迂远。

㊽宗官:宗伯,为六卿之一,乐官的上司。

㊾中德:中庸的德音。中音:中和的五声。

㊿德音:歌功颂德的音乐。不愆:不间断。合神人:指祭祀享宴配着歌功颂德的音乐进行所以合乎神人的需要。

(51)逞:快意。

(52)"上作器"三句,即《礼记·乐记》所言"声音之道与政通"的道理。《吕氏春秋·适乐》言"乐无太,平和者是也。"即乐器制作不超过制度,适听就是平和。景王制的无射钟不符合古制,不适听,就不平和。

(53)"今财亡民罢"三句即《礼记·乐器》所言"乱世之音怨以怒"的道理,故伶州鸠说"不知其和"。

(54)曹:群,众人。

(55)铄(shuò 硕):销毁。众口铄金,众口所毁谤,就是金石也可以销亡。

(56)害金:耗费金钱。再兴:两度制作东西。

(57)耄(mào 帽):古时八十岁称耄。尔老耄矣,这里是骂州鸠老得糊涂了。

【今译】

周景王二十三年,天王准备铸造无射大钟,就先铸造大林钟来为它审音。单穆公劝谏说:"不可。铸造大钱就已经搜刮了民财,现在又铸造大钟更会使百姓贫困。百姓积聚的小钱已经被政府废掉,又要妨害他们生财,他们的财产怎样能增加?况且钟不过是用来奏乐,如果无射钟有个大林来审音,耳朵就听不到无射钟的声音了。那钟声是为了给耳朵听的,耳听不到,就不是铸钟的本意了。就好比眼睛看不到的东西,就不必把它摆在眼前。眼睛能看清的长度,不过是几尺的远近;能分清的颜色,不过是丈把的距离。耳朵能分辨出的和谐的乐音,也在清浊适度的范围;能审察出清浊音的区别的钟,也不过是一个人就能举起来的重量。因此,先王下令制造的钟,钟音律度的大不得超出钧所发的音,钟的重不得超过百二十斤。律、度、量、衡都是根据钟的制作产生,小到锱铢分寸大到斗斛丈尺都出于钟律,所以圣人铸钟很慎重。现在天子要制作的无射钟,耳朵分辨不出清音浊音,比例不合乎大不出钧重不过石的法度,从钟声听不出是否和谐适中,制作律度量衡又不可作为法度,对音乐无益,又将使人民的财力减少,拿它来有什么用呢?

"音乐不过是用来使耳朵听,而美色不过是用来使眼睛看。如果听音乐觉得震耳欲聋,看美色觉得眼花缭乱,危害没有比这更严重的。因为耳朵眼睛,是决定思想意识的关键,所以一定要听和谐的乐音和看正道的东西。听和谐的乐音才会听觉灵敏,看正道的东西才会眼睛清亮。听觉灵敏,言语才能动听;眼睛清亮,才会使德行光明。广纳忠言并且德行光明,就能使思索考虑的问题完善成熟。对人民用语言发出德行的教导,人民就乐于听从而且心里感激,就会打心眼里服从。君主能得到民心,来树立做人的正道,这样就能做到有行动就没有不成功的,有要求就没有得不到的,这才叫能制乐。耳朵接纳和谐的声音,而口中说出美好的语言,用它作为法令,而向人民颁布,制出准确的律、度、量、衡,人民将会尽心竭力,跟从君主而不倦息。使国家政事成就而不发生改变,这是音乐的最高境界啊。嘴巴接纳五味,耳朵接纳五声,五声五味产生精气充实意志。精气在口发出为语言,在眼使它明亮。语言用来审定号令,眼睛明亮就使劳作合乎时序。号令可以用来完成政事,劳作可以使财用增加。完成政事并增加财用,这是音乐最大的的作用啊。如果眼睛看到的和耳朵听到的都不和谐,而产生震耳眩目,那么五味的摄入也不能产生精气,不能产生精气就会使气血散失,气血散失人体就不舒服。于是就会说出糊涂违情背理的语言,出现分不清是非的视觉,会有改易多变的政令,产生过于邪恶的法度。发出的号令不审察,刑律政令随便而且繁杂,劳作不遵从时序,百姓无所依据，不知该怎么效力，自然就都离心离德。君主失掉民众的拥护，有行动得不到成功，有要求也无所收获，那怎么合乎制乐的本意？三年当中，就铸造了两件使人民离心离德的器用，国家会发生危险啊！"

景王听不进去，就去问乐官州鸠。州鸠回答说："这不是臣的职责范围啊。我听说，琴瑟这些乐器以应宫调为上，钟以应羽调为上，磬以应角调为上，笙箫的声音调整得利于制作就行。总的说来，乐器的制作，声音宽大的不超越宫调，声音细柔的不超出羽调。宫，是五声的主体。顺次最后到羽。圣人利用音乐而吝惜财物，用财物来使乐器具备，而音乐又能增加财富。所以制作乐器，重器的声音以细柔为上，轻器的声音以宽大为上。因此，钟镈的制作以应羽声为上，石磬以应角声为上，瓦器、丝弦乐器以应宫声为上，吹奏的笙箫适当调整，革鼓柷敔就没有清浊音的区别。

"政治的象征是音乐，音乐要求和谐，和谐可以导致政治平稳。五声用来调和乐曲，十二律用来确定五声的音高。钟磬之类的金石乐器用来引动乐曲，琴瑟箫管用来进行演奏，用诗来表达出心意，用歌声来咏唱诗，用笙竽来宣泄，用瓦埙来辅助，用鼓柷敔来击节和止乐。事物得保持常态叫乐器适中，适中所会集的音调叫正声，乐调与乐律相安叫和，细声与大声不相逾越叫平。这样，冶铸金属成钟镈，打磨石块成磬，系丝在木上成琴瑟，钻孔在匏竹上成笙箫，割裂长短大小适中的皮革制成鼓鼗，用这些乐器演奏乐曲，来顺应八方的风声。这样夏天没有积滞的寒气，冬天没有地气返潮，天地万物都有次序，春夏秋冬风调雨顺，生长茂盛的谷物繁衍人类的后代，人民生活和睦顺利，财物具备而乐器制作完善，君臣上下都不疲惫，所以叫音乐的正声。现在铸造的大钟乐音超过无射律损害了正声，用金属过多妨碍财用，正声被侵害，财用又匮乏，还使乐声不和谐。无射钟的细声被大林钟的宏声冲犯而压抑听不清，耳朵接受不了，不是和谐；听起来微细迂远，不是平稳。妨害正声匮乏财用，声音又不和谐平稳，不是宗伯所应该职掌的乐器。

"有和谐平稳的音乐，才会有茂盛增长的财用。这样，诗里表达的是中庸的德行，咏唱的是中和的歌声，歌功颂德的音乐绵绵不断，配合着天地神灵祖先人际的祭祀享宴，神明得到安宁，人民也乐于听从。

如果说铸钟将使财用匮乏,造成民力衰疲,只是为使自己狂妄自大的心感到快意,听去声音不和谐,比例又不合乎制度,对教化没有益处,而使人民离心并且触怒神灵,我从没听说过有这种事。"

景王不听,最终铸造大钟。景王二十四年,无射大钟铸成,乐人献媚禀告天子说钟声和谐。景王对伶州鸠说:"钟声结果还是和谐了。"回答说:"还不可能知道呢。"王说:"为什么?"回答说:"君主制作乐器,人民全都因此而安乐,才可以称为和谐。现在为了制钟搞得财用匮乏民众疲惫,没有不怨恨的,我不认为钟声是和谐的。况且民众都群起喜好的,少有办事会不成功;民众都群起厌恶的,少有不被抛弃的。所以谚语说:'众志成城,众口铄金。'三年当中,耗费金钱起造两种东西,臣恐怕其中之一会被废弃的。"景王说:"你已经老糊涂了啊!懂什么?"二十五年,景王死,钟声果真不和谐。

# 7. 景王问钟律于伶州鸠

【题解】

本文记述周景王向乐官州鸠讯问钟律和七律,州鸠详细介绍了十二乐律的命名和社会作用,以及周时用七律定的七声音阶的依据,结合用以表现周武王伐纣内容的《大武》乐舞曲所用乐调的解说,阐述了古代乐理。谈话内容多涉及史事和神话传说,反映了古人对音律的重视,处处强调的是音乐与天时、人事、政治、军事的密切关系。

【原文】

王将铸无射,问律于伶州鸠①。对曰:"律所以立均出度也②。古之神瞽考中声而量之以制③,度律均钟④,百官轨仪⑤,纪之以三⑥,平之以六⑦,成于十二⑧,天之道也⑨。夫六,中之色也,故名之曰黄钟⑩,所以宣养六气、九德也⑪。由是第之:二曰太簇,所以金奏赞阳出滞也⑫。三曰姑洗,所以修洁百物,考神纳宾也⑬。四曰蕤宾,所以安靖神人,献酬交酢也⑭。五曰夷则,所以咏歌九则,平民无贰也⑮。六曰无射,所以宣布哲人之令德,示民轨仪也⑯。为之六间,以扬沈伏,而黜散越也⑰。元间大吕,助宣物也⑱。二间夹钟,出四隙之细也⑲。三间仲吕,宣中气也㉑。四间林钟，和展百事，俾莫不任肃纯恪也㉑。五间南吕，赞阳秀也㉒。六间应钟，均利器用，俾应复也㉓。

"律吕不易，无奸物也。细钧有钟无镈，昭其大也㉔。大钧有镈无钟㉕，甚大无镈，鸣其细也㉖。大昭小鸣，和之道也。和平则久，久固则纯㉗，纯明则终，终复则乐㉘，所以成政也㉙，故先王贵之。"

王问："七律者何㉚？"对曰："昔武王伐殷，岁在鹑火㉛，月在天驷㉜，日在析木之津㉝，辰在斗柄㉞，星在天鼋㉟。星与日辰之位，皆在北维㊱。颛顼之所建也，帝喾受之㊲。我姬氏出自天鼋㊳，及析木者，有建星及牵牛焉㊴，则我皇妣大姜之侄伯陵之后，逢公之所凭神也㊵。岁之所在，则我有周之分野也。月之所在，辰马农祥也㊶。我太祖后稷之所经纬也㊷。王欲合是五位三所而用之㊸。自鹑及驷七列也㊹。南北之揆七同也㊺，凡人神以数合之，以声昭之㊻。数合声和，然后可同也。故以七同其数，而以律和其声，于是乎有七律㊼。

"王以二月癸亥夜陈，未毕而雨㊽。以夷则之上宫毕，当辰㊾。辰在戌上，故长夷则之上宫，名之曰羽㊿，所以藩屏民则也㈠。王以黄钟之下宫，布戎于牧之野㈡，故谓之厉，所以厉六师也㈢。以太蔟之下宫，布令于商，昭显文德，底纣之多罪㈣，故谓之宣，所以宣三王之德也㈤。反及嬴内㈥，以无射之上宫，布宪施舍于百姓，故谓之嬴乱，所以优柔容民也㈦。"

### 注释

①律：钟律。

②律：此指十二乐律。均：均钟木，古乐器上的调律器。详见前文注⑩。

③神瞽：传说中的古代乐官。因古代乐官由双目失明的瞽担任，他们尊崇的宗师也一定是瞽者，故不必拘泥于某一朝代。考：配合。中声：中和的声音。

④度律：度十二律管（定音器）的长短。均：调节乐音。度律均钟之法，可参见《周礼·考工记·凫氏》。

⑤百官：各种事物，比如律、度、量、衡之类。百，形容多。轨仪：仪制，法则。

⑥三：指天、地、人。

⑦六：指六律，即黄钟、太蔟、姑洗、蕤宾、夷则、无射。

⑧十二：六律（奇数六律为阳律）六吕（偶数六律为阴律）合称十二律。据清崔述《补上古考信录上》言，古仅称六律，自《吕氏春秋》始以律与历附会，用十二律应十二月，才产生十二律之说。

⑨道：规律，准则。天之道也，天的规律。古人把一周天分为十二次，故"十二"称为天元大数，古时遂常以十二作为上数，如十二旒、十二州、十二牢、十二时等。《左传·哀公七年》："周之王也，制礼，上物不过十二，以为天之大数也。"

⑩"夫六"三句：六，是天地之中的正色，所以六律之首命名为黄钟。古人认为，"六"这个数字在天地之中，比如天有六气，降生五味；天有六甲，地有五子等等，十一为毕数，六在天地中间。万物萌生于地上，黄为地色，六在天之下、地之上，故名黄中(钟)。所以《史记·律书》说："黄钟者，阳气踵黄泉而出也。"十一是毕数，故十一月律中黄钟。

⑪宣：遍。六气：阴、阳、风、雨、晦、明。九德：九功之德。《伪古文尚书·大禹谟》："九功惟叙。"孔《疏》："养民者使水、火、金、木、土、谷六事惟当修治之；正身之德、利民之用、厚民之生，此三事惟当谐和之。"故九功，即统治者六府三事之功。

⑫太簇：《史记·律书》："秦簇者，言万物簇生也。"金奏：太簇正声为商，五行为金，所以说金奏(簇)。赞：佐。出滞：滞伏的蛰(zhé 哲)虫出蛰。太簇律应在正月。

⑬姑洗：《淮南子·天文训》高诱《注》，说："姑，故也；洗，新也。阳气养生去故就新，故曰姑洗。"韦《注》言："是月(三月)，百物修洁，故用之宗庙，合致神人；用之享宴，可以纳宾也。"姑洗律应在三月。

⑭蕤：草木茂盛的样子。《史记·律书》说："阴气幼少，故曰蕤；痿阳不用事，故曰宾。"酬：劝，主答客。酢(zuò 坐)：报，客谢主。蕤宾律应在五月。

⑮夷则：《汉书·律历志上》说："(夷则)，言阳气正法，度而使阴气夷当伤之物也。"夷则律应在七月。

⑯无射：《史记·律书》说："无射者，阴气盛用事，阳气无余也，故曰无射。"无射律应在九月。

⑰六间：六吕在阳律之间，故称六间。沈：滞。黜：去除。

⑱大吕：《汉书·律历志》言："吕，旅也，言阴大，旅助黄钟，宣气而牙物也。"元，一。阴律配合阳律，以黄钟为首，所以称元间。宣：散。大吕律应在十二月。

⑲夹钟：《史记·律书》言："夹钟者，言阴阳相夹厕也。"韦《注》言："夹钟，助阳钟聚也。"均可通。四：指春夏秋冬四时。隙：间。夹钟律应在二月。

⑳仲吕：即中吕。《汉书·律历志》言："中吕，言微阴始起未成，著于其中，旅助姑洗宣气齐物也。"宣中气：宣散阳气。中吕律应在四月。

㉑林钟：韦《注》说："林，众也。言万物众盛也。钟，聚也。"展：审视，察看。百事：各种事务，主要指农事。肃：速。纯恪：大敬。林钟律应在六月。

㉒南吕：《史记·律书》说："南吕者，言阳气旅入藏也。"秀：谷类抽穗开花叫秀。南吕律应在八月。

㉓应钟：《淮南子·时则训》高诱《注》说："阴应于阳，转成其功，万物聚成，故

曰应钟。"均利器用:(农事)均顺利收功,百器具备(收藏以待来年)。应:遵照(礼制)。复:重复(以前的常法)。应钟律应在十月。

㉔细:细声,指五声中的角、徵、羽。钧:调节乐音。镈(bó 舶):小钟。

㉕大:大声,指宫、商。

㉖甚大无镈:指乐器齐奏,又去镈不用,使能独奏细声。细:这里指琴瑟箫笙柷敔等乐器。

㉗固:安。纯:声音不嘈杂。

㉘终:曲终。复:复奏。

㉙所以成政:古人认为声音之道与政通,所以说可以成就政治。

㉚七律:周时已有七音(七声音阶),即宫、商、角、变徵、徵、羽、变宫,用来定这七音的七律为黄钟、太蔟、姑洗、蕤宾、林钟、南吕、应钟。

㉛岁:岁星,即木星,古人认为岁星十二年绕天一周,每年行经一特定的星空区域(次),并用以纪年(岁),所以叫岁星。鹑(chún 纯)火:星次名。南方有井鬼柳星张翼轸七宿,首位者称鹑首,柳、星、张称鹑火,末位者称鹑尾。鹑火为周的分野,古人认为岁星为天上贵神,所在必昌。武王伐纣,誓师时为殷历十一月二十八日戊子(周历十二月),夏历为十月,时岁星在鹑火张十三度。见《汉书·律历志下》。

㉜天驷:星名,即房星。据《汉书·律市志下》,殷历十一月二十八日,"是夕也,月在房五度。房为天驷,故《传》曰:'月在天驷。'"

㉝析木:星次名。从尾宿十度至南斗十一度为析木。津:天汉,即天河,银河。《左传·昭公十七年》杜《注》:"箕斗之间有天汉,故谓之析木之津。"箕斗隔银河须津梁(桥梁),故此星次又名析木之津。

㉞辰:日月交会叫辰。据《汉书·律历志下》言:"(戊子)后三日得周正月辛卯朔,合辰在斗前一度,斗柄也。故《传》曰:'辰在斗柄。'"

㉟星:指辰星,水星的别名,又称辰水星。天鼋(yuán 元):星次名,又名玄枵(xiāo 肖),在北方,韦《注》说:"天鼋,次名,一曰玄枵,从须女八度至危十五度为天鼋。谓周正月辛卯朔。二日壬辰,辰星始见。……二十八日戊午,度孟津,距戊子三十一日。二十九日已未晦,冬至,辰星与须女伏天鼋之首也。"

㊱北维:北方水位。星与日辰之位皆在北维。韦《注》说:"辰星在须女,日在析木之津,辰在斗柄,故皆在北维。"

㊲颛顼(zhuān xū 专须):古代传说中的五帝之一。相传为黄帝之孙,昌意之子,号高阳氏。帝喾(kù 库):传说中的五帝之一,为黄帝之曾孙,颛顼之族子,号高辛氏,为帝尧之父,周人祀为先祖。《礼记·祭法》:"周人禘喾而郊稷。"

㊳姬氏:周姓。出自天鼋,天鼋为齐的分野,周的太祖母太姜(太王之妃,王季之母),为齐君之逢氏伯陵的孙女,所以周人自称出自天鼋。

㊴建星：星名，属斗宿。牵牛：星名。

㊵姒：亡故的女性祖先。伯陵：太姜之祖，有逢氏伯陵。逢公：伯陵之后，太姜之侄，殷时诸侯，封地在齐。齐地的分野为天鼋，故齐人祀天鼋，逢公死而配食，为天鼋神主，所以说凭依。

㊶辰马：星名，即房星、心星，为东方苍龙所属。心星在苍龙后部，旁为天驷（即房星），驷为马，故房、心星又称辰马。祥：象。农祥，月在房星，合于农祥。

㊷后稷所经纬：稷教民播百谷事农艺，周人奉为农神，所以辰马农祥为后稷治理农事创业的象征。经纬，治理之意。

㊸王：指周武王。五位：岁、月、日、星、辰。三所：逢公所凭依神、周分野所在、后稷所经纬。

㊹自鹑及驷七列：从鹑火到天驷合七宿，即张、翼、轸（为南方朱雀属）、角、亢、氐、房（为东方苍龙属）。

㊺揆（kuí 葵）：测度。南北之揆七同，据《左传·昭公二十年》"七音"孔颖达《疏》："鹑火在午，天鼋在子，斗柄所建，月移一次，是自午至子为南北之揆七同也。揆，度也。度量星之有七同也。"即从周的分野（鹑火）到周之所出（天鼋），是由午到子，即由南到北测为七个星次，即合于七律。

㊻凡：一切，全部。人神：人事天道。

㊼"故以七同其数"三句：据《左传·昭公二十年》杜预《注》言："周武王伐纣，自午及子凡七日，王因此以数合之，以声昭之，故以七同其数，以律和其声。谓之七音也。""七音"即这里的"七律"。

㊽陈：同"阵"，战阵。"王以二月"二句，二月癸亥，为周正二月四日，即武王率师至牧野之日，夜列战阵，未毕而雨，次日甲子阵成，与殷纣王大战于牧野。故《伪古文尚书·武成》说："戊午，师逾孟津。癸亥，陈于商郊，俟天休命。甲子昧爽，受（殷纣王）率其旅若林，会于牧野。"阵未毕而雨，被说成是天地神人协同之应。

㊾上宫：用夷则宫，宫音高，因此称上宫。辰：时辰。以夷则之上宫毕当辰，用夷则律为宫声直到战阵列毕，时辰正好是甲子日。从此句以下到结束，当为周《大武》乐舞曲所表现的内容与所用乐调。可参见《史记·乐书》"宾牟贾问孔子"。

㊿辰：星名，即斗柄。辰在戌上，斗柄指戌，为周正二月。长：使长大。羽：羽翼。《左传·哀公十六年》："翼而长之。"杜《注》："以鸟为喻。"

㉛屏：蔽。

㉜布戎：列战阵。牧野：地名，在商都朝歌近郊。此句所言，即《尚书·牧誓》："王（武王）左仗黄钺，右秉白旄"之时。

㉝厉：《广韵》："烈也，猛也。"六师：六军。周制，天子有六军。

(54)商:商都。文德:文王之德。底(zhǐ 旨):引致,达到。前文言“太蔟赞阳出滞”,此“布令于商”,即武王在商都发号施令,宣扬文王之德,暴纣王之罪,做了不少事,正如《伪古文尚书·武成》列举的“释箕子囚,封比干墓,式商容闾,散鹿台之财,发巨桥之粟”等内容。

(55)三王:指大王、王季、文王。

(56)嬴内(guī ruì 规锐):地名,即妫汭,妫水弯曲的地方,约在今山西永济县南。

(57)乱:治。优柔:宽容。

【今译】

景王将铸造无射大钟,向乐官州鸠问钟律。州鸠回答说:“十二律是用来确立均钟木和测度钟声大小清浊标准的。古时的乐正神瞽考合出中和的声音,量度以后才制作乐器。度量十二律管的长短平和钟的乐音,并由此制定出百事的法则,记载天神、地祇、人鬼三者的活动,用律管确定出六个标准音,阴阳相配成为十二乐律,这正是合乎上天规律的大数。六,是天地之中的正色,所以六律之首命名为黄钟,黄钟律是遍养六气、九功之德的根本。六律由黄钟开始顺次对应奇月。第二律名叫太蔟,大蔟律金声震动帮助阳气升腾,使蛰伏的虫类复甦。第三律名叫姑洗,姑洗律使百物洗濯陈垢,洁净如新,用在宗庙享宴,适合招致神明接纳宾客。第四律名叫蕤宾,蕤宾律用以安静神人,配合宾主应酬交好。第五律名叫夷则,夷则律用以咏颂九功的德行,成就人的心志,使没有二心。第六律名叫无射,无射律用以赞颂前贤的美德,给人民树立效法的准则。确定六吕,在阳律之间,称六间,用以扬弃滞伏之气而驱除不和谐。第一间名叫大吕,帮助宣散物气。第二间名叫夹钟,排出聚合在春夏秋冬四时之间的细微之气。第三间名叫仲吕,宣泄阳气使万物生齐。第四间名叫林钟,审和百事,使诸人速成大功,各敬其职。第五间名叫南吕,赞助阳气,使万物开花结实。第六间名叫应钟,农事顺利收功,使百器具备,遵照礼制,合乎常法。

“六律六吕不变更各自的正声,就不会有妖神厉鬼病虫害出现。细声的调节用钟击节而不用镈,表明是以大应细。大声的调节用镈击节而不用钟,器乐齐奏时连镈也不用,是为了使琴瑟笙箫一类乐器声音能听得清楚。大声明朗细声清楚,这是乐音的和平之道。和平就可以长治久安,长久安稳就纯正,纯正而声音清朗地演奏到曲终,曲终又再奏原乐曲,这就叫用音乐成就政治,所以先王重视音律。"

景王又问:"七律是怎么定出来的?"回答说:"当初武王伐殷纣誓师时,岁星照临在周的分野鹑火,月亮在房星那儿,日头在析木星次靠近天河的地方,三天后日月交会在斗前一度,过孟津在次日辰水星在天鼋星次的位置。辰水星与日头出现的位置、日月交会的地方都在北方的天空。北方是颛顼的发祥地,帝喾继承下来。我姬姓出自天鼋星的位次,分野直到析木星次,中间经建星和牵牛星,就是我们的老祖母太姜的侄子伯陵的后嗣,逢公凭依的神主保佑的地方。岁星所在处,又是我大周的分野。月亮所在的位置,符合以农事开创基业的天象,是我周的始祖后稷治理农业的地方。武王想使这五物和三处吻合而用它合于音律。从鹑火到天鼋有七个星宿。由南到北测度为七个星次即合于七律。一切的人事天道用七这个数字正好吻合,就用定音器律管来调节乐调。数字吻合、乐音和谐,然后正式认可。所以用这个合乎天道人事的数字,用律管和谐乐音,这才有七律的产生。

"武王在周正二月癸亥晚上的牧野列开战阵,未列完天下起雨来。于是就用夷则为宫音表现战阵直到列毕,时辰正好是次日甲子的清晨。斗柄指成是周正二月,所以把夷则律定为上宫,放在开始部分,表示武王得众士羽翼扶助,定这个乐调名为羽,用鸟羽蔽护人象征伐纣得人心拥护。武王又用黄钟为下宫,表现战阵列毕,两军对垒大战牧野的情景,命名这乐章为厉,就是为了激励六军将士。用太蔟为下宫,表现武王挥师进入商都发号施令,昭明文王的大德,揭露殷纣的各种罪行,所以叫做宣,用来宣扬周的三王的德行。回到嬴内,这一章用无射为上宫,表现武王偃武修文,对百姓颁布法令、施舍恩惠、赦免无辜的情景,这一乐章命名叫嬴之治,用来宣扬周室对百姓的宽容爱护。"

# 8. 宾孟见雄鸡自断其尾

【题解】

宾孟看见公鸡自己弄断尾巴,知道它是怕羽毛太美,被人利用去做祭祀时的牺牲。他向景王报告,用这作比方,认为人畜不一样,人就不怕太受宠,不怕羽毛丰满,因为是给自己做牺牲,暗示景王要下定决心立子朝为太子。

【原文】

　　景王既杀下门子①。宾孟适郊②,见雄鸡自断其尾。问之,侍者曰:"惮其牺也③。"遽归告王④,曰:"吾见雄鸡自断其尾,而人曰'惮其牺也',吾以为信畜矣。人牺实难⑤,已牺何害?抑其恶为人用也乎,则可也。人异于是。牺者,实用人也⑥。"王弗应,田于巩⑦,使公卿皆从,将杀单子,未克而崩⑧。

**注释**

　　①下门子:周大夫,王子猛(后立为悼王)的师傅。景王无嫡子,既立子猛,又因悦子朝而欲立,所以先杀子猛之傅下门子。
　　②宾孟:即宾起,子朝之傅。
　　③牺:祭祀用的牺牲(牲畜)。
　　④遽:犹言"疾"。
　　⑤人牺:为人作牺,即给别人做牺牲。
　　⑥用人:即治人。
　　⑦巩:地名,今河南巩县。
　　⑧单子:指单穆公旗。克:能。未克而崩,据《左传·昭公二十二年》:"(景王二十五年)夏四月,王田北山,使公卿皆从,将杀单子、列子。王有心疾,乙丑,崩于荣锜氏。"

【今译】

　　周景王已经杀掉王子猛的师傅下门子。宾孟到郊外去,看见公鸡自己弄断了尾巴。他问为什么,他的从臣说:"这是它害怕做祭祀的牺牲。"宾孟急忙回去报告景王,说:"我看见公鸡自己弄断了尾巴,而人们说'它是害怕自己做牺牲,'我认为牲畜确实是这样的。给人做牺牲确实是很难的,给自己做牺牲又有什么害处?或者它是厌恶被人利用才自断其尾,这说得过去。人和鸡就不一样。牺牲,是被人利用,但人给自己做牺牲实际上可以治人啊!"景王不便回答,到巩地去打猎,让公卿们都跟去,准备杀掉单子,没能达到目的就驾崩了。

# 9. 刘文公与苌弘欲城周

【题解】

周敬王时,大夫刘文公与苌弘想扩建成周城,以便迁都。卫国大夫彪傒则认为衰败的周室已经得不到上天的支持,苌、刘所为是违逆了天意,主张听天由命,否则必遭天祸。这种说法虽然不可取,但他看出周室已经是从内部坏掉,而仅只外部修补是挽回不了败局的。

【原文】

敬王十年①,刘文公与苌弘欲城周②,为之告晋。魏献子为政③,说苌弘而与之。将合诸侯。

卫彪傒适周④,闻之,见单穆公曰:"苌、刘其不殁乎?《周诗》有之曰⑤:'天之所支,不可坏也。其所坏,亦不可支也。'昔武王克殷,而作此诗也,以为饫歌,名之曰'支',以遗后之人,使永监焉⑥。夫礼之立成者为饫,昭明大节而已,少典与焉⑦。是以为之日惕,其欲教民戒也。然则夫'支'之所道者,必尽知天地之为也。不然,不足以遗后之人。今苌、刘欲支天之所坏,不亦难乎?自幽王而天夺之明,使迷乱弃德,而即慆淫,以亡其百姓,其坏之也久矣。而又将补之,殆不可矣!水火之所犯,犹不可救,而况天乎?谚曰:'从善如登,从恶如崩。'昔孔甲乱夏,四世而殒⑧;玄王勤商,十有四世而兴⑨。帝甲乱之,七世而陨⑩。后稷勤周,十有五世而兴⑪。幽王乱之,十有四世矣⑫。守府之谓多,胡可兴也⑬?夫周,高山、广川、大薮也,故能生是良材,而幽王荡以为魁陵、粪土、沟渎,其有浚乎⑭?"

单子曰:"其咎孰多?"曰:"苌叔必速及,将天以道补者也⑮。夫天道导可而省否,苌叔反是,以诳刘子,必有三殃:违天,一也;反道,二也;诳人,三也。周若无咎,苌叔必为戮⑯。虽晋魏子亦将及焉。若得天福,其当身乎?若刘氏,则必子孙实有祸。夫子而弃常法,以从其私欲,用巧变以崇天灾⑰,勤百姓以为己名,其殃大矣。"

是岁也⑱,魏献子合诸侯之大夫于狄泉⑲,遂田于大陆⑳,焚而死。及范、中行之难,苌弘与之,晋人以为讨。二十八年,杀苌弘㉑。及定王,刘氏亡②。

### 注释

①敬王:周敬王(公元前519—公元前476年在位),悼王猛之弟,名匄(gài丐)。周敬王十年为鲁昭公三十二年(公元前510年)。

②刘文公:周大夫,刘挚(献公)之子,名卷,又称伯蚡(fén汾)。苌弘:周大夫,字叔。城周:增筑成周城。周室自景王崩后即大乱。单子、刘子拥立子猛为悼王,未一年而卒,又立敬王。王子朝作乱近十年,曾入主王城(在瀍水西),周人称西王,后晋国出兵干预,敬王入成周(在瀍水东),子朝奔楚,余党多在王城,敬王畏惧,于是发书请求晋国作主会集诸侯增筑成周城准备迁都,刘文公与苌弘是周王卿士中积极主张筑城的。参见《左传·昭公三十二年·定公元年》。

③魏献子:魏绛之子,名舒,时为晋正卿。

④彪傒:卫国大夫。

⑤周诗:以下所引诗,《诗三百》无。韦《注》言:"鈇(yù玉)时所歌也。"

⑥监:观。

⑦节:体。与:类。

⑧孔甲:夏禹后十四世帝王,据《史记·夏本纪》言:"帝孔甲立,好方鬼神,事淫乱。夏后氏德衰,诸侯畔之。"乱夏:乱夏禹之法。四世而殒:孔甲至桀为四世,夏亡。

⑨元王:殷人的祖先契,其母简狄吞玄鸟卵而孕生契,故称契为元(玄)王。参见《史记·殷本纪》。勤:勤身修德以兴商。十有四世而兴:自契至汤十四世而商有天下。

⑩帝甲:汤后二十五世帝王。《史记·殷本纪》言"帝甲淫乱,殷复衰。"七世而殒:自帝甲到纣七世而殷亡。

⑪后稷勤周十有五世而兴:自后稷至文王十五世而周有天下。

⑫幽王:文王后十三世帝王,名宫涅。史称幽王宠褒姒,近奸佞,即位十一年被犬戎杀于骊山下,西周亡。参见《史记·周本纪》。十有四世:自幽王至敬王十四世。

⑬府:府藏,借指宗庙社稷。守府之谓多,意思是保住宗庙社稷已经是上天格外多赐福了。

⑭荡:败坏,毁坏。魁陵:小土丘。悛(quān圈):止。

⑮将天以道补:想用天道补人事。

⑯周若无咎苌叔必为戮:以上卫彪傒论苌弘违天城成周,必有大咎,《左传·定公元年》记为晋女叔宽之言,与此略异。

⑰巧变:不诚实的机变,指刘卷见周灭于西都(镐京),平王东迁东都王城(洛

邑)又获久长,所以想城成周而再迁都的意图。

⑱是岁:指周敬王十一年(公元前509年)。

⑲狄泉:水名,又写作翟泉,在今河南洛阳市故洛阳城中。王子朝之乱,敬王曾避居于此。

⑳大陆:晋地名,在今河南获嘉县西北。

㉑"及范、中行之难"数句:周敬王二十三年(公元前479年),晋卿荀寅(中行寅)、吉于射(范吉射)作乱,而刘氏与范氏世为婚姻,苌弘事刘文公,所以周王室亲近范氏。敬王二十八年,晋卿赵鞅因此讨伐,六月十一日,敬王杀苌弘。事见《左传·哀公三年》。

㉒定王:当为贞定王。刘氏:指刘文公的子孙。

## 【今译】

周敬王十年,刘文公与苌弘想增筑成周城,为这事派人报告晋国。晋国当时是魏献子执政,他喜欢苌弘而同意这个要求,将要会合诸侯商量增筑成周城的事。

卫大夫彪傒到成周,听到这事,会见单穆公说:"苌叔、刘子大概会不得好死吧?周的诗歌上有这样的话:'上天所要支持的,不可以毁坏;上天所要毁坏的,也不可以支持。'当初武王打败殷纣王后,作了这首诗,用作行饫礼时唱的歌,命名叫《支》,用来传留给后世的人,使永远作借鉴。礼制规定站立不坐而成礼叫饫礼,只是表明大体而已,所以这诗乐章少、礼节简便。这用来使人天天警惕自己,并就此教育人知道戒惧。那这首《支》诗里所说的人,必定是完全知道天地的所为的。不然,这诗就不足以传留给后人了。现在苌叔、刘子想支持上天所要毁坏的,岂不是很难吗?周室自幽王以来,上天就夺去了光明的前途,使历代帝王迷惑昏乱抛弃好的德行,而过度享乐荒淫,逐渐失掉百姓,它的毁坏已经是由来已久了。而现在苌叔、刘子打算补救它,这是近于做不到的啊!水火要危害的,还不可能救得过来,何况是天要毁坏的呢?谚语说:'学行善像登山一样难,学作恶像山崩一样易。'当初孔甲败坏夏禹的法度,传四世就亡国;殷契勤身修德开创商的基业,经历十四世到汤才达到兴盛。帝甲败坏商汤的法度,传七世就亡国。后稷勤身修德开创周的基业,经历十五世到文王才达到兴盛;幽王败坏文王的法度,到今十四世了。能够保住宗庙社稷就已经是上天多多赐福了,怎么还可能使它兴盛呢?周朝就好比高山、大河、大海一样,所以能产生出这么多优秀的人才,而幽王已经把它败坏成小丘、粪土、溪沟,还能止得住崩溃吗?"

单穆公问:"他们二人谁的灾祸更大?"回答说:"苌叔受到的灾祸必定很快就到,因为他打算用天道补偿人事的不足啊。天道一向是支持可行的而排斥不可行的,苌叔违反了这个,并用这迷惑刘子,必定有三重灾祸:违反天意,这是一;想用天道补人事,这是二;迷惑刘子,这是三。周室即使没有祸患,苌叔也肯定会遭到杀戮。就是晋国的魏子也将跟着遭祸。如果托天之福,灾祸可以仅由自身承担吧?至于刘氏,就一定连子孙也肯定有祸。他们抛弃正常的法度,增筑成周顺从私人的欲望,想学平王迁都的办法来加重天灾,劳苦百姓来树立自己的功德,这灾祸就大了。"

这一年,魏献子在狄泉会集诸侯国的大夫计议增筑成周城的事之后,就去晋地大陆打猎,放火驱赶猎物而死在半途。到晋国发生范氏、中行叛乱的事,苌弘受到牵连,晋人为此讨伐周室,敬王二十八年,杀掉苌弘。到贞定王时,刘文公家也败亡了。

# 卷四　鲁语上

## 1. 曹刿问战

【题解】

长勺之战是历史上一次以弱胜强的著名战例。当时鲁是小国,齐是大国,鲁弱齐强,战争的结果却是鲁胜齐败。本文记的就是这次战役前鲁人曹刿与鲁庄公的一段对话,通过对战争胜败因素的分析,说明民心向背是决定战争胜负的主要条件,要想取得民心,必须寻求治好国家的根本,对民众普遍布施恩德,取信于民。

【原文】

长勺之役①,曹刿问所以战于庄公②。公曰:"余不爱衣食于民,不爱牲玉于神③。"对曰:"夫惠本而后民归之志④,民和而后神降之福。若布德于民而平均其政事,君子务治而小人务力;动不违时,财不过用⑤;财用不匮,莫不共祀⑥。是以用民无不听,求福无不丰。今将惠以小赐,祀以独恭。小赐不咸⑦,独恭不优。不咸,民不归也;不优,神弗福也。将何以战?夫民求不匮于财,而神求优裕于享者也,故不可以不本。"公曰:"余听狱虽不能察⑧,必以情断之⑨。"对曰:"是则可矣。知夫苟中心图民⑩,智虽弗及,必将至焉。"

【注释】

①长勺:鲁地。长勺之役为齐鲁之间的一场战争,齐襄公荒淫乱政,鲍叔牙奉

公子小白奔莒。鲁庄公八年(公元前686年),齐国公孙无知杀襄公,管夷吾、召忽奉公子纠奔鲁。九年夏,庄公伐齐,纳子纠。小白自莒先入,即位为齐桓公,与鲁庄公战于乾(gān 干)时(齐地),庄公败。故庄公十年(公元前684年),齐伐鲁,战于长勺,这就是历史上有名的以弱胜强的鲁齐长勺之战。

②曹刿(guì 贵):鲁国人。《史记·刺客列传》作"曹沫"。他后来为鲁国大夫,曾随鲁庄公在柯地(齐邑名)与齐桓公会盟,用匕首胁迫齐桓公把侵占的鲁地归还鲁国。庄公:鲁庄公(公元前693—公元前662年在位),姓姬名同,鲁桓公之子。

③爱:吝惜。牲玉:牺牲玉帛,指祭祀用的东西,即猪牛羊和珪璧之类。"不爱衣食于民,不爱牲玉于神",与《左传·庄公十年》上的"衣食所安弗敢专也"、"牺牲玉帛弗敢加也"意思正相同。

④惠本:从根本上施恩惠。本,指民。

⑤财不过用:公序本作"器不过用。"

⑥莫不共祀:原本作"莫不能使共祀",从公序本删。此句意为,不独自己有财用供给祭祀,百姓也有。

⑦咸:周遍。

⑧狱:指诉讼案件。

⑨情:情理。

⑩图民:谋虑民事。此句公序本无"知"字。

【今译】

在长勺那次战争前,曹刿问鲁庄公凭什么条件与齐国作战。庄公说:"我对百姓施恩惠从不吝惜衣食,祭祀神明从不吝惜牺牲玉帛。"回答说:"从根本上施恩惠,然后百姓才会心里悦服。老百姓安宁,然后鬼神才会降福。假如能对民众普遍布施恩德并且公平处理国家的政事,让君子致力于治理,小人致力于劳作;行动不违背农时,财用不超过礼制;国家财用不匮乏,使上下都能有丰裕的祭品祭祀。这样,使用民力没有不听从的,祈求福禄没有不丰厚的。现在施的恩惠是小恩小惠,祭祀也只是自身恭敬。小恩小惠不可能普及民众,祭祀独自恭敬也不是国家上下都优裕。施恩不普遍,民众不会归心;祭祀不优裕,鬼神不会降福。那凭什么条件打赢这一场战争?民众追求的是财用不匮乏,鬼神希望祭祀者民和年丰,所以不可以不寻求治理好国家的根本。"庄公说:"我审理诉讼案件虽然不敢说都一一明察,但必定处理得合情合理。"曹刿说:"这就有条件打赢这一仗了。假如内心是在谋虑民事,才智虽然还跟不上,但必定迟早会达到的。"

## 2. 曹刿谏庄公如齐观社

【题解】

鲁庄公要去齐国观看社祭,曹刿极力劝阻,认为违背了礼法,不能训导百姓,而且"君举必书",记载下来却不合礼法,无法向后人交待。但把社祭看作节日游观的鲁庄公不听,还是去了齐国。

【原文】

庄公如齐观社①。曹刿谏曰:"不可。夫礼,所以正民也。是故先王制诸侯,使五年四王、一相朝②。终则讲于会,以正班爵之义③,帅长幼之序,训上下之则,制财用之节,其间无由荒怠。夫齐弃太公之法而观民于社④,君为是举而往观之,非故业也,何以训民?土发而社⑤,助时也。收攟而蒸,纳要也⑥。今齐社而往观旅,非先王之训也。天子祀上帝,诸侯会之受命焉。诸侯祀先王、先公,卿大夫佐之受事焉。臣不闻诸侯相会祀也,祀又不法。君举必书,书而不法,后嗣何观?"公不听,遂如齐。

【注释】

①社:本指社神,这里指祭祀社神。杨伯峻《春秋左传注·庄公二十三年》说:"《墨子·明鬼篇》云:'燕之有祖,当齐之有社、宋之有桑林、楚之有云梦也,此男女之所属而观也。'则齐之社如宋之桑林,所以聚男女而相游观者也。"可见是借祭社神而娱民的节日活动。

②王:用王礼事奉天子。四王,四次派人朝聘天子。相朝:诸侯之间互相聘问。

③终:朝毕。讲:讲习。班爵:排列爵位尊卑的等级。义:通"仪",仪式。

④太公:齐的始祖姜太公,名望。

⑤土发:地气蒸腾。古时有春社、秋社,都是农民祭社祈年的节日,这里指春社,在每年立春后第五个戊日,即春分前后,此时"土发"。

⑥攟(jùn 郡):拾取。蒸:同"烝",祭祀的通称。《礼记·祭统》:"秋祭曰尝,冬祭曰烝。"烝尝用来泛指祭祀。纳要:收藏(五谷),结束(农功)。

【今译】

　　庄公要去齐国观看祭祀社神。曹刿谏阻说："不可。礼,是用来教正百姓的。所以先王制定有关诸侯的礼仪,规定诸侯五年中朝聘天子四次、互相聘问一次。朝觐天子典礼完毕诸侯会见时讲习礼仪,来纠正爵位排列的仪式,遵循长幼之间的次序,训示上下之间的法则,制定财赋的标准,使朝会之间不致于荒疏礼仪。齐国不遵从太公望制定的礼法,而在祭祀神明时使百姓游观,您又为这种活动亲自前去观看,这不符合先王制定的礼制,君主如此,将怎样训导百姓?地气蒸腾的每年春天祭祀社神,这是为了有助于农事。收获庄稼后的秋天祭祀社神,这是为了收藏五谷结束农功。现在齐国祭祀社神您去观看众百姓聚游,不符合先王的训诫。天子祭祀上帝,诸侯助祭后接受政命。诸侯祭祀先王、先公,卿大夫助祭后接受职事。我没听说过诸侯相会聚观看祭祀的,何况这种祭祀又不合礼法。国君的一言一行都必定要记载在史册上,记载下来却不合先王的礼法,叫后人怎么看?"庄公不听,还是去了齐国。

## 3. 匠师庆谏庄公丹楹刻桷

【题解】

　　鲁庄公要美化雕饰祖庙,匠师庆劝阻,认为应发扬先君节俭的美德,而不应奢侈。

【原文】

　　庄公丹桓宫之楹,而刻其桷①。匠师庆言于公曰②:"臣闻圣王公之先封者③,遗后之人法,使无陷于恶。其为后世昭前之令闻也,使长监于世,故能摄固不解以久④。今先君俭而君侈,令德替矣⑤。"公曰:"吾属欲美之⑥。"对曰:"无益于君,而替前之令德,臣故曰庶可已矣⑦。"公弗听。

注释

①桓宫:供祀鲁庄公之父桓公灵位的庙。楹(yíng盈):房屋的柱子。丹楹,用

朱色漆漆柱子。桷(jué决):房屋的椽子。

②匠师庆:匠师即掌管工匠的大夫,庆是他的名。

③圣王公:贤德的王、公,如商汤、文、武、周公、太公望等。

④摄:持。解:同"懈"。

⑤替:废灭,抹杀。

⑥属:等,辈。

⑦已:止。

【今译】

鲁庄公让人把桓公庙的柱漆成红色,并且在方形椽子上雕刻花纹。匠师庆对庄公说:"我听说前代贤德的始创基业的君主,传留给后人的法则,是使后人不陷于邪恶之中。是为让后世光大前人的美名,使他们能长久观察世事成败引以为鉴戒,所以能坚持不懈直到永久。现在看来先君节俭而您奢侈,美德已经被废弃了。"庄公说:"我们作后人的只不过想使先君的庙美些。"回答说:"对君主无益,而且又废弃了前人的美德,臣所以才说,大概可以停止这样做了。"庄公不听从。

# 4. 夏父展谏宗妇觌哀姜用币

【题解】

鲁庄公让大夫、同宗大夫的夫人进见哀姜时,贽礼都用玉帛,宗伯夏父展劝阻,认为按礼法规定,贽礼应男女有别,而男女之别是国家的大礼节,千万不可忽视。

【原文】

哀姜至①,公使大夫、宗妇觌用币②。宗人夏父展曰③:"非故也。"公曰:"君作故。"对曰:"君作而顺则故之,逆则亦书其逆也。臣从有司④,惧逆之书于后也,故不敢不告。夫妇贽不过枣、栗,以告虔也⑤。男则玉、帛禽、鸟,以章物也⑥。今妇执币,是男女无别也。男女之别,国之大节也,不可无也。"公弗听。

【注释】

①哀姜：齐襄公之幼女，为庄公嫡夫人，后因与庆父私通，庄公死后，又参与谋乱，杀死庄公之子般及闵公启，被齐桓公设计令自缢死，谥号"哀"，故称哀姜。

②宗妇：指同姓大夫的夫人。觌（dí 狄）：进见。币：本为币，即缯帛，古时相见时所拿的礼物，又称"贽币"，详见《周语上》13 注㉒。

③宗人：宗伯，夏父展是他的名氏。宗伯主管男女贽币之礼。

④从有司：自谦之词，即担任了有司。有司，官吏。

⑤贽（zhì 至）：古代初次求见时，必手执礼物表示诚敬，所执礼物称贽，这礼节称贽礼。《礼记·曲礼》："妇人之贽，脯、脩、枣、栗。"以告虔：用来表示诚敬。

⑥"男则"二句：《左传·庄公二十四年》杜《注》："公侯伯子男执玉，诸侯世子、附庸、孤卿执帛。"以章物，以所执物类的不同来显示贵贱等级区别。

【今译】

夫人哀姜来到，鲁庄公让大夫、同姓大夫的夫人与哀姜相见，进见时用玉帛为见面礼。宗伯夏父展说："这是不符合制度的。"庄公说："君主的举动就是制度。"回答说："君主的举动遵循了礼法就是制度，违背礼法记载在史策上，也写违背。我的职务是随从着主持仪式的官行礼，害怕这种违背礼制的作法记载下来给后人看，所以不敢不禀告。按礼法规定，妇人进见的礼物不过是枣子、栗子，用它来表示诚敬。男人进见的礼物是玉帛、禽鸟之类，用执物来显示贵贱等级。现在同姓大夫的夫人进见也用玉帛作礼物，这是男女没有区别了。男女的区别，是国家的大礼节，是不可以忽视的。"庄公不听从。

# 5. 臧文仲如齐告籴

【题解】

鲁国发生饥荒，鲁卿臧文仲忧急国家的危难，体恤百姓的疾苦，主动请求到齐国去买粮救荒。由于他巧妙而委婉的辞令，终于顺利地完成了任务。

文章通过三段对话，塑造了一个忠勤国事、体恤民患、不避艰难的古代贤臣形象。

【原文】

鲁饥①,臧文仲言于庄公曰②:"夫为四邻之援,结诸侯之信,重之以婚姻,申之以盟誓,固国之艰急是为③。铸名器,藏宝财④,固民之殄病是待⑤。今国病矣,君盍以名器请籴于齐⑥!"公曰:"谁使?"对曰:"国有饥馑,卿出告籴,古之制也。辰也备卿,辰请如齐。"公使往。

从者曰:"君不命吾子,吾子请之,其为选事乎⑦?"文仲曰:"贤者急病而让夷⑧,居官者当事不避难,在位者恤民之患,是以国家无违。今我不如齐,非急病也。在上不恤下,居官而惰,非事君也。"

文仲以鬯圭与玉磬如齐告籴⑨,曰:"天灾流行,戾于弊邑⑩,饥馑荐降⑪,民羸几卒,大惧乏周公、太公之命祀⑫,职贡业事之不共而获戾⑬。不腆先君之币器⑭,敢告滞积,以纾执事⑮;以救弊邑,使能共职。岂唯寡君与二三臣实受君赐,其周公、太公及百辟神祇实永飨而赖之⑯!"齐人归其玉而予之籴。

### 注释

①鲁饥:发生在鲁庄公二十八年。
②臧文仲:即臧孙辰,臧孙是复姓,鲁国的卿。
③国之艰急是为:为国家解救急难。
④名器:指贵的器物,如钟鼎之类。宝财:指玉帛之类价值昂贵的财宝。
⑤殄(tiǎn 舔):断绝。病:指饥饿困乏。
⑥籴(dí 敌):买粮食。
⑦选事:自选职事。
⑧夷:平,指平时。
⑨鬯(chàng 畅)圭:祼(guàn 灌)鬯之圭,长尺二寸,有瓒(zàn 赞,盛灌鬯酒的勺),古代礼器。祼鬯,详见《周语上》6 注㉚。
⑩戾:至。
⑪荐:连年灾荒庄稼无收成。《尔雅·释言》:"荐,再也。"《释天》:"谷不熟为饥,仍饥为荐。"
⑫"乏":公序本作"殄"。命祀:天子所命祭祀。韦《注》说:"贾(逵)唐(固)二君云:'周公为太宰,太公为太师,皆掌命诸侯之国所当祀也。'"周公,鲁国始祖。太公,齐国始祖。
⑬戾:罪。
⑭腆:丰厚。币:公序本作"弊"。

⑮滞积:这里指粮食仓里积存已久的粮食。纾:缓解。执事:这里指齐国的主管官员。

⑯辟:君。百辟,指诸侯,生前为公侯,死后为贵神。

【今译】

鲁国发生饥荒,臧文仲禀告庄公说:"与四邻国家的互相支援,有诸侯之间结交的信诺,加上世代婚姻的关系,再加上用盟誓明确两国的友好,原本就是为了国家一旦出现急难而做的准备。铸造名贵的钟鼎,库藏珍贵的玉帛,原本就是为了百姓在饥荒年头生路断绝而做的准备。现今我国灾荒严重了,君主何不用名贵的器物去向齐国请求购买粮食?"庄公说:"派谁去好?"回答说:"国家有饥馑,由卿大夫出使邻国请求购买粮食,这是古代的制度。臣臧孙辰的职位是卿,我请求出使齐国。"庄公于是派臧文仲去齐国。

随从说:"君主没有任命您,您主动请求任命,这岂不是自己选择职事吗?"臧文仲说:"有德的人急国家的危难而平时谦让,居官的人临事不回避困难,有地位的人体惜民众的苦难,这才能使国家内部上下不出现怨恨。现在我不出使齐国,不是急国家的危难。我处在上位不怜惜民众,做着朝廷的官却懒惰,不是事奉君主的道理。"

臧文仲带着玉瑍圭和玉磬到齐国请求购买粮食,说:"天灾流行,降临到我们鲁国,连年严重的饥荒庄稼无收成,百姓饿死得差不多了,非常害怕天子命令的周公、太公的祭祀缺乏,规定进献的贡品、职官的需求供不上而获罪。我献上我们先君不丰厚的礼器,不敢来请求购买你们储存很久的粮食,使贵国粮仓的主管官员减轻一点负担;用来拯救我国的饥荒,使我们能正常工作。那样,不但寡君与我们做臣下的感激您的恩赐,就是周公、太公及鲁的列祖列宗天神地祇都可以长久享受祭祀而托您的福。"齐国人退还他玉器而送给粮食。

# 6. 展禽使乙喜以膏沐犒师

【题解】

齐强鲁弱,齐国总是想侵凌鲁国。鲁僖公二十六年,鲁国与莒国、卫国订立盟约,以霸主身份自居的齐孝公不放过这机会,兴兵讨伐鲁国。兵临城下,国势十分危急,展禽让乙喜去犒劳齐师,一席外交辞令,大义凛然而又委婉动听。终于不用贿赂就说退了齐军。

【原文】

齐孝公来伐鲁①,臧文仲欲以辞告,②病焉,问于展禽③。对曰:"获闻之,处大教小,处小事大,所以御乱也,不闻以辞。若为小而崇,以怒大国,使加已乱,乱在前矣,辞其何益?"文仲曰:"国急矣!百物唯其可者,将无不趋也。愿以子之辞行赂焉④,其可赂乎⑤?"

展禽使乙喜以膏沐犒师⑥,曰:"寡君不佞⑦,不能事疆场之司,使君盛怒,以暴露于弊邑之野,敢犒舆师⑧。"齐侯见使者曰:"鲁国恐乎?"对曰:"小人恐矣,君子则否。"公曰:"室如悬罄,野无青草,何恃而不恐?"对曰:"恃二先君之所职业⑨。昔者成王命我先君周公及齐先君太公曰:'女股肱周室,以夹辅先王⑩。赐女土地,质之以牺牲⑪,世世子孙无相害也。'君今来讨敝邑之罪,其亦使听从而释之,必不泯其社稷⑫;岂其贪壤地,而弃先王之命?其何以镇抚诸侯?恃此以不恐。"齐侯乃许为平而还⑬。

### 注释

①齐孝公(公元前642—公元前631年在位):名昭,齐桓公之子。齐孝公伐鲁为鲁僖公二十六年。
②欲以辞告:准备用文辞对付齐国。
③展禽:名获,字禽,《庄子·盗跖》及《战国策》称为"柳下季",食邑柳下,据《列女传》,其妻私谥以"惠",故亦称柳下惠。
④行赂:达到贿赂的目的。
⑤此句公序本无"赂"字"。
⑥乙喜:即展喜,鲁国大夫。膏:脂。沐:甘浆之类。
⑦佞:才。
⑧舆:众。弊:当做"敝"。
⑨二先君:指鲁先君周公与齐先君太公。
⑩股:大腿。肱(gōng 工):胳膊由肘到肩的部分。股肱,比喻得力的助手,即辅佐的意思。夹辅:在左右辅佐。先王:周武王。
⑪质:信。

⑫泯:灭。
⑬平:讲和。

【今译】
　　齐孝公来征伐鲁国,臧文仲打算用文辞去对付齐国,措辞感到为难,去向展禽求教。回答说:"获听说,身居高位的教导地位低的,地位低的事奉地位高的,这才能制止内忧外患,没有听说用文辞去对付敌人的。假如小国自高自大并触怒了大国,更增加自己的罪过,罪在事前,用文辞有什么好处?"臧文仲说:"国家危急了!百物凡是可以抵御外敌进攻的,没有不可以拿来用的。希望用先生的文辞去达到贿赂的目的,大概可以起作用吧?"
　　展禽让乙喜用酒食去犒劳齐国军队,说:"寡君不才,没有事奉好您边境上的官吏,使齐君生气,连累贵国的军队露宿在我们国都的郊外,我请求犒劳众位将士。"齐侯会见使者说:"你们鲁国人害怕吗?"回答说:"小人害怕了,君子不害怕。"齐侯说:"你们的库存空虚得像挂着的磬,田野里连青草都没有,靠着什么不害怕呢?"回答说:"靠着二先君接受的职事。从前成王命令我鲁国的先君周公与齐国的先君太公说:'你们一同扶助周室,左右辅助武王。赏赐给你们土地,用牺牲签订盟约使相互信守,你们世世代代的子孙不要互相伤害。'您现在来讨伐敝邑的罪过,大概也是为了使我国听从成王的遗训而好好安置我们,一定不会灭亡我国;哪里会为了贪图我们的国土,而背弃先王的命令呢?那怎么能镇摄安抚诸侯呢?我们鲁国靠这个不害怕。"齐侯于是答应讲和而班师回国。

# 7. 臧文仲说僖公请免卫成公

【题解】
　　臧文仲是个忠于国家、正直无私的卿大夫,本文写他能看准时机,劝说鲁僖公救助卫成公免罪,收到晋国、卫国都和鲁国交好的效果,而自己又能坚持原则。

【原文】

温之会,晋人执卫成公归之于周①,使医鸩之,不死,医亦不诛②。

臧文仲言于僖公曰③:"夫卫君殆无罪矣。刑五而已,无有隐者④,隐乃讳也。大刑用甲兵⑤,其次用斧钺⑥,中刑用刀锯⑦,其次用钻笮⑧,薄刑用鞭扑⑨,以威民也。故大者陈之原野,小者致之市朝⑩,五刑三次,是无隐也⑪。今晋人鸩卫侯不死,亦不讨其使者⑫,讳而恶杀之也⑬。有诸侯之请,必免之。臣闻之:班相恤也,故能有亲。夫诸侯之患,诸侯恤之,所以训民也。君盍请卫君以示亲于诸侯,且以动晋?夫晋新得诸侯⑭,使亦曰:'鲁不弃其亲,其亦不可以恶。'"公说,行玉二十瑴,乃免卫侯⑮。

自是晋聘于鲁,加于诸侯一等,爵同⑯,厚其好货。卫侯闻其臧文仲之为也,使纳赂焉。辞曰:"外臣之言不越境,不敢及君。"

### 注释

①"温之会"二句:见《周语中》4 注①。

②鸩(zhèn 振):同"酖"。传说鸩是一种毒鸟,把它的羽毛浸在酒里可以毒杀人。《左传·僖公三十年》云:"晋侯使医衍酖卫侯。宁俞货医,使薄其鸩,不死。公为之请,纳玉于王与晋侯,皆十瑴,王许之。秋,乃释卫侯。"

③僖公:鲁僖公(公元前 659—公元前 627 年在位),名申,庄公之子,闵公之弟。

④隐:这里指用私刑,比如鸩毒之类。

⑤甲兵:披甲陈兵(诛杀逆臣)。

⑥斧钺:指军阵前用斧钺执行斩首。

⑦刀锯:指割刑(即宫刑)与刖(yuè 月,断足)刑。

⑧钻笮(zuó 作):同"钻凿",用钻凿刻面并用墨涅之,即黥(qíng 情)刑、墨刑。

⑨鞭扑:皮鞭与戒尺,为轻刑的两种刑具名,故韦《注》说:"鞭,官刑也;扑,教刑也。"

⑩市朝:街市与朝堂上。凡死刑,大夫以上陈尸于朝,士以下陈尸于市。

⑪五刑:指以上列举的五种刑罚。三次:三处,即原野、朝堂、街市。隐:私。

⑫使者:指派的医生衍。

⑬讳:忌讳,此有"隐瞒"之意。

⑭晋新得诸侯:指晋文公新近才称霸于诸侯。

⑮瑴(jué 绝):同"珏",两玉相合。行玉二十瑴,据《左传·僖公三十年》:"公为之请,纳玉于王与晋侯,皆十瑴。"

⑯爵同:指爵位与鲁同等的诸侯国。

**【今译】**
　　诸侯在温地会盟,晋文公派人拘捕了卫成公,把他囚禁在周王城,派医生用鸩酒想毒死卫成公,没有死,医生也没被晋侯杀掉。
　　臧文仲对僖公说:"卫君大概是无罪的。刑法不过有五种,没有私下毒杀的,私刑就有所忌讳。重刑用甲兵诛杀,其次用斧钺斩首,中刑用刀锯执行宫刑或断肢,其次用钻笮刺字涅墨,轻刑用鞭扑体罚惩戒,是为了对人有威慑作用。所以行刑后罪恶大的把尸体丢弃在原野,罪恶小的把尸体陈放在朝堂或大街上示众,五种刑法三个地方,这是表明没用私刑。现在晋人毒杀卫侯不死,又不追究执行者,是有忌讳而且害怕担上擅杀诸侯的名声。假如有诸侯为卫侯求情,必定可以得到赦免。我听说:地位相等的要互相顾惜,所以能亲近该亲近的。诸侯的忧患,诸侯互相同情,这可以教育百姓互相顾惜。您何不为卫侯求情用来向诸侯表示亲近,并且让晋侯动心呢?晋国新近任命为诸侯之长,假使也这么想:'鲁国不背弃该亲近的,我们也不可以与鲁国关系恶化。'"僖公很高兴,共献上二十对玉给周天子和晋侯,于是卫侯得免罪归国。
　　从那以后,晋国聘问鲁国,礼仪上比其他诸侯的规格高一等,爵位与鲁国相同的诸侯国就加厚馈赠的礼物。卫侯听说自己获释是臧文仲的建议,派人向他送厚礼。臧文仲谢绝说:"外臣的话不能越过国境,不敢与卫君攀交情。"

# 8. 臧文仲请赏重馆人

**【题解】**
　　晋文公分割曹国的土地给诸侯,鲁国使臣臧文仲由于听了重馆人的话,抢先到达晋国,分到的土地比别国多。他回国复命,向僖公请求赏赐重馆人,馆人因而得以出贱役、封爵位。
　　重馆人身处贱役,却能关心国家利益;臧文仲不抹杀别人的功劳,主张赏罚无贵贱:二者都值得赞扬。

## 【原文】

晋文公解曹地以分诸侯①。僖公使臧文仲往,宿于重馆②。重馆人告曰③:"晋始伯而欲固诸侯,故解有罪之地以分诸侯④。诸侯莫不望分而欲亲晋,皆将争先;晋不以固班⑤,亦必亲先者,吾子不可以不速行。鲁之班长而又先⑥,诸侯其谁望之?若少安,恐无及也。"

从之,获地于诸侯为多。反。既复命,为之请曰:"地之多也,重馆人之力也。臣闻之曰:'善有章⑦,虽贱,赏也;恶有衅⑧,虽贵,罚也。'今一言而辟境⑨,其章大矣,请赏之。"乃出而爵之⑩。

## 注释

①解:分割。晋文公解曹地以分诸侯,晋文公于周襄王十六年得秦穆公用武力护送即位后,讨伐那些在他流亡期间对他不敬的诸侯,如郑、卫、曹等,《春秋·经二十八年》:"三月丙午,晋侯入曹,执曹伯,畀宋人(以田给宋人)。"可见晋文公从那时就开始分割曹国的土地给诸侯。

②重(zhòng 仲):鲁国地名,在今山东鱼台县西。

③馆人:看守宾馆的仆役。

④有罪之地:指曹国。晋文公为公子时,遭骊姬之乱,出亡十九年,中经曹国,曹共公对他不礼貌,趁洗澡时看他的骈胁(肋骨连成一片),文公即位后讨伐曹国。

⑤班:次,指爵位班次相等。

⑥长:这里意思是尊贵。

⑦章:彰明,表现。

⑧衅(xìn 信):迹兆,事端。

⑨辟境:扩大疆土。

⑩出:出隶籍。爵:这里指赏赐给爵位。

## 【今译】

晋文公分割曹国的土地给诸侯各国。僖公派臧文仲前往晋国,住在重地的宾馆里。重地宾馆的人告诉他说:"晋国新近任为诸侯之长,必定想安定诸侯各国,所以分割有罪国的土地给诸侯。诸侯没有不巴望分到土地因而更想亲近晋国的,都想抢先去。晋国如果不按诸侯国原先的位次,也必定亲近那先到的,您先生不可以不快点去。鲁在诸侯各国位次最尊贵而您又先到,诸侯谁还敢希望与鲁国比?假如您稍懈怠,恐怕不赶趟了。"

臧文仲听从他的话,分到的土地比其他诸侯多。回国后,向僖公报告完成使命后,又为重地宾馆的人请求说:"分得土地多,是重地宾馆那个人的功劳。臣下听说:'善行只要有表现,哪怕是地位低贱的,也该赏赐;恶行已经露出征兆,地位虽然高贵,也要惩罚。'现在重馆人一句话就使我们的国土增大,这表现够明显的,请君主赏赐他。"僖公于是给他解除隶役的贱籍,赏给他一个爵位。

## 9. 展禽论祭爰居非政之宜

【题解】

执政卿臧文仲让国人去祭祀海鸟"爰居",展禽对此提出批评。他认为祭祀是国家的重要典礼,不可随便增加;并引证了古代圣王制定祭祀的五条原则,只有为人民建立功劳的人以及有益于人民的自然物才属于祭祀之列;主张执政者应该"仁者讲功,智者处物",反对"浮祀"。最后展禽推测海鸟停集多天的原因,认为是一种物候预报。臧文仲在事理面前承认错误,还郑重地写入简册,引为鉴戒。

从这则史事中,可以了解中国古代祭祀起源于祖先崇拜和自然崇拜,而且对这些英雄神人、山川百物的崇拜又大多围绕农业祭祀来进行。

【原文】

海鸟曰"爰居"①,止于鲁东门之外三日,臧文仲使国人祭之。展禽曰:"越哉②,臧孙之为政也!夫祀,国之大节也③;而节,政之所成也。故慎制祀以为国典④。今无故而加典,非政之宜也。

"夫圣王之制祀也,法施于民则祀之,以死勤事则祀之,以劳定国则祀之,能御大灾则祀之,能扞大患则祀之。非是族也,不在祀典。昔烈山氏之有天下也⑤,其子曰柱⑥,能殖百谷百蔬;夏之兴也,周弃继之,故祀以为稷⑦。共工氏之伯九有也⑧,其子曰后土,能平九土,故祀以为社⑨。黄帝能成命百物,以明民共财⑩,颛顼能修之⑪。帝喾能序三辰以固民⑫,尧能单均刑法以仪民⑬,舜勤民事而野死⑭,鲧鄣洪水而殪死⑮,禹能以德修鲧之功,契为司徒而民辑⑯,冥勤其官而水死⑰,汤以宽治民而除其邪⑱,稷勤百谷而山死⑲,文王以文昭⑳,武王去民之秽㉑。故有虞氏禘黄帝而祖颛顼,郊尧而宗舜㉒;夏后氏禘黄帝而祖颛顼,郊鲧而宗禹;商人禘舜而祖契㉓,郊冥而宗汤;周人禘喾而郊稷,祖文王而宗武王;幕,能帅颛顼者也,有虞氏报焉㉔;杼,能帅禹者也,夏后氏报焉㉕;上甲微,能帅契者也,商人报焉㉖;高圉、大王,能帅稷者也,周人报焉㉗。凡禘、郊、祖、宗、报,此五者国之典祀也。

"加之以社稷山川之神,皆有功烈于民者也;及前哲令德之人,所以为明质也;及天之三辰,民所以瞻仰也;及地之五行,所以生殖也㉘;及九州名山川泽,所以出财用也。非是不在祀典。

"今海鸟至,己不知而祀之,以为国典,难以为仁且智矣。夫仁者讲功,而智者处物。无功而祀之,非仁也;不知而不能问,非智也。今兹海其有灾乎?夫广川之鸟兽,恒知避其灾也。"

是岁也,海多大风,冬暖。文仲闻柳下季之言,曰:"信吾过也,季子之言不可不法也。"使书以为三策㉙。

### 注释

①爰居:鸟名,又叫杂县。
②越:迁徙。
③大节:重要的制度。
④国典:国家的常法。
⑤烈山氏:《史记·五帝本纪》唐张守节《正义》引《帝王世纪》:"神农氏,又曰魁隗氏,又曰连山氏,又曰烈山氏。"烈山氏是炎帝即神农氏的号。
⑥柱:传说中烈山氏的儿子,夏以前被祀为五谷神。
⑦弃:即后稷,周人的始祖,传说中尧舜时为农官,周人祀为农神。
⑧共工氏:古代传说中的帝王名。见《周语下》3 注⑯。伯:同"霸",领有。九有:即九州。
⑨后土:共工氏的儿子,名句龙,传说中黄帝时任土官,后世祀为土神。九土:九州的土地。
⑩黄帝:传说为中原各族的共同祖先。相传为少典之子,姓公孙,住在轩辕之丘,号轩辕氏,又迁居姬水,改姓姬,因有土德的祥瑞,称为黄帝。参见《史记·五帝本纪》。命:名。成命百物,定百物之名。明民:使民不迷惑。
⑪颛顼与下句"帝喾"见《周语下》7 注㊲。修:继承。

⑫三辰:日、月、星。

⑬尧:帝喾的儿子,号陶唐氏,名放勋,史称唐尧。单:同"殚",尽,完全。仪:善,善待,即爱护。

⑭舜:颛顼六世孙。姚姓,号有虞氏,名重华,继尧即位,史称虞舜。野死:传说舜征有苗,死在南方的苍梧之野。见《史记·五帝本纪》。

⑮鲧:与下文禹见《周语下》3注⑳㉓。

⑯契(xiè 泄):传说中商族的始祖,帝喾的儿子,曾助夏禹治水有功,被舜任命为司徒,主管教化。赐姓子氏,封于商。辑:和。

⑰冥(míng 明):契的六世孙,夏朝的水官。水死:传说冥因忠于职责,在治水时死在水里。

⑱汤:冥的九世孙,又称成汤、武汤、天乙。曾为夏朝的诸侯,后推翻夏朝末代王桀,建立商王朝。邪:邪恶之人,指夏桀。

⑲山死:传说周弃在播百谷时死于黑水之山。

⑳文王以文昭:周文王姬昌曾被纣王囚在羑(yǒu 有)里,精心钻研《周易》,有文德。

㉑武王去民之秽:指武王战败商纣之事。秽,罪恶之人,指纣王。

㉒禘(dì 帝)、祖、郊、宗:都是祭祀名。古代帝王世系,始祖称祖,继祖称宗。始祖、继祖都立庙祭祀。始祖的祖或父,则不立庙,而在始祖庙中祭,从始祖配祭,这种对始祖所自出之帝的大祭祀,称禘。祖,对开国之君的祭祀。另外,祖先中有功业者,按祭法不能另立庙,也不能去祖庙、宗庙中祭,就在郊祭天地时祭祀,称为郊。郊尧,郊祀天时以尧配天进行祭祀。宗,即庙祭。

㉓舜:按韦《注》,当为"喾"。《礼记·祭法》:"殷人禘喾而郊冥。"帝喾为契之父,商人祖先,故应禘祀。是。

㉔幕:韦《注》以为"舜后虞思,为夏诸侯"。误。幕当为舜之祖先。《左传·昭公八年》:"自幕至于瞽瞍,无违命。"此言"有虞氏报焉",明白幕在舜之先。《史记·五帝本纪》言:"穷蝉父曰帝颛顼",实则穷蝉当为颛顼孙,幕为颛顼子。报:报德,祭祀名,报德的祭祀。

㉕杼(zhù 柱):禹七世孙,少康之子,曾复兴夏朝政治。《左传·哀公元年》:"杼灭豷于戈。"

㉖上甲微:商契的八世孙,汤的六世祖。上甲微父王亥被有易氏杀死并抢走牛羊,他为父报仇征伐有易,夺回牛羊,有功于商族发展。

㉗高圉(yǔ 雨):后稷十世孙,公非之子。《史记·周本纪》《集解》引"宋衷曰:'高圉能率稷者也,周人报之。'"太王:即古公亶(dǎn 胆)父,高圉的曾孙,文王的祖父,能继后稷之业,积德行义,避戎狄入侵,率周人从豳迁居岐,率周人开发岐地平原,贡献甚大,周武王追尊为太王。见《史记·周本纪》《诗·大雅·绵》。

㉘殖:生长。五行:金、木、水、火、土。
㉙筴(cè册):同"策"。古代写字用的木片或竹片,这里指竹片写的书。三筴,写成三份书,给司马、司徒、司空各一份保存。

## 【今译】

有一只海鸟叫做"爰居"的,停在鲁国城东门外已经三天了,臧文仲叫国都的人去祭祀它。展禽说:"臧孙处理政事太迂阔了!祭祀,是国家的重要制度,而制度,使政事得以推行。所以要慎重地制定祭祀的制度,作为国家的大典。现在无缘无故地增加祭祀,不是处理政事所应该做的。

"圣王创制祭祀的原则是:凡是订立法规对人民有利就祭祀他,为国事辛勤而死的就祭祀他,用劳绩使国家安定的就祭祀他,能够防御重大灾祸的就祭祀他,能够解除百姓的严重祸患的就祭祀他。不是这几类,不能列在祭典之中。从前烈山氏掌管天下的时候,他的儿子叫柱,能够种植各种谷物和果蔬;夏朝兴起时,周弃继续了柱的事业,所以便祭祀他为谷神。共工氏称霸九州的时候,他的儿子叫后土,能平治九州的土地,所以便祭祀他为土神。黄帝能为百物制定名称,使百姓都明了,并且供给了国家的财用,颛顼能继续黄帝的功业。帝喾能够按日、月、星定季节变化的顺序,使百姓安心生产;尧能尽力使刑法公正,为百姓行动的榜样;舜为民事勤劳而死在苍梧之野;鲧用堵截的方法治理洪水而被杀,禹却能靠德行继续完成鲧治水的事业;契当司徒主管教化使百姓和睦;冥能勤于水官的职责竟死在水中;商汤用宽大的政策治理百姓并且除去夏桀的残暴统治;后稷辛勤地播种百谷而劳累死在山上;文王以文德著称,武王去掉百姓痛恨的商纣王。所以有虞氏禘祭黄帝而祖祭颛顼,郊祭尧帝而宗祭舜帝;夏后氏禘祭黄帝而祖祭颛顼,郊祭鲧而宗祭大禹;商人禘祭帝喾而祖祭契,郊祭冥而宗祭汤;周人禘祭帝喾而郊祭后稷,祖祭文王而宗祭武王。幕,是能遵循颛顼德业的人,有虞氏报祭他;杼,是能遵循大禹德业的人,所以夏后氏报祭他;上甲微,是能遵循殷契德业的人,所以商人报祭他;高圉、太王,是能遵循后稷德业的人,所以周人报祭他。以上所说的禘、郊、祖、宗、报,这五种是国家按规定举行的大祭。

"再加上祭祀土地、五谷和名山大川的神,因为都是对百姓有功绩；再有就是祭祀前代的圣哲、德行高尚的人，祭祀他们是用以表示诚信；还有就是祭祀天上的日、月、星辰，是百姓所仰望它们来做各种事情；还有就是祭祀大地上的金、木、水、火、土，是百姓要依靠它们来生存繁殖；还有就是祭祀九州名山大川，是因为它们生产财物器用。除了这些之外，其他的事与物不能列入国家的祭祀制度。

"现在海鸟飞来，因为自己不认识就去祭祀它，还要作为国家的祭祀制度，这实在算不上仁爱和明智的行为。仁爱的人，是讲究重视功绩的；而明智的人，是注意考察事物的。没有功绩的，也去祭祀它，不是仁爱；不认识又不去向别人询问，不是明智。如今海里恐怕要发生灾祸吧？那大海中的鸟兽，常常预知躲避海上发生的灾难的。"

这一年，海上常有大风，冬季又过于暖和。臧文仲听到了柳下季说的这番话后，说："这的确是我的过错啊！季子说的话是不可以不作为法则的。"便叫人把展禽的话写了三份简册保存下来。

## 10. 文公欲弛孟文子与郈敬子之宅

【题解】

鲁文公为扩建自己的宫室，想拆毁孟文子和郈敬子的住宅，结果遭到拒绝。两位大夫回绝文公的话角度不同，孟文子抬出先王建政之制，据理力争，说除非自己犯罪才可能交出住宅，态度强硬；郈敬子则以迁居不利于自己担任的工作为说辞，婉转说出请君主让司徒来命令我搬家，态度和缓。前者无乞怜之态，后者无唐突之病。两段说辞，各有千秋，刚柔不同，都能各尽其妙。

【原文】

文公欲弛孟文子之宅①，使谓之曰："吾欲利子于外之宽者。"对曰："夫位，政之建也；署，位之表也②；车服，表之章也③；宅，章之次也；禄，次之食也。君议五者以建政④，为不易之故也。今有司来命易臣之署与其车服，而曰：'将易而次，为宽利也。'夫署，所以朝夕虔君命也。臣立先臣之署⑤，服其车服，为利故而易其次，是辱君命也，不敢闻命。若罪也，则请纳禄与车服而违署⑥，唯里人所命次⑦。"公弗取。臧文仲闻之曰:"孟孙善守矣,其可以盖穆伯而守其后于鲁乎!"⑧

公欲弛郈敬子之宅⑨,亦如之。对曰:"先臣惠伯以命于司里⑩,尝、禘、蒸、享之所致君胙者,有数矣⑪。出入受事之币以致君者,亦有数矣⑫。今命臣更次于外,为有司之以班命事也,无乃违乎!请从司徒以班徙次。"公亦不取。

### 注释

①文公:鲁文公(公元前626—公元前609年在位),名兴,僖公之子。弛:毁。孟文子:鲁国大夫,名谷,又称文伯,鲁庄公之弟庆父之孙,公孙敖(穆伯)之子。

②署:这里指官职。

③车服:车舆和章服(以图文为等级标志的礼服)。

④五者:指位、署、服、宅、禄。

⑤先臣:自指已过世的父祖。

⑥纳:还,归。

⑦里人:里宰,里中主事者,即后文的"司里"。《周礼·地官·遂人》:"五家为邻,五邻为里。"则周时二十五家为一里。

⑧穆伯:孟文子之父公孙敖。公孙敖为襄仲聘莒女,见其美而自娶为继妻,后出奔莒,死于齐。

⑨郈(hòu 厚)敬子:鲁国大夫,郈惠伯的玄孙敬伯,名同。

⑩惠伯:郈敬子的先人,鲁孝公之子,惠伯名巩。

⑪尝、禘、蒸、享:古代祭祀名。韦《注》说:"秋祭曰尝,夏祭曰禘,冬祭曰蒸,春祭曰享。"

⑫受事:这里指接受使命。币:礼币。

### 【今译】

鲁文公想要毁掉孟文子的住宅来扩大自己的宫室,派人告诉他说:"我想让你迁到外面比这宽的地方对你有利些。"回答说:"爵位,是用来建立政事的;官职,是爵位的表识;车舆服饰,使这种表识明显区别出来;宅第,是有不同车舆服饰的人居住的房舍;俸禄,是能够居住在这种房舍中的人所食用的。君主议定这五种标准来建立政务,是不可以随意改变的规定。现在有关官员来命令改变臣下的官职及其车舆服饰,并说:'准备变动你住的地方,为的住宽大些对你有利。'官职,使臣下可以早晚虔诚地接受国君政命。我得到父祖的官职,用他们的车舆服饰,现在因为贪利而改变住的地方,这是亵渎了国君的任命,臣下不敢听从。如果君主要降罪,我请求交还爵禄与车舆服饰的标帜而离开官位,遵从里宰的命令接受住宅。"文公的目的没有达到。臧文仲听到这件事后说:"孟孙真是善于守住祖先的官职啊,他的作为可以掩盖他父亲穆伯的罪恶而在鲁国保有他的后嗣了!"

鲁文公想要毁掉邱敬子的住宅来扩大自己的宫室,亦派人用对孟文子说的那番话一样要那块地。邱敬子回答说"先臣惠伯接受司里的命令居住在这住宅里,国家举行尝、禘、蒸、享这些大祭赏赐给我们胙肉,已经好几代了。带着聘问的礼物出境入国去传达君主的命令,也有好几代了。现在命令臣改换住宅去住另外的地方,那主管官员按照职位有公事授命给臣时,臣住在另外的地方,岂不是远了不方便吗?如果一定要我改换住宅,请君主命令司徒按照班次让我搬到该我住的地方去。"文公也没有达到目的。

# 11. 夏父弗忌改昭穆之常

【题解】

宗伯夏父弗忌为迎合鲁文公,在宗庙祭祀时,不按昭穆顺序,要将文公父僖公的神主升到先为君主的闵公之上,遭到主管官员的批评,但刚愎自用的夏父弗忌仍按自己说的办了。最后他遭到展禽预言的焚棺之灾。

【原文】

夏父弗忌为宗①,蒸将跻僖公②。宗有司曰③:"非昭穆也④。"曰:"我为宗伯,明者为昭⑤,其次为穆,何常之有!"有司曰:"夫宗庙之有昭穆也,以次世之长幼,而等胄之亲疏也⑥。夫祀,昭孝也。各致齐敬于其皇祖⑦,昭孝之至也。故工史书世⑧,宗祝书昭穆⑨,犹恐其逾也。今将先明而后祖,自玄王以及主癸莫若汤⑩,自稷以及王季莫若文、武,商、周之蒸也⑪,未尝跻汤与文、武,为不逾也。鲁未若商、周而改其常,无乃不可乎?"弗听,遂跻之。

展禽曰:"夏父弗忌必有殃。夫宗有司之言顺矣,僖又未有明焉。

犯顺不详,以逆训民亦不详,易神之班亦不详,不明而跻之亦不详。犯鬼道二⑫,犯人道二⑬,能无殃乎?"侍者曰:"若有殃焉在?抑刑戮也,其夭札也⑭?"曰:"未可知也。若血气强固,将寿宠得没⑮,虽寿而没,不为无殃。"既其葬也,焚,烟彻于上⑯。

### 注释

①夏父弗忌:鲁国大夫。宗:宗伯。《左传·文公二年》杜预《注》:"宗伯,掌宗庙昭穆之礼。"

②蒸:这里指用蒸礼。即用牺牲放在俎上祭祀。跻(jī机):升。跻僖公,即升鲁僖公的神位于鲁闵公之上去祭祀。按:闵公、僖公虽均为庄公之子,僖为闵之兄,但闵公即位在前,僖公曾以臣子的身份事奉闵公,故神位应在闵公之下。夏父弗忌因文公为僖公之子,而升僖公神主于闵公之上,这是不符合古代宗法制度的。

③宗有司:等于说宗庙的主管官员。

④昭穆:见《周语下》2注㉘。

⑤明:明德,完美的德行。

⑥长幼:先后。等:同,同辈。胄:后代。

⑦皇祖:太祖。

⑧工:指瞽矇乐师。史:太史。世:世次先后。工史书世,古时天子诸侯死后,停丧将葬时,要让瞽矇乐师讽诵死者生前功业的诗,并唱谥号,小史(太史之属)叙先王的序次,见《周礼·春官·瞽矇》"世奠系"注疏。

⑨宗祝书昭穆,据《周礼·春官》:"(小宗伯)辨庙祧之昭穆","诏相祭祀之小礼,凡大礼,佐大宗伯。""(太祝)作六辞,以通上下亲疏远近。"所以说宗、祝书昭穆。

⑩玄王:即殷弃,为殷商始祖,传说其母简狄吞玄鸟堕卵而孕生契,故称玄王。主癸:商汤之父。汤:商汤。

⑪稷:后稷,周人的始祖。王季:周文王之父。

⑫犯鬼道之二:指"易神之班"与"不明而跻之"这两点。

⑬犯人道二:指"犯顺"与"以逆训民"这两点。

⑭夭:短命而死叫夭折。札(zhá闸):疫病,因遭瘟疫而死亡。

⑮寿宠:老寿而又保持宠信。没:现写作"殁",死亡。

⑯彻:达。

### 【今译】

夏父弗忌担任宗伯,在太庙主持祭祀,用蒸礼时准备升鲁僖公的神位在闵公之上。宗伯所属太庙的主管官员说:"这不合乎昭穆的顺序。"夏父弗忌说:"我担任宗伯,我认为僖公比闵公德行完美应当在昭,闵公顺序为穆,有什么常规不常规的!"主管官员说:"宗庙里神主的排列有昭有穆,是用来顺次区分同一辈之间的先后,以及这同辈与下一代之间的亲疏。祭祀,是为了昭明孝道。把最高的敬意呈献给祖先,这是孝道的最好表现。所以祭祀前,乐师、太史要唱明受祭者世次的先后,宗伯、太祝要写明昭穆的顺序,犹恐有逾越的。现在打算把德行完美的放在前,这好比先祭父的后祭祖的神主,殷商从玄王到主癸论德行完美都不如汤,我周自后稷到王季论德行完美都不如文王、武王,但是商、周用蒸礼祭祀,从来没有升汤与文王、武王神位在列祖列宗上的,这就是为了不使世次相逾越。我们鲁国不如商、周却要改变昭穆的正常顺序,恐怕不恰当吧?"不听从,于是升僖公的神位在闵公之上。

展禽说:"夏公弗忌一定会遭到灾祸的。太庙的主管官员说的话是合乎祭祀顺序的,僖公也说不上有什么完美的德行。违背了顺序不吉祥,用不按顺序的祭祀给百姓做榜样也不吉祥,变更神主的班次也不吉祥,并没有完美的德行却把神主放在先也不吉祥,有两点违犯鬼道,又有两点违犯人道,能不遭到灾祸吗?"跟从的人说:"如果有灾祸该是怎么降临? 或是刑杀,还是害瘟疫短命死呢?"回答说:"那就不可能知道了。如果他血气方刚,也可能到老死都受到君主的宠信,虽然是寿终而死,也不可能没有灾祸。"到夏父弗忌死了安葬后,火焚烧他的棺椁,那火势之大,烟焰一直冲上天空。

# 12. 里革更书逐莒太子仆

【题解】
　　鲁太史里革更改国君的书信,是为了惩治弑父杀君的坏人莒太子,也是为了劝止鲁宣公的贪婪之心。里革豁出性命,维护原则,并用他刚直不阿的品格和明察事理的智慧,终于使鲁宣公不得不承认是自己贪心,赦免了他。

【原文】

莒太子仆弑纪公，以其宝来奔①。宣公使仆人以书令季文子曰②："夫莒太子不惮以吾故杀其君，而以其宝来，其爱我甚矣。为我予之邑。今日必授，无逆命矣。"里革遇之而更其书曰③："夫莒太子杀其君而窃其宝来，不识穷固又求自迩④，为我流之于夷⑤。今日必通，无逆命矣。"明日，有司复命⑥，公诘之⑦，仆人以里革对。公执之，曰："违君命者，女亦闻之乎？"对曰："臣以死奋笔，奚啻其闻之也⑧！臣闻之曰：'毁则者为贼⑨，掩贼者为藏⑩，窃宝者为宄⑪，用宄之财者为奸。'使君为藏奸者，不可不去也。臣违君命者，亦不可不杀也。"公曰："寡人实贪，非子之罪。"乃舍之。

注释

①莒(jǔ 举)：国名，己姓，子爵，在今山东省莒县。太子仆：莒国的太子，名仆。弑(shì 式)：以臣杀君，以子杀父母都称为弑。纪公：莒国国君，名庶其。据《左传·文公十八年》，纪公立仆为太子，后又生季佗(tuō 托)，因偏爱季佗而废除了仆，仆联合国人杀了纪公，带着莒国的宝玉投奔鲁国，鲁宣公下命赏赐给他城邑。鲁国的执政者季孙行父派人将他驱逐出境，并派太史克给宣公回话。本文则为太史里革(即克)改写宣公命令赶走仆，与《左传》稍异。

②宣公：鲁宣公(公元前608—公元前591年在位)姬倭(wēi 威)，一名接，文公之子。仆人：官名，即谒(yè 夜)者，君主跟前掌管迎接宾客的近侍。季文子：即季孙行父，鲁国的正卿。

③里革：鲁太史，名克。

④穷固：穷凶顽固。迩：近，亲近。

⑤夷：东夷，指边远地区。

⑥有司：主管官员。这里指掌管刑狱、纠察的司寇。

⑦诘(jié 结)：诘问。

⑧奚啻(xī chì 希赤)：何止，岂但。

⑨则：法则。

⑩掩：藏匿。藏：窝主。

⑪宄(guǐ 鬼)：坏人，指内奸。

【今译】

莒国的太子仆杀了父亲纪公，带着他父亲的宝物逃亡到鲁国。鲁宣公派仆人拿着自己的亲笔信来命令季文子，说："莒太子不害怕为了我的缘故杀掉自己的君父，而且带着他父亲的宝物来投奔我，他很爱我啊。替我赏赐给他城邑，今天一定得执行，不要违背命令。"太史里革碰到仆人，把书信的内容改写为："那个莒太子杀了他的君父并且偷了君父的宝物来到我国，他不仅认识不到自己的穷凶顽恶，还想来亲近我，替我把他流放到东夷去。今天就必须彻底执行，不得违抗命令。"第二天，司寇来报告说已经把莒太子驱逐出境，宣公问他为什么这样做，仆人回话说里革改写了命令的内容。宣公立即派人把里革抓来，问他说："违犯国君主命令的人该什么罪，你大概听说过吧？"里革回答说："我是拼着一死才改写命令的，何止听说要治什么罪！我还听说：'破坏法度的人是贼，掩护贼的人是窝主，偷窃宝物的人是内盗，用内盗宝物的人是外盗。'对那种让您成为窝主外盗的人，我不能不把他赶走。我是违犯君主命令的人，也不能不处死。"宣公说："我确实有贪心，不是你的罪过。"于是释放了里革。

## 13. 里革断罟匡君

【题解】

　　鲁宣公贪得无厌，不顾时令，不管鱼正在分群产卵，下网捕鱼，被里革割断鱼网强行劝止。从里革引述古人留下的教导，可见我国在两千多年前，人们就已从实践经验总结出一套保护自然资源和生态平衡的渔猎制度。

【原文】

　　宣公夏滥于泗渊①，里革断其罟而弃之②，曰："古者大寒降③，土蛰发④，水虞于是乎讲罛罶⑤，取名鱼⑥，登川禽⑦，而尝之寝庙⑧，行诸国，助宣气也⑨。鸟兽孕，水虫成，兽虞于是乎禁罝罗⑩，猎鱼鳖以为夏犒⑪，助生阜也⑫。鸟兽成，水虫孕，水虞于是禁罝䱷⑬，设阱鄂⑭，以实庙庖⑮，畜功用也。且夫山不槎蘖⑯，泽不伐夭⑰，鱼禁鲲鲕⑱，兽长麑䴠⑲，鸟翼鷇卵⑳，虫舍蚔蝝㉑，蕃庶物也，古之训也。今鱼方别孕㉒，不教鱼长，又行网罟，贪无艺也㉓。"

公闻之曰:"吾过而里革匡我㉔,不亦善乎!是良罟也,为我得法。使有司藏之,使吾无忘谂㉕。"师存侍㉖,曰:"藏罟不如置里革于侧之不忘也。"

### 注释

①滥:沉浸,这里指把鱼网下到水里。泗:水名,发源于今山东泗水县陪尾山,因四源并发,故名泗水。流经曲阜、兖州,折而南向至济宁东南入运河。

②罟(gǔ 古):鱼网。

③大寒:二十四节气之一,在夏历十二月,是一年中最冷的时候。大寒降,指大寒节以后。

④蛰(zhé 哲):冬眠的动物伏藏土中不食不动的状态。伏藏土中,所以称土蛰。发:指冬眠过后动物开始活动。

⑤水虞:官员,又名渔师、泽虞,掌管川泽禁令的官。罛(gū 姑):捕鱼的大网。罶(liǔ 柳):捕鱼的竹笼。

⑥名鱼:大鱼。

⑦川禽:鳖蜃之类水产。

⑧尝:秋祭。给祖先供奉秋收的新谷、果品、禽鱼等,叫尝新。寝庙:宗庙。古代宗庙分两部分,前面祭祀的地方叫庙,后面停放牌位和先人衣冠的地方叫寝。又,始祖的庙称大寝,高祖以下的庙称小寝。

⑨宣气:宣泄阳气。

⑩兽虞:官名,即山虞,掌管鸟兽禁令的官,与水虞同在《周礼》地官之属。罝(jū 居):捕兔的网。罗:捕鸟的网。

⑪矠(cuò 错):用矛刺取。槁:公序本作"槁",干枯。

⑫阜:长。

⑬罜麗(zhǔ lù 主鹿):小鱼网。"禁罝罜麗",公序本作"禁罝麗。"

⑭阱(jǐng 井):陷井。鄂:捕兽器。又名柞格,即在陷坑内竖立柞树枝,野兽掉入足不能着地,又跳不出来。

⑮庙庖:宗庙里的厨房。

⑯槎(chá 茶):砍伐。蘖(niè 聂):树木的嫩条。

⑰夭(ǎo 袄):幼嫩的东西,这里指初生的草木。

⑱鲲(kūn 昆):鱼子。鲕(ér 而):小鱼。

⑲麑(ní 呢):幼鹿。麇(yǎo 咬):幼麋(mí 迷),即小四不像。

⑳翼:哺育。穀(kòu 寇):须母鸟哺食的幼鸟。

㉑蚳(chí 池):蚁卵。蝝(yuán 原):未生翅的蝗的幼虫。蚳蝝,古时用来做

酱吃。

㉒别孕：鱼交配后，雌鱼怀子离开雄鱼。

㉓艺：限度。

㉔匡：正，纠正。

㉕谂(shěng 审)：劝告。

㉖师：乐师。存：此乐师之名。

## 【今译】

　　夏天，鲁宣公在泗水深处撒网捕鱼，里革割断他的网并且把它丢掉，说："古时候，大寒节过后，在地里蛰伏过冬的虫类开始甦醒活动，掌管河川禁令的官就给人们讲解怎样使用鱼网和鱼笼，让人们在江河里抓大鱼，捕捉鳖蜃之类水族，祭祀时供奉在宗庙里，叫全国百姓都这样做，用来帮助大地的阳气渲泄。等到鸟兽怀孕，水族动物已经长成，掌管鸟兽禁令的官就要宣布禁止撒放捕鸟兽的罗网，只准许用鱼叉刺取长成的鱼鳖晾制成夏天食用的鱼干，这是为了帮助鸟兽多繁殖。鸟兽长大后，水族动物快要产卵，掌管河川禁令的官就要下令禁止用小眼鱼网下水捕鱼，只设陷阱捕捉野兽，这样做既可以丰富祖宗的祭祀供献和厨房的食物，又畜养了鱼鳖增加国家的财用。并且，山上不砍新生的嫩枝幼树，湖泽不割初生的草木，捕鱼禁止捞鱼子抓小鱼，要让幼鹿小兽好好成长，要保护鸟类孵卵哺育幼雏，不抓取蚁卵、幼蝗吃，以便繁殖自然界的各种生物，这是古人留下的教导。现在，鱼正在分群产卵，你不叫鱼长大，还要撒网捕捞，真是贪得无厌了。"

　　宣公听了后说道："我有过失，里革纠正我，这不是很好的事吗？这网是张好鱼网，使我懂得了古人的教导。让主管官员拿去收藏好，使我永远不忘记里克的劝告。"乐师存在旁陪侍，说："收藏断网，不如把里革留在您的身边，更不容易忘记他的劝告。"

# 14. 子叔声伯辞邑

## 【题解】

　　子叔声伯出使晋国，推辞掉晋国下卿郤犨为他请赏的城邑，通过他回答鲍国的话，说明他目光敏锐，极有见识，已经准确地看出郤氏家族有三个败亡的因素,预料其不能保住自己的身家性命,又怎能保得住帮别人讨来的城邑呢?

**【原文】**

子叔声伯如晋谢季文子①,郤犨欲予之邑②,弗受也。归,鲍国谓之曰③:"子何辞苦成叔之邑,欲信让耶?抑知其不可乎?"对曰:"吾闻之,不厚其栋,不能任重④。重莫如国,栋莫如德。夫苦成叔家欲任两国而无大德,其不存也,亡无日矣。譬之如疾,余恐易焉。苦成氏有三亡:少德而多宠,位下而欲上政,无大功而欲大禄,皆怨府也⑤。其君骄而多私⑥,胜敌而归⑦,必立新家⑧。立新家,不因民不能去旧;因民,非多怨民无所始。为怨三府,可谓多矣。其身之不能定,焉能予人之邑!"鲍国曰:"我信不若子,若鲍氏有衅⑨,吾不图矣。今子图远以让邑,必常立矣。"

**注释**

①子叔声伯:鲁国大夫,宣公弟叔肸之子公孙婴齐,又称仲婴齐。谢季文子:因鲁叔孙侨如想消灭季氏在鲁的势力,向晋国的郤犨说季文子的坏话,晋人扣留了季文子。鲁成公于是派子叔声伯到晋国去谢罪并请求释放季文子。事见《左传·成公十六年》。
②郤犨(xì chōu 细抽):晋国下卿,又称苦成叔,子叔声伯的异父妹妹嫁给郤犨,故郤犨想拉拢声伯,为他请求赏赐城邑。
③鲍国:鲍叔牙的玄孙,又称鲍齐子,当时在鲁国给施孝叔(鲁大夫,声伯异父妹的前夫)做家臣。
④厚:大。
⑤怨府:怨恨聚集的地方。
⑥君:指晋厉公。多私:宠信的奸佞臣多,如胥童、夷羊五、长鱼矫等。
⑦胜敌:指鄢陵之战晋国打败楚国,事见《左传·成公十六年》及《晋语六》3~8。
⑧家:卿大夫的采地食邑,这里指卿大夫。新家,即封新大夫。
⑨衅:迹兆,事端。

**【今译】**

子叔声伯到晋国去为季文子求情,郤犨想为他请求城邑,声伯不接受。回到鲁国后,鲍国对他说:"您为什么要推辞苦成叔为您请求得到的城邑,您想表明自己确实很谦虚呢,还是知道它接受不得呢?"回答说:"我听过这样的话,不选大的木料作栋梁,将胜任不了房屋的重量。份量最重没有比得上国家的,最大的栋梁没有比得上德行修养的。苦成叔家想要负荷晋鲁两国的重量却没有崇高的德行,他家就要保不住了,灭亡是没有几天了。就好比得了瘟疫,我唯恐被传染上。苦成叔家有三个败亡的因素:缺少德行而又受到太多的宠信,位置在下卿却想要干预上卿的权力,没有为国家立过大功却想要高官厚禄,这些都是招怨最厉害的地方。他们的君主骄傲而身边又多奸佞小人,刚在鄢陵打败了强大的楚国班师回朝,一定要封赏自己亲近的人当大夫。立了新大夫,不依靠人们的厌恨,除不了一些眼中之钉的旧臣;顺着人们的意愿,不是集中众怨的人,不好拿来开刀。有三个地方招怨,可以说是集中了很多怨恨。自己的身家性命都保不定,还能保得住帮别人讨来的城邑!"鲍国说:"我的见识确实不如您,如果说我们鲍氏将有什么隐患,可惜我不能像您一样能预先料到。现在,您预先料到未来的灾祸而不接受城邑,您一定可以长久保住在鲁国的地位的。"

## 15. 里革论君之过

【题解】

本文写里革敢于在君主面前直抒己见,就晋人杀晋厉公的事,推而广之,认为臣弑君是由于君主的过错,君主行为邪恶不理民事,非灭亡不可。他把国君比为川泽,以百姓为游鱼,美恶都仰赖国君,强调国君对民众负有重大的责任。这些看法,在两千多年前还是有积极意义的。

【原文】

晋人杀厉公①,边人以告②,成公在朝③。公曰:"臣杀其君,谁之过也?"大夫莫对。里革曰:"君之过也。夫君人者,其威大矣。失威而至于杀,其过多矣。且夫君也者,将牧民而正其邪者也④。若君纵私回而弃民事⑤，民旁有慝无由省之⑥，益邪多矣。若以邪临民，陷而不振，用善不肯专，则不能使，至于殄灭而莫之恤也，将安用之？桀奔南巢⑦，纣踣于京⑧，厉流于彘⑨，幽灭于戏⑩，皆是术也。夫君也者，民之川泽也。行而从之，美恶皆君之由，民何能为焉？"

### 注释

①晋人：指晋正卿栾书、第四卿中行偃（即荀偃）。晋人杀厉公为公元前573年，栾书、中行偃使程滑弑杀晋厉公，事见《左传·成公十七、十八年》

②边人：防守边关的官员。

③成公：鲁成公（公元前590—公元前573年在位），鲁宣公之子，名黑肱。

④牧民：治理人民。

⑤回：邪恶，不正当。

⑥旁：普遍。

⑦桀：暴君夏桀，夏朝末代帝王。南巢：地名，在今安徽巢县西南。桀奔南巢，据《史记·夏本纪》："桀走鸣条，遂放而死。"《尚书·汤誓》："伊尹相汤伐桀，升自陑，遂与桀战于鸣条之野。"鸣条为桀败北之地，南巢为奔亡之地。

⑧纣：暴君商纣，商朝末代帝王。踣（bó博）：颠覆，灭亡。京：指商都朝歌。

⑨厉：周厉王。厉王被流放到彘，参见《周语上》3。

⑩幽：西周末代君主周幽王。戏：地名，即戏亭，在骊山下，又叫幽王城。相传周幽王宠褒姒，在此举烽火戏诸侯，博褒姒一笑，后申侯引犬戎入京，幽王又在此被杀。

### 【今译】

晋国人杀了晋厉公，防守边关的官员把这个消息报告到朝廷，正好鲁成公在朝堂上。成公说："臣子杀了他的国君，是谁的过错呢？"众大夫没有回话。里革说："这是国君的过错造成的。当国君的人，他的威望应该很高。丧失威望甚至严重到被杀掉，可见他积累的过错太多了。况且做国君的，是负有治理百姓并且要纠正百姓邪恶行为重任的人。如果国君本人行为放纵胡作非为而抛弃了治理百姓这一大事，百姓普遍去作奸犯科却没有人去检察，邪恶的事就更多了。假如国君用邪恶的办法去治理百姓，政治败坏而一蹶不振，任用贤臣不能专一到底，就不能统治百姓，最后百姓陷于绝望的境地而没人同情，那要国君做什么呢？夏桀逃亡到南巢，商纣被消灭在京师朝歌，厉王被驱逐到虣地,幽王被杀死在戏地,都是走的这条路子。国君对于百姓,好比是养鱼的川泽。百姓的行动跟从着他,善恶都取决于国君的教导,人怎么可能随便弑君呢?"

# 16. 季文子论妾马

【题解】

本文通过鲁正卿季文子回答仲孙它的话,塑造了一个居家节俭、体恤民艰的政治家形象,他还善于教育年青的一代,使他们认识到讲排场、摆阔气、生活奢侈是脱离民众,而过俭仆的生活,体恤百姓的艰难,培养高尚品德才是真正为国增光。

【原文】

季文子相宣、成①,无衣帛之妾,无食粟之马。仲孙它谏曰②:"子为鲁上卿,相二君矣,妾不衣帛,马不食粟,人其以子为爱③,且不华国乎④!"文子曰:"吾亦愿之。然吾观国人,其父兄之食粗而衣恶者犹多矣,吾是以不敢。人之父兄食粗衣恶,而我美妾与马,无乃非相人者乎⑤!且吾闻以德荣为国华,不闻以妾与马。"

文子以告孟献子⑥,献子囚之七日。自是,子服之妾衣不过七升之布⑦,马饩不过稂莠⑧。文子闻之,曰:"过而能改者,民之上也。"使为上大夫。

### 注释

①宣、成:鲁宣公,鲁成公。
②仲孙它:即子服它,孟献子的儿子,又称子服孝伯,鲁国大夫。
③爱:吝啬。
④华:光华,光彩。
⑤相人者:辅助国君的人,即相国。
⑥孟献子:它之父仲孙蔑。
⑦七升之布:古时八十缕为一升。《礼记·杂记》:"朝服十五升。"则七升仅朝服之半,虽已成布,却极粗陋。
⑧饩(xì 戏):马饲料。稂莠(láng yǒu 狼有):稂,一名童粱,与莠为两种有害

于禾苗的杂草,可作牲口饲料。

【今译】

　　季文子担任过鲁宣公、鲁成公两代国君的相,但生活节俭,他的妾不穿丝绸,他的马不喂粮食。仲孙它劝谏他说:"您是鲁国的上卿,辅助两代国君,妾不穿丝绸衣物,马不用粮食喂养,人们将会认为您是吝啬,况且在国家面子上也没有光彩啊!"文子说:"我也愿意我的妾穿丝绸衣裳,马用粮食喂养。但我看到我国的老百姓,他们的父兄吃粗食穿破衣的还很多,我因此不敢那样做。人家的父兄吃粗食穿破衣,而我却把妾与马养得那样美,这种作为不像个辅助国君的人啊!况且我听说德行高尚才能给国家增添光彩,没有听说过把妾与马养得美来给国家增添光彩。"

　　文子把这事告诉了仲孙它的父亲孟献子,孟献子把仲孙它关押了七天。从那以后,子服它的妾穿的不过是粗布衣裳,马的饲料也都用杂草。文子听到这种情形后,说:"有过失而能够改正,是可以当人上人的。"于是升任子服它为上大夫。

# 卷五　鲁语下

## 1. 叔孙穆子聘于晋

【题解】

　　本文记叔孙穆子出访晋国，晋侯设宴款待，席间奏乐助兴。他听乐曲后，对奏《肆夏樊》三曲、《文王》三曲不答拜，而奏乐到《鹿鸣》三曲时，却答拜三次。当晋侯提出疑问时，他引用礼乐常识结合特定的场合，对答得体，既表现出他知礼识乐，又处处不忘外交使命和个人的身份。

【原文】

　　叔孙穆子聘于晋①，晋悼公飨之②，乐及《鹿鸣》之三，而后拜乐三③。晋侯使行人问焉④，曰："子以君命镇抚弊邑⑤，不腆先君之礼⑥，以辱从者⑦，不腆之乐以节之⑧。吾子舍其大而加礼于其细⑨，敢问何礼也？"

　　对曰："寡君使豹来继先君之好，君以诸侯之故，贶使臣以大礼⑩。夫先乐金奏《肆夏樊》《遏》《渠》⑪，天子所以飨元侯也⑫；夫歌《文王》《大明》《绵》，则两君相见之乐也⑬。皆昭令德以合好也，皆非使臣之所敢闻也。臣以为肄业及之⑭，故不敢拜。今伶箫咏歌及《鹿鸣》之三⑮，君之所以贶使臣，臣敢不拜贶。夫《鹿鸣》，君之所以嘉先君之好也，敢不拜嘉。《四牡》，君之所以章使臣之勤也⑯，敢不拜章。《皇皇者华》,君教使臣曰'每怀靡及'⑰,诹、谋、度、询⑱,必咨于周。敢不拜教。臣闻之曰:'怀和为每怀⑲,咨才为诹⑳,咨事为谋㉑,咨义为度,咨亲为询,忠信为周。'君贶使臣以大礼,重之以六德㉒,敢不重拜?"

### 注释

①叔孙穆子:鲁庄公之幼弟叔牙之曾孙,叔孙得臣之子,叔孙侨如(宣伯侨如)之弟,名豹,又称穆叔,鲁卿。"穆"是他的谥。《左传·成公十六年》载叔孙侨如出奔齐,鲁人召叔孙豹于齐而立以为叔孙氏之后,故得为卿。

②晋悼公:见《周语下》2 注①。飨(xiǎng 响):同"享",设享礼招待。

③《鹿鸣》:《诗·小雅》篇名,为《小雅》的首篇。三:指三章乐曲。《鹿鸣》之三,指《鹿鸣》《四牡》《皇皇者华》三篇。而后拜乐三,因悼公先为穆子奏《肆夏》三章,唱《文王》三章,穆子都没有答拜,到歌《鹿鸣》三章,穆子三次答拜。

④行人:官名,外交官,掌朝觐聘问,《周礼·秋官》之属。"晋侯使行人问焉",《左传·襄公四年》为"韩献子使行人子员问焉。"

⑤弊:当做"敝"。敝邑,即敝国。

⑥腆(tiǎn 舔):丰厚,丰盛。

⑦从者:跟从的人。这里称从者,为主人谦辞。以辱从者,用来辱待从者,即招待您。

⑧腆:这里作"美好、美妙"解。节之:节礼,作宴会礼仪的进献。

⑨舍其大:舍弃大的礼仪。大,大礼,指《肆夏》之三和《文王》之三。细:小礼,指《鹿鸣》之三。

⑩贶(kuàng 况):赐与。使臣:穆叔自称。

⑪金奏:用钟镈之类金属乐器演奏。《肆夏樊》《遏》《渠》,均为乐曲名。据《左传·襄公四年》杜预《注》:"《肆夏》,乐曲名。《周礼》'以钟鼓奏九《夏》。'其二曰《肆夏》,一名《樊》。三曰《韶夏》,一名《遏》。四曰《纳夏》,一名《渠》。盖击钟而奏此三《夏》曲。"

⑫元侯:诸侯之长,一般由大国之君担任。

⑬《文王》《大明》《绵》,均为《诗·大雅》篇名。

⑭肄(yì 意):学习。

⑮伶:伶人,即乐官。

⑯《四牡》:《诗·小雅》篇名。章:表彰。

⑰《皇皇者华》:《诗·小雅》篇名。

⑱诹(zōu 邹):咨询。周:忠信。

⑲和:《诗·小雅·皇皇者华》郑玄《笺》云:"和当为私"。

⑳"咨才为诹",《左传·襄公四年》作"咨事为诹。"
㉑"咨事为谋",《左传》作"咨难为谋"。
㉒六德:指上面所说的诹、谋、度、询、咨、周,为使臣的六种品德修养。

【今译】

　　叔孙穆子到晋国去聘问,晋悼公设盛宴款待他。席间,奏乐到《鹿鸣》等三曲,完毕后叔孙穆子答拜三次。晋侯派外交官员去问他,说:"您先生奉国君的命令来镇定安抚敝国,敝国依照先君不丰厚的礼仪,来招待您,用不美好的乐曲在席间演奏进献给您。您先生舍弃了大的礼仪而再三答拜小的礼仪,不敢请教这是什么礼节?"

　　回答说:"寡君派遣我来出使贵国继承先君的友好关系,贵国君主因为诸侯之间交好的缘故,用大礼仪赏赐给使臣。开始的音乐用钟镈乐器演奏《肆夏樊》《遏》《渠》三曲,这是天子用来款待诸侯领袖的;接着乐人歌唱《文王》《大明》《绵》这三曲,是两国国君相见的音乐。这些都是为了昭明美德用来表示两国友好的,都不是使臣敢听的。我以为是乐工自己在练习这些曲子,所以不敢答拜。现在是乐工用箫伴奏演唱《鹿鸣》三曲,这是君主赏赐给使臣的乐曲,臣怎么敢不拜谢赏赐呢?《鹿鸣》,是君主用来嘉奖先君的友好,怎敢不拜谢嘉奖。《四牡》,是君主用来表彰使臣勤劳于王事的,怎敢不拜谢表彰。《皇皇者华》,是君主用来教导使臣说'每个人怀有私念就将达不到目的',咨询、谋略、策划、询问,一定要向忠信的人咨询。怎敢不拜谢教导。使臣听说:'怀有私念叫每怀,咨询有政治才干的人叫诹,咨询政事叫谋,咨询礼仪叫度,咨询亲戚叫询,向忠信的人咨询叫周。'贵国君主赏赐给使臣这样重的礼仪,又再三教导这六种美德,我怎敢不再三答拜。"

## 2. 叔孙穆子谏季武子为三军

【题解】

　　季武子为专权鲁国,想建立三军,三分鲁国公室的军事力量。叔孙穆子向他陈明利害,认为按法制规定,中等诸侯国只能建立二军,而且现在的鲁国已沦为小国,建立三军,只能触怒大国,表示反对。武子不听,建立三军的结果是招来大国的欺侮。

# 【原文】

季武子为三军①,叔孙穆子曰②:"不可。天子作师,公帅之③,以征不德。元侯作师,卿帅之,以承天子④。诸侯有卿无军⑤,帅教卫以赞元侯。自伯、子、男有大夫无卿⑥,帅赋以从诸侯⑦。是以上能征下,下无奸慝。今我小侯也⑧,处大国之间⑨,缮贡赋以共从者⑩,犹惧有讨。若为元侯之所,以怒大国,无乃不可乎?"弗从。遂作中军。自是齐、楚代讨于鲁⑪,襄、昭皆如楚⑫。

### 注释

①季武子:季孙行父(文子)之子季孙夙(sù诉)。为:建立。三军:上、中、下三军。《周礼·夏官·司马》:"凡制军万有二千五百人为军。王六军,大国三军,次国二军,小国一军。"鲁为周公之子伯禽所封,初年原有三军建制,后只有上、下二军,都属于公室所有,有战争时,三卿为二军统帅领兵出征。季武子要建立三军,是为了三分鲁国公室。故韦《注》说:"武子欲专公室,故益中军以为三,三家各征其一"。杨伯峻《春秋左传注》认为:"非仅增加一军而已,乃改组并重新编制,组成三军。"

②叔孙穆子言"不可"。因叔孙氏世为鲁国司马,掌军政,鲁襄公年幼,且此时叔孙穆子执政,故不能不告叔孙氏。叔孙言不可,此言怕触怒大国,《左传》言叔孙恐军政权集于季氏,故开始时不同意。详见《左传·襄公十一年》。

③师:这里指六军。公:指诸侯在王室担任卿士的,比如西周初年的周公、召公等。

④师:这里指三军。承天子:接受天子的调遣。韦《注》:"大国三卿皆命于天子"。

⑤诸侯:这里指中小国家的君主。有卿:有接受天子调遣的卿士,韦《注》:"二卿命于天子,一卿命于其君。"卿,此指命卿。帅教卫以赞元侯,如果诸侯之长征召,小国国君则令卿率领所教的武卫之士去辅助元侯。韦《注》认为《周礼》所谓"次国二军,小国一军。"是"以赋出军从征戎也",即赞助军饷、兵车等。

⑥无卿:无命于天子之卿。《礼记·王制》:"小国二卿,皆命于其君"。

⑦赋:兵,古时按田赋出兵,故称兵为赋,这里指战争期间所需的兵车、甲士。

⑧今我小侯也:因鲁国国力削弱日久,故自称小侯。

⑨大国:指齐、楚。

⑩缮:整治。共:同"供",供给。
⑪代:更,轮番。
⑫襄、昭:鲁襄公、鲁昭公。如楚:到楚事奉楚国。如《左传·襄公二十九年》载鲁襄公到楚国,"楚人使公亲襚(为死者楚康王穿衣)"。

**【今译】**

　　季武子准备建立三军,叔孙穆子说:"不可。天子建立六军,由王室的公卿统帅,用来征讨不守臣德的诸侯。诸侯之长国建立三军,由卿统帅,用来听天子的调遣跟从王师出征。中等诸侯国有命卿不设立三军,如果诸侯之长有事,就由命卿统帅所教习的武士去赞助。从伯爵、子爵、男爵以下的小国诸侯有大夫而没有命卿,大国有战事,就命大夫带着兵车、甲士去听命。这样,上能征服下,下面就自然不会发生违礼邪恶的事。现在我们鲁国只是小国诸侯,处在齐、楚两个大国之间,整治贡品、兵甲来供应他们的军队,尚且害怕供不上被他们征讨。如果我们建立诸侯之长才能拥有的三军,只能触怒大国,这样做恐怕不行吧?"季武子不听从。于是在原有的上军、下军的基础上又建立了中军。从那以后,齐国、楚国轮番征讨鲁国,鲁襄公、鲁昭公都曾应召到楚国去事奉楚王。

## 3. 诸侯伐秦鲁人以莒人先济

**【题解】**

　　鲁襄公十四年,晋悼公命六卿率诸侯的军队征讨秦国,到泾水,诸侯国互相观望,都不肯先渡。这篇短文写渡泾水前叔孙穆子和晋大夫叔向的一段对话,叔孙借诗言志,表明鲁国决定渡河,这实际上是解决了晋国的难题,聪明的叔向心领神会,立刻命人备船清道,鲁人果然让听命于鲁的小国莒人先渡。

**【原文】**

　　诸侯伐秦①,及泾莫济。晋叔向见叔孙穆子曰:"诸侯谓秦不恭而讨之,及泾而止,于秦何益?"穆子曰:"豹之业,及《匏有苦叶》矣②,不知其他。"叔向退,召舟虞与司马③,曰:"夫苦匏不材于人,共济而已④。鲁叔孙赋《匏有苦叶》,必将涉矣。具舟除隧,不共有法⑤。"是行也,鲁人以莒人先济,诸侯从之⑥。

### 注释

①诸侯伐秦:鲁襄公十一年(公元前562年),晋悼公会合诸侯讨伐郑国,秦人伐晋以救郑。十四年夏,"诸侯之大夫从晋侯伐秦"。
②业:事。《匏有苦叶》:《诗·邶风》篇名。首章为:"匏有苦叶,济有深涉。深则厉,浅则揭"。叔孙豹借诗言志,说明自己必渡。
③舟虞:官名,掌管舟船的官员。司马:行军司马,掌军中军政事务。
④苦匏不材于人共济而已:匏味苦不能食用,老黄后可挖空作渡水工具,所以说只能帮助渡水。不材,指不能吃。
⑤隧:道。共:具,备好。法:军法。
⑥莒:国名,己姓,都城在今山东莒县境,据后《子服惠伯从季平子如晋》文"晋信蛮夷",当时人以蛮夷视之,鲁人常征讨它,后为楚所灭。

### 【今译】

诸侯讨伐秦国,到达泾水,诸侯军不肯渡河。晋国大夫叔向去见叔孙穆子说:"诸侯因为秦国不恭敬而讨伐它,到达泾水就停下来不肯前进,对讨伐秦国有什么益处呢?"穆子说:"我的事,只知道《匏有苦叶》,不知道有别的。"叔向退出后,召来舟虞和行军司马,命令他们说:"那匏瓜味苦人不能吃它,但却可以用来帮助渡水。鲁国叔孙穆子赋《匏有苦叶》这首诗,他一定在准备渡过泾水。你们赶紧准备好船只,修好道路,如果不事先准备好误了行军,将军法制裁。"这次军事行动,鲁国人用莒国人开路先渡过泾水,诸侯的军队跟着渡河。

## 4. 襄公如楚

### 【题解】

本文记述鲁襄公二十八年,襄公去楚国朝见,往返途中发生的两件事。

在去的途中,襄公听到楚康王死,就想返回鲁国,众大夫也都想跟着回去。叔仲昭伯力排众议，向他们反复陈述利害，认为这样做是侮辱了楚国，从而使楚国对鲁国结下大仇，将使国家遭到严重威胁。终于说服了大家。

在返回途中，听到季武子袭取卞城的报告，襄公就想借楚国的兵力讨伐季氏。荣成伯坚决劝阻，说明借外敌铲除异己，胜了，讨不到便宜；败了，将会有国难回。最后用幽默话给襄公下个台阶，终于说服了他。

【原文】

襄公如楚①，及汉，闻康王卒，欲还②。叔仲昭伯曰③："君之来也，非为一人也④，为其名与其众也⑤。今王死，其名未改，其众未败，何为还？"诸大夫皆欲还。子服惠伯曰⑥："不知所为，姑从君乎！"叔仲曰："子之来也，非欲安身也，为国家之利也，故不惮勤远而听于楚；非义楚也，为其名与众也。夫义人者，固庆其喜而吊其忧，况畏而服焉？闻畏而往，闻丧而还，苟芈姓实嗣，其谁代之任丧⑦？王太子又长矣，执政未改⑧，予为先君来，死而去之，其谁曰不如先君？将为丧举，闻丧而还，其谁曰非侮也？事其君而任其政，其谁由己贰⑨？求说其侮⑩，而亟于前之人，其仇不滋大乎？说侮不懦，执政不贰，帅大仇以惮小国，其谁云待之⑪？若从君而走患⑫，则不如违君以避难。且夫君子计成而后行，二三子计乎？有御楚之术而有守国之备，则可也；若未有，不如往也。"乃遂行。

反，及方城⑬，闻季武子袭卞⑭，公欲还，出楚师以伐鲁⑮。荣成伯曰⑯："不可。君之于臣，其威大矣。不能令于国，而恃诸侯，诸侯其谁暱之⑰？若得楚师以伐鲁，鲁既不违夙之取卞也⑱，必用命焉，守必固矣。若楚之克鲁，诸姬不获阙焉⑲，而况君乎？彼无亦置其同类以服东夷⑳，而大攘诸夏，将天下是王，而何德于君，其予君也？若不克鲁，君以蛮、夷伐之㉑，而又求入焉㉒，必不获矣。不如予之。夙之事君也，不敢不悛㉓。醉而怒，醒而喜，庸何伤㉔？君其入也！"乃归。

【注释】

①襄公：鲁襄公（公元前572—公元前542年在位），鲁成公之子，名午。如楚，鲁襄公二十七年（公元前546年），由于宋国执政大夫向戌的斡旋，包括晋、楚

在内的诸侯各国在宋国结盟,故二十八年,襄公与宋公、陈侯、郑伯、许男去楚国朝见。

②汉:汉水。康王:楚康王(公元前559—公元前545年在位),楚共王之子,名昭。

③叔仲昭伯:鲁国大夫,叔仲惠伯(鲁庄公之弟叔牙之孙)之孙,名带。

④一人:指楚康王。

⑤名:名义。众:多,指楚国夺地多,兵甲众。

⑥子服惠伯:鲁国大夫,仲孙它(见《鲁语上》16注②)之子,名椒。姑:且。

⑦芈(mǐ米):楚姓。嗣:后嗣,这里指能继承先人事业的人。

⑧执政:当时楚国的执政者为令尹(相当于相国)薳罢(wěi pí尾皮)。

⑨其谁由己贰:意思是楚臣有谁肯在自己执政时而使诸侯对楚怀二心呢?

⑩说(tuō脱):通"脱"。解脱,除去。

⑪待:等待(来进攻者),等于说"防御"。

⑫走患:指返回鲁国是趋就祸患。

⑬方城:山名,在楚国北部边境。

⑭卞:鲁城邑名,在今山东省泗水县东。

⑮伐鲁:伐季氏,因此时季氏专鲁国政,故言伐鲁。

⑯荣成伯:又称荣驾鹅,叔肸(鲁宣公弟)之孙,子叔声伯之子,名栾,鲁国大夫。

⑰昵(nì逆):亲近。

⑱夙:季武子的名。

⑲诸姬:指和周同姓的诸侯。阚:同"窥"。

⑳无亦:也。同类:同姓。东夷:指齐鲁附近的化外小国。诸夏:指中原各国。

㉑蛮夷:指楚国。楚在南方,一向不臣服于周,中原各国虽畏楚兵威,但仍鄙视称为"蛮夷",楚掠夺诸侯时,也自称"蛮夷"。

㉒入:指回鲁国。

㉓悛:悔改。

㉔庸:用,因而。"醉而怒"三句,是比喻说襄公想借楚讨季氏,好比人喝醉了酒发脾气;现在能停止,好比酒醒了头脑清楚,也是让人高兴的,因而没什么关系。

【今译】

鲁襄公到楚国去朝见,到达汉水,听到楚康王的死讯,想要回去。叔仲昭伯说:"君主这次到楚国,不是为楚王一个人来的,是为了楚是大国有盟主的名义和它有辽阔的疆土、众多的武力啊。现在康王虽然去世,但盟主的名义没有变,他们众多的武力没有失败,为什么说要回去呢?"跟从的大夫都想要回去。子服惠伯说:"不知该怎么办才好,且跟着君主回去吧!"叔仲说:"您这次随同君主到楚国来,目的不是想为了个人求安身,是为了国家的利益,所以不怕劳苦路远来听从楚的命令;也不是因为楚国仁义,而是畏惧它的盟主名义和武力众多。那为了对方仁义而结交的,当然该庆贺他的喜乐而哀悼他的忧伤,何况是因为畏惧而服从的呢?畏惧楚国才去,听到楚王死又返回,楚国肯定会有继承人,难道谁还敢代替他主持丧事吗?康王的太子正当壮年,执政者也没有改变,我们为楚先君来,听到他死了就回去,谁敢说新君就不如旧君?在国中听到楚有丧还要前往吊丧,现在途中听到反而回去,谁会说这不是在轻视侮辱楚国?事奉自己的君主而担任执政的大臣,又有谁肯在自己执政时使诸侯敢对楚怀二心呢?楚国君臣为了除去那敢于侮辱本国的诸侯,采取的行动将比前人更厉害,这下子结的仇不更大了吗?楚国君臣要摆脱侮辱就不会示弱,执政大臣容不下怀二心的诸侯,带领着心怀大仇的楚人来威胁弱小的鲁国,谁敢说自己抵御得了?假如说听从君主而趋向祸患,就不如违背君主来避开灾难。况且聪明的人是考虑成熟然后采取行动,你们考虑过吗?有抵御楚国的办法而且有保住国家的准备,就可以这样;如果没有,不如仍去楚国吧。"于是继续前往。

回鲁国途中,到楚边境的方城,听到季武子袭取卞邑的报告。鲁襄公想转回楚国,求楚国出兵帮助自己讨伐季氏。荣成伯说:"不能这样。君主对于臣下,他的威望很重要。无法号令自己国内的大臣,而去仗恃诸侯的武力,诸侯还有谁来亲近您?假如您果真得到楚军的帮助来讨伐季氏,鲁国人当初没有违背季氏去袭取卞城,这次也必定是听从他命令的,现在坚守也会同心协力。假如楚国打胜了鲁国,其他姬姓诸侯国尚且不敢看上一眼,何况您呢?他也会安置自己的同姓在那里去征服东夷,而大肆侵夺中原各国,将天下归于他的统治之下,有什么好处到您面前,还会送给您吗?假如打不过鲁国,您曾经借用蛮夷的武力去征伐,过后又去要求回国,一定得不到同意。不如给季氏算了。季武子以后事奉君主,就不敢不悔改了。您好比喝醉了酒发脾气,酒醒了也高兴了,这又有什么关系?您还是进入鲁国吧?"鲁襄公于是回国。

## 5. 季冶致禄

【题解】

季冶受季武子蒙蔽,无意中欺骗了国君,听了荣成伯的话,对季武子专权鲁国的作为十分反感,于是归还采邑从此不再做官。

【原文】

襄公在楚,季武子取卞,使季冶逆①,追而予之玺书②,以告曰:"卞人将畔③,臣讨之,既得之矣。"公未言,荣成子曰:"子股肱鲁国,社稷之事,子实制之。唯子所利,何必卞?卞有罪而子征之,子之隶也,又何谒焉④?"子冶归,致禄而不出⑤,曰:"使予欺君,谓予能也⑥。能而欺其君,敢享其禄而立其朝乎?"

注释

①季冶:鲁国大夫,季氏的族人,《左传》称"公冶"。逆:迎。
②玺(xǐ 喜):印章,秦始皇以前尊卑都可称印章为玺。玺书,用印章按印在封好的书信上。杨伯峻《春秋左传注·襄公二十九年》:"古时无印泥,封识用印,先以泥封口,然后按印,……谓之封泥。"
③畔:通"叛"。
④隶:役,这里指职务范围内的事。谒:告。
⑤致:归。归禄:归还他的封邑。《左传·襄公二十九年》言:"公冶致其邑于季氏。"
⑥欺君:指季氏用玺书告鲁襄公言卞人将叛,实则是自己去占领。能:贤能。

【今译】

鲁襄公还在楚国时,季武子占领了卞地,派大夫季冶到边境迎接襄公,又追上去把用封泥加盖印章的书信交给季冶带去,在信上报告襄公说:"卞地的人要叛变,臣下去讨伐他们,已经得到了卞地。"襄公看了书信不说话,荣成子说:"您是鲁国的支柱,国家的大事,事实上是由您来控制。只要您认为是有利于国的,何必光是征讨卞地这事?卞人有罪您去征讨他们,这是您职务范围内的事,又何必来禀告呢?"季冶回去后,交还他的封邑，从此不再为官，说："派我去欺骗君主，还说我贤能。贤能的人却欺骗君主，我怎么还敢享受他的俸禄在朝廷做官呢？"

# 6. 叔孙穆子知楚公子围有篡国之心

【题解】

楚公子围（即后来的楚灵王）有不臣之心，诸侯国大夫在虢地会盟时，他按捺不住自己，居然摆出国君享受的排场。与会的蔡、郑、鲁三国大夫评论他，特别是鲁卿叔孙穆子，从公子围服饰过于华贵，并且让执戈的二卫兵侍立在前这些迹象，分析出他有篡国谋夺君位的野心，不会再进入大夫的行列了。后来公子围果然杀了康王的儿子郏敖，自立为王。

【原文】

虢之会①，楚公子围二人执戈先焉②。蔡公孙归生与郑罕虎见叔孙穆子③，穆子曰："楚公子甚美④，不大夫矣，抑君也⑤。"郑子皮曰："有执戈之前，吾惑之⑥。"蔡子家曰："楚，大国也；公子围，其令尹也。有执戈之前，不亦可乎？"穆子曰："不然。天子有虎贲，习武训也⑦；诸侯有旅贲，御灾害也⑧；大夫有贰车，备承事也⑨；士有陪乘，告奔走也⑩。今大夫而设诸侯之服，有其心矣⑪。若无其心，而敢设服以见诸侯之大夫乎？将不入矣⑫。夫服，心之文也⑬。如龟焉，灼其中，必文于外⑭。若楚公子不为君，必死，不合诸侯矣"。公子围反，杀郏敖而代之⑮。

注释

①虢之会：鲁昭公元年（公元前541年），楚、晋、鲁、齐、宋、陈、蔡、郑、许、曹等诸侯国大夫在虢地会见，目的是重温鲁襄公二十七年（公元前546年）在宋国的会盟。虢即东虢，时为郑地，故城在今河南郑州市北古荥镇。

②楚公子围：楚共王之子，楚康王之弟，本名围，后更名虔，公元前541年杀楚王郏敖（楚康王之子，在位仅四年）自立，即楚灵王，在位十二年（公元前540—公元前529年）。虢之会时，公子围任楚令尹。二人执戈先焉：两个卫兵持戈在前护卫。这是国君的排场，故诸侯国大夫评论他。

③公孙归生:蔡国大夫,太师子朝之子,字子家,又称公子归生。罕虎:郑国上卿,郑穆公之子罕之孙,子展之子,字子皮,据《左传·襄公三十年》二十九年,郑子皮代父子展为上卿执政,次年授政子产(公孙侨),但位仍在子产之上。叔孙穆子:即鲁国上卿叔孙豹。

④美:指服饰华美。据《左传·昭公元年》,虢之会,"楚公子围设服(陈设国君的服饰)离卫(骊卫,即二卫兵执戈前卫)。"

⑤抑:相当于"或"。

⑥惑:疑怪。

⑦虎贲:官名,宫中卫戍部队的将领。《周礼·夏官》有虎贲氏,掌王出入仪卫之事,设"下大夫二人,……虎士八百人。"虎贲,即言如猛虎之奔走,故以勇猛之士为天子仪仗护卫。习武训:教习武事。因出为仪卫,居守宫门,所以教习武事。

⑧旅贲:护车的勇士。王及诸侯均设有,韦《注》说:"所以备非常,禁灾害也。"

⑨贰车:副车。据《礼记·少仪》:"上大夫五乘,下大夫三乘。"

⑩陪乘:即车右,车上负责安全保卫的力士。

⑪有其心:指有篡位之心。

⑫将不入矣:指公子围如果不被讨伐,也必定篡君位,不再入大夫之列。

⑬文:纹理。

⑭龟:龟卜。古人以龟为灵物,灼龟甲以裂出现纹路,以此占卜吉凶。

⑮郏敖:楚康王之子,名麇(jūn 军),《史记·楚世家》为"员"。"麇有疾,(公子围)入问王疾,缢而弑之。""葬王于郏,谓之郏敖。"郏,地名,在今河南郏县。敖,楚人称没有谥号的国君为敖。以上见《左传·昭公元年》。

【今译】

诸侯的大夫在虢地会盟,楚公子围的前面有两个执戈的卫兵侍立。蔡国大夫公孙归生与郑国上卿罕虎去会见叔孙穆子。穆子说:"楚公子的服饰很是华贵,不像大夫,或者倒像个君主了。"郑国子皮说:"有两个执戈的卫兵侍立在前面,我感到疑惑难解。"蔡国子家说:"楚,是个大国;公子围,是楚国的令尹。有执戈的卫兵侍立在前面,不也是可以的吗?"穆子说:"话可不能这么说。天子有虎贲,教授演习武功来保卫天子;诸侯有旅贲护车,是为了防御突发的灾祸;大夫有副车在后,是准备随时奉命办事;士有陪乘,可以往返传达使令。现在当大夫的陈饰起诸侯的服制来,说明他有想当诸侯的野心。如果没有这种不臣之心,他哪敢陈饰诸侯的服制来会见其他诸侯国的大夫呢?他准备不再进入大夫的行列了。服制,是心灵的纹理。好比龟甲,烧灼它的里面,坼裂有纹理在外面。如果楚公子当不上国君,必定是被杀,不会再以大夫的身份会合诸侯了。"公子围回到楚国,杀楚王郏敖而取代他做了楚王。

# 7. 叔孙穆子不以货私免

【题解】

本文写叔孙穆子以国家利益为重,在虢地诸侯大夫会盟时,甘冒生命危险,不肯用行贿的手段为自己免祸;回国后,对权臣季武子,能忍小忿顾大局。作者通过两个小故事,赞扬了叔孙穆子"虽死于外,而庇宗于内"的爱国精神,以及能"免大耻,忍小忿"的大智大勇。

【原文】

虢之会,诸侯之大夫寻盟未退。季武子伐莒取郓①。莒人告于会,楚人将以叔孙穆子为戮②。晋乐王鲋求货于穆子③,曰:"吾为子请于楚。"穆子不予。梁其胫谓穆子曰④:"有货,以卫身也。出货而可以免,子何爱焉?"穆子曰:"非女所知也。承君命以会大事⑤,而国有罪,我以货私免,是我会吾私也。苟如是,则又可以出货而成私欲乎?虽可以免,吾其若诸侯之事何?夫必将或循之⑥,曰:'诸侯之卿有然者故也'。则我求安身而为诸侯法矣。君子是以患作。作而不衷,将或道之⑦,是昭其不衷也。余非爱货,恶不衷也。且罪非我之由,为戮何害?"楚人乃赦之。

穆子归,武子劳之,日中不出⑧。其人曰⑨:"可以出矣。"穆子曰:"吾不难为戮,养吾栋也⑩。夫栋折而榱崩⑪,吾惧压焉⑫。故曰虽死于外,而庇宗于内⑬,可也。今既免大耻,而不忍小忿,可以为能乎?"乃出见之。

【注释】

①郓:莒国的城邑名。

②楚人:指上文提到的楚令尹公子围。
③乐王鲋:晋国大夫乐桓子,当时他作为晋正卿赵武(文子)的副手参加盟会。求货:索取贿赂。
④梁其胫:叔孙穆子的家臣。
⑤大事:指诸侯国会盟。
⑥循:此指仿效。
⑦衷:正派。道:导。
⑧日中不出:《左传·昭公元年》言"旦及日中不出",是从早晨等到中午叔孙豹都不出见。
⑨其人:据《左传》,为穆子的家臣曾阜。
⑩养:维护。栋:栋梁,比喻季武子,当时为鲁国正卿。
⑪榱(cuī 崔):椽子,放在檩子上架屋瓦的木条。
⑫压:笮(zé 责),即屋上铺的箔席,铺在椽上瓦下。
⑬宗:邦,即国家。

【今译】

　　在虢地的那次盟会,诸侯各国参加会见的大夫重温在宋的盟约还没有结束,季武子攻打莒国占据了莒的郓地。莒人向盟会报告,楚人准备将鲁国使臣叔孙穆子杀掉。晋国大夫乐王鲋向穆子索取贿赂,说:"我代您向楚国求情。"穆子不给。梁其胫对穆子说:"有财货,就是用来保护自己的。拿出贿赂就可以免于杀身之祸,您为什么吝惜它呢?"穆子说:"这就不是你懂得的道理了。接受了君主的命令来参加诸侯会盟的大事,现在国家有罪,我用贿赂免除个人的祸患,这说明我参杂了个人的目的。假如真像这样,说明拿出贿赂就可以达到个人目的了?虽然个人可以免于杀身之祸,但我们将怎么对待诸侯之间的大事呢?必定以后会有跟着这样做的,说是:'因为诸侯的卿有这样的先例啊'。那我为了寻求保自身,却给诸侯各国立了个行贿免罪的法规了。有道德的人所以害怕开这种头。开了头却不是正派的做法,以后有人还要照这样去做,那更表明这种做法不正派。我不是吝啬财物,是痛恨不正派。何况罪过不是我造成的,遭到杀害又有什么坏处呢?"楚人于是赦免了他。

　　叔孙穆子回到鲁国,季武子慰劳他,一直到中午他都不出来。他的家臣说:"可以出去了。"穆子说:"我不害怕被杀,正是为了维护国家的栋梁。栋梁摧折并且椽子崩坍,我害怕屋上的箔席也不能幸免。所以说就算死在国外,对内也要拼死庇护自己的国家,这才行。现今既然已经免受大的耻辱,却不忍受小的怨愤,可以算贤能吗?"于是出来见季武子。

## 8. 子服惠伯从季平子如晋

【题解】

晋是盟主,鲁是小国,在鲁、晋关系紧张时,鲁国大夫子服惠伯积极出谋献策,并且不顾个人安危,主动请缨,作为正卿季平子的副手前往参加会盟。当晋人扣押了季平子后,子服惠伯据理抗争,引证历史,说明鲁国是事奉晋国的诸侯中最尽力的,批评晋人这样做将"得蛮、夷而失诸侯之信",终于使晋国放了季平子,赢得了一次外交胜利。

【原文】

平丘之会①,晋昭公使叔向辞昭公②,弗与盟。子服惠伯曰:"晋信蛮、夷而弃兄弟③,其执政贰也④。贰心必失诸侯⑤,岂唯鲁然?夫失其政者,必毒于人,鲁惧及焉,不可以不恭。必使上卿从之。"季平子曰⑥:"然则意如乎!若我往,晋必患我,谁为之贰⑦?"子服惠伯曰:"椒既言之矣,敢逃难乎?椒请从。"

晋人执平子。子服惠伯见韩宣子,曰⑧:"夫盟,信之要也⑨。晋为盟主,是主信也。若盟而弃鲁侯,信抑阙矣。昔栾氏之乱,齐人间晋之祸,伐取朝歌⑩。我先君襄公不敢宁处,使叔孙豹悉帅敝赋⑪,踦跂毕行⑫,无有处人,以从军吏,次于雍渝⑬,与邯郸胜击齐之左⑭,掎止晏莱焉⑮,齐师退而后敢还。非以求远也⑯,以鲁之密迩于齐⑰,而又小国也;齐朝驾则夕极于鲁国⑱,不敢惮其患,而与晋共其忧,亦曰:'庶几有益于鲁国乎!'今信蛮、夷而弃之,夫诸侯之勉于君者,将安劝矣?若弃鲁而苟固诸侯,群臣敢惮戮乎?诸侯之事晋者,鲁为勉矣。若以蛮、夷之故弃之,其无乃得蛮、夷而失诸侯之信乎?子计其利者,小国共命⑲。"宣子说,乃归平子。

【注释】

①平丘之会:鲁昭公十年(公元前532年),鲁正卿季平子讨伐莒国占据了郠(gěng 梗)地(故地在今山东沂水县境),莒人向盟主晋国告状。昭公十三年(公元前529年),晋国会合诸侯讨伐鲁国,在平丘(卫国地名,在今河南封丘县东)会盟,晋侯不接纳鲁昭公参加,并扣押了季平子。

②晋昭公(公元前531—公元前512年在位):晋平公之子,名夷。叔向:即羊舌肸,晋国的上大夫。昭公:鲁昭公(公元前541—公元前510年在位),襄公之子,名裯(chóu 愁)。

③蛮夷:指莒人。兄弟:鲁人自指,因晋、鲁同为姬姓诸侯国。

④其执政贰也:晋侯的执政大臣有二心(偏袒莒国)。当时晋正卿为韩宣子,这里指在盟会上辅助晋侯实际主持盟会的元老重臣叔向。

⑤贰心必失诸侯:公序本无"必"字。

⑥季平子:季武子之孙,悼子之子,名意如,鲁国的正卿。

⑦患:加害。贰:副手。

⑧韩宣子:晋国正卿,韩献子之子,名起。

⑨要:症结,等于说"关键"。

⑩间:乘隙而入,俗语言"钻空子"。栾氏,晋大夫栾盈(栾黡之子),与正卿士匄(范宣子)结怨,并获罪于晋平公,出奔楚,自楚奔齐。公元前550年(鲁襄公二十三年),齐庄公谋以武力送栾盈回国,未果。秋,伐晋,攻占晋邑朝歌,鲁上卿叔孙豹曾率军救晋。事见《左传·襄公二十三年》。

⑪赋:兵。见《鲁语下》2 注⑦。

⑫踦跂(qī qí 期齐):脚跛行走不方便的样子。踦,跛脚。跂,多出的脚指。

⑬次:暂驻。雍榆:晋国地名,在河南浚县西南。

⑭邯郸胜:晋国大夫赵胜,赵旃之子,食采邯郸,故称邯郸胜。左:左军。

⑮掎(jǐ 挤):牵制。止:获。晏莱:齐国大夫,《左传》作"晏氂(máo 毛,又读 lí 离)。"

⑯求远:求远功。

⑰密:贴近。迩:近。齐鲁比邻,故言密迩。

⑱极:至。

⑲共:通"恭",恭敬。

【今译】

诸侯在平丘那次盟会,晋昭公派叔向去拒绝鲁昭公,不让他参加盟会。子服惠伯说:"晋国听信蛮、夷的诉说而拒绝兄弟的国家,它的执政大臣有二心偏袒莒国。有二心，必定会失掉诸侯的拥护，失掉的岂止是鲁国？那些政事上有失误的，必定要加害于人，鲁国害怕连累自己，不可以不恭敬。我国一定要派上卿随着去晋国谢罪。"季平子说："那么是我季孙意如去啦！如果是我去，晋国一定会加害于我，哪个给我当副手？"子服惠伯说："我子服椒既然说这个话，敢躲避灾难吗？椒请求跟从您去。"

　　晋国人拘押了季平子。子服惠伯求见韩宣子，说："结盟，信义是关键。晋国是盟主，应该是坚持信义的。如果诸侯结盟而不要鲁侯参加，信义就有缺欠了。当初栾氏作乱，齐国钻了晋国发生祸乱的空子，趁机用武力攻占了朝歌。我们鲁国的先君襄公不敢独自安居，派叔孙豹统领着敝国全部兵甲，步履艰难地完成了全部行军路程，没有一个人偷闲，都跟从着军中将吏，驻扎在雍渝，配合着邯郸赵胜出击齐国的左军，从后面堵截俘虏了齐国大夫晏莱，齐国军队撤退了我们才敢班师回国。并不是贪图远地出征会有什么好处，凭着鲁国与齐国比邻相近的关系，而我们又是小国；齐国人早上驾着兵车晚上就可以抵达鲁国，但我们不顾虑得罪齐国给自己造成的祸患，而与晋国共患难同忧戚，也认为：'或许将来晋国会有益于鲁国吧！'现在贵国听信蛮、夷而抛弃鲁国，那以后诸侯各国再想为您尽力的，将怎样勉励他们呢？如果抛弃鲁国确实可以团结诸侯，我们这些做臣下的敢害怕被杀掉吗？诸侯各国事奉晋国，鲁国是最尽力的了。假如仍因为蛮、夷告状的原因抛弃它，这岂不是得到蛮、夷而失掉诸侯之间结盟的信义吗？请您不妨比较这种种利害，我们小国恭敬从命。"韩宣子高兴了，于是放季平子回国。

# 9. 季桓子穿井获羊[①]

【题解】

　　这则小故事，旨在赞扬孔子的广闻博识。

【原文】

　　季桓子穿井[②]，获如土缶[③]，其中有羊焉。使问之仲尼曰[④]："吾穿井而获狗,何也?"对曰:"以丘之所闻,羊也。丘闻之:木石之怪曰夔、蝄蜽⑤,水之怪曰龙、罔象⑥,土之怪曰羵羊⑦。"

**注释**

①本文故事可参见《史记·孔子世家》及魏王肃《孔子家语注》。

②季桓子:季平子之子,名斯,鲁国正卿。

③如:疑是衍文。见清汪远孙《国语明道本考异》卷二。土缶(fǒu否):土瓦罐。

④仲尼:孔子(公元前551—公元前479年)的字,名丘,春秋后期鲁国伟大的思想家,教育家。据《史记·孔子世家》,鲁定公时,孔丘曾任鲁中都宰、司寇,不满执政大臣季桓子所为。《左传》《国语》都记有他的一些言行。

⑤木石:指山中。怪:因不常见,故称怪。夔(kuí奎):传说中山林里的精怪。韦《注》说:"或云:'夔,一足,越人谓之山缫,……富阳有之,人面猴身,能言'。"蝄蜽(wǎng liǎng 网两):又写作"魍魉,"古代传说中山林里的怪物。韦《注》说:"蝄蜽,山精,仿人声而迷惑人也。"

⑥龙:中国古代传说中的神兽,居水中,善变化,能兴云布雨。罔象:传说中的水怪。韦《注》:"或曰:'罔象食人,一名沐肿。'"

⑦羵羊:公序本作"坟羊"。韦《注》引唐固说:"羵羊,雌雄不成者也。"言此土中怪羊雌雄不分。

【今译】

季桓子家掘井,在土中挖到一只土瓦罐,里头有只像羊一样的怪物。派人去问孔仲尼说:"我们家掘井从土里挖得一只活狗,为什么?"回答说:"按我孔丘知道的,是羊。丘听说:山里的精怪叫夔、蝄蜽;水里的精怪叫龙、罔象;土中的精怪叫羵羊。"

# 10. 公父文伯之母对季康子问

【题解】

本文记公父文伯之母敬姜夫人与季康子的一段对话,她告诫身为执政大臣的侄孙,君子能辛劳,事业才能后继有人。

【原文】

　　季康子问于公父文伯之母曰①："主亦有以语肥也②。"对曰："吾能老而已③，何以语子。"康子曰："虽然，肥愿有闻于主。"对曰："吾闻之先姑曰④：'君子能劳⑤，后世有继'"。子夏闻之⑥，曰："善哉！商闻之曰：'古之嫁者，不及舅、姑⑦，谓之不幸。'夫妇，学于舅姑者也。"

**注释**

　　①季康子：季悼子曾孙，季桓子之子，名肥，鲁国正卿。公父文伯：季悼子之孙，公父穆伯之子公父歜（chù 触），鲁国大夫。母：公父穆伯之妻，即敬姜。
　　②主：古代大夫称主，其妻也可称为主。语：教导。
　　③能老：能敬奉上辈。
　　④先姑：死去的婆母。旧时丈夫之母称姑，死称先。
　　⑤能劳：能降低身份从事劳作。
　　⑥子夏：孔子的弟子，卜商，字子夏，卫人。
　　⑦舅：夫之父称舅，俗称公公。

【今译】

　　季康子问公父文伯的母亲说："您老人家有话教导我季孙肥吧。"回答说："我只不过能敬事老人而已，拿什么教导您？"康子说："虽然这样，肥愿意听您老的教导。"回答说："我听已去世的婆母这样说过：'君子能辛劳，他的后代就能连续做官。'"子夏听到后，说："说得好啊！我卜商听说：'古时出嫁的姑娘，来不及事奉公婆，这真叫不幸。'妇人，向公婆学到东西。"

# 11. 公父文伯饮南宫敬叔酒

【题解】

　　这一则小故事，赞扬敬姜夫人教子很严。

【原文】

　　公父文伯饮南宫敬叔酒①，以露睹父为客②。羞鳖焉③，小。睹父怒，相延食鳖，辞曰："将使鳖长而后食之。"遂出。文伯之母闻之，怒曰:"吾闻之先子曰④:'祭养尸⑤,飨养上宾。'鳖于何有?而使夫人怒也!"遂逐之。五日,鲁大夫辞而复之⑥。

> **注释**
> ①南宫敬叔:孟献子(仲孙蔑)之孙,孟僖子(仲孙貜)之子南宫说,鲁国大夫。
> ②露睹父:鲁国大夫。客:上客。
> ③羞:进献。
> ④先子:先舅,指故世的公公季悼子。
> ⑤养:供养,侍奉。尸:神主。古代祭祀时,用人代死者受祭,象征死者神灵,称尸,后世改用神位、画像。《公羊传·宣公八年》汉何休《注》:"祭必有尸者,节神也。礼,天子以卿为尸,诸侯以大夫为尸,卿大夫以下以孙为尸。"
> ⑥辞:请。

【今译】
　　公父文伯请南宫敬叔饮酒,尊露睹父为上宾。上菜时,进献给露睹父的鳖小些。睹父很生气,大家吃鳖的时候,他告辞说:"让鳖养大以后再来吃它。"于是就退席走了。公父文伯的母亲听到这件事后,生气地说:"我听过世的公公这样教导过:'祭祀时要最尊敬尸主,享宴时要最尊重上宾。'你献鳖用的是什么礼节?而使得上客这样生气啊!"于是把公父文伯赶出家门。过了五天,由于鲁国大夫说话求情才让他回家。

## 12. 公父文伯之母论内朝与外朝

【题解】
　　朝,即是厅堂。这则故事写敬姜夫人回答季康子的提问,解说从天子、诸侯到卿大夫,都是在外朝议国事,内朝处家政,而妇人只能在寝门之内治家务的古训,说明自己不肯在议事厅与人答话的原因,以赞美她处处严守封建礼法。

【原文】
　　公父文伯之母如季氏,康子在其朝①,与之言,弗应,从之及寝门②,弗应而入。康子辞于朝而入见,曰:"肥也不得闻命,无乃罪乎?"曰:"子弗闻乎？天子及诸侯合民事于外朝③，合神事于内朝④；自卿以下，合官职于外朝，合家事于内朝；寝门之内，妇人治其业焉。上下同之。夫外朝，子将业君之官职焉；内朝，子将庀季氏之政焉⑤，皆非吾所敢言也。"

**注释**

　　①朝：官府的大堂。古时卿大夫家议事办公的厅堂也叫朝，这里指内朝。相传周制天子诸侯皆有三朝。外朝一，内朝二，外朝为议政事之地。季氏为正卿，卿大夫家不当有外朝。故韦《注》："自其外朝也。"汪远孙《考异》卷二："当是'内'字之误。"
　　②寝门：即路门。古礼天子五门，诸侯三门，大府二门。最内面的门叫寝门，又称路门。以后泛指内室的门。
　　③民事：人事，即政事。外朝：在皋门之内，库门之外。
　　④神事：指祭祀。内朝：相对外朝而言。内朝有二：燕朝、治朝。在路门之内的叫燕朝，路门之外的叫治朝。关于外朝、内朝，可参见《周礼·秋官·朝士》及《礼记·玉藻》有关文字。
　　⑤庀（pǐ 匹）：治理。

**【今译】**

　　公父文伯的母亲到季孙肥家去，季康子在议事厅看见她，与她说话，不回答。跟着进入里面一直走到内厅门口，与她说话都不应，只顾自进去。季康子打发走家臣，赶紧入内室拜见她说："肥听不到您的教导，该不是有罪吧？"（敬姜）说："你没有听到过吗？天子及诸侯是在外朝考察办理政事，在内朝进行祭祀；从卿大夫以下，在外朝履行君主让办理的公事，在内朝与家臣处理家政；寝门以内，由妇人管理内部事务。自天子、诸侯到卿大夫上下都这样。那外朝，您应该准备履行君主交给的公务；内朝，您将治理季孙氏的家政，都不是我敢说话的地方。"

# 13. 公父文伯之母论劳逸

**【题解】**

　　敬姜夫人为了教育儿子，防止后代放纵腐化，对他讲述从天子到各级官员都要辛勤从政，劳动人民则要终日劳动的道理，强调劳动的重要,指出劳动的重要意义在于:"夫民劳则思,思则善心生。逸则淫,淫则忘善。"她反对好逸恶劳,怠惰放荡,并且身体力行,亲自劳作,作为一个贵族妇女,是难能可贵的。

她所说的"君子劳心,小人劳力,先王之训也",与《左传·襄公九年》知武子所说的"君子劳心,小人劳力,先王之制也",如出一辙,可说孟子提出的"劳心者治人,劳力者治于人",至少在春秋后期就已经有社会基础了。

【原文】

公父文伯退朝①,朝其母②,其母方绩。文伯曰:"以歜之家而主犹绩,惧忏季孙之怒也③,其以歜为不能事主乎!"

其母叹曰:"鲁其亡乎!使僮子备官而未之闻耶④?居,吾语女⑤。昔圣王之处民也,择瘠土而处之,劳其民而用之,故长王天下。夫民劳则思,思则善心生;逸则淫,淫则忘善,忘善则恶心生。沃土之民不材,逸也;瘠土之民莫不响义⑥,劳也。是故天子大采朝日⑦,与三公、九卿祖识地德⑧;日中考政,与百官之政事,师尹维旅、牧、相宣序民事⑨;少采夕月⑩,与太史、司载纠虔天刑⑪;日入监九御⑫,使洁奉禘、郊之粢盛⑬,而后即安。诸侯朝修天子之业命,昼考其国职,夕省其典刑⑭,夜儆百工⑮,使无慆淫,而后即安。卿大夫朝考其职,昼讲其庶政,夕序其业,夜庀其家事,而后即安。士朝受业,昼而讲贯⑯,夕而习复,夜而计过无憾,而后即安。自庶人以下,明而动,晦而休,无日以怠。

"王后亲织玄紞⑰,公侯之夫人加之以纮、綖⑱,卿之内子为大带⑲,命妇成祭服⑳,列士之妻加之以朝服㉑,自庶士以下㉒,皆衣其夫。社而赋事㉓,蒸而献功㉔,男女效绩,愆则有辟㉕,古之制也。君子劳心,小人劳力,先王之训也。自上以下,谁敢淫心舍力?今我,寡也,尔又在下位㉖,朝夕处事,犹恐忘先人之业。况有怠惰,其何以避辟!吾冀而朝夕修我曰:'必无废先人㉗。'尔今曰:'胡不自安。'以是承君之官,余惧穆伯之绝嗣也㉘。"

仲尼闻之曰:"弟子志之㉙,季氏之妇不淫矣。"

注释

①朝:朝堂,即外朝,国君与诸大臣办理政务的地方。

②朝:朝见,谒见尊长者也称朝。

③忏(gān 干):触犯。季孙:指当时鲁国的执政大臣季孙肥,他于季氏又为大宗(即嫡长房),有约束同宗族人的权力。

④僮子:年轻不懂事的孩子,这一意义后来写作"童"。备官:做官。这里有"只是充数"的意思。

⑤居:坐下。女:通"汝",你。

⑥响:同"向"。

⑦大采:五彩的礼服,指衮冕。朝日:祭祀朝拜日神。古时天子每年春分身着衮冕,举行祭日典礼。

⑧三公、九卿:见《周语上》3 注⑭。祖:熟习。地德:指土地生长万物,养育人民的作用。这里指农作物生长情况。

⑨师尹:大夫官。维:与、和。旅:众多的士。牧:州牧,治理一州的长官。相:国相。宣:普遍。

⑩少采:三彩礼服,指黼(fǔ 府)衣,衣上绘绣斧形,用黑与白丝线刺绣。黼服较衮冕低一等。夕月:古时天子在每年秋分夜里祭祀月神。

⑪太史:掌天文历法与记录史事的长官。载,据罗根泽、戚法仁《先秦散文选注》(作家出版社 1957 年版),"当为'栽',即灾字的篆文。'司载',就是'司灾'。"司灾,主管天文灾异的官。纠:恭敬。天刑:天象中吉凶的征兆。

⑫九御:即九嫔,宫中主管祭品和祭服的女官,实际也是天子的妾。

⑬禘:大祭,天子祭祀祖宗的大典。郊:郊祀,祭天地。粢盛(zī chéng 资成):装在祭器中供祭祀用的谷物。

⑭典刑:日常的刑法。

⑮百工:百官。

⑯讲贯:讲解学习。

⑰玄纮(dán 胆):黑色的丝绳。纮,古代帝王冠冕上用来系瑱(tiàn 掭,垂在两侧塞耳的玉)的带子。

⑱纮(hóng 洪):古代冠冕上的系带,用丝涤做成。延(yán 延):覆在冕上的黑布。

⑲大带:古代束在祭服上的黑色丝质的腰带。

⑳命妇:大夫的妻。祭服:祭祀用的礼服,以黑色为上衣,以浅绛色为下裙。

㉑列士:这里指上士。

㉒庶士:这里指下士。

㉓社:春分日祭土神。赋事:安排农桑一类生产事务。

㉔蒸:冬祭。献功:献上五谷布帛之类的劳动成果。

㉕愆(qiān 千):过失。辟(bì 必):罪过。

㉖下位：指下大夫的职位。
㉗而：同"尔"，你。修：警戒。先人：指公父穆伯，敬姜的丈夫，公父文伯的父亲。
㉘绝嗣：公序本作"绝祀"，义同。
㉙志：识记。

【今译】

公父文伯从朝廷回来，朝见他的母亲，他的母亲正在纺麻。文伯说："以我歜这样的人家，主母还要纺麻，害怕会触犯季孙氏的怒气，他会认为我不能很好地侍奉母亲吧！"

他的母亲叹息说："鲁国大概快要败亡了吧！让你这样不懂事的孩子当官，而你没听说过做官的道理吗？坐下，我来告诉你。从前圣贤的君王安置百姓，选择瘠薄的土地叫他们居住，让百姓辛勤劳作才好使用他们，所以能长久统治天下。那百姓劳苦就会想到节俭，想到节俭就能产生善心；安乐了就会放荡，一放荡就会失掉善心，失掉善心就会产生坏心。居住在肥沃的土地上的人不会成材，这是因为安乐的缘故；居住在贫瘠土地上的人没有不向往道义的，这是因为勤劳的缘故。因此天子每年在春分这一天，要穿上五彩的衮冕朝拜日神，与三公九卿学习了解土地上五谷的生长情况；中午考查政治，了解百官的日常政务，了解那些大夫官和很多的士、地方长官、国相等普遍安排治理百姓的事务；每年秋分这一天，天子要穿上三彩的黼衣夜间祭祀月神，与太史、司灾恭敬虔诚地观察星空中出现的吉凶的征兆；日落以后监督九嫔，让她们为禘祭和郊祭准备好整治的祭品，然后才去安歇。诸侯早上要处理天子下达的任务和命令，白天要考察自己邦国里的公务，傍晚要检查法令有无不当的地方，夜里要告诫百官，教育他们不要怠惰放荡，然后才去安歇。卿大夫早上要研究自己的本职工作，白天处理各种政事，傍晚要挨次检查自己经办的事务，夜里治理家中的私事，然后才能安歇。士人早上接受任命，白天学习处理，傍晚复习检查，夜里反省自己有无过失，没有可遗憾的，然后才敢安歇。从庶民百姓以下，天明开始干活，夜晚才能休息，没有一天可以怠惰的。

"王后要亲自织玄紞，公侯的夫人除了织玄紞外，还要织纮和綖，卿的妻子缝制大带,大夫的妻子做祭服,列士的妻子还要加做朝服,从庶士以下人的妻子,都要给丈夫做衣服。春耕祭祀土神时安排好农桑一类的生产事务,冬天蒸祭时献上五谷布帛之类劳动果实,男女尽力做出成绩,有过失就要加以处罚,这是古代就定下的制度。君子用心力,小人用劳力,这是先王留下的法则。从上到下,谁敢懈怠不出力?现今我是个寡妇,你又处在下大夫的职位,从早到晚认真地办事,还恐怕丢弃了先人的功业。何况已经有了怠惰的念头,还怎么能够避免处罚呢!我希望你早晚提醒我说:'一定不要荒废了先人的业绩。'你现在却说:'为什么不自己求安逸。'用这种态度来当国君的官,我真害怕穆伯的祭祀要被断绝了。"

仲尼听到敬姜说的这番话后说道:"弟子们要牢记住她的话,季氏家的妇人是不放纵享乐的。"

## 14. 公父文伯之母别于男女之礼

【题解】

这篇短文写敬姜夫人遵从男女有别的礼法,即使与晚辈交往,也不逾越这一礼教大防。

【原文】

公父文伯之母,季康子之从祖叔母也①。康子往焉,闱门与之言②,皆不逾阈③。祭悼子,康子与焉,酢不受④,彻俎不宴,宗不具不绎⑤,绎不尽饫则退⑥。仲尼闻之,以为别于男女之礼矣。

注释

①从祖叔母:祖父兄弟的妻子。季悼子为季康子的曾祖,为敬姜的公公。
②闱(wéi 伟):开。门:指寝门,即内室的门。
③阈(yù 玉):门槛。门下横木为内外之限,故又称门限。阈,又名梱(kǔn 捆),即《礼记·曲礼上》的"外言不入于梱,内言不出于梱"的"梱",这个意义后来都写作"阃"。
④酢(zuò 坐):指祭肉之类祭品。
⑤宗:宗臣,主持祭祀礼仪的人。绎(yì 亿):周称正祭后次日又祭为绎。韦

《注》说:"天子诸侯曰绎,以祭之明日;卿大夫曰宾尸,与祭同日。"

⑥饫(yù 欲):宴礼名。详见《周语中》6 注⑦。

【今译】

公父文伯的母亲,是季康子的堂叔祖母。康子去她家,她开着寝门与康子说话,两人都不踏过门限。祭祀悼子时,康子参加祭礼,献上祭肉时她不亲手接,撤下祭祀礼器后不与康子一道宴饮,主持祭祀的人没到场,她不参加次日的祭祀,祭祀完毕后饮酒,站立着吃喝的人没有全散她先退出。仲尼听到后,认为敬姜遵守男女有别的礼节。

# 15. 公父文伯之母欲室文伯

【题解】

本文写敬姜夫人为儿子定亲合于礼节法度。

【原文】

公父文伯之母欲室文伯①,飨其宗老②,而为赋《绿衣》之三章③。老请守龟卜室之族④。师亥闻之曰⑤:"善哉!男女之飨,不及宗臣;宗室之谋,不过宗人。谋而不犯,微而昭矣。诗所以合意,歌所以咏诗也。今诗以合室⑥,歌以咏之,度于法矣。"

### 注释

①室:妻,娶妻叫成室。
②宗:宗人,即宗臣,主持礼乐的族人。老:家臣。
③《绿衣》:《诗经·邶风》篇名。其第三章有"我思古人,俾无訧(yóu 尤)兮。"与下文"谋而不犯"义合。
④守龟:卜人,占卜者。族:姓。
⑤师亥:鲁国的乐师,亥是他的名。
⑥合:成就。

卷五 鲁语下 181

【今译】

　　公父文伯的母亲准备给文伯娶妻,设宴款待宗人和家臣,赋《诗》的《绿衣》第三章。室老请卜人占卜女家的族姓。乐师亥听到后说:"处理得好啊!男女都参加的享宴,不能与同族男子在一起吃喝;本族中商量大事,又必须与族人在一起。商量事情却没有违背礼教,通过赋诗来表明。诗意是谈古代贤人如何正室家之道,正合乎商量婚事的主旨,歌就是用来咏唱诗的。现在用诗来成就儿子的家室,用歌来咏唱,是合乎礼法的啊。"

## 16. 公父文伯卒其母戒其妾

【题解】

　　本文写敬姜夫人为美化儿子的德行,防止别人议论他是因女色而早死,严诫文伯的妾侍在哭丧时不许动真感情,要克制自己,"从礼而静"。孔子于是赞叹她有男子汉的智慧和精明。

【原文】

　　公父文伯卒,其母戒其妾曰:"吾闻之:好内①,女死之;好外,士死之。今吾子夭死,吾恶其以好内闻也。二三妇之辱共先祀者②,请无瘠色③,无洵涕④,无搯膺⑤,无忧容,有降服⑥,无加服⑦。从礼而静,是昭吾子也。"仲尼闻之曰:"女知莫若妇,男知莫若夫⑧。公父氏之妇智也夫!欲明其子之令德。"

注释

　　①好内:指宠溺妻妾。
　　②共先祀者:原明道本作"共先者祀",从公序本改。
　　③瘠(jí及)色:容貌毁损瘦削。
　　④洵涕:默默地流眼泪。
　　⑤搯(tāo 涛):叩,击。膺:胸。
　　⑥降服:降低一等的丧服。降,指轻于礼法规定。
　　⑦加服:提升一等的丧服。加,指重于礼法规定。
　　⑧女、男:均指未婚者。知,同"智"。

**【今译】**

　　公父文伯死了,他的母亲告诫文伯的侍妾说:"我听说:喜好内宠,是为女色而死;喜好外务,是大丈夫的死。现在我的儿子早死,我不愿人家说他死于女色传扬在外面。你们这些妇人在供奉先人的祭礼时要自己屈辱些,要求你们不要有过于悲伤而毁损的容貌,不要默默地流眼泪,不要拍着胸号哭,不要有忧戚的面容,服丧轻于礼法的规定,不要比礼法规定的还隆重。安安静静地随着行礼,这就是在表扬我儿子的德行了。"仲尼听到后说:"处女的智慧不如妇人,童男的智慧不如丈夫。公父氏家这个妇人的智慧是丈夫的智慧啊!她的目的是向外界表明自己儿子的美德。"

# 17. 公父文伯之母朝暮之哭

**【题解】**

　　妇人中年丧夫,晚年失子,本就很不幸。敬姜夫人连哭也要恪守礼法,就不是人情之常了。

**【原文】**

　　公父文伯之母朝哭穆伯①,而暮哭文伯。仲尼闻之曰:"季氏之妇可谓知礼矣。爱而无私,上下有章。"

**注释**

　　①朝哭穆伯:《礼记·坊记》:"寡妇不夜哭。"故哭丈夫只能早上哭,表明是远情欲。

**【今译】**

　　公父文伯的母亲早上哀哭丈夫穆伯,而晚上哀哭儿子文伯。仲尼听到后,说:"季氏家的妇人可说是懂得礼法的。爱自己的丈夫、儿子却没有私欲,哀哭他们时合乎上下尊卑的礼法。"

# 18. 孔丘论大骨

【题解】

　　本文写孔丘回答吴王使者关于大骨的疑难,与下文同是借僻事答疑,赞颂孔子的学贯古今,广闻博识而又娴于辞令。

【原文】

　　吴伐越,堕会稽①,获骨焉,节专车②。吴子使来好聘③,且问之仲尼,曰:"无以吾命。"宾发币于大夫,及仲尼,仲尼爵之④。既彻俎而宴,客执骨而问曰:"敢问骨何为大⑤?"仲尼曰:"丘闻之:昔禹致群神于会稽之山,防风氏后至⑥,禹杀而戮之⑦,其骨节专车,此为大矣。"客曰:"敢问谁守为神?"仲尼曰:"山川之灵,足以纪纲天下者⑧,其守为神;社稷之守者,为公侯。皆属于王者。"客曰:"防风何守也?"仲尼曰:"汪芒氏之君也,守封、嵎之山者也⑨,为漆姓⑩。在虞、夏、商为汪芒氏,于周为长狄,今为大人。"客曰:"人长之极几何?"仲尼曰:"僬侥氏长三尺,短之至也⑪。长者不过十之,数之极也。"

注释

　　①吴伐越堕(huī灰)会稽:鲁哀公元年(公元前494年),吴王夫差在夫椒打败越王勾践,勾践退守会稽山,吴军围城并毁城而入,越派大夫文种通过吴太宰伯嚭求和,双方媾和后吴退兵。堕:"同"隳",毁坏。
　　②节:指骨一节。专车:满载一车。
　　③吴子:即自称吴王的夫差(公元前495—公元前473年在位),周太王(周文王祖父)之子太伯之后,阖庐之子。好聘:重修旧好的聘问。
　　④爵之:用爵盛酒酬谢宾客。
　　⑤骨:这里指肴烝宴席上的肉骨头。
　　⑥防风氏:古国汪芒的君主。
　　⑦戮:陈尸示众。
　　⑧纪纲:治理。
　　⑨封:封山。嵎(yú愚):嵎山。封嵎二山实为一山,在今浙江省德清县东。
　　⑩漆:汪芒氏的姓。

⑪僬侥(jiāo yá 交尧):古代传说中的矮人国名。后即用来指西南少数民族,故韦《注》:"僬侥,西南蛮之别也。"

**【今译】**

　　吴国征伐越国,毁坏会稽城,得到大骨,一节骨就满载一车。吴子夫差派使臣到鲁国聘问重温以前的友好,让使臣问孔子这事,说:"不要用我的命令。"吴国使臣赠送礼物给鲁国大夫,到孔子名下,孔子用爵敬来宾的酒。宾主献酢礼毕,在宴席上,吴国使者手拿桌上的一节骨头问孔子说:"不敢请教什么骨最大?"孔子回答说:"丘听说:当初大禹王在会稽山召集天下各国的君主,防风氏晚到,大禹把他杀了陈尸示众,他的骨头大到一节就装满一车。这就是那大的了。"客人问:"不敢请教谁可以是天下的主宰?"孔子说:"山川的灵秀精华,才能完全胜任治理天下的,是掌管山川的主宰;社稷的掌管者,是公侯。他们都统属于帝王。"客人问:"防风氏是什么地方的掌管者?"孔子说:"他是汪芒国的君主,统治封山、嵎山的人,为漆姓。在虞、夏、商时叫汪芒国,在我周初年叫长狄,现在就是人们称的大人国。"客人问:"人的个子长短最大限度是多少?"孔子说:"僬侥氏的人身高只有三尺左右,是最矮的。高个子的人大概十尺长,是最高的限度了。"

# 19. 孔丘论楛矢

**【题解】**

　　本文借孔子议论北方民族肃慎氏箭矢的事,表现出这位大学问家学识广博,于古代典制职贡、史事掌故无不通达。

**【原文】**

　　仲尼在陈,有隼集于陈侯之庭而死①,楛矢贯之,石砮,其长尺有咫②。陈惠公使人以隼如仲尼之馆问之。仲尼曰:"隼之来也远矣!此肃慎氏之矢也③。昔武王克商,通道于九夷、百蛮④,使各以其方贿来贡⑤,使无忘职业。于是肃慎氏贡楛矢、石砮,其长尺有咫。先王欲昭其令德之致远⑥,以示后人,使永监焉⑦,故铭其栝曰'肃慎氏之贡矢'⑧,以分大姬,配虞胡公而封诸陈⑨。古者,分同姓以珍玉,展亲也⑩;分异姓以远方之职贡,使无忘服也。故分陈以肃慎氏之贡。君若使有司求诸故府⑪,其可得也。"使求,得之金椟⑫,如之。

### 注释

①隼(sǔn 笋):一种凶猛善飞的大鸟,即鸷(zhì 至)鸟,雕属猛禽。陈:国名,妫姓,国在今河南淮阳及安徽亳县一带。据《史记·陈杞世家》,陈湣公在位时,孔子在陈。本文则记为陈惠公时。
②楛矢:楛木做杆的箭。砮(nǔ 努):石制箭镞。咫(zhǐ 旨):周时八寸为咫。
③肃慎氏:古时北方民族名,唐虞时称忽慎,周时称肃慎,为女真族的祖先。
④九夷:夷为东方少数民族的统称,据说东夷有九国。《后汉书·东夷传》:"夷有九种曰:犬夷、於夷、方夷、黄夷、白夷、赤夷、元夷、风夷、阳夷。"百蛮:指南方少数民族,据《诗经·大雅·韩奕》《毛传》,南方有蛮服的百国。
⑤方贿:地方所贡的财物土产。
⑥致远:使远方民族归服。
⑦监:视。
⑧铭:刻。栝(guā 瓜):箭末扣弦处。
⑨大姬:周武王长女。虞胡公:传说为舜帝之后,封地在陈。均可详见《周语中》1注⑳。
⑩展:重。展亲,使亲者更亲。古时分同姓以珍玉展亲也,《尚书·旅獒》:"分宝玉于伯叔之国,时庸展亲。"如《左传·定公四年》言:"(成王)封鲁公以夏后氏之璜。"
⑪故府:旧府藏。
⑫金椟:用金带缠饰的柜子,即金匮。

### 【今译】

孔子在陈国时,一只大雕落在陈侯的庭苑中一直到死,一支楛木做杆的箭贯穿了它,石制的箭镞长一尺八寸。陈惠公派人拿着这只大雕到孔子住的宾馆去请教这事。孔子说:"这只大雕的来路可远啦!这是肃慎氏的箭矢啊。当初周武王战胜了商纣王,开辟了通往东边九夷、南边百蛮的道路,让这些化外附庸国带着各自的财宝土特产来进贡天朝,使他们不忘记自己的职业。于是肃慎氏进贡楛木做杆的箭、石制的箭镞,它的长有一尺八寸。先王为了昭明天朝具有使远方归服的美德,用来告诉后人,使永远能看到,就在箭的末端刻上铭文'肃慎氏进贡的箭矢',把它分给大姬,将大姬婚配虞胡公封在陈地。古时,天子赏赐给同姓是用珍宝珠玉,这使亲者更亲;赏赐给异姓诸侯远方进贡的财物土产,使他们不忘自己分内臣服的职责。所以分给陈国的是肃慎氏进贡的箭矢。君主如果让主管的官员去找旧府藏,这箭矢一定可以找到。"陈侯派人去寻找,从一只金柜中得到它,上面果然如孔子所说刻有铭文。

# 20. 闵马父笑子服景伯

【题解】

中华民族自古以来就以谦恭为美德,本文通过鲁国大夫闵马父对《商颂·那》末章的诠释,归结到对"恭"字的理解,说明笑的就是子服景伯的不恭。

【原文】

齐闾丘来盟①,子服景伯戒宰人曰:"陷而入于恭②。"闵马父笑③,景伯问之,对曰:"笑吾子之大也。昔正考父校商之名颂十二篇于周太师④,以《那》为首⑤,其辑之乱曰⑥:'自古在昔,先民有作。温恭朝夕,执事有恪⑦。'先圣王之传恭,犹不敢专,称曰'自古',古曰'在昔',昔曰'先民'。今吾子之戒吏人曰'陷而入于恭',其满之甚也。周恭王能庇昭、穆之阙而为'恭'⑧,楚恭王能知其过而为'恭'⑨。今吾子之教官僚曰'陷而后恭'⑩,道将何为?"

:::注释:::

①闾丘:齐国大夫闾丘明。盟:结盟。此次结盟为鲁哀公八年。哀公五年,齐景公卒,幼子荼即位,庶子阳生出亡鲁国,次年派人杀荼回国即位,是为齐悼公。悼公在鲁出亡时,季康子以妹许配他,悼公即位后迎娶,季姬与季康子叔父私通,康子知道后不敢把她送给齐国。鲁哀公八年夏正月,齐悼公派大夫鲍牧率师讨伐鲁国,取二城。这年秋天鲁齐媾和,并互派使节结盟,齐大夫闾丘明来鲁结盟并迎季姬归齐。

②子服景伯:子服惠伯之孙,昭伯之子,名何,鲁国大夫。宰人:官吏的习称。陷:过失。

③闵马父:鲁国大夫。

④正考父:宋国大夫,孔子的先人。据《左传·昭公七年》:"正考父佐戴、武、宣,三命兹益共。"说正考父曾是辅助宋戴公、武公、宣公三朝的上卿而态度恭敬。《毛诗序》说:"微子至于戴公,其间礼乐废坏,有正考父者,得商颂十二篇于周之太师,以《那》为首。"现《诗经·商颂》只五篇。

⑤《那》:《诗·商颂》的首篇。

⑥乱:乐曲的最后一章,相当于"尾声"。

⑦自古在昔:《诗毛传》:"先王称自古,古曰在昔,昔曰先民。"即从古到远古。恪(kè 克):恭敬。

⑧周恭王:周昭王之孙,穆王之子,名繄扈。昭、穆之阙,指昭王南征溺死于汉水与穆王征犬戎是为王道失德的事,可参见《史记·周本纪》及杨伯峻《春秋左传注·僖公四年》有关文字。

⑨楚恭王(公元前590—公元前560年在位):楚庄王之子,名审。据《左传·襄公十三年》,恭王临终嘱死后谥己为"灵"或"厉",令尹子囊请谥为"恭"。又见《楚语上》2。

⑩官僚:这里指属下僚官。

## 【今译】

齐国大夫闾丘明来结盟,子服景伯告诫接待的官员说:"如果有过失,就表现出恭敬的样子。"闵马父听到后笑了,景伯问他为什么笑。回答说:"笑您的骄傲自满啊。当初宋国的正考父向周太师校勘商的名颂十二篇,以《那》为首篇,汇集成篇后的最末一章说:'从古时再往上到远古,先人举行祭祀的礼仪。早晚都那么温和而恭敬,执事更是恭敬荐饮食。'古时的圣王教导后人恭敬有礼,还不敢说首创于自己,称说接受于'自古',古时又称说接受于'在昔',在昔又称说接受于'先人'。而现在您却告诫办事人员说,'如果有过失就表现出恭敬的样子',这态度骄傲自满得过分。周恭王能庇护昭王、穆王的缺陷,所以谥为'恭';楚恭王能承认自己的过失,所以谥为'恭'。现在您教训下属说'有过失才表现出恭敬',那没有过失的恭敬该是怎样的呢?"

# 21. 孔丘非难季康子以田赋

## 【题解】

鲁哀公十二年(公元前483年),鲁国执政大臣季康子在税亩制的基础上,彻底废除公田制而用田赋。这样,有田人事实上要同时负担亩税和军赋,而国家也公开承认了土地的私有权,土地买卖自由,贫富分化加剧。在本文中,孔子称引周公制定的籍田法,反对季康子增收田赋,加重对农民的剥削,这与他"博施于民,而能济众"(《论语·雍也》)的行"仁"的政治主张是一致的。

【原文】

季康子欲以田赋①,使冉有访诸仲尼②。仲尼不对,私于冉有曰:"求来!女不闻乎?先王制土,籍田以力③,而砥其远迩④;赋里以入⑤,而量其有无⑥;任力以夫⑦,而议其老幼⑧。于是乎有鳏、寡、孤、疾,有军旅之出则征之⑨,无则已。其岁,收田一井,出稯禾、秉刍、缶米⑩,不是过也。先王以为足。若子季孙欲其法也,则有周公之籍矣⑪;若欲犯法,则苟而赋⑫,又何访焉!"

注释

①田赋:按田亩征收亩税和军赋。

②冉有:孔子弟子冉求,当时为季康子家臣。

③籍:税。籍田以力,把田亩登记入簿册是按劳动力的情况。故韦《注》引《汉书·食货志》说:"谓三十者受田百亩,二十者五十亩,六十还田也。"

④砥:平衡。砥其远迩,平衡远近的差别。《周礼·地官·载师》:"近郊十一,远郊二十而三,甸、稍、县、都皆无过十二也。"即抽税不超过收成的十分之二,因近郊力役多,而远郊较少,所以用远郊税稍重来平衡负担。

⑤赋:税。里:商贾聚居的区域。

⑥量其有无:衡量商人的资金多少。《周礼·地官·载师》:"国宅无征(都市中民宅所出桑麻不征税),园壝(chán 缠)二十而一,漆林之征二十而五也。"

⑦力:徭役。夫:夫家,犹言男女。《周礼·地官·遂人》:"岁时登其夫家之众寡。"

⑧议其老幼:据《汉书·食货志》,古时徭役,老自七十以上,幼自十岁以下免除力役。

⑨有军旅之出:指应当服兵役及征用伕马的。

⑩一井:古代井田制,一夫受田百亩,《周礼·地官·小司徒》:"九夫为井。"稯(zōng 宗):量词,一稯等于六百四十斛。禾:粟,即小米。秉:量词,计量禾把的单位。《仪礼·聘礼》:"十斗曰斛,十六斗曰籔(shù 树),十籔曰秉。"刍(chú 除):

这里指喂牲畜的粮食。缶(fǒu 否):容量单位,一缶等于十六斗。

⑪籍:指周公制定的籍田法,即田税法。

⑫苟:苟且,有胡乱整之意。据《左传·哀公十一、十二年》季康子不听孔子的意见,最终用田赋。

## 【今译】

季康子想要按田亩增收赋税,派冉有去征求孔子的意见。孔子不回答,私下对冉有说:"冉求你过来!你没有听说过吗?先王制定土地的法度,把田亩登记入簿册是按劳动力的实际情况来分配,抽取赋税时要平衡田地远近的差别;商贾的赋税要按其营业额的收入,还要衡量其资金的多少来决定;摊派徭役以一家男女有多少进行登记,再考虑免除老人、幼童的力役。这样还有丧偶的鳏夫、寡妇、无父母的孤儿、丧失劳动力的残疾人的赋税,国家有战争时征收,和平时期就停止征收。在征收这些人的赋税那一年,收九百亩田地的赋税,该出六百四十斛小米、一百六十斗牲畜饲料、十六斗稻米,不能超出这个数。先王认为这样就足够供给国家的财用了。如果季孙先生准备按法度办事,有周公制定的籍田法在;假如他打算违犯周公定的法规办事,就胡乱去征收赋税好了,又何必征求什么意见呢?"

# 卷六 齐语

## 1. 管仲对桓公以霸术

【题解】

　　管仲是历史上的名相,齐桓公能成为春秋五霸之首,主要是得力于他的辅佐。本文写由于鲍叔牙的竭诚推荐,桓公不计管仲射钩之恨,起用他为国相,见面之初,就向他虚心求教振兴齐国的办法。管仲以他那大政治家的胸襟和才干,向桓公直陈治国方略,提出以立法治民为根本,采取"定民之居",使百姓各安其业的政策,使社会安定;为建立强大的军事力量,采取"寓兵于民"的政策,把都城和郊县组织起来,居民组织和军队编制一致,使"隐军令于国政",这样就可征服诸侯称霸天下。

【原文】

　　桓公自莒反于齐①,使鲍叔为宰②。辞曰:"臣,君之庸臣也。君加惠于臣,使不冻馁,则是君之赐也。若必治国家者,则非臣之所能也。若必治国家者,则其管夷吾乎③。臣之所不若夷吾者五:宽惠柔民④,弗若也;治国家不失其柄⑤,弗若也;忠信可结于百姓,弗若也;制礼义可法于四方,弗若也;执枹鼓立于军门⑥,使百姓皆加勇焉,弗若也。"桓公曰:"夫管夷吾射寡人中钩⑦,是以滨于死⑧。"鲍叔对曰:"夫为其君动也⑨。君若宥而反之⑩,夫犹是也。"桓公曰:"若何?"鲍子对曰:"请诸鲁。"桓公曰:"施伯,鲁君之谋臣也⑪,夫知吾将用之,必不予我矣。若之何？"鲍子对曰："使人请诸鲁，曰：'寡君有不令之臣在君之国⑫，欲以戮之于群臣，故请之。'则予我矣。"桓公使请诸鲁，如鲍叔之言。

庄公以问施伯⑬，施伯对曰："此非欲戮之也，欲用其政也。夫管子，天下之才也，所在之国，则必得志于天下。令彼在齐，则必长为鲁国忧矣。"庄公曰："若何？"施伯对曰："杀而以其尸授之。"庄公将杀管仲，齐使者请曰："寡君欲亲以为戮，若不生得以戮于群臣，犹未得请也⑭。请生之。"于是庄公使束缚以予齐使，齐使受之而退。

比至，三衅、三浴之⑮。桓公亲逆之于郊，而与之坐而问焉，曰："昔吾先君襄公筑台以为高位⑯，田、狩、毕、弋⑰，不听国政，卑圣侮士，而唯女是崇。九妃、六嫔⑱，陈妾数百，食必粱肉，衣必文绣。戎士冻馁，戎车待游车之裂⑲，戎士待陈妾之余。优笑在前⑳，贤材在后。是以国家不日引，不月长。恐宗庙之不扫除，社稷之不血食㉑，敢问为此若何？"管子对曰："昔吾先王昭王、穆王，世法文、武远绩以成名，合群叟，比校民之有道者，设象以为民纪㉒，式权以相应㉓，比缀以度㉔，䎸本肇末㉕，劝之以赏赐，纠之以刑罚，班序颠毛㉖，以为民纪统。"桓公曰："为之若何？"管子对曰："昔者，圣王之治天下也，参其国而伍其鄙㉗，定民之居，成民之事，陵为之终㉘，而慎用其六柄焉㉙。"

桓公曰："成民之事若何？"管子对曰："四民者㉚，勿使杂处，杂处则其言哤㉛，其事易。"公曰："处士、农、工、商若何？"管子对曰："昔圣王之处士也，使就闲燕㉜；处工，就官府；处商，就市井㉝；处农，就田野。

"令夫士，群萃而州处㉞，闲燕则父与父言义，子与子言孝，其事君者言敬，其幼者言弟。少而习焉，其心安焉，不见异物而迁焉。是故其父兄之教不肃而成，其子弟之学不劳而能。夫是，故士之子恒为士。

"令夫工，群萃而州处，审其四时，辨其功苦㉟，权节其用，论比协材，旦暮从事，施于四方，以饬其子弟，相语以事，相示以巧，相陈以功。少而习焉，其心安焉，不见异物而迁焉。是故其父兄之教不肃而成，其子弟之学不劳而能。夫是，故工之子恒为工。

"令夫商，群萃而州处，察其四时，而监其乡之资，以知其市之贾㊱，负、任、担、荷㊲，服牛、轺马㊳，以周四方，以其所有，易其所无，市贱鬻贵㊴，旦暮从事于此，以饬其子弟，相语以利，相示以赖㊵，相陈以知贾。少而习焉，其心安焉，不见异物而迁焉。是故其父兄之教不肃而成,其子弟之学不劳而能。夫是,故商之子恒为商。

"令夫农,群萃而州处,察其四时,权节其用,耒、耜、枷、芟㊶,及寒㊷,击草除田㊸,以待时耕;及耕,深耕而疾耰之㊹,以待时雨;时雨既至,挟其枪、刈、耨、镈㊺,以旦暮从事于田野。脱衣就功,首戴茅蒲㊻,身衣裯襫㊼,霑体涂足㊽,暴其发肤,尽其四支之敏,以从事于田野。少而习焉,其心安焉,不见异物而迁焉。是故其父兄之教不肃而成,其子弟之学不劳而能。夫是,故农之子恒为农,野处而不暱。其秀民之能为士者,必足赖也。有司见而不以告,其罪五㊾。有司已于事而竣。"

桓公曰:"定民之居若何?"管子对曰:"制国以为二十一乡㊿。"桓公曰:"善。"管子于是制国以为二十一乡:工商之乡六[51];士乡十五[52],公帅五乡焉,国子帅五乡焉,高子帅五乡焉[53]。参国起案,以为三官[54],臣立三宰[55],工立三族[56],市立三乡[57],泽立三虞[58],山立三衡[58]。

桓公曰:"吾欲从事于诸侯,其可乎?"管子对曰:"未可。国未安。"桓公曰:"安国若何?"管子对曰:"修旧法,择其善者而业用之;遂滋民[59],与无财,而敬百姓,则国安矣。"桓公曰:"诺。"遂修旧法,择其善者而业用之;遂滋民,与无财,而敬百姓。国既安矣,桓公曰:"国安矣,其可乎?"管子对曰:"未可。君若正卒伍,修甲兵,则大国亦将正卒伍,修甲兵,则难以速得志矣。君有攻伐之器,小国诸侯有守御之备,则难以速得志矣。君若欲速得志于天下诸侯,则事可以隐令,可以寄政[60]。"桓公曰:"为之若何?"管子对曰:"作内政而寄军令焉。"桓公曰:"善。"

管子于是制国:"五家为轨,轨为之长;十轨为里,里有司;四里为连,连为之长;十连为乡,乡有良人焉[61]。以为军令:五家为轨,故五人为伍,轨长帅之[62];十轨为里,故五十人为小戎[63],里有司帅之;四里为连,故二百人为卒,连长帅之;十连为乡,故二千人为旅,乡良人帅之;五乡一帅,故万人为一军,五乡之帅帅之。三军,故有中军之鼓,有国子之鼓,有高子之鼓。春以蒐振旅,秋以狝治兵[64]。是故卒伍整于里,军旅整于郊。内教既成,令勿使迁徙。伍之人祭祀同福[65],死丧同恤,祸灾共之。人与人相畴[66],家与家相畴,世同居,少同游。故夜战声相闻,足以不乖;昼战目相见,足以相识。其欢欣足以相死。居同乐,行同和,死同哀。是故守则同固,战则同强。君有此士也三万人,以方行于天下[67],以诛无道,以屏周室[68],天下大国之君莫之能御。"

### 注释

①桓公:齐桓公(公元前685—公元前643年在位),名小白。周武王封太公望(即俗称之姜太公、姜子牙)于齐,曾都营丘(在今山东临淄县北)、薄姑(今山东博昌县东北)。周厉王时,齐献公迁都临淄,春秋时并国三十五,为山东大国。齐桓公为太公后人,齐僖公之子,襄公之弟。齐襄公时,政令无常,大臣怨怼,鲍叔牙预知齐将发生变乱,奉公子小白出奔莒国。齐国公孙无知(僖公同母弟夷仲年之子)杀襄公自立为君。管仲、召忽奉公子纠出奔鲁国。公元前685年,齐雍廪杀公孙无知,小白遂由莒返齐,鲁庄公也派人送公子纠回国,又派管仲带兵截击小白,在途中管仲射中小白的带钩,小白装死,暗自回国,当了国君,是为齐桓公。乾时之战,鲁败,齐桓公要求鲁人杀公子纠并拘捕召忽、管仲。鲁人杀公子纠,召忽自杀,管仲被囚送齐国,由于鲍叔牙力荐,齐桓公重用为相,齐遂为霸主。小白自莒返齐并乾时之战为公元前685年(鲁庄公九年)。以上并见《左传·庄公九年》及《史记·齐世家》。

②鲍叔:鲍叔牙,齐国大夫,姒姓之后。宰:太宰,辅助君主治理国家的官。

③管夷吾:即管仲,名夷吾,字仲,又称管敬仲,姬姓之后,齐桓公用为相。

④柔:安抚,怀柔。

⑤柄:权柄,这里意思是"根本"。

⑥枹(fú 浮):鼓槌。军门:营门。

⑦钩:衣带钩。

⑧滨:通"濒",近,临近。

⑨君:指管仲最初事奉的公子纠。劲:据汪远孙《考异》卷二引洪颐煊说:"'劲',当为'勤'字之误也",勤,劳苦。

⑩宥(yòu 又):赦免。

⑪施伯:鲁国大夫,鲁惠公之孙,施父之子。鲁君:指鲁庄公。

⑫不令之臣:不听从命令的臣子,即罪臣。

⑬庄公:鲁庄公(公元前693—公元前662年在位),姓姬名同,鲁桓公之子。

⑭犹未得请:即犹未得所请,等于没有达到请求。

⑮衅:用香熏身。衅,或作"薰"。

⑯襄公:齐襄公(公元前697—公元前686年在位),名诸儿,僖公之子,桓公之兄。

⑰田:打猎。狩:冬猎围守捕捉禽兽。毕(bì 毕):捕捉野兔山鸡的网。弋(yì 亦):用绳系在箭上射猎。

⑱妃:诸侯王的正妻。诸侯有九妃,超越礼制规定,说明荒淫。

⑲裹:当为"裂"。公序本作"裂",《考异》卷二引《太平御览》作"裂",因形近而误。裂,残破。

⑳优:俳(pái 排)优,古代以乐舞为业的艺人。
㉑血食:受祭祀。古时祭祀要杀牲取血,故称血食。
㉒设象:设象魏。象魏,宫廷外的阙门,又称象阙,古时在门上悬挂法律条文,称为象魏。《周礼·天官·大宰》:"乃悬治象之法于象魏。"
㉓式:使用。权:平均。
㉔比:韦《注》:"比其众寡"。缀:连接。比缀,指比较均衡人口的多少连接户口,把百姓组织起来。
㉕溥(zhuǎn 转):均等。肈:端正。
㉖颠:顶。毛:发。班序颠毛,按头发黑白排列顺序,即长幼有序。
㉗参:三。国:都城。参其国,即把都城划为三部分。伍:五。鄙:郊外。伍其鄙,即把乡村划为五部分。
㉘陵:坟墓。秦汉前庶人坟墓也称陵。
㉙六柄:掌握统治权的六种根本手段,指生、杀、贫、富、贵、贱。
㉚四民:指士、农、工、商。
㉛哤(máng 忙):言语杂乱。
㉜闲燕:清净。
㉝市井:做生意买卖的地方。《管子·小匡》:"处商必就市井。"
㉞萃:栖止。州:聚居。
㉟功:指质量坚美。苦:指质量粗恶。
㊱贾(jià 价):同"价",价格。
㊲负:用背揹。任:怀抱东西。担:肩挑。荷:肩扛。
㊳服:用牛驾车。轺(yáo 尧):用马拉的轻便小车。
㊴市:买。鬻(yù 育):卖。
㊵赖:赢余,利润。
㊶耒耜(lěi sì 磊伺):上古时翻土耕地的农具,耒是柄,耜是铲。枷(jiā 加):连枷,一种手工脱米粒的农具,公序本作"枷"。芟(shān 山):割草的大镰刀。
㊷寒:指大寒,二十四节气之一。
㊸槀(gǎo 搞):枯草。
㊹耰(yōu 优):古代碎土平田的农具,这里指用耰平整土地。
㊺枪:掘土除草的农具。刈(yì 艺):镰刀。耨(nòu):小手锄。镈(bó 搏):古代锄一类的农具。
㊻茅蒲:斗笠。
㊼袯襫(bí shì 博市):棕草竹叶做的蓑衣。
㊽霑:"沾"的异体字,浸湿。
㊾罪五:罪在五刑。五刑指墨、劓、刖、宫、大辟等五种轻重不等的刑法。

(50)乡：管仲制定二千家为一乡，二十一乡，共四万二千家，与周制不同。

(51)工商之乡六：工、商各三乡，这两种人不当兵。

(52)士：这里指军士。乡：这里指近郊的农人。士乡十五乡，军士与农人共十五乡，三万人，成为三军。

(53)国子、高子：即国氏、高氏，世代均为齐国上卿，由周天子任命。

(54)参：同“三”。案：界。参国起案，把国事划分为三部分（三个系统）。三官：指管理农、工、商的田师、器师、市师。

(55)三宰：三卿，掌管群众事务的官。

(56)三族：上面所言的工、商各三乡，各设属官。族，属。

(57)虞：官名，掌管川泽及其出产的官。

(58)衡：官名，掌管山林的官。

(59)遂：生育。滋：增加。

(60)隐令：隐匿军令。寄政：托于国政，为不使邻国察觉。

(61)良人：乡大夫。

(62)“五家为轨”三句：五家为一轨，是平时的居民组织。每家出一人，五人为一伍，出外作战时，轨长为伍长率领这五人。以下里、连类推。这就是把军队组织建立在居民组织中，平时为民，战时为兵，所谓的“隐令”、“寄政”。

(63)小戎：兵车，为里有司所乘，所以称小戎。春秋以前戎车一乘，有步卒七十二人，现在管仲改为五十人。

(64)蒐：春天打猎。振：整。狝：秋天打猎。

(65)福：指祭神的酒肉。恤：忧。

(66)畴：通“俦”，相处，交往。

(67)方行：横行。

(68)屏：屏藩，像屏一样遮护。

【今译】

齐桓公从莒国返回齐国当了国君后，任命鲍叔为太宰。鲍叔辞谢说：“臣下，只是君主的一个平庸的臣子。君主要施恩惠给我，使我不受冻挨饿，就是君主莫大的恩赐了。如果要治理国家，那不是我所能做到的。假如一定需要的是治理国家的人才，就只有管夷吾了。臣下不如管夷吾的有五点：宽和关怀百姓使他们能安居乐业，我不如他；治理国家不失掉根本，我不如他；用忠诚信义获得百姓的信任，我不如他；制定礼义规范成为全国的行为法则，我不如他；在营门击鼓指挥战争，使百姓都能勇气倍增，我不如他。”桓公说：“那管夷吾曾经射中我的衣带钩,使我差点送了命。"鲍叔回答说:"那是他为自己的主子勤苦效力。您如果能赦免他让他回齐国,他会用同样的忠心报答您。"桓公说:"怎样才能让他回来呢?"鲍子回答说:"请求鲁国把他还给我们。"桓公说:"施伯,是鲁君的谋臣。他知道我们准备重用管夷吾,一定不会送还我们的。到时又该怎么办?"鲍子回答说:"派人向鲁国请求,说'寡君有个罪臣在贵国,想要在群臣面前处死他,所以请求交给我们。'就会给我们了。"桓公派人请求鲁国送回管仲,完全照鲍叔的话去进行。

鲁庄公问施伯这事怎么处理,施伯回答说:"这绝不是打算杀掉他,是想任用他来执政。那管仲,是天下的大才,他辅助的国家,一定会成为天下的强国。如果让这人在齐国,将必然长久地成为鲁国的忧患。"庄公说:"那怎么办才好呢?"施伯回答说:"杀掉他把尸体还给齐国人。"庄公打算杀管仲,齐国使者请求说:"我国国君想要亲自杀死他,如果不能得到活的在群臣面前杀他来警众,还是没有达到我们的请求。请把活的还给我们。"于是鲁庄公让人捆绑好管仲交给齐使,齐使接受了管仲便离开了鲁国。

当管仲回到齐国,就为他熏香三次、沐浴三次。齐桓公亲自到效外去迎接他,同他坐在一起询问他治国的方略,说:"从前我们的先君襄公修筑高台显示自己的尊荣,打猎、围捕、捉兔、射鸟,不理国家政事,轻视圣人侮辱士子,而只喜好女色。有九嫔、六嫔、姬妾数百在他周围,吃的必定要美食佳肴,穿的必定要精工绣制的绫罗锦缎。前方的将士受冻挨饿,战车要等游车破旧了才拿来用,战士们吃的穿的是官中妾妇们的剩余。把供戏谑逸乐的优伶弄臣摆在前面,而把有用的人才置之脑后。因此使国家不能日有新进,月有发展。我忧虑宗庙都将要无人扫除,社稷也不能享受血祭。请教该怎样处理这些问题?"管子回答说:"从前我们的先王昭王、穆王,世代都效法文王、武王当时的业绩来建立功业。当前应当召集年高有德的人,而且比照考察出百姓中有道德的人,制定法律来作为人们行为遵循的准则,使用民力一定要做到平均适宜,用法度把百姓组织起来,先整齐根本再端正细节,用赏赐奖励善行,用刑罚纠正恶行,按年龄老少制定伦常次序,作为治理百姓的纲领。"桓公说:"应该怎样去做呢?"管子回答说:"从前,圣王治理天下的时候,是把国都划为三个部分而把乡村编制为五家一'伍'地组织起来,确定百姓的居住区域,以便发展他们各自的事业,陵墓是他们寿终正寝的归宿。并且要谨慎地使用生、杀、贫、富、贵、贱这六种权柄。"

桓公说:"怎样才能发展百姓的事业?"管子回答说:"士、农、工、商四种不同职业的人,不要让他们混杂居住,混杂居住就会出现各种言论,从而使他们自己的本业受到影响而经常改变。"桓公说:"怎样确定士、农、工、商的居住区域呢?"管子回答说:"从前圣王划定士的居住区域时,安置他们住在环境清净的地方;安置工匠,让他们住在官府作坊;安置商人,让他们住近街市;安置农民,让他们住在田野。

"叫那些士人,集中在一起居住,平时无事时父老之间谈论对人要讲信义,子弟之间谈论对老人要孝顺,事奉国君的谈论对国君要恭敬,年幼的谈论对兄长要尊敬。从小就跟着学习,他们的心是安定的,不会看到其他事物就见异思迁。因此,他们的父兄对子弟的教育不必严峻督促就能完成,他们的子弟学习不费多少力气就能学好。这样,士人的子弟就总是能长久保持士的职业。

"叫那些工匠,集中在一起居住,审察四季的不同需要,辨别器物的坚美粗恶,衡量估计它们的用途,选择比较材料的好坏,制造时适当调协,从早到晚做这些事,把制作的器具销往四方,用这些教诲他们的子弟,互相谈论的是这些事,互相观看手艺的精巧,互相展示自己的成品。他们的子弟从小就学习手艺,他们的心是安定的,不会看到其他事物就见异思迁。因此,他们的父兄教育子弟不必严峻督促就能完成,他们的子弟学习手工不费力气就能学好。这样,工匠的子弟就总是能长久保持工匠的职业。

"叫那些商人,集中在一起居住,审察四季的不同需要,观察本地的贵贱有无情况,了解当地市场的价格,然后背负、怀抱、肩担、人扛,用牛车,用轻便马车,贩运货物到四方,用本地有的,去交换当地缺乏的,贱买贵卖。从早到晚从事这个事情,用这来教育他们的子弟,互相谈论的是生财之道,互相显示自己的赢利所得,摆列商品互相了解物价。他们的子弟从小就学习做生意,他们的心是安定的,不会看到其他事物就见异思迁。因此,他们的父兄教育子弟不必严峻督促就能完成,他们的子弟学做生意不费力气就能学好。这样,商人的子弟就总是能长久保持商人的职业。

"叫那些农夫,集中在一起居住,审察四季适宜的农事,检查修理好需要的农具,比如翻土耕地的耒耜,割谷打场的镰刀、木枷,到大寒以后,要除掉枯草平整田地,等待立春以后翻地;到耕种时,要深耕细作然后立即把土耙平,等待春雨;春雨下过以后,要带上枪、镰刀、小锄头、大锄头,从早到晚在田野上侍弄庄稼。脱去上衣干农活,头上戴着斗笠,身上披着蓑衣,身体被雨水打湿,双足被泥水涂污,暴晒毛发皮肤,使尽四肢的力气,在田地里努力干活。他们的子弟从小就学习农艺,他们的心是安定的,不会看到其他事物而见异思迁。因此,他们的父兄教育子弟不必严峻督促就能完成,他们的子弟学习农艺不费力气就能学好。这样,农夫的子弟就总是能长久保持农夫的职业,住在乡村而不与其他人接近。他们当中优秀的人才能当士的,必定是靠真实才学出人头地。官吏发现这样的人而不报告,要受到五刑的罪罚。官吏必须办完推荐人才的事才可以安居。"

桓公问道:"划定百姓的居处该怎样做呢?"管子回答说:"把国都划分为二十一乡。"桓公说:"好。"管子于是把国都划分为二十一乡;其中工、商六乡:军士与农人十五乡。桓公统帅五乡,国子统帅五乡,高子统帅五乡。把国事划分为三个部分,设立管理农、工、商的三官。设立三卿管群臣,设立三个属官管工匠,设立三个乡官管商人,设立三个虞官主管川泽,设立三个衡官主管山林。

桓公问:"我想要讨伐不义的诸侯,这可以吗?"管子回答说:"还不行。国家还不够安定。"桓公问:"怎样才能使国家安定呢?"管子回答说:"要修整旧的法令,选择其中好的加以继承革新;繁殖并增加人口,救济贫困的人,让百官整肃尽职,就可以使国家安定。"桓公说:"就这样办。"于是整理旧的法令,选择其中好的加以继承革新;于是繁殖增加人口,救济贫困的人,让百官整肃尽职。国家就此获得了安定。桓公问:"国家安定了,大概可以从事讨伐诸侯的事了吧?"管子回答说:"还不行。您假如想要整顿军队,制造铠甲兵器,那其他大诸侯国也要整顿军队,制造铠甲兵器,那您就很难尽快满足自己的心愿了。您有攻城讨伐的器械,小国诸侯就有防御的准备,那您也就很难尽快满足自己的心愿了。您假如想尽快满足自己讨伐天下不义诸侯的心愿,那就应当把军令隐蔽起来,可以把它寄托在政事中。"桓公说:"该怎么做呢?"管子回答说:"治理国内的政务而把军令隐蔽在里面。"桓公说:"好。"

管子于是颁行治理国家的制度:"五家为一轨,每一轨由一人任轨长;十轨为一里,每一里由有司主管;四里为一连,每连设连长;十连为一乡,每乡设乡大夫。把以上的居民组织变为军事编制:五家为一轨,所以五人编为一伍,由轨长帅领;十轨为一里,所以五十人编为一小戎,由里有司帅领;四里为一连,所以二百人编为一卒,由连长帅领;十连为一乡,所以二千人编为一旅,由乡大夫帅领;五乡为一帅,所以一万人编为一军,由卿统帅。全国共三军,所以有国君中军传达号令的鼓,有国子传达号令的鼓,有高子传达号令的鼓。春天利用春猎整顿军队,秋天利用秋猎练兵。因此,军队在里中就已经编制成,军事活动在郊野中就已经训练好。通过内政教练好军队以后,下令不要更改。一个伍的人祭祀时,共享祭祀的酒肉,死亡丧葬时共同忧伤,天灾人祸大家共同承担。这些人之间平时密切交往,家与家之间相处密切,世世代代住在一起,人们从小在一起玩耍。所以夜晚作战彼此都熟悉对方的声音,不致发生误会;白天作战时眼睛看见,互相都很熟识。那种欢欣的感情使他们到死也会互相救助。和平时候共同欢乐,行军作战彼此感情和睦,死了人共同哀伤。所以防守时就都牢固不可破,攻战时就都勇敢顽强。君主如果有这样的二万将士,就可以横行天下所向无敌,用他们来诛讨不义的诸侯,用他们去保卫周王室,普天之下大国的国君没有能抵御的。"

## 2. 管仲佐桓公为政

【题解】

　　本文写齐桓公重视人才和人才的选拔,亲自考察任用贤能,建立"三选"的人事制度,各级官员都尽职尽责,使野无遗贤,士人都有志于建功立业,百姓都诚心学好。管仲又辅佐桓公治政,编制边邑的伍鄙,使层层有主管。

【原文】

　　正月之朝,乡长复事①。君亲问焉,曰:"于子之乡,有居处好学②、慈孝于父母、聪慧质仁、发闻于乡里者,有则以告。有而不以告,谓之蔽明,其罪五。"有司已于事而竣。桓公又问焉,曰:"于子之乡,有拳勇股肱之力秀出于众者③,有则以告。有而不以告,谓之蔽贤,其罪五。"有司已于事而竣。桓公又问焉,曰:"于子之乡,有不慈孝于父母、不长悌于乡里、骄躁淫暴、不用上令者④,有则以告。有而不以告,谓之下比⑤,其罪五。"有司已于事而竣。是故乡长退而修德进贤,桓公亲见之,遂使役官⑥。

桓公令官长期而书伐⑦,以告且选,选其官之贤者而复用之⑧,曰:"有人居我官,有功休德,惟慎端悫以待时⑨,使民以劝,绥谤言⑩,足以补官之不善政。"桓公召而与之语,訾相其质⑪,足以比成事⑫,诚可立而授之。设之以国家之患而不疚⑬,退问之其乡,以观其所能而无大厉⑭,升以为上卿之赞⑮。谓之三选⑯。国子、高子退而修乡,乡退而修连,连退而修里,里退而修轨,轨退而修伍,伍退而修家。是故匹夫有善,可得而举也;匹夫有不善,可得而诛也。政既成,乡不越长⑰,朝不越爵⑱,罢士无伍,罢女无家⑲。夫是,故民皆勉为善。与其为善于乡也,不如为善于里;与其为善于里也,不如为善于家。是故士莫敢言一朝之便,皆有终岁之计;莫敢以终岁之议,皆有终身之功。

桓公曰:"伍鄙若何⑳?"管子对曰:"相地而衰征㉑,则民不移;政不旅旧,则民不偷;山泽各致其时,则民不苟㉒;陆、阜、陵、墐、井、田、畴均,则民不憾㉓;无夺民时,则百姓富;牺牲不略,则牛羊遂㉔。"

桓公曰:"定民之居若何?"管子对曰:"制鄙㉕。三十家为邑,邑有司;十邑为卒,卒有卒帅;十卒为乡,乡有乡帅;三乡为县,县有县帅;十县为属,属有大夫。五属,故立五大夫,各使治一属焉;立五正,各使听一属焉㉖。是故正之政听属,牧政听县㉗,下政听乡㉘。"桓公曰:"各保治尔所,无或淫怠而不听治者!"

### 注释

①乡长:乡大夫,即上文提到的乡良人。复:禀告。据《周礼·地官·乡大夫》:"正月之吉,(乡大夫)受教法于司徒,退而颁之于其乡吏,使各以教其所治。以考其德行,察其道艺。"

②"有居处好学",《管子·小匡篇》作"有居处为义好学"。下文《桓公为政既成》也作"为义好学"。

③拳勇:勇力,武勇。

④上:指以君主为代表的朝廷。
⑤下比:在下面互相勾结。
⑥役:为,担任。
⑦官长:长官。期(jī基):一年。伐:功绩。
⑧选其官之贤者而复用之:《管子·小匡篇》作"选官之贤者而复之。"
⑨悫(què却):诚朴。
⑩绥:止息。
⑪訾:衡量。相:观察。
⑫比:辅助。
⑬患:祸难。疚:病,意为"为难"。
⑭厉:指"恶行"。
⑮赞:辅助,这里指助手。
⑯三选:指乡长推荐、长官选拔、桓公亲自考察这三层选拔。
⑰乡不越长:指乡里间按年龄,长幼顺序不相逾越。长,年长。
⑱朝不越爵:指朝廷任职按才能高下,不使不肖处上位、贤才处下位而相逾越。
⑲罢(pī疲):通"疲",病。指无德无行。无伍:没有人愿与他为伍。家:丈夫。
⑳伍鄙:见前篇注㉗。
㉑衰:差别。
㉒不苟:不苟得,不侥幸获得。
㉓陆:高平而有水源灌溉的土地。阜:无石的土山。陵:大的阜称陵。墐:古时九家一井,井间有水沟,沟上的道路叫墐。田:指种谷物的土地。畴:指种麻的地。
㉔略:夺取。遂:长。
㉕制鄙:上面所言为划定国都内的民居组织,这里所言为划定国都以外的民居组织。
㉖正:长。五正即五长。
㉗牧:指五属大夫。
㉘下:指县帅这一级。

【今译】

　　正月的吉日,乡大夫向朝廷述职。桓公亲自问他们:"在你们的乡,是否有平时勤奋好学、赡养孝顺父母、聪慧而本性仁厚、在乡里中美名远播的人,有这样的人就一定要报告。有人才而不推荐,这叫做埋没人才,要受到五刑的罪责处罚。"主管官吏必须办完推荐人才的事才可以退下。桓公又问他们,说:"在你们的乡,是否有武勇强悍而且胆力在公众中特别突出的人,有这样的人就一定要报告。有人才而不推荐,这叫做埋没人才,要受到五刑的罪责处罚。"主管官吏必须办完推荐人才的事后才可以退下。桓公又问他们,说:"在你们的乡,是否有不赡养孝顺父母、不尊重友爱父老乡邻、骄傲狂躁奸淫凶暴鱼肉乡里、不遵守朝廷的政策法令的人,有这样的人一定要报告。有坏人不报告,这叫做私下有勾结,要受到五刑的罪责处罚。"主管官员必须办完举报坏人的事才可以退下。因此,乡大夫回乡后就培养美德推荐人才,桓公亲自接见这些人,并让他们担任各种官职。

桓公命令各部门长官每年记载有功的人,向朝廷汇报以便从中进行选拔,选拔那种在自己的职位上工作出色的人而报告朝廷,说:"有这个人做我属下的某官,工作有成绩,德行又美好,对职务慎重严肃忠诚能按时完成,勉励百姓为政府服役,平息有破坏作用的诽谤,完全可以补足他所在的职务中不够完美的政令。"桓公亲自召见并与他面谈,衡量考察他的水平,认为完全可以辅助他的长官完成政务,确实可以升职的,提为大官处理政事。在审察时还用假设国家可能出现的大祸患问他,不致于为难得没有对策,下来还要向他的乡长调查了解,看他在哪方面有杰出才能,并且没有大过恶的,就升格担任上卿的助手。这就是"三选"的人事制度。国子、高子退朝后就治理自己帅领的五乡,乡长退下来就治理连,连长回来就治理里,里长回来就治理轨,轨长回来就治理伍,伍长回来就管好自己属下的五家人。因此,一般平民百姓有才德,可以得到举荐;一般平民百姓有过恶,可以及时受到惩治。治理政治成功,乡里百姓之间尊老爱幼不会犯上作乱,朝廷中的职位量才使用,无行无德的男子大家羞与为伍,无行无德的女子嫁不到丈夫。这样,所有百姓都互相勉励学好。与其在乡做好事,不如在里做好事;与其在里做好事,不如在家就学好。这样一来,士不敢考虑短浅的眼前利益,而都有一年的打算;不敢只考虑一年的计划,而都有一辈子建功立业的准备。

桓公问:"伍鄙怎么编制?"管子回答说:"估量土地的肥瘠而区别赋税轻重的征收,那百姓就不会随意迁移;政令不特殊对待亲朋故旧,那百姓就不会苟且;管川泽的官员严令遵守采捕山林水产的时节,那百姓就不会企图侥幸去获得；沃土、肥地、山地以及井沟上的道路、饮用的水井、种谷的田、种桑麻的地要分配平均，百姓就不会怨恨；不要抢夺农民耕种收获的时节，那百姓就富庶；不要随意征用牺牲，那牛羊就能很快生长繁殖。"

桓公问："划定百姓的居处该怎样做呢？"管子回答说："建立边邑。三十家为一邑，邑中设有司；十邑为一卒，卒中设卒帅；十卒为一乡，乡中设乡帅；三乡为一县，县中设县帅；十县为一属，属中设大夫。全国有五属，因此设立五个大夫，让他们分别治理一属；设立五长，让他们分别监察各属的政务。这样，五长的政务是听取五属大夫的治理情况，五属大夫的政务是听取县尹的治理情况，县尹的政务是听取乡帅的治理情况。"桓公说："让他们各自保证治理好自己的所属范围，不要有放纵懈怠和不服从治理的！"

## 3. 桓公为政既成

【题解】

本篇紧接上篇，写桓公听取边鄙各属主管官员的汇报，批评成绩小的，告诫他们不许怠惰失职，又要求他们推荐人才，举报坏人，使各级官吏兢兢业业，尽职尽责。由于治国有方，齐国开始强盛。

【原文】

正月之朝，五属大夫复事，桓公择是寡功者而谪之[1]，曰："制地、分民如一，何故独寡功？教不善则政不治，一再则宥[2]，三则不赦。"桓公又亲问焉，曰："于子之属，有居处为义好学、慈孝于父母、聪慧质仁、发闻于乡里者，有则以告。有而不以告，谓之蔽明，其罪五。"有司已于事而竣。桓公又问焉，曰："于子之属，有拳勇股肱之力秀出于众者，有则以告。有而不以告，谓之蔽贤，其罪五。"有司已于事而竣。桓公又问焉，曰："于子之属，有不慈孝于父母、不长悌于乡里、骄躁淫暴、不用上令者，有则以告。有而不以告，谓之下比，其罪五。"有司已于事而竣。五属大夫于是退而修属，属退而修县，县退而修乡，乡退而修卒，卒退而修邑，邑退而修家。是故匹夫有善，可得而举也；匹夫有不善，可得而诛也。政既成矣,以守则固,以征则强。

> 注释

①谪(zhé 哲):谴责,贬谪。
②宥:宽大处理。

【今译】

　　正月的吉日,五属大夫汇报政事处理情况。桓公挑出他们中成绩小的进行谴责,说:"划定的土地、分属的百姓都是一样的,为什么唯独你的成绩小?教导无方那政事就处理不好,一次两次就宽大处理,三次还这样就不赦免罪责了。"桓公又亲自问他们,说:"在你们的属中,是否有平时为人正义好学、赡养孝顺父母、聪慧而本性仁厚、在乡里中美名远播的人,有这样的人就一定要报告。有人才而不推荐,这叫做埋没人才,要受到五刑的罪责处罚。"主管官吏必须办完推荐人才的事才可以退下。桓公又问他们,说:"在你们的属中,是否有武勇强悍而胆力特别优秀出众的人,有这样的人就一定要报告。有人才不推荐,这叫做埋没人才,要受到五刑的罪责处罚。"主管官吏必须办完推荐人才的事才可以退下。桓公又问他们,说:"在你们的属中,是否有不赡养孝顺父母、不尊重友爱父老乡邻、骄傲狂躁、奸淫凶暴不遵守朝廷的政策法令的人,有这样的人一定要报告。有坏人不报告,这叫做私下有勾结,要受到五刑的罪责处罚。"主管官员必须办完举报坏人的事才退下。五属大夫于是回来就治理属,属大夫回来就治理县,县帅回来就治乡,乡帅回来就治理卒,卒帅回来就治理邑,邑有司回来就治理所属的三十家。因此,一般平民百姓有才德,可以得到举荐;有过恶,可以及时受到诛罚。政治治理成功,用来防守就牢不可破,用来征伐则强大无比。

# 4. 管仲教桓公亲邻国

【题解】

　　管仲辅佐桓公治理好齐国内政后,又为他制定亲近邻国的外交方针,采取归还侵地、划定疆界、加强聘问等一系列措施,达到睦邻友好。并且注意了解各诸侯国的情况,选择适当对象用兵征讨,有利对外决策。

【原文】

桓公曰:"吾欲从事于诸侯,其可乎?"管子对曰:"未可。邻国未吾亲也。君欲从事于天下诸侯,则亲邻国。"桓公曰:"若何?"管子对曰:"审吾疆场①,而反其侵地;正其封疆②,无受其资;而重为之皮币,以骤聘眺于诸侯③,以安四邻,则四邻之国亲我矣。为游士八十人④,奉之以车马、衣裘,多其资币,使周游于四方,以号召天下之贤士。皮币玩好,使民鬻之四方,以监其上下之所好⑤,择其淫乱者而先征之。"

注释

①审:研究审定。疆场:国界。
②封疆:指边境线。
③骤:驰骤,指车马频繁地往来。眺:通"覜(tiào 跳)"。诸侯聘问相见之礼,《周礼·春官·典瑞》"覜聘"《注》:"大夫众来曰覜,寡来曰聘。"
④为游士八十人:据《尔雅·释地》,古代中国分为九州,即冀、豫、雍、扬、兖、徐、幽、营、荆,"齐曰营州",故除掉齐以外,每州派游士十人。
⑤监:观察。上下:指君臣。这一句意思是玩器之类价格高昂,那说明该国奢侈;价格低贱,那说明该国节俭。

【今译】

桓公问:"我想要讨伐不义的诸侯,可以了吧?"管子回答说:"还不行。邻国还不来亲近我们。您如果打算做天下诸侯的霸主,首先要使邻近的国家亲近。"桓公问:"该怎样去做呢?"管子回答说:"审定我国的国界,归还侵占掠取的邻国的土地;确定边境的土地、山林、河流,不要掠夺邻国的资财;准备裘皮、缯帛之类丰厚的礼物,很快去聘问看望各国诸侯。用这些办法来安定四邻,那四邻的诸侯国就会来亲近我们了。组织游说之士八十人,给他们备好车马、皮衣,多带上财礼,让他们去周游四方,以召纳天下的贤士。准备些裘皮、缯帛、玩器,让人到四方去兜售,就可以观察到各国君臣上下的喜好,选择那种骄奢淫逸的就先征讨他们。"

# 5. 管仲教桓公足甲兵

【题解】

本篇写管仲为桓公解决齐国的武器装备问题,制定"轻过而移诸甲兵"的政策,变不利因素为有利因素,既缓解了国内矛盾,又使甲兵大足。

【原文】

桓公问曰:"夫军令则寄诸内政矣,齐国寡甲兵,为之若何?"管子对曰:"轻过而移诸甲兵①。"桓公曰:"为之若何?"管子对曰:"制重罪赎以犀甲一戟②,轻罪赎以鞼盾一戟③,小罪谪以金分④,宥间罪⑤。索讼者三禁而不可上下,坐成以束矢⑥。美金以铸剑戟,试诸狗马;恶金以铸鉏、夷、斤、斸⑦,试诸壤土。"甲兵大足。

【注释】

①轻过:轻罚罪过。移诸甲兵:移之于甲兵,即使人用甲兵赎其罪。
②重罪:死刑罪。犀甲:犀牛皮制的铠甲。戟:指车戟,用于前驱的兵车,上建有木柄(柲)长一丈六尺的戟(兵器,合戈矛为一体,可以直刺或横击)。
③轻罪:指五刑中的劓、刖之类刑罚。鞼(guì 贵)盾:饰有绣革的盾牌。
④小罪:指判不上五刑的罪。以金分:用金赎罪,有分两不等的差别,等于现在的罚金。罚金,古时有五等,见《尚书·吕刑》。
⑤宥:赦免。间罪:疑罪,处以五刑又有怀疑的嫌疑罪犯。
⑥三禁:拘禁三日。而不可上下:指当事人的讼词坚定不可移。坐:诉讼中双方质证。束矢:管仲以十二支弓矢为一束。这里指诉讼案情清楚后,就让双方在束矢下上堂,一人进入弓矢发射之下,说明理直有冤不怕死,一人不入说明理屈怕死,理屈就服罪,发射两矢即可明白,于是进行判决。
⑦恶金:指铁。鉏(chú 锄):即锄。夷:平,指可以削草平地的农具。斤:形似锄而小些。斸(zhú 竹):大锄头。

【今译】

桓公问道:"把军事准备隐蔽在内政事务中已经做到了,但齐国还缺少铠甲兵器,该怎么办呢?"管子回答说:"从轻判罪而让人拿出铠甲兵器赎罪。"桓公问："怎么去做呢?"管子回答说："判定死刑的用犀甲、车戟一副赎罪;其他犯轻罪的用饰有绣绘皮革的盾牌、车戟一副赎罪;够不上处五刑的小罪用多少不等的金钱赎罪;赦免够不上处罚金的罪人。为求得诉讼的真情实况,要拘禁当事人三天,审核他们的诉词,如果诉词坚定不可移的,就让双方在一束箭矢的发射下,上堂听取判决。质量上乘的金属用来铸造剑戟之类兵器,在狗马身上试它的锋利;质量粗恶的金属用来铸造钼、斤、斸之类农具,在田地里去试它的锋利。"这样一来,齐国的铠甲兵器非常充足。

# 6. 桓公帅诸侯而朝天子

【题解】

前几篇写齐桓公采用了管仲的治国方略,国内大治,甲兵充足。本篇写管仲辅佐桓公采取具体的外交措施,使四邻各国都亲近齐国后,桓公即大动干戈,南征北伐,东战西讨,使海内诸侯莫不臣服,又大会诸侯朝见周天子,他征服诸侯称霸天下的雄图终于得以实现。

【原文】

桓公曰:"吾欲南伐,何主①?"管子对曰:"以鲁为主。反其侵地棠、潜②,使海于有蔽,渠弭于有渚③,环山于有牢④。"桓公曰:"吾欲西伐,何主?"管子对曰:"以卫为主。反其侵地台、原、姑与漆里⑤,使海于有蔽,渠弭于有渚,环山于有牢。"桓公曰:"吾欲北伐,何主?"管子对曰:"以燕为主。反其侵地柴夫、吠狗⑥,使海于有蔽,渠弭于有渚,环山于有牢。"四邻大亲。既反侵地,正封疆,地南至于𬇙阴⑦,西至于济,北至于河,东至于纪酅⑧,有革车八百乘⑨。择天下之甚淫乱者而先征之。

即位数年,东南多有淫乱者,莱、莒、徐夷、吴、越⑩,一战帅服三十一国。遂南征伐楚,济汝,逾方城⑪,望汶山⑫,使贡丝于周而反。荆州诸侯莫敢不来服。遂北伐山戎⑬,刺令支、斩孤竹而南归⑭。海滨诸侯莫敢不来服。与诸侯饰牲为载⑮,以约誓于上下庶神,与诸侯戮力同心⑯。西征攘白狄之地⑰,至于西河⑱,方舟设泭⑲,乘桴济河⑳,至于石枕㉑。悬车束马,逾太行与辟耳之谿拘夏㉒,西服流沙、西吴㉓。南城于周㉔,反胙于绛㉕。岳滨诸侯莫敢不来服㉖,而大朝诸侯于阳谷㉗。兵车之属六㉘,乘车之会三㉙,诸侯甲不解累㉚,兵不解翳㉛,弢无弓㉜,服无矢㉝。隐武事,行文道,帅诸侯而朝天子。

> **注释**
> 
> ①主:指供给军队给养时的主人。
> ②棠:鲁邑名,在今山东鱼台县北。即《左传·隐公五年》"公将如棠观鱼"的棠邑。潜:鲁地名,在今济宁市西南,即《春秋·隐公二年》"公会戎于潜"的潜地。
> ③渠弭:小海。渚:水中的小块陆地,这里指沿海的小岛。
> ④牢:关养牲口的圈栏。这里指山里便于喂养牲口以供军队给养。
> ⑤台、原、姑、漆里:卫国的四邑。
> ⑥柴夫、吠狗:燕国的二邑。
> ⑦䦅(táo 陶)阴:地名,《管子·小匡》作"岱阴",可见在泰山北面。
> ⑧纪鄣(xī 西):春秋时为纪国之邑,《春秋·庄公三年》:"纪季以鄣入于齐。"则早已为齐邑。
> ⑨革车:重兵车。周制,革车一乘,带甲士步卒七十五人。管子之法,五十人为小戎,车八百乘当有四万人,与上言三军之数三万人不合,故韦《注》说:"车数多者,其副贰陪从之车也。或云:'八当为六。'"
> ⑩莱:莱夷,殷商时的古国,今山东黄县有莱子城,即为古莱国。莒:西周诸侯国名,在今山东莒县境。徐夷:徐州的夷人,古徐州夷在今江苏邳县境。
> ⑪方城:山名,在楚国北部边境。据杨伯峻《春秋左传注·僖公四年》引清姚鼐《左传补注》说:"楚方城据地甚远,居淮之南,江、汉之北,西逾桐柏,东越兴黄,止是一山,其间通南北道之大者,惟有义阳三关……然则方城连岭可七八百里矣。"
> ⑫汶山:楚境内山名,即今岷山,在今四川省茂县以远,绵亘二千里,故齐桓公未亲到,远望而祭祀。
> ⑬山戎:我国古代北方民族名,也叫北戎、无终,居于今河北省北部,春秋时代与齐、郑、燕等国境界相接,汉魏时名鲜卑。
> ⑭刜(fú 扶):击杀。令支:国名,《史记·齐世家》作"离枝",音同,山戎属国。孤竹:殷商时古诸侯国,后为山戎属国。
> ⑮饰牲:陈列牺牲。载:载书,即盟约。据《谷梁传·僖公九年》:"葵丘之盟,陈牲而不杀,读书,加于牲上。"
> ⑯戮力:并力。

⑰攘(rǎng 壤):侵夺。白狄:古代西北部民族的一种。
⑱西河:古称黄河上游南北流向的一段叫西河。
⑲方舟:把两条船并合在一起。泭(fú 付):木筏。
⑳桴(fú 浮):与泭都是用竹木编成的舟,大的叫泭,小的叫桴。济:渡。
㉑石枕:地名。在晋国境内。
㉒悬车束马:因太行山、辟耳山及拘夏谷均山险谷深,只能挂车(停车)不坐,束紧马肚带而登越。太行、辟耳为山名,拘夏为辟耳山的豁谷。
㉓流沙:指我国西部大沙漠,沙常因风而流动转移,故称流沙。西吴:古地名,与流沙均在雍州境。《管子·小匡篇》以"西吴"为国名,不知何据。
㉔城:指周都王城。城周,为周王城筑城墙。周室因襄王弟王子带作乱,与戎人征伐襄王,焚毁了王城东门。公元前647年(鲁僖公十三年),桓公派大夫仲孙湫会集诸侯勤王并为王增筑城墙。
㉕反:恢复。阼(zuò 坐):即阼土,古代帝王以土地赐封勋戚同姓,叫阼土。绛:晋国都。公元前651年(鲁僖公九年),晋献公卒,奚齐、卓子为大夫里克所杀,桓公率诸侯军队讨伐晋乱,并使大夫隰朋会秦师立晋公子夷吾为君(晋惠公)。反阼于绛,在绛城恢复晋侯的阼位。事见《左传·僖公九年》。
㉖岳:指北岳恒山。
㉗阳谷:齐邑名,在今山东省阳谷县北。
㉘兵车之属六:带着兵车举行过六次会盟。即公元前681年(鲁庄公十三年)诸侯会盟于齐地北杏,次年会盟于卫地鄄(juān 娟)城,第三年又会盟于鄄城,公元前659年(鲁僖公元年)会盟于宋地柽(chēng 称)邑,公元前647年(鲁僖公十三年)会盟于卫地咸邑,公元前644年(鲁僖公十六年)会盟于晋地淮邑,这六次诸侯盟都是为征讨之事,所以称兵车之会。
㉙乘车之会三:即不带兵、诸侯各穿命服会盟的衣裳之会有三次,指公元前657年(鲁僖公三年)的阳谷之会,公元前655年(鲁僖公五年)诸侯在卫地首止会周惠王世子郑(即后来的周襄王),公元前651年(鲁僖公九年)诸侯会盟于宋地葵丘,周襄王派宰孔赐齐桓公祭肉。
㉚累:盛放铠甲的器具,用绳索捆扎,所以称累。
㉛翳(yì 意):掩蔽物,这里指装兵器的器具或武库。
㉜弢(tāo 滔):弓袋。
㉝服:箭袋。

【今译】

桓公问:"我准备征讨南方,让哪个国家当供给军用的主人?"管子回答说:"让鲁国做主人。归还我国侵占的土地棠邑、潜邑,使我军在海滨有依蔽,沿海有岛屿作屏障,环绕边境的山地供给军队可靠的给养。"桓公问:"我准备征讨西方,让哪个国家当供给军用的主人?"管子回答说:"让卫国做主人。归还我国侵占的土地台、原、姑、漆里四邑,使我军在海滨有依蔽,沿海有岛屿作屏障,环绕边境的山地供给军队可靠的给养。"桓公问:"我准备征伐北方,让哪个国家当供给军用的主人?"管子回答说:"让燕国做主人。归还我国侵占的土地柴夫邑、吠狗邑,使我军在海滨有依蔽,沿海有岛屿作屏障,环绕边境的山地供给军队可靠的给养。"这样一来四邻各国都亲近齐国。既归还了侵占邻国的土地,于是划定国界,齐国的地界南面到岱阴,西界达到济水,北界达到黄河,东界达到纪酅。拥有重兵车八百乘。选择那天下诸侯中最荒淫昏乱的先进行征讨。

齐桓公即位数年,东南有几个淫乱的诸侯,如莱、莒、徐夷、吴、越,桓公一战就征服了三十一个诸侯国。于是率诸侯各国向南征伐楚国,渡过汝水,越过方城,远望汶山,使楚国进贡丝绸给周王室,齐国才班师。荆州的诸侯国没有敢不来臣服的。于是又向北征伐山戎,击败山戎的属国令支,一直斩伐到孤竹国境才南归。沿海的诸侯各国没有敢不来臣服的。于是与诸侯陈列牺牲、书写盟辞,用盟约向天地之间的诸神发誓,要与诸侯协力同心。向西征伐夺取了白狄的土地,一直到达西河,置备好大小船只,乘着木筏渡过黄河,一直到达石枕。挂起车辆束紧马肚带,越过险峻的太行山与辟耳山的拘夏谷,西面征服流沙、西吴。南面给周王室筑王城,在绛城恢复晋惠公的君位。北岳恒山一带的诸侯没敢不来臣服的,在阳谷大会诸侯。由于齐桓公的威望,诸侯曾带着兵车会盟过六次,又曾举行过乘坐车辆的友好盟会三次。天下诸侯的铠甲不用从橐中取出,兵器不用从武库中取出,弓袋里的弓、箭袋中的矢都没有用。齐桓公做到了停息战争,颁行文教,帅领诸侯拥戴周天子的霸业。

# 7. 葵丘之会天子致胙于桓公

【题解】

周室自平王东迁以后,势力渐衰,事实上已控制不了各诸侯国,但春秋时代诸侯想要成为霸主的,还必须打着拥戴周王室的旗号。这个小故事,写天子赐祭肉给齐桓公,桓公敬事天子,遵守礼仪下拜,便是反映了这种情况。

【原文】

葵丘之会①,天子使宰孔致胙于桓公②,曰:"余一人之命有事于文、武③,使孔致胙。"且有后命曰:"以尔自卑劳,实谓尔伯舅④,无下拜。"桓公召管子而谋,管子对曰:"为君不君,为臣不臣,乱之本也。"桓公惧,出见客曰:"天威不违颜咫尺⑤,小白余敢承天子之命曰'尔无下拜',恐陨越于下⑥,以为天子羞。"遂下拜,升受命。赏服大辂⑦,龙旗九旒⑧,渠门赤旂⑨,诸侯称顺焉。

**注释**

①葵丘:宋国地名,在今河南省兰考县东。

②宰孔:即太宰孔,他食邑于周地,为周王室的太宰,故《左传》又称"宰周公"。

③有事:指举行祭祀的事。《左传·成公十三年》:"国之大事在祀与戎。"文、武:文王、武王。

④实:助词,无意义。伯舅:周天子对异姓诸侯的称呼。

⑤违:离。颜:颜面。

⑥陨(yún 允)越:颠坠,等于说跌跤。

⑦大辂(lù 路):天子车乘。《礼记·乐记》:"所谓大辂者,天子之车也,则所以赠诸侯也。"《周礼·春官·巾车》言王有五辂,即玉、金、象、革、木。同姓诸侯赐金辂,异姓诸侯赐象辂,但据下文赐龙旗九旒,则襄王赏桓公的是金辂。赏的大辂之服,即乘坐这种车时,要戴的饰有赤色野鸡翎毛的帽子。

⑧龙旗九旒(liú 流):旗名,上绘绣龙形,旗下边垂挂饰物(相当于现在的流苏)。《礼记·乐记》:"龙旗九旒,天子之旌也。"

⑨渠门:旗名,两旗相接,作为军门。赤旂(qí 旗):上画龙形、竿头系铃的赤色大旗。以上均为大辂的配套装备,赐时一同颁赐。

【今译】

诸侯在葵丘那次盟会,周天子派太宰孔赏赐祭肉给桓公,说:"我一人的命令,祭祀文王、武王,派孔赏赐祭肉。"并且还宣布下面的命令说:"因为你的辛勤劳苦,天子对伯舅说,不用下堂跪拜接受赏赐。"桓公召来管子商量,管子回答说:"做君主的不像做君主的,做臣子的不像做臣子的,是祸乱产生的根源。"桓公内心害怕,出来见太宰孔说:"天子的威严不离开颜面咫尺,小白我哪敢承受天子的命令所说'你不用下拜',只怕不下拜会在下面跌跤子,给天子带来羞辱。"于是下堂跪拜,登堂,接受赏赐。天子赏赐给桓公乘坐大辂车穿戴的服饰和横木两端用金饰的金辂车,还有上绣双龙下垂九绺流苏的龙旗,两面相交接作为军门的赤色大旗。诸侯都称赞桓公的行动顺乎礼仪。

# 8. 桓公霸诸侯

【题解】

　　前两篇写齐桓公用武力征服诸侯、拥戴周天子的"武功",本篇写桓公的"文事",即广施恩义,以"利"收买天下诸侯之心,从而谋取霸权。最后点出桓公成就霸业的原因在于重用贤才,有画龙点睛之妙。

【原文】

　　桓公忧天下诸侯。鲁有夫人、庆父之乱①,二君弑死②,国绝无嗣。桓公闻之,使高子存之③。

　　狄人攻邢,桓公筑夷仪以封之④,男女不淫,牛马选具⑤。狄人攻卫,卫人出庐于曹⑥,桓公城楚丘以封之⑦。其畜散而无育⑧,桓公与之系马三百⑨。天下诸侯称仁焉。于是天下诸侯知桓公之非为己动也,是故诸侯归之⑩。

　　桓公知诸侯之归己也,故使轻其币而重其礼⑪。故天下诸侯罢马以为币⑫,缕綦以为奉⑬,鹿皮四分⑭;诸侯之使垂橐而入⑮,稛载而归⑯。故拘之以利,结之以信,示之以武,故天下小国诸侯既许桓公,莫之敢背,就其利而信其仁、畏其武。桓公知天下诸侯多与己也,故又大施忠焉。可为动者为之动,可为谋者为之谋,军谭、遂而不有也⑰,诸侯称宽焉。通齐国之鱼盐于东莱⑱,使关市几而不征⑲,以为诸侯利,诸侯称广焉。筑葵兹、晏、负夏、领釜丘⑳,以御戎、狄之地,所以禁暴于诸侯也;筑五鹿、中牟、盖与、牡丘㉑,以卫诸夏之地,所以示权于中国也。

教大成,定三革②,隐五刃㉓,朝服以济河而无怵惕焉㉔,文事胜矣。是故大国惭愧,小国附协。唯能用管夷吾、宁戚、隰朋、宾胥无、鲍叔牙之属而伯功立㉕。

> **注释**
>
> ①夫人:指鲁庄公夫人哀姜。庆父:庄公之弟。乱:因哀姜与庆父私通,欲立他为君,公元前661年,庄公病死,庆父杀太子般,次年又杀鲁闵公,故内乱不止。
> ②二君:指太子般和鲁闵公。
> ③高子:齐上卿高傒。存之:指齐桓公派高傒助鲁公子季友立僖公(庄公庶子,名申)为鲁君事。
> ④邢:诸侯国名,周公之子封于此,故地在今河北邢台县境。夷仪:邢邑名。"狄人攻邢"在公元前661年,齐桓公筑夷仪迁之在公元前659年,事见《左传·庄公三十二年·僖公元年》。封:古时天子建诸侯,必分给土地,划定疆界,聚土为堆作记认,所以建国叫封国。此因邢本旧国,迁移后重划疆界,故称"封"。
> ⑤淫:被淫掠。选:数。
> ⑥庐:寄居。公元前660年,狄人从邢移兵攻破卫都朝歌,杀卫懿公。卫人出奔宋,宋桓公集卫国遗民立公孙申为君,即卫戴公。立后数月即亡,继立卫文公燬。事见《左传·闵公二年》。
> ⑦楚丘:卫地,故地在今河南滑县东。桓公城楚丘封卫,事见《左传·僖公二年》。
> ⑧畜:指六畜。散:失亡。
> ⑨系马:关在圈里的良种马,不是散放的。
> ⑩"归之"下,公序本有"譬若市人"四字。
> ⑪币:聘问的礼物。礼:酬宾的馈赠。
> ⑫马:币马,作馈赠礼物的马匹。
> ⑬缕:用麻线编织。綦:赤色的带子。奉:藉,韦《注》:"藉玉之藻也。"即垫玉器的垫板,按《仪礼·聘礼》:"聘问诸侯朱绿缫(藻)八寸。"用皮革蒙在木板上,在皮革上用三色或五色丝线绣织花纹,用来作玉器的垫板,这里言麻编,取其俭而易。
> ⑭原本作"鹿皮四个",式训堂本及《管子·小匡篇》均为"鹿皮四分",即四分其鹿皮赠送卿大夫,意义更贴近,故从而校改。
> ⑮垂:形容内空无物。橐(gāo高):收藏甲衣或弓箭的袋,这里泛指袋囊。
> ⑯稇(kǔn捆):用绳捆扎。稇载,满载。
> ⑰军:这里指用军队征伐并灭亡。谭:春秋时诸侯国,子爵,谭国遗址在今山

东宁阳县西北。齐桓公灭谭,事见《左传·庄公十年》。遂:诸侯国名,地在今山东省宁阳县西。灭遂见《左传·庄公十三年》。

⑱通:开放。东莱:春秋初为莱子国,因在齐以东,称东莱,又称莱夷,后为齐所灭。

⑲幾:识别,这里指盘查。韦《注》:"幾异服,识异言也。"

⑳葵兹、晏:地名,今地不详。负夏、领釜丘:《管子·小匡篇》作"培夏"、"灵父丘",地名,其地不详。韦《注》:"四者皆厄塞,与山戎、众狄接也。"可见四地皆要塞。

㉑五鹿:春秋时卫地,在今河南濮阳县南。中牟:春秋时晋邑,在今河南汤阴县西。盖与:即阖与,春秋时晋边邑。牡丘:齐边邑,在今山东聊城县东北。四邑均为边境要塞。

㉒定:放置。三革:指甲、胄(头盔)、盾,均是用来防御的军事装备。

㉓隐:藏。五刃:指刀、剑、矛、戟、矢这五种进攻型兵器。

㉔朝(cháo)服以济河:指不战而胜,穿着礼服渡过黄河向西安定晋国。

㉕宁戚:原本只"宁"字,从公序本补。隰(xí习)朋、宾须无(《吕氏春秋·勿躬》作"弦章"),以上三人与管夷吾、鲍叔牙并为齐国的卿、大夫。

## 【今译】

桓公为天下诸侯分忧。鲁国有夫人哀姜、公子庆父造成的祸乱,庄公之子般与继立的闵公都被庆父所杀,国家垂危没有继位的君主。桓公知道后,派上卿高傒扶立公子申为僖公,使鲁国得以保存。

北方的狄人攻破邢国,桓公率诸侯筑夷仪城,给邢划定疆界,使邢国男女不再遭受奸淫掳掠,牛马牲畜粗算具备。狄人又攻破卫国都朝歌,卫国君臣在宋邑曹地寄居。齐桓公率诸侯重建卫的楚丘城,给卫划定疆界,卫国的牛马牲畜因战争而散亡无法喂养,桓公送给卫国三百匹良种马。天下诸侯都称道桓公的仁义。于是天下诸侯都知道桓公的一切行动不是为自己,因此诸侯都归服他。

桓公知道天下诸侯都归服自己,因此让他们减轻献给盟主的职贡,而在酬宾时齐国还加厚赠送礼物。这样,诸侯们到齐国来朝见用劣马就可做礼物,用麻编的赤色带子络玉器奉献就行,一张鹿皮分为四份送给卿大夫;诸侯的使节空着袋囊进入齐国,却满载礼物归国。这样用利益来争取,用信义来结交,用武力来显示,所以小国的诸侯都听从桓公,没有敢于违背的,因为得到他施的恩惠而又信服他的仁义、害怕他的武力。桓公知道天下诸侯都听从自己,于是又大大地表现忠义。可以给予分忧解难的就立即去做,可以出谋划策的就积极为他们筹划,灭亡谭国、遂国后不自己占有而分给其他诸侯国,诸侯称道他宽厚仁爱。在东莱开放齐国的鱼盐,到齐国贩运鱼盐的让关卡只检查货物而不征税,这样来便利各诸侯国,诸侯称道他的广施恩惠。增筑葵兹、晏、负夏、领釜丘四个关塞,用来防御接壤的西戎、北狄,禁止他们对诸侯的强暴掳掠;增筑五鹿、中牟、盖与、牡丘四个关塞,用来捍卫中原各国的领土,这些是为了向中原各诸侯表现出盟主的权威。这样一来,文教大功告成,不用甲、胄、盾之类防身,收藏了刀剑矛矢戟之类兵器,穿着礼服渡过黄河去与晋国定盟而百姓不受惊扰,礼乐教化大举而战争停息。所以,大国惭愧而不敢轻举妄动,小国得到安定而乐意服从。齐桓公只因为能任用管夷吾、宁戚、隰朋、宾胥无和鲍叔牙这五个贤臣而建立了霸主的功业。

# 卷七　晋语一

## 1. 武公伐翼止栾共子无死

【题解】

　　本文为晋语的首篇,写在晋国的君权之争中,胜利者晋武公在攻占旧都翼城后,用高官厚禄收买晋哀侯的大臣栾共子,要他不必为君殉难,栾共子大义凛然,用为臣之道当事君不二来加以拒绝,最后仍死战殉君。

【原文】

　　武公伐翼①,杀哀侯,止栾共子曰②:"苟无死,吾以子见天子,令子为上卿,制晋国之政。"辞曰:"成闻之:'民生于三③,事之如一。'父生之,师教之,君食之④。非父不生,非食不长,非教不知生之族也,故壹事之。唯其所在,则致死焉。报生以死,报赐以力,人之道也。臣敢以私利废人之道,君何以训矣?且君知成之从也,未知其待于曲沃也⑤。从君而贰,君焉用之?"遂斗而死。

注释

　　①武公:晋武公(公元前716—公元前677年在位)。周成王封弟叔虞于唐,叔虞子燮父改国号为晋,春秋时据有今山西省大部与河北省西南部。晋武公,名称,叔虞的后人,曲沃桓叔(晋昭侯之叔成师)之孙,严伯(《史记·晋世家》称"庄

伯")之子。翼:晋国都。在今山西翼城县东南。哀侯:晋哀侯,名光,昭侯之孙,鄂侯之子。晋武公及其父庄伯、祖桓叔与晋文侯后嗣之间的君权之争,可参见《史记·晋世家》。武公代晋为诸侯,系公元前678年。

②栾共子:晋哀侯的大夫,名成,即共叔成。其父为桓叔之相栾宾。

③三:指君、父、师。

④食:指给爵禄。

⑤曲沃:地名,晋文侯封弟成师于此,后武公代晋,国都绛城,以曲沃为别都,故城在今山西闻喜县东北。

【今译】

晋武公征伐晋都翼城,杀掉晋哀侯,他制止哀侯的大夫栾共子说:"如果你能不以死殉君,我当让您去见周天子,任命你为上卿,主持晋国的政事。"栾共子拒绝说:"我听说:'人靠君、父、师存活长在世上,要始终如一地事奉。'父亲给人生命,师傅给人教育,君主给人衣禄。没有父亲就没有生命,没有衣食不能生存,不受教育就不知道出生的族类,所以对君、父、师要始终如一的事奉。只要是他们所需要时,就去献出生命。用生命报答养育之恩,用力量报答赏赐之惠,这是做人的道义。臣假如为个人的利益而抛弃做人的道义,那您又用什么去教育臣下呢?况且您只知道劝我不要为旧君而死,却不知道如果我不死,而到曲沃去事奉您,就是违背了为臣之道。事奉君主而有二心,您又哪会重用这样的人呢?"于是力战到死。

## 2. 献公卜伐骊戎胜而不吉

【题解】

春秋时代,晋国的骊姬之乱,是历史上有关君权之争的著名祸乱,本文可说是这场大乱的序幕。晋献公在讨伐骊戎前占卜,史苏解释卦象是虽胜而不吉。果然战胜骊戎而获得美女骊姬,昏庸好色的献公宠爱她并立为夫人。史苏根据卜兆和国家的现状,结合夏、商、周三个末代帝王都是因女色而亡国,分析骊姬一定会祸败晋国,故此忧心忡忡地告诫诸位大夫。大夫卜偃却认为晋国的具体情况与三个末代帝王毕竟不同,即使从卦象看,也只是有祸乱而未足以亡国,并预见了肇事者骊姬的可耻下场,表现乐观。

阅读本文,可以了解古人临事占卜的习俗,以及对卦象的解释,即使求占事情的具体背景完全一样,也是见仁见智,而并非千篇一律的。

【原文】

献公卜伐骊戎①,史苏占之②,曰:"胜而不吉。"公曰:"何谓也?"对曰:"遇兆③,挟以衔骨,齿牙为猾④,戎、夏交捽⑤。交捽,是交胜也,臣故云。且惧有口⑥,携民,国移心焉。"公曰:"何口之有!口在寡人,寡人弗受,谁敢兴之?"对曰:"苟可以携,其入也必甘受,逞而不知,胡可壅也?"公弗听,遂伐骊戎,克之。获骊姬以归⑦,有宠,立以为夫人。公饮大夫酒,令司正实爵与史苏⑧,曰:"饮而无肴。夫骊戎之役,女曰:'胜而不吉',故赏女以爵,罚女以无肴。克国得妃,其有吉孰大焉!"史苏卒爵,再拜稽首曰:"兆有之,臣不敢蔽。蔽兆之纪⑨,失臣之官,有二罪焉,何以事君?大罚将及,不唯无肴。抑君亦乐其吉而备其凶,凶之无有,备之何害?若有其凶,备之为瘳⑩。臣之不信,国之福也,何敢惮罚!"

饮酒出,史苏告大夫曰:"有男戎必有女戎⑪。若晋以男戎胜戎,而戎亦必以女戎胜晋,其若之何!"里克曰⑫:"何如?"史苏曰:"昔夏桀伐有施,有施人以妹喜女焉⑬,妹喜有宠,于是乎与伊尹比而亡夏⑭。殷辛伐有苏,有苏氏以妲己女焉⑮,妲己有宠,于是乎与胶鬲比而亡殷⑯。周幽王伐有褒,褒人以褒姒女焉⑰,褒姒有宠,生伯服,于是乎与虢石甫比⑱,逐太子宜臼而立伯服⑲。太子出奔申⑳,申人、鄫人召西戎以伐周㉑,周于是乎亡。今晋寡德而安俘女,又增其宠,虽当三季之王㉒,不亦可乎?且其兆云:'挟以衔骨,齿牙为猾。'我卜伐骊,龟往离散以应我㉓。夫若是,贼之兆也㉔,非吾宅也,离则有之。不跨其国,可谓挟乎?不得其君,能衔骨乎?若跨其国而得其君。虽逢齿牙,以猾其中,谁云不从?诸夏从戎,非败而何?从政者不可以不戒,亡无日矣!"

郭偃曰㉕:"夫三季王之亡也宜。民之主也。纵惑不疚㉖,肆侈不违㉗,流志而行㉘,无所不疚,是以及亡而不获追鉴。今晋国之方,偏侯也㉙。其土又小,大国在侧㉚,虽欲纵惑,未获专也。大家、邻国将师保之㉛,多而骤立,不其集亡。虽骤立,不过五矣。且夫口,三五之门也㉜。是以谗口之乱,不过三五。且夫挟,小鲠也㉝。可以小戒,而不能丧国㉞。当之者戒焉,于晋何害?虽谓之挟,而猾以齿牙,口弗堪也,其与几何?晋国惧则甚矣,亡犹未也。商之衰也,其铭有之曰㉟:'嗛嗛之德㊱,不足就也,不可以矜㊲,而只取忧也。嗛嗛之食,不足狃也㊳,不能为膏,而只罹咎也。'虽骊之乱,其罹咎而已,其何能服?吾闻以乱得聚者,非谋不卒时,非人不免难,非礼不终年㊴,非义不尽齿,非德不及世,非天不离数。今不据其安,不可谓能谋;行之以齿牙,不可谓得人;废国而向己,不可谓礼;不度而迂求,不可谓义;以宠贾怨,不可谓德;少族而多敌,不可谓天。德义不行,礼义不则,弃人失谋,天亦不赞。吾观君夫人也,若为乱,其犹隶农也。虽获沃田而勤易之,将不克飨,为人而已。"

士㧑曰㊵:"诚莫如豫,豫而后给。夫子诚之,抑二大夫之言,其皆有焉。"

既,骊姬不克,晋正于秦,五立而后平㊶。

### 注释

①献公:晋献公(公元前676—公元前651年在位)。晋武公之子,名诡诸。卜:用龟甲卜卦。骊戎:我国西北部少数民族,在骊山一带游牧,为戎的一种,故称骊戎。

②史苏:晋国大夫,主管占卜的史官。占:视,观察卦象。

③遇:见,即现,指卦象显示的征兆。

④挟:交会。衔骨:指龟甲灼裂的两条交会纹中确一纵纹,好像衔着骨。齿牙:指龟兆两纹左右坼裂的小纹,好像排列的齿牙。猾:搅弄。

⑤交捽(zuó 昨):相互抵触、冲突。

⑥口:指口舌是非,因齿牙、衔骨都在口。

⑦骊姬:骊戎君之女。

⑧司正:宴会上主持宾主礼仪的官员。实:满。

⑨纪:经卦,这里实指龟甲灼裂的纹。失官:丧失职务范围内应尽的责任,等于现在的"渎职"。

⑩瘳(chōu 抽):减损。

⑪戎:兵戎。女戎:女人进行的战争,指祸乱将由女色造成。

⑫里克:晋国大夫,又称里季、里季子。

⑬夏桀(jié 捷):夏朝的末代君主,名癸,历史上有名的暴君,故谥为桀。《史

记·集解》:"谥法:'贼人多杀曰桀'。"有施:古国名,喜姓,故其女称妹喜。女:以女进献于人。

⑭伊尹:殷开国君主汤的贤臣,名挚,佐汤灭夏后,被尊为阿衡(宰相)。比:并列比功。指伊尹佐汤灭夏,妹喜在夏朝内部作祸,与伊尹功劳并列。

⑮段辛:即殷纣王,商朝的末代帝王,名辛,历史上有名的暴君,与夏桀并称"桀纣"。有苏:古国名,己姓,妲己为有苏氏君之女。

⑯胶鬲(gé 隔):原为殷臣,后自殷到岐周,辅助周武王灭亡殷朝。

⑰周幽王:周宣王之子,名宫涅,历史上有名的昏君。有褒:古国名,姒姓。据《史记·周本纪》,幽王三年(公元前779年)纳美女褒姒,生子伯服。幽王废申后及太子,立褒姒为王后,伯服为太子。申侯怒,引西戎攻幽王,杀幽王骊山下,西周亡(公元前771年)。

⑱虢石甫:周幽王时用为卿,执国政,历史上有名的佞臣。

⑲宜臼:周幽王太子,申后所生,幽王被杀后,诸侯奉为天子,即位为周平王,东迁洛邑,是为东周。

⑳申:周诸侯国名,姜姓,周平王母家。

㉑鄫:古国名,姒姓,夏禹之后。鄫及犬戎与申侯有婚姻之好,所以申侯联合鄫国引犬戎攻幽王。

㉒季:末(代)。三季之王,指桀、纣、幽王这三个末代帝王。

㉓龟往:卜人祈告龟辞是为了往伐骊戎。

㉔贼:残害而使败亡。

㉕郭偃:晋国掌卜大夫,故又称卜偃。

㉖惑:荒淫昏乱。疢:久病,病害。不疢,不以为是祸害。

㉗肆:极。违:避,顾忌。

㉘流:放纵。

㉙方:古时指代地域面积的名词,这里指国土大小及所处地位。偏:偏远地方。侯:爵位为侯。据《左传·桓公二年》:"今晋,甸侯也。"《礼记·王制》:"千里之内曰甸。"可见当时的晋国是个较偏远的小侯国。

㉚小:指小于上面所说的三个末代帝王。大国:指秦国。

㉛大家:指上卿。师保之:为之(国家)作师保。师保,教导抚保。

㉜口三五之门:韦《注》说:"口所以纪三辰(日月星)宣五行(金木水火土),故谓之门。"

㉝鲠(gěng 耿):骨头卡在咽喉中。

㉞戕(qiāng 枪):伤害。

㉟铭:刻文在钟鼎金石等器物上。

㊱嗛嗛(qiǎn qiǎn 浅浅):等于说"小小"。

㊲矜:大。只:适(足以)。

㊳狃(niǔ 扭):贪得。

㊴年:这里指十年,书《注》引贾逵、虞翻说:"十年而数终。"

㊵士蒍(wěi 委):晋国大夫,字子舆,故又称士舆。据《左传·庄公二十六年》:"士蒍为大司空。"则献公纳骊姬时已升为卿。

㊶秦:诸侯国名,嬴姓,伯爵。晋正于秦,指秦穆公接纳晋惠公(夷吾),用武力帮助晋文公(重耳)复国,杀吕甥、郤至安定晋国的事。五立而后平:晋献公死后,晋先后立奚齐、卓子、惠公、怀公,到文公共是五君,国家才得安定。

【今译】

　　晋献公在讨伐骊戎前占卜求问,太史苏观察卦象后,说:"战胜骊戎但最终不吉利。"献公问:"什么意思?"回答说:"占卜表现的征兆,交会的地方衔一根骨头,在齿牙中间搅弄,象征骊戎与晋互相冲突。互相冲突,这是交叉着取胜,臣所以这样说。况且害怕有口舌是非,离间亲人的关系,国家权力也会发生转移。"献公说:"哪会有什么口舌是非!说话的决定权在寡人,寡人不接受,有谁敢生出是非?"太史苏回答说:"假使是可以离间的,那听得入耳就一定会甘心接受,只图心意畅快却并不知道那甜言蜜语的恶毒,怎么可能防止得了呢?"献公不听从,于是征伐骊戎,战胜了它。得到骊君的女儿骊姬带回晋国,对她十分宠爱,立她为夫人。献公设宴请众大夫饮酒,命司正斟满酒爵赏赐太史苏,说:"赏酒不给吃肉。因为征伐骊戎的战争,你说'战胜而最终不吉利',所以赏给你一爵酒,罚你不准吃肉。我战胜了骊戎国得到爱妃,还有什么吉利比这更大的。"太史苏把赏赐的酒一饮而尽,下拜两次叩头说:"卜兆是这样的,臣不敢隐瞒不说。隐蔽占卜的征兆将受到法律处分,也是臣作为史官的失职,有这两大罪过,臣有什么资格事奉君主?大罪将降临到我头上,那就不光是不得肉吃了。再说君主也是喜欢吉利的而防备那灾祸,即使以后并没有出现灾祸,防备它的发生又有什么害处呢?假如真有了灾祸,预先有防备也容易除去祸患。假如臣占辞不准确,这正是国家的福泽啊,我哪敢害怕处罚呢。"

　　饮酒出来后,太史苏告诉众大夫说:"有男人进行的战争就一定有女人进行的战争。假如说晋国是用男人的战争胜了骊戎,那骊戎一定会凭女人的战争胜晋国,那将怎么办啊!"里克问:"会怎么样呢?"太史苏说:"当初夏桀征伐有施氏,有施人战败后进献美女妹喜给他,妹喜得到宠爱,于是乎女色祸水与伊尹一样地建功而灭亡了夏朝。殷纣王辛征伐有苏氏,有苏人战败后进献美女妲己给他,妲己得到宠爱,于是乎女色祸水与胶鬲一样地建功而灭亡了殷朝。周幽王征伐有褒氏,有褒人战败后进献美女褒姒给他,褒姒得到宠爱,生下儿子伯服,于是与佞臣虢石甫狼狈为奸,驱逐太子宜臼而立伯服。太子出奔母家申国,申人、鄫人引来西戎人讨伐周,周于是灭亡。而今晋君寡少德行却很顺利地俘虏美女,又加上极其宠爱,说他相当于夏桀、殷纣、幽王这三个末代帝王,不也是可以的吗?况且卜兆说:'交合的地方衔一根骨头,齿牙在中间播弄。'我占卜征伐骊戎,向龟甲祷告结果兆头是离散来显应我。假如是这样,是败亡国家的兆头,我们不能安居乐业,国家存在着分裂的危险。没有据有这个国家的权柄,可以说是内外祸患交会吗?没有得到君主的宠爱,能说是衔骨在口吗?如果对方既占据国家权柄又得宠于国君,即使做出在齿牙中间搅弄的事情,谁还能不服从?中原诸侯听从戎人的话,不败亡还等什么?执政者不可以不防备,晋国灭亡没有几天了!"

郭偃说:"那三个末代帝王的灭亡是应该的。帝王是百姓的主宰,一味的放纵他的荒淫昏乱不认为是祸害,极尽奢侈的享乐毫无顾忌,放纵自己的心意去行动,国家当然没有一处不是千疮百孔的,这样一直到灭亡而不去吸取前朝祸败的教训作为鉴戒。而今晋国的地位,不过是处在偏远的一个小侯国。土地面积小于那三个末代帝王,又有大国在旁边,虽然想放纵荒淫昏乱,也不是完全就能专擅。执政的上卿和邻国将引导帮助他,虽说继承人多而且频繁地拥立,还不会因此导致灭亡。虽然是频繁地拥立君主,但不会超过五个。况且那口,是纪日、月、星三辰和宣金、木、水、火、土五行的。因此搬弄口舌造成的祸乱,牵扯到三、超不过五。况且那交会在一处的卜兆,表明是小骨头鲠着而已。可能造成小小的伤害,还不足以造成亡国的大祸患。何况是当事者受到伤害,对晋国有什么危害呢?虽说只是交会在一处,但加上齿牙在中间播弄,口就忍受不了,这种情况能持续多久呢?晋国惧怕就过分了,灭亡还谈不上啊!殷商的衰亡,它的钟鼎上刻的铭文有这样的话:'小小的德行,不值得归功于自己,不可以自傲自夸,这只能招来忧患。小小的利益,不值得去贪图,不能养肥自己,这只能遭到灾祸。'虽说骊姬会造成祸乱,但这只会使她自己遭到灾祸而已,她能征服什么呢？我听说靠祸乱聚财得权势的人，没有好的计谋超不出三个月就垮台，没有民众的拥护就不能免难，不合礼法超不过十年就灭亡，不用仁义引导自己不得好死，不是靠德行感召传不到下一代，不是天命扶持的不能历世久长。现今的情况骊姬不是处在安全的地位，不能说是有好计谋；靠搬弄口舌是非去害人，不可能说会得民众；废绝国君的继承人而为自己，不能说合于礼法；不考虑利害而用歪门邪道得逞，不能说是仁义；仗着君主的宠爱招来的是怨恨，不能说是有德行；同盟少而冤家多，不能算得到天命扶持。不行德义，不遵礼义，不得人心而又缺少好计谋，上天当然是不会扶持的。依我看君夫人这个人，即使造成祸乱，就好像服劳役的农人。虽然得到良田沃土而且勤劳地耕耘它，自己却得不到享受，是在为他人辛劳罢了。"

　　士芳说："与其告诫不如早作防备，早作防备以后有急事也能应付。不管是先生告诫的话，还是两位大夫的言论都是有道理的。"

　　后来，骊姬到底没有征服晋国，晋国得到秦国的帮助，虽曾拥立过五个君主而最后还是得到了安定。

## 3. 史苏论骊姬必乱晋

【题解】

　　本文继上文，写骊姬有宠，生下儿子奚齐，想立为太子，于是怂恿献公使三公子远离国都出居。史苏警告众大夫，祸乱已开始露头。他认为由于君主贪欲好色，百姓已经离心，加上骊姬要报杀父之仇，个人野心膨胀，肯定会祸败晋国，她就是这祸乱的根源。

【原文】

　　献公伐骊戎，克之。灭骊子①，获骊姬以归，立以为夫人，生奚齐。其娣生卓子②。骊姬请使申生主曲沃以速悬③，重耳处蒲城④，夷吾处屈⑤，奚齐处绛⑥，以儆无辱之故⑦。公许之。

　　史苏朝，告大夫曰："二三大夫其戒之乎，乱本生矣！曰⑧，君以骊姬为夫人，民之疾心固皆至矣。昔者之伐也⑨，兴百姓以为百姓也，是以民能欣之⑩，故莫不尽忠极劳以致死也。今君起百姓以自封也⑪，民外不得其利,而内恶其贪,则上下既有判矣⑫;然而又生男,其天道也? 天彊其毒⑬,民疾其态,其乱生哉!吾闻君之好好而恶恶,乐乐而安安, 是以能有常。伐木不自其本,必复生;塞水不自其源,必复流;灭祸不 自其基⑭,必复乱。今君灭其父而畜其子,祸之基也。畜其子,又从其 欲⑮,子思报父之耻而信其欲⑯,虽好色,必恶心,不可谓好。好其色, 必授之情。彼得其情以厚其欲⑰,从其恶心,必败国且深乱。乱必自女 戎,三代皆然⑱。"骊姬果作难,杀太子而逐二公子⑲。君子曰:"知难 本矣。"

### 注释

① 灭:杀。骊子:骊戎国君。
② 娣:女弟,即妹妹。
③ 主:公序本作"处"。申生:晋献公的太子。悬:悬挂,比喻处境危急。
④ 重耳:晋献公庶子,申生的异母弟。蒲城:晋城邑名,在今山西省隰县西北。
⑤ 夷吾:晋献公庶子,申生、重耳的异母弟。屈:晋有南屈、北屈,为互相毗邻的两个城邑,北屈在今山西省吉县东北,南屈当在其南。
⑥ 绛:当时晋的国都绛城,在今翼城县东南十五里。
⑦ 以儆无辱之故:因曲沃为晋别都,蒲城邻近秦国,二屈邻近北狄,故称这三人出镇在外,可以警备戎狄使晋国不受入侵的耻辱。
⑧ 日:当初。
⑨ 昔者:此指古时的贤明君主,如商汤、文、武等。
⑩ 欣:欣然拥戴。
⑪ 封:指增大土地。
⑫ 判:同"叛",离。
⑬ 彊(强):这里指加重,增强。
⑭ 基:始。
⑮ 从:同"纵"。
⑯ 信:通"伸",伸张,扩展。
⑰ 情:指想立自己儿子为君之情。
⑱ 三代:前面讲的夏、商、周。三代皆然,指夏桀亡于妹喜,殷纣亡于妲己,周幽王亡于褒姒,所谓女色祸水使三代都灭亡。
⑲ 作难:发难、起事。骊姬潜杀太子申生,可参见《史记·晋世家》及《左传·僖公四年》事,同年(公元前656年),重耳奔蒲、夷吾奔屈。

【今译】

　　晋献公征伐骊戎,战胜了它。杀了骊国君主,获得骊姬回国,立她作为夫人,生下儿子奚齐。她的妹妹生卓子。骊姬向献公请求让太子申生住在曲沃说可以迅速地来解救国家的危难,让公子重耳住在蒲城,公子夷吾住在屈地,让自己的儿子奚齐留在国都绛城,说是用来戒备戎狄不使晋国受到耻辱的缘故。献公同意了她的请求。

　　史苏上朝时,告诉众大夫说:"我们这些人应该戒备这事啊,祸乱的根苗露头了!当初,君主立骊姬为夫人,百姓怨恨君主的意思就都很深了。古时贤明君主的征伐敌国,是起用百姓的力量来为百姓除害,因此民众能欣然拥戴他,这样就没有不竭尽忠诚劳苦拼死效力的。而今我们的君主是起用百姓来扩张自己的领土,民众对外作战得不到利益,而内心又厌恶他的贪心,这样君臣上下就产生了离心;而且骊姬又生了儿子,这是天意要让晋国祸乱吗?上天加重荼毒,百姓痛恨这种事态,那祸乱就要发生了!我听说君主喜欢好的厌恶坏的,欢乐时高兴而平安时放心,这样才能维系久远。砍伐树木不从树根砍断,一定会重新生出芽来;堵塞水流不从源头堵住,水一定会继续流淌;消灭祸患不从开始做起,一定会再产生祸乱。而今我们的君主杀掉那父亲却留下女儿,这是祸乱的开始啊。留下他的女儿,又放纵这女人的贪欲,做女儿的要报杀父之仇就会更膨胀自己的贪欲。她虽然外貌美丽,内心一定是恶毒的,不可能说这样的女人是美好的。喜欢她的美色,一定会给她感情。她得到了君主的宠爱就加倍膨胀她的欲望,放纵她恶毒的内心,一定会使国家败亡并且造成深重的祸乱。祸乱一定是由女色造成,夏、商、周三代都是为女人而亡国。"后来骊姬果然发难,杀了太子申生并驱逐了公子重耳和夷吾。所以君子感叹说:"史苏懂得祸乱的本源啊!"

# 4. 献公将黜太子申生而立奚齐

【题解】

　　晋献公将废掉太子申生,立奚齐为太子。晋国大夫在议论中态度各有不同:荀息主张唯君主之命是听;丕郑认为应当主持正义,反对曲从君主的乱命；里克表示守中立，静观事态发展。而太子申生本人，由于受孝、敬、忠、贞这些伦理道德的束缚，只好无可奈何地表示对一切逆来顺受。

【原文】

骊姬生奚齐，其娣生卓子。公将黜太子申生而立奚齐①。里克、丕郑、荀息相见②，里克曰："夫史苏之言将及矣！其若之何？"荀息曰："吾闻事君者，竭力以役事③，不闻违命。君立臣从，何贰之有？"丕郑曰："吾闻事君者，从其义，不阿其惑④。惑则误民，民误失德，是弃民也。民之有君，以治义也。义以生利，利以丰民，若之何其民之与处而弃之也？必立太子。"里克曰："我不佞，虽不识义，亦不阿惑，吾其静也。"三大夫乃别。

烝于武公⑤，公称疾不与，使奚齐莅事。猛足乃言于太子曰⑥："伯氏不出⑦，奚齐在庙，子盍图乎！"太子曰："吾闻之羊舌大夫曰⑧：'事君以敬，事父以孝。'受命不迁为敬，敬顺所安为孝。弃命不敬，作令不孝，又何图焉？且夫间父之爱而嘉其贶⑨，有不忠焉；废人以自成，有不贞焉。孝、敬、忠、贞，君父之所安也⑩。弃安而图，远于孝矣，吾其止也。"

注释

①黜(chù 触)：废免。
②丕郑：晋国大夫。荀息：即荀叔，晋国大夫。
③役事：效力办事。
④阿：附和。
⑤烝：冬祭。武公：指武公的神主，晋武公为献公之父，父死在宗庙中立神主称祢(nǐ 拟)，这里就是去祭献公的祢庙，在曲沃。
⑥猛足：人名，太子申生之臣。
⑦伯氏：长子，老大，这里指太子申生。
⑧羊舌大夫：晋国大夫，羊舌是复姓，名突，为羊舌职之父，叔向（羊舌肸）之祖。
⑨贶(kuàng 况)：赐。
⑩安：善。

【今译】

　　骊姬生儿子奚齐,她的妹妹生卓子。晋献公准备废掉太子申生而立奚齐为太子。晋大夫里克、丕郑、荀息相见,里克说:"那史苏的预言将要应验了啊!我们该拿这事怎么办?"荀息说:"我听说臣子事奉君主,要竭尽自己的心力去效忠办事,没有听说可以违背他命令的。君主要立谁臣子跟着听从,哪能有什么二心?"丕郑说:"我听说臣子事奉君主,要服从他有道义的行为,不附和他的昏乱。附和他的昏乱就是贻误百姓,贻误百姓就是丧失德行,也等于抛弃百姓。百姓对于君主,是希望他用上下有别的道义来治理国家。道义可以生出利益,利益可以使百姓丰衣足食,为什么已经立为太子又要抛弃他?我一定要拥立太子。"里克说:"我很无能,虽然不懂道义,但也不附和昏乱的行为,我还是静观这事的发展吧。"三位大夫就此分手。

　　冬季祭祀武公祖庙,晋献公说自己有病不能前去,派奚齐到场主持祭祀。猛足于是对太子说:"不让长子去,却派小儿子奚齐主持祢庙祭祀,太子您为何不为保全自己打算呢?"太子申生说:"我听羊舌大夫教导说:'事奉君主要恭敬,事奉父亲要孝顺。'接受命令不改变心意这是敬,恭敬地顺从父亲的意愿这是孝。抛弃君主的命令是不敬,擅自发令违逆父亲是不孝,又有什么好打算的呢?况且离间父亲所爱的却又享受他的厚赐,就是不忠;去除别人而成全自己,就是不贞。孝、敬、忠、贞,是君父喜欢的好品德。抛弃君父喜欢的而为自己打算,是违背了人子之孝,我还是不去吧。"

# 5. 献公伐翟柤

【题解】

　　本文写晋献公征伐翟柤国,由于天象和人事的征应,因而获得胜利。虽然是天人并提,但文章重点写大夫郤叔虎对翟柤国国情的分析判断,可见作者重的还是人事。文中对郤叔虎政治识见过人,又能不居功、不偷安,忠勇为国献身的描写很传神。

### 【原文】

献公田①,见翟柤之氛②,归寝不寐。郤叔虎朝③,公语之。对曰:"床第之不安邪④?抑骊姬之不存侧邪?"公辞焉。出遇士蒍,曰:"今夕君寝不寐,必为翟柤也。夫翟柤之君,好专利而不忌,其臣竞谄以求媚,其进者壅塞,其退者拒违。其上贪以忍,其下偷以幸,有纵君而无谏臣,有冒上而无忠下⑤。君臣上下各餍其私,以纵其回⑥,民各有心而无所据依。以是处国,不亦难乎!君若伐之,可克也。吾不言,子必言之。"士蒍以告,公悦,乃伐翟柤。郤叔虎将乘城⑦,其徒曰:"弃政而役,非其任也⑧。"郤叔虎曰:"既无老谋,而又无壮事,何以事君?"被羽先升⑨,遂克之。

### 注释

①田:田猎。
②翟柤(zhā 查):国名。氛:祲(jìn 今)氛,所谓阴阳二气相侵所形成的不祥的气象,凶气称"氛",吉气称"祥"。
③郤叔虎:晋国大夫,名豹,又称子虎。
④床第:床席。
⑤冒:贪。
⑥回:邪。
⑦乘:升,登
⑧政:这里指本职工作。役:服兵戎之役。
⑨被羽:披羽。背负鸟羽为旌旗,作为领兵将帅的标志。

### 【今译】

晋献公外出田猎,望见翟柤国上空有不吉祥的云气,回到大帐睡不着觉。郤叔虎去朝见时,献公告诉他这事。郤叔虎回答说:"是床席睡不舒服呢?或是因为骊姬她不在您的身边呢?"献公不接受他的说法。郤叔虎出来遇见士蒍,说:"今晚君主睡不着觉,一定是因为想讨伐翟柤。那翟柤的国君,喜好独占财利而且毫无顾忌,他的臣下争相说奉承话来希图讨好他,那些得到进用的人堵塞住他的耳目,那些得不到进用的人不会为他效力。那身居高位的贪婪而忍心,下层则苟且偷安以图侥幸保全自己,有放纵的君主而没有敢直谏的臣子,有贪冒的高官而没有忠诚的下级。君臣上下各自满足个人的私利,来放纵个人的邪恶，人们各有各的打算而没有可靠的保障。像这样来治理国家，想没有祸难岂不是很困难吗！君主假如去讨伐它，是会胜利的。我不说出来，您也一定会说的。"士蒍把郤叔虎的话报告了晋献公，献公很赞赏，于是讨伐翟柤。郤叔虎准备率先攀登攻城，他的部下说："放下自己的职事不干而为战争效力，可不是您的职责啊！"郤叔虎说："既没有深远的谋略，而又不能拼死效力，拿什么来事奉君主呢？"背负着鸟羽为旌旗身先士卒登城，于是攻占了翟柤。

## 6. 优施教骊姬远太子

【题解】

本文写骊姬开始图谋三公子，优施为她策划，要她针对申生性格上的弱点，首先拿太子开刀，还要买通献公的宠臣，把三公子全都排挤到远方，并且施放谗言阴谋陷害申生。骊姬照此办理，让献公疏远了太子，走了篡位夺权计划的第一步。

文中写优施对申生性格弱点的分析，真是鞭辟近里，识见精到，方法阴毒，把优施的阴险诡诈描写得入木三分。

【原文】

公之优曰施①，通于骊姬。骊姬问焉，曰："吾欲作大事②，而难三公子之徒③，如何？"对曰："早处之，使知其极④。夫人知极，鲜有慢心；虽其慢，乃易残也。"骊姬曰："吾欲为难⑤，安始而可？"优施曰："必于申生。其为人也，小心精洁，而大志重⑥，又不忍人⑦。精洁易辱，重偾可疾⑧，不忍人，必自忍也。辱之近行。"骊姬曰："重，无乃难迁乎？"优施曰："知辱可辱，可辱迁重；若不知辱，亦必不知固秉常矣⑨。今子内固而外宠，且善否莫不信。若外殚善而内辱之⑩，无不迁矣。且吾闻之：甚精必愚。精为易辱，愚不知避难。虽欲无迁，其得之乎？"是故先施谗于申生。

骊姬赂二五⑪，使言于公曰："夫曲沃，君之宗也⑫；蒲与二屈，君之疆也，不可以无主⑬。宗邑无主，则民不威⑭；疆场无主，则启戎心⑮。戎之生心，民慢其政，国之患也。若使太子主曲沃，则二公子主蒲与屈,乃可以威民而惧戎,且旌君伐⑯。"使俱曰:"狄之广莫,于晋为都。晋之启土⑰,不亦宜乎?"公说,乃城曲沃,太子处焉;又城蒲,公子重耳处焉;又城二屈,公子夷吾处焉。骊姬既远太子,乃生之言⑱,太子由是得罪。

### 注释

①优:宫廷中以舞乐戏谑为业的艺人。施:人名。
②大事:指废太子立己子奚齐的行动。
③三公子:指申生、重耳、夷吾。徒:众,"党羽"之意。据王引之《经义述闻》卷二一,"之徒"二字为衍文。
④处:确定。极:至极,等于说政治地位上"封顶"。
⑤为难:发难。
⑥大:指年长。重:指自重。
⑦不忍人:不忍施恶于人。
⑧偾(fèn 愤):僵化,呆板。
⑨固秉常:固执常谋。秉,执。
⑩殚:尽。内:私下。
⑪二五:晋献公的宠臣梁五与东关五。
⑫宗:宗邑。因曲沃为晋献公之祖桓叔始封之邑,后为晋的别都,为先君宗庙所在地,是为宗邑。
⑬疆:边境。主:主管,这里指强有力的主管官员。
⑭威:畏。
⑮场(yì 邑):边境,疆界。
⑯旌:表彰,表扬。伐:功绩。
⑰启土:开拓疆土。
⑱言:指谗言。

### 【今译】

晋献公的优人叫施,与骊姬私通。骊姬问他,说:"我准备做废去太子立我儿子的大事,却为难在三位公子的党羽会与我作对,该怎么办?"回答说:"应当早确定他们的名位,让他们知道自己的地位已经封顶了。大凡人知道自己的地位到此为止,少有不产生对高位怠慢追求的心;虽然已经怠慢不追求高位,但有职在身容易败坏他。"骊姬说:"我想要发难,先拿谁开刀的好?"优施说:"一定要对申生先下手。申生的为人,小心谨慎精诚纯洁,因年长而又格外矜持自重,又不忍心对人做恶事。精诚纯洁的人受不了侮辱,矜持自重到呆板正可迅速置他于死地;不忍心对人做恶事,一定是只能对自己忍心。用不义的名声侮辱他更适合他的为人。"骊姬说:"矜持自重,岂不是很难改变他的意志吗?"优施说:"正是那知道耻辱的人才好侮辱,既然好侮辱就能摧垮他的自重;假若一个人不知道别人在有意侮辱自己,也一定不知道坚持自己的想法。现在您内得君心而外受宠爱,说的话好好坏坏没有不被相信的。假如您外表上尽量对申生好而暗地里用不义的名声侮辱他,他的矜持自重没有不被摧垮的。况且我听说:精诚纯洁的人近于愚钝。精诚正使他容易受侮辱,愚钝就不知道躲避灾难。即使他想要不改变,能办得到吗?"这样一来,骊姬就首先对申生施放谗言。

骊姬贿赂献公的宠臣梁五、东关五,让他们对献公说:"曲沃,是君主的宗邑;蒲城和二屈,是君主的边疆,不可以没有强有力的管理者。宗邑没有得力的人主管,百姓就不畏惧;边疆没有得力的人主管,就会引起戎狄侵犯的野心。戎狄产生侵犯的野心,百姓轻视政令,是国家的祸患啊!如果让太子去主管曲沃,让二位公子去主管蒲地与二屈,就可以使百姓畏服,使戎狄畏惧,并且宣扬了君主的功绩。"又让他们一起对献公进言说:"狄人的土地辽阔空旷,让它成为晋国的城邑。晋国开拓了疆土,岂不也是很应当的吗?"献公很高兴,于是增筑曲沃城,让太子住在那里;又增筑蒲城,让公子重耳住在那里;又增筑二屈,让公子夷吾住在那里。骊姬既让献公疏远了太子,就开始捏造谗言陷害他,使太子申生因此而得罪名。

# 7. 献公作二军以伐霍

【题解】

晋国本只一军,献公自恃强大,增设为二军。为了给太子申生罗织罪名,命他统帅下军去攻打霍国,太傅士蒍劝谏,献公不听。士蒍意识到太子身处险地,劝其学吴太伯的出走避位,太子恪守愚忠愚孝,没有听从,战胜霍国回来,反而遭到更多的谗言。

【原文】

十六年,公作二军①,公将上军,太子申生将下军以伐霍②。师未出,士蒍言于诸大夫曰:"夫太子,君之贰也③。恭以俟嗣,何官之有?今君分之土而官之,是左之也④。吾将谏以观之。"乃言于公曰:"夫太子,君之贰也,而帅下军,无乃不可乎?"公曰:"下军,上军之贰也。寡人在上,申生在下,不亦可乎?"士蒍对曰:"下不可以贰上。"公曰:"何故?"对曰:"贰若体焉⑤,上下左右,以相心目⑥,用而不倦,身之利也。上贰代举⑦,下贰代履⑧,周旋变动,以役心目,故能治事,以制百物⑨。若下摄上,与上摄下⑩,周旋不动,以违心目,其反为物用也,何事能治?故古之为军也,军有左右,阙从补之⑪,成而不知,是以寡败。若以下贰上,阙而不变,败弗能补也。变非声章,弗能移也⑫。声章过数则有衅⑬,有衅则敌入,敌入而凶⑭,救败不暇,谁能退敌?敌之如志,国之忧也。可以陵小,难以征国⑮。君其图之!"公曰:"寡人有子而制焉,非子之忧也。"对曰:"太子,国之栋也。栋成乃制之,不亦危乎!"公曰:"轻其所任,虽危何害?"

士蒍出语人曰:"太子不得立矣。改其制而不患其难,轻其任而不忧其危,君有异心,又焉得立? 行之克也,将以害之;若其不克,其因以罪之。虽克与否,无以避罪。与其勤而不入,不如逃之。君得其欲,太子远死,且有令名,为吴太伯⑯,不亦可乎?"太子闻之,曰:"子舆之为我谋⑰,忠矣。然吾闻之:为人子者,患不从,不患无名;为人臣者,患不勤,不患无禄。今我不才而得勤与从,又何求焉? 焉能及吴太伯乎?"太子遂行,克霍而反,谗言弥兴。

### 注释

①十六年:晋献公十六年(公元前661年)。作二军:建立二军(上军、下军)。据《左传·庄公十六年》:"王使虢公命曲沃伯(武公)以一军为晋侯。"周制:大国三军,次国二军,小国一军。周王只命晋国设一军,现晋献公自恃强大增设为二军。据《周礼·夏官·叙官》,一万二千五百人为一军。

②霍:诸侯小国名,周武王封弟叔武于此,建霍国,故地在今山西霍县境。

③贰:副手。因太子是储君,要继承君主之位,所以说是副手。

④左:犹言外(臣)。

⑤体:指人体的四肢。

⑥相:辅佐。

⑦上：指双手。代：更替。
⑧下：指双足。履：行走。
⑨制：使用。
⑩摄：引持，牵制。
⑪阙：同"缺"。
⑫声：指金鼓。作战时，鸣金（钲）则止，击鼓则进，是主帅用来指挥作战的号令。章：旌旗，军队作战领兵将帅地位有差别，旌旗不同，便于识别。
⑬衅：隙，破绽。
⑭凶：犹言"凶凶"，恐惧，害怕。
⑮陵：侵犯。国：指大诸侯国。
⑯吴太伯：周太王（古公亶父）的长子，知其父欲立其弟季历（周文王之父），故让位而逃到吴地，后周武王追封为吴伯，也称吴太伯。
⑰子舆：士𫇭的字。

【今译】

　　晋献公十六年，晋建立两个军，献公自己统帅上军，太子申生统帅下军去征伐霍国。军队还没出发，士𫇭对众大夫说："太子，是君主的副手。应当恭谨地事奉君主来等待继承君位，何必给什么官位？现在君主分给太子土地，又给他卿的官位，是当他做外臣。我打算劝谏君主，从而看看他的打算。"于是对献公说："太子，是君主的副手，现在您让他去统帅下军，恐怕不恰当吧？"献公说："下军，是上军的辅佐。我统帅上军，申生统帅下军，有什么不行呢？"士𫇭回答说："下军不应该是上军的辅佐。"献公问："为什么？"士𫇭回答说："上下军就好比人的四肢，手足各分上下左右，来辅佐心脏与眼睛，这样使用时不会疲劳，使身体便利。上面两只手轮换举物，下面两只脚轮换行步，左右运转上下变动，来受心脏和眼睛的驱使，这样人才能处理事情，使用各种器物。假如让双足指挥双手，或者是双手控制双足，那就无法左右运转上下变动，违背心脏和眼睛的制约，那就反而要被万物牵制，还能处理什么事情？因此，上古建立军队，军队分为左军、右军，缺哪部分补哪部分，补充完善了敌人也不会察觉，所以作战很少失败。假如用下军辅佐上军，一旦缺失也无法更动，失败了也不能很快补救。因为变动非要随着金鼓旌旗一起变，否则就不方便改动。金声、鼓声、旌旗不符合规定的数目就露出破绽，有破绽敌人就乘隙攻入，敌人一旦进入，我方内心恐惧,挽救败亡还来不及,谁能有本事杀退敌人?敌人的贪欲一旦得逞,是国家的大祸患。所以用下军辅佐上军只可以侵扰小国,难以征服大国。君主还是慎重考虑一下吧!"献公说:"我自己的儿子我会调教他,不劳驾您担忧。"回答说:"太子,是国家的栋梁。栋梁的位置已定又来摆弄它,岂不是太危险吗?"献公说:"减轻他担负的责任,虽然有点危险但有什么大害呢?"

士蔿出来告诉众大夫说:"太子不会被立为国君了。改变了他的地位而不为他考虑困难,减轻他担负的责任而不担忧他有危险,君主有其他想法,又怎么能立他为国君呢?这次让他带兵打仗如果胜利,因为得众心就借此陷害他;如果打败,随着就此给他定罪。不管是胜利还是失败,都无法逃避罪过。与其劳苦而仍不能使君父称意,不如逃走。君主满足了自己的意愿,太子也可以远离死地,况且还有个好名声,做个吴太伯,不也是可以的吗?"太子听到了这番话,说:"子舆他为我作的打算,真是忠诚啊。但我听说过这样的话,说:做儿子的,只忧虑不遵从父命,不忧虑没有好名声;做臣子的,只忧虑不劳苦,不忧虑没有优厚的俸禄。现在以我的缺乏才干而得到表现劳苦与遵从,我还有什么想法呢?我又哪能赶上吴太伯的德行呢?"太子于是带兵出发,灭掉了霍国回来,加在他身上的谗言更多了。

## 8. 优施教骊姬谮申生

【题解】

　　如果说在此前,晋献公虽想废太子申生而立奚齐为太子,但尚无杀子之心,至此,则由于优施教骊姬施展出阴谋的第二步:借刀杀人,直接进谗,用眼泪迷惑,以利害打动,使献公堕其奸计,让太子去征伐东山皋落狄,并用偏衣、金玦表示自己杀子之心已定。

　　本文人物形象描写生动,骊姬夜半而泣,说的话,处处为国为君,实则以退为进,步步紧逼,终使献公受其蛊惑。口蜜腹剑、阴险毒辣的骊姬;惑于女色、昏庸老态的献公,无不凸现纸上。

## 【原文】

优施教骊姬夜半而泣谓公曰:"吾闻申生甚好仁而强①,甚宽惠而慈于民,皆有所行之②。今谓君惑于我,必乱国,无乃以国故而行强于君③。君未终命而不殁④,君其若之何?盍杀我,无以一妾乱百姓。"公曰:"夫岂惠其民而不惠于其父乎?"骊姬曰:"妾亦惧矣。吾闻之外人之言曰:为仁与为国不同。为仁者,爱亲之谓仁;为国者,利国之谓仁。故长民者无亲,众以为亲。苟利众而百姓和,岂能惮君?以众故不敢爱亲,众况厚之⑤,彼将恶始而美终,以晚盖者也⑥。凡民利是生⑦,杀君而厚利众,众孰沮之⑧?杀亲无恶于人,人孰去之?苟交利而得宠⑨,志行而众悦,欲其甚矣,孰不惑焉?虽欲爱君,惑不释也。今夫以君为纣,若纣有良子,而先丧纣⑩,无章其恶而厚其败⑪。钧之死也,无必假手于武王⑫,而其世不废,祀至于今,吾岂知纣之善否哉?君欲勿恤⑬,其可乎?若大难至而恤之,其何及矣!"公惧曰:"若何而可?"骊姬曰:"君盍老而授之政⑭。彼得政而行其欲,得其所索,乃其释君。且君其图之,自桓叔以来,孰能爱亲⑮?唯无亲,故能兼翼。"公曰:"不可与政。我以武与威,是以临诸侯⑯。未殁而亡政,不可谓武;有子而弗胜,不可谓威。我授之政,诸侯必绝;能绝于我,必害我。失政而害国,不可忍也。尔勿忧,吾将图之。"

骊姬曰:"以皋落狄之朝夕苟我边鄙⑰,使无日以牧田野,君之仓廪固不实,又恐削封疆。君盍使之伐狄,以观其果于众也,与众之信辑睦焉⑱。若不胜狄,虽济其罪,可也;若胜狄,则善用众矣,求必益广,乃可厚图也。且夫胜狄,诸侯惊惧,吾边鄙不儆,仓廪盈,四邻服,封疆信,君得其赖⑲,又知可否,其利多矣。君其图之!"公说。是故使申生伐东山⑳,衣之偏裻之衣㉑,佩之以金玦㉒,仆人赞闻之㉓,曰:"太子殆哉!君赐之奇,奇生怪,怪生无常,无常不立㉔。使之出征,先以观之,故告之以离心,而示之以坚忍之权㉕,则必恶其心而害其身矣。恶其心,必内险之;害其身,必外危之。危自中起,难哉!且是衣也,狂夫阻之衣也㉖。其言曰:'尽敌而反㉗。'虽尽敌,其若内谗何!"申生胜狄而反,谗言作于中。君子曰:"知微㉘。"

## 注释

①强:强御,逞强。意思是拥有实力。

②皆有所行之:即皆有所为而行之,意思是申生这样做是有目的的。

③"无乃"句:意思是申生会因为得不到执政晋国的原因而对献公用暴力劫持。

④命:指天子赐给诸侯的爵邑地位。

⑤况:益加。厚:这里指附从拥戴。

⑥恶始:指开始时有弑君杀父的恶名。晚:后,这里指后来的善行。

⑦凡民利是生:即凡为民生利。

⑧沮:败坏。

⑨交利:俱得利,即杀亲者与众人俱得利。

⑩"若纣"二句:意思是假如纣王有个好儿子,知道纣王罪大恶极,最终亡国,从计谋的角度说,不如先自己杀掉他,以免武王诛纣,暴罪天下。

⑪章:即彰,张扬,显露。厚:重,指加重。

⑫钧:同"均",等。假:借。

⑬恤:忧虑。

⑭老:告老。授之政:把政权授给申生。

⑮"自桓叔以来"二句:桓叔为献公曾祖,曲沃桓叔,名成师,他为夺取政权,杀其兄之子昭侯。桓叔之子庄伯伐晋国都翼,杀昭侯之子孝侯。庄伯之子武公伐翼杀孝侯之侄哀侯,终得为诸侯。武公之子献公灭桓叔、庄伯之群公子。自桓叔以来晋国统治者为夺取政权,不择手段,杀的都是亲人,所以骊姬说"孰能爱亲?"

⑯临诸侯:列于诸侯。

⑰皋落狄:皋落氏狄。皋落氏,又称东山皋落氏,赤狄的别种,皋落为氏族名,在今山西省垣曲县东南有皋落镇,当为其故地。苟:侵扰。

⑱众:这里指兵众。信:诚实不欺。辑睦:和睦。

⑲信:审定。赖:利。

⑳东山:即皋落氏。

㉑裻(dū 都):衣背缝。偏裻之衣,衣背缝在中,左右异色的衣服。《左传·闵公二年》省称为"偏衣。"杜预《注》:"偏衣,左右异色,其半似公服。"

㉒金玦(jué 决):用金属制作的玦(古代佩身之物,形如环而缺)。

㉓仆人赞:太子申生的仆人,名赞。

㉔奇:奇异。无常:不是人情的常态。

㉕坚忍:指金玦。

㉖狂夫:狂人,即今之精神病人。阻:著,穿。狂夫阻之衣,狂夫也难穿之衣。说详杨伯峻《春秋左传注·闵公二年》。

㉗尽敌而反:韦《注》因以狂夫为"方相氏之士",认为"尽敌而反"为"狂夫祭诅之言",误。杨伯峻《左传注》认为"此晋献公命申生之辞",是。

㉘微：精妙。

**【今译】**

　　优施教骊姬半夜时对献公流泪哭诉说："我听说申生喜欢施仁德而且有势力，宽厚仁惠而且爱护百姓，都是为政治需要而搞的权术。现在他说君主受我的迷惑，一定会祸乱晋国，他只怕会因为得不到国家政权的缘故对君主采取强暴的手段。君主不待终天年就不能享受命服，君主打算怎么办？何不杀掉我，不要因为我一个女人而使百姓受祸乱。"献公说："他岂有仁爱百姓而不仁爱自己的父亲呢？"骊姬说："我也是害怕啊。我听见外边人说过这话：实施仁德与维护国家不同。讲仁德的人，爱应该亲爱的人叫做仁；维护国家的人，有利于国家的作法叫做仁。因此，统治百姓的人没有私亲，民众就是自己的亲人。假如有利于民众而百官也附和，岂能害怕杀君的罪名？因为民众的原因而不敢爱自己的私亲，众人更加认为他是厚爱，他将以作恶开始而得美名结束，是以后善掩盖了前恶啊。只要是为百姓谋利益，杀掉君主而使众人得厚利，众人为何要败坏他呢？杀掉亲人并不是与大家结仇，众人为何要去掉他呢？假如他与众人都得利益而又倍受爱戴，私愿实现而大家也高兴，那就更想这样做，晋国百姓谁又不被他迷惑呢？他虽然想爱自己的君父，却解除不了这种诱惑。现在拿君主比作纣王，假如纣王有个好儿子，而先除掉纣王，不要张扬他的过恶而归结于他用兵的失败。同样是死，就不必借武王的手来诛讨，而商朝的天下也不会送掉，对他的祭祀一直延续到今天，像我们这些人哪知纣王是好还是坏呢？君主想要不忧虑，行吗？如果大祸到来才忧虑它，那怎么来得及啊！"献公害怕了，说："怎么样做才行呢？"骊姬说："您何不称老退位而把政权交给申生。他得到了政权而去做他想做的事，得到了自己所索取的东西，大概会放过您的。况且君主自己想想，从桓叔以来，为了政权谁爱过亲人？就因为不爱亲人，所以才能兼并翼而成诸侯。"献公说："不能把政权交给他。我凭借武力和威望，这样才做到诸侯。没有死掉就失掉政权，不能说是拥有武；有儿子而不能制服他，不能说是有威望。我把政权交给他，诸侯一定和我断绝了交往；既能使诸侯与我断绝交往，就一定能杀掉我。失去政权而对国家有害，是不能忍受的。你不要忧心，我将对付他。"

骊姬说:"东山皋落氏的狄人无时无刻不在侵扰我国的边境,使得百姓没有哪天能耕种田地,君主的仓库固然不充实,又恐怕会减少国土。您何不派申生去攻打狄人,这样就可以看他用兵是否有决断,与众人的关系是否和睦。如果他不能战胜狄人,已构成败军的罪名,可以杀掉他;如果他战胜狄人,就说明他善于利用兵众,他贪求的一定更大,那时我们就要进一步想办法。况且他战胜了狄人,诸侯畏服害怕,我国的边境不会有敌警,国家的粮仓充实,四境的邻国畏服,边境也很安定,君主得到他战胜狄人的实利,又可以知道他得不得人心,这利益就太多了。君主不妨好好划算一下。"献公听了很高兴。因此就派申生去攻打东山皋落氏,出师时,献公让他穿着左右两色的衣服,还佩带着金玦。太子申生的仆人赞知道了这事,说:"太子危险了!君主赏赐给他的东西奇异,奇异就产生怪诞,怪诞就说明不是常情,不是常情太子就不得立为继承人。派太子出征,是想要先看他是否善用兵众,所以用偏衣预告自己已经转移爱心,而用金玦表示自己的冷遇,那一定是打心眼里厌恶而想害他的命了。厌恶他,就在心里盘算如何使他陷入危险境地;要害他,就在外面使他面临危险。危险是从内部产生,要克服它太难了。况且这种衣服,是狂人也不愿穿的衣服。国君还要说:'消灭了敌人再回来。'即使消灭了敌人,又能拿内部的谗言怎么样!"申生战胜了狄人回国,谗言从内部散布出来。君子说:"赞看出了其中的奥妙啊。"

# 9. 申生伐东山

【题解】

　　本文继上文,写大夫里克劝谏献公,意图阻止这场杀子的人伦惨剧,但献公执迷不悟,仍然赐偏衣、金玦让太子征伐东山。对骊姬的阴谋,献公的绝情,太子忐忑不安,大夫们心照不宣。里克是劝谏不成,只好明哲保身,以圆滑处之;先友则装糊涂,说些冠冕堂皇的话;狐突深谋远虑,劝太子不战而出亡避祸。太子申生虽明知前途危殆,但恪守愚忠愚孝的教条,想以死战而博个美名,结果战胜东山皋落狄,回国后,谗言却更加造得多了。

【原文】

十七年冬,公使太子伐东山①。里克谏曰:"臣闻皋落氏将战,君其释申生也!"公曰:"行也!"里克对曰:"非故也②。君行,太子居,以监国也;君行,太子从③,以抚军也。今君居,太子行,未有此也。"公曰:"非子之所知也。寡人闻之,立太子道三:身钧以年④,年同以爱,爱疑决之以卜、筮⑤。子无谋吾父子之间,吾以此观之。"公不说。里克退,见太子。太子曰:"君赐我以偏衣、金玦,何也?"里克曰:"孺子惧乎?衣躬之偏⑥,而握金玦,令不偷矣⑦。孺子何惧!夫为人子者,惧不孝,不惧不得,且吾闻之曰:'敬贤于请。'孺子勉之乎!"君子曰:"善处父子之间矣。"

太子遂行,狐突御戎⑧,先友为右⑨,衣偏衣而佩金玦。出而告先友曰:"君与我此,何也?"先友曰:"中分而金玦之权⑩,在此行也。孺子勉之乎!"狐突叹曰:"以庬衣纯⑪,而玦之以金铣者,寒之甚矣⑫,胡可恃也?虽勉之,狄可尽乎?"先友曰:"衣躬之偏,握兵之要⑬,在此行也,勉之而已矣。偏躬无慝,兵要远灾⑭,亲以无灾⑮,又何患焉?"至于稷桑⑯,狄人出逆⑰,申生欲战。狐突谏曰:"不可。突闻之:国君好艾,大夫殆⑱;好内,适子殆,社稷危⑲。若惠于父而远于死⑳,惠于众而利社稷,其可以图之乎?况其危身于狄以起谗于内也?"申生曰:"不可。君之使我,非欢也,抑欲测吾心也。是故赐我奇服,而告我权。又有甘言焉。言之大甘,其中必苦。谗在中矣㉑,君故生心。虽蝎谮㉒,焉避之?不若战也。不战而反,我罪滋厚;我战死,犹有令名焉。"果败狄于稷桑而反。谗言益起,狐突杜门不出㉓。君子曰:"善深谋也。"

### 注释

①十七年:晋献公十七年(公元前660年)。东山:见前篇注⑰。

②故:故事,指历史上的成例。

③太子从:有人(卿大夫)守国则太子跟从出行。《左传·闵公二年》:"君行则守,有守则从。"

④身钧:指德行相同。钧,同"均"。

⑤爱疑:在所爱中有疑难,即疑爱。筮(shì世):用蓍(shī尸)草占卦叫筮。

⑥躬:自身。衣躬之偏,穿着(国君)自身衣服的一半。

⑦偷:凉薄,不厚。

⑧狐突:晋国大夫,字伯行,狐偃之父,晋文公重耳的外祖父。御戎:驾御

战车。

⑨先友:晋国大夫。右:车右,即战车的右卫。
⑩中分:中分(君衣之半),即分得君权的一半。
⑪厖(máng忙)杂色。纯:纯德,指太子。
⑫铣:寒,因铣为金中最有光泽者,故用来形容闪着寒光的金玦,毫无温润。
⑬要:机要。
⑭慝(tè特):邪恶,这里指恶意。兵要:犹言兵权。
⑮亲:指有偏衣的亲近。
⑯稷桑:地名,皋落氏狄人的所在地。
⑰逆:迎拒。
⑱艾:韦《注》"艾,当为'外',声相似而误也。"好外,外多嬖臣。殆:危险。
⑲好内:多宠妾。适:同"嫡",正妻所生之子。
⑳惠:顺。惠于父而远于死。顺父意让立奚齐而自己也远离死地。故《左传·闵公二年》言:"狐突欲行",即劝申生出亡。
㉑谮(zèn怎的去声):说坏话诬陷别人。
㉒蝎(hé何):树木中的蠹虫。故"蝎谮"比喻起于内部的谗言。
㉓杜门:闭门。杜,塞。

【今译】

晋献公十七年冬天,献公派太子申生攻打东山皋落氏。大夫里克劝谏说:"臣听说皋落氏准备决一死战,君主还是放掉申生吧!"献公说:"让他去!"里克回答说:"历史上没有这样的先例啊。君主出行,太子留守,为的监护国家;君主出行,有人守国太子随从君主,为的抚恤军队。现在君主留守,太子出行,没有这种先例。"献公说:"这不是你所知道的。寡人听说,册立太子有三个条件:自身德行相同就立年长的,年纪相同就立所爱的,在所爱中有疑难就取决于龟卜、占筮。你不要意图在我们父子关系上挑拨离间,我正是要使他征伐观察他的能力。"献公很不高兴。里克退出,见到太子。太子说:"君主赏赐给我偏衣、金玦,是什么意思呢?"里克说:"年轻人你害怕了吗?穿着国君衣服的一半,而手握着表示军权的金玦,这命令对你还是有厚爱的,年轻人你有什么可害怕的!而且做儿子的,应该害怕不孝,不应该害怕不能继位。况且我听说:'恭敬胜于请求。'年轻人自己努力吧!"君子说:"里克真是会处理父子之间的关系啊。"

太子于是出征，狐突给他驾战车，先友给他做车右，他穿着偏衣并佩带着金玦。出了国都后，太子告诉先友说："君主赐我偏衣和金玦，是什么意思啊？"先友说："穿着国君分给一半的衣服，手握代表兵权的金玦，成功在此一行了。您自己努力吧！"狐突叹息说："拿杂色的衣服让纯德的太子穿，而且赏赐给闪着寒光的金玦，态度很冷啊，哪有什么靠得住的呢？虽然努力杀敌，狄人是杀得尽的吗？"先友说："穿着国君亲赐的偏衣，掌握军事的指挥权，成功在此一行了，勉励自己努力杀敌吧！国君亲赐偏衣没有恶意，兵权在握可以远离灾祸，既有偏衣之亲又没有灾祸，还有什么可忧虑的呢？"军队开发到稷桑，皋落氏的狄人出来迎战，申生准备与狄人决一死战。狐突劝谏说："不可。突听说：国君在外宠信嬖臣，卿大夫就有危险；在内宠爱姬妾，嫡子就有危险，国家也面临倾覆。如果为顺从父心而远离死地，为顺从民意而且有利于国家，是否可以考虑不出战为好？况且两军决战使狄人对自己有危害不说，还会在朝中引起谗言呢？"申生说："不行。君父派我出征，并不是喜欢我，或者是想用这来观察我有什么想法。因此他赏赐给我奇异的衣服，而且授给我兵权，临行又用好言慰抚我。说的话太甜，其中的味道一定更苦。诬陷我的话已经在内部产生，君父因此有其他想法了。虽然明知诬陷我的谗言起于内部，又哪能躲避得了？不如决一死战。不出战就回去，我的罪过更大；我苦战而死，还可以有个好名声。"结果出战，在稷桑打败了狄人后回国。谗言造得更多了，狐突于是杜门不出。君子说："狐突真是善于深谋远虑啊。"

# 卷八　晋语二

## 1. 骊姬谮杀太子申生

【题解】

　　本篇写骊姬见时机成熟,于是通过优施逼使大夫里克表态中立,然后发难,用计谮杀太子申生,立自己的儿子奚齐做太子,并赶尽杀绝,派人追杀公子重耳、夷吾,驱逐群公子,以杜绝后患。

　　文章写申生被谮杀的全过程,出现的人物较多,对人物性格有较细微的刻画,塑造了许多成功的人物形象。骊姬迫不及待,除用计暗害,还把作为女人常用的哭闹手段都使上,终于害死太子,狠毒奸狡;优施为虎作伥,善用自己的俳优身份作掩护,而行拉拢敌对力量之实,险恶无耻;里克明哲保身,敌人逼使摊牌,他寝食难安,终于不敢坚持正义而宣告中立,优柔寡断;申生愚忠愚孝,在敌人节节进逼下,他坐以待毙,最后被迫自杀,还不忘让人告诉狐突帮助献公治国。以上各类人物的个性特点无不跃然纸上,再通过一些场面描写和场景转换,构成一篇精彩而完整的故事。

【原文】

　　反自稷桑①,处五年,骊姬谓公曰:"吾闻申生之谋愈深②。日,吾固告君曰得众,众不利,焉能胜狄?今矜狄之善③,其志益广。狐突不顺,故不出。吾闻之,申生甚好信而强,又失言于众矣,虽欲有退④,众将责焉。言不可食,众不可弭⑤,是以深谋。君若不图,难将至矣!"公曰:"吾不忘也,抑未有以致罪焉。"

骊姬告优施曰:"君既许我杀太子而立奚齐矣,吾难里克,奈何!"优施曰:"吾来里克,一日而已⑥。子为我具特羊之飨⑦,吾以从之饮酒。我优也,言无邮⑧。"骊姬许诺,乃具,使优施饮里克酒。中饮,优施起舞,谓里克妻曰:"主孟啖我⑨,我教兹暇豫事君⑩。"乃歌曰:"暇豫之吾吾,不如鸟乌。人皆集于苑,己独集于枯⑪。"里克笑曰:"何谓苑?何谓枯?"优施曰:"其母为夫人,其子为君,可不谓苑乎?其母既死,其子又有谤,可不谓枯乎?枯且有伤。"

优施出,里克辟奠,不飧而寝⑫。夜半,召优施,曰:"曩而言戏乎⑬?抑有所闻之乎?"曰:"然。君既许骊姬杀太子而立奚齐,谋既成矣。"里克曰:"吾秉君以杀太子⑭,吾不忍。通复故交,吾不敢。中立,其免乎?"优施曰:"免。"

旦而里克见丕郑,曰:"夫史苏之言将及矣!优施告我,君谋成矣,将立奚齐。"丕郑曰:"子谓何?"曰:"吾对以中立。"丕郑曰:"惜也!不如曰不信以疏之⑮,亦固太子以携之⑯,多为之故⑰,以变其志,志少疏,乃可间也。今子曰中立,况固其谋也,彼有成矣,难以得间。"里克曰:"往言不可及也,且人中心唯无忌之⑱,何可败也!子将何如?"丕郑曰:"我无心。是故事君者,君为我心,制不在我⑲。"里克曰:"弑君以为廉⑳,长廉以骄心,因骄以制人家,吾不敢。抑挠志以从君,为废人以自利也㉑,利方以求成人㉒,吾不能。将伏也㉓!"明日,称疾不朝。三旬,难乃成。

骊姬以君命命申生曰:"今夕君梦齐姜㉔,必速祠而归福㉕。"申生许诺,乃祭于曲沃,归福于绛。公田,骊姬受福,乃置鸩于酒㉖,置堇于肉㉗。公至,召申生献,公祭之地,地坟㉘。申生恐而出。骊姬与犬肉,犬毙;饮小臣酒㉙,亦毙。公命杀杜原款㉚。申生奔新城㉛。

杜原款将死,使小臣圉告于申生㉜,曰:"款也不才,寡智不敏,不能教导,以至于死。不能深知君之心度㉝,弃宠求广土而宧伏焉㉞;小心狷介㉟,不敢行也。是以言至而无所讼之也㊱,故陷于大难,乃逮于谗。然款也不敢爱死㊲,唯与谗人钧是恶也㊳。吾闻君子不去情㊴,不反谗㊵,谗行身死可也,犹有令名焉。死不迁情,强也。守情说父,孝也。杀身以成志,仁也。死不忘君,敬也。孺子勉之!死必遗爱,死民之思,不亦可乎?"申生许诺。

人谓申生曰:"非子之罪,何不去乎?"申生曰:"不可。去而罪释,必归于君,是怨君也。章父之恶,取笑诸侯,吾谁乡而入㊶?内困于父母,外困于诸侯,是重困也。弃君去罪,是逃死也。吾闻之:'仁不怨君,智不重困,勇不逃死。'若罪不释,去而必重。去而罪重,不智。逃死而怨君,不仁。有罪不死,无勇。去而厚怨,恶不可重,死不可避,吾将伏以俟命。"

骊姬见申生而哭之,曰:"有父忍之㊷,况国人乎?忍父而求好人,人孰好之?杀父以求利人,人孰利之?皆民之所恶也,难以长生!"骊姬退,申生乃雉经于新城之庙㊸。将死,乃使猛足言于狐突曰㊹:"申生有罪,不听伯氏㊺,以至于死。申生不敢爱其死,虽然,吾君老矣,国家多难,伯氏不出,奈吾君何?伯氏苟出而图吾君,申生受赐以至于死,虽死何悔!"是以谥为共君㊻。

骊姬既杀太子申生,又谮二公子曰:"重耳、夷吾与知共君之事㊼。"公令阉楚刺重耳,重耳逃于狄㊽;令贾华刺夷吾,夷吾逃于梁㊾。尽逐群公子㊿,乃立奚齐焉。始为令,国无公族焉㉛。

### 注释

①反自稷桑:指申生打败了东山皋落氏狄人,从稷桑回国。
②谋:骊姬诬陷申生有弑君的阴谋。
③矜:矜夸。
④退:指有改悔之意。
⑤弭:止。
⑥来里克:指扭转里克的心来归向自己。一日:一天,用时间之短形容十分容易。
⑦特:一只牲口。特羊之飨,一只全羊的宴席。
⑧邮:通"尤",过错。
⑨主:古代大夫称主,其妻也可称为主。主孟,指里克之妻。孟,里克妻之字。啗:同"啖",吃。
⑩兹:此,指里克。暇豫:安闲快乐。
⑪吾吾(yú yú 鱼鱼):不敢亲近的样子。集:栖止。"暇豫之吾吾"四句,意思是说里克想安闲快乐,却不亲近骊姬,那他的聪明才智还不如鸟雀乌鸦会选草木茂密的花园来栖止,暗示里克背弃申生,靠近骊姬才对自己有好处。
⑫辟:撤掉。奠:酒菜。飧(sūn 孙):熟食。不飧,意思是没有吃熟食,即没

吃饭。

⑬曩(nǎng囊):先前。而:同"尔",你。

⑭秉:秉承,执持。

⑮曰不信以疏之:说不相信优施的话来使他们的阴谋不敢立即发作。疏,稀,这里意为冲淡。

⑯固:加强。携:离,分化。

⑰故:计谋。多为之故,多想些办法。

⑱人:指骊姬的党羽。中心:即心中。无忌:肆无忌惮。

⑲君为我心:君主的心就是我的心,即君主怎样我就怎样。制:指控制权,即决定权。

⑳君:指献公。廉:正直。

㉑挠志:屈志,即违心。废人:指废去太子。

㉒方:道,途径。人:指奚齐。利方以成人,寻找给自己带来利益的途径去成全别人。

㉓伏:隐伏。

㉔齐姜:申生之母,早死。《左传·庄公二十八年》杜预《注》云:"齐姜,武公妾。"《史记·晋世家》云:"太子申生,其母齐桓公女也,曰齐姜,早死。"两说皆存疑。古人梦先人,都以酒食祭祀,故骊姬矫献公命"速祠而归福。"

㉕祠:祭祀。归(kuì 愧)福:祭祀后馈献给生者的祭神酒食。归,通"馈",馈赠。

㉖鸩(zhèn 振):传说中的一种鸟,又名"运日",把它的羽毛泡在酒中制成的鸩酒,相传可以毒杀人。

㉗堇(jǐn 紧):草药名,即乌头,有毒。

㉘祭之地:将饮福酒先浇奠地上,表示悼念先人。坟:像坟一样突起。

㉙小臣:内宫执役的小臣,即太监。

㉚杜原款:申生的师傅。

㉛新城:即曲沃,由于新为太子增筑,故称新城。

㉜小臣圉(yù 雨):太子申生的小臣,名圉。

㉝心度:心思。

㉞弃宠:教申生扔掉太子地位。求广土:指逃往异地。

㉟狷(juān 捐)介:拘谨而不变通。

㊱言:指逸言。讼:申诉。

㊲爱死:吝惜死,怕死。

㊳唯与谗人钧是恶也:意思是"只有和进谗言的人(指骊姬)分担这个恶名了。"

㊴不去情:不抛弃忠爱的感情。
㊵反谗:指自己对谗言进行申辨。
㊶谁乡而入:投向何处。乡,通"向"。
㊷忍之:忍心杀他。
㊸雉经:上吊自杀。
㊹猛足:申生的臣子。
㊺伯氏:即狐突,狐突字伯行,故尊称为"伯氏"。不听伯氏,指稷桑之战时狐突劝他不如不战和劝他出亡的话。
㊻谥(shì 试):古代帝王、贵族、大臣、士大夫死后,依其生前事迹给予的称号。共君:按谥法有过能改叫"共",所以给申生的谥号叫"共君"。共,通"恭"。
㊼与知共君之事:指二公子都知道共君下毒的事。
㊽阉楚:阉人名叫楚。阉人楚,即《左传·僖公五年》中伐蒲的寺人披,字伯楚,《史记·晋世家》作"勃鞮",均为同一人。阉人,即寺人,秦汉以后称太监。狄:北狄,重耳之母为狄之狐氏女,故奔狄。
㊾贾华:晋国大夫。梁:诸侯国名,嬴姓,国土即今陕西韩城县南之少梁城,鲁僖公十九年(公元前641年)被秦灭亡。
㊿群公子:指献公的其他儿子及先君所遗的庶子。
㉛公族:又称"公姓",诸侯之子称公子、孙称公孙,公子、公孙皆称"公族"。国无公族,晋献公由于听信了骊姬的谗言,尽逐群公子。并制定法令,以后之君主皆不让公族留在国内。

【今译】

太子申生战胜皋落氏狄人从稷桑回来后,又过了五年。骊姬对晋献公说:"我听说申生想谋害您的打算更加险恶了。前段时间,我曾告诉君主说他很得人心,倘若他不给众人好处,又怎么能战胜狄人?现今他更加夸炫攻伐狄人时善用兵众,他的野心越来越大。狐突不顺从太子所以杜门不出。我听说,申生为人很讲信用而且强悍,他把弑君篡权的话漏给了众人,虽然想后悔,众人也要责备他。说的话不能不算数,又不能制止众人的不满,所以他要深谋远虑。君主如果不设法对付,大难就要临头了!"献公说:"我不会忘记对付申生的,但是还没法给他加个罪名。"

骊姬于是告诉优施说:"国君已经应许我杀了太子后立奚齐了,只是我觉得难对付里克,怎么办?"优施说:"我请来里克,一天就可以扭转他的心。您给我准备一桌用全羊的宴席,我用来陪他喝酒。我是俳优,话说错了他也无法挑刺。"骊姬答应了他,准备了宴席,让优施请里克喝酒。喝到半酣,优施从座席上站起来舞蹈,对里克的妻子说:"主妇孟您请我喝酒,我就教这个人安闲快乐地事奉君主。"于是唱歌说:"安闲逸乐却不敢亲近他,不如鸟雀和乌鸦。人家栖息在花木丰茂的林苑,唯独自己落到一枝枯杈。"里克笑着问他说:"什么叫花木丰茂的林苑?什么又叫一枝枯杈?"优施说:"他的母亲是夫人,她的儿子当君主,能不说是花木丰茂的林苑吗?他的母亲已经死了,她的儿子又遭到诽谤,能不说是一枝枯杈吗?不仅是枯杈而且还要折断他。"

优施走了,里克撤掉了酒席,没有吃晚饭便去躺下睡觉。到了半夜,让人叫来优施,问他:"你刚才说的话是开玩笑吗?还是听到了什么风声?"回答说:"当然听到一些风声。君主已经应许骊姬杀掉太子后立奚齐,计谋都已经定下了。"里克说:"让我秉承君主的意志去杀死太子,我不忍心。但像以往一样与太子交往,我又不敢。我保持中立,可以免祸吗?"优施说:"可以免祸。"

第二天早晨里克见到丕郑,说:"史苏说过的话就要应验了!优施告诉我,君主的计谋已经定了,准备立奚齐为太子。"丕郑说:"您对他说些什么?"回答说:"我答应保持中立的态度。"丕郑说:"可惜啊!您不如说不相信他的话来使阴谋不敢立即发作,也可以加强太子的力量来分化骊姬的党羽,再多想些办法,来改变他们的念头,那念头只要冷下来,就可以离间他们了。现在您说保持中立,更会加强他们谋夺太子地位的阴谋了,他们要是准备停当了,就难得离间了。"里克说:"说过的话不好再追悔了,况且一个人心里已经毫无顾忌,那里用语言就可以挫败。您打算怎么办?"丕郑说:"我没有其他的想法。因为事奉君主的人,君主就是我的主心骨,决定权不在我。"里克说:"杀掉君主来搏取正直的名声,自己夸大这种正直,增长骄傲情绪,用这种骄傲去制裁人家父子,我不敢这么做。但是让我违心地阿附君主,废掉太子而给自己带来私利,寻求对自己有利的途径来成全别人当太子,我又不愿这么做。我准备隐退。"第二天,里克就假说自己有病不上朝。过了三十天,骊姬就发动了变乱。

骊姬用国君的命令命令申生说:"今天晚上君主梦见你母亲齐姜,你一定要赶快去祭祀她并且把祭酒祭肉送来。"申生答应,于是到曲沃去祭祀,把祭酒祭肉送来绛都。晋献公正在外面打猎,骊姬接受了祭酒祭肉,就把鸩毒放入酒中,把叫乌头的毒药混在肉里。献公回来,召来申生献上祭酒祭肉,献公以酒祭地,地上突起像土堆。申生惶恐得跑出宫去。骊姬把肉给狗吃,狗毒死了;把酒给小臣喝,小臣也毒死了。献公命令杀死申生的师傅杜原款。申生逃奔到新城。

杜原款临死前,派小臣围去告诉申生说:"我杜原款没有才干,缺少智慧很不聪敏,没有能很好地教导你,以至于被君主处死。我不能深知君主的内心到底怎么想,本想让你放弃太子的地位跑到异地去隐居避祸,但由于我为人谨慎保守,又不敢和你一起逃亡。因此知道一些有关你的谗言却没有去申辩,所以使你陷于大难,被谗言暗害。但是我杜原款也不敢怕死,只有与造谗言的人一起分担这个恶名了。我听说君子不放弃忠爱的感情,不对谗言进行申辩,遭到谗言陷害而去死,还可以有个美好的名声。即使死也不转移自己的忠爱之情,这是刚强。恪守忠爱的感情取悦父亲,这是孝顺。人死了却完成了自己的心愿,这是仁义。虽是被害死但不忘记君父,这是恭敬。年青人勉励吧!一个人死后一定要留下美名,死了能得到百姓怀念,不也很值得吗?"申生接受了师傅的教导。

有人对申生说:"不是您的罪过,为什么不离开晋国呢?"申生说:"不可。离开了晋国虽然洗清了我的罪过,但人们一定归罪于君主,这就等于是我怨恨君主。张扬君父的过恶,被诸侯耻笑,什么地方还会接纳我呢?我在内被父母逼迫,在外被诸侯困窘,是双重的困境啊。背弃君父而解脱自己的罪过,这是逃避去死。我听说:'仁爱的人不怨毒君父,明智的人不受双重的困窘,勇敢的人不逃避面对死亡。'如果罪过不能解脱,离开了晋国一定会受到双重的困窘。离开反而加重了罪过,是不明智。逃避死亡而归怨给君父,是不仁爱。有罪过不愿去死,是不勇敢。离开晋国会加重人们对君主的怨恨,罪恶不能再加重了,如果死亡不可避免,我就待在这里等候君父的命令。"

骊姬去见申生并哭闹着说:"你对自己的父亲都忍心谋害,还会去爱国人吗?忍心谋害父亲而还想求做好人,国人谁会喜欢你呢?杀掉父亲来追求私利的人,国人谁会为你谋利益呢?你干的都是百姓所厌恶的事啊,你休想活得长了!"骊姬走后,申生就在新城的宗庙里上吊自杀了。临死前,他派猛足去对狐突说:"申生有罪过,没有听伯氏您的劝告,以至于落到自杀的地步。申生不敢吝惜自己的生命,虽然我死不足惜,但我们的君主年老了,国家又正多灾多难,伯氏如果不出来主持大局,君主拿来怎么应付?伯氏假如能出来,为君主出谋献策,我申生就是死了也感谢您的恩惠,就此一死也没什么可遗憾的!"所以申生死后谥他为共君。

骊姬用阴谋杀掉太子申生后,又诬陷二位公子说:"重耳、夷吾都参与知道共君下毒谋害您的事。"晋献公于是命令太监伯楚去刺杀重耳,重耳逃亡到北狄去;命令贾华去刺杀夷吾,夷吾逃亡到梁国去。骊姬又设法让晋献公赶走其他公子,于是立奚齐为太子。从这开始就制定了法令,晋国不留公族在国内。

## 2. 公子重耳夷吾出奔

【题解】

本篇写骊姬派人追杀公子重耳、夷吾未成,在狐偃谋划下,重耳逃亡到狄国;在冀芮谋划下,夷吾逃亡到靠近秦国的梁国,都是为以后回国为君作打算。

【原文】

二十二年①,公子重耳出亡,及柏谷②,卜适齐、楚。狐偃曰③:"无卜焉。夫齐、楚道远而望大④,不可以困往⑤。道远难通⑥,望大难走⑦,困往多悔。困且多悔,不可以走望⑧。若以偃之虑,其狄乎!夫狄近晋而不通⑨,愚陋而多怨,走之易达。不通可以窜恶⑩,多怨可与共忧。今若休忧于狄,以观晋国,且以监诸侯之为,其无不成。"乃遂之狄。

处一年⑪,公子夷吾亦出奔,曰:"盍从吾兄窜于狄乎?"冀芮曰⑫:"不可。后出同走⑬,不免于罪。且夫偕出偕入难⑭,聚居异情恶⑮,不若走梁。梁近于秦,秦亲吾君⑯。吾君老矣,子往,骊姬惧,必援于秦。以吾存也,且必告悔,是吾免也。"乃遂之梁。居二年,骊姬使奄楚以环释言⑰。四年,复为君⑱。

注释

①二十二年:晋献公二十二年(公元前655年)。

②柏谷：晋国地名，在今河南灵宝县西南。

③狐偃：重耳的舅父，狐突之子，字子犯。

④望大：企望大，即望诸侯朝贡，为诸侯之长。

⑤困：困窘，指无出路的处境。

⑥通：至。

⑦难走：难望归走晋国。

⑧走望：指归走晋国时难望靠其力。

⑨不通：指不交往。

⑩寔：隐伏。

⑪处一年：即晋献公二十三年，献公使贾华讨伐公子夷吾居守的屈地，夷吾从屈地出奔。

⑫冀芮（ruì 锐）：晋国大夫，即郤芮，后食邑于冀，故称冀芮。

⑬后出：后于重耳出走。同走：此指同奔一国。

⑭偕入：指以后都想归国为君。

⑮恶：交恶，互相憎恨。

⑯秦亲吾君：晋献公之女伯姬为秦穆公夫人，故言亲。

⑰居二年：居梁二年，为晋献公二十四年（公元前653年）。奄楚：人名，即前一篇的阉楚。环：玉环，谐音"还"。释言：用好话解释。以环释言，骊姬派奄楚用玉环表示可以让夷吾还国，并用好话解释自己以往的行动。

⑱四年：居梁四年，为晋献公二十六年（公元前651年），献公病死，里克杀骊姬之子奚齐及卓子，秦穆公接纳公子夷吾，次年（公元前650年），助夷吾回国，立为晋惠公。

【今译】

晋献公二十二年，公子重耳离开晋国逃亡，到柏谷，用龟甲占卜可不可以去齐国、楚国。狐偃说："用不着占卜。那齐国、楚国道路既远又是只望诸侯朝贡的，不可以在处于困境时投奔。道路太远难以走到，只望诸侯朝贡的大国，以后难以离开，处于困境时去投奔以后多怨恨。处于困境而且多怨恨，不可能指望靠它们的力量归国。假如按我狐偃的考虑，不如到狄国好些。狄国离晋国近但不与晋国交往，愚昧落后的狄人与邻国结怨多，以后归国时路途近容易达到。互不交往可以让晋君厌恶的人隐伏，互相结怨多可以与它共忧患。现在我们如果能与狄人休戚与共，来坐观晋国内部的政局变化，并且监视诸侯的所作所为，那没有不能成事的。"于是就到狄国。

过了一年,公子夷吾也离开晋国逃亡,说:"何不跟从我哥哥逃亡到狄国去?"冀芮说:"不可。在重耳之后出走却逃亡到同一个地方,避免不了要被扣上同谋的罪名。况且同时出走以后想一同回国就很难,同奔一国都各自想归国为君就会互相憎恨,不如投奔梁国。梁国靠近秦国,秦国亲近我们的君主。我们的君主年老了,您去了那里,骊姬会很害怕,一定要向秦国求援。而因为我们住在梁国依靠秦国,她一定告诉秦国自己的悔意,这就可以使我们免罪啊。"于是就到梁国。过了两年,骊姬派奄楚奉着玉环来进行解释。过了四年,夷吾得秦人的帮助归国为君。

## 3. 虢将亡舟之侨以其族适晋

【题解】

本文写虢国灭亡前,虢公占梦并且让国人贺梦,大夫舟之侨眼见国君的昏庸狂妄以及国内的种种矛盾,不忍坐等亡国,于是带领自己的族人逃到晋国。

【原文】

虢公梦在庙①,有神人面白毛虎爪,执钺立于西阿②,公惧而走。神曰:"无走!帝命曰③:'使晋袭于尔门。'"公拜稽首④。觉,召史嚚占之⑤,对曰:"如君之言,则蓐收也⑥。天之刑神也。天事官成⑦。"公使囚之,且使国人贺梦。舟之侨告诸其族曰⑧:"众谓虢亡不久,吾乃今知之。君不度而贺大国之袭,于己也何瘳⑨?吾闻之曰:'大国道,小国袭焉曰服。小国傲,大国袭焉曰诛。'民疾君之侈也,是以遂于逆命。今嘉其梦,侈必展,是天夺之鉴而益其疾也⑩。民疾其态,天又诳之;大国来诛,出令而逆⑪;宗国既卑⑫,诸侯远己。内外无亲,其谁云救之?吾不忍俟也!"将行,以其族适晋。六年,虢乃亡⑬。

【注释】

①虢(guó国)公:名丑,虢国君主。虢,诸侯国名,周文王弟虢仲的封地,故地在今陕西宝鸡县。庙:宗庙。

②钺：大斧。西阿：西荣，屋檐两端上翘的部分称荣，今通称飞檐。
③帝：指天帝。
④拜稽首：既跪而拱手，叫拜手，省称拜。叩头至地叫稽首，为最敬之礼。
⑤史嚚：虢国太史，名嚚。占：占梦，圆梦，即根据梦中所见预测人事的吉凶。
⑥蓐（rù 褥）收：西方神名，司秋，传说为少昊帝之子。《礼记·月令》："（孟秋之月），其帝少昊，其神蓐收。"西方五行为金，司秋之神，故史嚚言其为"天之刑神也"。
⑦天事官成：意思是上天要降临的祸福，是分别由各方的主管神现出形象并执行的。
⑧舟之侨：虢国大夫，后为晋国大夫。
⑨瘳（chōu 抽）：减损。
⑩鉴：即镜，镜可以自省形貌，虢公自以为梦吉不以上天示警为镜，故言："天夺之鉴。"
⑪出令而逆：指虢公让国人贺梦等于下命令迎接。
⑫宗国：本族，即公族，参见《骊姬潜杀申生》注㉛。
⑬六年虢乃亡：舟之侨族人适晋后六年。适晋在鲁闵公二年（公元前 660 年），虢亡为鲁僖公五年（公元前 655 年），参见《左传》。

【今译】
　　虢公梦见自己在宗庙里，有个长着人脸、体生白毛、有一对老虎爪子的神，执着金钺站立在西面屋檐上，虢公很害怕地逃跑。神人说："不要跑！天帝命令说：'派晋国人进入你的国门。'"虢公下跪叩头拜谢，惊醒后，召史嚚占梦。史嚚回复说："按照君主描述的梦中神明的形象，是西方金官之长蓐收，天帝属下的刑杀之神。天意祸福是各由其主神形象出现施行的。"虢公叫人把史嚚囚禁起来，并且下命让国人庆贺他的梦。大夫舟之侨告诉自己的亲族说："不少人说虢不久要灭亡，我现在知道其中的道理了。君主不揣度神明的意旨而命国人庆贺大国的进入，这对于自己面临的祸患会有什么减少？我听说：'大国有道义，小国进入大国叫臣服。小国傲慢，大国进入这叫诛讨。'百姓痛恨君主的放纵，所以这才抗拒君命。现在他认为这个梦吉利，他的欲望将更扩展，这是上天夺去君主省察自己的镜子而加速使他灭亡。百姓痛恨他的狂妄，上天又来迷惑他；大国来诛讨，反而发布命令让国人欢迎；公族已经很弱小，诸侯又疏远自己。内外都没有可亲近的，有谁能拯救得了虢国？我不忍心坐等到亡国那一天！"准备离开虢国，带领自己的族人到晋国。这以后过了六年，虢国果然被灭亡。

# 4. 宫之奇知虞将亡

【题解】

晋献公向虞国借道去攻打虢国，本来就是个阴谋，虞国大夫宫之奇曾用"辅车相依，唇亡齿寒"的道理痛谏虞公（见《左传·僖公五年》），虞公不听。宫之奇认为虞公立国已毫无忠信可言，还要留驻外国军队，断定虞必亡国。

【原文】

伐虢之役，师出于虞①。宫之奇谏而不听②，出，谓其子曰："虞将亡矣！唯忠信者能留外寇而不害③。除暗以应外谓之忠④，定身以行事谓之信。今君施其所恶于人，暗不除矣；以贿灭亲⑤，身不定矣。夫国非忠不立，非信不固。既不忠信，而留外寇，寇知其衅而归图焉。已自拔其本矣⑥，何以能久？吾不去，惧及焉。"以其孥适西山⑦。三月，虞乃亡。

注释

①虞：国名，古公亶父（太王）之子虞仲（仲雍）所封之国，故地在今山西平陆县。伐虢之役师出于虞，因虞在晋国、虢国之间，公元前658年晋国用屈地名马与垂棘之璧玉贿赂虞国，借道攻打虢国，宫之奇谏止不听。公元前655年，晋第二次向虞借道伐虢，宫之奇坚决谏止，虞公仍不听，晋灭虢后，回军途中灭虞。参见《左传·僖公二年·僖公五年》。

②宫之奇：虞国大夫。

③留外寇：指借地给晋军驻扎。

④除暗：去除愚昧。

⑤以贿灭亲：贪图财物而去灭亡自己的亲密邻邦。指虞国接受晋国的名马美玉借道让晋灭亡虢国的事。亲，虢、虞为姬姓的兄弟之国，虞为太王之后，虢为王季（周文王父）之后，故言亲。

⑥本：国家的根本，即宫之奇讲的"忠信。"

⑦西山：指虞国西面的国界。

【今译】

　　晋国征伐虢国那次战役,是向虞国借道出兵的,宫之奇劝谏虞公不要借道给晋人,虞公不听。宫之奇出来后,对他的儿子说:"虞国快要灭亡了!只有讲忠信的人才能在有外国军队驻扎的情况下不受损害。去除愚昧的观念来对付外敌这叫做忠,稳定自身来指导行动这叫做信。现在君主把自己所厌恶的事施加在别人身上,这是没有去掉愚昧的观念;贪图晋国的贿赂去灭亡自己的亲密邻邦,这是自身行事不稳。一个国家不讲忠爱不能站住脚跟,不讲信义不能巩固内部。既不讲忠信,而又让外国军队驻扎,外敌清楚看出有机可乘就会回头来谋算它。自己拔掉了立国的根本,怎么能长久存在呢?我不离开虞国,恐怕要大祸临头。"率领自己的妻儿老小到西山去避祸。过了三个月,虞国被晋国灭亡。

## 5. 献公问卜偃攻虢何月

【题解】

　　本文写晋献公问卜偃攻打虢国的时间,卜偃根据童谣认为当在九月底、十月初。

【原文】

　　献公问于卜偃曰:"攻虢何月也?"对曰:"童谣有之曰:'丙之晨①,龙尾伏辰②,均服振振,取虢之旂③。鹑之贲贲④,天策焞焞⑤,火中成军,虢公其奔⑥!'火中而旦,其九月十月之交乎⑦?"

注释

　　①丙之晨:丙子日早晨。丙,丙子这一天,古时以干支记日。

　　②龙尾:即尾星,星宿名,二十八宿之一。辰:指日和月交会的地方。龙尾伏辰,即尾星伏而不见。《吕氏春秋》:"孟冬之月,日在尾。"十月初一(夏历),鸡鸣将旦时,日月交会在尾宿,其光被日光所压隐伏不明而日光显现。

　　③均服:戎服。振振:威武的样子。旂(qí旗):军中的旌旗。取虢之旂,《左传》孔颖达《疏》言:"旂者,晋军旂也,而往取虢。"

　　④鹑(chún纯):鹑火星,二十八宿中的柳宿。贲贲(bēn bēn奔奔):形容鹑火

星的状貌,就像一只飞奔的鹑鸟。《左传·僖公五年》杜预《注》:"贲贲,鸟星之体也。"

⑤天策:星名,又名傅说星。焞焞(tūn tūn 吞吞):星光暗弱不明的样子。

⑥火中:鹑火星出现在南方天空。中,指晨中。成军:成功的军事行动。虢公其奔,《左传·僖公五年》:"冬十二月(周历)丙子朔,晋灭虢,虢公丑奔京师。"

⑦九月十月之交:九月末十月初(夏历)。杜预《注》:"交,晦朔交会。"

【今译】

晋献公问卜偃说:"攻打虢国哪个月最适宜?"回答说:"童谣这样唱:'丙子日的清晨,日月交会龙尾星隐伏不明;军服威武又整齐,攻取虢国的军旗鲜明。鹑火星像只飞翔的大鸟,天策星没有光耀;鹑火星下率军出战,虢公只有败亡逃跑。'鹑火星早晨出现在南方的天空,大概就在九月末、十月初吧?"

## 6. 宰周公论齐侯好示

【题解】

本文是作者借宰周公之口,对齐桓公喜欢表现自己,向诸侯施恩和夸功,却不勤于修德的做法表示否定。

【原文】

葵丘之会①,献公将如会,遇宰周公②,曰:"君可无会也。夫齐侯好示,务施与力而不务德③,故轻致诸侯而重遣之④,使至者劝而叛者慕。怀之以典言⑤,薄其要结而厚德之⑥,以示之信。三属诸侯,存亡国三⑦,以示之施。是以北伐山戎,南伐楚,西为此会也。譬之如室,既镇其甍矣⑧,又何加焉?吾闻之,惠难遍也,施难报也。不遍不报,卒于怨仇。夫齐侯将施惠如出责⑨,是之不果奉,而睱晋是皇⑩,虽后之会,将在东矣。君无惧矣,其有勤也⑪!"公乃还。

注释

①葵丘之会:参见《齐语》7。
②宰周公:周王的卿士,食邑在周地,宰是官名。

③示：表现。施：施加恩惠。力：功德。

④轻致诸侯：使诸侯轻身（空手）来。重遣之：重礼赠送他们。即《齐语》8中所谓的"诸侯之使垂橐而入，稛载而归。"

⑤怀：安定。典言：记载在典册上的法令。据《公羊传·僖公三年》："（阳谷之会），桓公曰：'无障谷，无贮粟，无易树子，无以妾为妻。'"故韦《注》云："阳谷之会以四教令诸侯之属。"

⑥薄：减少。薄其要结，即减少会盟时的一些繁文缛节，即《齐语》8中所谓的"诸侯饰牲载书而不歃血"。可参见《孟子·告子下》及《春秋谷梁传·僖公九年》有关内容。

⑦属：会盟。三属，指三次不带兵车的所谓"衣裳之会"。参见《齐语》6注㉙。存亡国三：挽救保存了三个灭亡的国家，指鲁、卫、邢，参见《齐语》8及《春秋三传》的有关章节。

⑧甍（méng 萌）：屋脊。

⑨施惠如出责：施舍恩惠如同放债，希望得到报偿。责，同"债"。

⑩暇：不暇。皇（kuāng 匡）：通"匡"，匡正。《诗·豳风·破斧》："周公东征，四国是皇。"

⑪无惧：无惧于不与会。有勤：自勤劳，即自己勤于内政处理。因此时晋杀太子申生，立奚齐为太子，国人不服，晋内乱已萌征兆，故宰周公有此话。

【今译】

蔡丘那次诸侯会盟，晋献公准备去赴会，途中遇上了宰周公，（宰周公）告诉他说："您可以不必去参加会盟了。齐侯喜欢表现自己，他喜欢向诸侯施恩和夸功而不勤于修德，因此让诸侯空囊来而赠他们重载归，使来的人受到鼓励而背叛的人也心悦诚服。用典册载明的法令安定人心，会盟时减少繁文缛节却厚施仁德，用来向诸侯表现信义。三次号召诸侯会盟，挽救了三个灭亡的国家，用来向诸侯表现恩惠。所以他北面征伐山戎，南面攻打楚国，在西边举行了这次会盟。就好比修建房屋，已经上定了栋梁，又何必再增加承载的呢？我听说，恩惠难以周遍，施惠难以报偿。不周遍不报偿，最终是互结仇怨。齐侯拿着施惠像放债一样，这种情况不可能有好结果，也不会有闲暇来理会晋国，就是以后的会盟，也大概会在东边。您不必害怕没有参与会盟，还是自己勤于国内的事吧！"晋献公于是就回去了。

# 7. 宰周公论晋侯将死

【题解】

本文记宰周公对晋献公的评论及献公之死。

【原文】

宰孔谓其御曰①："晋侯将死矣！景霍以为城②，而汾、河、涑、浍以为渠③，戎、狄之民实环之。汪是土也④，苟违其违⑤，谁能惧之！今晋侯不量齐德之丰否，不度诸侯之势⑥，释其闭修⑦，而轻于行道，失其心矣⑧。君子失心，鲜不夭昏⑨。"是岁也，献公卒。八年，为淮之会⑩，桓公在殡，宋人伐之⑪。

注释

①御：御者，即驾驭车马的人。
②景霍：山名，景，大，故霍山又名霍太山，《尚书·禹贡》称："太岳山"，主峰高百丈，蜿蜒二百里，在今山西霍县东南，为晋国的天然屏障。
③汾：汾水，黄河支流，在今山西境内。河：黄河。涑（sù 速）：涑水，黄河支流，在今山西境内。浍（kuài 快）：浍水，今称浍河，汾水的支流。渠：护城河。
④汪：广大的样子。
⑤违：去掉。其违：自己违背道义的行为。
⑥势：指强弱之势。
⑦闭：指守。修：治理。
⑧失其心：指失去自己内心的自制力。
⑨夭：夭亡。昏：狂乱。
⑩八年：指葵丘之会（公元前651年）后八年，为公元前644年。
⑪殡（bìn 鬓）：停放着灵柩。桓公在殡，宋人伐之，公元前643年十二月，齐桓公病死，群公子各以党徒争夺君位，齐国大乱，致"桓公尸在床上六十七日，尸虫出于户"而不能入棺。公元前642年春，宋襄公会诸侯伐齐，齐人杀公子无亏，立太子昭为君，是为齐孝公。参见《左传·僖公十七·十八年》及《史记·齐太公世家》。

【今译】

宰周公对给他驾车的御者说："晋侯大概快要死了！晋国有高大

的霍山作城墙,有汾水、黄河、涑水、浍水作护城河,西北面有戎人、狄人紧紧地环卫它。国土面积广大,倘若能去掉自己违背道义的行为,强大的晋国谁能威协呢?目今晋侯不衡量齐国的功德是不是真那么厚重,不估价诸侯谁强谁弱的形势,抛下该关起门来治理的内政,这么轻率地亲自上路赶赴盟会,简直是失掉心理平衡了。君子不能保持心态平衡,少有不得狂疾而死的。"这一年,晋献公病死。葵丘之会后八年,齐桓公又号召诸侯在淮地会盟。次年,齐桓公死了棺柩还没下葬,宋襄公讨伐作乱的齐国诸公子。

## 8. 里克杀奚齐而秦立惠公

【题解】

晋献公死后,大夫里克杀骊姬及奚齐、卓子,晋国面临立谁为国君的大问题,大夫们心意不定。他们分别派人告知在狄国和梁国流亡的公子重耳和夷吾,又派人请求秦国帮助立君,秦穆公派使者公子絷去慰问重耳和夷吾,并分别传话给他们,话中以送他们回国为君之意作为试探。由于重耳君臣有所戒备,不为利益所动,因而用一番大道理,非常得体地辞谢了秦穆公;夷吾君臣则为求回国,不惜出卖国家利益,许下重赂给里克、丕郑和秦穆公。秦穆公听信了公子絷的话,为渔利晋国而立公子夷吾为君,这就是晋惠公。

本文围绕晋国立君的中心话题,生动地记述了晋国大夫之间,重耳、夷吾君臣与秦国使臣之间,秦国君臣之间的对话和一系列活动,描写了不以国谋私的里克、深谋远虑的狐偃、老谋深算的冀芮、卑鄙无耻的夷吾、还有刁钻诡诈的公子絷等众多的人物形象。

【原文】

二十六年①,献公卒。里克将杀奚齐,先告荀息曰②:"三公子之徒将杀孺子③,子将何如?"荀息曰:"死吾君而杀其孤,吾有死而已,吾蔑从之矣④!"里克曰:"子死,孺子立,不亦可乎?子死,孺子废,焉用死?"荀息曰:"昔君问臣事君于我,我对以忠贞。君曰:'何谓也?'我对曰:'可以利公室,力有所能,无不为,忠也。葬死者,养生者,死人复生不悔⑤,生人不愧⑥,贞也。'吾言既往矣,岂能欲行吾言而又爱吾身乎?虽死,焉避之?"

里克告丕郑曰:"三公子之徒将杀孺子,子将何如?"丕郑曰:"荀息谓何?"对曰:"荀息曰'死之。'"丕郑曰:"子勉之。夫二国士之所图⑦,无不遂也。我为子行之⑧。子帅七舆大夫以待我⑨。我使狄以动之⑩,援秦以摇之⑪。立其薄者可以得重赂,厚者可使无入。国,谁之国也⑫!"里克曰:"不可。克闻之:夫义者,利之足也⑬;贪者,怨之本也。废义则利不立,厚贪则怨生。夫孺子岂获罪于民?将以骊姬之惑蛊君而诬国人⑭,谗群公子而夺之利,使君迷乱,信而亡之,杀无罪以为诸侯笑,使百姓莫不有藏恶于其心中,恐其如壅大川,溃而不可救御也。是故将杀奚齐而立公子之在外者,以定民弭忧,于诸侯且为援,庶几曰诸侯义而抚之,百姓欣而奉之,国可以固。今杀君而赖其富,贪且反义。贪则民怨,反义则富不为赖。赖富而民怨,乱国而身殆,惧为诸侯载,不可常也。"丕郑许诺。于是杀奚齐、卓子及骊姬,而请君于秦。

既杀奚齐,荀息将死之。人曰:"不如立其弟而辅之。"荀息立卓子。里克又杀卓子,荀息死之。君子曰:"不食其言矣。"

既杀奚齐、卓子,里克及丕郑使屠岸夷告公子重耳于狄⑮,曰:"国乱民扰,得国在乱,治民在扰,子盍入乎?吾请为子鈇⑯。"重耳告舅犯曰:"里克欲纳我。"舅犯曰:"不可。夫坚树在始⑰,始不固本,终必槁落。夫长国者,唯知哀乐喜怒之节,是以导民。不哀丧而求国,难;因乱以入,殆。以丧得国,则必乐丧,乐丧必哀生。因乱以入,则必喜乱,喜乱必怠德。是哀乐喜怒之节易也⑱,何以导民?民不我导,谁长?"重耳曰:"非丧谁代?非乱谁纳我?"舅犯曰:"偃也闻之⑲,丧乱有小大。夫丧大乱之剡也⑳,不可犯也。父母死为大丧,谗在兄弟为大乱。今适当之,是故难。"公子重耳出见使者,曰:"子惠顾亡人重耳,父生不得供备洒扫之臣㉑,死又不敢莅丧以重其罪,且辱大夫,敢辞。夫固国者,在亲众而善邻,在因民而顺。苟众所利,邻国所立,大夫其从之。重耳不敢违。"

吕甥及郤称亦使蒲城午告公子夷吾于梁㉒,曰:"子厚赂秦人以求入,吾主子㉓。"夷吾告冀芮曰:"吕甥欲纳我。"冀芮曰:"子勉之。国乱民扰,大夫无常,不可失也。非乱何入?非危何安?幸苟君之子,唯其索之也。方乱以扰,孰适御我㉔?大夫无常,苟众所置,孰能勿从?子盍尽国以赂外内㉕,无爱虚以求入,既入而后图聚。"公子夷吾出见使者,再拜稽首许诺。

吕甥出告大夫曰:"君死自立则不敢,久则恐诸侯之谋,径召君于外也,则民各有心,恐厚乱,盍请君于秦乎?"大夫许诺。乃使梁由靡告于秦穆公曰㉖:"天降祸于晋国,谗言繁兴,延及寡君之绍续昆裔㉗,隐悼播越㉘,托在草莽,未有所依。又重之以寡君之不禄㉙,丧乱并臻。以君之灵,鬼神降衷㉚,罪人克伏其辜㉛,群臣莫敢宁处,将待君命。君若惠顾社稷,不忘先君之好,辱收其逋迁裔胄而建立之㉜,以主其祭祀,且镇抚其国家及其民人,虽四邻诸侯之闻之也,其谁不儆惧于君之威,而欣喜于君之德?终君之重爱㉝,受君之重贶,而群臣受其大德,晋国其谁非君之群隶臣也㉞?"

秦穆公许诺。反使者,乃召大夫子明及公孙枝㉟,曰:"夫晋国之乱,吾谁使先,若夫二公子而立之?以为朝夕之急㊱。"大夫子明曰:"君使絷也㊲。絷敏且知礼,敬以知微㊳。敏能窜谋㊴,知礼可使;敬不坠命,微知可否。君其使之。"

乃使公子絷吊公子重耳于狄,曰:"寡君使絷吊公子之忧,又重之以丧。寡人闻之,得国常于丧,失国常于丧。时不可失,丧不可久,公子其图之!"重耳告舅犯。舅犯曰:"不可。亡人无亲㊵,信仁以为亲,是故置之者不殆。父死在堂而求利,人孰仁我?人实有之㊶,我以侥幸,人孰信我?不仁不信,将何以长利㊷?"公子重耳出见使者㊸,曰:"君惠吊亡臣,又重有命。重耳身亡,父死不得与于哭泣之位㊹,又何敢有他志以辱君义㊺?"再拜不稽首㊻,起而哭,退而不私㊼。

公子絷退,吊公子夷吾于梁,如吊公子重耳之命。夷吾告冀芮曰:"秦人勤我矣㊽!"冀芮曰:"公子勉之。亡人无狷洁㊾,狷洁不行。重赂配德,公子尽之,无爱财!人实有之,我以侥幸,不亦可乎?"公子夷吾出见使者,再拜稽首㊿,起而不哭,退而私于公子絷曰:"中大夫里克与我矣,吾命之以汾阳之田百万[51]。丕郑与我矣,吾命之以负蔡之田七十万[52]。君苟辅我,蔑天命矣!亡人苟入扫宗庙,定社稷,亡人何国之与有[53]?君实有郡县,且入河外列城五[54]。岂谓君无有?亦为君之东游津梁之上[55],无有难急也。亡人之所怀挟缨纕,以望君之尘垢者[56]。黄金四十镒,白玉之珩六双[57],不敢当公子,请纳之左右[58]。"

公子絷反,致命穆公。穆公曰:"吾与公子重耳,重耳仁。再拜不稽首,不没为后也㊾。起而哭,爱其父也。退而不私,不没于利也。"公子絷曰:"君之言过矣。君若求置晋君而载之,置仁不亦可乎?君若求置晋君以成名于天下,则不如置不仁以猾其中㊿,且可以进退。臣闻之曰:'仁有置,武有置。仁置德,武置服。'"是故先置公子夷吾,寔为惠公㉛。

### 注释

①二十六年:晋献公二十六年(公元前651年)。
②荀息:晋国大夫,奚齐的师傅,又称荀叔。
③三公子:指申生、重耳、夷吾。徒:党众。孺子:指奚齐。
④蔑:无,不。
⑤死人复生不悔:指荀息受献公委托辅佐奚齐尽忠而死,献公虽死而复生,见其不背生时所命,所以不后悔。
⑥生人不愧:生者见荀息不背叛君命,不会为他的行为而感到羞愧。
⑦国士:国中才能出众的人。二国士,丕郑指自己和里克。
⑧行之:助行之,协助去完成这事。
⑨七舆大夫:晋国的官名。宋林尧叟《左传句解》:"侯伯七命,副车七乘,故有七舆大夫之官。"这里提申生所率下军大夫七人:左行共(gōng 恭)华、右行贾华、叔坚、骓歂(zhuī chuán 追船)、累虎、特宫、山祁。
⑩使狄以动之:因公子重耳在狄,故有此言。
⑪援秦以摇之:因公子夷吾在梁依秦,故可争取秦的援助。
⑫国谁之国也:国家是谁的国家。丕郑的意思是可专晋国而有,谁对自己有利就让谁得国。
⑬足:有足能站立,引申为支撑。
⑭惑蛊(gǔ 鼓):使人心意迷惑。诬:诬罔,用不实之辞欺骗人。
⑮屠岸夷:晋国大夫。屠岸,复姓;夷,人名。
⑯铢(shù 树):引导。
⑰始:根本。
⑱易:违反,颠倒。
⑲偃:狐偃,字子犯,重耳之舅,故前称舅犯。
⑳剡(yǎn 眼):锋芒。
㉑洒扫:洒水扫除尘污。洒扫之臣,供洒扫的小臣,这里的意思是在亲长身边侍候的人。
㉒吕甥:《史记·晋世家》作"吕省",亦称瑕甥,并称瑕吕饴甥,或称阴饴甥,

因吕(今山西霍县西)、瑕(今临猗县附近)、阴(今霍县东南)皆其采邑(封地)。怡,是他的名;甥,是晋侯的外甥,故有以上各称谓。郤称:郤芮的同族,晋国大夫。蒲成午:晋国大夫。

㉓主子:为子(内)主,即给您在国内主持接应。

㉔适:专主。《诗·卫风·伯兮》:"岂无膏沐,谁适为容?"

㉕尽国以赂:倾尽国藏贿赂,即许诺用尽国家的财富来进行贿赂。外:指秦国。内:指晋国诸大夫。

㉖梁由靡:晋国大夫。秦穆公(公元前659—公元前621年在位):秦德公之子,名任好,春秋五霸之一。

㉗绍续昆裔:即继嗣后裔。

㉘隐悼播越:忧惧逃亡。隐,忧虑。悼,恐惧。播,分散。越,边远。

㉙不禄:死亡的委婉说法,意为不再享俸禄。韦《注》:"士死曰不禄。礼,君死赴于他国曰寡君不禄,谦也。"臻(zhēn真):至。

㉚衷:善,福。《尚书·汤诰》:"惟皇上帝,降衷于下民。"

㉛罪人:指骊姬。辜:罪。

㉜逋:逃亡。迁:流徙。裔胄:后裔。

㉝终君:指献公。

㉞隶臣:下贱的臣仆。

㉟子明:即百里孟明视,姓百里,名视,字子明,秦国大夫。公孙枝:字子桑,秦国大夫。

㊱朝夕之急:朝夕本指臣子早晚朝见君主的礼仪,无君可朝见,故言朝夕之急。

㊲絷(zhí直):秦公子絷,字子显,秦国大夫。

㊳知微:预知事情的几微。几微,隐伏的奥密精微。

㊴窜:隐微。窜谋,暗中拿定主意。

㊵亡人:指失去国内地位逃亡在外的人。无亲:指蒙上不孝的罪名,弃亲逃亡。

㊶人实有之:意思是晋国的公子不止一个,诸公子都有资格,君位不是自己所独有。

㊷长(zhǎng掌)利:意思是长久地享有或拥有身为君主之利。

㊸使者:指公子絷。

㊹与(yù预):参加。此句指不能亲身回国参加丧礼。

㊺他志:指回国即位为君的野心。

㊻再拜不稽首:古人居丧时拜客的一种礼节,下跪,拜,头至手,又称拜手。重耳拜,叩头不至地,故言不稽首。

㊼私:私下交谈。
㊽勤:出力帮助。
㊾狷(juàn眷)洁:洁身自守,清高。
㊿再拜稽首:根据古时候的丧礼,这是继承人答谢客人之礼,这里是夷吾以晋献公的继承人自居,与重耳答谢客人之礼不同。
�汾阳:晋地,指汾水之北。
㊷负蔡:晋地名。
㊳"亡人"三句:意思是逃亡的人但得回家守宗庙、社稷,不敢贪望拥有国土。
㊴河外:指黄河以南。列城五:连城五座,即位次连续着的五座城。据《左传·僖公十五年》:"(夷吾)赂秦伯以河外列城五,东尽虢略(晋地名),南及华山,内及解梁城。"
㊵津:渡口。梁:桥梁。
㊶挟:持有。缨:套马的皮带子,也套车用。缠(xiāng香):马腹带。以望君之尘垢者:意思是自己所带的东西好比尘垢,不能与秦君所拥有之物相比。
㊷镒(yì益):古代重量单位,韦昭言二十两为一镒。贾逵言二十四两为一镒。珩(kéng横):佩玉上面的横玉,形如残环,或两端有折角以系珠串。
㊸公子:指公子絷。请纳之左右:自谦之言,意思是礼物轻贱,不敢轻献公子,给您的左右吧。
㊹没:贪。后:后嗣,指君位继承人。
㊺猾:扰乱。
㊻寔(shí实):通"实",是。

## 【今译】

晋献公在位二十六年死去。里克准备杀掉奚齐,事先告诉荀息说:"三位公子的同党将要杀掉奚齐那小孩子,您打算怎么办?"荀息说:"我们的君主刚死就杀掉他留下的孤儿,我只有死,不会跟从作乱的人!"里克说:"如果您死,那小孩子仍可立为君,不也是死得其所吗?您死,那小孩子仍被废掉,您又何必去死呢?"荀息说:"当初先君曾经拿臣子事奉君主的话问过我,我回答应当用忠贞。先君问:'什么叫忠贞呢?'我回答说:'可以对国家有利,力量也能达得到,没有不去做的,这是忠。埋葬死者,事奉生者,使死者复活不会感到悔恨,生者不为我感到惭愧,这是贞。'我说过的话就是要算数,哪能既想实践诺言而又爱惜自己的生命呢?虽说死而无益,我又怎么可以逃避呢?"

里克告诉丕郑说:"三公子的同党打算杀掉奚齐那小孩子,您打算怎么办?"丕郑问:"荀息怎么说的?"回答说:"荀息说'愿意为先君的嘱托去死。'"丕郑说:"您努力去做吧!我和您协力图谋的事,没有做不到的。我协助您干这事。您率领七舆大夫等待我的外援接应。我让狄人入侵来扰乱晋国,让秦国出兵援助来动摇晋国。拥立于我们恩情薄的可以得到高官厚禄,对我们恩情厚的干脆就不让入国为君。那时看看,国家到底是谁的国家!"里克说:"不行。我听说,信义,是利益的支撑;贪得,是招怨的根源。背弃信义,就使利益失掉支撑;过分贪得,就使怨毒产生。那个小孩子哪会获罪于民呢?只不过是因为骊姬蛊惑君主而且欺骗国人,用谗言损害群公子而且夺去他们的权益,使国君迷惑昏乱,听信她的谗言赶跑了群公子,杀害无罪的太子申生使天下诸侯笑话,让百姓没有不把背逆的心思深埋心底的,我恐怕国家会像堵塞住的洪水一样,一旦溃决就不能拯救制止得了。因此打算杀掉奚齐而拥立在外流亡的公子为君主,来安定人民、消弭忧患,天下诸侯认为这行动是正义的就会援助,那时我们就可以说是诸侯出于正义而保存了晋国,百姓也会欣然拥戴新君,晋国可以得到安定。现在如果我们杀掉君主是以富贵为利,是既贪得又违反道义。贪得就招百姓怨恨,违反道义就会使富贵不会有利于自己。以富贵为利使百姓怨恨,搞乱了国家自身也危险,恐怕这种作为还会被诸侯记入史册引为鉴戒,富贵也是保不长的。"丕郑答应了他。于是杀掉奚齐、卓子及骊姬,向秦国请求帮助立一个国君。

里克等人杀了奚齐后,荀息打算为奚齐而死。有人说:"不如立奚齐的弟弟为国君而辅佐他。"荀息立了卓子。里克又杀了卓子,荀息为君自杀而死。君子说:"没有背弃自己的诺言啊。"

杀了奚齐、卓子后,里克与丕郑派屠岸夷到狄国去告诉公子重耳,说:"国家发生祸乱百姓生活不安宁,国家权柄在祸乱时容易得到,百姓生活不安宁时容易治理,您何不进入晋国当君主呢?我们请求给您当前导。"重耳告诉舅父子犯说:"里克准备接纳我为晋国君主。"舅犯说:"不可以。树木要坚固在于根扎得牢,根扎得不牢,最后一定枯槁凋落。抚有国家的人,只有懂得哀乐喜怒的节度,才能用来训导百姓。不哀悼丧亡却想得国,这很困难;乘国家内乱而进入,这很危险。乘着丧亡得到君位,那一定是以这丧亡为乐事,以丧亡为乐事一定使生者哀伤。乘国家内乱进入,那一定是以内乱为喜庆,以内乱为喜庆一定会使道德懈怠。这是把哀乐喜怒的节度颠倒了,用什么来训导百姓?百姓不听从我的教导,谁有资格当君主?"重耳说:"没有丧亡谁能取代?不是发生了内乱谁肯接纳我?"舅犯说:"我狐偃听说,丧乱有大有小。在大丧大乱的锋头上,不要去冲犯它。父母死是大丧,谗言使兄弟阋墙是大乱。现在恰好都碰上了,因此会很艰难。"公子重耳出来见使者,说:"承蒙您念顾出亡的人重耳,父亲在生我没有得到在身边侍候他,死了又不能够回国参加丧礼更加重做儿子的罪过,况且屈辱大夫来慰抚我,我只能拜谢你们。安定一个国家,应该拥立能亲近臣民并善处邻国,能得到百姓的爱戴而顺从民意的人。假如是众人认为有利,邻国所拥立,大夫还是听命于那个人吧。重耳不敢违背民意。"

吕甥及郤称也派蒲城午到梁国去报告公子夷吾,说:"您用丰厚的礼物贿赂秦国请求帮助回国为君,我们在国内为您主持。"夷吾告诉冀芮说:"吕甥准备接纳我为君。"冀芮说:"您努力吧。国家有祸乱百姓生活不安定,大夫们也是心意不定,这个时机不能错过啊。不是发生内乱怎么进入?不是国家危难怎么谈得上立君安民?幸而您是先君之子,为着这来求您入主晋国。正逢国家有祸乱百姓不安定,谁会出头来阻止我们?大夫们心意不定,只要是众臣拥立的,谁又会不乐意听从?您何不倾晋国所有来贿赂国内外有实力的,不惜空虚国藏来求入国为君,回国当上君主后再来考虑蓄聚财富。"公子夷吾出来会见使者,再拜叩头感谢并同意回国。

吕甥出头告知晋国诸大夫说:"国君死亡,我们做臣子的不敢自作主张拥立君主,时间久了又恐怕诸侯图谋我国,各为私利径自召求在外的公子回国,那各人有自己喜欢的对象,只怕会造成深重的祸乱,何不向秦国请求协助拥立君主呢?"诸大夫都同意。于是派梁由靡告诉秦穆公说:"上天对晋国降下大祸,无中生有的谣言造出很多,祸患连累到寡君的继承者们,使他们怀着忧虑恐惧离开晋国逃往远方,寄身在草野之间,没有可依靠立足的。又加上寡君的去世,丧亡祸乱接踵而至。托赖您的德行,总算鬼神降福给晋国,使祸害国家的罪人得以伏罪受诛,但群臣没有敢安下心来,将等待您的命令确立新君。您如果能惠顾晋国,不忘记先君献公与您的亲近友好关系,请求您屈辱接纳他的逃亡流浪的后裔立为君主,用来主持他的祭祀,并且安定保有他的国家和人民。四邻的诸侯知道您的这种功德,谁又会不畏服您的威望,并且欣然拥戴您的德行呢?死去的君主得到您的厚爱,接受您的厚赐,群臣身受这样的大恩德,晋国还有谁不是君主您拥有的众多下贱的臣仆呢?"

秦穆公答应了请求,让使者回晋国去报告,于是召见大夫子明和公孙枝,说:"现在晋国发生内乱,我们应该先立谁为君主?是不是在那二位公子之中选择一个立他为晋君呢?以便解决晋国迫在眉睫的难题。"大夫子明说:"君主还是派公子絷去吧。公子絷机敏并且懂得礼仪,态度谦恭并且能预知事情的几微。机敏遇事能暗中拿定主意,懂得礼仪正好使他办外交事务;恭顺就不会违反命令,预知几微可以判断可否。君主派他去吧。"

于是派公子絷去狄国慰问公子重耳,说:"寡君派絷来慰问公子出亡在外的忧患,又加上遭到父亲死去的不幸。寡君听说,得国常在有丧亡的时候,失国也常在有丧亡的时候。时机不可错过,国丧期限也不可能太久,公子好好考虑吧!"重耳把这话告诉舅犯。舅犯说:"你不可不辞谢他。逃亡在外的人没有亲人,信行仁爱然后才有亲人,这样即位为君才不会有危险。父死棺枢还摆在朝堂,当儿子的就去追逐私利,谁会以为我有仁爱?诸位公子都有资格当君主,我借外力侥幸得到,谁会以为我讲信义?不仁不信,拿什么来维系君位?"公子重耳出来见使者,说:"承蒙您的国君慰问我这个亡臣,又加上传达了您的国君助我返国的命令。重耳逃亡在外,父亲死去不能够回国参加丧礼在父亲灵前悲哀痛哭,又怎么敢有其他想法来劳驾贵国君主的仁义?"再拜而不叩头,起来后哭了一回,退下去后就不再和使者私下谈话了。

公子絷离开那里,又到梁国去慰问公子夷吾,就像慰问公子重耳时说的那番话一样。夷吾把话告诉冀芮说:"秦国人愿意帮助我回国了!"冀芮说:"公子勉励啊!逃亡在外的人不能清高,过分清高就做不成大事。用厚重的贿赂配上自己的德行,公子尽量支配这两样资本,不要吝惜财富!诸位公子都有资格当君主,我借外力侥幸得到,不也是可以的吗?"公子夷吾出来拜见使者,再拜后叩头至地,起来后不哭,退下来私下对公子絷说:"中大夫里克愿把君位给我,我答应给他汾水以北的田地百万亩。丕郑愿把君位给我,我答应给他负蔡的田地七十万亩。您的国君假如愿意辅助我回国为君,就无须由天命来决定了!我这个逃亡在外的人只要能回国祭扫宗庙、安定社稷就满足了,逃亡在外的人怎么敢奢望拥有广大的国土？贵国君主拥有自己的郡县，但我还愿送给贵国黄河以南五座城邑，并不是说贵国君主没有像这样的土地，只不过是为贵国君主东游时有渡口桥梁，不会产生急难，所以进献给贵国。逃亡在外的人携带的东西无非是套马带、马肚带，这些破烂不敢玷污贵国君臣的眼目。仅呈上黄金四十镒、珩玉六双，不敢说进献给公子，请接受来赏赐给您的左右下人吧。"

公子絷回到秦国，把这些情况回报穆公。秦穆公说："我要把晋国的君位送给公子重耳，重耳仁义。他答谢使者时再拜而不叩头，不贪心做晋君的继承人。起来后哭了一回，表明他对父亲的仁爱思慕。退下来后不与使者私下交谈，不贪心得到国家的权利。"公子絷说："您说的话不对。您如果是为了寻求拥立晋君来成就晋国，设立一个仁义的不也很好吗？您如果是通过拥立晋君来显扬自己的威名于天下，就不如设立一个不仁义的来扰乱晋国，这样还可以有伸缩进退的余地。臣听说：'有用仁义作宗旨设立君主的，也有用武力帮助设立君主的。用仁义作号召设立有德行的为君，用武力威慑就设立服从自己的为君。'"秦穆公因此先安置公子夷吾回国为君，这就是晋惠公。

## 9. 冀芮答秦穆公问

**【题解】**

公子夷吾的师傅冀芮是个老奸巨猾的人，他为了使秦穆公对夷吾有好感，以坚定其立夷吾为君的念头，在回答穆公的问话时便有意美饰夷吾，本文生动地描画出这个政客的嘴脸。

**【原文】**

穆公问冀芮曰："公子谁恃于晋①？"对曰："臣闻之，亡人无党，有党必有仇。夷吾之少也，不好弄戏②，不过所复③，怒不及色，及其长也弗改。故出亡无怨于国，而众安之。不然，夷吾不佞④，其谁能恃乎？"君子曰："善以微劝也。"

**注释**

①恃(shì 是):恃谁,依靠谁。
②弄戏:嬉戏,玩耍。
③复:差,等级,等于说所处的地位。
④佞(nìng 宁):有才智。不佞,谦词。

**【今译】**

秦穆公问冀芮说:"公子在晋国是依靠谁?"冀芮回答说:"臣听说逃亡在外的人没有党羽,有了党羽必定会有仇敌。夷吾在幼年的时候,就不喜好嬉戏,行事不超出自己所处的地位,生气了也不表现在脸上,等到他长大了也没有改变。因此即使逃亡在外也不怨恨国人,所以众人也放心他。不然的话,像夷吾的不才,有谁能依靠呢?"君子评论道:"冀芮可真是善于从小处来打动人啊。"

# 卷九　晋语三

## 1. 惠公入而背外内之赂

【题解】

本文写晋惠公回国为君后,就背弃了曾许诺给秦国和里克、丕郑的贿赂,众人用谣谚诅咒这伙人奸佞诡诈的不会有好下场。

【原文】

惠公入而背外内之赂①。舆人诵之曰②:"佞之见佞,果丧其田③。诈之见诈,果丧其赂④。得国而狃,终逢其咎⑤。丧田不惩,祸乱其兴。"既里、丕死⑥,祸,公陨于韩⑦。郭偃曰:"善哉!夫众口祸福之门。是以君子省众而动,监戒而谋,谋度而行,故无不济。内谋外度,考省不倦,日考而习,戒备毕矣。"

注释

①惠公:晋惠公(公元前650—公元前637年在位),名夷吾。外:指秦国。内:指里克、丕郑。

②舆人:众人。

③佞:伪善者,故译为精明人。指里克、丕郑,他们接受惠公许诺的汾阳之田、负蔡之田而接纳惠公为君。见佞:指惠公即位后背弃诺言。果:毕竟,最终。丧其田:指里克、丕郑没得到赂田。

④诈:奸诈,指秦立惠公是使奸诈,不置德而置服。丧其赂:指秦没有得到夷吾许诺的河外列城五。

⑤狃(niǔ扭):贪。咎:灾祸。
⑥里、丕死:晋惠公二年春,杀里克;秋,杀丕郑。
⑦公陨于韩:晋惠公背弃自己许诺给里克、丕郑的田地和给秦国河外五城不予,惠公四年,晋国饥荒,秦国卖粮食给晋;次年,秦国饥荒,晋国不卖粮食给秦。晋惠公六年(公元前645年),秦穆公伐晋,在韩原(在今山西芮城县境)大战,晋军大败,惠公被俘。陨,坠落,指被俘获。

【今译】

惠公入主晋国后,就弃弃了曾许诺给国内外的贿赂。众人这样讽诵道:"精明人被精明人骗,结果没得到肥田。奸诈人被奸诈人骗,结果丢了那贿赂。贪心得国的人,最终要遭灾祸。丢了土田不接受教训,祸乱就要兴起。"不久,里克、丕郑被惠公所杀;惠公贪心背赂遭到灾祸,在韩地兵败被秦人俘获。郭偃说:"好啊!众人的口就是祸福之门。因此君子考察众情后才付诸行动,省察众口所述作为鉴戒进行谋划,谋划揣度好后再具体行动,所以事情没有办不成的。全面地谋划揣度,不停地考校省察众情,天天研究练习,警戒防备之道就全部把握了。"

## 2. 惠公改葬共世子

【题解】

晋惠公为了邀买民心,上台后就用正礼改葬共太子申生,但这种伪善的行为遭来的却是国人的唾弃,人们用谣谚发泄对他的憎恨,同时怀念流亡在外的公子重耳,盼望他早日回国为君。

【原文】

惠公即位,出共世子而改葬之①,臭达于外②。国人诵之曰:"贞之无报也③。孰是人斯④,而有是臭也?贞为不听,信为不诚。国斯无刑,偷居幸生⑤。不更厥贞,大命其倾⑥。威兮怀兮⑦,各聚尔有⑧,以待所归兮。猗兮违兮⑨,心之哀兮。岁之二七,其靡有微⑩。若狄公子,吾是之依兮。镇抚国家,为王妃兮⑪。"郭偃曰:"甚哉,善之难也⑫!君改葬共君以为荣也,而恶滋章⑬。夫人美于中,必播于外,而越于民⑭,民实戴之。恶亦如之。故行不可不慎也。必或知之⑮,十四年,君之冢嗣其替乎⑯? 其数告于民矣⑰。公子重耳其入乎? 其魄兆于民矣⑱。若入,必伯诸侯以见天子,其光耿于民矣⑲。数,言之纪也⑳。魄,意之术也㉑。光,明之曜也㉒。纪言以叙之,述意以导之,明曜以昭之。不至何待? 欲先导者行乎,将至矣!"

### 注释

①共世子:即太子申生,谥号为"恭"。共,同"恭"。献公听信骊姬谗言,迫太子申生自杀,草草埋葬,故惠公即位,用太子之礼改葬。

②臭达于外:尸臭布散棺外。据韦《注》,因惠公奸献公夫人贾君,故申生显神使尸臭达于棺外,不愿为无礼者改葬。

③贞:同"正",指用太子的正礼。贞之无报,指晋惠公想用正礼改葬共太子却得不到吉报。

④斯:这。

⑤刑:法度。居:指居君位。

⑥更:改变。厥:其。贞:正,此指君主之正位。大命:指国家的命运。倾:危险。

⑦威:畏,畏惧。怀:思念。

⑧尔有:所有。

⑨猗(yī 衣):感叹词。违:去,去除。

⑩微:原本作"征",从公序本更为"微"。微,同"尾"。因人之有子如鸟之有尾,故国人用"其靡有尾"诅咒惠公之子圉将灭绝不存。

⑪妃:配,等于说配合、辅佐。

⑫善之难:善之难为,善行也难表现。

⑬章:同"彰",明。

⑭越:播扬。

⑮必:如果。

⑯冢(zhǒng 肿)嗣:嫡长子,指惠公所立的太子圉。替:废弃。

⑰数:运数,即所谓的"命运注定。"

⑱魄:迹象,预兆。兆:显现。

⑲光:荣耀。耿:昭明。

⑳纪:同"记。"

㉑意:指百姓的意愿。术:道,即"导"。

㉒明:显示,显著。曜(yào 耀):明亮,光辉。

## 【今译】

晋惠公即位后,派人掘出共太子重新按礼仪改葬他,尸体恶臭布散棺外。国都的人吟诵民谣道:"想用正礼改葬得不到好报啊!谁使得这样贞洁的太子,会有这样的恶息呢?太子不愿听从他用正礼,诚心的行动不被人相信。国家这样没有了法度,偷窃君位的人侥幸生存。不变更这个君主的位置,国家的命运十分倾危。畏惧这个的残忍,怀念那个的恩深,各自汇集所有的力量,我们来等待他的来归。可叹啊这人赶快下台吧,我们痛苦的心在为国伤悲。到二七一十四年后,他就没有了继承人。流亡在北狄的公子,是我们盼望的归依。安定人民保有国家的那个人,将配合天子安定天下诸侯的心。"郭偃说:"很难啊!想表现善行也困难啊!君主改葬恭君是想引以为光荣,谁知恶名更加传扬四方。大凡人在内心有美好的想法,一定想传播到外界,传扬到百姓中间,百姓才能欣然拥戴他。为恶也是这个道理。所以行为不可以不谨慎啊!如果要知道国人念诵的谣谚显示的预兆,十四年,是君主的继承人灭亡的时间吧?那运数已经明白地对人说出来了。公子重耳大概要入主晋国吧?这个迹象已经在百姓中显示了。如果入主晋国,一定会成为诸侯之长去朝见周天子,他的荣耀光照国人啊。运数,是用语言记录的。迹象,是民意的先导。荣耀,显示出事业的光辉。记录在谣谚里用来陈述它,表述出百姓的意愿来引导它,显著的成就应该昭示它。不入国还等什么?给他当引导的人要行动了,这一天快到了。"

# 3. 惠公悔杀里克

## 【题解】

晋惠公上台后,听信冀芮的话,杀了接纳他回国的有功之臣里克,本文作者借郭偃之口,诅咒惠公和冀芮都将不得好报。

## 【原文】

惠公既杀里克而悔之①,曰:"芮也,使寡人过杀我社稷之镇②。"郭偃闻之,曰:"不谋而谏者,冀芮也。不图而杀者,君也。不谋而谏,不忠。不图而杀,不祥。不忠,受君之罚。不祥,罹天之祸③。受君之罚,死戮④。罹天之祸,无后。志道者勿忘⑤,将及矣!"及文公入⑥,秦人杀冀芮而施之⑦。

**注释**

①惠公杀里克为即位的当年(公元前650年)夏四月,事见《左传·僖公十年》。
②过:过失,错误。镇:重。
③罹(lí离):遭遇。
④戮:侮辱。死戮,意思是不但是死还加上受侮辱。
⑤志:通"识",记识。道:规律,事理。
⑥文公:晋文公重耳。
⑦施:陈尸示众。秦人杀冀芮,公元前636年,公子重耳在秦穆公帮助下,回国为君,是为晋文公。冀芮、吕省虽接纳文公却怕受文公迫害,共谋焚烧宫室并杀文公。宦者勃鞮向文公告密,晋文公与秦穆公在王城秘密会见。冀芮、吕省焚宫不得文公,追寻到黄河边上,被秦穆公用计诱杀。事见《左传·僖公二十四年》。

【今译】

　　晋惠公杀掉里克后又后悔自己的行为,说:"冀芮啊!你让我错误地杀掉了卫护国家的重臣了。"郭偃听到这话,说:"不先为君主谋划并进行劝谏,冀芮就是这种人。不经过考虑就杀重臣,这是君主的过失。不为君主谋划并进行劝谏,这是不忠。不经过考虑就杀掉有功之臣,这是不祥。不忠,要受到君主的责罚。不祥,要遭到上天降临的灾祸。受到君主的责罚,被杀而且还加受辱。遭到上天的灾祸,就绝后嗣。记住这个规律不要忘记,责罚和灾祸都快来了!"等到文公入主晋国,秦国人杀掉冀芮并将他的尸体示众。

## 4. 惠公杀丕郑

【题解】

　　惠公杀里克后,丕郑出使秦国,与秦穆公共谋想接纳公子重耳回国为君,惠公又杀丕郑及七舆大夫,丕郑之子丕豹逃亡到秦国。本文从一个侧面记述了统治阶级内部互相倾轧的史实,其中共华的重信义、不逃死精神和秦穆公的政治家风度给人留下深刻的印象。

【原文】

　　惠公既即位,乃背秦赂。使丕郑聘于秦,且谢之①。而杀里克,曰:"子杀二君与一大夫②,为子君者,不亦难乎?"

　　丕郑如秦谢缓赂③,乃谓穆公曰:"君厚问以召吕甥、郤称、冀芮而止之④,以师奉公子重耳⑤,臣之属内作⑥,晋君必出。"穆公使泠至报问,且召三大夫⑦。郑也与客将行事⑧,冀芮曰:"郑之使薄而报厚⑨,其言我于秦也,必使诱我。弗杀,必作难。"是故杀丕郑及七舆大夫:共华、贾华、叔坚、骓歂、累虎、特宫、山祁,皆里、丕之党也。丕豹出奔秦⑩。

　　丕郑之自秦反也,闻里克死,见共华曰:"可以入乎?"共华曰:"二三子皆在而不及⑪,子使于秦,可哉!"丕郑入,君杀之。共赐谓共华曰⑫:"子行乎?其及也!"⑬共华曰:"夫子之入,吾谋也,将待也。"赐曰:"孰知之?"共华曰:"不可。知而背之不信,谋而困人不智⑭,困而不死无勇。任大恶三,行将安入?子其行矣,我姑待死。"

　　丕郑之子曰豹,出奔秦,谓穆公曰:"晋君大失其众,背君赂,杀里克,而忌处者⑮,众固不说。今又杀臣之父及七舆大夫,此其党半国矣。君若伐之,其君必出。"穆公曰:"失众安能杀人?且夫祸唯无毙⑯,足者不处⑰,处者不足,胜败若化⑱。以祸为违,孰能出君?尔俟我!"

**注释**

①谢:致歉意,其实是不给贿赂。
②二君:指奚齐、卓子。一大夫:指荀息。
③缓:延缓,推迟。
④厚问:用厚礼聘问。止:留。
⑤奉:辅助,拥戴。
⑥属:这里指愿与自己一同拥戴重耳为君的晋国大夫,如七舆大夫等人。
⑦泠(líng 灵)至:秦国大夫。报问:回报丕郑的聘问。三大夫:指吕省、郤称和冀芮。
⑧客:指泠至。将行事:指将行回报聘问的事。
⑨薄:指礼币少。报厚:指回报的礼币重。

⑩丕豹：丕郑之子，后为秦国大夫。
⑪二三子：指七舆大夫这些人。
⑫共赐：共华的同族，晋国大夫。
⑬行：(离开晋国)逃亡。其及：将被牵连。
⑭谋而困人：谋不中使人受困。言自己为丕郑设谋却使他处境困厄。困，使处于困境。
⑮忌：忌恨，厌恶。处者：处国者，指夷吾出亡时留在国中的大夫。
⑯毙：死。
⑰足者：指罪足以受死者。
⑱化：转化。

**【今译】**

惠公即位后，就背弃了许诺秦国五城的贿赂。派丕郑聘问秦国，并让他用话来搪塞秦国。接着，杀里克，并对他说："您杀掉两位君主和一个大夫，给您这样的人当君主，不也是很困难吗？"

丕郑到秦国，对许给秦国的五城将缓给而表示歉意，他于是对穆公说："您派人用厚礼聘问召请吕甥、郤称、冀芮而留下他们，用军队帮助公子重耳，臣下的同盟者在内响应，晋君一定会被迫出奔。"穆公派大夫泠至到晋国回报聘问，并且召请三大夫。丕郑陪同秦使准备进行回聘的事，冀芮说："丕郑出使秦国礼物菲薄而秦人回聘财礼重，这是他在秦君面前说了我们的坏话，一定是派来诱骗我们的。不杀掉丕郑，他一定会首先发难。"因此杀了丕郑和七舆大夫：共华、贾华、叔坚、骓歂、累虎、特宫、山祁，都是里克、丕郑的党羽。丕豹逃亡到秦国。

丕郑从秦国返回后，听说里克被惠公处死，去见共华说："可以入朝去复命吗？"共华说："我们这些人都仍在朝而没有受牵连，您是出使到秦国，可以入朝回复君命。"丕郑入朝，惠公杀了他。共赐对共华说："您何不逃走呢？这事将会牵连到您了！"共华说："丕大夫入朝复命，是误听了我的意见，我将等待杀身之祸降临。"共赐说："谁会知道这事呢？"共华说："不能这样。自己明明知道却背弃别人，这是不讲信义；给人出主意却使他处境危险，这是很不聪明；使人处于危险而自己却逃避死亡，这是不勇敢。责任重大又有三种恶行，逃出晋国谁肯接纳我？您还是赶快走吧，我就在这里等死。"

丕郑的儿子叫丕豹，逃亡到秦国，对秦穆公说："晋君大失众人的信赖,背弃许给您的五城,杀死里克,并且忌恨原来留在国中的众大夫,众人都不拥护他。现在又杀了臣的父亲和七舆大夫,这次诛杀同党牵连到朝中一半人。您如果攻打晋国,晋君一定出亡。"秦穆公说:"如果夷吾失去民众,怎么能杀掉大夫?况且酿成的祸灾还罪不至死,罪恶足以领死就在国内呆不下去,呆得下去说明罪不足以死,胜败祸福是互相转换无常的。有杀身之祸的都离开了晋国,谁还能驱逐出国君?你还是等我好好考虑怎么办吧!"

# 5. 秦荐晋饥晋不予秦籴

【题解】

本文通过秦、晋两国在邻国发生饥荒时,两种截然不同的态度和行动,褒扬了胸怀大度、重视道义、以民生为重的秦国君臣,谴责了心胸褊狭、忘善背德、见危不救的晋惠公一伙人。

【原文】

晋饥,乞籴于秦①。丕豹曰:"晋君无礼于君②,众莫不知。往年有难③,今又荐饥④。已失人,又失天,其有殃也多矣。君其伐之,勿予籴!"公曰:"寡人其君是恶,其民何罪?天殃流行,国家代有⑤。补乏荐饥⑥,道也,不可以废道于天下。"谓公孙枝曰:"予之乎?"公孙枝曰:"君有施于晋君⑦,晋君无施于其众。今旱而听于君,其天道也。君若弗予,而天予之⑧。苟众不说其君之不报也,则有辞矣⑨。不若予之,以说其众。众说,必咎于其君。其君不听,然后诛焉。虽欲御我,谁与?"是故泛舟于河,归籴于晋⑩。

秦饥,公令河上输之粟⑪。虢射曰⑫:"弗与赂地而予之籴,无损于怨而厚于寇⑬,不若勿予。"公曰:"然。"庆郑曰⑭:"不可。已赖其地,而又爱其实⑮,忘善而背德,虽我必击之。弗予,必击我。"公曰:"非郑之所知也。"遂不予。

注释

①晋饥:晋国发生饥荒。晋饥,秦籴谷于晋事在公元前647年,参见《左传·

僖公十三年》。乞籴(dí 敌)：请求购买粮食。

②无礼：指晋惠公背弃当初许诺河西五城而不给的事。

③有难：指杀里克、丕郑诸大夫事。

④荐饥：连续发生灾荒。《尔雅·释言》："荐，再也。"《释天》："谷不熟为饥，仍饥为荐。"故杨伯峻《春秋左传注》言："荐饥者，连年失收也。"

⑤代有：交替发生。

⑥荐：支援。

⑦施：恩施，恩惠。

⑧天予之：天予之年，意思是天给他好年成使五谷丰登。

⑨辞：托辞，推故。

⑩泛舟：浮船，即河上浮着船只载粮运送。归：送去而不返回（粮食）。

⑪河上：这里指晋惠公所许诺的河外五城。输粟：运送粮食。此言"公令河上输之粟，"而《左传·僖公十四年》言"秦饥使乞籴于晋，晋人弗与。"《左传》合于情理。

⑫虢射：晋国大夫。

⑬厚：强，加强。寇：外敌，指秦国。

⑭庆郑：晋国大夫。

⑮赖：赢，利。实：谷实，这里泛指粮食。

【今译】

　　晋国发生饥荒，向秦国请求购买粮食。丕豹说："晋君对您不信守诺言，诸侯各国没有不知道的。前几年晋国发生祸难，现在又连年饥荒。已经失去人心的亲附，现在又失去上天的庇佑，真是灾难重重啊。君主应该趁机去征伐它，不要卖粮食给他们！"秦穆公说："寡人厌恶他们的国君，他们的百姓有什么罪过？天灾流行，各国都会交替发生。补救缺少，支援灾荒，这是道义，不可以在天下诸侯面前不行道义。"对公孙枝说："给他们吗？"公孙枝说："您对晋君有恩惠，晋君对他的百姓没有恩惠。现在天旱又来听命请求您的救援，这是上天的意志啊！君主如果不给，说不定上天要给他。假使晋国百姓原本不满他们的君主背弃了您的恩德，现在晋君可找到借口了。不如给他们粮食，来使晋国百姓喜悦。百姓对秦国有好感，一定把过错归咎到他们君主头上。他们的君主不听从秦命，然后我们出兵诛讨。那时他即使想抵御我们，谁支持他？"因此秦国在黄河上浮着很多船只，持续不断地送粮食到晋国。

秦国发生饥荒,穆公命令河外五城向国都运送粮食。晋国大夫虢射说:"不给当初许诺的土地却送粮食给秦国,不会减少怨恨反而加强敌人的实力,不如不给。"惠公说:"是的。"庆郑说:"不可。已经从不给他们土地这事得了利,现在又吝啬给他们的粮食,忘记了人家的好处并且背弃当初的恩德,就是我处在秦的地位也会来攻打晋国。不给粮食,一定会攻伐我国。"惠公说:"这不是庆郑你所了解的。"于是不给秦国粮食。

# 6. 秦侵晋止惠公于秦

【题解】

本文记述秦、晋韩原之战的全过程。由于惠公君臣忘善背德,不得人心,所以士气不振,一交战就溃败;而秦军将士同仇敌忾,穆公决策正确,所以大获全胜,并俘虏了晋惠公。这场战争的胜负,正反映出"得道多助,失道寡助"这样一个永恒的真理。

文章语言生动,描画形象,秦穆公横雕戈答晋使者的义愤填膺,庆郑报复惠公言行的尖刻痛快,公孙枝为君设谋不失稳重、宽厚的长者风度,无不一一跃然纸上。

【原文】

六年,秦岁定①,帅师侵晋,至于韩②。公谓庆郑曰:"秦寇深矣③,奈何?"庆郑曰:"君深其怨,能浅其寇乎?非郑之所知也,君其讯射也。"公曰:"舅所病也④?"卜右,庆郑吉⑤。公曰:"郑也不逊。"以家仆徒为右⑥,步扬御戎⑦;梁由靡御韩简⑧,虢射为右,以承公⑨。

公御秦师,令韩简视师⑩,曰:"师少于我,斗士众⑪。"公曰:"何故?"简曰:"以君之出也处己⑫,入也烦己,饥食其籴,三施而无报,故来。今又击之,秦莫不愠⑬,晋莫不怠,斗士是故众。"公曰:"然。今我不击,归必狃⑭。一夫不可狃,而况国乎⑮!"公令韩简挑战,曰:"昔君之惠也,寡人未之敢忘。寡人有众,能合之弗能离也⑯。君若还,寡人之愿也。君若不还,寡人将无所避。"穆公衡雕戈出见使者⑰,曰:"昔君之末入,寡人之忧也。君入而列未成⑱,寡人未敢忘。今君既定而列成,君其整列,寡人将亲见⑲。"

客还,公孙枝进谏曰:"昔君之不纳公子重耳而纳晋君,是君之不置德而置服也。置而不遂⑳,击而不胜,其若为诸侯笑何?君盍待之乎?"穆公曰:"然。昔吾之不纳公子重耳而纳晋君,是吾不置德而置服也。然公子重耳实不肯,吾又奚言哉?杀其内主㉑,背其外赂㉒,彼塞我施,若无天乎㉓?若有天,吾必胜之。"君揖大夫就车㉔,君鼓而进之。晋师溃,戎马泞而止㉕。公号庆郑曰㉖:"载我!"庆郑曰:"忘善而背德,又废吉卜㉗,何我之载?郑之车不足以辱君避也㉘!"梁由靡御韩简,辂秦公㉙,将止之㉚,庆郑曰:"释来救君㉛!"亦不克救,遂止于秦。

穆公归,至于王城㉜,合大夫而谋曰:"杀晋君与逐出之,与以归之,与复之,孰利?"公子絷曰:"杀之利。逐之恐构诸侯㉝,以归则国家多慝㉞,复之则君臣合作,恐为君忧,不若杀之。"公孙枝曰:"不可。耻大国之士于中原㉟,又杀其君以重之,子思报父之仇,臣思报君之仇。虽微秦国,天下孰弗患㊱?"公子絷曰:"吾岂将徒杀之㊲?吾将以公子重耳代之。晋君之无道莫不闻,公子重耳之仁莫不知。战胜大国,武也。杀无道而立有道,仁也。胜无后害,智也。"公孙枝曰:"耻一国之士,又曰余纳有道以临女㊳,无乃不可乎?若不可,必为诸侯笑。战而取笑诸侯,不可谓武。杀其弟而立其兄,兄德我而忘其亲,不可谓仁。若弗忘,是再施不遂也,不可谓智。"君曰:"然则若何?"公孙枝曰:"不若以归,以要晋国之成㊴,复其君而质其適子㊵,使子父代处秦,国可以无害。"是故归惠公而质子圉㊶,秦始知河东之政㊷。

### 注释

①六年:晋惠公六年(公元前645年)。岁:年成,年景,即一年的收成。定:安定,指人民安定,年谷熟则人民安定。
②韩:晋地韩原,杨伯峻《春秋左传注》:"《方舆纪要》以为今山西省芮城县有韩亭,即秦、晋战处;江永《考实》则以为当在河津县与万荣县之间。"
③寇:侵犯。《左传·文公七年》:"兵作于内为乱,于外为寇。"
④舅:指虢射,古代诸侯称异姓大夫为舅。病:短,意思是非所擅长。
⑤卜右:占卜谁可任晋惠公兵车的右卫。庆郑吉:庆郑做右卫吉利。
⑥家仆徒:晋国大夫。
⑦步扬:晋国大夫。御戎:驾驭(惠公的)兵车。

⑧韩简:晋卿。据《史记·韩世家》《索隐》引《世本》言韩简为韩万之孙,韩万为曲沃桓叔之子,即是晋的支庶,姬姓。

⑨承:次序。《左传·昭公十三年》:"及盟,子产争承。"孔《疏》:"承者,奉上之语,后承前,下承上,故以承为次。"

⑩视师:视探对方兵力强弱情况。

⑪斗士:指愿出力死战之士。众:多。

⑫己:指秦国。这里韩简是以秦军将士的角度来说,所以用"己"。

⑬愠(yùn 运):怒。

⑭狃(niǔ 扭):狎(xiá 霞),狎侮,轻慢。

⑮国:这里是指晋国的士众。

⑯能合之:只能将军队集合起来迎战。弗能离:不能解散他们。意思是众志欲战。

⑰衡:通"横",横执。雕戈:雕镂着纹饰的戈。戈,古代主要的进攻型兵器。

⑱列:这里指君位。列未成,君位未定。

⑲将亲见:亲自来拜会见识,意思是接受您的挑战。

⑳客:指晋国使者。

㉑内主:指在国内主持接纳他的晋国大夫,如里克、丕郑等。

㉒外:秦国自指。

㉓塞:断绝。这里意思是绝情寡义。无天:没有天理。

㉔揖:古时拱手之礼。《左传·昭公十二年》有"王揖而入。"可见古时君臣言毕而别,有君揖臣之礼。

㉕戎马泞而止:惠公驾兵车的战马陷在泥泞里拔不出。

㉖号:急呼,即呼救。

㉗废吉卜:指卜车右用庆郑吉利,但惠公废而不用。

㉘避:避难。

㉙辂(yà 讶):通"迓",迎,迎头拦截住。

㉚将止之:正要擒获他。止,获。

㉛释:舍掉,放掉。

㉜王城:秦地,在今陕西朝邑县东。

㉝构:构怨,交恶。

㉞慝(tè 特):灾害。

㉟大国:指晋国。中原:即战场。

㊱微:无。虽无秦国天下孰弗患,意思是秦国最终被这种杀君父之仇所报复而灭亡,而天下人都痛恨杀人君父,所以引不起天下诸侯的同情。

㊲徒:空自。

㊳临:君临,统治。女:汝,指晋国人。
㊴要:缔结。成:讲和。
㊵质:人质,作为人质。適子:即嫡子。
㊶子圉(yǔ 羽):晋惠公之子,名圉,即怀公。
㊷知:治理。河东:指晋国黄河以东割让给秦国的地方。知河东之政,即设置官吏治理河东的行政事务。《左传·僖公十五年》:"于是秦始征晋河东,置官司焉。"

## 【今译】

　　晋惠公六年,秦国年谷丰收人民安定,秦穆公率领军队侵入晋国,一直到韩地。晋惠公对庆郑说:"秦兵深入国境,怎么办?"庆郑说:"君主加深了人家的怨恨,能让人不深入侵犯吗?这不是庆郑所了解的,您还是去问虢射吧。"惠公说:"舅父难道短于军事才能吗?"出兵前,占卜谁可以做晋惠公兵车右卫,结果庆郑做车右吉利。惠公说:"庆郑出言不逊。"于是让大夫家仆徒做车右,大夫步扬驾驭兵车;大夫梁由靡给正卿韩简驾车,大夫虢射做车右,次序在惠公乘坐兵车之后。

　　晋惠公率军抵御秦师,派正卿韩简视探秦军的虚实,韩简回报说:"秦师的数量比我们少,但斗士多。"惠公问:"这是什么缘故?"韩简回答说:"因为君主出亡时依靠秦国,入国为君也是烦扰仰仗秦国,晋国遇到饥荒吃秦国的粮食,三次施恩却得不到报偿,所以来攻打我国。现在您又亲自率军迎击它,秦军没有不义愤填膺的,晋军却懈怠而毫无斗志,因此秦国的斗士众多。"惠公说:"是的。但现在我如果不主动出击,秦军得胜回国一定会轻视我国。一个普通人尚且不能受人轻慢,何况一个国家呢?"惠公命令韩简去挑战,说:"当初贵国君主的恩惠,寡人不敢忘记。寡人率领来众多兵士,只能将军队集合起来而不能解散他们。您如果退兵,是寡人的希望。您如果不退兵,寡人是不敢回避您的进攻命令的。"秦穆公双手横向持着镂花的兵戈出来会见使者,说:"当初,您还没回到晋国,寡人为您担忧。您回到晋国而君位未定时,寡人不敢忘记为您担忧。您现在君主的名分得到承认并且安居君位,那就请您整顿好您的军列,寡人准备亲自来拜会见识。"

　　使者走后,公孙枝进言说:"当初君主不接纳公子重耳而接纳现在的晋君,是您不设置有德行的而想设置服从自己的人。设立了他却达不到目的,攻打又不能取得胜利,像这样岂不是会被天下诸侯笑话吗?您何不等待时机再说呢?"穆公说:"是这样。当初我不接纳公子重耳而接纳晋君,是我不设置有德行的而想设置服从自己的人。但公子重耳固执着不肯被我接纳,我又有什么话好劝说他呢?晋君对内杀掉接应他回国为君的大臣,对外背弃资助他回国为君的国家,他绝情寡义而我多次施恩,晋君要是打赢我的话,不是没有天理吗?假如还是有天理,我一定能战胜他。"穆公说毕,拱手为礼请众大夫各登兵车,他亲自擂鼓助战进攻晋军。晋国军队溃败,惠公兵车的战马陷在泥泞里拔不出来。晋惠公呼喊庆郑说:"让我登上你的兵车!"庆郑说:"忘记善行背弃恩德,又不听从吉利的卜兆,何必上我的兵车?我庆郑的兵车不配给君主屈尊避难啊!"梁由靡给韩简驾驭兵车,刚好迎截住秦穆公,正要擒获他,庆郑大喊说:"快放掉秦君去救君主吧!"最终也没有救到晋惠公,他于是被秦军获得。

　　秦穆公得胜回国,军队驻扎在王城,他聚合众大夫来商量说:"杀掉晋君与驱逐他出晋国,或者放他回去,或是恢复他的君位,哪样更有利?"大夫公子絷说:"杀掉他有利。驱逐他出晋国,恐怕会与诸侯结怨,放他回去给我国带来更多祸害,恢复他的君位更容易使晋国君臣合作,恐怕给您造成后患,不如杀了他。"大夫公孙枝说:"不可。在战场上羞辱了大国的臣子,现在又杀掉大国的君主更会加重这种仇恨,儿子想报父亲被杀之仇,臣子想报君主被杀之恨。最后虽然没有了秦国,天下诸侯有杀害别人君父的谁不痛恨?"公子絷说:"我们难道只空自把他杀了就完事?我们还要扶助公子重耳代替他为君。晋君的不讲道义天下人没有不知道的,公子重耳的仁德天下人也没有不知道的。战胜了强大的晋国,这显示了武力。杀了无道昏君而拥立有道明君,这表现了仁义。既胜利了又无后患,这是明智。"公孙枝说:"羞辱了一个大国的众多臣民,又说我接纳有道明君来治理你们,恐怕不能这样吧?后果不符所望,一定会被诸侯耻笑。打赢了战争反而被诸侯耻笑,不能说这表现了武力。杀掉他的弟弟却拥立他的哥哥,使做哥哥的感谢我们的恩惠却忘记自己的手足亲情,不能说这表现了仁义。如果他忘不了杀弟之仇,这是又一次施舍恩惠别人却不感恩,不能说这是明智的。"秦君说:"那应该怎么办呢?"公孙枝说:"不如放他回国,用来缔结秦国与晋国的和平,恢复他的君位而用他的太子作人质,使儿子、父亲更替留在秦国,我国就不会有后患。"因此放晋惠公回国而用太子圉作人质,从这时起,秦国开始在河东设置官吏负责管理该地。

# 7. 吕甥逆惠公于秦

【题解】

韩原之战,惠公被俘,三个月后,秦国通知晋国,同意讲和并放回惠公。晋国执政卿吕甥,为使国人感戴君主,改革田制和兵制,为迎回惠公作好准备。他到秦国迎接惠公,回答秦穆公的话,通篇以"小人"、"君子"为由,借题发挥,一面说民众要坚决报仇雪耻,一面又说群臣对秦国寄以希望,正反捭阖,不卑不亢,是一篇出色的外交辞令。

【原文】

公在秦三月①,闻秦将成,乃使郤乞告吕甥②。吕甥教之言,令国人于朝曰③:"君使乞告二三子曰:'秦将归寡人,寡人不足以辱社稷,二三子其改置以代圉也④。'"且赏以悦众,众皆哭,焉作辕田⑤。

吕甥致众而告之曰:"吾君惭焉其亡之不恤⑥,而群臣是忧,不亦惠乎?君犹在外,若何?"众曰:"何为而可?"吕甥曰:"以韩之病,兵甲尽矣⑦。若征缮以辅孺子⑧,以为君援,虽四邻之闻之也,丧君有君,群臣辑睦⑨,兵甲益多,好我者劝,恶我者惧,庶有益乎?"众皆说,焉作州兵⑩。

吕甥逆君于秦,穆公讯之曰:"晋国和乎⑪?"对曰:"不和。"公曰:"何故?"对曰:"其小人不念其君之罪⑫,而悼其父兄子弟之死丧者⑬,不惮征缮以立孺子,曰:'必报仇,吾宁事齐、楚,齐、楚又交辅之⑭。'其君子思其君,且知其罪⑮,曰:'必事秦,有死无他。'故不和。比其和之而来⑯,故久。"公曰:"而无来,吾固将归君。国谓君何⑰?"对曰:"小人曰不免,君子则否。"公曰:"何故?"对曰:"小人忌而不思,愿从其君而与报秦⑱,是故云。其君子则否,曰:'吾君之入也,君之惠也。能纳之⑲,能执之,则能释之。德莫厚焉,惠莫大焉。纳而不遂,废而不起,以德为怨,君其不然。'"秦君曰:"然。"乃改馆晋君⑳,馈七牢焉㉑。

**注释**

①公:晋惠公。在秦三月:据《左传·僖公十五年》,九月韩原之战惠公被俘,十一月归晋。

②郤(xì 隙)乞:晋国大夫,当时随惠公在秦国。吕甥:即吕省,晋国执政卿。

③国人:指万民。《周礼·大司徒》:"若国有大故,则致万民于王门。"

④其改置以代圉:改立其他公子代替圉,意思是父子皆避位。

⑤辕田:《左传》作"爰田",义同,这里指变更以往田地分配的制度。辕田之制,众说纷纭,可参见杨伯峻《春秋左传注·僖公十五年》"爰田"。作,易。因惠公既将大量田土赏给臣民,则只公田恐难满足,田制必当改易,即开阡陌,增加田土。

⑥亡:这里指被俘留在国外。不恤:不自忧虑。

⑦以韩之病:指在韩原的大败。

⑧征缮:征收财赋,修缮甲兵。孺子:指子圉。

⑨辑睦:和睦,指关系和睦团结。

⑩作州兵:开始建立地方武装。韦《注》,作州兵即改革兵制建立地方武装。说详杨伯峻《春秋左传注·僖公十五年》。

⑪和:和洽。这里的意思是意见是否和洽统一。

⑫小人:指下层人民,为古代奴隶主贵族对劳动人民的蔑称。

⑬其父兄子弟之死丧者:指在韩原之战中被秦所杀的亲人。

⑭交辅:夹辅。

⑮君子:指上层人物。且知其罪:并且知道君主的罪过(背秦)。

⑯比:比及,待到。

⑰国谓君何:晋国人认为惠公的前途将怎样,即估计惠公是被杀还是放归国。

⑱其君:指子圉。与:相与,一同。

⑲"能纳之"下,公序本有"则能执之"四字。

⑳改馆:换个客馆。先前秦是将惠公拘困于灵台,现在给惠公换住接待外宾的客馆,即以礼相待。

㉑馈:赠送。七牢:牛、羊、猪各七头。牛、羊、猪各一头为一牢,七牢为待诸侯之礼。《周礼·秋官·大行人》:"诸侯之礼,介七人,礼七牢。"

**【今译】**

晋惠公在秦国当了三个月的俘虏,听到秦国通知愿意讲和,于是派大夫郤乞回国告诉吕甥。吕甥教给郤乞一番话,让国都的人集中到朝堂前说:"国君派我郤乞来告诉国中臣民:'秦国将释放寡人回国,我不配再当君主来侮辱国家的体面,请大家改立国君来代替子圉。'"并且将大量的田土赏赐给臣民来取悦他们,大家都感动得哭起来,从此晋国改易田制,就开阡陌作爰田。

吕甥召来众臣并告诉大家说:"我们君主惭愧得对自己被俘流亡在外都不自忧虑,而担忧国内臣民的安危,不也是很大的恩惠吗?但他却还在外面当俘虏,我们该怎么办呢?"众臣说:"怎样办才可使君主归国呢?"吕甥说:"我军在韩原大败,人员装备已经全部丧失了。如果我们征收赋税、修整军备来辅立太子为国君,作为君主的坚强后盾,就是四邻的诸侯听到这事,认为晋国失去故君立了新君,群臣和睦团结,兵员战备物资越来越多,与晋国友好的国家会勉励我们,与晋国有恶感的国家会害怕我们,这或许会有益处吧?"众臣都很悦服吕甥的话,从这时起晋国开始建立地方武装。

吕甥到秦国去迎接晋惠公回国,秦穆公问他说:"你们晋国人的意见和协吗?"回答说:"不和协。"穆公问:"什么缘故呢?"回答说:"那些小人不再怀恨国君的罪过,并且悲痛自己的父兄子弟被秦国所杀,不害怕增加赋税整修军备的劳苦,而一心想立太子为君,他们说:'一定要报这国恨家仇,我们晋国宁可去事奉齐国、楚国,使齐国、楚国一同来帮助我们报仇。'君子之人怀念自己的国君,当然也知道他有罪过,他们说:'一定要好好地事奉秦国,就是死了也不能有二心。'因此意见不和协。等到各方面意见和协统一了我才来,所以耽搁了许久。"穆公说:"你就是不来,我也一定要放你们的君主回国的。你们晋国人对晋君的命运是怎么估计的?"回答说:"小人说不会免于被秦国杀害,君子却认为不会这样。"穆公说:"为什么呢?"回答说:"小人只知怨恨不思大义,愿意拥护新君而共同找秦国报仇,所以这样说。君子却不这样认为,说:'我们的君主当初回国为君,是由于秦君的恩惠。秦国当初既然能接纳帮助他回国为君,又能在战场上擒获他,就一定能使他服罪后放他回国。秦国的仁德没有比这再深厚的了,恩惠没有比这再广大的了。当初能接纳帮助他为君却不安定他的君位,废掉旧君却不为晋国立新君,这是把厚德深恩变为深仇大恨,秦君大概不会这样做吧?'"秦君说:"是这样。"于是给晋惠公换个接待外宾的客馆住,按接待诸侯的礼仪送给他牛、羊、猪各七头。

# 8. 惠公斩庆郑

【题解】

惠公回到晋国做的第一件事,不是为雪国耻,而是为报私仇,即杀掉在韩原之战中害他当了俘虏的庆郑,表现出惠公心胸褊狭,没有人君的度量和为国家长远打算的观念。在杀庆郑这件事上,晋国大夫们各执一见,庆郑则毫无侥幸、苟且偷生之念,而是坦陈直言,从容就死,这反映当时晋国上层统治集团的种种矛盾。

【原文】

惠公未至,蛾析谓庆郑曰①:"君之止,子之罪也②。今君将来,子何俟?"庆郑曰:"郑也闻之曰:'军败,死之;将止,死之。'二者不行,又重之以误人③,而丧其君,有大罪三,将安适④?君若来,将待刑以快君志;君若不来,将独伐秦。不得君,必死之。此所以待也。臣得其志,而使君瞢⑤,是犯也。君行犯,犹失其国,而况臣乎?"

公至于绛郊,闻庆郑止⑥,使家仆徒召之,曰:"郑也有罪,犹在乎?"庆郑曰:"臣怨君始入而报德,不降;降而听谏⑦,不战;战而用良⑧,不败。既败而诛,又失有罪⑨,不可以封国⑩。臣是以待即刑⑪,以成君政。"君曰:"刑之!"庆郑曰:"下有直言,臣之行也⑫;上有直刑,君之明也。臣行君明,国之利也。君虽弗刑,必自杀也。"蛾析曰:"臣闻奔刑之臣⑬,不若赦之以报仇。君盍赦之,以报于秦?"梁由靡曰:"不可。我能行之⑭,秦岂不能?且战不胜,而报之以贼⑮,不武;出战不克,入处不安⑯,不智;成而反之⑰,不信;失刑乱政⑱,不威。出不能用,入不能治,败国且杀孺子⑲,不若刑之。"君曰:"斩郑,无使自杀!"家仆徒曰:"有君不忌,有臣死刑⑳,其闻贤于刑之㉑。"梁由靡曰:"夫君政刑㉒,是以治民。不闻命而擅进退,犯政也;快意而丧君,犯刑也。郑也贼而乱国,不可失也!且战而自退,退而自杀;臣得其志,君失其刑,后不可用也。"君令司马说刑之㉓。司马说进三军之士而数庆郑曰:"夫韩之誓曰㉔:'失次犯令㉕,死;将止不面夷㉖,死;伪言误众,死。今郑失次犯令㉗,而罪一也;郑擅进退,而罪二也;女误梁由靡,使失秦公,而罪三也;

君亲止,女不面夷,而罪四也:郑也就刑!"庆郑曰:"说!三军之士皆在,有人能坐待刑,而不能面夷?趣行事乎㉘!"丁丑㉙,斩庆郑,乃入绛。

十五年,惠公卒㉚,怀公立㉛,秦乃召重耳于楚而纳之。晋人杀怀公于高梁㉜,而授重耳,实为文公㉝。

### 注释

①蛾析:晋国大夫。

②止:被俘获扣留。

③误人:指韩原之战时,庆郑使梁由靡失去俘获秦穆公的机会。

④适:往……去。

⑤瞢(méng 萌):羞惭。

⑥止:这里的意思是没有逃离而留下来。

⑦谏:指庆郑曾进谏惠公籴给秦的事。

⑧良:良卜。即前文"卜右,庆郑吉,"惠公斥退不用。

⑨失有罪:庆郑若逃亡,则使晋惠公失掉正庆郑有罪的刑罚,所以说"失有罪。"

⑩封国:指帝王分封土地爵位给诸侯,让其自建邦国。

⑪即刑:就刑。

⑫行:道。臣之行也,为人臣之道。

⑬奔刑之臣:趋刑之臣,即自动接受施刑之臣。

⑭能行之:指能赦罪臣以报仇。

⑮贼:指偷袭、暗杀之类伤害人的行动。

⑯入处不安:指现在回国了又想征伐秦国使自己的国家不得安宁。

⑰反:指背弃、违反讲和的信约。

⑱失刑:失掉正误师之罪的刑罚。

⑲孺子:指太子圉,因此时子圉作为人质留在秦国。

⑳忌:个人私怨。死刑:死于刑杀。

㉑闻:令闻,美名。贤:胜于。

㉒政刑:正刑。

㉓司马:官名,这里指军司马,军中职掌军法之官。说:此军司马之名。

㉔誓:誓师,古时出兵作战前要举行誓师仪式,宣布告诫将士的军令、宣读决心杀敌的誓师词等。

㉕次:行列,队列。

㉖将:帅。夷:伤。面夷,头面受伤。

㉗"今郑失次犯令",公序本无"今郑"二字。而:尔,你。

㉘趣(cù促):从速,赶快。

㉙丁丑:十一月二十九日。

㉚十五年:晋惠公十五年。按:《左传·僖公二十三年》言"九月,晋惠公卒。"《春秋》记于鲁僖公二十四年冬卒。杨伯峻《春秋左传注》引顾炎武《左传杜解补正》云:"疑此错简,当在二十三年之冬。"则惠公死于公元前637年冬天,当为晋惠公十四年,鲁僖公二十三年。

㉛怀公:即太子圉,他于鲁僖公二十二年(公元前638年)从秦国逃归,二十三年冬立为君。

㉜高梁:晋国地名,故城在今山西临汾县东北。晋人杀怀公于高梁为鲁僖公二十四年(公元前636年)二月十八日,则怀公为君不到一年。

㉝文公:晋文公,他于鲁僖公二十四年即位为君。

## 【今译】

惠公还没到达晋国边境,晋国大夫蛾析对庆郑说:"君主被秦国人擒获,是您的罪责啊。现在君主快回国来了,您不逃走还等什么?"庆郑说:"我听说过这样的话:'在战场上打败仗,应该处死;被俘虏,应该处死。'即使这两条罪不被处死,还加上因我的错误耽误了别人,而且失掉救回君主的机会,有犯死刑的三条大罪,还能投奔到什么地方去?国君如果回来,我将等待对我处以极刑来使君主快意;国君如果不能回来,我将率领部众独自奋勇攻打秦国。不能得到君主,我一定拼死报效他。这就是我要等待的原因。做臣子的只顾自己一时快意,却使国君受到羞辱,这是大逆不道。君主的行为违逆常理,尚且要受到失国的惩罚,何况是做臣子的呢?"

晋惠公到了绛都郊外,听说庆郑并没逃走,就派遣家仆徒召来庆郑,斥责他说:"你庆郑罪大恶极,还敢留在晋国吗?"庆郑说:"臣下怨恨君主,如果您刚入国为君就能报答秦国的恩德,也不至于搞得威望下降;如果在威望下降后能虚心听取谏言,就可以不发生这场战争;决定迎战后如果能听从吉祥的卜兆,也不致失败。国君既战败当然应该杀有罪之臣,臣若逃亡使国君失掉正臣误师之罪的刑罚,以后让做国君的拿什么来保有自己的国土呢?臣因此不逃走等待君主正法行刑,以便成就君主公正地执行法令。"惠公说:"将庆郑带下去杀掉。"庆郑说:"臣下向君主进谏直言,这是做人臣的为臣之道;君主对有罪之臣施行正直的刑杀,这是做人君的执法严明。做臣子的维护为人臣之道,做君主的执法严明,这对国家是有利的。君主就是不拿我明正典刑,我也一定会伏罪自杀。"大夫蛾析说:"臣听说对能主动接受君主刑杀的臣子,不如赦免他的死罪来报国家大仇。国君何不赦免庆郑,让他戴罪立功誓死报秦国征伐晋国之仇呢?"大夫梁由靡说:"不能这样。我们能赦免有罪之臣去报仇,秦国难道不会也这么做?况且在战场上不能打赢,却用奸邪之人去进行报复伤害,不能说是表现了武力;出征与敌国作战不能制胜,回国为君仍使国家不得安宁,不能说是明智的;与秦国刚讲和我们就又背弃它,这是不守信用;失掉正误师之罪的刑法扰乱国家的法纪,不能在诸侯中树立威信。出征不能使战争获得胜利,回国为君又不能用法纪治理好国家,如果真去寻仇再次失败,秦国肯定会杀掉太子圉。不如杀掉庆郑为好。"晋惠公说:"斩杀庆郑,不要让他自杀!"大夫家仆徒说:"为君主的不计较个人私怨,为人臣的不逃避死于刑杀,这种美名加以宣扬,胜于杀掉为好。"梁由靡说:"君主对有罪的人明正典刑,因此而治理百姓。庆郑不听军令擅自决定进退,是违反了政令;做臣子的只图自己痛快而陷害君主被俘虏,是触犯了刑律。庆郑是个奸邪的人,他扰乱了国家的政令刑律,千万不能放掉他!何况在战场上擅自退却,擅自退却的人还让他自杀而死,做臣子的满足了自己的意愿,做君主的却违反了刑法,让以后为人君的怎么指挥战争?"惠公派司马说监斩行刑。司马说让三军将士整肃队列而对他们列举庆郑的罪过说:"在韩原之战前誓师时明确宣布,扰乱队列违犯军令的,处死刑;主帅被俘不能拼死保卫的,处死刑;假造军情贻误战机的,处死刑。在韩之战中庆郑扰乱队列违犯军令,是你的第一条大罪;庆郑擅自决定进退,是你的第二条大罪;你有意耽误梁由靡,失掉俘虏秦公的机会,是你的第三条大罪;国君自身已被擒获,你不拼死保卫,这是你的第四条大罪:庆郑过来受刑!"庆郑说:"军司马说!三军将士都在这里,我庆郑能从容等待受刑而死,难道就不能用生命去拼死保卫国君?你还是赶快执行死刑吧!"丁丑日,斩杀庆郑,晋惠公回到绛都。

晋惠公十五年,惠公病死,子圉继位,是为怀公,秦穆公于是在楚国召请来公子重耳并且送他回晋国。晋国人在高梁追杀了晋怀公,把政权交给重耳,这就是晋文公。

# 卷十　晋语四

## 1. 重耳自狄适齐

【题解】

从本文开始的以下十二篇，写晋文公重耳因受骊姬之害，流亡在外十九年，经狄、卫、齐、曹、宋、郑、楚、秦等国，返国为君的全过程。

本文写重耳自蒲城出奔北狄，在狄国一住十二年，狐偃分析自身已具备行远路的条件，所以建议到齐国去寻找机会。路过卫国的五鹿，接受农夫给的土块，狐偃认为这是得土地的象征，借此机会大作文章宣扬天命有归，以坚定公子重耳和其他随行人员得国的决心。

【原文】

文公在狄十二年①，狐偃曰②："日③，吾来此也，非以狄为荣，可以成事也④。吾曰：'奔而易达⑤，困而有资，休以择利，可以戾也⑥。'今戾久矣，戾久将底。底著滞淫⑧，谁能兴之？盍速行乎！吾不适齐、楚，避其远也。蓄力一纪⑨，可以远矣。齐侯长矣⑩，而欲亲晋。管仲殁矣，多谗在侧⑪，谋而无正⑫，衷而思始⑬。夫必追择前言⑭，求善以终，胥迩逐远⑮，远人入服，不为邮矣⑯。会其季年可也⑰，兹可以亲。"皆以为然。

乃行，过五鹿⑱，乞食于野人⑲。野人举块以与之⑳，公子怒，将鞭之。子犯曰："天赐也㉑。民以土服㉒，又何求焉！天事必象，十有二年，必获此土。二三子志之。岁在寿星及鹑尾，其有此土乎㉓！天以命矣㉔,复于寿星,必获诸侯㉕。天之道也,由是始之。有此,其以戊申乎㉖!所以申土也㉗。"再拜稽首,受而载之。遂适齐。

#### 注释

①文公:晋文公(公元前636—公元前628年在位),为晋献公庶子,名重耳,是继齐桓公后春秋时期的第二个霸主。在狄十二年:公元前655年,重耳遭骊姬之难,出奔蒲城,献公派寺人披伐蒲,重耳又自蒲奔狄,至公元前644年在狄十二年。
②狐偃:字子犯,重耳的舅父,故又称舅犯。
③日:往日,当初。
④"非以狄为荣"二句:此句的"荣"和"可以成事"两层是并列成份,即"非以狄为荣,非以狄为可以成事也"。荣,享乐。成事,完成回国复位的大事。
⑤奔而易达:因狄去晋甚近,故言"奔而易达。"
⑥戾:定,安定,指定居。
⑦底(zhǐ止):止,犹言"中止"、"停顿。"
⑧著:附带。滞淫:怠惰,荒废。底著滞淫,意思是:如果一切都停顿下来,那种苟安怠惰、荒废事业的心也附带着产生了。
⑨纪:十二年为一纪。
⑩齐侯:齐桓公。长:年老。
⑪多谗在侧:管仲死后,齐桓公宠信谗谄小人竖貂、易牙、卫公子开方等,后来桓公竟死在他们煽惑的权势斗争中。
⑫正:就正,教正。
⑬衷:同"中",中途,半道上。衷而思始,言一切政事推行到半途而感到无所适从,因此想到当初凡事有管仲主持,比目前更有把握多了。
⑭夫:彼,他,指齐桓公。择:用。前言:指管仲生前的忠善之言。
⑮厬:安。迩:近,指与齐邻近的国家。逐:追求。远:指与齐距离较远的国家。厌迩逐远,与近邻相安并求与远方亲善。按,桓公初即位,管仲曾言:"君欲从事于天下诸侯,则亲邻国。"(见《齐语》)此"厬迩逐远"实为管仲之遗教。
⑯服:归服,犹言"投奔"。邮:同"尤",过失。
⑰会:值。季年:暮年,晚年。
⑱五鹿:卫国地名,在今河南省濮阳县东北。
⑲乞食:乞求吃的东西。野人:乡下人,农夫。
⑳块:土块,土坷垃。
㉑天赐也:上天赏赐的。这是狐偃将土块象征地说成"土地",得土地即是得国,所以他认为是"天赐也。"

㉒以土服:奉献土地表示归服。

㉓岁:岁星,即木星。古人认为岁星十二年绕天一周,每年行经一个特定的星空区域,并用以记年(岁),所以叫岁星。寿星:星次名。鹑(chún 纯)尾:星次名,南方有井、鬼、柳、星、张、翼、轸七宿,井、鬼称鹑首,柳、星、张称鹑火,翼、轸称鹑尾。据韦《注》,得土块之年"岁在寿星",即鲁僖公十六年(公元前 644 年)。这之后十二年,"岁在鹑尾",即鲁僖公二十七年(公元前 633 年)。二十八年(公元前 632 年),"岁复在寿星",晋文公伐卫,正月初六戊申这一天攻取五鹿。

㉔命:告,这里指预示。

㉕复于寿星:(岁星)又一次行经寿星。据韦《注》,"岁复在寿星"是指鲁僖公二十八年,四月晋楚城濮之战,晋大胜,在践土与诸侯盟会。五月,献俘于周天子(周襄王),周王册命晋文公为诸侯之长。必获诸侯,即一定得到诸侯的拥戴。以上这些解释都企图说明,狐偃的预言后来都得到事实的应证。

㉖戊申:正月初六。周正月为夏历十一月,故称"岁在鹑尾"。

㉗申:舒展,扩张,同"伸"。申土,扩张土地。古人认为天干的第五位"戊",也指五行中的"土",所以戊申有扩展土地的意思。

【今译】

晋文公流亡到北狄已经十二年。狐偃说:"当初,我们之所以要到这儿来,并不是因为住在狄国可以享乐,也并不是因为这里可以成就大事。我说过:'狄国离晋甚近出奔时容易到达,在困窘中可以有点儿接济,在这儿暂时休整以选择对自己更有利的环境,所以才在狄定居下来。'现在我们住得也太久了,住得太久一切都不免停顿下来。如果一切都停顿下来,那种苟安怠惰的心理也随着产生,谁还能振兴事业?何不快些离开这里!当初我们不到齐国、楚国,是避免路途遥远。现在我们的力量已经蓄积了十二年,可以走远路了。齐侯年纪老了,但他是想和晋国交好的。管仲已经去世,齐侯身边多是进谗言的小人。他即使有所谋划但没有个可以教正的人,一切政事推行到半途就想到当初有管仲主持多好。他一定经常追想管仲生前说过的话来加以采用,想有个好的结果。因此齐国与近邻既已相安无事,就希望与远方的诸侯国建立友好关系,现在我们这些远方人去投奔他,是不会有错的。正可以赶上他的晚年,齐侯是可以亲近的。"晋文公的随从人员都认为说得对。

于是他们就出发了。经过卫国的五鹿地方,他们向田地里的农夫要吃的。农夫拿起土块给他们，公子重耳大怒，要拿鞭子打那农夫。子犯说："这是上天赏赐给您的。农夫把土块给我们表示归服公子，我们还想求什么呢？天命所有一定先有征兆，十二年后，一定会获得这块土地。你们大家记住我这话。岁星在寿星和鹑尾时，便将要拥有这块土地！上天已经显示征兆了，在寿星再次出现时，一定就要称霸诸侯。天的大数不会超过十二，应该从现在算起。占有这块土地时，应当是戊申日吧！因为戊是土，申就是说扩大土地啊。"重耳于是叩拜天赐并向农夫致谢，接受土块把它装进车里。于是到齐国去。

## 2. 齐姜劝重耳勿怀安

【题解】

公子重耳到齐国后，齐桓公接待周到，重耳贪图安乐，便想要老死齐国。而齐国自桓公死后，孝公即位，政局不稳，诸侯叛齐，狐偃见齐国不可能帮助重耳返国，于是策划离开。重耳妻姜氏知道后，不但不阻止，反而劝告重耳不要眷恋享受安于现状，应该设法回国以建功立业。重耳听不进去。

本文着力刻画了姜氏这个知书识礼、深明大义的贵族妇女形象，她不愿重耳沉迷于眼前的安乐，不以新婚之情羁绊重耳，极力主张他应以复国大业为重，她的说话分析现状，援引古事，有根有据，有情有理，是一个有远见卓识的青年女性。

【原文】

齐侯妻之，甚善焉。有马二十乘①，将死于齐而已矣。曰："民生安乐②，谁知其他？"

桓公卒，孝公即位③。诸侯叛齐。子犯知齐之不可以动④，而知文公之安齐而有终焉之志也⑤，欲行，而患之，与从者谋于桑下。蚕妾在焉⑥，莫知其在也。妾告姜氏，姜氏杀之，而言于公子曰："从者将以子行，其闻之者，吾以除之矣。子必从之，不可以贰，贰无成命⑦。《诗》云：'上帝临女，无贰尔心⑧。'先王其知之矣⑨，贰将可乎？子去晋难而极于此⑩。自子之行，晋无宁岁，民无成君⑪。天未丧晋，无异公子⑫，有晋国者,非子而谁?子其勉之!上帝临子,贰必有咎。"

公子曰:"吾不动矣,必死于此。"姜曰:"不然。《周诗》曰:'莘莘征夫,每怀靡及⑬。'夙夜征行,不遑启处⑭,犹惧无及。况其顺身纵欲怀安,将何及矣!人不求及,其能及乎?日月不处⑮,人谁获安?西方之书有之曰:'怀与安,实疚大事⑯。'《郑诗》云:'仲可怀也,人之多言,亦可畏也⑰。'昔管敬仲有言⑱,小妾闻之,曰:'畏威如疾,民之上也。从怀如流,民之下也。见怀思威,民之中也。畏威如疾,乃能威民。威在民上,弗畏有刑。从怀如流,去威远矣,故谓之下。其在辟也⑲,吾从中也。《郑诗》之言,吾其从之。'此大夫管仲之所以纪纲齐国,裨辅先君而成霸者也⑳。子而弃之,不亦难乎?齐国之政败矣,晋之无道久矣,从者之谋忠矣,时日及矣㉑,公子几矣㉒。君国可以济百姓,而释之者,非人也。败不可处㉓,时不可失,忠不可弃,怀不可从,子必速行。吾闻晋之始封也,岁在大火㉔,阏伯之星也,实纪商人㉕。商之飨国三十一王㉖。瞽史之纪曰㉗:'唐叔之世,将如商数㉘。'今未半也㉙。乱不长世,公子唯子,子必有晋。若何怀安?"公子弗听。

### 注释

①乘(shèng 胜):古代一车四马叫一乘,二十乘即八十匹马。
②民生:犹言"人生。"
③孝公:齐孝公(公元前 642—公元前 633 年在位),桓公之子,名昭。
④不可以动:不能打动孝公帮助重耳返国。动,打动,说服。
⑤终焉之志:终老于齐国的打算。
⑥蚕妾:采桑饲蚕的女奴。
⑦成命:圆满的结局。
⑧《诗》:指《诗·大雅·大明》。"上帝临汝,无贰汝心,"这两句诗引自《大明》第七章,原指周武王,这里齐姜引来比喻能成就大事业的人,说"上帝正监视着你,你不可以三心二意犹豫不决。"
⑨先王其知之:意思是武王知天命所以伐纣灭殷。
⑩晋难:指骊姬乱晋逯杀太子申生、逐群公子事。极:至。
⑪宁:安宁,太平。成君:稳定的国君。因晋国奚齐、卓子先后被杀,惠公内外不得人心,故言"民无成君"。
⑫无异公子:意思是献公有子九人,只有重耳威望最高,再没有其他公子了。异,其他。

⑬《周诗》：指《诗·小雅·皇皇者华》。这两句诗引自《皇皇者华》第一章。莘莘(shēn shēn 身身)：一本作"骁骁"，众多的样子。每：时时。怀：惦念。靡及：犹言"无及"。

⑭遑：闲暇。启：跪。处：安坐。按，我国古代的人不论坐和跪都是两膝着席，坐时把臀部贴在足跟上，跪时则将腰部伸直，臀部同足跟离开。因此，启处是家居时常保持的跪姿、坐姿，"不遑启处"犹言"无闲暇安稳地停下来休息"。

⑮日月不处：犹言"时光是不会停留的"。

⑯西方之书：指西周王朝传留下来的文化典籍。疢：危害。

⑰《郑诗》：指《诗·郑风·将仲子》。"仲可怀也，人之多言，亦可畏也。"为原诗的第三章，意思是："仲子虽可思念，但人们口多舌多，也很可怕。"为一女子劝阻她所爱的人不要前来的话，此处姜氏借用来表示自己不能因顾念私情而不顾人言可畏，是勉励重耳的话。

⑱管敬仲：即管仲。"仲"是夷吾的字，"敬"是谥号。

⑲辟：同"譬"，譬喻。其在辟也，照以上所作譬喻的话。

⑳裨(bì 必)辅：辅佐。先君：指齐桓公。

㉑及：到临。

㉒几：有"近于、差不多"之意。

㉓败不可处：指齐国当时的政局败坏，局面不宜重耳久居。

㉔晋之始封：指周成王封幼弟唐叔(名虞)于晋的事，在周成王十年(公元前1106年)，这一年是乙未年。大火：星名，即心宿，又名辰星，荧惑星。

㉕阏(è 饿)伯：是陶唐氏(尧)时的火正官，住在商丘地方(即商代的发祥地)，主管祭祀大火星的职务。故大火一名商星，又称"阏伯之星"。纪：记述，记载，引申为"代表"、"象征"之意。实纪商人，记录着商人的吉凶。因商的第一世国君汤，于乙未年(公元前1766年)放夏桀于南巢，这一年也是"岁在大火"，所以认为大火星实是代表商人的命运。参见《左传·昭公元年》有关文字。

㉖飨：同"享"，享有。三十一王：指从汤建立商王朝开始到纣王亡国共有三十一代君主。

㉗瞽史：古时以瞽者(盲人)为史官。纪：同"记"，指记述史事的书籍。

㉘唐叔之世，将如商数：因汤于乙未年灭夏自立，唐叔也于乙未年受封，都赶上大火星值年，所以瞽史以为唐叔的后裔享有晋国，将同商代国君享国一样，都应该是三十一世。

㉙今未半也：从唐叔到晋惠公，传世还只有十四位国君，故言未到半数。

【今译】

齐桓公将宗族的一个姑娘嫁给重耳为妻，对重耳招待得很好。赠送给他二十辆马车八十四马,重耳心满意足表示要在齐国住到老死。他说:"人活着就是图个安乐,谁还去想其他什么呢?"

齐桓公死后,齐孝公当了国君。诸侯都不再听齐国的指挥。子犯察知不能打动齐孝公帮助重耳返国,又觉察到重耳安心在齐国享乐有终老在这里的打算,想要离开齐国,又怕重耳不肯走,就和一同跟随重耳流亡出来的人聚在桑林中商量。有一个女奴在树上采桑叶,但子犯他们都不知她在上面。采桑女奴回去报告了重耳的妻子姜氏,姜氏将她杀了,然后对公子说:"您的手下人想要同您一起离开齐国,那个听到他们计谋的人已经被我杀掉灭口了。您一定要听从他们的安排,不可以犹豫不决,犹豫不决就不能完成上天的使命。《诗》里说:'上帝正在监视着你,你不可以怀有二心。'武王知道上天的意旨所以才伐纣灭殷,如果犹豫怎么能做到呢?您因晋国有危难才来到此地。从您出亡之后,晋国没有一年太平过,人民也没有一个稳定的国君。上天不让晋国灭亡,现在能拯救晋国的除了您没有其他人了,将来拥有晋国的,不是您还能有谁?请公子自勉!上帝已经在监视着您了,您如果犹豫不决一定会有灾祸。"

公子重耳说:"我是不会被说服的,一定老死在这里。"姜氏说:"不能这样。《周诗》说:'那些风尘仆仆奔走在路途上的人,担忧来不及把事情做好。'日夜在外奔波的人,没有工夫过安宁日子,还怕来不及把事情做好。而况那种顺心如意放纵情怀只图享乐的人,哪可能有什么成就啊!如果一个人不主动地要求自己有所成就,那还怎么能来得及呢?日月如梭时光过得很快,一个人哪能只想得个安逸?西方的书上说:'眷恋享受与安于现状,是妨碍成就大事业的。'《郑诗》说:'仲子虽可怀念,但人们说三道四,也是很可怕的。'当初管敬仲说的一段话,我听到过,他说:'如果一个人像怕疾病一样地敬畏天威,这是人类中的最上者。一个人只知道随心所欲随波逐流,这是人类中的最下者。一个人看到可眷恋的事物就想起天威的可敬畏,还不失为人类中的中等。像怕疾病一样敬畏上天的威严,才能在人民中树立声威。有声威才能身居人上,一般不怕天的威严的人便会遭到刑罚。随心所欲随波逐流,不能树立统治人民的声威,所以说是人中的最下者。照我所引作比喻的话来看,我是愿意见怀思威做中等的人。《郑诗》里的话,我将遵从它去做。'这就是大夫管仲之所以能治理齐国,辅佐先君成就霸业的原因啊。您要抛弃这样的原则,对您完成复国大业岂不是很困难吗?齐国的政治衰败了,晋国君主昏庸无道很久了,跟从您出亡的人所计谋的事是忠于您的,时机已经成熟了,公子复国的日子快到了。做国家的君主可以拯救百姓,放弃这个事业不再努力,那简直不算人了。齐国政局败坏的环境不适宜久住,有利时机不可错过,随从的忠心不能置之不理,不能再继续安于现状眷恋享受,您一定要赶紧离开齐国。我听说周成王最初封晋国给唐叔虞,那年正是大火星值年,也就是阏伯的星辰,正是象征商代人兴旺命运的星宿。商代享有天下传国三十一位君王。瞽史记的书上说:'唐叔虞的后裔享有晋国,将同商代国君的数目一样。'现在还不到三十一位的半数。混乱的局面不会长此下去,众多公子中只有您在百姓中享有声威,您一定会成为晋国国君的。怎么能留恋享受,安于现状呢?"公子重耳听不进去。

## 3. 齐姜与子犯谋遣重耳

【题解】

　　本文紧按上篇,写齐姜与子犯共谋,将公子重耳灌醉后,送他上车离开齐国。文中重耳酒醒后用戈追打舅犯,舅犯边逃边答的一段描写,语言幽默,妙趣横生,当时的情态毕现读者眼前。

【原文】

　　姜与子犯谋,醉而载之以行。醒,以戈逐子犯,曰:"若无所济[1],吾食舅氏之肉,其知餍乎!"舅犯走,且对曰:"若无所济,余未知死所,谁能与豺狼争食?若克有成,公子无亦晋之柔嘉[2],是以甘食[3]。偃之肉腥臊,将焉用之?"遂行。

注释

　　[1]济:(事业)成功。
　　[2]柔:脆美。嘉:鲜美。
　　[3]是:一切。甘食:犹言"爱吃"。

【今译】

　　姜氏与子犯商量出一条计策,把公子灌醉后载在车上离开齐国上路。公子酒醒后,便操起戈追打子犯,说:"如果将来事业不能成功,我要吃你这当舅舅的肉还不甘心呢!"舅犯一面逃避重耳的追打,一面回答说:"如果将来事业不能成功,我还不知死在哪里,谁又能与豺狼去争吃野地里的死尸呢?假若将来事业成功,晋国的一切最柔脆最鲜美的食物都会使您爱吃。我狐偃的肉腥臊难咽,您哪里会吃得进口呢?"一行人于是离开了齐国。

## 4. 卫文公不礼重耳

【题解】

　　公子重耳一行人过卫国时,卫国正遭到邢人、狄人的入侵,卫文公便没有按礼节接待重耳。卫国正卿宁庄子看出重耳将来必定会复国为君,称霸诸侯,而且认为身为人君本就应该具有善善、亲亲、礼宾三种美德,劝卫文公亲善重耳,按礼接待。卫文公不听,后来果然遭到报复。

【原文】

　　过卫,卫文公有邢、狄之虞,不能礼焉①。宁庄子言于公曰②:"夫礼,国之纪也③;亲,民之结也④;善,德之建也⑤。国无纪不可以终,民无结不可以固,德无建不可以立。此三者,君之所慎也。今君弃之,无乃不可乎!晋公子,善人也,而卫亲也,君不礼焉,弃三德矣⑥。臣故云:君其图之。康叔,文之昭也⑦。唐叔,武之穆也⑧。周之大功在武⑨,天祚将在武族⑩。苟姬未绝周室,而俾守天聚者,必武族也⑪。武族唯晋实昌,晋胤公子实德⑫。晋仍无道⑬,天祚有德,晋之守祀,必公子也。若复而修其德,镇抚其民,必获诸侯,以讨无礼。君弗蚤图,卫而在讨。小人是惧,敢不尽心。"公弗听。

注释

　　①卫文公:卫宣公之孙,昭伯顽之子,名燬(公元前659—公元前635年在

位)。虞:忧虑,戒备。邢、狄之虞:据《左传·僖公十八年》:"冬,邢人、狄人伐卫,围菟圃。……而后师于訾娄。"则此时卫国全力于戒备邢国、狄国的进犯,所以对公子重耳一行不予接待。

②宁庄子:卫国的正卿,名速。

③礼:礼宾,按礼仪接待宾客。

④亲:亲亲,亲近应该亲近的人。结:结交。

⑤善:善善,对有德行的人态度亲善友好。

⑥三德:指以上礼宾、亲亲、善善这三种美德。

⑦康叔:卫国始封之君,周文王之子。

⑧唐叔:晋国始封之君,周武王之子,成王之弟。昭穆:指下一代。周代贵族把始祖以下的同族男子逐代先后相承地分为昭、穆两辈,"文之昭"即文王的下一代,"武之穆"即武王的下一代。

⑨周之大功在武:因周武王始伐纣灭殷定天下,故言建立周室基业大功的是武王。

⑩祚(zuò坐):福佑。族:后嗣。

⑪俾:使。天聚:上天赐给的众多财富。

⑫胤(yìn印):后代。

⑬晋仍无道:指晋献公以后相继在位的君主都无君德。仍,重复,频繁。

【今译】

重耳一行人路过卫国,当时卫文公正忧虑邢国、狄国的进攻,便没有按礼节接待他们。宁庄子对卫文公说:"按礼仪接待宾客,是国家的纲纪;亲近该亲近的人,是结交人心联系亲情的纽带;对有道德的人态度亲善,是建立德行的根本。国家没有纲纪不会得好结果,人不结交亲近的人地位不能巩固,德行不逐步建树不能立身成事。这三点,是身为国君的人应该慎重对待的。现在您轻易地放弃这些,恐怕不应该吧!晋公子重耳是个有道德的人,并且是卫国该亲近的人,您不按礼仪接待他,这是抛弃了善善、亲亲、礼宾这三种美德啊。臣所以说要请君主考虑。卫的始祖康叔是文王的下一代,晋的始祖唐叔是武王的下一代。对开创周朝基业建立大功绩的是武王,上天将降福给武王的后嗣。假如姓姬的仍继续享有周室的天下,那能够保有上天赐给邦国之富的,一定是武王的后嗣。武王的后嗣中唯有晋国最昌盛,晋的后代中公子重耳最有德行。晋国相继在位的君主都无君德,上天将福佑有德行的人，能够保有晋国宗庙社稷的，一定是公子重耳。如果他复国为君一定能继续树立美德，安定国家，保有人民，会在诸侯当中获得崇高的威望，那时他肯定要讨伐那些曾经对他不礼貌的诸侯。您如果不早作打算，卫国就会在他的讨伐之列。小人实在是害怕这严重的后果，不敢不尽心把话说在前头。"卫文公听不进去。

# 5. 曹共公不礼重耳而观其骈胁

【题解】

公子重耳经过曹国，曹共公不但不按礼接待，还趁重耳洗澡时偷看他的肋骨形状。曹国大夫僖负羁听从妻子的建议，对重耳表现了与众不同的态度，并用爱亲明贤、礼宾矜穷、以礼纪政这三条管理国家政治的原则，劝谏曹共公以礼接待重耳，提醒他重耳具有复国为君的实力以及今后曹国潜在的危险，曹共公不听。

【原文】

自卫过曹，曹共公亦不礼焉①，闻其骈胁，欲观其状②，止其舍，谍其将浴，设微薄而观之③。僖负羁之妻言于负羁曰④："吾观晋公子贤人也，其从者皆国相也⑤，以相一人⑥，必得晋国。得晋国而讨无礼，曹其首诛也。子盍蚤自贰焉⑦？"僖负羁馈飧，置璧焉⑧。公子受飧反璧⑨。

负羁言于曹伯曰："夫晋公子在此，君之匹也，不亦礼焉？"曹伯曰："诸侯之亡公子其多矣，谁不过此！亡者皆无礼者也，余焉能尽礼焉！"对曰："臣闻之：爱亲明贤，政之干也⑩。礼宾矜穷，礼之宗也⑪。礼以纪政，国之常也⑫。失常不立，君所知也。国君无亲，以国为亲。先君叔振⑬，出自文王，晋祖唐叔，出自武王，文、武之功，实建诸姬⑭。故二王之嗣，世不废亲。今君弃之，是不爱亲也。晋公子生十七年而亡⑮，卿材三人从之⑯，可谓贤矣，而君蔑之，是不明贤也。谓晋公子之亡，不可不怜也。比之宾客，不可不礼也。失此二者，是不礼宾，不怜穷也。守天之聚，将施于宜。宜而不施，聚必有阙。玉帛酒食，犹粪土也，爱粪土以毁三常⑰，失位而阙聚，是之不难，无乃不可乎？君其图之！"公弗听。

## 注释

①曹:姬姓,伯爵诸侯国。曹共公:名襄,公元前653—公元前618年在位。
②骿:同"骈",并。胁:从腋下到肋骨尽处的部分。骿胁,即腋下肋骨相连如一骨。欲观其状:想看重耳的肋骨是什么形状。
③谍:侦查等候。设微薄而观之:此指趁重耳洗澡时,曹共公从自己隐身之处走出,迫近重耳身边去看他的肋骨,这是非常不礼貌的举动。微,隐蔽。薄,迫近。
④僖负羁:曹国大夫。
⑤国相:治理国家的辅助之臣。
⑥以相一人:得到他们中一人的辅佐。以相,即"以之相"。
⑦蚤自贰焉:早些对重耳表示区别于曹国其他人的态度。蚤,同"早"。贰,二。
⑧飧(sūn 孙):熟食。置璧:把璧藏在食物中。因一国大夫不能私自与外宾交往,故馈飧而置璧其中,为了不使人看见。
⑨受飧反璧:接受食物退回璧玉,这表示领情但不贪心。
⑩干:主干,支柱。
⑪矜:哀怜,同情。宗:根本。
⑫纪:治理,管理。常:伦常,法则。
⑬叔振:曹国的始封之君,为周文王之子。
⑭建:封建,封爵受邑建立邦国。
⑮生十七年而亡:出生十七年即遭出奔之难。按,据《史记·晋世家》,公子重耳出亡为晋献公二十一年(公元前656年),时年四十三岁,在外流亡十九年,复国为君是公元前636年,时年六十二岁。此言生十七年即遭出奔之难,则当指晋献公十二年(《左传》为献公十一年)骊姬进谗,使申生居曲沃,重耳居蒲,夷吾居屈之事,但时年亦当为三十三岁,晋文公生十七年而亡,仅见《国语》。亡,出奔。
⑯卿材:具有卿相才干的人。三人:指狐偃、赵衰、贾佗。
⑰三常:指政之干、礼之宗、国之常。

## 【今译】

公子重耳一行从卫国出发经过曹国,曹共公也不按礼节接待他们,并且听说重耳的肋骨紧密相连与常人不同,想趁他裸体时看肋骨的形状,故意留在重耳住的客馆中,等候他将洗澡的时候,安排自己隐藏在暗处突然走近他身边去偷看他的肋骨。曹国大夫僖负羁的妻子对负羁说:"我看晋公子重耳是个贤德的人,跟从他流亡的人都能够担当辅佐国家的大任,这其中只要有一个人辅佐他,他就一定能得到晋国。他一旦为晋国君主,就会讨伐当初对他不礼貌的诸侯,曹国恐怕就是他要第一个讨伐的。您为何不早些对他表示另外的态度呢?"僖负羁派人送给公子重耳一盘饭,饭底下还放着一块璧玉。公子接受了食物退回璧玉。

  僖负羁向曹伯进言说:"晋国的公子在我国,他是具有和国君身份一样的人,我国不也该按礼节接待他吗?"曹伯说:"诸侯各国流亡在外的公子可多啦,谁不经过这里!离国逃亡的人都是违背礼义的人,我哪能按礼节接待他们!"僖负羁对答说:"臣听说,亲爱自己该亲近的人和尊敬有才德的人,是政治的主体。按礼仪接待宾客和同情处于困境中的人杰,是礼义的根本。用礼义来管理政治,是一个国家的伦常。违背伦常就使开明的政治不能建立,这是您知道的。一个国家的君主没有自己的私亲,国家就是他最应该亲近的。曹国的先祖叔振,是文王的儿子;晋国的始祖唐叔,是武王的儿子。文王、武王建立周朝的功绩,彪柄后世,实在是确立了众多姬姓子孙的爵邑邦国。所以文王、武王的后嗣,世世代代都不丢弃亲情。现在您却对公子重耳置之不理,是不亲爱该亲近的人。晋公子重耳十七岁就出离国都处于蒲城,有治国卿相之才的三个人跟从他,晋公子可说是才德俱备的人,而您却蔑视他,这是不尊重有才德的人。凡是知道晋公子出亡事情的,不能不说他值得同情。他的资格等同于国宾,是不能不按礼仪接待的。对这两点置之不理,是对国宾无礼,不同情处于困境中的人杰。守着上天赐给自己的爵邑财富,应当把它投放在合适的地方。有合适的却不愿投放,积累财富再多必定也会有缺失。珠玉锦帛美酒佳肴,好比是粪土不值几个钱的东西,吝啬粪土一样的东西而毁弃了国家政治的三条根本原则,丢了君位跟着也会丧失财富,国事出了问题还不自感危难,恐怕不可以吧?请国君仔细考虑。"曹共公不听他的。

# 6. 宋襄公赠重耳以马二十乘

【题解】

  重耳经过宋国,宋襄公听从大司马公孙固的劝告,对有礼的人要按礼接待,赠送重耳二十乘马车。

【原文】

　　公子过宋,与司马公孙固相善①,公孙固言于襄公曰②:"晋公子亡,长幼矣③,而好善不厌,父事狐偃,师事赵衰④,而长事贾佗⑤。狐偃,其舅也,而惠以有谋。赵衰,其先君之戎御⑥,赵夙之弟也,而文以忠贞⑦。贾佗,公族也⑧,而多识以恭敬。此三人者,实左右之。公子居则下之,动则咨焉,成幼而不倦⑨,殆有礼矣。树于有礼,必有艾⑩。《商颂》曰:'汤降不迟,圣敬日跻⑪。'降,有礼之谓也。君其图之。"襄公从之,赠以马二十乘。

【注释】

　　①公孙固:是宋庄公(即宋公冯)之孙,此时任宋国大司马。
　　②襄公:宋襄公(公元前650—公元前637年在位),名兹父,宋庄公之孙,桓公御说之子,在位时图霸诸侯,竟被楚所败(宋襄公十三年),受伤而死。
　　③长幼:从幼至长。
　　④赵衰(cuī 崔):即赵成子,晋国大夫,字子余,也称成季、孟子余。
　　⑤贾佗(tuō 托):即狐偃之子狐射姑,食邑于贾,字季佗。
　　⑥戎御:驾御兵车的人。赵夙:越衰之兄。
　　⑦文:以文才盛。
　　⑧公族:狐与晋同为姬姓,所以称公族。
　　⑨成幼:从幼年至成人。
　　⑩艾:养育,这里指报答。
　　⑪《商颂》:指《诗·商颂·长发》。降:下。圣敬:圣明开通。跻(jī 基):上升。"汤降不迟,圣敬日跻",引自《长发》第三章。

【今译】

　　公子重耳路过宋国,因重耳与宋国大司马公孙固友好,公孙固便对宋襄公说:"晋公子重耳出亡在外多年,从年轻到现在壮年,总是喜欢做好事而不自满,他用对待父亲的礼节尊敬狐偃,用对待老师的礼节尊崇赵衰,用对待兄长的礼节尊重贾佗。狐偃,是公子重耳的舅父,既仁惠又有谋略。赵衰,是给他先君献公驾御兵车的晋国大夫赵夙的弟弟,有文才并且对他忠心不二。贾佗,是晋国公族,为人广见博识谦恭有礼。这三个人，实在是对公子影响很大的。公子平时对他们虚心有礼貌，有事就向他们咨询请教，从年幼到年长从来没有改变态度，对他们总是礼貌有加。对人有礼，人一定要忠心报答他。《商颂》说：'商汤急于礼贤下士，国内尊重人才的风气一天比一天提高。'礼贤下士，就是对人才尊重有礼。君主您应该有个打算。"宋襄公听从了他的意见，赠送给公子重耳二十辆马车。

# 7. 郑文公不礼重耳

【题解】

由于宋襄公当时已经没有实力帮助重耳复国，重耳一行离开宋国，流亡到郑国。郑文公没有以礼接待重耳。大夫叔詹用亲有天、用前训、礼兄弟、资穷困这四条做人的原则劝谏文公，认为重耳正是具备受礼遇资格的人，不能以礼接待，便不能留下祸根，以免将来对自己不利。两种意见文公都没有听。

【原文】

公子过郑，郑文公亦不礼焉①。叔詹谏曰②："臣闻之：亲有天③，用前训④，礼兄弟，资穷困，天所福也。今晋公子有三祚焉，天将启之⑤。同姓不婚，恶不殖也⑥。狐氏出自唐叔⑦。狐姬，伯行之子也⑧，实生重耳。成而隽才⑨，离违而得所⑩，久约而无衅⑪，一也。同出九人，唯重耳在⑫，离外之患，而晋国不靖⑬，二也。晋侯日载其怨⑭，外内弃之；重耳日载其德，狐、赵谋之，三也。在《周颂》曰⑮：'天作高山，大王荒之。'荒，大之也。大天所作，可谓亲有天矣。晋、郑，兄弟也，吾先君武公与晋文侯戮力一心⑯，股肱周室，夹辅平王，平王劳而德之，而赐之盟质⑰，曰：'世相起也⑱。'若亲有天，获三祚者⑲，可谓大天。若用前训，文侯之功，武公之业，可谓前训。若礼兄弟，晋、郑之亲，王之遗命，可谓兄弟。若资穷困，亡在长幼，还轸诸侯⑳，可谓穷困。弃此四者㉑，以徼天祸㉒，无乃不可乎？君其图之！"弗听。

叔詹曰："若不礼焉，则请杀之。谚曰㉓：'黍稷无成，不能为荣㉔。黍不为黍，不能蕃庑㉕。稷不为稷，不能蕃殖。所生不疑，唯德之基㉖。'"公弗听。

## 注释

①郑文公(公元前672—公元前626年在位):郑国君主,姬姓,名捷。
②叔詹:郑国大夫,执政有贤名。
③有天:有天福佑的人。
④前训:先君的遗训教导。
⑤天将启之:上天将要赞助他。启,开启。
⑥同姓不婚:同一血统的男女不宜结婚。恶:害怕。殖:蕃殖。
⑦狐氏:重耳的外家。出自唐叔:与晋都是唐叔的后裔。
⑧伯行:狐突的字。子:指女儿。
⑨成:成年。隽(jùn俊):同"俊,"才智过人。隽才,指才智过人的人物。
⑩违:去。离违,离祸去国。得所:言行举止得体。
⑪久约:长期处于困境。约,穷困。衅:瑕疵,毛病,过失。
⑫同出九人:同父所生之子九人。《左传·僖公二十四年》:"献公之子九人,唯君(重耳)在矣!"
⑬离:同"罹",遭遇。外:出亡在外。靖:安定。晋国不靖,指奚齐、卓子相继被杀和晋惠公的众叛亲离。
⑭载:承受。
⑮《周颂》:指《诗·周颂·天作》一诗。作:生。高山:指岐山,周的发祥之地。大王:太王,即周的祖先古公亶父,周文王姬昌的祖父,是他率领族人由豳(bīn宾)迁岐,创业兴国,发展后稷开创的基业。"天作高山,大王荒之",引自《天作》的首章。
⑯武公:郑武公(公元前770—公元前742年在位),郑桓公之子,名滑突。晋文侯(公元前780—公元前745年在位):晋穆侯之子,名仇。他们曾辅助周平王东迁,对开创东周立有功勋。戮力:并力。
⑰盟:指在神前誓约立下的盟书。质:凭信。
⑱起:扶持。
⑲三祚:指重耳成为隽才,晋国不靖,狐赵为之谋划这三种得天之助的福分。
⑳还轸诸侯:犹言驾着车周历诸侯各国。还,同"环"。轸(zhěn诊),车后的横木。
㉑四者:指亲有天,用前训,礼兄弟,资穷困这四条。
㉒徼:求,受到。
㉓谚:这里指古人传留下来的训导格言。
㉔无成:不让其生长发育。不能为荣:不能开花结实。荣,花。

㉕蕃:滋生。庑:丰茂。
㉖所生不疑:意思是种高粱得高粱,种小米得小米,在于怎样栽种培育,对待祸福也如此。犹后世所言"种瓜得瓜,种豆得豆。"这样毫不犹疑的态度,才是培养德行的根本。

【今译】

　　公子重耳路过郑国,郑文公也不按礼节接待他们。郑国大夫叔詹劝谏文公说:"臣听说:亲近上天要赞助的人,秉承先君的遗教,敬礼兄弟之邦,资助处于穷途末路的俊杰,这样做上天会赐福保佑的。现在我看晋公子身上表现出三点不同常人的福分,上天将要赞助他成就大业。自古以来同姓不能结婚,是因为害怕后代不昌盛,狐氏与晋一样也是唐叔的后代。重耳的母亲狐姬,是伯行的女公子,她生下重耳。重耳长大成人并且才智出众,遭到离国流亡在外的祸患但仍举止得体,长期处于困境却能避免过失。这是第一件得天保佑的。晋献公有儿子九个,现在只有重耳健在,而自从他遭到离国去乡之难在外流亡后,晋国的政局一直不稳定。这是第二件得天保佑的。晋侯承受着一天天增强的怨恨,弄得国内外的人都反对他;重耳积聚着一天天增长的美德,又有狐偃、赵衰忠心为他谋划。这是第三件得天保佑的。在《周颂》中写着:'天生万物在岐山,太王大大地发展了它。'荒,就是大发展的意思。能够大发展上天生就的,可以说是亲近那得天福佑的事物。晋国、郑国同是姬姓的兄弟之邦,我们的先君武公与晋文侯曾同心协力,共同拱卫周室,辅佐平王东迁洛邑,平王亲自勉励褒奖他们,并且赐给他们作为凭信的盟书,说:'希望你们世世代代互相扶持。'如果是亲近上天要赞助的人,那亲近像重耳这样得天赐给三种福分的人,可说是大大发展天意命定的事物。如果从遵从先人的遗训这点来说,晋文侯与我先君武公辅助周室的功业,可以说得上是先人遗训。如果从敬礼兄弟之邦来说,以晋国、郑国同为姬姓邦国的亲情,又有成王的遗命,可以说是敬礼兄弟了。如果从资助穷途末路的俊杰这点来说,晋公子从幼年到长成人都离国流亡,驾着车在诸侯列国间仆仆奔走,可以说是帮助处于严重逆境的人。抛弃了这四条做人的原则,将要受到上天惩罚而降临的灾祸,岂非不可以这样做吗?请君主仔细考虑这事。"郑文公没有听从叔詹的劝告。

叔詹又说:"如果不能按礼仪接待他们,就请您把他们杀掉。谚语说:'高粱小米不让它生长,就不会开花结实。高粱的种子长不出高粱,是因为不让它生长得丰茂。小米的种子长不出小米,是因为不让它长大繁殖。果实好坏全在于人毫不犹疑去栽种培育,这才是因地制宜培养德行的根本。'"郑文公也不听他的。

# 8. 楚成王以周礼享重耳

【题解】

公子重耳一行到达楚国,楚成王认为重耳一定会复国为君,就用周朝制定的公侯之礼接待重耳。酒后,楚王一再问重耳将来怎么报答他,重耳的回答不卑不亢,又不失掉原则,这使楚王更加敬重重耳,所以没有听从令尹子玉的建议,杀掉重耳或扣留狐偃,而是赠送厚礼护送他们到秦国。

文中的"避君三舍",即是成语"退避三舍"的出处,后常用以比喻退让而含有自愧不如的意思。

【原文】

遂如楚,楚成王以周礼享之①,九献②,庭实旅百③。公子欲辞,子犯曰:"天命也,君其飨之。亡人而国荐之④,非敌而君设之⑤,非天,谁启之心!"既飨,楚子问于公子曰:"子若克复晋国,何以报我?"公子再拜稽首,对曰:"子女玉帛⑥,则君有之。羽旄齿革⑦,则君地生焉。其波及晋国者,君之馀也,又何以报?"王曰:"虽然,不谷愿闻之⑧。"对曰:"若以君之灵⑨,得复晋国,晋、楚治兵,会于中原,其避君三舍⑩。若不获命⑪,其左执鞭弭,右属櫜鞬⑫,以与君周旋⑬。"

令尹子玉曰⑭:"请杀晋公子。弗杀,而反晋国,必惧楚师⑮。"王曰:"不可。楚师之惧,我不修也⑯。我之不德,杀之何为!天之祚楚,谁能惧之?楚不可祚,冀州之土,其无令君乎⑰?且晋公子敏而有文,约而不谄,三材侍之⑱,天祚之矣。天之所兴,谁能废之?"子玉曰:"然则请止狐偃。"王曰:"不可。《曹诗》曰⑲:'彼己之子,不遂其媾。'邮之也⑳。夫邮而效之,邮又甚焉。效邮,非礼也。"

于是怀公自秦逃归㉑。秦伯召公子于楚,楚子厚币以送公子于秦。

### 注释

①楚成王:熊頵(yūn 君),公元前 671—公元前 626 年在位,楚武王之孙,楚文王之子。周礼:周王朝制定的礼节。享:以酒宴款待。

②九献:帝王宴请上公之礼,献酒共九次。

③庭实:庭中摆满礼物。实,物资,这里指礼物。旅:陈列。百:数目多,此举其成数。杨伯峻《春秋左传注·庄公二十二年》:"诸侯朝于天子,或互相聘问,必将礼物陈列庭内,谓之庭实。……百举成数言之,以见其多耳。"

④国荐:以国君之礼进。据《史记·晋世家》:"楚成王以適诸侯礼待之,重耳谢不前当。"

⑤非敌:不是对等的地位。楚成王是国君,重耳只是个流亡的公子,二人身份不相等。君设之:设之以待国君之礼。

⑥子女:美女,也有解作"男女奴隶",可参考。

⑦羽旄齿革:指鸟羽(孔雀、翡翠之羽)、旄牛尾、象牙、犀牛皮等物。《左传》为"羽毛齿革"。

⑧不谷:古代王侯自谦之词。谷,善。

⑨以君之灵:犹言"托您的福"。

⑩三舍:九十里。古时行军三十里就要驻扎,每日行三十里则一宿,故《左传·庄公三年》:"凡师一宿为一舍。"故三十里亦为一舍。

⑪若不获命:意思是"还不能获得楚国退兵的谅解"。命,指楚国退兵的命令。

⑫鞭:马鞭。弭(mǐ 米):弓末端的弯曲处,此指弓。属:用手摸看。櫜(gāo 高):箭囊。鞬:盛弓的弓袋。左执鞭弭,右属櫜鞬,即泛言手持武器与之对敌。

⑬周旋:应酬,打交道。外交辞令,实言"交战"。

⑭令尹:楚国官名,相当于中原各国的相。子玉:若敖的曾孙,楚国的执政者,名成得臣。

⑮必惧楚师:必使楚师惧。

⑯不修:不修德。

⑰冀州:古分中国九州,冀州是其一,指今山西和陕西之间的黄河以东、河南和山西之间黄河以北、山东西北及河北东北部一带地区,春秋时期的晋国就在冀州。令君:有美德美行的君主。

⑱三材:三位有才干的人,指随重耳出亡的狐偃、赵衰、贾佗三人。

⑲《曹诗》:指《诗·曹风·侯人》。"彼己之子,不遂其媾",引自《侯人》第三章。"彼己之子",今本作"彼其之子"。遂:终。媾:婚姻。

⑳邮:同"尤",过错。
㉑怀公:即晋惠公之子圉,他于公元前643年为人质于秦,公元前638年逃归晋国,惠公于公元前637年冬天病死,子圉立为怀公。

## 【今译】

　　重耳一行人于是到楚国,楚成王按照周朝制定的公侯之礼接待重耳,献酒九次,庭中摆满上百件礼品。公子想要推辞,子犯说:"这是上天的意旨,您应该接受它。流亡在外的人却受到国君之礼的接待,不是同等的地位却像对待国君那样为您陈设礼品,不是上天,谁能让楚王生出这种想法呢!"举行过招待礼仪后,楚成王问公子重耳说:"您如果回到晋国当国君,拿什么来报答我?"公子拜了两拜叩头回答说:"美女、宝玉和丝绸,您有的是;翎毛、兽尾、象牙、犀牛皮,是贵国的特产。那些流散到晋国的东西,不过是您剩下不要的罢了,让我用什么报答您好呢?"楚王说:"话虽如此。我还是愿意听听将来您怎么报答我。"公子回答说:"如果托您的福,我能回到晋国当国君,将来晋、楚之间不幸发生战争,双方军队在中原交会,我一定指挥晋国军队退兵九十里。如果仍然不能获得您的谅解,那么我只好左手握着马鞭和雕弓,右手摸着箭囊弓袋,奉陪君王较量一番。"

　　令尹子玉说:"我请求您杀掉晋公子。不杀他,假如他回到晋国,一定会使楚国军队受到威胁。"楚王说:"不能杀他。即使将来楚国军队受到威胁,那是因为我们不能修德。我没有修德,杀他有什么用!上天如果保佑楚国,谁又能威胁楚国呢?上天如果不保佑楚国,那么冀州广大的土地上,难道就不会出现其他德行完美的君主吗?何况晋公子聪敏而有文才,处于困境却不对人谄媚,三个有名的贤才跟从他,这是上天在福佑他啊!上天要赞助的人,谁敢毁掉他呢?"子玉说:"那么我请求扣留下狐偃。"楚王说:"不能这样。《曹诗》上说:'那个没落贵族的儿子,中途抛弃了他的妻室。'那是犯了一个错误。是错误还要去仿效它,就错得更严重了。仿效错误,是违背礼法的。"

　　这时正巧晋怀公从秦逃归晋国。秦穆公恼恨惠公父子,于是派人到楚国召请公子重耳,楚王用丰厚的礼物赠送给公子,并派人同秦国使臣一起护送公子到秦国。

# 9. 重耳婚媾怀嬴

【题解】

秦穆公的女儿先为晋怀公子圉的妻室,子圉抛弃了他,逃归晋国,秦穆公又将怀嬴嫁给重耳。重耳开始不想接受,后来听从了司空季子、狐偃和赵衰的话,决意缔结这桩政治婚姻,为取悦秦穆公,郑重迎娶。

由于秦国、晋国世代互为婚姻,后人常用"秦晋之好"称道两姓联姻。

【原文】

秦伯归女五人,怀嬴与焉①。公子使奉匜沃盥②,既而挥之③。嬴怒曰:"秦、晋匹也④,何以卑我?"公子惧,降服因命⑤。秦伯见公子曰:"寡人之适⑥,此为才。子圉之辱⑦,备嫔嫱焉⑧,欲以成婚,而惧离其恶名⑨。非此,则无故。不敢以礼致之,欢之故也⑩。公子有辱,寡人之罪也。唯命是听。"

公子欲辞,司空季子曰⑪:"同姓为兄弟⑫。黄帝之子二十五人,其同姓者二人而已:唯青阳与夷鼓皆为己姓⑬。青阳,方雷氏之甥也⑭。夷鼓,彤鱼氏之甥也⑮。其同生而异姓者,四母之子别为十二姓⑯。凡黄帝之子,二十五宗⑰,其得姓者十四人,为十二姓⑱。姬、酉、祁、己、滕、箴、任、荀、僖、姞、儇、依是也。唯青阳与苍林氏同于黄帝,故皆为姬姓。同德之难也如是。昔少典娶于有蟜氏,生黄帝、炎帝⑲。黄帝以姬水成,炎帝以姜水成。成而异德⑳,故黄帝为姬,炎帝为姜,二帝用师以相济也㉑,异德之故也。异姓则异德,异德则异类。异类虽近,男女相及,以生民也㉒。同姓则同德,同德则同心,同心则同志。同志虽远,男女不相及,畏黩敬也㉓。黩则生怨,怨乱毓灾,灾毓灭姓㉔。是故娶妻避其同姓,畏乱灾也。故异德合姓,同德合义㉕。义以导利,利以阜姓。姓利相更,成而不迁㉖,乃能摄固,保其土房㉗。今子于子圉,道路之人也,取其所弃,以济大事,不亦可乎?"

公子谓子犯曰:"何如?"对曰:"将夺其国,何有于妻?唯秦所命从也。"谓子余曰:"何如?"对曰:"《礼志》有之曰㉘:'将有请于人,必先有入焉。欲人之爱己也,必先爱人。欲人之从己也,必先从人。无德于人,而求用于人,罪也。'今将婚媾以从秦㉙,受好以爱之,听从以德之,惧其未可也,又何疑焉?"乃归女而纳币,且逆之㉚。

#### 注释

①归:嫁。归女五人,嫁五个姑娘给重耳作妾媵。怀嬴:秦穆公之女,曾嫁给晋怀公圉,故名怀嬴,怀公逃归,怀嬴寡居。

②奉:同"捧"。匜(yí移):古时洗手注水的用具。沃:浇水。盥(guàn灌):洗手。奉匜沃盥,言怀嬴捧着匜倾水给重耳洗手。《仪礼·士昏礼》嫡入于室,"媵御沃盥交"。则怀嬴原本为妾媵,后重耳以礼相迎,始为嫡妻。

③挥之:重耳以湿手挥怀嬴离开。

④匹:匹敌,同等(的国家)。

⑤降服囚命:解去衣冠自囚请罪。

⑥適:嫡夫人,正室夫人。

⑦子圉之辱:指子圉为人质于秦时。

⑧嫔嫱:妇官名。《左传·哀公元年》:"(夫差)宿有妃嫔嫱御焉。"杜《注》:"妃嫱,贵名;嫔御,贱名。皆内官。"可见嫔、嫱皆古时宫内侍宿的女官名,实即妾媵。

⑨离:同"罹",遭受。

⑩欢:爱。

⑪司空季子:晋国大夫,即胥臣臼季,字季子,重耳复国为君后,任他当司空,故称司空季子。

⑫同姓:本指同一个家族系统。同姓为兄弟,这里的意思是说惠公、重耳虽同父所生,但德姓同才是兄弟,德姓不同,则子圉形同道路之人(陌生人),可以娶他的弃妻。

⑬青阳:人名,古书所载多有歧异。据《史记·五帝本纪》,青阳即玄嚣,为帝喾(kù库)之祖;韦《注》与晋皇甫谧《帝王世纪》以青阳为少暭氏,名挚,黄帝之子,己姓,以金德王,称金天氏,邑穷桑,都曲阜,号穷桑帝。从韦《注》。夷鼓:人名,与青阳同为黄帝之子。

⑭方雷氏:方雷,西陵氏之姓。西陵,国名。《史记·五帝本纪》言"(黄帝)娶于西陵之女,是为嫘祖。嫘祖为黄帝正妃,生二子,其后皆有天下,其一曰玄嚣,是为青阳。"甥:姊妹之子,外甥。

⑮夷鼓彤鱼氏甥:据《史记索隐》引皇甫谧《帝王世纪》云:"(黄帝)次妃彤鱼氏女,生夷鼓,一名苍林。"但据本节下文,夷鼓与苍林应各为一人。彤鱼:国名。

⑯四母：指黄帝所立四妃，据《帝王世纪》，"（黄帝）元妃西陵氏女，曰嫘祖。次妃方雷氏女，曰女节。次妃彤鱼氏女。次妃嫫母，班在三人之下。"疑嫘祖与女节为姊妹，均为西陵氏之女，方雷氏为西陵氏之姓。

⑰二十五宗：即二十五子。古代宗法有大宗、小宗的分别，嫡长子孙这一系是大宗，其余的子孙是小宗。

⑱其得姓者：古时往往以德（以金木水火土五行附会王朝、氏族命运的说法）居官而初赐姓，故称得姓。十四人为十二姓，因其中青阳少暤氏与夷鼓同为己姓，青阳玄嚣与苍林氏同为姬姓，故为十二姓。

⑲少典：人名，传说中的古代帝王。有蛲(jiǎo 狡)：国名。黄帝：古代帝王名，中华民族的祖先。据《左传》《国语》《史记》等古籍记载，黄帝为少典之子，姓公孙，名轩辕。又居姬水，故改姓姬。炎帝：古代帝王名，中华民族的祖先。以火德王，故号炎帝；教民耕农，故号神农氏；长于姜水，故以姜为姓。又称魁隗氏、连山氏、列山氏。

⑳异德：所谓黄帝以土德王，炎帝以火德王，故异德。

㉑济：韦《注》言当为"挤，灭也。"指黄帝与炎帝子孙战于阪泉之野，灭神农氏而代之。

㉒近：有亲属关系。因怀嬴之母伯姬为晋献公女，重耳为怀嬴之舅，故又以此言劝说。相及：相嫁娶。生民：蕃衍后人。

㉓黩(dú 毒)：亵黩。

㉔繁殖：生育，产生。灭姓：《考异》卷三据《左传疏》引《国语》，以"姓"为"性"之误。是。灭性，迷失人的本性。

㉕合姓：合二姓结为婚姻。合义：以德义相合相亲。

㉖更：更迭，连续，持续。迁：离散。

㉗摄：维持，维护。土房：泛指人类居住的地方。保其土房，引申为子孙相聚无离散。

㉘《礼志》：古代典籍名，汉以后亡佚。

㉙媾(gòu 够)：亲上加亲。

㉚归女：归怀嬴于女家以礼重新郑重聘娶。纳币：即古婚礼六礼（纳采、问名、纳吉、纳徵、请期、亲迎）之纳徵，也即是送聘礼到女家，因聘礼为币帛之物，故也称纳币。逆：亲迎，古婚礼六礼之一。六礼以纳币、亲迎最重，故大书特书。

**【今译】**

秦穆公将宗族的五个女子嫁给重耳，自己的女儿怀嬴也在内。公子重耳让怀嬴捧着盛水的器身倾水给他洗手，洗完不客气地挥着湿手让她走开。怀嬴生气地说："秦国、晋国是同等的国家，为什么瞧不起我?"公子重耳害怕秦穆公知道后生气，连忙除去衣冠自囚表示听从秦穆公的惩罚。秦穆公会见公子重耳说："我的嫡夫人生的女儿中，这孩子最有才德。公子圉当初屈尊在我国为人质时，我曾将她给子圉做女官，现在想让她与您成婚，又怕遭到不好听的名声。但不这样做，又找不到其他借口来帮忙您。我不敢用婚姻正礼来要求您迎娶她，让她在五女之列共同伺候您，是因为喜爱她的原因。使公子除去衣冠受屈辱，这是我的罪过啊。收不收留她，听凭公子的处置。"

　　公子重耳打算推辞不娶怀嬴。司空季子说："同父所生德姓相同才是兄弟。黄帝有儿子二十五人，其中相同德姓的只有二人而已：那就是青阳少皞氏与夷鼓，都是己姓。青阳，是方雷氏的外甥。夷鼓，是彤鱼氏的外甥。那同一个父亲所生但德姓不同的，黄帝四个妻子所生的儿子分别有十二个姓。举凡黄帝的儿子，大宗、小宗一共有二十五支，其中得姓的十四人有十二个姓。这就是姬、酉、祁、己、滕、箴、任、荀、僖、姞、儇、依这十二姓，其中姬、己各二人。只有青阳玄嚣与苍林氏德运与黄帝相同，所以都是姬姓。虽是同父所生，德姓相同难到如此地步。当初少典氏娶有蟜氏的女儿，生下黄帝与炎帝。黄帝轩辕氏在姬水成长，炎帝神农氏在姜水成长。使事业成功借助的德运不同，所以黄帝改为姬姓，炎帝改为姜姓，二位帝王并以兵戎相见互相征战灭杀，这是德运不同的原因。德姓不同就使德运不同，德运不同就使种类不同。不同种类的人虽然有相近的亲属关系，但男女嫁娶结为婚姻，仍对子孙后代的繁衍有利。德姓相同就使德运相同，德运相同就结为同心，同心就是志同道合。志同道合的人虽然血缘关系疏远，但男女不能互相嫁娶结为婚姻，害怕亵渎自己的种类。亵渎了就产生怨恨，怨恨会使人昏乱生出灾祸，生出灾祸的结果是迷失了自己的本性。因此古人娶妻避免与自己的同姓结亲，害怕昏乱而生出灾祸。所以德运不同的两姓结为婚姻，德运相同的就以道义互相亲近。有道义就引导利益产生，有利益就会使得本姓旺盛。德姓与利益互相持续，事业成就而不会离散，就可以长久维持巩固一姓的利益，保有子孙使他们相聚没有离散的祸患。现在您和子圉德姓不同，好比道路上相遇的陌生人，娶他丢弃的妻室，来成就自己复国的大事，不也是可以的吗?"

　　公子征询子犯的意见说："怎么样?"狐偃回答说："将要夺取他的国家，对占有他的妻室还有什么可顾虑的? 唯有听从秦伯的意思最好。"公子又征询子余的意见说："怎么样？"赵衰回答说："《礼志》上有这样的话：'将要有求于人，必定要先主动使人能接纳自己。想要别人爱重自己，必定得自己首先爱重别人。想要别人顺从自己的意愿，必定得先顺从别人的意愿。自己并没有恩德施给别人，却想要求别人为自己出力，这是罪过。'目今最好两次缔结婚姻来顺从秦伯的意愿，接受他珍爱的女儿并且爱重她，言听计从使秦伯感激您不轻视他的女儿，我们只害怕不能取得秦人的好感，又有什么值得犹豫不定的？"公子重耳于是送回怀嬴，重新遣人送聘礼到女家，到了吉期并且亲自迎娶怀嬴。

# 10. 秦伯享重耳以国君之礼

【题解】

　　本文写秦穆公设国宴招待重耳，宾主在宴席间用"赋诗言志"的手段，以表述自己的政治意图。秦穆公通过《采菽》《鸠飞》《六月》等诗，表示自己愿意帮助重耳归国为君，并勉励他成就大业；赵衰让重耳赋《黍苗》《河水》等诗，表达自己仰望秦国的帮助，如能归国为君，对秦穆公的尊敬、感激之情。

　　文中还突出描写赵衰的机敏有文才，他为重耳相礼，使君臣举措得体，对答又能迎合对方，为赢得秦穆公的帮助起了良好的作用。

【原文】

　　他日，秦伯将享公子，公子使子犯从。子犯曰："吾不如衰之文也，请使衰从。"乃使子余从。秦伯享公子如享国君之礼，子余相，如宾。卒事，秦伯谓其大夫曰："为礼而不终，耻也。中不胜貌，耻也①。华而不实，耻也。不度而施，耻也。施而不济，耻也。耻门不闭②，不可以封。非此，用师则无所矣③。二三子敬乎！"

　　明日宴，秦伯赋《采菽》④，子余使公子降拜⑤。秦伯降辞。子余曰："君以天子之命服命重耳⑥，重耳敢有安志，敢不降拜？"成拜卒登，子余使公子赋《黍苗》⑦。子余曰："重耳之仰君也，若黍苗之仰阴雨也。若君实庇荫膏泽之，使能成嘉谷，荐在宗庙⑧，君之力也。君若昭先君之荣⑨,东行济河,整师以复强周室,重耳之望也。重耳若获集德而归载⑩,使主晋民,成封国,其何实不从。君若恣志以用重耳⑪,四方诸侯,其谁不惕惕以从命!"秦伯叹曰:"是子将有焉,岂专在寡人乎!"秦伯赋《鸠飞》⑫,公子赋《河水》⑬。秦伯赋《六月》⑭,子余使公子降拜。秦伯降辞。子余曰:"君称所以佐天子,匡王国者以命重耳⑮,重耳敢有惰心,敢不从德?"

### 注释

①中:内心感情。胜:当为"称"。中不称貌,感情和外貌不相称,不一致。

②耻门:指以上五耻之门。

③封:封国,立国。

④《采菽》:即《诗·小雅·采菽》。是周天子欢迎来朝觐王室诸侯的乐歌。首章就有"君子来朝,何锡予之。虽无予之,路车乘马。又何予之,玄衮及黼。"秦穆公赋《采菽》是以国君之礼接待重耳。故下文赵衰使重耳拜谢秦伯"以天子之命服命重耳"。

⑤降拜:下堂拜谢。

⑥命服:古代帝王按等级赐给公侯到卿、大夫、士的制服。

⑦《黍苗》:即《诗·小雅·黍苗》。是赞美召穆公经营谢邑劳苦而成就的乐歌。首章为"芃芃(péng péng 棚棚)黍苗,阴雨膏之。悠悠南行,召伯劳之。"重耳自比禾苗,把秦穆公比作雨水,表示自己的感激之情。

⑧荐在宗庙:奉献给宗庙。奉献给晋国的宗庙,使重耳能主持宗庙祭祀,即使重耳当晋国国君。

⑨先君:指秦襄公。因秦襄公征讨西戎有功,被周平王封为伯爵,始列为诸侯,是一大荣显,故称"先君之荣"。

⑩载:祭祀。

⑪恣者:听任其意志。

⑫《鸠飞》:《诗·小雅·小宛》的首章头二句诗:"宛彼鸣鸠,翰飞戾天。"故在此称为《鸠飞》。穆公赋此诗,是用来感叹重耳遭骊姬之难,多年流亡在外,想到与晋先君献公的旧谊,愿送重耳回国。

⑬《河水》:今本《诗经》无此篇名。《左传·僖公二十三年》杜《注》:"义取河水朝宗于海,海喻秦也。"表示对秦的尊敬。韦《注》说:"河,当做'沔,(miǎn 免),字相似而误也。其诗曰:'沔彼流水,朝宗于海。'言已返国当朝事秦。"与杜《注》所释吻合,《河水》当为《诗·小雅·沔水》篇,然正文不便擅改,仍其旧。

⑭《六月》:即《诗·小雅·六月》。是称颂尹吉甫佐周宣王北伐获胜的诗,穆

公赋此诗是用来勉励重耳,预祝他必能归晋为君,扶助周天子成就功业。

⑮匡:正。

## 【今译】

  另一天,秦穆公将设国宴款待公子重耳,重耳让子犯跟从自己去出席宴会。子犯说:"我不如赵衰那样长于文辞,请您让赵衰跟您去吧。"于是使子余随从出席宴会。秦穆公宴请公子用接待国君的礼仪,让子余当赞礼,对待重耳如同对待国宾。宴会后,秦穆公对他的大夫们说:"举行礼仪却有始无终,是可耻的。内心感情与外面的礼貌不一致,是可耻的。外表华美而内容空虚,是可耻的。不估量自己的实力就妄想施恩惠予人,是可耻的。施恩惠予人却无所成就,是可耻的。不杜绝这五耻之门,是不够格封国为诸侯的。不杜绝这五耻之门,用兵征伐也会无所成就。请你们严肃认真地杜绝这五耻之门吧!"

  次日又宴请重耳。在宴会上,秦穆公朗诵《采菽》这首诗,子余让公子重耳下堂,向穆公拜谢。秦伯也下堂答拜。子余说:"君主您用天子的命服命令重耳,重耳哪敢苟安息惰,哪敢不下堂拜谢呢?"叩拜完毕后又登上堂,子余让公子朗诵《黍苗》诗。子余说:"重耳的仰望君主的帮助,就像禾苗渴望雨水的滋润一样。如果君主能够像雨水滋润禾苗一样扶助重耳,使他成为颗粒饱满的谷子,奉献给晋国的宗庙,那全凭君主的力量啊!君主如果能发扬光大先君襄公平定西戎赐封伯爵的荣耀,向东渡过黄河,整治军旅再一次使周室复兴,这是重耳的衷心愿望啊。重耳如果承蒙您的大德能回到晋国主持宗庙祭祀,成为晋国百姓的君主,继续晋的爵邑邦国,是会听从您的安排的。君主如果能听任并且信用重耳,四方的诸侯,有谁敢不诚惶诚恐的来听从您的命令!"秦穆公赞叹说:"这个人将要拥有他想得到的,哪里只是靠我一人的帮助呢!"秦伯朗诵《鸠飞》诗,公子朗诵《河水》诗。秦伯又朗诵《六月》诗,子余再一次让公子下堂向秦穆公拜谢。秦伯又下堂答谢。子余说:"君主提出将辅助周天子匡救王国的使命让重耳担当,重耳怎么敢有怠惰的意思,怎么敢不遵从您的意愿呢?"

# 11. 重耳亲筮得晋国

【题解】

　　公子重耳亲自占筮求问，司空季子用《周易》解释《屯》卦、《豫》卦，是能得到晋国的上吉卦。

　　阅读本文，有助于了解古人临事卜筮的习俗，以及对卦象的解释，并非一成不变，而是见仁见智，含有个人主观意愿的。

【原文】

　　公子亲筮之①，曰："尚有晋国②。"得贞《屯》、悔《豫》③，皆八也④。筮史占之，皆曰："不吉。闭而不通，爻无为也⑤。"司空季子曰："吉。是在《周易》，皆利建侯⑥。不有晋国，以辅王室，安能建侯？我命筮曰'尚有晋国'，筮告我曰'利建侯'，得国之务也⑦，吉孰大焉！《震》，车也⑧。《坎》，水也⑨。《坤》，土也⑩。《屯》，厚也⑪。《豫》，乐也⑫。车班外内⑬，顺以训之⑭，泉原以资之⑮，土厚而乐其实。不有晋国，何以当之？《震》，雷也，车也。《坎》，劳也⑯，水也，众也。主雷与车⑰，而尚水与众⑱。车有震，武也。众而顺，文也。文武具，厚之至也。故曰《屯》。其繇曰⑲：'元亨利贞⑳，勿用有攸往，利建侯。'主震雷，长也，故曰元㉑。众而顺，嘉也，故曰亨。内有震雷，故曰利贞。车上水下，必伯㉒。小事不济，壅也。故曰勿用有攸往，一夫之行也㉓。众顺而有武威，故曰'利建侯。'《坤》，母也。《震》，长男也。母老子强，故曰《豫》。其繇曰：'利建侯行师。'居乐、出威之谓也。是二者㉔，得国之卦也。"

注释

　　①筮（shì 誓）：占筮。古人用蓍（shī 师）草占卦叫筮，用龟甲占卦叫卜，都是预测吉凶的迷信活动。

　　②尚：同"上"，这里的意思是祈求得上吉卦。

　　③贞：易卦有六爻（yáo 摇），下三爻统称为"贞"，又叫内卦、下卦。《屯》：卦名。悔：上三爻称为"悔"，《说文》作"䘘"，又叫外卦、上卦。《豫》：卦名。

　　④皆八：《震》在《屯》卦为下体，在《豫》卦为上体，两阴爻不变，都不动为八。董增龄《正义》说："六爻皆变谓之九六，六爻皆不变谓之七八。遇阳卦而六爻不

变则谓之八,遇阴卦而六爻不变谓之七,《屯》《豫》皆阳卦,故曰八。"《左传·襄公九年》:"遇《艮》之八。"孔颖达《疏》:"遇八之下,别言《周易》,知此遇八非《周易》。"本文言"皆八",可见也不是用《周易》来占此卦。

⑤筮史:官名,又称筮人,掌占筮的官。据韦《注》,筮史言不吉,是用夏朝的《连山易》和殷朝的《归藏易》来占这两卦,下面说"闭而不通,爻无为也",是用这两卦所象征物象来进行解释。震为雷,雷动,坎为雨,雷雨会造成险阻,闭塞不通,所以说爻象呈现的是无所作为。爻,组成卦的符号,有阳爻(－),阴爻(--)。

⑥是在《周易》皆利建侯:司空季子用《周易》之法占这两卦都是利于建国封侯。《周易·屯·初九》:"利建侯。"《周易·豫》:"利建侯行师。"据徐子宏先生《易经全译·前言》,实质上筮史是用"卦象说"解说,而司空季子是用"卦德说",推翻筮史的单纯的物象说。《左传·襄公九年》杜《注》:"史疑古《易》遇八为不利,故更以《周易》占。"虽言他卦,但同为一理,可相佐证。

⑦务:趋,旨趣。

⑧《震》车也:《震》卦,像那车轮滚滚。据《周易·说卦》:"《坤》为地,为母,……为大舆。"大舆即大车,孔颖达说:"取其能载,故为大舆。"而《震》为雷,因车动声像雷,故《左传·闵公元年》也说:"震为土,车(《震》为车)从马(《坤》为马)。"因为得到的《屯》(豖震下坎上)和《豫》(豖坤下震上),都是异卦相叠,所以有这些解说。

⑨《坎》:八卦之一,象征水。

⑩《坤》:八卦之一,《坤》是地,象征土。

⑪《屯》厚也:《屯》卦有《坤》象,所以说厚重充实。

⑫《豫》乐也:豫即有安逸、安乐义,故言。

⑬车班外内:车,《震》为车。班,遍。外内,外卦、内卦。因《屯》的内卦有《震》,《豫》的外卦也有《震》,所以说车象遍内卦外卦。

⑭顺:柔顺,《周易·说卦》:"坤,顺也。"是说地道柔顺。训:顺从。

⑮泉原以资之:《屯》的《六三》《九五》,《豫》的《六二》《九四》都有山林、田猎之类的话,所以韦《注》说有《艮》象。《豫》的《六三》《六五》有坎坷、忧患之类的话,所以说有《坎》象。《艮》为山,《坎》为水,水在山上为泉之源,流而不竭。泉原以资之,意思是民众的拥护像浩大的水一样是源源不断的财富。

⑯劳:疲劳。《周易·说卦》:"《坎》者,水也,正北方之卦也,劳卦也,万物之所归也。故曰劳乎《坎》。"

⑰主雷与车:六爻以内卦为主,此二卦皆有《震》这一经卦,所以说主雷与车。

⑱尚:同"上",这里指上卦(外卦)。《坎》象在《屯》卦的上体,所以说"上水与众。"

⑲繇(zhòu 咒):通"籀",卦兆的占辞。

⑳元：大，大吉。亨：亨通。利贞：吉利的贞卜。《说文》："贞，卜问也。"

㉑主震雷长也：《周易·说卦》："《震》一索而得男，故谓之长男。"意思是《震》卦的第一爻为阳爻，阳爻象男，所以说为长为男。震为雷，雷惊百里，是封公封侯的卦象，所以说大吉。

㉒车上水下：车，《震》为车；水，《坎》为水。车动而上，象征武备充实；水动而下，象征民众拥护，所以说"必伯"，一定会为诸侯之长。

㉓一夫：一人。

㉔二者：指《屯》《豫》两卦。

## 【今译】

公子重耳亲自占筮，他祈祷说："上吉卦，将得到晋国。"占得《屯》卦变成《豫》卦，《屯》的下三爻和《豫》的上三爻都为八，全阴。筮史占这两卦后都说："不吉利，闭塞而不通畅，根据爻象将无所作为。"司空季子说："吉利。这在《周易》占这两卦，都说是利于封侯建国。最后如不能得到晋国，并且辅助周王室，怎么能说是封侯建国？公子占筮时祈求说：'上吉卦，得到晋国，'占筮的结果告诉我们说：'利于封侯建国'，这正是对应了要求得国的旨趣，还有什么比更大吉大利的！《震》卦，象征车。《坎》卦，象征水。《坤》卦，象征土地。《屯》卦，这表现厚重。《豫》卦，表示逸乐。《震》为车，车象遍布内卦外卦；《坤》象柔顺，百姓顺从；卦内还有《艮》象《坎》象，水在山上为泉是源源不断的财富，大地厚重而百姓在它的养育下安乐。不得到晋国，怎么会都得到了对应？《震》卦为雷，为车。《坎》卦是万物疲劳的卦象，也是水势浩大、众望所归的卦象。内卦为主有雷与车，上卦有水与众。车轮滚滚震动，有威武的卦象。众望所归百姓拥护，有文德的卦象。文德武备都具有，厚重得很啊。所以才叫《屯》卦。《屯》卦的卦辞说：'大吉大利，吉利的占卜。不利于出门，有利于建国封侯。'内卦为主，震为雷，意味着生男为长，雷象征诸侯的声威，所以说大吉。民众顺从拥护，好上加好，所以说亨通。内卦有震雷，所以说是吉利的贞卜。威武震动的车在上，象征武备的充实，浩大顺从的水在下，象征民众的拥护，一定会称霸诸侯。只是在小人之事上不成功，有险阻，所以说'不利于出门，'那是指一个人的行动。民众顺从拥护又有武备的威势震动，所以说'利于封侯建国'。《坤》卦，如同母亲。《震》卦，就是她一索而得的长子。母亲老时长子壮盛，所以获得安乐的《豫》卦。它的卦辞说:'有利于封侯建国,出兵打仗。'这正是说的居处安乐、外出威武的意思。所以《屯》《豫》这两卦,都是得国的吉卦。"

## 12. 秦伯纳重耳于晋

【题解】

　　本文记秦穆公出兵护送重耳回国,晋国史官董因到黄河边迎接重耳,说明人心所向,晋怀公派吕甥、冀芮率军队抵抗,靠穆公的调停,重耳接管晋军,进入国都,即位为君。

【原文】

　　十月,惠公卒①。十二月,秦伯纳公子②。及河,子犯授公子载璧③,曰:"臣从君还轸,巡于天下④,怨其多矣!臣犹知之,而况君乎?不忍其死,请由此亡⑤。"公子曰:"所不与舅氏同心者,有如河水⑥。"沉璧以质。

　　董因迎公于河⑦,公问焉,曰:"吾其济乎?"对曰:"岁在大梁⑧,将集天行⑨。元年始受,实沈之星也⑩。实沈之虚,晋人是居⑪,所以兴也。今君当之,无不济矣。君之行也,岁在大火。大火,阏伯之星也,是谓大辰⑫。辰以成善⑬,后稷是相,唐叔以封。瞽史记曰:嗣续其祖,如谷之滋,必有晋国⑭。臣筮之,得《泰》之八⑮。曰:是谓天地配亨,小往大来⑯。今及之矣,何不济之有?且以辰出而以参入,皆晋祥也,而天之大纪也⑰。济且秉成⑱,必霸诸侯。子孙赖之,君无惧矣!"

　　公子济河,召令狐、臼衰、桑泉⑲,皆降。晋人惧,怀公奔高梁⑳。吕甥、冀芮帅师,甲午,军于庐柳㉑。秦伯使公子絷如师,师退,次于郇㉒。辛丑,狐偃及秦、晋大夫盟于郇㉓。壬寅,公入于晋师㉔。甲辰,秦伯还㉕。丙午,入于曲沃㉖。丁未,入绛㉗,即位于武宫㉘。戊申,刺怀公于高梁㉙。

【注释】

　　①十月,惠公卒:《左传·僖公二十三年》言"九月,晋惠公卒。"而下文"十二月,秦伯纳公子",《左传》为"二十四年春王正月,秦伯纳之。"因殷周时置闰尚无

定制,闰月一般放在年终,所以公序本韦《注》说:"鲁失闰,以闰月为正月,晋以九月为十月而置闰。"造成所记的年月不同。

②纳:这里指派兵护送。据《韩非子·十过篇》:"(秦穆公)起卒革车五百乘,畴骑二千,步卒五万,辅重耳入之晋,立为晋君。"

③载璧:祭祀所用的璧。

④巡:行。巡于天下,不说在诸侯各国间流亡,而说巡行于各地,是对重耳表示尊敬的辞令。

⑤请由此亡:意思是,请允许我离开您吧。亡,流亡,出奔。

⑥有如河水:有黄河水为证。这是重耳指着黄河水发誓,保证回国为君后一定与舅舅同心。下文的"沉璧以质",是重耳将载璧投入黄河中,表示取信于河神。

⑦董因:晋国大夫,史官。先世为周太史辛有,辛有的第二个儿子董到晋国,从此晋国有了董氏史官,以后晋灵公时的董狐,当为董因的后人。

⑧岁:岁星。大梁:星次名。

⑨将集天行:意思是重耳回国是与天道符合的。集,成就。天行,指星绕行的轨道和度数。

⑩元年:指晋文公即位元年(公元前636年)。受:接受。晋文公元年,岁星离开大梁,行经到下一个星次实沈,所以说受于大梁。实沈:星次名。自胃宿七度经昴宿至毕宿十一度为大梁,自毕宿十二度经觜、参二宿至东井十五度为实沈。都为晋的分野。

⑪墟:次。是居:居于实沈的分野。据《左传·昭公元年》:"迁实沈(高辛氏季子)于大夏(即今山西太原市),主参(参宿),唐人是因,以服事夏、商。"周成王灭唐,封弟叔虞为唐侯,南有晋水,叔虞子燮改为晋,故以参为晋星,实沈是参星之神,现在重耳返国之年岁在实沈,是应了天道,故下文言事无不成功。

⑫大火:即心宿,又名大辰,即荧惑星。阏伯之星:参见本卷《齐姜劝重耳勿怀安》注㉕。大辰:即大火,因其三星特别明亮,是古人测定岁时季节的观测时象,所以又称大辰。

⑬辰以成善:因辰为农祥,辰是农事起始的星象、征候,故大辰中的房星也称农祥,古人认为是成就功业的好天时,所以说"成善"。辰为农祥,可参见《周语上》6注⑨。

⑭瞽史记曰:据《齐姜劝重耳勿怀安》文所记内容为"唐叔之世,将如商数"。滋:蕃殖滋生。又,《左传·昭公元年》:"当武王邑姜方震(娠)大叔(即晋的先人叔虞),梦帝谓己:'余命而子曰虞,将与之唐,属诸参(属于参宿),而蕃育其子孙'。"

⑮《泰》:卦名。《乾》下《坤》上,异卦相叠。泰,通泰,所以是吉利亨通的上

卦。得《泰》之八,《泰》卦的阴爻不动,为八。

⑯天地配亨:《泰》卦,《乾》下《坤》上,《乾》为天,《坤》为地,所以说天地交感,于是通泰。小往大来:由小而大,由微而盛,比喻子圉的势力与晋文公重耳的实力彼此消长。

⑰天之大纪:所以大纪天时。文公出亡岁在大火,入国岁在参伐(实沈之次),大火为大辰,参伐为大辰,所以说大合天时。《公羊传·昭公十七年》:"辰者何? 大火也。大火为大辰,伐为大辰,北辰亦为大辰。"古人观察大火、参伐以测定岁时季节,观察北辰辨别方向,所以都称大辰。

⑱秉:执持,执掌。

⑲令狐:晋地,即今山西猗氏县。桑泉:晋地,在今山西解县西。臼衰(jiù cuī 旧崔):地名,在今解县东南。

⑳高梁:晋地,今山西临汾县东北有高梁都,即此地。

㉑军:指军队屯扎。庐柳:晋地,在今山西猗氏县西北。甲午为鲁僖公二十四年二月四日,晋怀公派吕甥、冀芮帅军抵拒重耳,军队驻扎在庐柳。

㉒郇(xún 荀):晋地,即今山西解县西北之郇城。

㉓辛丑:二月十一日。

㉔壬寅:二月十二日。上古本"公"字下有案语:"重耳此时不当称公,'公'字下疑脱'子'字。《左传·僖公二十四年》正作'公子入于晋师。'"黄按,然则前"董因迎公于河,公问焉",皆不当称公。

㉕甲辰秦伯还:秦伯送公子于河上,公子入晋师,秦伯始返秦。《左传》未记此事。甲辰,二月十四日。

㉖丙午:二月十六日。

㉗丁未:二月十七日。

㉘武宫:晋武公之庙。古时国君即位,都要先朝拜祖庙。

㉙戊申:二月十八日。以上的七个干支纪日,皆依《左传》用周历,而晋用夏正,或当有误。

【今译】

晋惠公十四年十月,惠公病死。十二月,秦穆公派军队护送公子重耳回晋国。到了黄河边上,子犯把一块祭祀用的璧玉献给公子,说:"臣跟从您出亡驾着车周游,服侍您巡行各地,招您恼恨的事情太多。我自己都知道得罪了您,何况您本人呢? 又怕您将来不忍心处死我,不如请您让我从此离开您吧。"公子说:"我要是回国为君不和舅舅一条心,我可以指着黄河水发下重誓。"说着就把那块载璧投入黄河取信河神。

　　晋国史官董因在黄河边迎接晋文公重耳。晋文公问他说:"我可以渡过黄河吗?"董因回答说:"岁星照临在大梁,您的回国将因与天道符合而成功。您即位的元年岁星已经开始离开大梁,照临到实沈星次。实沈星次,是晋的分野,晋人居住在那块地域上,并因此而兴旺。现今您入国正当岁星在实沈星次,没有大事不成功的。您当初出奔时,岁星在大火。大火,是阏伯的星座,这才称为大辰。辰为农祥,是成就大事业的吉星,周的先人后稷就是观察农祥来成就农事的,晋的先人唐叔封国那年,也是岁在大火。瞽史记的书上说:'唐叔的后嗣继续他们祖先的事业,将像五谷一样繁殖滋生。'所以您一定能得到晋国。臣为您占筮,得《泰》卦的阴爻不变都是八。所以说:这就是天与地交感配合使万物通泰,君子道长,小人道消,由小而大,由弱而盛。现在已经到了回国的最佳天时,有什么不该渡过黄河的?况且您是岁星在大火之年出奔,现在正当岁星在参宿所在的实沈星次入国,都是主晋国吉祥之星,并且大合天时的。您渡过黄河并且夺取政权成功,以后一定能称霸诸侯。您的子孙都将受您事业的余惠,您不必害怕不能成功。"

　　公子重耳渡过黄河,召令晋城令狐、白衰、桑泉的地方守官投降,三地都投降。晋国人心恐惧,怀公逃亡到高梁。吕甥、冀芮率领晋军抵抗,甲午这一天,晋军进驻庐柳。秦穆公派秦国大夫公子絷到晋军中劝说他们不要抵抗,晋军后退,驻扎在郇地。辛丑这天,狐偃同秦、晋两国大夫在郇地签订盟约。壬寅这一天,公子重耳接管了晋国军队。甲辰这一天,秦穆公回国。丙午这一天,公子重耳进入曲沃城。丁未这天,重耳进入绛城,在晋武公庙即位为君。戊申这天,晋文公派人在高梁刺杀了晋怀公。

# 13. 寺人勃鞮求见文公

【题解】

　　寺人勃鞮曾经积极为晋献公、惠公效劳,竭尽心力想杀掉重耳,当重耳做了国君后,他来主动求见。因为他掌握着惠公旧臣吕甥、冀芮准备作乱的机密,又能说出一番堂堂正正的大道理来,不由得晋文公不见他。文公捐弃前怨,接受意见,表现出一个政治家的胸怀,这使他终于能借助秦穆公的力量,平定祸乱,巩固了自己的统治地位。

【原文】

初,献公使寺人勃鞮伐公于蒲城①,文公逾垣,勃鞮斩其祛②。及入,勃鞮求见,公辞焉,曰:"骊姬之谗,尔射余于屏内③,困余于蒲城,斩余衣祛。又为惠公从余于渭滨④,命曰三日,若宿而至⑤。若干二命⑥,以求杀余。余于伯楚屡困,何旧怨也?退而思之,异日见我。"对曰:"吾以君为已知之矣⑦,故入;犹未知之也,又将出矣。事君不贰是谓臣,好恶不易是谓君。君君臣臣,是谓明训。明训能终,民之主也。二君之世,蒲人、狄人,余何有焉⑧?除君之恶,唯力所及,何贰之有?今君即位,其无蒲、狄乎⑨?伊尹放太甲而卒以为明王⑩,管仲贼桓公而卒以为侯伯⑪。乾时之役,申孙之矢集于桓钩⑫,钩近于袪,而无怨言,佐相以终,克成令名。今君之德宇⑬,何不宽裕也?恶其所好⑭,其能久矣?君实不能明训,而弃民主。余,罪戾之人也,又何患焉?且不见我,君其无悔乎!"

于是吕甥、冀芮畏逼⑮,悔纳文公,谋作乱,将以己丑焚公宫⑯,公出救火而遂杀之。伯楚知之,故求见公。公惧,遽出见之⑰,曰:"岂不如女言,然是吾恶心也⑱,吾请去之。"伯楚以吕、郤之谋告公。公惧,乘驲自下⑲,脱会秦伯于王城⑳,告之乱故。及己丑,公宫火,二子求公不获,遂如河上,秦伯诱而杀之。

## 注释

①寺人:宦官。寺人勃鞮(dī 低),《左传》称寺人披,杨伯峻《春秋左传注·僖公五年》说:"披乃急言,勃鞮之合者也。"《晋语二》:"公令阉楚刺重耳。"韦《注》:"楚谓伯楚,寺人披之字也。"均为同一人。晋献公令寺人勃鞮到蒲城攻打重耳,为公元前655年,事见《左传·僖公五年》。

②祛(qū 区):衣袖口。

③屏:宫门当门的小墙。屏内,指宫内。尔射余于屏内,意思是你曾在内宫参与骊姬谗害我的阴谋。

④渭滨:渭水之滨。"又为惠公从余于渭滨"事,《左传·僖公二十四年》载:

"其后余从狄君以田渭滨,女为惠公来求杀余。"

⑤若:汝,你。宿而至:过一宿就赶到。"若宿而至"与《韩非子·难三》:"而汝一宿",义同。"命曰三日,若宿而至。"《左传·僖公二十四年》作:"命女三宿。"三宿,过三夜则第四日;中宿,过第二夜后的明日。与本文稍异。

⑥干:干犯,这里意为违反(二命的时限)。二命:指献公使伐蒲城、惠公使杀重耳于渭滨这两个命令。

⑦知之:知为君为臣为道。

⑧"二君之世"三句:意思是,在献公、惠公的时候,我不过把你看作蒲人、狄人,杀一个蒲人、狄人,于我有何关系呢?

⑨其无蒲狄乎:难道就没有(像当初反对献公、惠公那样的)蒲人、狄人吗?意思是,你重耳难道就没有反对者么?

⑩伊尹:殷商开国贤臣。据《帝王世纪》:"伊尹名挚,为汤相,号阿衡,年百岁卒。"因其功业伟烈,"沃丁(太甲之子)以天子礼葬之。"太甲:成汤嫡长孙,太丁之子。伊尹放太甲而卒以为明王,据《史记·殷本纪》及《今文尚书·太甲》言太甲即位三年,凶恶残酷,不遵先祖成汤之制,胡作非为,伊尹把他放逐到桐宫(成汤葬地)。伊尹摄政,太甲在桐宫悔过自责三年,伊尹把他迎回国都,交还政权。从此,太甲注重品德修养,诸侯归服,百姓安宁,薨谥太宗。

⑪贼:暗杀。管仲为公子纠暗杀齐桓公射中带钩,及乾时之战均见《齐语》1注①。

⑫申孙:一种箭矢的名称。

⑬德宇:气度,器量。

⑭恶其所好:厌恶自己应当喜好的人。这是寺人勃鞮自认他这样的忠心不二之臣是应该被喜欢的。

⑮偪(bì 逼):逼迫。

⑯己丑:公元前 636 年周历的三月十九日。《左传·僖公二十四年》:"己丑,晦,公宫火。"

⑰公遽出见之:明道本及公序本"公"字下均有"惧"字。上古标点本据《国语考异卷三》:"'惧'字涉下'公惧'而衍。"因删去"惧"字。

⑱恶心:厌恶于心,意思是因为自己心里怨恶,指对人不宽恕。

⑲驲(rì 日):古时驿站专用的车马。下:小道。

⑳脱会:脱身潜逃相会。王城:秦城邑名,在黄河西岸,当在今陕西省大荔县东。

【今译】

当初,晋献公曾派寺人勃鞮到蒲城攻打重耳,重耳没有抵抗跳墙逃走,勃鞮斩断了他的衣袖口。重耳即位为君,寺人勃鞮请求面见晋文公。文公拒绝接见他,并说:"从前骊姬设计谗害,你曾经在内宫参与谋害我,后来又在蒲城使我处境艰危,还斩断了我的衣袖口。以后又为惠公到渭水河边追杀我,惠公命你三天赶到,你过了一夜就赶到。你违反献公、惠公的命令,竭尽心力想早日杀掉我。我屡次受你伯楚的迫害,我和你有什么旧仇?你回去好好反省这些事,过些日子再来见我。"寺人勃鞮回答说:"我还以为您已经懂得为君的道理,所以才得返国当君主;看起来您还是不懂得为君的道理,可能又将失国出奔了。事奉君主不怀二心这是做臣子的道理;个人的恩怨不改变根本原则这是做君主的道理。做君主的要像君主,做臣子的要像臣子,这是自古以来圣明的训教。能把这圣明的训教贯彻始终,才能成为统治百姓的君主。在献公、惠公二位君主的时候,您逃到蒲是蒲人,逃到狄是狄人,杀掉一个蒲人或狄人,与我有什么相干呢?我替国君除恶,当然要尽自己最大的力量,岂可以怀有二心?现在您即位为国君,难道就不会有像蒲人、狄人那样反对您的吗?伊尹放逐了商王太甲,太甲接受教训,最终成为圣明的君王;管仲曾经暗杀齐桓公,桓公不念旧恶重用管仲终成诸侯之长。乾时那一场战争,管仲用申孙之矢射中桓公的衣带钩,论说衣带钩比衣袖口更近于身体的要害,而桓公对管仲始终没有怨言,重用他辅佐自己相终始,终于成就诸侯之长的美名。现在您身为君主应该气度恢宏,为什么不宽恕旧恶呢?厌恶自己应当亲近的人,您的君位能长久吗?您不能遵循君臣之义的训导,就是丢弃了做君主的根本原则。我勃鞮不过是个受过阉割的人,又有什么可害怕的?况且不接见我,您可不要后悔啊!"

这时晋惠公的旧臣吕甥、冀芮害怕受到晋文公的迫害,后悔允许文公回国,策划谋反作乱,准备在己丑这天放火焚烧文公的宫室,想趁文公出来救火时便杀死他。寺人勃鞮知道他们的阴谋,所以才来请求面见文公。文公听了勃鞮以上那番话,立刻出来召见他,说:"我难道不知道你说的话有道理吗,但确实是我心里怨恶不愿宽恕人,我愿意改正错误。"勃鞮就把吕、郤的阴谋报告给文公。文公很害怕,便乘坐驿站的车马从小路逃出,脱身到王城秘密会见秦穆公,把吕、郤的阴谋告诉他。到了己丑这天,晋文公的宫里起了大火,吕、郤二人没有捉到晋文公,就奔到黄河边上,秦穆公用计把他们骗去杀掉。

# 14. 文公遽见竖头须

**【题解】**

头须是为重耳管库藏的小臣,他没有跟从重耳流亡,文公即位后,他来求见。晋文公和普通人一样,也曾念念不忘旧恶,只不过因为竖头须说的话有道理:一是认为跟从出亡的人和留在国内的人,同样有功劳,不能厚此薄彼;二是国君不能仇恨犯过错误的人,否则会使很多人畏惧。文公立刻接见了他。晋文公能不计前嫌,修正错误,是他能成就霸业的一个重要原因。

**【原文】**

文公之出也,竖头须①,守藏者也②,不从。公入,乃求见,公辞焉以沐③。谓谒者曰④:"沐则心覆⑤,心覆则图反⑥,宜吾不得见也。从者为羁绁之仆⑦,居者为社稷之守,何必罪居者!国君而仇匹夫⑧,惧者众矣⑨。"谒者以告,公遽见之⑩。

**注释**

①竖(shù 树):未成年的奴仆,年龄当在十五岁以上十九岁以下,当时宫内小宦常用小竖,也称内竖。头须:人名。《韩诗外传》及《新序·杂事五》俱作"里凫(fú 弗)须"。据《左传·僖公二十四年》,头须在重耳出亡时,偷了库藏财物潜逃,晋文公回国时,他将库中财物用在争取接纳文公回国的花费上。

②守藏(zàng 葬)者:保管库藏的人。

③公辞焉以沐:文公借口洗头不接见他。沐,洗头发。

④谒者:掌管通传禀告的仆人。

⑤沐则心覆:洗头时低头向水,因此心的地位反覆。

⑥心覆则图反:心既颠倒,想法(图)也就不对路(反)了。

⑦从者:跟从流亡的人。羁绁(jī xiè 鸡谢):牵马服役的人。韦《注》:"马曰羁,犬曰绁。言此二者臣仆之役。"羁绁之仆,极言为奔走服役的仆人。

⑧匹夫:普通人。

⑨惧者:畏罪的人。

⑩遽:急忙。

## 【今译】

　　晋文公出奔流亡时，竖头须是替他看守库藏的人，没有跟从他流亡。晋文公回到晋国后，头须来请求面见，文公借口正在洗头拒绝接见。头须对通报的仆人说："一个人洗头发必须低着头，一低头心就要倒过来了，心倒过来内心的想法就会反常，所以我得不到主公的接见。跟从出亡的人是给主公牵马服役，留在国内的人是给主公守卫国家，为什么一定要认为留在国中的人就是有罪的呢！身为一国之君却念念不忘对一个普通人的小怨，那么惧怕降罪的人就太多了。"仆人将这些话告诉文公，文公立即召见了头须。

# 15. 文公修内政纳襄王

## 【题解】

　　本文写晋文公即位为君后，采取了一系列富国安民的措施，使晋国政治清明、百姓丰足、国库充实，呈现出一派欣欣向荣的气象。公元前636年，周襄王之弟昭叔作乱，襄王出奔，住在郑国的氾地，子犯劝文公出兵勤王，借这尊事周王室之举，图谋称霸诸侯的大业，文公听从了子犯的意见。

## 【原文】

　　元年春，公及夫人嬴氏至自王城①。秦伯纳卫三千人，实纪纲之仆②。公属百官，赋职任功③。弃责薄敛，施舍分寡④。救乏振滞，匡困资无⑤。轻关易道，通商宽农⑥。懋穑劝分，省用足财⑦。利器明德，以厚民性⑧。举善援能，官方定物⑨，正名育类⑩。昭旧族，爱亲戚⑪，明贤良，尊贵宠⑫，赏功劳，事耇老⑬，礼宾旅，友故旧。胥、籍、狐、箕、栾、郤、柏、先、羊舌、董、韩，实掌近官⑭。诸姬之良，掌其中官⑮。异姓之能，掌其远官⑯。公食贡⑰，大夫食邑⑱，士食田⑲，庶人食力⑳，工商食官㉑，皂隶食职㉒，官宰食加㉓。政平民阜，财用不匮。

　　冬，襄王避昭叔之难，居于郑地氾㉔。使来告难㉕，亦使告于秦。子犯曰："民亲而未知义也㉖，君盍纳王以教之义。若不纳，秦将纳之，则失周矣㉗，何以求诸侯？不能修身，而又不能宗人㉘，人将焉依？继文之业,定武之功㉙,启土安疆,于此乎在矣,君其务之!"公说,乃行赂于草中之戎与丽土之狄㉚,以启东道。

**注释**

①元年:晋文公元年。嬴氏:即秦穆公之女,先称怀嬴,后嫁给文公,称文嬴。

②纪纲之仆:有管理才能的干练的仆从。纪纲,管理,后因用"纪纲"代指仆人。

③属:会集。赋职:授职。功:成效。

④责:同"债"。弃责,除去旧债。薄敛:薄收赋税。敛,赋税。分寡:分财物给寡少者。

⑤救乏:救乏绝。振滞:提拔淹滞之士。淹滞之士,有才德而未被升进的人。匡:匡正。

⑥轻关:轻关税。易道:除盗贼使道路太平。通商:便利商旅。宽农:放宽对农民的政策。宽农,在古时主要指不夺农时。

⑦懋:勉励。穑(sè 啬):稼穑,庄稼,农作物。劝分:劝有分无,劝导有富余者分给无衣食者。省:减少。用:指国家的用度开支。

⑧利器:利于器用。明德:完美的德性。民性:人性,人的天性。下言"以厚民性,"因古时认为新奇改良的工具及一些作观赏之用的工艺品无补民生,无益于培养人的天性,斥为奇技淫巧,《尚书·泰誓下》:"今商王受(殷纣王)……作奇技淫巧,以悦妇人。"故这里讲改良百工器用是在培养完美的德性基础上,目的是使人善美的本性更加淳厚。

⑨官方:(订立)为官的管理常法。方,常法。

⑩正名:辨正上下尊卑不得逾越的名分。因当时晋乱初平,一定要辨正名分,国家权力才能确立。育类:培养区分善恶的能力。

⑪昭:表彰。旧族:旧臣中有功者之族。爱:亲近。亲戚:指与国君同宗的亲族。

⑫明:显示,引申为重用。贤良:这里指才德兼备者。尊:尊宠荣显。贵宠:国家的贵臣。

⑬功劳:指劳绩。《周礼·夏官·司勋》:"王功曰勋,国功曰功。"耇(gǒu 苟)老:老年人。

⑭胥氏、籍氏、狐氏、箕氏、栾氏、郤氏、柏氏、先氏、羊舌氏、董氏、韩氏,这十一族都为国中旧姓。近官:君主左右亲近之臣,这里指在朝廷任职。

⑮中官:内官,宫内之官。

⑯远官:指在县、乡担任地方官。

⑰公:指公族,与国君同姓的子弟。贡:田赋名。《孟子·滕文公上》:"夏后

氏五十而贡,殷人七十而助,周人百亩而彻,其实皆什一也。"贡、助、彻,为夏、商、周三朝的田税法,都是十分抽一。因收赋税而食,所以说"食贡"。

⑱食邑:卿大夫的封地,即采邑。

⑲士:官名,古时诸侯置上士、中士、下士之官,位次低于大夫,可任县、乡地方官的属员。另一说,"士"为四民(士农工商)之一。食田:接受公田自耕而食。

⑳庶人:平民,百姓。食力:靠劳力而生活。

㉑工:百工。商:指官商。

㉒皂(zào造):差役。古时人的一种身分等级,在士以下,服劳役。隶:奴隶。

㉓官宰:指卿大夫的家臣。加:大夫的家田。又一说为大夫的加田。《周礼·司勋》:"加田无国征。"贾逵《疏》:"加田是加恩厚又不税入天子。"董增龄《国语正义》却说:"加田必于赏田之外更为加增,非有破格之功不能得此,岂陪臣得引以为常。况官宰列于庶人皂隶之后,必非小宰之尊,当为家臣之贱。"事实上,卿大夫的家臣常由士人担任,当然应由大夫的采邑、税赋、家田收入来负担。

㉔襄王:周襄王。昭叔:襄王的同母弟,即王子带,因食邑于甘(在今河南洛阳县西南),又称甘昭公、昭叔。"襄王避昭叔之难居于郑地汜",事见《左传·僖公二十四年》,也可参见《周语上》14注㉖。汜:郑地,故地在今河南省襄城县南。

㉕告难:报告发生祸难。据《左传·僖公二十四年》:"王使简师父告于晋,使左鄢父告于秦。"二人皆周室大夫。

㉖亲:指亲于君。未知义:指未知君臣大义。

㉗失周:失去尊事周室的机会。

㉘修身:加强身心修养。不能修身,这里的意思是:自身不能用行动来表现尊事周室。宗:尊崇。宗人:使人尊崇(周室)。

㉙文:指晋文侯姬仇。周平王东迁,文侯辅佐有功。武:指重耳之祖晋武公称,他始榔晋国,周僖王命为晋君。事并见《史记·晋世家》。

㉚草中之戎与骊水之狄:据陈奇猷《吕氏春秋·不广篇校释》注㉗引顾颉刚《史林杂记·骊戎不在骊山考》,认为戎、狄互称,草中之戎与骊土之狄即骊戎,其国在今山西南部,析城、王屋之间,距晋不远。韦《注》则以为:"二邑戎、狄,间在晋东。"董增龄《正义》又以为"草中指俗言,非地名也。"从顾说。

【今译】

　　晋文公元年春天,晋文公和他的夫人嬴氏从秦国的王城回到晋国。秦穆公为了护送文公返国派了三千卫士,都是有办事能力的干练的仆从。文公回国后会集百官,分授他们的职事任用办事有成效的人。免除前欠的旧债,减轻百姓税赋,广施恩德,分送财物给缺乏劳力的人。救济穷途末路的,提拔才能被埋没的,匡正误入歧途的,资助缺少钱财的。减轻进出口关税,剪除危害行旅的盗贼,便利商旅往来,放宽对农民的政策。勉励百姓勤于农耕,劝导他们互通有无,减少国用开支,储备丰厚的钱粮。改良百工的工具,培养完美的德性,来使民众善良的本性更加淳厚。推举良才援引贤能,订立为官的常法来管理日常事务,辨正上下尊卑的名分,培养区分善恶的能力。表彰旧臣中有功劳的,亲近同宗的亲人,重用才德兼备的,尊宠国家的贵臣,重赏军功政绩,尊敬老年人,礼貌对待外来宾客,友爱故友旧交。胥氏、籍氏、狐氏、箕氏、栾氏、郤氏、柏氏、先氏、羊舌氏、董氏、韩氏,这十一族都在朝廷担任官职。姬姓的众多优秀人才,担任宫庭内官职。不是姬姓而才能卓异的,担任县、乡的地方官。公族享受公田上规定的田赋,大夫享受封地上的赋税,士人接受耕田自耕而食,庶人靠劳力而生活,百工、官商从国库领取粮食,皂、隶各靠任职服役生活,卿大夫的家臣食用卿大夫的家田上的税收。由于晋文公励精图治,晋国政治清平百姓丰足,国家财用不缺乏。

晋文公元年的冬天,周襄王因为同母弟昭叔率狄人攻陷都城而出外避难,野居在郑国的汜地。他派使臣来晋国报告发生祸难,也派使臣到秦国报告这祸难。子犯说:"人们亲近君主却不懂君臣大义,您何不派兵护卫天王回国,用来教导人们懂得君臣大义呢。如果您不派兵护卫天王回国,秦国肯定会派兵护卫,那样一来晋国就失去表现尊事周天子的机会了,又用什么来取得诸侯的信任呢?自身不能用行动来表现尊事周室,又不能教导人们尊崇,诸侯怎么会信任您呢?继承文侯的事业,安定武公得到的疆土,扩大晋国的封邑、平定边界,这次为周王室效力就是个大好机会,您千万要抓紧时机。"晋文公很乐意听从,就派人用重礼送给草中的戎人与骊土的狄人,向他们借兵与晋军协同作战开辟向东进军的通道。

# 16. 文公出阳人

【题解】

晋文公出兵平定周王室祸乱,杀昭叔,使襄王复位。周襄王因文公勤王的功勋,赏给他阳樊等八个城邑。本文写阳樊人不肯归属晋国,文公用兵包围阳樊,打算屠城,用武力占取,阳樊守臣仓葛毫不畏惧,据理力争,文公于是下令解除包围,放阳樊人随意出入,终于以德服人,收取了阳樊。

【原文】

二年春①,公以二军下,次于阳樊②。右师取昭叔于温,杀之于隰城③。左师迎王于郑。王入于成周,遂定之于郏④。王飨醴,命公胙侑⑤。公请隧,弗许⑥。曰:"王章也,不可以二王,无若政何⑦。"赐公南阳阳樊、温、原、州、陉、䂣、组、攒茅之田⑧。阳人不服,公围之,将残其民,仓葛呼曰⑨:"君补王阙,以顺礼也。阳人未狎君德⑩,而未敢承命。君将残之,无乃非礼乎!阳人有夏、商之嗣典,有周室之师旅,樊仲之官守焉⑪,其非官守,则皆王之父兄甥舅也。君定王室而残其姻族,民将焉放⑫?敢私布于吏⑬,唯君图之!"公曰:"是君子之言也。"乃出阳人。

### 注释

① 二年春:晋文公二年春(公元前635年)。

② 二军:上军、下军。《晋语一》《左传·闵公元年》《晋世家》皆言"献公作上下二军。"《左传·僖公二十五年》言:"(晋侯)右师围温,左师逆王。"与本篇下文的右师、左师同为"右翼部队、左翼部队"的意思,名称仍当为上军、下军。阳樊:周畿内邑名,故地在今河南源县东南。据《左传·僖公二十五年》:"三月甲辰(三月十九日),次于阳樊。"

③ 温:周地名,在今河南温县西南。因昭叔领着隗氏(周襄王废后,与昭叔私通)住在温地,故攻取温。隰(xí习)城:即《左传·隐公十一年》之"隰郕",周畿内邑名,在今河南武陟县西南。

④ 成周:周之东都,距周都王城(洛邑)十八里,故址传说在今河南洛阳市东郊白马寺之东。郏:周王城地名,在今河南洛阳市西。

⑤ 命:赐给命服。胙:赐祭肉。侑(yòu 又):同"宥",助,指助欢。《左传·庄公十八年》杜《注》:"既行享礼而设醴酒,又加之以币帛,以助欢也。宥,助也。"

⑥ 隧:挖地通路打隧道。隧葬系天子葬礼,详见《周语中》2 注⑦。

⑦ 王章:天子的典章制度。意思是:周的典章制度规定天子与诸侯葬礼的不同。二王:两个天子。晋文公以诸侯而用天子葬礼,就等于有二王。政:政令。

⑧南阳:以下八邑均在黄河以北、太行山以南,所以称南阳。原:周畿内地名,在今河南省济源县西北。州:周地名,当在今河南省沁阳县东。陉(xíng形):周地名,在今河南省沁阳县西北。絺(chī痴):周地名,在今河南省沁阳县西南。组(xú徐):公序本作"钼",是。故地在今河南省滑县境。攒(zuān钻)茅:周畿内地名,杨伯峻《左传注·隐公十一年》言:"今河南修武县有大陆村者当其地"。

⑨仓葛:阳樊守臣名。

⑩狎(xiá侠):熟习。

⑪樊仲:即樊仲山父。鲁献公次子名山甫,为周王室(宣王时)辅臣,食采于樊。阳樊邑名本为阳,因为樊仲食邑故名阳樊。

⑫放:同"仿",仿照,依据。

⑬布:陈述。吏:军吏,指军中的官员。

## 【今译】

晋文公二年春天,文公率领上军、下军顺黄河而下,驻扎在阳樊。右翼部队在温地活捉昭叔,把他杀死在隰城。左翼部队从郑国迎接周襄王。晋军护送周襄王进入成周,在郏地使襄王复位。襄王设享礼用甜酒招待晋文公,并给他命服、祭肉,还加上赏给币帛来助欢。晋文公请求允许他死后采用掘地道的天子葬礼,襄王不同意。说:"这是周制规定的天子享受的典章制度,不可以有两个天子,以后让周天子不便向天下发布政令。"赏赐给晋文公南阳八邑:阳樊、温、原、州、陉、絺、组、攒茅的土地。阳樊人不肯归属晋国,晋文公的军队包围了城邑,打算血洗阳樊屠杀人民,阳樊守臣仓葛高呼说:"晋君辅助周天子恢复王位,是遵循了为臣之道的礼法。阳樊人不熟悉晋君的德行政令,所以没有服从归属的命令。晋君意图残杀阳樊人民,岂不是不合乎礼法吗!阳樊人既有夏朝、商朝王室的后裔的遗留法典,也有周王室的军队镇守,樊仲山甫的家臣治理,这些人不是樊氏的守臣,就都是王室的父兄甥舅。晋君平定周王室的祸乱却残杀王室的姻亲宗族,百姓怎么能依从?不敢请求军吏将我们阳樊人的意思转达,只希望晋君好好考虑吧!"晋文公说:"仓葛说的是君子之言啊!"于是下令撤掉包围,放阳樊人民随意出境。

## 17. 文公伐原

**【题解】**

这篇短文写晋文公以信义占取原城的经过。

**【原文】**

文公伐原,令以三日之粮。三日而原不降,公令疏军而去之①。谍出曰②:"原不过一二日矣!"军吏以告,公曰:"得原而失信,何以使人?夫信,民之所庇也③,不可失也。"乃去之,及孟门④,而原请降。

**注释**

①疏军:撤军。疏,散,撤。去之:撤离原城。
②谍:间谍,指进入原城内刺探军情的人。
③庇:庇护。
④孟门:原附近的地名。杨伯峻《左传注·僖公二十五年》:"其地在太行山之东,盖太行山隘道之名,即今河南省辉县之白陉。"

**【今译】**

晋文公率军队攻打原城,命令携带三天的粮食。过了三天原城人仍不投降,文公命令撤军离开原城。间谍从城里出来说:"原城人投降不过是这一两天的事了。"军吏将这情况报告,文公说:"得到原城却失去信用,以后用什么来治理百姓?信用,百姓靠它庇护,不能失去信用。"仍坚持撤离了原城,军队到达孟门时,原城请求投降。

## 18. 文公救宋败楚于城濮

**【题解】**

发生在公元前632年的晋、楚城濮之战,是晋文公争霸的一次决定性战争。本文集中叙写城濮之战前晋国君臣的谋划和争论,于是产生以下正确的决策:团结齐、秦,共同对敌;暗中答应封曹复卫的要求,分化楚的盟国;退避三舍,瓦解楚军的斗志。晋国终于一举战胜楚国,称霸于诸侯。

【原文】

文公立四年①,楚成王伐宋②,公率齐、秦伐曹、卫以救宋③。宋人使门尹班告急于晋④,公告大夫曰:"宋人告急,舍之则宋绝⑤。告楚则不许我⑥。我欲击楚,齐、秦不欲,其若之何?"先轸曰⑦:"不若使齐、秦主楚怨⑧。"公曰:"可乎?"先轸曰:"使宋舍我而赂齐、秦⑨,藉之告楚⑩。我分曹、卫之地以赐宋人。楚爱曹、卫⑪,必不许齐、秦。齐、秦不得其请,必属怨焉⑫,然后用之⑬,蔑不欲矣。"公说,是故以曹田、卫田赐宋人。

令尹子玉使宛春来告曰⑭:"请复卫侯而封曹⑮,臣亦释宋之围。"舅犯愠曰:"子玉无礼哉!君取一,臣取二⑯,必击之。"先轸曰:"子与之⑰。我不许曹、卫之请,是不许释宋也。宋众无乃强乎⑱!是楚一言而有三施⑲,子一言而有三怨⑳。怨已多矣,难以击人。不若私许复曹、卫以携之㉑,执宛春以怒楚,既战而后图之㉒。"公说,是故拘宛春于卫。

子玉释宋围,从晋师㉓。楚既陈,晋师退舍㉔,军吏请曰:"以君避臣,辱也。且楚师老矣㉕,必败。何故退?"子犯曰:"二三子忘在楚乎㉖?偃也闻之:战斗,直为壮,曲为老㉗。未报楚惠而抗宋㉘,我曲楚直,其众莫不生气,不可谓老。若我以君避臣,而不去,彼亦曲矣。"退三舍避楚。楚众欲止,子玉不肯,至于城濮㉙,果战,楚众大败。君子曰:"善以德劝。"

**注释**

①文公立四年:晋文公即位的第四年(公元前633年)。
②楚成王伐宋:因宋背楚事晋,楚成王率楚、陈、蔡、郑、许等国军队围宋。
③伐曹、卫:晋文公侵曹伐卫以救宋为公元前632年,事见《左传·僖公二十八年》。
④门尹班:人名,宋国大夫。一说"门尹"为官名,"班"为人名,可备一说。
⑤舍之:不管它(宋国)。
⑥告楚:为宋请求楚国撤兵。

⑦先轸:晋中军统帅,因食采邑于原,又称原轸。
⑧主楚怨:使楚成为怨恨的对象。即激怒齐国、秦国,使它们怨恨楚国。
⑨使宋舍我:让宋国不向我们求援。
⑩藉之告楚:利用它们(指齐国、秦国)出面请楚国退兵。
⑪爱:爱护。楚爱曹、卫。据《左传·僖公二十七年》:"楚始得曹而新婚于卫。"
⑫属:结下。
⑬用之:指用齐、秦。
⑭子玉:名成得臣,字子玉,晋楚城濮之战中楚军统帅。宛(yān 鸯)春:楚国大夫。
⑮复:复位。复卫侯,卫侯即卫成公,公元前 632 年(鲁僖公二十八年),晋文公、齐昭公在敛孟结盟,卫成公请求加盟,晋不允。卫人逐出成公讨好晋国,卫成公逃到襄牛(卫国地名,在今河南睢县)。故楚人请恢复他的君位。封:建立。封曹,重建曹国。同年,曹国被晋国攻占,曹共公被扣押,故有此请求。
⑯君:指晋文公。臣:指楚令尹子玉。君取一,臣取二,因子玉要求晋文公做"复卫"、"封曹"两件事,而自己只做"释宋围"一件事。晋文公是君,结果只得一桩好处,子玉是臣,却得两桩好处。
⑰与之:犹言"许之"。
⑱宋众无乃强乎:意思是宋国投降了楚国,楚国的师众岂不更强吗?
⑲一言而三施:复卫、封曹、释宋,是施恩于三国,故一言而三施。
⑳一言而三怨:使卫、曹、宋之人对晋不满,故一言而三怨。
㉑携之:离间同楚的关系。
㉒既战而后图之:意思是等决战后再去考虑曹、卫复不复的问题。
㉓从晋师:追逐晋师。
㉔舍:一舍三十里。退舍,撤军后退三十里。
㉕老:疲弊,士气不振。因楚军连年在外作战,长期围宋,疲弊已极。
㉖二三子忘在楚乎:指流亡时在楚国受到楚成王的恩惠,重耳曾答应在作战时晋军退避三舍,作为报答。
㉗直:理直,此指正义的战争。壮:士气旺盛。曲:理曲,此指非正义的战争。
㉘抗:捍卫,救助。
㉙城濮:卫国地名,在今河南范县南。

**【今译】**

晋文公即位的第四年,宋国背楚事晋,楚成王攻打宋国,文公率领齐国、秦国的军队讨伐曹国、卫国,以便牵制楚军,解救宋国。宋国派大夫门尹班向晋军告急,晋文公对诸大夫说:"宋国被围派人来告急,撇开它不管,宋国就会与我们断绝了关系。为宋国请求楚国撤兵,楚人不会同意。我军要想攻打楚军,齐国、秦国又不愿作战,怎么处理才好呢?"先轸说:"不如用计激怒齐、秦二国,使楚国成为怨恨的对象。"文公说:"可能做得到吗?"先轸说:"让宋国不向我们求援而给齐、秦二国送礼,利用他们出面请楚国退兵。我们又把曹国、卫国的土地分给宋国。楚国爱护曹国、卫国,一定不会答应齐、秦二国的要求。齐、秦二国没有达到他们调解的目的,一定会与楚国结下仇恨,然后我们再用齐、秦二国攻楚,没有不愿意的。"晋文公大喜,就把曹国、卫国的一部分土地分给了宋国。

　　楚国令尹子玉派大夫宛春来通知晋军说:"请晋国恢复卫侯的君位和曹国的封疆,我们楚国也撤掉对宋国的包围。"舅犯很恼怒,对晋文公说:"子玉太没有礼貌了!您做国君的只得一桩好处,他做臣子的反而得到两桩好处,我们一定得进攻楚军。"先轸说:"您还是答允他的要求吧。我们不同意楚国复卫封曹的请求,就是不让楚国撤掉对宋国的包围。宋国如果投降了,楚国岂不更壮大了军队的力量吗?这样楚国一句话便对曹、卫、宋三个国家施了恩惠,而您的一句话却会跟三个国家结怨恨。怨恨我们的国家多了,就不容易打击敌人。不如私下答应恢复曹国、卫国,这样来离间他们与楚国的关系,扣留宛春来激怒楚国,其他的事等打完仗再来考虑吧。"晋文公很欣赏先轸的计谋,就把宛春扣押在卫国不放。

　　楚令尹子玉果然被激怒,他下令楚军撤掉对宋国的包围,紧追晋军不放。楚军排好阵势,晋军却后退三十里。晋国的将士纷纷请战说:"做国君的反而躲避做臣子的进逼,这是耻辱。况且楚军士气衰落,一定会失败。我们为什么要后退呢?"子犯对将士们解释说:"大家忘记了主公当初流亡时在楚国的事吗?狐偃听说:战争,理直的士气就旺盛,理屈的士气就不振。我们还没有报答楚王的恩惠就去救助宋国,我们理曲楚国理直,楚军将士没有不斗志昂扬的,不能认为是士气衰落。如果我们对楚国报恩守信,以君主的身份退避做臣子的,他还要紧追不放,那他们就理曲了。"晋军后退九十里避开楚军。楚军将士都不愿意进逼了,但是子玉不肯,一直追逐晋军到城濮,两军交战,结果楚军大败。君子说:"先轸、狐偃善于用德来劝说君主。"

# 19. 郑叔詹据鼎耳而疾号

【题解】

晋文公即位后,一一讨伐当初对他无礼的国家。在讨伐郑国时,郑国执政卿叔詹为了拯救国家和百姓的危难,挺身而出,与敌人周旋。他面对酷刑,却毫无惧色,大义凛然,慷慨陈辞,攀着煮沸的大鼎耳把大声疾呼,壮烈地去死。一个爱国者的胆识和气节,终于打动了晋文公,叔詹不但免于死,还赢得了国人加倍的尊重。

【原文】

文公诛观状以伐郑①,反其陴②。郑人以名宝行成③,公弗许,曰:"予我詹而师还④。"詹请往,郑伯弗许⑤,詹固请曰:"一臣可以赦百姓而定社稷,君何爱于臣也?"郑人以詹予晋,晋人将烹之⑥。詹曰:"臣愿获尽辞而死,固所愿也。"公听其辞。詹曰:"天降郑祸,使淫观状⑦,弃礼违亲。臣曰:'不可。夫晋公子贤明,其左右皆卿才,若复其国,而得志于诸侯,祸无赦矣。'今祸及矣。尊明胜患⑧,智也。杀身赎国,忠也。"乃就烹,据鼎耳而疾号曰:"自今以往,知忠以事君者,与詹同。"乃命弗杀,厚为之礼而归之。郑人以詹伯为将军⑨。

【注释】

①观状:指重耳出亡经过曹国时,曹共公趁重耳洗澡观看他的肋骨形状。事见前《曹共公不礼重耳而观其骈胁》。诛观状以伐郑,郑国并无观状之事,故韦《注》说:"叔詹云:'天祸郑国,使淫观状',谓淫放于曹,不礼公子,与观状罪同耳。"是。

②反:韦《注》:"拨也。"即除去,折除。陴(bí 鼻):矮墙,城上有孔可供向外窥望,又称埤堄(ní 倪),古称女墙。陈奇猷《吕氏春秋校释·简选篇》:"反郑之陴"《注》,言"所谓反郑之陴者,系晋于退师之时,折去郑城上之女墙,使不能窥敌,所以废除郑守备之意也。"据《左传·僖公三十年》:"晋侯、秦伯围郑,以其无礼于晋",郑以烛之武说秦,秦师退,晋师也去之。晋师并未占领郑都,陈先生之解确极。

③行成:请求讲和。

④詹：指叔詹，郑国的执政卿，当初重耳流亡过郑时，他曾劝谏郑文公按礼接待，文公不听，又谏其杀掉重耳，仍不听。
⑤郑伯：郑文公姬捷（公元前672—公元前628年在位）。
⑥烹：古代用鼎镬（huò 祸，古代的大锅）煮人的酷刑，又称"镬烹"。
⑦淫：放纵。
⑧胜：遏，遏制。
⑨詹伯：上古本校勘云此"伯"字衍。将军：春秋时以卿统帅军队，故卿通称将军。

## 【今译】

晋文公因流亡时郑文公对他不按礼节接待，就用与曹共公观看骈胁无礼的同样罪名攻伐郑国，命令郑国折除城上的矮墙。郑国人用名贵的宝玉送给晋国请求讲和，晋文公不同意，说："把叔詹送来我就下令退兵。"叔詹主动请求前去，郑文公不放他走，叔詹坚决请求说："舍掉一个臣子可以解脱全国的百姓和使国家免遭战祸，国君何苦吝惜牺牲我呢？"郑国人只好把叔詹交给晋国，晋文公下令把他处以烹刑。叔詹说："臣下请求说完该说的话然后去死，这是我坚决的请求啊。"文公同意听他说些什么。叔詹说："上天降灾祸给郑国，使我们的君主放纵得像曹国国君观骈胁一样对您无礼，背弃礼节不认宗亲。我曾经劝谏他说：'不能这样。晋国的公子德才兼备，他左右的人都是治国的卿相之才，如果将来他返国恢复君位，一定会受到诸侯各国的尊崇，那时郑国的灾祸就不可避免了。'现今郑国被灭亡的大祸降临了。尊重才德出众的人，遏制将发生的祸患，这是明智。自我牺牲，为国君赎罪，这是忠诚。"于是自己走向煮沸的大鼎，攀着大鼎的耳把大声疾呼说："从今以后，竭尽才智忠诚来事奉君主的臣子，下场将和我叔詹一样啊！"晋文公于是传命不许杀他，并且赠送给他丰厚的礼物，然后放他回去。郑国任命叔詹担任将军。

# 20. 箕郑对文公问

## 【题解】

晋文公问大夫箕郑怎么救饥荒，箕郑提出要在政治上对百姓树立四种信用,百姓就会相信政府,即使贫困匮乏,也会拿出钱粮互相赈救。这实质上说明只要讲诚信,国家就能从根本上解决贫困。文公听从了箕郑的意见,果然收到好的效果。

【原文】

晋饥,公问于箕郑曰①:"救饥何以?"对曰:"信。"公曰:"安信?"对曰:"信于君心②,信于名③,信于令④,信于事⑤。"公曰:"然则若何?"对曰:"信于君心,则美恶不逾。信于名,则上下不干⑥。信于令,则时无废功⑦。信于事,则民从事有业⑧。于是乎民知君心,贫而不惧,藏出如入⑨,何匮之有?"公使为箕⑩。及清原之蒐⑪,使佐新上军。

**注释**

①箕郑:即箕郑父,晋国大夫。
②信于君心:在国君的心里用诚信。即指不因爱憎而混淆善恶是非。
③名:名分。指百官尊卑的名分。
④令:政令。
⑤事:指使用民力从事劳役。
⑥干:干犯,这里指越权。
⑦时:农时。功:农功,指春耕夏耘秋收冬藏之事。
⑧业:秩序。
⑨藏:储存的财物。
⑩箕(jī机):晋国地名,在今山西省太谷县东。箕大夫,即箕地守官,晋称县宰为大夫,也见《左传·僖公二十五年》:"赵衰为原大夫,狐溱为温大夫。"
⑪清原:晋国地名,在今山西省稷山县东南。蒐(sōu 搜):检阅军队。

【今译】

晋国发生饥荒,晋文公问大夫箕郑说:"用什么来救饥荒呢?"箕郑回答说:"用诚信。"文公问:"怎样用诚信呢?"箕郑回答说:"在国君的心里用诚信,在百官的名分上用诚信,在朝廷的政令上用诚信,在使用百姓服劳役上用诚信。"文公问:"究竟该怎样做呢?"回答说:"在国君的心里用诚信,就是要求是非好坏不相逾越。在百官的名分上用诚信,就是要求上下尊卑不相侵犯。在朝廷的政令上用诚信,就是要求不夺农时使能完成耕种收获。在使用百姓服劳役上用诚信,就是使全国百姓能有秩序地各司其业。这样百姓了解君主的想法,即使贫困也不恐惧,拿出家中钱粮互相赈救就像仍收藏在家中一样,怎么会感到缺乏呢?"文公便让他担任箕地大夫。待到在清原检阅军队,晋国建立五个军,文公任命他为新上军副帅。

# 21. 文公任贤与赵衰三让贤

【题解】

晋文公英明睿智,任人唯贤,选用军队将领看重德行和才干。赵衰忠心为国,谦虚退让,多次为国家推荐人才。在文公的倡导和赵衰的带动下,晋国大臣们都能以德才为标准举荐人才。政治的清明,使当时的晋国呈现一派兴旺发达的气象,本文正是这种情形的极好写照。

【原文】

文公问元帅于赵衰①,对曰:"郤縠可②,行年五十矣,守学弥惇③。夫先王之法志④,德义之府也⑤。夫德义,生民之本也⑥。能惇笃者,不忘百姓也。请使郤縠。"公从之。公使赵衰为卿,辞曰:"栾枝贞慎⑦,先轸有谋,胥臣多闻⑧,皆可以为辅佐,臣弗若也。"乃使栾枝将下军,先轸佐之。取五鹿,先轸之谋也。郤縠卒,使先轸代之⑨。胥臣佐下军。公使原季为卿⑩,辞曰:"夫三德者⑪,偃之出也。以德纪民⑫,其章大矣,不可废也。"使狐偃为卿,辞曰:"毛之智⑬,贤于臣,其齿又长⑭。毛也不在位,不敢闻命。"乃使狐毛将上军,狐偃佐之。狐毛卒,使赵衰代之,辞曰:"城濮之役,先且居之佐军也善⑮,军伐有赏⑯,善君有赏⑰,能其官有赏⑱。且居有三赏⑲,不可废也。且臣之伦,箕郑、胥婴、先都在⑳。"乃使先且居将上军。公曰:"赵衰三让㉑。其所让,皆社稷之卫也。废让,是废德也。"以赵衰之故,蒐于清原,作五军㉒。使赵衰将新上军㉓,箕郑佐之;胥婴将新下军,先都佐之。子犯卒,蒲城伯请佐,公曰:"夫赵衰三让不失义。让,推贤也。义,广德也。德广贤至,又何患矣!请令衰也从子。"乃使赵衰佐新上军㉔。

**【注释】**

①元帅:晋以执政的上卿为元帅,上中下三军,以中军为最高,故称中军主帅为元帅,统帅全军。

②郤縠(hú 胡):晋国大夫。

③惇:敦厚,笃实。

④法志:指记述的言行可为典范法则的经典著作,如《左传·僖公二十七年》"赵衰荐郤縠"中所言的《礼》《乐》《诗》《书》等古代典籍。

⑤德:道德。义:义理。府:库藏。此言做人的道德、事物的义理都蕴藏在先王的法志中。

⑥生民:教养人民。

⑦栾枝:晋国大夫,亦称栾贞子,姬姓,曲沃桓叔之相栾宾之孙,栾共叔之子。

⑧胥臣:晋国大夫,即司空季子。

⑨取五鹿后,郤縠卒,先轸为元帅,均可参见《左传·僖公二十八年》。

⑩原季:即赵衰,晋文公二年使为原大夫,故称原季。卿:这里指次卿。

⑪三德:三件好事。指狐偃曾劝晋文公出兵帮助周襄王复位,教导百姓懂得君臣之义;讨伐原城时劝文公撤去包围退兵,向百姓表示讲信用;劝文公大规模检阅军队,教导百姓应遵循的礼仪。参见《左传·僖公二十七年》有关文字。

⑫纪民:治理人民。章:同"彰",彰明,显著。

⑬毛:指狐毛,狐偃之兄,晋国大夫。

⑭齿:年齿,人的年龄。

⑮先且居:先轸之子,晋国大夫,即下文的蒲城伯,后又食邑于霍,亦称霍伯。

⑯军伐:军功。伐,功劳。

⑰善君:此指用道义辅佐君主,并且因此而见功效的。

⑱能其官:能胜任职位,并且不发生谬误。

⑲三赏:指上所言先且居在城濮之战中有军功,能用道义佐君见功,能胜任职位使不谬误。

⑳伦:同辈,同类。这里指同自己才德相类的。箕郑、胥婴、先都,都是晋国大夫。

㉑三让:晋文公三次使赵衰为卿,赵衰推让三次。

㉒作五军:建制五个军。晋在清原之蒐时(公元前629年),增建新上、下二军,与原有的上、中、下三军共为五军。

㉓据《左传·僖公三十一年》,晋作五军,"赵衰为卿"。

㉔此"新"字为衍文,当为"上军"。赵衰从新上军主帅晋升上军副帅。

**【今译】**

城濮之战前,晋文公征询赵衰的意见谁可以担任晋军的统帅。赵衰回答说:"郤縠可以当中军元帅,他已经五十岁了,坚持学习使他的道德修养更加淳厚。前代圣王的经典,是道德、义理的宝库。做人的道德、事物的义理,是教养人民的根本。能够始终坚持学习崇尚它的人,是不会忘记百姓的。请求您任命郤縠当元帅。"文公听从了他的意见。文公让赵衰当卿,他谦让说:"栾枝忠贞谨慎,先轸善战有谋略,司空季子知识广博,他们都可以当辅臣,我不如他们。"文公于是让栾枝统领下军,先轸辅佐他。攻取卫国的五鹿,就是先轸出的计谋。郤縠病死后,文公任命先轸继任为中军元帅。胥臣代先轸原先的下军副帅职位。这时,文公又提出让原季当卿,他再一次谦让说:"那三件好事,都是狐偃出的计谋。他辅佐您用德行来治理百姓,成效卓著,不可不重用他。"文公于是让狐偃为卿,狐偃推辞说:"狐毛的才智超过我,论年齿又是我的长兄。狐毛如果不在卿的职位上,我不敢听从您的命令。"文公于是让狐毛统领上军,狐偃辅佐他。狐毛病死后,晋文公又提出让赵衰继任上军主帅,赵衰又一次谦让说:"城濮之战中,先且居辅佐治军有方,立有军功的人应当奖赏,用道义辅佐君主有成效的人应当奖赏,能胜任其职不犯错误的人应当奖赏。先且居有这三桩应当受到的奖赏,不可不重用他。况且像我这样同等才能的,还有箕郑、胥婴、先都他们在呢。"文公于是让先且居统领上军。文公说:"赵衰三次谦让。他的三次谦让推荐的人才,都是国家的栋梁之臣。不重视谦让,便是不重视人的优良品德。"因为赵衰谦让的缘故,晋文公在清原大规模检阅军事力量,晋国建立五个军。文公表彰赵衰,让他担任增建的新上军主帅,箕郑辅佐他;胥婴统领新下军,先都辅佐他。子犯病死后,蒲城伯先且居请求自己降为上军副帅,文公说:"赵衰的三次谦让都做得合乎礼义。谦让,是为了推举贤才。礼义,是为了推广德行。德行推广开来贤才就会来了,国家还有什么忧患呢!我想让赵衰跟您在一起。"于是晋升赵衰为上军副帅。

## 22. 文公学读书于臼季

【题解】

　　这则短文写文公向臼季学习读书,认识到读书的意义。

【原文】

文公学读书于臼季①,三日,曰:"吾不能行也咫②,闻则多矣。"对曰:"然而多闻以待能者,不犹愈也?"

【注释】

①臼季:即胥臣、司空季子,食邑于臼,故称臼季。
②咫:古代长度单位,周代规定为八寸。这里形容距离极近。

【今译】

晋文公向臼季学习读书,苦读了三天,他说:"虽然我的行动离不开这咫尺之间,但知识见闻却增多了。"司空季子告诉他说:"如果拿这知识见闻让有才能的人去实践,岂不是胜过没有学习之时吗?"

## 23. 郭偃论治国之难易

【题解】

本文通过郭偃对文公的答话,阐述了难与易的辩证关系。

【原文】

文公问于郭偃曰①:"始也,吾以治国为易,今也难。"对曰:"君以为易,其难也将至矣②。君以为难,其易也将至焉③。"

【注释】

①郭偃:晋国掌卜大夫,亦称卜偃。
②以为易,其难也将至:意思是您认为容易就会轻忽它,所以困难会接踵而至。
③以为难,其易也将至:意思是您认为困难就会重视它,所以就变得容易了。

【今译】

晋文公对郭偃说:"开始当君主时,我以为治理国家是很容易的事,现在我觉得治理好一个国家可困难了。"郭偃回答说:"您认为容易的时候,那困难就跟着接踵而至。当您认识到有困难时,那容易也就很快来到了。"

## 24. 胥臣论教诲之力

【题解】

这是一篇论教育的专文。它通过晋文公与大夫胥臣的对话,记叙了周文王因得益于先天的"胎教",加上后天的努力,所以能成就大业的过程。强调了受教育者自身修养的重要,论证教育者必须因材施教、因势利导,才能制材而成器的关系。

【原文】

文公问于胥臣曰:"吾欲使阳处父傅讙也而教诲之①,其能善之乎?"对曰:"是在讙也。蘧蒢不可使俯②,戚施不可使仰③,僬侥不可使举④,侏儒不可使援⑤,矇瞍不可使视⑥,嚚瘖不可使言⑦,聋聩不可使听⑧,童昏不可使谋⑨。质将善而贤良赞之,则济可竢⑩。若有违质,教将不入,其何善之为!臣闻昔者大任娠文王不变⑪,少溲于豕牢,而得文王不加疾焉⑫。文王在母不忧,在傅弗勤⑬,处师弗烦,事王不怒⑭,孝友二虢⑮,而惠慈二蔡⑯,刑于大姒⑰,比于诸弟。《诗》云:'刑于寡妻,至于兄弟,以御于家邦⑱。'于是乎用四方之贤良。及其即位也,询于'八虞'⑲,而咨于'二虢',度于闳夭而谋于南宫⑳,诹于蔡、原而访于辛、尹㉑,重之以周、邵、毕、荣㉒,亿宁百神,而柔和万民㉓。故《诗》云:'惠于宗公,神罔时恫㉔。'若是,则文王非专教诲之力也。"公曰:"然则教无益乎?"对曰:"胡为文,益其质。故人生而学,非学不入。"公曰:"奈夫八疾何!"对曰:"官师之所材也㉕,戚施直镈㉖,蘧蒢蒙璆㉗,侏儒扶卢㉘,矇瞍修声㉙,聋聩司火。童昏、嚚瘖、僬侥,官师之所不材也,以实裔土㉚。夫教者,因体能质而利之者也㉛。若川然,有原,以卬浦而后大。"

【注释】

①阳处父:晋国大夫,亦称阳子。讙(huān 欢):晋文公之子,后即位为晋襄公。

346　◇　国语全译

②蘧蒢(qú chú 渠除):指有丑疾(结胸)不能俯身向下的人。粗竹席名蘧蒢,用做围米的囷(qūn 逡),臃肿难看,故用来称患有丑疾不能俯身向下的人。

③戚施:驼背。蟾蜍(即癞蛤蟆)也名戚施,其背坟肿,故用来比喻不能仰面的驼背。

④僬侥(jiāo yáo 焦摇):本古代传说中的矮人国名,《鲁语下·孔丘论大骨》言其国人长只三尺,《列子·汤问》言长一尺五寸,极言其矮,也指古代西南少数民族,是带轻蔑性的称谓。

⑤侏儒:身材特别短小的人。

⑥矇瞍(méng sǒu 萌叟):盲者。韦《注》:"有眸子(眼珠)而无见者曰矇,无眸子曰瞍"。

⑦嚚(yín 银):"口不道忠义之言为嚚。"(《左传·僖公二十四年》)即愚顽而嘴里说不出好话的人。瘖(yīn 音):哑巴。

⑧聩(kuì 溃):先天性耳聋。

⑨僮昏:愚昧无知而又糊涂不明事理的人。

⑩竢(sì 四):同"俟",等待。

⑪大任:王季之妻,周文王之母。娠(shēn 身):怀孕。不变:不变动,指怀孕时保持端庄的体态德行,给胎儿以"胎教"。《列女传·母仪》:"太任之性,端壹诚庄,维德之行。及其有身,目不视恶色,耳不听淫声,口不出傲言,能以胎教之,而生文王。"

⑫少溲:小便。豕牢:厕所。少溲于豕牢而得文王不加病焉,形容生产文王时像解小便于厕所一样容易,生孩子并没给大任增加病痛。

⑬傅:傅父,古代保育、辅导贵族子弟的老年男子。

⑭王:指文王之父王季。

⑮友:《尔雅·释训》:"善兄弟为友。"二虢:虢仲、虢叔,文王的同母弟,虢国的开国始祖。邦国为氏,故称虢仲、虢叔。

⑯惠:爱。二蔡:指管叔、蔡叔。韦《注》:"管叔初亦为蔡。"故称二蔡。管叔,名鲜,文王的第三子,武王之弟,周公之兄,封于管,即今河南郑州市境。蔡叔,名度,周公之弟,封于蔡,即今河南上蔡、新蔡等地。

⑰刑:同"型",典范。大姒:文王之妻,武王之母。

⑱《诗》:指《诗·大雅·思齐》。寡妻:嫡妻。御:治理。家邦:即国家。此处所引为《思齐》第二章后三句。

⑲八虞:周代八个才能杰出的人,他们都是掌管山林川泽的官员。

⑳闳夭:周文王的谋臣。南宫:即南宫适(kuò 阔),周文王的谋臣。

㉑诹(zōu 邹):问,咨询。蔡、原:蔡公、原公。辛、尹:辛甲、尹秩。四人均为周初太史。

㉒周、邵、毕、荣：周文公姬旦、召康公姬奭(shì 誓)、毕公姬高、荣公姬×，四人均为文王之子，武王之弟。
㉓亿：安。柔和：安抚和顺。
㉔此二句也出自《思齐》第二章。惠：孝顺。宗：祖庙。公：先公。神：指先公之神。恫：恨。
㉕官：指身体各部位的官能。师：长处。材：同"裁"，剪裁，故引申为因材施教。
㉖直：同"值"，担任。镈(bó 搏)：镈钟，乐器名，形制似钟而小。
㉗蒙：戴。璆(qiú 求)：璆磬，即玉磬。
㉘扶卢：古代的一种杂技，以攀援矛戟的柄为戏耍表演。扶，攀援。卢，矛戟等兵器的柄。
㉙修声：辩识乐音。
㉚实：充实。裔：指边远蛮荒之地。
㉛因体能质而利之：意思是根据他自身的长处而开导利用它。
㉜泬(áng 昂)：当为"迎"。浦：江河入海处。

【今译】

　　晋文公征询胥臣的意见说："我想让阳处父做讙的师傅来教诲他，不知道阳处父能不能当个好师傅？"司空季子回答说："关键在于讙啊！结胸的人不能使他俯身向下，驼背的人不能让他仰面朝天，矮人国的僬侥不能让他举重物，短小的人不能让他攀高，双目失明的人不靠眼睛看，嘴里不说忠信之言的人不能让他说话，耳聋的人不能用他的耳朵听，愚昧无知的人就不必请他筹划计谋。本质好的再加上贤良的师傅引导他，那优秀人才的造就指日可待。假如本质愚劣，即使是金玉良言也听不进心去，还说得上什么使他学好呢！我听说往昔之时，大任怀着文王时声色不动，胎位正常，她生产时就像解小便在厕所一样容易，没有受到任何痛苦就生下文王。文王因为受益于母亲的胎教，在襁褓时没有给母亲的哺育造成忧虑，对于傅父没有使他感到劳苦，尊重老师不使他增加烦难，事奉父王不使他有恼怒，孝敬父母友爱弟弟虢仲虢叔，恩慈爱儿子管叔蔡叔，给妻子太姒做典范，亲近同宗兄弟对他们一视同仁。《诗》上说：'以身作则感染自己的妻子，再进一步熏陶自己的兄弟，更扩大影响治理好国家。'于是他广泛招揽天下才德杰出的人。待他即位为天子后，为了治理好国家，他向八个掌管山泽的官员请教治国方略，与虢仲、虢叔谋划政事，征求闳夭的意见，同南宫适共同磋商，咨询蔡公、原公，访问辛甲、尹佚，再加上周公、召公、毕公、荣公的辅助，天下大治，使鬼神安宁而万民享受太平。所以《诗》上说：'文王孝顺祖庙中的先公，天下大治鬼神从不降灾异。'从这看来，周文王的成功也并非只是老师教诲的力量。"文公说："这么说来，教育岂不是没有用处吗？"回答说："教育可以使美好的本质加上文采而更加美好。所以说人生下来就应该学习，不学习就不能入于正道。"文公说："那患有上面八种毛病的人怎么教诲呢？"回答说："根据他们自身长处因材施教。驼背的人让他打击镈钟，结胸的人让他头载玉磬给人敲，矮小的侏儒让他攀援矛戟的柄演杂技，双目失明的让他辨识乐音，耳聋的人让他管烧火。愚昧无知的人、口里不说忠信之言的人、矮小的僬侥，自身没有可利用的正材，把他们移民到边远地方去垦荒。教育者要根据受教育者的身体有可以造就的条件，因势利导而使他成器。就像江河有了源流才能开通利用，迎到入海口，然后汇入大海任意奔流。"

# 25. 文公称霸

【题解】

本文概括地记述了文公称霸的过程。在子犯的谋划下，文公做了纳襄王、伐原城、大蒐于被庐三件大事，用来教育百姓懂得义、信、礼。随后即动用民力，征讨诸侯，在城濮大败楚国，称霸于天下。

【原文】

文公即位二年①，欲用其民，子犯曰："民未知义，盍纳天子以示之义？"乃纳襄王于周②。公曰："可矣乎？"对曰："民未知信，盍伐原以示之信③？"乃伐原。曰："可矣乎？"对曰："民未知礼，盍大蒐，备师尚礼以示之？"乃大蒐于被庐④，作三军。使郤縠将中军，以为大政⑤，郤溱佐之⑥。子犯曰："可矣。"遂伐曹、卫⑦，出谷戍⑧，释宋围，败楚师于城濮，于是乎遂伯。

**注释**

①文公即位二年:晋文公回国为君的第二年,即公元前635年。
②纳襄王:周襄王被其弟王子带赶走,晋文公出兵帮助周襄王复位事,可参见本卷《文公修内政纳襄王篇》及《左传·僖公二十五年》有关文字。示之义:表示君臣大义。
③伐原:见本卷《文公伐原篇》。
④被庐:晋国地名,今地不详。大蒐于被庐,晋文公在被庐大规模检阅军队,建立三军,在公元前633年冬,参见《左传·僖公二十七年》。
⑤大政:国家政权。晋国以正卿为中军元帅,执掌军政大权。
⑥郤溱(zhēn 贞):晋国大夫。
⑦晋文公伐曹侵卫在公元前632年,事见《左传·僖公二十八年》及本卷有关文字。
⑧谷:齐地,在今山东省东阿县。出谷戍:指城濮之战前,楚成王命令楚大夫申叔撤出谷地的驻军。事见《左传·僖公二十八年》。

**【今译】**

　　晋文公回国为君的第二年,就想动用民力去征伐诸侯。子犯说:"民众还不懂得道义,何不借安定周天子的王位来昭示道义呢?"于是晋文公出兵帮助周襄王在成周恢复王位。晋文公问:"可以动用民众了吗?"回答说:"民众还不懂得什么叫信用,何不借讨伐原城来表示信用呢?"于是晋文公便通过伐原时遵守诺言,到三日撤离原城来表示信用。这时晋文公又问:"可以动用民众了吗?"回答说:"民众还不知晓礼法,何不通过大规模检阅军队,整饬武备,尊崇礼仪来申明礼法呢?"晋文公于是在被庐举行盛大的阅兵典礼,建立上、中、下三个军,任命郤縠担任中军元帅,掌握国家军政大权,郤溱辅佐他。子犯说:"可以使用民力了。"晋文公于是出兵攻伐曹国、卫国,迫使楚国撤出在齐国谷地的驻军,解除了楚军对宋国的包围,在城濮之战中打败强大的楚国,于是乎称霸于天下。

# 卷十一　晋语五

## 1. 臼季举冀缺

【题解】

本文写臼季举贤,看重德行,而文公任贤,不避仇家,所以冀缺这样的人才没有被遗漏的故事。

【原文】

臼季使,舍于冀野①。冀缺薅②,其妻馌之③,敬④,相待如宾。从而问之,冀芮之子也,与之归。既复命,而进之曰:"臣得贤人,敢以告。"文公曰:"其父有罪⑤,可乎?"对曰:"国之良也,灭其前恶⑥,是故舜之刑也殛鲧,其举也兴禹⑦。今君之所闻也。齐桓公亲举管敬子,其贼也⑧。"公曰:"子何以知其贤也?"对曰:"臣见其不忘敬也。夫敬,德之恪也⑨。恪于德以临事,其何不济!"公见之,使为下军大夫。

注释

①冀:晋国邑名,在今山西省河津县东。野:郊外。
②冀缺:即郤缺,郤芮之子,因胥臣臼季(即司空季子)的推荐,文公任为下军大夫,后积功至卿,文公赐还他父亲郤芮的食邑冀,故又称冀缺,谥"成",又称郤成子。薅(hāo 蒿):公序本作"耨(nòu)"。除去田地中的杂草。
③馌(yè 业)之:给他送饭。
④敬:指冀缺与其妻彼此互敬。
⑤其父有罪:指晋文公元年(公元前 636 年),冀缺父冀芮欲谋害文公,被秦

穆公诱杀于黄河边上事,见《晋语四》13。

⑥灭其前恶:不应计较他先人的罪恶。灭,除,不计较之意。

⑦殛鲧(jí gǔn 及滚):杀死鲧。传说尧帝派鲧治水无功,被舜杀于羽山。兴禹:起用禹。传说鲧的儿子禹被舜选派继续治水,辛劳十三年,三过其门而不入,治平天下洪水,舜让他做自己的继承人。

⑧贼:仇敌。

⑨恪(kè 课):谨慎。

【今译】

　　白季奉命出使,在冀邑的郊外住了一宿。看见冀缺在田里锄草,他的妻子给他送饭,很恭敬,夫妻相敬如宾。白季随后去问他,才知道是冀芮的儿子,就带着他一道回都城。向晋文公报告出使情况后,就推荐冀缺说:"我找到一个有德行的人,冒昧把他带来向您报告。"文公说:"他的父亲有罪,可以用他吗?"回答说:"这是个杰出的人才,不应当计较他父亲的罪恶。从前舜惩办罪人,杀死了鲧,他举拔人才,却起用了鲧的儿子禹。现在您也听到过,齐桓公亲自举拔管仲,而管仲是亲手害过他的仇敌。"文公问:"您怎么知道他是有德行的人呢?"回答说:"我看见他们夫妻相处不忘恭敬。恭敬,是德行中谨慎的表现。用谨慎保持德行的态度来处理政事,还有什么事情不成功!"晋文公召见了冀缺,让他担任下军大夫。

# 2. 宁嬴氏论貌与言

【题解】

　　本文写宁地嬴姓的店主人,根据对晋国大夫阳处义的考察,认为他外表还行,但缺乏和外貌相符的内心修养和言谈,而且又生性刚愎,过高估计自己的才能,喜欢用语言冲撞人,这容易招怨而最终给自己带来灾祸。后来果如其言。这个故事告诉我们,必须重视思想修养,才能有得体的言谈举止,而漂亮的外貌必须与反映内心修养的语言相一致,这才是完美。

【原文】

　　阳处父如卫,反,过宁①,舍于逆旅宁嬴氏②。嬴谓其妻曰:"吾求君子久矣,今乃得之。"举而从之,阳子道与之语,及山而还③。其妻曰:"子得所求而不从之,何其怀也④!"曰:"吾见其貌而欲之,闻其言而恶之。夫貌,情之华也⑤;言,貌之机也⑥。身为情,成于中⑦。言,身之文也。言文而发之,合而后行,离则有衅⑧。今阳子之貌济,其言匮⑨,非其实也。若中不济,而外强之⑩,其卒将复⑪,中以外易矣⑫。若内外类⑬,而言反之,渎其信也。夫言以昭信,奉之如机⑭,历时而发之⑮,胡可渎也!今阳子之情谲矣⑯,以济盖也,且刚而主能⑰,不本而犯⑱,怨之所聚也⑲。吾惧未获其利而及其难,是故去之。"期年,乃有贾季之难,阳子死之⑳。

### 注释

①宁:晋国邑名,在今河南省获嘉县西北。
②逆旅:迎宾待客的客舍。宁嬴氏:客舍主人,嬴是他的姓。
③山:温山,地名,即温地。《左传·文公五年》:"及温而还。"
④怀:眷念。
⑤华:华采,意思是漂亮的外表。
⑥机:枢机,关键。
⑦身为情:情生于身。
⑧合:指情、言、貌三者吻合。离:分离,不相吻合。衅:瑕疵,毛病。
⑨貌济言匮:意思是言不副貌,语言缺乏修养。匮,乏。
⑩中不济外强之:指内部修养不够而外表却在勉强支撑。
⑪复:反。
⑫易:犹"异",不同,不一致。
⑬类:善,佳,好。
⑭奉之如机:如机枢一样相应。奉,对待。机枢,门槛和门臼。
⑮历时:经过长时间(的考虑)。
⑯谲(huì 惠):也写作"譓",辨察。济盖:成就他的容貌掩盖他的短处。
⑰刚:性情刚硬。主能:过高估计自己的才能。
⑱不本:不本仁义行事。犯:冲犯,触犯。
⑲所聚:聚集,指聚集的原因。
⑳贾季:晋国大夫,狐偃之子狐射姑,食采于贾(今地不明),字季,故称贾季。贾季之难,公元前621年(晋襄公七年)春,晋在夷地大规模阅兵,襄公让狐射姑担任中军元帅,赵盾为中军佐。阳处父自温地归,改在董地阅兵,因他原为赵衰部下,又认为赵盾有才能,所以推荐赵盾任中军元帅(正卿),狐射姑怨毒阳处父。

秋,乘襄公之丧,派人杀了阳处父。详见《左传·文公六年》。

【今译】

　　阳处父出使卫国,回国时,路过宁地,在宁嬴氏的客馆住了一夜。宁嬴氏对他的妻子说:"我想寻求有才德的君子已经很久了,现在才算找到一个这样的人。"阳处父动身离开客舍,宁嬴氏跟随着他。在路上时,阳处父与他交谈,到达温山宁嬴氏又回来了。他的妻子问他说:"您终于寻求到您心目中的君子,却又不追随他到底,何苦这样思念家里呢!"宁嬴氏说:"我开初见到他外貌时很倾慕他,等到与他交谈对他的看法就恶劣了。容貌,是一个人思想感情的华采;言谈,是代表容貌的关键。思想感情产生于自身,蕴含在人的心内。言谈,是身体的文采。语言有文采而表现出来,与思想感情吻合然后行动,思想、语言、容貌分离就说明不够完美。现在我看阳子的外貌合乎条件,但缺乏和容貌相符的谈吐,外表没有反映出他的实际。阳处父这人内情不足,但外表却硬撑着,最终会反过来影响他的思想,毕竟是内心与外表不一致啊。如果一个人内心与外表都好,但语言却与这二者相反,就会降低他为人的诚信。语言用来申明诚信,它与内心、处表相一致,要像门户与门槛相应一样,经过成熟的考虑表示出来,怎么可以轻视它呢!我认为阳子的观察很敏锐,这成就了他的外表而掩盖了他内心修养的不足,况且一个人生性刚硬又过高估计自己的才能,不本着仁义行事而爱触犯人,就会聚集怨恨。我害怕没有得到利益反而遭到灾难,所以才离开了他。"不到一年,就发生了狐射姑因被易位而怨毒作乱的灾祸,阳处父被狐射姑派人杀死。

## 3. 赵宣子论比和党

【题解】

　　赵宣子荐举韩厥为司马后,故意指使马车夫用车骑冲撞军队行列,用以考验他是否认真执法,韩厥果然按军法处死了马车夫。本文突出表现赵宣子公而无私,知人善任,他认识到举荐贤能对于国家的重要性,他认为用忠信之心推举正义的人,这叫比;出于私心推举人,这叫党,而举荐无能之辈就是最大的结党营私。这些见解无疑是十分可贵的。

【原文】

赵宣子言韩献子于灵公,以为司马①。河曲之役②,赵孟使人以其乘车干行③,献子执而戮之。众咸曰:"韩厥必不没矣④。其主朝升之,而暮戮其车⑤,其谁安之!"宣子召而礼之,曰:"吾闻事君者比而不党⑥。夫周以举义⑦,比也;举以其私⑧,党也。夫军事无犯,犯而不隐,义也。吾言女于君,惧女不能也。举而不能,党孰大焉!事君而党,吾何以从政⑨?吾故以是观女。女勉之。苟从是行也,临长晋国者⑩,非女其谁?"皆告诸大夫曰:"二三子可以贺我矣!吾举厥也而中,吾乃今知免于罪矣。"

【注释】

①赵宣子:赵衰之子赵盾,死谥"宣",故称赵宣子,又称宣孟、赵孟,此时为晋国正卿、中军元帅。韩献子:韩简之孙,名厥。灵公:晋灵公,晋襄公之子,名夷皋,公元前620—公元前607年在位。司马:军司马,军中的执法官。
②河曲:晋国地名,在今山西省永济县南,黄河由此转而向东,故称河曲。河曲之役,公元前615年,秦康公率师攻打晋国,秦晋战于河曲,称河曲之役。
③干:干犯,扰乱。行:军队行列。
④没:终。
⑤主:主人,指赵盾。因韩厥系由赵盾推荐,故有此言。车:车仆,指御者,驾车的人。
⑥比:以义相交。党:以私相交。
⑦周:忠信。《诗·小雅·都人士》:"行归于周,万民所望。"
⑧私:指私心私利。
⑨从政:执政,管理国政。
⑩临:监临。长:帅。

【今译】

赵宣子向晋灵公推荐韩献子,让他担任行军司马。在河曲之战时,赵孟叫人用自己的车去干扰军队行列,献子派人逮捕了驾车者并杀了他。人们都说:"韩厥一定不会有好结果了。他的主子早上提拔他,晚上他就杀掉他主子的车仆,这种气谁能忍得下呢?"赵盾召见韩厥并以礼接待他,说:"我听说事奉君主的人应该以道义相交而不应该以私情相交。用忠信之心推举正义的人,这叫比;出于私心推举人,这叫党。对军事行动任何人也不能干扰,干扰了不包庇,这是出于正义。我向国君推荐你,内心还怕你不能胜任。推举的人不能胜任本职工作,这就是最大的结党营私!事奉君主却去结党营私,我怎么能执掌国家大政呢?我因此故意派人干扰军列来观察你。你做得对,以后继续努力勤劳国事。假如从这件事的处理来看,以后在上位掌管晋国军政大权的,不是你还会是谁呢?"又告诉诸位大夫说:"你们可以祝贺我了!我推举韩厥是做对了,从这事我知道自己没有犯荐人以私的罪过。"

## 4. 赵宣子请师伐宋

【题解】

公元前611年,宋昭公之弟公子鲍与祖母宋襄公夫人勾结,杀了昭公,自立为君,这便是宋文公。以臣弑君,这在当时是大逆不道的举动。晋国是诸侯的盟主,执政卿赵盾向晋灵公请求出兵讨伐,并且解释讨伐宋国是为了声张君臣大义,是正义的军事行动,于是便率领诸侯大张旗鼓地去讨伐宋国。

【原文】

宋人弑昭公①,赵宣子请师于灵公以伐宋,公曰:"非晋国之急也。"对曰:"大者天地,其次君臣,所以为明训也。今宋人弑其君,是反天地而逆民则也②,天必诛焉。晋为盟主,而不修天罚③,将惧及焉。"公许之。乃发令于太庙④,召军吏而戒乐正⑤,令三军之钟鼓必备。赵同曰⑥:"国有大役⑦,不镇抚民而备钟鼓,何也?"宣子曰:"大罪伐之,小罪惮之。袭侵之事,陵也。是故伐备钟鼓,声其罪也;战以錞于、丁宁,儆其民也⑧。袭侵密声,为蹔事也⑨。今宋人弑其君,罪莫大焉!明声之,犹恐其不闻也。吾备钟鼓,为君故也⑩。"乃使旁告于诸侯⑪,治兵振旅,鸣钟鼓,以至于宋。

**【注释】**

①宋人:指宋成公之子、昭公之弟公子鲍,杀宋昭公而登位,是为宋文公(公元前611—公元前589年在位)。昭公:宋昭公,名杵臼(公元前619—公元前611年在位),宋襄公之孙。公子鲍与襄公夫人勾结杀宋昭公,晋国率诸侯各国讨其弑君之罪,最后还是确立宋文公的君位。事见《左传·文公十六·十七年》。

②则:法则。

③修:行,执行。

④太庙:这里指晋国的宗庙。

⑤乐正:乐官之长。《周礼·春官》设大司乐,乐师(为大司乐的副手)均称乐正。

⑥赵同:晋国大夫,赵盾的异母弟,因食邑于原,又称原同、原叔。

⑦大役:大战事。

⑧錞(chún 淳)于:又称金錞,古代的军乐器。韦《注》:"錞于,形如碓头,与鼓相和。"丁宁:即钲(zhēng 征),古乐器名,形似钟而狭长,有长柄,用时口朝上,用槌敲击,行军时用来节止步伐。儆(jǐng 警):惩戒而使人警醒。

⑨密:细。

⑩蹔(zàn 暂):同"暂",暂时。

⑪旁:遍,广。

**【今译】**

宋国人杀掉了宋昭公,赵宣子向晋灵公请求派军队去讨伐宋国。晋灵公说:"这事并不是晋国的当务之急啊。"赵盾回答说:"至高无上的是天地,其次君臣大义,这是自古以来的训教。现在宋国人以下犯上杀了国君,这是违反天地至尊、人有上下尊卑法则的,上天一定会诛杀他们。晋国是盟主,却不执行上天的惩罚,我怕这样的灾祸会波及晋国。"晋灵公应允了他的请求。于是就在太庙发令,召集各军将领并且告诫乐官,命令把三军的钟鼓准备齐全。赵同说:"国家有大事,不安定民心却去准备钟鼓,这是什么意思?"赵盾说:"有大罪就去讨伐他,有小罪的让他知道畏惧。偷袭侵犯他国的事,是以大欺小。正因为是去讨伐大罪才备齐钟鼓,这是用正义之师去声张宋人的罪过;打战用錞于、丁宁这些军乐大张旗鼓的配合,是为的警动人心。偷袭侵犯要隐蔽,尽量小声,是为的暂时保密攻其不备。现在宋国人杀了他们的国君,罪过没有比这更大的!正大光明地去声讨他们,还恐怕外界不知道。我所以让准备钟鼓,是为了声张君臣大义的缘故啊!"于是派出使者遍告天下诸侯,整备兵器发动军队,一路上军乐声喧、钟鼓齐鸣,声势浩大地到达宋国。

## 5. 灵公使钼麑杀赵宣子

【题解】

晋灵公是著名的暴君,执政卿赵宣子忠诚耿直,多次劝谏。灵公派力士钼麑去暗杀赵宣子,钼麑见宣子勤劳国事、不忘恭敬,不忍杀掉国家栋梁,于是违背君命自杀而死。

【原文】

灵公虐,赵宣子骤谏①,公患之,使钼麑贼之②。晨往,则寝门辟矣③,盛服将朝④,早而假寐⑤。麑退,叹而言曰:"赵孟敬哉!夫不忘恭敬,社稷之镇也⑥。贼国之镇不忠,受命而废之不信,享一名于此⑦,不如死。"触庭之槐而死⑧。灵公将杀赵盾,不克⑨。赵穿攻公于桃园⑩,逆公子黑臀而立之,实为成公⑪。

注释

①灵公虐:晋灵公很暴虐。据《左传·宣公二年》及《史记·晋世家》,晋灵公征收重税满足自己荒淫奢侈的生活,从高台上用弹弓射人,厨师没有炖烂熊掌,他把厨师杀掉还肢解尸体,所以赵盾、士会多次劝谏。骤:多次,屡屡。另一解为"疾",即疾言厉色,态度激烈。亦可。

②钼麑(chú ní 锄尼):晋国力士。贼:暗杀。

③寝门:卧室的门,亦称"闺门"。辟:开。

④盛服:端正衣冠,穿戴整齐的意思。

⑤假寐(mèi 妹):不脱衣冠睡觉。

⑥镇:重(臣)。

⑦享一名于此:意思是杀赵盾是对国家不忠,不杀是对国君不信,这种情况下承受任何一种罪名都该死。享,承受。一名,一个罪名。

⑧触:撞。

⑨"灵公将杀赵盾不克"数句:晋灵公派钼麑暗杀赵盾不成,就设计请赵盾喝

酒,埋伏武士杀他,赵盾的车右提弥明拼死救出赵盾。赵盾逃亡还没越出晋国国境,其族弟赵穿在桃园杀死晋灵公,并迎立公子黑臀为君。事见《左传·宣公二年》。

⑩赵穿:赵盾的同族弟,晋襄公的女婿,晋国大夫。

⑪公子黑臀:晋文公之子,襄公之弟,立为晋成公(公元前606—公元前600年在位)。攻:杀。王引之《经义述闻》以"攻"为"杀"字之误,《孔子家语·正论》引《左传》文,亦作"赵穿杀灵公"。桃园:灵公的园囿。

【今译】

晋灵公很暴虐,赵宣子多次忠言劝谏,灵公很厌恶他,于是派了力士钽麑去暗杀他。一天清晨钽麑潜往赵府,就看见卧室的门已经开了,赵盾已经穿戴了朝服准备上朝,因为时间还早,和衣坐在那里闭目养神。钽麑退了出来,感叹地说:"赵孟真是从早到晚在恭敬地事奉国君啊!他在家里还不忘记恭敬,真是国家的栋梁啊!暗杀国家的栋梁是不忠,接受国君的命令却不执行是不信,无论是承受不忠还是不信一个罪名都同样该死,我不如死了好。"于是,他一头撞在槐树上自杀而死。灵公又再一次打算谋杀赵盾,也没有成功。赵穿在桃园杀了灵公,到成周迎来公子黑臀并立他为国君,这就是晋成公。

# 6. 范武子退朝告老

【题解】

范武子是智谋之臣,他在晋景公时担任执政卿,本文写他因为不愿郤献子将对齐国的怒气,转嫁到晋国内部发泄,从而使国家遭殃,于是看准机会主动告老退休。

【原文】

郤献子聘于齐①,齐顷公使妇人观而笑之②。郤献子怒,归,请伐齐。范武子退自朝③,曰:"燮乎④,吾闻之,干人之怒,必获毒焉。夫郤子之怒甚矣,不逞于齐⑤,必发诸晋国。不得政⑥,何以逞怒?余将致政焉⑦,以成其怒,无以内易外也。尔勉从二三子,以承君命,唯敬。"乃老⑧。

### 注释

①郤(xì 细)献子:晋国大夫,郤缺之子郤克,亦称郤子、郤伯,因谥为"献",故称郤献子。
②齐顷公(公元前598—公元前582年在位):齐惠公之子,名无野。使妇人观而笑之,妇人即齐顷公之母肖同叔子,郤克跛足,顷公为使母亲高兴,所以用帷幕遮住让她观看郤克登阶以发笑。参见《史记·晋世家》。
③范武子:即士会,初封随,又称随会、随武子,后改封范,故又称范武子,此时为晋国正卿、中军元帅。
④燮(xiè 谢):范武子的儿子士燮,又称范文子、范燮、范叔。
⑤逞:快心。
⑥得政:执掌国政。
⑦致政:告老归政,即交还国政退休。成:成就,满足。
⑧乃老:乃告老,于是请求告老退休。

### 【今译】

晋卿郤献子到齐国聘问,齐顷公让妇人观看并嘲笑他的跛脚。郤献子大怒,回到晋国,向晋景公请求出兵攻打齐国。范武子退朝回到家里,召来儿子说:"燮啊!我听说,干犯了别人的盛怒,一定会倒霉。郤子的怒气已经够大了,得不到向齐国发泄,必定会向晋国发泄。他如果不执掌国政,用什么来宣泄他的愤怒呢?我要告老归政让出正卿的位置,让郤子达到泄愤的目的,不能用国内的矛盾来代替国外的矛盾。你以后要勉力跟随诸位大夫,事奉君主,唯有恭敬从事。"于是请求告老退休。

## 7. 范武子杖文子

### 【题解】

这则小故事,写范武子教育儿子,在朝为官要谦虚谨慎,明哲保身。

### 【原文】

范文子暮退于朝。武子曰:"何暮也?"对曰:"有秦客廋辞于朝①,

大夫莫之能对也,吾知三焉②。"武子怒曰:"大夫非不能也,让父兄也③。尔童子,而三掩人于朝。吾不在晋国,亡无日矣。"击之以杖,折委笄④。

【注释】

①廋(sōu搜)辞:隐语,即打哑谜。
②知三:解答了他问的三件事。
③父兄:长辈,这里指朝中德高望重的老臣。
④委:委貌,周代的一种礼帽。笄(jī机):簪子。

【今译】

范文子晚上从朝堂回来。武子问他:"为什么退朝这么晚呢?"回答说:"有个秦国来的客人在朝堂上说话打哑谜,大夫们没有一个能对答的,我却解答了他三个问题。"武子大怒说:"大夫们不是不能对答,是对元老重臣谦让啊。你一个小孩子家,却三次在朝堂上抢先说话,掩盖别人的长处。我如果不在晋国,我们家败亡要不了几天啦!"拿起拐杖责打士燮,气得把他礼帽上的簪子折断丢在地上。

## 8. 郤献子分谤

【题解】

晋、齐鞌之战发生在公元前589年,本文写鞌之战前,晋军主帅郤献子勇于为下级承担责任的一个小故事。

【原文】

靡笄之设①,韩献子将斩人②。郤献子驾,将救之,至,则既斩之矣。郤献子请以徇③。其仆曰:"子不将救之乎?"献子曰:"敢不分谤乎④!"

【注释】

①靡笄:齐国山名,即今山东省济南市南郊的千佛山。靡笄之役,指晋为救鲁、卫,于公元前589年攻齐,晋师到达靡笄山下,双方约战,于是晋齐在鞌地

大战。

②韩献子将斩人:当时韩厥仍任军司马,执行军纪要杀人。
③徇:示众,这里指用尸体示众。
④分谤:指与韩厥分担杀人招来的怨谤。

【今译】

　　靡笄那次战役前,韩献子执行军法将要杀人。郤献子连忙驾车前往,打算去救下那个人,到了那里,人已经杀了。郤献子要求赶快把尸体示众。他的仆人说:"您不是打算来救他的吗?"郤献子说:"我怎么敢不分担这杀人的怨谤呢?"

# 9. 张侯御郤献子

【题解】

　　晋、齐两国在鞍地靡笄战役中,晋国大夫张侯为主帅郤献子驾车,他深知帅车对战争胜负所起的决定性作用,在主帅受伤严重的情况下,不但激励主帅要坚持战斗,还主动身兼二职,勇敢地担负起击鼓指挥的重任。由于晋军指挥员的优秀素质,临战时表现的勇气和毅力,三军将士奋勇杀敌,齐军大败,晋军于是大获全胜。

【原文】

　　靡笄之役,郤献子伤①,曰:"余病喙②。"张侯御③,曰:"三军之心,在此车也。其耳目在于旗鼓④。车无退表⑤,鼓无退声,军事集焉⑥。吾子忍之,不可以言病。受命于庙⑦,受脤于社⑧,甲胄而效死,戎之政也⑨。病未若死,只以解志。"乃左并辔,右援枹而鼓之⑩,马逸不能止⑪,三军从之。齐师大败,逐之,三周华不注之山⑫。

【注释】

①郤献子伤:《左传·成公二年》言"郤克伤于矢,流血及屦。"
②喙(huì 惠):疲困气短的样子。
③张侯:即解(xiè 谢)张,晋国大夫。
④其耳目在于旗鼓:(三军)的耳目在于军旗和战鼓。古代战争,主帅车上载

有旗鼓,士兵都要耳听中军的鼓声,目视中军的旗帜,听从旗鼓表示进退的命令。

⑤表:旌旗。

⑥集:成功,胜利。

⑦受命于庙:在宗庙接受出师的命令。

⑧脤(shèn 慎):古代祭社稷用的生肉。社:祭土神之所,即社宫、社庙。

⑨戎之政:军戎里的常事。

⑩"左并辔"二句:张侯把马缰绳都并持在左手,腾出右手加在郤克握鼓槌的手上用力擂鼓。鼓槌本在郤克手上,因伤重不支,故张侯用右手帮助握槌击鼓。并,合并。辔(pèi 配),马缰绳。援,引,牵持而引之(依焦循《春秋左传补疏》说)。枹(fú 伏),鼓槌。

⑪逸:奔跑。

⑫华不注之山:即华不注山,在今山东省历城县东北。

【今译】

在靡笄山下那场战争中,晋军主帅郤献子受伤,说:"伤口痛得我喘不过气来了。"张侯给他驾车,说:"三军将士的士气,全在于这辆主帅乘坐的指挥车上。他们的耳朵听着车上的鼓声,眼睛看着车上的军旗。只要车上的军旗不表示后退,鼓声不表示退兵,战就打得赢。您要努力忍受伤痛,不可以认为自己已伤得很严重了。我们在宗庙里接受出师的命令,在社宫里接受赏赐的祭肉,就应该顶盔带甲为国家出力而死在战场上,这是我们军人的天职啊!您受的伤还不至于死,就坚持不了,这只会瓦解我军将士的意志。"解张说完,把缰绳并在左手,用右手帮助郤克把持鼓槌奋力擂鼓,战马不停地奔驰,三军将士随着主帅的车前进。齐军被打得大败,晋军追击齐军,围着华不注山绕了三周。

# 10. 师胜而范文子后入

【题解】

这则小故事,写范文子注意谦虚礼让。

【原文】

靡笄之役,郤献子师胜而返,范文子后入①。武子曰:"燮乎,女亦知吾望尔也乎?"对曰:"夫师,郤子之师也,其事臧②。若先,则恐国人之属耳目于我也③,故不敢。"武子曰:"吾知免矣④。"

**注释**

①范文子:即士燮,鞌之战中任晋军上军副帅。
②臧(zāng脏):好,善,这里指军队立了功。
③属:犹专注。
④知免:知免于咎(灾祸)。意思是士燮已懂得谦让可以免于祸害了。

**【今译】**

　　靡笄战役齐晋交兵,郤献子指挥的晋军大获全胜,范文子最后回到晋国都城。武子说:"燮儿啊,你应该知道老父亲在盼望你平安回来的啊?"士燮回答说:"晋国出征的军队,是郤元帅指挥的军队,这次战争军队立了功。我如果抢先进城,恐怕国人的耳朵眼睛全关注在我的身上,所以我不敢先回来。"武子说:"我很高兴地看到你懂得怎样避免灾祸了。"

# 11. 郤献子等各推功于下

**【题解】**

　　本篇写靡笄战役后,晋军的主要将帅郤克、士燮、栾书等进见晋景公,受到国君嘉奖时,他们都异口同声地把功劳推给下面的三军将士,自己谦虚没有什么功劳。这揭示了晋军获得胜利的一个重要因素,便是指挥员具有优良的素质。

**【原文】**

　　靡笄之役,郤献子见,公曰①:"子之力也夫②!"对曰:"克也以君命命三军之士,三军之士用命,克也何力之有焉?"范文子见,公曰:"子之力也夫!"对曰:"燮也受命于中军,以命上军之士,上军之士用命,燮也何力之有焉?"栾武子见③,公曰:"子之力也夫!"对曰:"书也受命于上军,以命下军之士,下军之士用命,书也何力之有焉?"

【注释】

①公:晋景公(公元前599—公元前581年在位),名獳,《史记·晋世家》作"据",晋成公之子。
②力:功劳。
③栾武子:即栾书,栾枝之孙,栾盾之子,晋卿,靡笄战中任晋军下军主帅。

【今译】

靡笄之战胜利后,郤献子进见晋景公。晋景公慰劳他说:"这次战胜齐国是你的功劳啊!"回答说:"郤克奉您的命令指挥三军将士,三军将士为国英勇杀敌立功,郤克我有什么功劳呢?"范文子进见晋景公,晋景公对他说:"这次战胜齐国是你的功劳啊!"回答说:"士燮接受中军元帅的命令,对上军将士发布命令,上军的将士英勇杀敌立功,士燮我有什么功劳呢?"栾武子进见晋景公,晋景公同样慰劳他说:"这次战胜齐国是你的功劳啊!"回答说:"栾书接受上军主帅的命令,对下军将士发布命令,下军将士英勇杀敌立功,栾书我有什么功劳呢?"

# 12. 苗棼皇谓郤献子不知礼

【题解】

本文写晋国正卿郤献子,为发泄出使齐国时受到的羞辱,用对待俘虏的态度对待国宾齐顷公,晋国大夫苗棼皇批评他虽勇敢但却不懂礼仪。

【原文】

靡笄之役也,郤献子伐齐。齐侯来①,献之以得殒命之礼②,曰:"寡君使克也,不腆弊邑之礼,为君之辱,敢归诸下执政③,以惎御人④。"苗棼皇曰⑤:"郤子勇而不知礼,矜其伐而耻国君,其与几何!"

【注释】

①齐侯来:因鞌之战(即靡笄之役)齐国战败,故齐顷公来朝见晋景公。见《左传·成公三年》。
②献:进献酒食给客人。殒命:交战中俘虏战败国的国君。献之以得殒命之

礼,郤克进献酒食时把齐顷公当被俘虏的国君对待,实则鞌笄之战齐国虽战败,但齐顷公未被俘获(未得),不是殒命,所以下面苗棼皇批评郤克不知礼。

③归：馈,馈赠。执政：执事人员。

④慭(yìn 印)：原本作"整",从公序本改。慭,宁愿。御人：本指侍女,这里意为"妇人"。

⑤苗棼(fén 焚)皇：也写作"苗贲皇",晋国大夫,楚国斗椒之子,原为楚臣,鲁宣公四年(公元前605年),因其父斗椒作乱被灭族,逃奔晋国为臣,因食邑于苗(今河南省济源县西南),故称苗贲皇。

【今译】

　　鞌笄之战,郤献子帅领晋军将士打败了齐国。齐顷公到晋国朝见,在晋景公设宴招待他时,郤克用对待被俘虏的国君之礼进献酒食给他,说："寡君派郤克献上敝邑不丰厚的礼物,因为齐君在这次战争中受到的羞辱,请把这礼物赏赐给您下面的办事人员,愿用来报答那个嘲笑我的妇人。"苗贲皇叹息说："郤子勇敢却不知礼节,夸大自己的功劳而羞辱做国君的人,这样能长久保持自己的地位吗？

## 13. 车者论梁山崩

【题解】

　　本文记述一个普通车夫对山崩现象的认识。他虽认识到山崩川涸是一种自然现象,但仍主张"策于上帝,以礼祭告山川"。

【原文】

　　梁山崩①,以传召伯宗②,遇大车当道而覆③,立而辟之,曰："避传④。"对曰："传为速也,若俟吾避,则加迟矣,不如捷而行⑤。"伯宗喜,问其居,曰："绛人也。"伯宗曰："何闻？"曰："梁山崩,而以传召伯宗。"伯宗问曰："乃将若何？"对曰："山有朽壤而崩,将若何？夫国主山川⑥,故川涸山崩,君为之降服、出次⑦、乘缦、不举⑧,策于上帝⑨,国三日哭⑩,以礼焉。虽伯宗亦如是而已,其若之何？"问其名,不告；请以见,不许。伯宗及绛,以告,而从之。

### 注释

①梁山:这里指晋都绛城附近的梁山(在今陕西省韩城县西北),为晋国举行望祭(古代祭祀山川的专称)的名山,故《尔雅·释山》言其为"晋望"。梁山崩,在鲁成公五年(公元前586年)。

②传(zhuàn 撰):传车,古代驿站专用车辆,中途遇站换马换车换御者,快速传递信息或接送人。伯宗:晋国大夫。

③大车:韦《注》:"牛车也。"但证之《左传·成公五年》,当为人力拉行的载重大车。

④避传:让对方为传车让路避开。

⑤俟(sì 四):等。捷:捷径。

⑥国主山川:杜预《注》:"主谓所主祭。"山川为国家的主要祭祀对象。

⑦降服:杜《注》:"损盛服。"即不穿华丽的衣服,而穿缟素。出次:离开寝宫居住。杜《注》:"舍于郊。"

⑧乘缦(mán 慢):乘坐不加文采雕饰的车子。不举:不举乐。《周礼·春官·大司乐》:"四镇五岳崩……令去乐。"

⑨策于上帝:以简策之文祭告上帝。策:简策,也写作"册"。

⑩国三日哭:为国有大灾悲哭三日。《周礼·春官·女巫》:"凡邦之大灾,歌哭而请。"

### 【今译】

晋国的梁山崩塌,晋景公派传车召见伯宗。伯宗在路上遇到一辆载重的大车翻车堵在路上,站起来避在一旁,说:"赶快让你的车避开传车。"押送大车的人回答说:"传车就是为了快速前进,如果等我的车避开再走,就更加迟了,你们不如抄捷径走吧!"伯宗听了很高兴,问他是什么地方的人,他说:"绛城人。"伯宗问他:"你在绛城听到什么消息?"回答说:"梁山崩塌,国君用传车召见伯宗。"伯宗说:"你看该怎么回答君主呢?"那人说:"山上有了腐朽的土壤梁山自行崩溃,又能怎么办呢?国家以山川为主要祭祀对象,所以遇到名山崩塌大川干涸,国君就要穿素服,离开寝宫到郊外居住,乘坐没有文采的车,不奏音乐,用写在策书上的文字祭告上帝,为国事悲哭三日,以礼祭祀山川之神。就是伯宗也不过是如此而已,还能怎么办呢?"问他的名字,不告诉;要带他去见国君,不答应。伯宗到了绛都,就把那个人说的话告诉国君,景公听从了。

## 14. 伯宗妻论民不戴其上难必及

**【题解】**

　　嫉贤妒能,是人类社会中的一种丑恶现象,本文写晋国大夫伯宗的妻子,认识到人是不会长期容忍才智高明的人在自己之上的,预见到丈夫必定会因才智出众而被祸,要丈夫为儿子早作打算,寻求庇护。后来伯宗遇害,儿子伯州犁幸而得以保全。

**【原文】**

　　伯宗朝,以喜归。其妻曰:"子貌有喜,何也?"曰:"吾言于朝,诸大夫皆谓我智似阳子①。"对曰:"阳子华而不实,主言而无谋②,是以难及其身。子何喜焉?"伯宗曰:"吾饮诸大夫酒,而与之语,尔试听之。"曰:"诺。"既饮,其妻曰:"诸大夫莫子若也。然而民不能戴其上久矣③,难必及子乎!盍亟索士整庇州犁焉④。"得毕阳⑤。

　　及栾弗忌之难⑥,诸大夫害伯宗,将谋而杀之。毕阳实送州犁于荆⑦。

**注释**

　　①智:智辩。阳子:即晋国太傅阳处父。
　　②主言:尚口说,此指阳处父喜欢讲直话。
　　③民:人。戴:供奉。上:贤于人,指才智高于人上。
　　④整:整顿,调教。庇:庇护。州犁:伯宗之子伯州犁。
　　⑤毕阳:晋国才智之士。
　　⑥栾弗忌:晋国贤大夫。栾弗忌之难,公元前576年,晋国三郤(郤锜、郤犨、郤至)陷害伯宗并杀了他,连累到栾弗忌被杀。见《左传·成公十五年》。而本文则言因栾弗忌连累伯宗,两说不同。
　　⑦荆:楚。

**【今译】**

　　伯宗上朝后,面带喜色回家。他的妻子问他:"看您满面春风的样子,什么事这样得意啊?"伯宗说:"我在朝中讲话,诸位大夫都说我机智善辨像先太傅阳子。"他的妻子说:"阳子华而不实,喜欢说真话却没有心计,这才造成他自己的杀身之祸。您像他有什么值得高兴的?"伯宗说:"我请诸大夫饮酒,并和他们谈论事情,你试听听再说。"他妻子说:"好吧。"酒宴散后,他的妻子说:"众位大夫真是没有您会说话。但是人们是不会长期容忍才智高明的人在自己之上的,灾祸一定会降临到您头上的啊!何不赶快寻求杰士教导庇护我们的儿子州犁呢!"寻求到晋国杰士毕阳。

等到晋国发生栾弗忌被害的灾祸,朝中大夫陷害伯宗,诬陷并杀害了他。毕阳护送伯州犁逃亡到楚国。

# 卷十二　晋语六

## 1. 赵文子冠

【题解】

　　古代男子二十岁时举行结发加冠的礼仪，表示已经成年。本文记述赵盾的孙子赵武，在行完冠礼后，依礼去拜见各位前辈，栾武子、范文子、韩献子、智武子等四人各提出对他做人的要求和希望，勉励他积极求上进。而三郤对他却不太友善，说些伤害人的话。最后由张老对这七人的谈话作总结，认为按栾、范、韩、智四人的训导和告诫，为人处世的道理都已经具备，能否有所成就，关键全在自己的努力了。

　　本文记言，言如其人，活画出说话人不同的思想品格和德行修养，还可看出他们与赵文子先辈的交情深浅。

【原文】

　　赵文子冠①，见栾武子②，武子曰："美哉！昔吾逮事庄主③，华则荣矣，实之不知，请务实乎。"

　　见中行宣子④，宣子曰："美哉！惜也，吾老矣。"

　　见范文子⑤，文子曰："而今可以戒矣，夫贤者宠至而益戒，不足者为宠骄。故兴王赏谏臣，逸王罚之。吾闻古之王者，政德既成，又听于民⑥，于是乎使工诵谏于朝⑦，在列者献诗使勿兜⑧，风听胪言于市⑨，辨妖祥于谣⑩，考百事于朝⑪，问谤誉于路，有邪而正之，尽戒之术也。先王疾是骄也。"

见郤驹伯⑫,驹伯曰:"美哉!然而壮不若老者多矣。"

见韩献子,献子曰:"戒之,此谓成人。成人在始与善⑬。始与善,善进善,不善蔑由至矣⑭;始与不善,不善进不善,善亦蔑由至矣。如草木之产也,各以其物⑮。人之有冠,犹宫室之有墙屋也⑯,粪除而已⑰,又何加焉。"

见智武子⑱,武子曰:"吾子勉之,成、宣之后而老为大夫⑲,非耻乎!成子之文,宣子之忠,其可忘乎!夫成子导前志以佐先君⑳,导法而卒以政,可不谓文乎!夫宣子尽谏于襄、灵㉑,以谏取恶,不惮死进,可不谓忠乎!吾子勉之,有宣子之忠,而纳之以成子之文,事君必济。"

见苦成叔子㉒,叔子曰:"抑年少而执官者众㉓,吾安容子。"

见温季子㉔,季子曰:"谁之不如,可以求之。"

见张老而语之㉕,张老曰:"善矣,从栾伯之言,可以滋㉖;范叔之教,可以大;韩子之戒,可以成。物备矣,志在子。若夫三郤,亡人之言也,何称述焉!智子之道善矣㉗,是先主覆露子也㉘。"

### 注释

①赵文子:即赵武,为赵盾之孙、赵朔之子。谥献文,称献文子或单称文子。冠(guàn 贯):行冠礼。古代男子成年时举行结发加冠的礼仪。《礼记·曲礼》言"男子二十冠而字",《荀子·大略》《仪礼·士冠礼》则言十九而冠。

②见:《仪礼·士冠礼》"(即冠)奠贽以见君,遂以贽见乡大夫乡先生。"故赵武四出拜见。

③庄主:指赵武之父赵朔,谥为"庄",大夫称主。当时赵朔为下军主帅,栾书为下军佐,故言"事庄主"。

④中行宣子:晋国大夫,即荀庚,荀林父之子,又称中行伯。自荀林父将中行(相当于中军),始别为中行氏。

⑤范文子:即范燮,士燮。

⑥听于民:听取百姓的诽谤与赞誉。

⑦工:此指矇瞍(méng sǒu 萌叟)。古时往往以盲人担任乐官,故"使工诵谏",即使盲乐官吟诵告诫的言词。

⑧在列者:在位者,指在朝任职的公卿大夫至列士。兜(dōu 都):受迷惑,受蒙蔽。

⑨风:采集。胪言:(市井)传言。

⑩妖祥:怪异与祥瑞,恶与善。谣:指歌谣。

⑪百事:指百官的职事。
⑫郤驹伯:即晋卿郤锜(qí 其),郤克之子。
⑬始与善:开始就结交好人。
⑭蔑:无。
⑮各以其物:各种同类的生长在一起。物,类。
⑯墙屋:墙壁与屋盖。
⑰粪除:扫除。
⑱智武子:晋卿智䓨(yīng 英),荀首(荀林父之弟)之子,也称荀䓨。
⑲成:成子,成季,指赵武的曾祖赵衰。宣:宣子,宣孟,指赵武的祖父赵盾。老为大夫:到老只做到大夫之职。
⑳导前志:引据前代典籍。先君:指晋文公。
㉑襄、灵:晋襄公、晋灵公。
㉒苦成叔子:晋卿郤犨(chōu 抽),郤步扬之子。
㉓执官:掌权为官。
㉔温季子:晋卿郤至,郤步扬之孙。
㉕张老:晋国大夫张孟。
㉖滋:增益。
㉗道:同"导",训教。
㉘先主:指赵衰、赵盾。覆露:滋润,庇覆。

【今译】

赵文子举行加冠礼后,去拜见栾武子,武子说:"你真漂亮啊!以前我还赶上事奉你的父亲庄主,你的外表已经很漂亮了,就不知内才怎样,努力加强才德的修养吧。"

他去拜见中行宣子,宣子说:"你真漂亮啊!只是可惜呀,我年纪老了看不见你将来的成就了。"

他去拜见范文子,文子说:"从今以后你要时时警戒自己啊。明白事理的人受到荣宠会更加警戒自己,不明事理的人受到荣宠会更加骄傲。所以创业兴邦的君主奖赏敢于进谏的臣子,耽于逸乐享受的君主惩罚敢提意见的人。我听说古代的圣王,在政治治理成功后,还要听取百姓的意见,于是就让乐师们在朝中朗诵讽谏,听公卿到列士献诗使自己不受蒙蔽,采集市井中的传言,分辨民谣中的善恶,在朝中考察百官的职事,从道听途说中了解对国君的批评和赞誉,有了过错就改正,这些全是自我警戒的方法。古代的圣王是痛恨骄傲自大的。"

他去拜见郤驹伯,驹伯说:"你真是个仪表堂堂的年轻人啊!但是年轻少壮的不如老年人的地方可多啦。"

他去拜见韩献子,献子对他说:"你要时刻警戒自己,加冠说明你是成年人了。成年人在一开始就要与好人结交。开始结交的是好人,好人引导你学好,不好的人就无从影响你了;开始结交的是坏人,坏人引导你去学坏,好人也就无从薰陶你了。就好比花草树木的生长一样,性质相同的各自生长在一处。一个人戴上帽子,好比房屋有墙壁屋盖一样,是为了经常打扫去除污物罢了,不然戴它干什么呢。"

他去拜见智武子,武子对他说:"年轻人你要自我勉励,你是成子、宣子的后人,如果到老还是个大夫,岂不是一种耻辱吗!你曾祖父成子的文德,你祖父宣子的忠诚,难道是可以忘掉的吗?成子引据前朝的典籍辅佐先君文公,运用法规成功地管理政事,这能不说是有文德吗!宣子竭尽全力规谏襄公、灵公,因为直言敢谏招来怨毒,他不怕死还要进谏,这能不说是忠诚吗!你要自己勉励,学到宣子的忠诚,再加上成子的文德,事奉国君一定会成功。"

去拜见苦成叔子,叔子说:"年轻又想当官的人多,我怎么安排你呢!"

去拜见温季子,季子说:"你认为自己不如谁,就可以对自己的要求低些。"

最后赵文子去拜见张老时,转述他们的话给他听,张老说:"好啊!你听从栾伯的话,可以受到教益;你听从范叔的教导,可以扩大你的胸襟;接受韩子的劝戒,可以成就你的功业。长辈训导你做人的道理都齐备了,能不能有所成就全看你自己的意志了。至于那三郤说的,那都是些伤害人的话,没什么值得说的!智子的训导很好,那是先大夫成子、宣子的功德在庇护你啊!"

# 2. 范文子不欲伐郑

【题解】

公元前575年,郑国背叛晋国,晋厉公与正卿栾书力主伐郑,于是导致当年六月晋楚在鄢陵大战。而亚卿范文子为智谋之士,他看到国君的骄奢暴虐,国内矛盾复杂尖锐,所以不主张讨伐郑国,实则是不愿与楚战,因为楚必救郑,而晋胜更助长厉公之骄,激化国内矛盾。本文即是写就伐郑之事,范文子与主战派之一的郤至之间的一场争论。

【原文】

厉公将伐郑①,范文子不欲,曰:"若以吾意,诸侯皆叛,则晋可为也②。唯有诸侯,故扰扰焉③。凡诸侯,难之本也。得郑忧滋长,焉用郑!"郤至曰:"然则王者多忧乎④?"文子曰:"我王者也乎哉?夫王者成其德,而远人以其方贿归之⑤,故无忧。今我寡德而求王者之功,故多忧。子见无土而欲富者,乐乎哉?"

【注释】

①厉公:晋厉公(公元前580—公元前573年在位),晋景公之子,名州蒲。《晋世家》作"寿曼"。伐郑:公元前575年郑叛晋,派大夫子驷(郑穆公之子䮃)与楚共王在武城订立盟约,故晋厉公与正卿栾书力主伐郑。

②为:治。
③扰扰:纷乱的样子。
④王者:指一统天下的帝王。
⑤方:方物,土特产。贿:指财货贡物。

【今译】

晋厉公打算要攻打郑国,范文子不同意,说:"如果按我的想法,诸侯都背叛我们,晋国反而可以好些。正因为有些诸侯还归附我们,天下才搞得乱纷纷的。这些诸侯,就是祸乱的根源。得到郑国只有使晋国更增忧患,我们要郑国干什么!"郤至说:"那么天子岂不是忧患最多吗?"文子说:"我们是天子吗?天子勤修德政,感化远方部族带着本地的土产贡物来归附王朝,所以天子没有忧患。现在我们晋国少德却去追求天子的功业,所以会带来更多的忧患。你看那没有土地做根基却想发财的人,他能有快乐吗?"

# 3. 晋败楚师于鄢陵

【题解】

本文写鄢陵之战的经过。由于晋卿郤至对敌情的正确分析,晋厉公采纳了郤至的主张,打败了强大的楚国,却导致正卿栾书嫉恨郤至,埋下国内祸乱的种子。

【原文】

厉公六年①,伐郑,且使苦成叔及栾黡兴齐、鲁之师②。楚恭王帅东夷救郑③。楚半阵,公使击之。栾书曰:"君使黡也兴齐、鲁之师,请俟之。"郤至曰:"不可。楚师将退,我击之,必以胜归。夫阵不违忌,一间也④;夫南夷与楚来而不与阵,二间也⑤;夫楚与郑阵而不与整,三间也;且其士卒在阵而哗,四间也;夫众闻哗则必惧,五间也。郑将顾楚,楚将顾夷,莫有斗心,不可失也。"公说。于是败楚师于鄢陵⑥,栾书是以怨郤至。

注释

①晋厉公六年为公元前575年。
②栾黡(yǎn掩):栾书之子,又称栾桓子,桓伯。
③楚恭王(公元前590—公元前560年在位):楚庄王之子,名箴(《左传》及《晋世家》作"审")。东夷:泛指附庸于楚国,在其东面的少数民族。
④阵不违忌:布阵不避忌凶日。违,避。据《左传·成公十六年》:"甲午,晦,楚晨压晋军而阵。"古人迷信,认为在晦日(每月最后一天)出师布阵不吉利,为兵家所忌,故郤至认为这是一大弱点。间:间隙,缺陷。
⑤南夷:指游牧于晋国南面的少数民族。
⑥鄢陵:郑国地名,原为鄢国,为郑武公所灭,后改为"鄢陵",即今河南省鄢陵县。鄢陵之战可参见《左传·成公十六年》。

【今译】

晋厉公六年,晋国攻伐郑国,并且先派了郤犨到齐国、栾黡到鲁国请求出兵。楚恭王统帅东夷的军队救援郑国。楚军还未列好阵势,厉公就下令进攻。栾书说："国君既派栾黡他们到齐国、鲁国调兵,请等他们来后再正式开战吧!"郤至说："不可这样。楚军已经准备撤退,我军现在出击,一定能得胜而归。楚军列阵不避忌晦日,这是第一个可乘之机;南方的夷人虽跟随楚国出兵但却不想出战,这是第二个可乘之机;楚王的亲兵与郑国军队虽摆出阵势但不整齐,这是第三个可乘之机;况且他们的士兵在阵中还嘈杂喧哗个不停,这是第四个可乘之机;他们的兵众听到这种喧闹就更增加畏惧,这是第五个可乘之机。郑国军队在观望楚国军队,楚国军队在观望东夷的军队,大家都没有斗志。我们可千万不能放过这有利的战机啊!"厉公听了很高兴。于是在鄢陵大败楚军,栾书为郤至抢功而怨恨他。

## 4. 郤至甲胄见客

【题解】

本文写鄢陵激战中,郤至作战勇敢,曾三次追逐楚王的亲兵,但只要看见楚恭王就避开,主动退出战斗。战后,楚王派人慰问他,他按军礼恭敬地接待了楚使。作者夸赞郤至勇敢而又懂礼,于此可见封建礼仪的可笑和虚伪。

【原文】

鄢之战,郤至以韎韦之跗注①,三逐楚平王卒②,见王必下奔退战③。王使工尹襄问之以弓④,曰:"方事之殷也⑤,有韎韦之跗注,君子也,属见不谷而下⑥,无乃伤乎?"郤至甲胄而见客,免胄而听命⑦,曰:"君之外臣至⑧,以寡君之灵,间蒙甲胄⑨,不敢当拜君命之辱⑩,为使者故,敢三肃之⑪。"君子曰:"勇以知礼⑫。"

【注释】

①韎(mèi 妹)韦:赤红色的柔皮,可用以做军服。韎,深红色。韦,皮革。跗(fū 夫)注:《左传·成公十六年》杜《注》:"跗注,戎服,若韎而属跗(脚背),与袴连。"即裤袜相连的军服。

②楚平王:当为"楚共王"。

③下奔:下车奔走避开。
④工尹:楚国官名,管理工务的官。襄:工尹之名。问:赠送。
⑤事:指战事,战斗。殷:盛,激烈。
⑥属见:即望见。属,同"瞩",注视。
⑦甲胄:这里作动词用,穿着铠甲戴着头盔。免胄:摘下头盔。
⑧外臣:这是郤至对楚王的自称。
⑨间:最近。蒙:穿着。
⑩不敢当拜君命之辱:不敢拜受楚君之命。按,军礼为古代五礼之一,其中有身披甲胄不拜条。
⑪肃:肃拜,低头合双手下垂,如今之"作揖"。
⑫礼:指军礼。

【今译】

在鄢陵那场激战中,郤至穿着裤袜相连的红色皮军服,曾三次追逐楚恭王的亲兵,他望见楚恭王时,总是跳下车来急忙回避,退出战斗。楚恭王派工尹襄拿着一张弓赠送给他说:"正当战斗激烈的时候,有个穿红色皮军服的将军,真是个很有礼貌的人,他只要看见我就下车急速避开,不知这人受伤没有?"郤至戴盔贯甲接见了客人,摘下头盔恭敬地听完工尹襄传达的话,说:"楚君的外臣郤至,托我们君主的福,披着甲胄在军队中,不敢拜受楚君屈尊来慰问我的命令,为了答谢您派遣使者的厚意,只好用三鞠躬表示我的敬意。"君子说:"郤至不但勇敢而且懂得军中之礼。"

# 5. 范文子论内睦而后图外

【题解】

本文记叙在鄢陵之战前,晋国亚卿范文子重申只有内部团结然后才能一致对外的政治主张。

【原文】

鄢之役,晋人欲争郑①,范文子不欲,曰:"吾闻之,为人臣者,能内睦而后图外,不睦内而图外,必有内争,盍姑谋睦乎!考讯其阜以出②,

则怨靖③。"

**注释**

①鄢之役晋人欲争郑:公序本作"鄢陵之役大夫欲争郑"。
②考讯:考察讯问。阜:众多。出:出兵作战。
③靖:安宁,平息。

【今译】

　　鄢陵战前,晋国想争回郑国归附自己,范文子不同意。他说:"我听说,做臣子的,能够使内部团结然后才能一致对外,不能团结内部就想在对外战争中得利,一定会产生内部矛盾,我们何不先谋求内部的团结呢!征求众百姓的意见,了解他们对这场战争真实的想法,然后才决定是否出兵,那国内的怨恨就会自然平息的。"

## 6. 范文子论外患与内忧

【题解】

　　鄢陵一战,范文子始终持反对态度。他向同僚一再强调国内团结的重要,因为他已经意识到晋国内部潜伏的危机,特别是刑不上大臣而罚多对百姓,弊端甚多。所以主张必须用刑罚整顿好国内,然后才能对外用兵,否则将会产生内忧。与其产生内忧,不如留下楚国、郑国作为外患,迫使晋国搞好内政。这种见解无疑是十分深刻而且正确的。

【原文】

　　鄢之役,晋伐郑,荆救之。大夫欲战,范文子不欲,曰:"吾闻之,君人者刑其民①,成②,而后振武于外,是以内和而外威。今吾司寇之刀锯日弊③,而斧钺不行④。内犹有不刑,而况外乎? 夫战,刑也,刑之过也。过由大⑤,而怨由细⑥,故以惠诛怨⑦,以忍去过⑧。细无怨而大不过,而后可以武,刑外之不服者。今吾刑外乎大人⑨,而忍于小民,将谁行武? 武不行而胜,幸也。幸以为政,必有内忧。且唯圣人能无外患,又无内忧,讵非圣人⑩,必偏而后可。偏而在外,犹可救也,疾自中起,是难。盍姑释荆与郑以为外患乎。"

### 注释

①君人者:君临众人之上者,即君王。刑其民:以刑正其民,即用刑罚整顿百姓。

②成:平定,安服。

③司寇:主管刑狱的官。刀锯:小刑具,施于平民百姓的刑具。此指对百姓的刑罚。弊:破败。日弊,因使用频繁而弊败,指刑法过滥致使刑具破败。

④斧钺:大刑具,施于贵族大臣的刑具。此指对大臣的刑罚。不行:不行于大臣。

⑤大:指大臣。

⑥细:指细民,即小民百姓。

⑦诛:除。

⑧忍:狠。

⑨外:这里指不及。

⑩讵(jù巨):如果。偏:不全,指偏有一面。

### 【今译】

鄢陵之战前,晋国出兵攻打郑国,楚国出兵救援郑国。晋楚两军相遇于鄢陵,晋军将帅都主张出战,范文子不同意。他说:"我听说,做君主的要用刑罚来整饬百姓,国内安定,然后才可以对外显示武力,这样才能做到使国内稳定并使国外臣服。现在我们晋国掌管刑狱的司寇对平民百姓用刑太多太滥,而对贵族大臣却不敢施用刑罚。我们国内该用刑的尚且不用刑,何况用刑罚去惩外呢?战争,也是一种刑杀,是刑杀有过错的。过错是由大臣犯下的,而怨恨是从平民百姓中产生的,所以应该用恩惠消除怨恨,用狠心改正过错。平民百姓不再怨恨而大臣也无过错,然后才可以对外用武力,刑杀那些外部不服从的敌人。现在我们的刑罚不能用在有过错的大臣身上,却狠心施加在稍有怨尤的百姓头上,我们还能用谁的力量去对外用武呢? 不能发动百姓参战,即使战争取得胜利,也是侥幸。用侥幸来管理政事,一定会产生内部忧患。何况只有圣人才能做到既无外患,又无内忧,如果不是圣人,必然只能偏有一样。这偏顾的一面如果是外患,国家还可挽救;如果大祸从内部产生,那才是国家的大灾难呢。何不暂且放过楚国和郑国,留作我们时时警惕的外患呢。"

## 7. 范文子论胜楚必有内忧

【题解】

鄢陵战前,范文子就预见到晋国如果战胜楚国,国内必定会有忧患。因为战争的胜利,会使君主居功自傲,加剧与大臣的矛盾,加重对农民的剥削,从而给国家造成祸乱。他再三劝止与楚交战,但主战派的栾武子不听。鄢陵战后,晋国果然发生内乱,厉公被弑。

【原文】

鄢之役,晋伐郑,荆救之。栾武子将上军,范文子将下军①。栾武子欲战,范文子不欲,曰:"吾闻之,唯厚德者能受多福,无德而服者众,必自伤也②。称晋之德③,诸侯皆叛,国可以少安。唯有诸侯,故扰扰焉,凡诸侯,难之本也。且唯圣人能无外患又无内忧,讵非圣人,不有外患,必有内忧,盍姑释荆与郑以为外患乎!诸臣之内相与,必将辑睦。今我战又胜荆与郑,吾君将伐智而多力④,怠教而重敛,大其私暱而益妇人田⑤,不夺诸大夫田,则焉取以益此?诸臣之委室而徒退者⑥,将与几人?战若不胜,则晋国之福也;战若胜,乱地之秩者也⑦,其产将害大⑧,盍姑无战乎!"

栾武子曰:"昔韩之役,惠公不复舍⑨;邲之役,三军不振旅⑩;箕之役,先轸不复命⑪:晋国固有大耻三。今我任晋国之政,不毁晋耻,又以违蛮、夷重之⑫,虽有后患,非吾所知也。"

范文子曰:"择福莫若重⑬,择祸莫若轻⑭,福无所用轻,祸无所用重,晋国故有大耻,与其君臣不相听以为诸侯笑也⑮,盍姑以违蛮、夷为耻乎。"

栾武子不听,遂与荆人战于鄢陵,大胜之。于是乎君伐智而多力,怠教而重敛,大其私暱,杀三郤而尸诸朝⑯,纳其室以分妇人⑰。于是乎国人不蠲⑱,遂弑诸翼⑲,葬于翼东门之外,以车一乘⑳。厉公之所以死者,唯无德而功烈多,服者众也㉑。

**注释**

①栾武子将上军,范文子将下军:《左传·成公十六年》为"栾书将中军,士燮佐之。"从士燮的屡次谈话也可见他是仅次于正卿栾书的第二卿,《晋语》显误。韦《注》:"上下,中军之上下也。"强为之说,不可信。

②自伤:自弊,自害。

③称晋之德:副晋之德。称,副。

④伐智而多力:自彰其智而夸大其功。

⑤大:增大。私暱(nì 逆):亲近宠信的人。妇人:指爱妾。《左传》与《晋世家》均言晋厉公多内外宠。

⑥诸臣之委室而徒退者将与几人:意思是晋君既夺诸大夫田增益自己的宠臣,诸大夫能不管自己田邑被夺隐忍退居的不会有几个,他们为保全自己的利益作乱者必多。委,丢弃。委室,意为不顾全自己的家室爵邑。

⑦乱地:搞乱原有的土地归属。秩,常,正常,指原有的状态。

⑧其产:这次战争产生的后果。害大:祸害大臣。

⑨韩之役:指公元前645年秦晋韩之战。惠公不复舍:晋国战败,晋惠公被俘,不能再回到原来的驻地。

⑩邲之役:指公元前597年晋楚邲之战,晋军主帅荀林父溃逃。不振旅:军旅不整,即战败溃逃。

⑪箕之役:指公元前627年晋、狄之战,晋胜,主帅先轸冲入敌阵战死。不复命:死在战场上不能反回复命于君。

⑫违蛮夷:避开蛮夷。蛮夷,指楚国。重之:增加这种耻辱。以上栾书主战的这段话,《左传·成公十六年》记为郤至之言,内容大同小异。

⑬择福莫若重:有二福则择取那厚重的。

⑭择祸莫若轻:有二祸则择取那轻微的。

⑮君臣不相听:君臣不相听从,即产生矛盾。意为韩之战是因为惠公与庆郑产生矛盾;邲之战是因为先縠与荀林父产生矛盾;先轸阵亡于箕,是因为自觉失礼于襄公免胄深入敌阵而死,形同自惩,也是君臣不相听。

⑯杀三郤而尸诸朝:杀掉三郤(郤锜、郤犨、郤至)并陈尸在朝堂上。事见《左传·成公十七年》。

⑰纳:取,等于说"没收"。室:指妻妾、财产、田地等。

⑱不蠲(juān 娟):不以厉公的行为为洁,即认为卑污。蠲,通"涓",洁。

⑲翼:晋国故都,在今山西翼城县东南。弑诸翼,公元前574年,厉公杀三郤,其宠臣长鱼矫又劫持了栾书、中行偃,厉公不忍杀之,恢复卿位。这年冬天,厉公出游翼地匠丽氏家,栾书、中行偃把他抓起来。次年春,派程滑杀掉晋厉公。

⑳以车一乘:仅用了一辆车子。即比当时规定的诸侯葬仪减损。杜预《注》:

"言不以君礼葬,诸侯葬车七乘。"

㉑功烈:功业,此指武功。服者众:厉公无德却好大喜功,在位期间,曾于公元前579年败狄人于交刚;前578年败秦人于麻隧;前575年败楚于鄢陵,并以盟主自诩,多次与诸侯会盟,所以说"服者众"。

## 【今译】

鄢陵之战,晋国出兵攻打郑国,楚国出兵救援郑国。栾武子担任上军元帅,范文子担任下军主帅。栾武子主张出战迎敌,范文子不同意,说:"我听说,只有德行丰厚的人能承受多福,缺少德行但臣服于己的众多,一定会自己搞垮自己。称量晋国的德行,如果诸侯都背叛,国家还可以稍微安定。正因为还有些诸侯归附,所以才乱纷纷的,这些诸侯,就是祸乱的根源。况且唯有圣人才能使国家既无外患又无内忧,如果不是圣人,没有外患,就一定会有内忧,何不姑且放过楚国和郑国留作我国的外患呢!这样,诸位大臣在内部相处不互相争功,一定要团结得多。现在开战如果战胜了楚国和郑国,我们的君主会炫耀自己既有智谋又功烈赫赫,放松文教而加重对百姓的税收,用来大增亲近宠臣的俸禄,给爱妾增加田地,不夺取诸位大夫的田地,又从什么地方获取来增加给那些人呢?诸位大夫不顾全自己的家室而空身引退,不参与作乱的会有几个呢?这次战争如果不胜,那是晋国的福分;战争如果获胜,会搞乱晋国原有土地的正常情况,它产生的后果将祸害诸大臣,我看何不暂且不和楚国打这一仗呢!"

栾武子说:"当初秦晋韩之战,惠公被俘不能再回驻地;晋楚邲之战,三军败逃溃不成军;狄晋箕之战,主帅先轸战死不能回复君命:这是晋国存在的三大耻辱。现在我担任晋国的执政上卿,不洗掉晋国的奇耻大辱,反而因回避蛮、夷而加重耻辱,我不能这样做。这次战争即使将造成严重后果,那已经不是我考虑的范围了。"

范文子说:"有二福可选择,不如择取那厚重的;有二祸可选择,不如择取那轻微的。是福不要去选择那轻微的,是祸也不要去择取那严重的。晋国历史上固然有奇耻大辱,与其因为君臣内部有矛盾以后成为诸侯的笑柄,何不暂且用避开蛮、夷作为耻辱呢。"

栾书不听士燮的劝阻,于是晋国与楚国在鄢陵发生激战,晋国大获全胜。这以后晋君炫耀自己富于智谋又武功烈烈,放松国内的文教而加重对百姓的税收,大增幸臣宠妾的俸禄田地,杀了三郤陈尸在朝堂上示众,没收了郤氏的家产来分给自己的爱妾。这样一来国人都愤恨厉公的行为太卑污,栾书、中行偃于是在翼城杀掉厉公,把他埋葬在翼城的东门外边,仅用了一辆车子。晋厉公之所以被大臣杀掉,就只因为没有做人君的德行却武功业绩卓著,他好大喜功用武力征服的诸侯众多。

# 8. 范文子论德为福之基

【题解】

本文写鄢陵之战前后,有关范文子的两件小事。他阵前训子,教育儿子要懂得谦虚谨慎;战争胜利后,他给沉浸在狂喜中的晋国君臣泼冷水,提醒他们要注意修德。活画出一个智谋之士、元老重臣的生动形象。

【原文】

鄢之役,荆压晋军①,军吏患之②,将谋。范匄自公族趋过之③,曰:"夷灶堙井④,非退而何?"范文子执戈逐之,曰:"国之存亡,天命也,童子何知焉?且不及而言,奸也⑤,必为戮。"苗贲皇曰:"善逃难哉!"

既退荆师于鄢,将谷⑥,范文子立于戎马之前,曰:"君幼弱,诸臣不佞⑦,吾何福以及此!吾闻之,'天道无亲,唯德是授⑧。'吾庸知天之不授晋且以劝楚乎⑨,君与二三臣其戒之!夫德,福之基也,无德而福隆,犹无基而厚墉也⑩,其坏也无日矣。"

### 注释

①压:逼近,迫近。《左传·成公十六年》:"甲午,晦,楚晨压晋军而阵。"
②患:担心,担忧。
③范匄(gài丐):士燮之子士匄,亦称范匄、范宣子。自公族:为公族大夫(管理与国君同姓子弟的官职)。趋过之:快步越出班次上前。因此时士匄年轻,官职不高,向上级将帅陈述意见,越出班次后快步上前,表示恭敬,也便于进言。
④夷灶堙(jīn音)井:铲平灶坑堵塞水井。因楚军已逼近晋营列阵,晋军战地狭窄,无法布阵,只能铲平军中起的灶和堵塞凿以汲水的井,用作阵地。故《左

传》言:"塞井夷灶,陈于军中,而疏行首。"

⑤奸:干扰。

⑥谷:指缴获的军粮。《左传》言:"晋师三日馆谷。"因楚军溃退,晋军占领了敌人的阵地,故连续三天吃的都是缴获的粮食。

⑦不佞(nìng 宁):不才。

⑧天道:天的自然法则,这里指天意。

⑨庸:用。庸知天之不授晋且以劝楚乎,意为这次晋在鄢陵胜楚,又怎知不是天意先降福给晋,而劝楚勤修德政积蓄国力以报复晋国呢。士燮此言即是要晋君臣共同警戒。

⑩埔:墙。

【今译】

　　鄢陵之战时,楚军逼近晋军摆开阵势,晋军将士都担心敌人占领了有利地形,聚在一起商讨对策。范燮的儿子范匄越出公族大夫的班次快步走上前,说:"我们可以在自己营地上铲灶填井,就在营地上列成阵势表示必死的决心,楚军不败退还等什么?"范文子气得操起戈赶他出去,说:"国家的存亡,全凭天命,小孩子家懂得什么?况且轮不到你说话却来多嘴,简直是干扰军国大事,定要把他抓来杀了。"苗贲皇说:"真是善于避免祸难啊!"

　　在鄢陵击退楚军之后,晋军占领了楚军的阵地,吃的都是缴获楚军的粮食。范文子站在国君的戎车之前,说:"君主年轻不成熟,我们做臣子的又不才,晋国有什么福分打赢这一仗呢!我听说,'天道不特别亲近谁,只选择有德行的降福给他'。我们又怎么知道天意不是先降福给晋国使战胜楚国,因而勉劝楚国勤修德政再来报复晋国呢,国君和我们这些做臣子的都要时时警戒啊!道德,是福泽的基础,缺少道德但却福泽隆盛,好比没有打好基础却只顾厚筑墙垣一样,那它坍塌的日子就没几天了。"

# 9. 范文子论私难必作

【题解】

　　鄢陵战后,晋国政局混乱,范文子眼见国君骄奢放纵,厚赐私宠,预料到祸难一定会发生,于是祈求早死以免祸,他最后终于为国事焦虑而死。

【原文】

反自鄢,范文子谓其宗、祝曰①:"君骄泰而有烈②,夫以德胜者犹惧失之,而况骄泰乎?君多私,今以胜归,私必昭③。昭私,难必作,吾恐及焉。凡吾宗、祝,为我祈死④,先难为免⑤。"七年夏,范文子卒⑥。冬,难作,始于三郤,卒于公⑦。

**注释**

①宗:宗人。王朝有宗人之官,诸侯、卿、大夫、士设有宗人,主礼乐,由家臣担任。祝:祝史,宗祠中主持祭祀祈祷的人,实即男巫。宗、祝,《左传·成公十七年》作"祝宗",杨伯峻《注》疑为祝史之长。

②骄泰:骄纵,奢侈。

③私:指嬖臣、宠妾。昭:昭示。

④祈死:祈求早死。

⑤先难为免:先于难而死为免祸。

⑥"七年夏范文子卒",晋厉公七年为公元前574年,《左传·成公十七年》:"六月戊辰,士燮卒"。

⑦晋厉公杀三郤及栾书、中行偃弑厉公,见前《范文子论胜楚必有内忧》注⑯⑲。

【今译】

晋军从鄢陵获胜回国后,范文子对他的宗人、祝史说:"国君骄纵奢侈却又武功赫赫,用德行征服人还时时害怕失去民心,何况仗恃武力骄横放纵呢?国君有不少宠臣、爱妾,现在战胜楚国回来,他对宠臣爱妾的赏赐一定更肆无忌惮。明显地提拔赏赐自己的私宠,祸难一定会发生,我害怕会受到连累。凡是爱护我的宗人、祝史,你们为我向祖先祈求让我快死,我在祸难发作前死去就等于免去了范氏的大祸。"晋厉公七年的夏天,范文子死。这年冬天,祸难发作,开始是晋厉公杀了三郤,最后是以厉公被杀而告终。

# 10. 栾书发郤至之罪

## 【题解】

鄢陵之战后，晋国上层统治阶级内部矛盾日益尖锐，本文叙写了晋国执政卿栾书因为嫉恨郤至，于是指使被俘虏的楚国王子发钩诬陷郤至有罪，设计让晋厉公除掉三郤，最后又与中行偃杀掉厉公的经过。

## 【原文】

既战，获王子发钩①。栾书谓王子发钩曰："子告君曰②：'郤至使人劝王战③，及齐、鲁之未至也④。且夫战也，微郤至，王必不免⑤。'吾归子。"发钩告君，君告栾书，栾书曰："臣固闻之，郤至欲为难，使苦成叔缓齐、鲁之师，己劝君战，战败，将纳孙周⑥，事不成，故免楚王。然战而擅舍国君，而受其问⑦，不亦大罪乎？且今君若使之于周，必见孙周。"君曰："诺。"栾书使人谓孙周曰："郤至将往，必见之！"郤至聘于周，公使觇之⑧，见孙周。是故使胥之昧与夷羊五刺郤至、苦成叔及郤锜⑨。郤锜谓郤至曰："君不道于我，我欲以吾宗与吾党夹而攻之，虽死必败，君必危⑩，其可乎？"郤至曰："不可。至闻之，武人不乱，智人不诈，仁人不党。夫利君之富⑪，富以聚党⑫，利党以危君，君之杀我也后矣⑬。且众何罪？钩之死也⑭，不若听君之命。"是故皆自杀⑮。既刺三郤，栾书弑厉公，乃纳孙周而立之，实为悼公。

## 注释

①王子发钩：楚国王子，即楚公子茷（fá伐，又读fèi费）。鄢陵之战，公子发钩被晋军俘获囚归晋国。
②君：指晋厉公。
③王：指楚恭王。
④及齐鲁之未至也：指鄢陵战前，晋国派苦成叔与栾黡到齐、鲁两国去请求出兵，兵还没到的时候。意为晋军可被击败。
⑤微：无。免：免难。
⑥孙周：晋襄公之孙，名周。详见《周语下》2注①。
⑦问：慰劳。受其问，指郤至接受楚恭王派人赠弓的事。详见本卷之4。

⑧觇（chān 搀）：窥视。
⑨胥（xū 虚）之昧：即胥童，与夷羊五都是晋厉公的宠臣。
⑩公序本作"虽死必败国国败君必危。"
⑪利君之富：利君宠信而得富贵。
⑫富以聚党：得富贵才有族党。
⑬后：晚。
⑭钧：等同。钧之死，等同一死，即抗君命与听君命都是一死。
⑮皆自杀：郤至、锜钧、郤犨都自杀。按，《左传·成公十七年》："三郤将谋于榭，……（长鱼矫）以戈杀之，皆尸诸朝。"此言自杀，是《国语》作者认为三郤不与国君对抗是履行臣道，故给以文饰。

**【今译】**

　　鄢陵之战，晋军俘获楚国王子发钩囚归晋国。栾书对王子发钩说："你去告诉国君说：'这次战争是郤至派人鼓动楚王发动的，他说趁齐国、鲁国的军队还没来到可以打败晋国。况且在战争进行中，没有郤至做人情楚王一定不能免难。'你这样去说了，我就放你回楚国去。"发钩照着栾书的吩咐告诉了晋厉公，晋厉公又告诉栾书，栾书说："我早就听说了，郤至想发动祸难，故意让郤犨放慢齐、鲁军队到达的速度，自己却劝您速战速决，趁晋国战败，他好就此拥立孙周为君主，结果事情不成功，因此在战场上放脱楚王。但是在战争进行中，擅自放掉敌国国君，并且接受对方的慰劳，岂不也是大罪吗？现在您如果派他去周王室朝问，他一定会去见孙周。"晋厉公说："就这么办。"栾书又派人告诉孙周说："郤至将到周，你一定得见见他！"郤至到周王室聘问，晋厉公派人暗中监视他，证实他果然去见孙周。晋厉公因此派胥之昧与夷羊五刺杀郤至、郤犨和郤锜。郤锜对郤至说："君主对我们不行君道，我想率领我们的宗族与同党两面夹攻他，我们就是死，国家一定会搞乱，搞乱国家国君也，必然危险，这样做好吗？"郤至说："不行。郤至我听说，勇武的人不发起祸难，明智的人不行奸诈，仁义的人不结党营私。靠国君赏赐的富贵得利，用这富贵来聚集族党，利用族党来使国君危险，有这样的大罪，国君杀得我们太晚了。况且族党众人有什么罪孽？同样是一死，不如听候国君的命令。"这样，三郤都自杀身死。杀了三郤后，栾书又杀了厉公，于是迎接孙周回国而立他为国君，这就是晋悼公。

# 11. 长鱼矫胁栾中行

【题解】

本文记厉公杀三郤后，他的近臣长鱼矫对厉公陈明利害，要厉公杀掉栾书和中行偃，没有成功，长鱼矫于是逃奔狄国避难。

【原文】

长鱼矫既杀三郤①，乃胁栾、中行而言于公曰②："不杀此二子者，忧必及君③。"公曰："一旦而尸三卿④，不可益也。"对曰："臣闻之，乱在内为宄⑤，在外为奸，御宄以德⑥，御奸以刑。今治政而内乱，不可谓德。除鲠而避强⑦，不可谓刑。德刑不立，奸宄并至，臣脆弱，不能忍俟也。"乃奔狄⑧。三月，厉公弑。

注释

①长鱼矫：长鱼为复姓，矫为其名，是晋厉公宠幸的大夫。
②胁：劫持。栾、中行：栾书、中行偃（即荀偃）。
③二子：指栾书、中行偃。忧：忧患、灾难。
④一旦：一个早上，形容时间极短。尸：陈尸示众。三卿：指三郤。
⑤宄(guǐ 鬼)：盗窃或作乱的坏人。
⑥御：防御，此指对待。
⑦鲠：通"梗"，祸患。
⑧乃奔狄：鲁成公十七年（公元前574年）十二月，长鱼矫奔狄。闰月，栾书、中行偃杀胥童。十八年正月，杀晋厉公。即以鲁用周正，晋用夏正而言，《国语》"三月厉公弑"，误。周历正月为夏历十一月，故晋厉公被杀仍当为公元前574年。

【今译】

长鱼矫杀了三郤后，就劫持栾书和中行偃，并对晋厉公说："不杀这两个人，君主肯定会遭到祸难。"厉公说："一个早上就在朝堂上陈放了三个卿的尸体，不能再杀了。"回答说："臣下听说，在内作乱叫宄，在外作乱叫奸。要用德行来防止内乱，用刑罚来对付外奸。现在治理国政却有内乱发生，不能算有德。除去祸害却避开强者，就不能算有刑。

德行与刑罚不能建立,外患内乱会一并发生,臣下脆弱,不忍心看到君主有这一天。"于是逃奔到狄国。三个月后,晋厉公被杀。

# 12. 韩献子不从栾中行召

【题解】

本文写在晋国这次内乱中,韩献子不听从栾书、中行偃的调遣,并大义凛然,公开表明自己拒绝参与作乱的坚定态度,面对韩厥的正直果敢和不畏强暴,栾书、中行偃也只能徒唤奈何,不敢勉强。

【原文】

栾武子、中行献子围公于匠丽氏①,乃召韩献子。献子辞曰:"弑君以求威②,非吾所能为也。威行为不仁,事废为不智,享一利亦得一恶,非所务也。昔者吾畜于赵氏③,赵孟姬之谗,吾能违兵④。人有言曰:'杀老牛莫之敢尸⑤。'而况君乎?二三子不能事君,安用厥也!"中行偃欲伐之,栾书曰:"不可。其身果而辞顺。顺无不行,果无不彻,犯顺不祥,伐果不克,夫以果戾顺行⑥,民不犯也,吾虽欲伐之,其能乎!"乃止。

【注释】

①匠丽氏:晋厉公的宠幸大夫。
②求威:求立威望。
③畜:养育。赵氏:指赵盾家。
④赵孟姬:赵盾之子赵朔之妻,因赵朔谥"庄",又称赵庄姬。违兵:不出兵。赵孟姬为晋景公之姊,因与赵盾异母弟楼婴私通,楼婴的同母兄赵同、赵括把楼婴放逐到齐国,孟姬怀恨在心,遂向景公诬陷赵同、赵括,晋国诛讨赵氏,韩厥保存了赵朔的儿子赵武。事见《左传·成公八年》。
⑤尸:主,即作主。
⑥戾:帅领,指导。

【今译】

栾书、中行偃出兵把晋厉公包围在匠丽氏家,去召唤韩厥。韩厥辞谢说：“杀掉君主来谋求树立威望，不是我所能做的事。把树立威望的事施行在君主身上是不仁德，事情失败是不明智，即使享受一利也承受一恶，不是应该做的事。从前我在赵氏家里养大，赵孟姬诬谄赵氏，我能顶住不发兵。前人有句话：'杀老牛没有人敢作主'，何况是国君呢？你们几个不能事奉国君，哪里用得着我韩厥呢！"中行偃想要发兵攻韩厥，栾书制止说："不可，这个人自身的行为果断勇决而言辞顺应礼义。顺礼就没有事做不成，果断就没有不做彻底的，与顺应礼义的人作对不吉祥，攻伐果断勇决的人不会获胜。能用果敢指导顺应礼义行为的人，其他人是不能违犯他的，我们就算发兵去攻打他，事情能成功吗！"于是没去攻伐韩厥。

# 卷十三　晋语七

## 1. 栾武子立悼公

【题解】

栾书杀厉公后,派人迎回晋襄公之孙周,立为国君,这就是晋悼公。本文记述了悼公即位前对群臣的训诫之辞和他即位之初的一系列兴国安民的政治措施。

悼公是在厉公被弑后立为国君的,所以在即位前训诫群臣,目的是以君臣大义约束他们。这篇训词义正词严,能正确分析情势,考虑深远,显然是成竹在胸;虽是为巩固自己的地位而打算,但说得委婉曲折,柔中带刚,很具威慑人心的力量。从中可以看出这个十四岁少年的政治素质和政治才能。

【原文】

既弑厉公,栾武子使智武子、彘恭子如周迎悼公①。庚午,大夫逆于清原②。公言于诸大夫曰:"孤始愿不及此③。孤之及此,天也。抑人之有元君,将禀命焉④。若禀而弃之,是焚谷也;其禀而不材,是谷不成也⑤。谷之不成,孤之咎也;成而焚之,二三子之虐也。孤欲长处其愿,出令将不敢不成,二三子为令之不从,故求元君而访焉⑥。孤之不元,废也,其谁怨?元而以虐奉之,二三子之制也⑦。若欲奉元以济大义,将在今日;若欲暴虐以离百姓,反易民常⑧,亦在今日。图之进退⑨,愿由今日。"大夫对曰:"君镇抚群臣而大庇荫之,无乃不堪君训而陷于大戮,以烦刑、史⑩,辱君之允令⑪,敢不承业。"乃盟而入。

辛巳,朝于武宫⑫。定百事⑬,立百官⑬,育门子⑭,选贤良,兴旧族,出滞赏⑮,毕故刑⑯,赦囚系,宥间罪,荐积德⑰,逮鳏寡,振废淹⑱,养老幼,恤孤疾⑲,年过七十,公亲见之,称曰王父⑳,敢不承。

### 注释

①智武子:晋卿智罃(yīng 英),也称荀罃。彘(zhì 智)恭子:即士鲂(fáng 房),晋国大夫,食邑于彘地,恭是谥号,又称彘恭子、彘季。悼公:晋悼公(公元前572—公元前558年在位),名周,晋襄公之孙。

②庚午:周历正月十五日。清原:晋国地名,在今山西省稷山县北。

③孤:古代帝王、诸侯的自称,即我。

④元:善。元君,好君主。禀:禀承,接受。

⑤不材:不成材,不可用。谷不成:指不长成谷而成秕(bǐ 彼)壳。

⑥访:谋。

⑦奉:对待。制:专制。

⑧反易民常:违反改变人之常情,指违反下事上、臣事君的常情。

⑨图之进退:此指群臣为自己图谋的进退,即如何对待国君。

⑩陷于大戮:指弑君将落到受死刑的地步。刑:刑官。史:史官。因弑君除被诛讨外,史官还要在史册上直书弑君大罪,所以称"以烦刑、史"。

⑪允:诚信。

⑫辛巳:周历正月二十六日。武宫:晋武公之庙。

⑬定:议定。官:此指主管官员。

⑭门子:卿大夫的嫡子。《周礼·春官·小宗伯》:"其正室皆谓之门子,掌其政令。"《注》:"正室,嫡子也,将代父当门者也。"

⑮旧族:此指旧臣中有功劳之子孙。滞赏:指先前被淹滞功劳而未得赏赐的。

⑯毕:完结而不再追究。故刑:指过去触犯刑律的。

⑰间罪:指处于犯法与违法之间,该受刑还是受罚而定不下来的。积德:指积德之士。

⑱振:起用。废淹:指因小罪而长期被废不用的贤人。

⑲养老幼:此指长期供给老幼的粮食之类生活物资。疾:指残疾之人。

⑳王父:祖父。

### 【今译】

杀掉晋厉公后,栾书派遣智罃、士鲂到周去迎接悼公。庚午这天,晋国大夫到清原迎接。晋悼公对众位大夫说："我开始的愿望并没有想会到这个地位。我现在能到这个地位,是天意啊。人们拥立了一个好的君主,这是在禀承天的命令行事。如果禀承天命立为国君又抛弃他,就好比焚烧掉赖以生存的谷物;如果承顺天命但不成材,这不是谷物是秕壳。谷物不能长好变成秕壳,这是我的过错;谷物长成你们要烧掉它,这就是诸位大夫的大逆不道。我想要长期维持这个愿望,发出的政令将不敢是坏的政令,因为诸位大夫是为了百姓不听从政令,所以才寻求好君主来请他出计谋的。我不是好的君主,被废掉,怨得谁呢?如果我成为好的君主却用暴虐对待我,那就是你们这些人太专制了。如果你们是在寻求一个好君主来成就君臣大义,就在今天决定;如果你们想行暴虐来离散百姓,违背上下尊卑的常法,也在今天决定。你们个人筹划的进退出处,希望能从今天开始。"众大夫回答说:"国君镇抚群臣而且全力庇护他们,群臣没有不接受君主的训诲而落到被极刑处死,来劳驾刑官动刑、史官秉笔,屈辱了君主诚信的命令的,岂敢不尽心辅佐君主管理国政。"于是结盟后进入绛都。

辛巳这天,悼公朝拜晋武公之庙即位为君。开始议定百事,任命各部门的主管官员,下令由朝廷长久养育卿大夫的嫡子,选用其中德才兼备的授官,起用有功旧臣的子孙,晋升先前有功而未赏的臣子,不再追究以前触犯过刑律的人,释放囚犯,宽恕处于刑与罚之间疑而未决的,进用积德之士,恩惠照顾到鳏夫寡妇,起用因小罪而长期废黜的贤才,供养老人幼孩,救济孤儿和残疾人,民间凡是年过七十的老人,晋悼公都亲自接见他们,称叫祖父,说自己不敢不接受他们的教诲。

# 2. 悼公即位

【题解】

本文叙写晋悼公即位为君后,施展政治才能,为保证晋国军政统一的中央政府的统治,对军队和政府部门采取的一系列组织措施和人事安排。他选用贤良,提拔功臣之后,知人善任,使能人尽其才,才尽其用,充分表现出这位青年政治家杰出的组织领导才能,以及对人才的重视,认识到人才是一个国家兴旺强盛的保证。

【原文】

二月乙酉,公即位①。使吕宣子将下军②,曰:"邲之役,吕锜佐智庄子于上军③,获楚公子谷臣与连尹襄老,以免子羽④。鄢之役,亲射楚王而败楚师⑤,以定晋国,而无后⑥,其子孙不可不崇也。"使夔恭子将新军⑦,曰:"武子之季、文子之母弟也⑧。武子宣法以定晋国,至于今是用⑨。文子勤身以定诸侯,至于今是赖⑩。夫二子之德,其可忘乎!"故以夔季屏其宗⑪。使令狐文子佐之⑫,曰:"昔克潞之役,秦来图败晋功,魏颗以其身却退秦师于辅氏,亲止杜回,其勋铭于景钟⑬。至于今不育⑭,其子不可不兴也。"

君知士贞子之帅志博闻而宣惠于教也⑮,使为太傅。知右行辛之能以数宣物定功也⑯,使为元司空⑰。知栾纠之能御以和于政也⑱,使为戎御。知荀宾之有力而不暴也⑲,使为戎右。

栾伯请公族大夫⑳,公曰:"荀家惇惠,荀会文敏㉑,黡也果敢㉒,无忌镇静㉓,使兹四人者为之。夫膏粱之性难正也㉔,故使惇惠者教之,使文敏者导之,使果敢者谂之㉕,使镇静者修之。惇惠者教之,则遍而不倦;文敏者导之,则婉而入㉖;果敢者谂之,则过不隐;镇静者修之,则壹㉗。使兹四人者为公族大夫。"

公知祁奚之果而不淫也,使为元尉㉘。知羊舌职之聪敏肃给也㉙,使佐之。知魏绛之勇而不乱也,使为元司马㉚。知张老之智而不诈也,使为元候㉛。知铎遏寇之恭敬而信强也,使为舆尉㉜。知籍偃之惇帅旧职而恭给也,使为舆司马㉝。知程郑端而不淫,且好谏而不隐也,使为赞仆㉞。

**注释**

①二月乙酉:周正二月初一。《左传·成公十八年》:"二月乙酉朔,晋悼公即位于朝。"

②吕宣子:即吕相,魏锜之子,魏犨之孙,魏锜亦称吕锜,故称吕相,谥"宣"。将下军:公序本作"佐下军"。王引之《经义述闻》卷二十一:"当云'使吕宣子将新军'。"

③邲之役:公元前597年晋楚在郑国泌地大战,由于晋军元帅荀林父指挥无方,又不听从上军主帅士会的忠告,晋军大败。吕锜佐智庄子于上军,据《左传·宣公十二年》:"荀首(即智庄子)、赵同为下军大夫","晋魏锜求公族(大夫)未得,"兵败时又与荀首一起行动,则吕锜当也在下军。此"上"字为"下"字之误。

④楚公子谷臣:楚庄王之子。连尹襄老:连尹,楚官名;襄老,人名。子羽:智庄子之子智罃的字。获楚公子谷臣与连尹襄老,以免子羽,泌之战中,楚将熊负羁俘虏了智罃,魏锜帮助荀首射死连尹襄老,俘获公子谷臣,到了鲁成公三年(公元前588年),晋国用公子谷臣与连尹襄老尸换回智罃,当时荀首已是中军副帅,故楚共王同意交换。事见《左传·宣公十二年》及《成公三年》。

⑤鄢之役亲射楚王而败楚师:在鄢陵之战中,吕锜射中楚共王的眼睛,楚师败,楚共王使神射手养由基一箭射中吕锜咽喉而致死。见《左传·成公十六年》。

⑥无后:没有子孙处在显位。

⑦使巩恭子将新军,上古本原案:《述闻》卷二十一:"当云'使巩恭子佐下军'。"并以为此句至"故以巩季屏其宗"一段当在"公即位"句之下,"使吕宣子将新军"之上。

⑧武子:范武子,晋卿士会。季:少子。文子:范文子,晋卿士燮,士会之子,士鲂之兄。母弟:指同母的弟弟。

⑨宣:明确。法:指执秩之法。士会修明执秩之法为晋法,参见《周语中》6。用:治,治理。

⑩赖:蒙受。

⑪屏:屏藩,屏障。此有壮大之意。故以巩季屏其宗,按照古代宗法制度,巩季是士会的小儿子,于士燮(嫡长子)为小宗,只能为士,现提拔为卿,打破了只能由长子世袭的成法,故称屏障了范氏之宗。

⑫令狐文子:即魏颉,魏颗(魏犨嫡长子)之子,食邑于令狐,文为其谥号。

⑬"克潞之役"五句:公元前594年夏,晋荀林父在曲梁(潞国地名,在今河北省永年县境)打败赤狄潞氏。七月秦桓公攻打晋国,驻军辅氏(晋国地名,在今陕西大荔县东)。七月下旬,晋景公率兵占领了狄国的土地,回兵到达雒水(晋国地名,在今陕西大荔县东南),魏颗在辅氏击败秦军,俘获了秦国大力士杜回。所以悼公说:"其勋铭于景钟"。事见《左传·宣公十五年》。景钟,景公之钟,古时将勋臣功业铭刻于大钟之上以昭示永远。又一说,景,大也,景钟即大钟。

⑭育:遂。至于今不遂,当指因魏颗克秦之功,秦人败晋至今没有如意。

⑮士贞子:即士渥浊,一称士贞伯,又称士伯,士穆子(士会的族兄)之子。帅:遵循。宣:遍及。惠:顺。

⑯右行辛:即贾辛,右行大夫贾华的后裔,以先代之官为氏,故称右行辛,晋国大夫。数:计。宣:明确。

⑰司空:掌管营造都邑、修建宫室、建设水利等事的官。元司空,大司空。

⑱栾纠:《左传》作"弁纠",又叫卞纠,晋国大夫。

⑲荀宾:晋国大夫。

⑳栾伯:即正卿栾书。公族大夫:官名,掌与国君同姓子弟的教育等事。

㉑荀家、荀会：晋国大夫。他们与荀宾都是荀偃（即中行偃）的族人。惇惠：朴实宽厚。文敏：有文才并且机敏。

㉒餍（yǎn 掩）：栾餍，又称栾桓子，栾书之子。

㉓无忌：韩无忌，韩厥的长子，又称公族穆子，公族为其官名，穆为其谥号。厉公时已为公族大夫，此为重新任命。

㉔膏：油脂。梁：指细粮。膏梁，指精美的食物，故富贵人家子弟称膏梁子弟。膏梁子弟锦衣玉食，本性骄横放纵，故悼公言难于矫正。

㉕谂（shěn 审）：规谏，告诫。

㉖婉：随顺。

㉗壹：专一。

㉘祁奚：字黄羊，晋国大夫。不淫：不偏私。元尉：中军尉，主管全军兵事兼管各将佐御者的官。

㉙羊舌职：羊舌为复姓，职为其名。给：足。

㉚魏绛：魏犨之子，后谥"庄"，称魏庄子。元司马：中军司马。

㉛张老：即张孟，晋国大夫。元侯：中军侯奄，又称侯正，主管斥侯的官。

㉜铎遏寇：晋国大夫，铎遏为复姓，寇为其名。舆尉：上军尉。信：诚实不欺。强：努力。

㉝籍偃：即籍游，晋国大夫。舆司马：上军司马。

㉞程郑：晋国大夫，为荀氏的别族。赞仆：即乘马御，主管六驺的官。驺，官名，主管驾车与御车。据《周礼·夏官·校人》及郑《注》，天子十二闲（马厩），诸侯六闲，每闲有马二百一十六匹，孔《疏》据《校人》计算，六闲有驺一百零八人，则程郑为此一百零八人的上官。

## 【今译】

　　二月乙酉这天，晋悼公即位。任命吕宣子为下军主帅，说："在晋楚泌之战中，吕锜在下军辅佐智庄子，俘获了楚公子谷臣与连尹襄老，后来用公子谷臣与连尹襄老尸体解脱了子羽。鄢陵之战中，吕锜自身射中了楚共王的眼睛，晋国因此而打败了楚军，他的功劳安定了晋国，却没有子孙在高官显位上，吕锜的子孙不可不提高官职。"又任命彘恭子为新军主帅，说："士鲂是武子的小儿子、文子的同母弟。范武子明确制定执秩之法使晋国内部安定，一直到今天仍用此法治理。范文子亲身勤劳国事能使诸侯事奉晋国，一直到今天仍仰赖他的功劳。这两个人的功德，难道是可以忘记的吗！"所以让士鲂为卿，屏障范氏之宗。派令狐文子为新军副帅辅助他，说："从前在战胜潞国那场战争中，秦人侵入晋国,妄图挫败晋的灭潞之功,魏颗凭他自身的英勇在辅氏击退秦军,俘获了秦国大力士杜回,他的功勋铭刻在景公之钟上。魏颗的功绩使秦人至今不能遂意,他的儿子不可不起用。"

悼公知道士贞子遵循古代典籍学识广博并能普遍施行到文教上,让他担任太傅。知道右行辛能用数学准确地匡算土建营造工程,让他担任大司空。知道栾纠善于驾御战车并能处理军中政事,让他给自己驾御兵车。知道荀宾有勇力而且性格不暴躁,让他给自己当戎右。

栾书请求国君任命公族大夫,悼公说:"荀家朴实宽厚,荀会有文才并且机敏,栾黡果决勇敢,韩无忌处事镇静有头脑,让这四个人担任这个职务。膏粱子弟的骄奢放纵难于矫正,所以让本性朴实宽厚的人教育他们,让机敏又富于文才的人引导他们,让果决勇敢的人劝诫他们,让镇静有头脑的人修治他们。让朴实宽厚的人教育他们,使他们能全面而不懈息地学习;让文而机敏的人引导他们,使他们能循序渐近深入学习;让果决勇敢的人劝诫他们,使能做到有过错而不隐瞒;让镇静有头脑的人修治他们,使能做到心志专一。就派这四个人担任公族大夫。"

悼公知道祁奚果断而且坚持原则,任命他为中军尉。知道羊舌职为人聪敏又十分恭敬,让他辅佐祁奚。知道魏绛为人勇决不随便,任命他为中军司马。知道张老有智谋而不奸诈,任命他为中军候奄。知道铎遏寇为人恭敬并且诚实自勉,任命他为上军尉。知道籍偃为人敦厚忠于职守并且十分恭顺,任命他为上军司马。知道程郑为人端方正直,并且喜欢说直话而不包庇,任命他为乘马御。

# 3. 悼公始合诸侯

【题解】

晋国在文公、襄公之后,由于国内政权几度反复,霸主地位并不牢固。晋悼公即位后,任用贤才,兴国安民,国内大治,晋国于是一度中兴。本文叙写晋悼公在修明内政,使晋国内部安定之后,便加强对外宣传,任命称职的人为将佐,与诸侯多次会盟,在诸侯中的声望日高,诸戎也来请求归服,晋国于是继文、襄之后又称霸诸侯。

文章后部分记叙了晋悼公与魏绛之间的一个小故事，褒扬悼公在处理个人感情与军国大事上的正确态度，同时也赞美魏绛刚直无私、敢作敢当的优秀品格。有这样的君，这样的臣，这是晋国能重新称霸诸侯的原因。

【原文】

始合诸侯于虚朾以救宋①，使张老延君誉于四方，且观道逆者②。吕宣子卒，公以赵文子为文也，而能恤大事，使将新军③。三年④，公始合诸侯。四年，诸侯会于鸡丘⑤，于是乎布命、结援、修好、申盟而还⑥。令狐文子卒，公以魏绛为不犯⑦，使佐新军。使张老为司马，使范献子为侯奄⑧。公誉达于戎⑨。五年，诸戎来请服⑩，使魏庄子盟之，于是乎始复霸。

四年，会诸侯于鸡丘，魏绛为中军司马，公子扬干乱行于曲梁⑪，魏绛斩其仆⑫。公谓羊舌赤曰⑬："寡人属诸侯⑭，魏绛戮寡人之弟⑮，为我勿失⑯。"赤对曰："臣闻绛之志，有事不避难，有罪不避刑，其将来辞。"言终，魏绛至，授仆人书而伏剑⑰。士鲂、张老交止之⑱。仆人授公，公读书曰："臣诛于扬干⑲，不忘其死。日君乏使⑳，使臣狃中军之司马㉑。臣闻师众以顺为武㉒，军事有死无犯为敬㉓，君合诸侯，臣敢不敬㉔，君不说，请死之。"公跣而出㉕，曰："寡人之言，兄弟之礼也。子之诛，军旅之事也，请无重寡人之过㉖。"反役，与之礼食㉗，令之佐新军。

**注释**

①虚朾（tīng 听）：地名。一说为鲁地，即今山东省泗水县；另一说，虚朾即虚，宋地，在今河南省延津县东。《春秋·成公十八年》："（诸侯）同盟于虚朾。"杨伯峻《注》认为"以宋地较确，晋侯未必远至鲁境"。是。救宋：公元前 575 年，楚国攻宋，宋向晋告急，晋悼公在虚朾初次大会诸侯救宋。

②延：布陈，即宣扬。道逆者：指有道德与有逆乱行为的。

③恤：处置。"使将新军"原本为"使佐新军"，原案：《述闻》卷二十一："'佐'字涉下文'使佐新军'而伪，'佐'当为'将'。"故从原案语改。

④三年：晋悼公三年（公元前 571 年）。

⑤鸡丘：即《左传·襄公三年》之"鸡泽"，在今河北省邯郸市境。

⑥布命：宣布朝聘的次数。申盟：即寻盟，重申在虚朾时订的盟约。

⑦不犯：公序本韦《注》："不可犯以非法也。"因魏绛为中军司马，严肃军纪，

曾斩悼公爱弟公子扬干之御者,故认为不可以用违犯法纪的事去干犯他的职责。

⑧范献子:士燮的族弟士富。

⑨戎:指在晋境北面的山戎诸国。请服:请求归服。

⑩五年:晋悼公五年(公元前569年)。诸戎来请服:诸戎无终国君长嘉父请臣服于晋之事,见《左传·襄公四年》。

⑪公子扬干:晋悼公之弟。行:军队行列。曲梁:晋国地名,当在鸡丘附近,因悼公与诸侯在鸡丘会盟,晋军必驻防于会所附近。

⑫仆:指给公子扬干驾车的人。

⑬羊舌赤:晋国大夫,羊舌职之子,名伯华,又称铜鞮(dī 低)伯华。此时代其父为中军尉佐。

⑭属(zhǔ 主):会合。

⑮戮:犹言侮辱。因杀扬干的车御,即等于辱扬干。

⑯为我勿失:为我(执之)勿失。

⑰仆人:指给晋悼公主管传命奏事的官。伏剑:用剑自杀。

⑱交:共同。

⑲诛:责罚。

⑳日:日前,从前。乏使:缺乏使用的人。

㉑狃(niǔ 扭):充任,充当。

㉒师众:犹言师旅,此指服务于师旅中的军人。顺:指顺从军纪军令。

㉓军事:从事于军旅。无犯:指不触犯军纪。

㉔不敬:不敬奉其职。

㉕跣(xiǎn 显):赤足,光足。古人入室脱下鞋履,晋悼公恐魏绛自杀,不及穿履,赤足而出。

㉖子无重寡人之过:意为魏绛若因此而死是使自己再次犯过。

㉗反役:自盟会而回国。役,古代把会盟也叫"役"。礼食:国君设宴招待大夫,《仪礼》有《公食大夫礼》,即以大夫为宾,特设礼食于庙招待之。

【今译】

　　于是从这开始,晋国在虚朾与诸侯会盟去救援宋国,派出张老到四方去宣扬悼公的声誉,同时观察诸侯中有德的或有逆乱行为的。吕宣子死后,悼公认为赵文子有文德,而且有处置大事的能力,任命他为新军主帅。晋悼公三年,悼公开始会盟诸侯。晋悼公四年,在鸡丘大会诸侯,于是由盟主宣布朝聘的次数并缔结互相救援的文字、重温过去的友好交往,再次申明盟约之后回国。这时令狐文子去世,悼公认为魏绛是不能用非法之事干犯的,任命他接替魏颉辅佐新军。任命张老接替魏绛为中军司马,任命范献子接替张老为中军侯奄。晋国大治,悼公的声誉传布到各戎族。晋悼公五年,诸戎的君长来请求归服,悼公派魏绛跟各部戎人结盟,于是晋国继文公后再次称霸诸侯。

晋悼公四年,在鸡丘会合诸侯,魏绛当时任中军司马,公子扬干在曲梁扰乱行军行列,魏绛杀了公子扬干的驾车人。晋悼公对羊舌赤说:"寡人在这里会合诸侯,魏绛却羞辱寡人的爱弟,给我逮捕了他不得有误。"羊舌赤回答说:"臣听说魏绛的为人,有祸事不逃避危难,有罪过不逃避刑罚,大概他会主动来陈诉的。"话刚说完,魏绛就来到,把书信交给晋侯的仆人就要用剑自杀。士鲂、张老一齐制止了他。仆人把书信交给晋悼公,悼公阅读他的呈书说:"臣下责罚了公子扬干,不敢不来请死。前段时间君主缺乏使用的人,让臣下充当中军的司马。臣下听说军人以服从军纪军令叫威武,在军中宁死不触犯军纪军令叫恭敬。君主会合诸侯,做臣下的怎敢不敬奉自己的职守,听说君主因此而不高兴,臣下请求被处死。"晋悼公光着脚就赶紧走出来,对魏绛说:"寡人说的话,是出于兄弟之间的礼义;您的责罚,是军队中执行军法。请您千万不要再加重寡人的过错。"结束会盟回国,晋悼公特设礼宴招待魏绛,并且任命他为新军副帅。

## 4. 祁奚荐子午以自代

【题解】

举贤荐能的事向来史不绝书,"祁奚荐子"更是历代传颂的佳话。这个小故事赞扬了祁奚有知人之明,能举贤不避亲的大公无私精神。结尾用祁午的称职,印证了这一点。

【原文】

祁奚辞于军尉①,公问焉,曰:"孰可②?"对曰:"臣之子午可③。人有言曰:'择臣莫若君,择子莫若父。'午之少也,婉以从令④,游有乡,处有所⑤,好学而不戏。其壮也,强志而用命⑥,守业而不淫。其冠也,和安而好敬,柔惠小物⑦,而镇定大事,有直质而无流心⑧,非义不变,非上不举。若临大事⑨,其可以贤于臣。臣请荐所能择而君比义焉⑩。"公使祁午为军尉,殁平公,军无秕政⑪。

**注释**

①辞:此指请求告老退休。
②孰可:谁可代中军尉之职。
③午:祁午,祁奚之子,后代父为中军尉。
④婉:顺从。从令:犹言听长辈的话。
⑤乡:同"向",去向。所:范围。游有乡处有所,指祁午小时候不管是游玩还是在家,都是循规蹈矩不乱来。
⑥强志:坚定的志向。用:用父命。
⑦柔惠:仁爱。小物:小事,此指弱小。
⑧直质:正直的品质。流:放,放纵。
⑨大事:这里指军国大事。
⑩所能择:指父能择子。比:比方。义:同"宜",合适,合宜。
⑪平公:晋悼公之子,名彪。秕政:不善之政。秕,中空的谷子,此用秕谷比喻政事败坏。

**【今译】**

祁奚请求辞去中军尉的职务退休,悼公问他,说:"谁可以接替中军尉的职务?"回答说:"臣的儿子祁午可以做中军尉。一般人这样说:'挑臣子的毛病没有像君主这样严格的,挑儿子的毛病也没有能像父亲这样严格的。'祁午小的时候,禀性柔顺而听长辈的教导,出外游戏事先禀告去向,外出逗留事先禀告场所,好学上进而不贪玩。他长大后,就有坚定的志向而能胜任父命,坚持自己的学业而不好高骛远。到他行过冠礼,更加和详安静而且谦恭有礼,仁爱弱小,能够镇定自如地处理大事,有正直的品质而没有放纵的心思,不是道义的不能改变,不是高尚的不去行动。如果处置军中大事,他的才智超过我。所以臣下请求推荐经得住父亲挑毛病的儿子来接任,君主按这个比方要求他也是合格的。"悼公于是任命祁午担任中军军尉,直到他死于晋平公之时,晋国军旅中没有一点失误的政令。

# 5. 魏绛谏悼公伐诸戎

【题解】

本文写魏绛用和戎与伐戎的利弊，劝谏悼公用安抚的政策对待戎、狄，悼公采纳了他的建议，果然获得外交上的成功。

【原文】

五年①，无终子嘉父使孟乐因魏庄子纳虎豹之皮以和诸戎②。公曰：'戎、狄无亲而好得③，不若伐之。"魏绛曰："劳师于戎，而失诸华④，虽有功，犹得兽而失人也，安用之？且夫戎、狄荐处⑤，贵货而易土⑥。予之货而获其土，其利一也；边鄙耕农不儆⑦，其利二也；戎、狄事晋，四邻莫不震动，其利三也。君其图之！"公说，故使魏绛抚诸戎，于是乎遂伯⑧。

【注释】

①五年：晋悼公五年（公元前569年）。晋使魏绛抚诸戎，事见《左传·襄公四年》。

②无终：山戎国名，大约在今河北省玉田县。杨伯峻《左传注》说："《春秋》于文化较落后之国，其君例称子。"则子非爵位，故无终国君称无终子，骊戎君称骊子。嘉父：此国君之名。孟乐：无终之臣。和诸戎：（请求）与诸戎媾和。

③无亲而好得：不分亲疏只顾贪得（货财）。

④诸华：即华夏（诸侯国）。

⑤荐：草。戎狄荐处，指戎人、狄人游牧生活逐水草而居，迁徙无常处。

⑥贵：重，重视。易：轻，轻视。

⑦儆：警戒，戒备。

⑧伯：通"霸"。

【今译】

晋悼公五年，无终国君主嘉父派孟乐通过魏绛的关系奉献虎豹皮，请求晋国和各部戎人媾和。晋悼公说："戎人、狄人不讲亲情恩惠而且贪得货财，不如讨伐他们。"魏绛说："疲劳自己的军队去讨伐戎人,还要失去中原各诸侯国,就算最后成功,好比得到禽兽而失去亲人,怎么可以这样处理呢?况且那戎人、狄人聚族而居,重视财货而轻视土地。我们给他们财货而得到他们的土地,这是第一条有利的;边境的耕作农事不再畏惧他们的骚扰,这是第二条有利的;戎人、狄人事奉晋国,会使四面的邻国无不震动,这是第三条有利的。君主还是考虑一下吧!"晋悼公很高兴,因此就派魏绛安抚诸戎各国,于是晋国称霸天下。

# 6. 悼公使韩穆子掌公族大夫

【题解】

韩穆子让贤,不肯继承他父亲的卿位掌管朝政,表现出他不计较个人名位,谦虚谨慎,有自知之明的美德;晋悼公能任贤,提升韩穆子,说明他用人重在德才兼备。君正臣贤,这是晋国能重新称霸天下的一个重要原因。

【原文】

韩献子老①,使公族穆子受事于朝②。辞曰:"厉公之乱,无忌备公族③,不能死。臣闻之曰:'无功庸者④,不敢居高位。'今无忌,智不能匡君⑤,使至于难,仁不能救,勇不能死,敢辱君朝以忝韩宗⑥,请退也。"固辞不立。悼公闻之,曰:"难虽不能死君而能让,不可不赏也。"使掌公族大夫⑦。

注释

①韩献子:晋卿韩厥,献是他的谥。老:告老,即请求退休。
②公族穆子:韩厥的长子韩无忌,晋国公族大夫,穆是他的谥。使公族穆子受事于朝,韩厥于悼公即位时担任正卿执政,七年,告老致仕,想使长子韩无忌世袭卿位,无忌患有残疾,让其弟韩起(宣子),悼公同意了,并认为无忌仁德,提升他为公族大夫之长。事见《左传·襄公七年》。
③备公族:充任公族大夫之数。
④功庸:韦《注》:"国功曰功,民功曰庸。"
⑤匡君:纠正君主的过错。公族大夫掌与国君同姓子弟之事,也有匡正国君

过错之责,故有此说。

⑥忝(tiǎn 腆):有愧于。

⑦掌:主管。使掌公族大夫,公族大夫不止一人,这里任命韩无忌为首席公族大夫,即是嘉奖之意。

【今译】

韩献子告老退休,想让公族穆子继承卿位掌管朝政。公族穆子辞谢说:"厉公被弑时,无忌做公族大夫,却没有为君主殉难。我听说:'没有治国安民大功的,不敢身居高位。'现在拿我无忌来说,智不能匡正君主,使他最后没能免于被杀之难;仁不能救助君主;勇不能为君而死,怎敢玷辱国君的朝堂而有愧于韩氏的门楣呢?请允许我退让。"坚决辞谢,不愿继位为卿。悼公知道后,说:"有国难虽不能以死殉君但却懂得谦让,这样的人不能不奖赏。"于是任命他为公族大夫之长。

# 7. 悼公使魏绛佐新军

【题解】

本文写晋国大夫张老举贤让贤的故事。张老五次辞谢卿的职位,一心为国家推举贤才,极力推荐智仁勇学兼备的魏绛。悼公任用贤才,于是让魏绛担任新军副帅。

【原文】

悼公使张老为卿,辞曰:"臣不如魏绛。夫绛之智能治大官①,其仁可以利公室不忘②,其勇不疚于刑③,其学不废其先人之职。若在卿位,外内必平。且鸡丘之会,其官不犯而辞顺④,不可不赏也。"公五命之,固辞,乃使为司马⑤。使魏绛佐新军。

【注释】

①治:理,引申为胜任。大官:指卿。

②利公室不忘:即不忘利公室。公室,指公家,国家。

③疚:病,这里指内心不安。

④官:指所在官位主管的职责范围。其官不犯,指魏绛在中军司马任上用军

法处置扬干一事。

⑤司马:这里指中军司马。

【今译】

晋悼公让张老担任卿,张老辞谢说:"臣不如魏绛的才德。魏绛的智慧能胜任卿的职位,他的仁义使他行事处处不忘有利于国家,他的勇决使他在用刑时不会有心病,他的学识使他能不败坏他先辈的职位。如果他在卿位,晋国的外交内政都一定太平无事。况且鸡丘那次盟会,魏绛在中军司马的职位上不怕触犯权贵而言辞又合于礼义,不可以不奖赏啊。"悼公五次下命令让张老做卿,张老五次坚决推辞,于是让他做中军司马,提拔魏绛为新军副帅。

# 8. 悼公赐魏绛女乐歌钟

【题解】

本文写晋悼公嘉奖魏绛,表扬他在和好戎、狄,使中原各国归服,晋国重新称霸诸侯的事业上的卓著功绩,赏赐给他女乐歌钟。魏绛谦虚,推功于君主和群臣,这种精神也是难能可贵的。

【原文】

十二年①,公伐郑,军于萧鱼②。郑伯嘉来纳女、工、妾三十人③,女乐二八④,歌钟二肆⑤,及宝镈⑥,辂、车十五乘⑦。公锡魏绛女乐一八⑧,歌钟一肆,曰:"子教寡人和诸戎、狄而正诸华⑨,于今八年,七合诸侯⑩,寡人无不得志,请与子共乐之。"魏绛辞曰:"夫和戎、狄,君之幸也⑪。八年之中,七合诸侯,君之灵也⑫,二三子之劳也,臣焉得之?"公曰:"微子,寡人无以待戎,无以济河⑬,二三子何劳焉!子其受之。"君子曰:"能志善也。"

注释

①十二年:晋悼公十二年(公元前562年)。
②伐郑:当时郑国臣服楚国,故悼公会合诸侯之师伐郑。军:驻军。萧鱼:郑

国地名，在今河南省许昌市。

③郑伯嘉：郑简公（公元前565—公元前530年在位），名嘉。女：美女。工：乐师。《左传·襄公十一年》："郑人赂晋侯以师悝（kuī 亏）、师触、师蠲（juān 娟）"，此三人即乐师名。妾：使女。

④女乐：歌舞伎。二八：十六人。古乐舞八人为一列，叫佾（yì 义），此为二列，以与歌钟二肆相配。

⑤歌钟：乐器，用于乐歌的钟。肆：排列。音调音阶完备，悬挂成一列的歌钟叫一肆。

⑥镈（bó 博）：此指小钟。宝镈，郑国视为宝物的小钟。据《左传》，还赠有磬，则镈、磬均指配乐歌而奏的乐器。

⑦辂（lù 路）：大车。车：指轴（tún 屯）车，用于屯守之车。《左传·襄公十一年》："广车（大车）、轴车淳（相配）十五乘。"十五乘即指大车、轴车各为十五乘。

⑧锡：通"赐"。女乐一八：即女乐一半。《左传》："晋侯以乐之半赐魏绛。"即以郑国所献乐队的一半赐魏绛。

⑨正：治理，整顿。诸华：指中原各国。

⑩于今八年，七合诸侯：韦《注》："一谓鲁襄五年会于戚，二谓七年会于郏（wéi 为），三谓八年会于刑丘，四谓九年同盟于戏，五谓十年会于柤（zhā 扎），六谓十一年会于亳（bó 脖）城北，七谓今会于萧鱼。"和戎狄后八年只此七次，《左传》言"八年之中，九合诸侯。"则将鲁襄公二年于虚杅，三年于鸡丘晋侯与诸侯会盟均计入。

⑪君之幸也：公序本作"臣之幸也"。

⑫灵：威灵。

⑬济河：渡过黄河。指晋军渡过黄河，向南征服郑国。

【今译】

　　晋悼公十二年，晋国会合诸侯各国攻打郑国，晋军驻扎在萧鱼。郑国人求和，郑简公嘉进献给晋悼公美女、乐师、使女共三十人，歌舞伎两佾十六人，歌钟两列，以及郑国的宝镈，大车、车各十五乘。晋悼公把乐队的一半即歌舞伎八人、歌钟一列赏赐给魏绛，说："您教寡人与各部戎人、狄人和好，并且整顿了中原各国，到现在八年，七次会合诸侯，寡人没有不满足心愿的，请让我和您一起用它们享乐吧。"魏绛辞谢说："与各部戎人、狄人和好，是托君主的福。八年之中，七次会合诸侯，是君主的威灵，诸位同僚的辛劳，臣下哪能贪功呢？"悼公说："话虽如此，没有您的教导，寡人不能正确对待戎狄，不能渡过黄河，他们又有什么功劳呢!您还是接受它吧。"君子说:"晋悼公能记住人的好处啊。"

# 9. 司马侯荐叔向

【题解】

本文写晋国大夫司马侯推荐叔向的故事。司马侯借登高望远,可以开拓眼界,要用高标准的德义来律己育人的道理,向晋悼公推举叔向,这种别开生面的写法让人耳目一新,同时使一代贤臣叔向的出场开始就不同凡响。

【原文】

悼公与司马侯升台而望曰①:"乐夫②!"对曰:"临下之乐则乐矣,德义之乐则未也③。"公曰:"何谓德义?"对曰:"诸侯之为,日在君侧,以其善行,以其恶戒,可谓德义矣。"公曰:"孰能?"对曰:"羊舌肸习于春秋④。"乃召叔向使傅太子彪⑤。

【注释】

①司马侯:晋国大夫,又称叔侯、女齐、汝叔齐,官司马,故《左传》又称"司马女叔侯。"

②乐夫:韦《注》:"乐见士民之殷富。"

③德义:韦《注》:"善善为德,恶恶为义。"即亲善该亲善的,憎恶该憎恶的即是德义。

④羊舌肸(xī希):即叔向,羊舌职次子,后为上大夫兼太傅,为晋国有名的贤臣。春秋:古代历史典籍的通称。时孔子尚未修订鲁《春秋》,编年史概称《春秋》,而董《正义》则言:"《春秋》,晋史。王应麟曰即孟子所谓晋之《乘》也。"未免过于拘泥。

⑤太子彪:晋悼公之子,名彪,后即位为晋平公。

【今译】

晋悼公与司马侯登上高台远望,感慨地说:"国家太平安乐了啊!"司马侯却说:"居高临下的快乐确实有了,但符合德义的快乐却远未达到。"悼公问："什么是符合德义的快乐呢？"回答说："诸侯的所作所为，应该像天天事奉在周天子身边一样恭敬谨慎，对天子亲善的就去亲善，对天子憎恶的引起戒惧，可说是符合德义了。"悼公说："谁能懂得德义？"回答说："羊舌肸熟读历史典籍。"晋悼公于是召见叔向让他教导太子彪。

# 卷十四　晋语八

## 1. 阳毕教平公灭栾氏

【题解】

栾盈是栾书的孙子,他一反其父栾黡奢侈骄横的作风,用礼贤下士来招揽人心。执政卿范宣子是他外公,怕栾盈私党势大,驱逐栾盈。公元前550年,心怀叵测的齐庄公用武力帮助栾盈回到晋都绛城,范宣子联合晋国其余世卿赵、智、中行、韩、魏,孤立栾氏,助晋平公诛灭栾盈及其党众。晋国大夫阳毕在这次武力兼并中起了重要作用。

本文记阳毕为平公出谋献策,诛灭栾氏的经过。他要平公举用贤臣和功臣之后,让人感念君主的恩德;同时不因私恩而隐恶,除掉祸根栾氏,来树立君主的权威。平公照他的话做,恩威并用,终于诛灭栾氏,巩固了国家政权。

文中阳毕用加长斧柄,砍断枝叶,挖尽树根来说明除恶务尽,不能手软,比喻形象而深刻。

【原文】

平公六年①,箕遗及黄渊、嘉父作乱,不克而死②。公遂逐群贼③,谓阳毕曰④:"自穆侯以至于今⑤,乱兵不辍⑥,民志不厌,祸败无已。离民且速寇⑦,恐及吾身,若之何?"阳毕对曰:"本根犹树⑧,枝叶益长,本根益茂,是以难已也。今若大其柯⑨,去其枝叶,绝其本根,可以少闲⑩。"

公曰:"子实图之。"对曰:"图在明训,明训在威权,威权在君。君抡贤人之后有常位于国者而立之⑪,亦抡逞志亏君以乱国者之后而去之⑫,是遂威而远权⑬。民畏其威,而怀其德,莫能勿从。若从,则民心皆可畜。畜其心而知其欲恶⑭,人孰偷生?若不偷生,则莫思乱矣。且夫栾氏之诬晋国久也⑮,栾书实覆宗⑯,弑厉公以厚其家,若灭栾氏,则民威矣。今吾若起瑕、原、韩、魏之后而赏立之⑰,则民怀矣。威与怀各当其所,则国安矣,君治而国安,欲作乱者谁与?"

君曰:"栾书立吾先君⑱,栾盈不获罪⑲,如何?"阳毕曰:"夫正国者,不可以暱于权⑳,行权不可以隐于私。暱于权,则民不导;行权隐于私,则政不行。政不行,何以导民?民之不导,亦无君也,则其为暱与隐也,复害矣,且勤身。君其图之!若爱栾盈,则明逐群贼,而以国伦数而遣之,厚箴戒图以待之㉑。彼若求逞志而报于君,罪孰大焉,灭之犹少㉒。彼若不敢而远逃,乃厚其外交而勉之㉓,以报其德,不亦可乎?"

公许诺,尽逐群贼而使祁午及阳毕适曲沃逐栾盈㉔,栾盈出奔楚。遂令于国人曰:"自文公以来有力于先君而子孙不立者,将授立之㉕,得之者赏㉖。"居三年,栾盈昼入,为贼于绛㉗。范宣子以公入于襄公之宫㉘,栾盈不克,出奔曲沃,遂刺栾盈,灭栾氏㉙。是以没平公之身无内乱也。

**注释**

①平公:晋平公(公元前557—公元前532年在位),姬彪,晋悼公之子。平公六年为公元前552年。

②箕遗、黄渊、嘉父:均为晋国大夫,党于栾盈。栾盈之父栾黡娶士匄(范宣子)之女为妻,生栾盈。栾黡死后,其妻栾祁与栾氏家臣州宾私通,栾盈很忧虑这事。栾祁害怕儿子讨伐州宾之罪,于是在士匄面前诬陷栾盈将要作乱。当时士匄做正卿,执政晋国,也害怕下卿栾盈招纳才士多,于是派盈到著地筑城而准备驱逐他。士匄并杀掉了准备作乱的栾氏同党箕遗、黄渊、嘉父等十位大夫。事见《左传·襄公二十一年》。

③群贼:指与栾盈交好的同党,即晋国大夫知起、中行喜、州绰、邢蒯(kuǎi块),被驱逐逃亡到齐国。

④阳毕:晋国大夫。

⑤穆侯:晋始封君唐叔虞的八世孙,曲沃桓叔之父,晋武公的曾祖父。

⑥辍(chuò啜):中止,停止。晋乱自桓叔开始,所以平公言"乱兵不辍"。
⑦离:离散。速:招来。寇:指外敌。
⑧本根:树根,这里比喻祸乱的根源。犹树:还立在那里。
⑨柯:斧柄。
⑩闲:安息。
⑪抡:选择。常位于国者:指世世代代有功于国的人。
⑫逞志:只图自己快意。亏:损害,祸害。
⑬遂:申张。远权:长远地掌握权力。
⑭畜:养。欲恶:指常人的情欲爱憎。
⑮诉:韦《注》:"以恶取善曰诉。"栾氏诉晋国,指栾书于公元前573年杀晋厉公,但国人感爱栾书的恩德,不认为是罪恶。
⑯覆:败坏。宗:大宗,始祖的长子一支。覆宗,祸败栾氏宗族,因栾黡、栾盈均为大宗,栾书弑君,是灭族之祸,故言覆灭栾氏大宗。另一说,覆宗为覆灭了晋国公室的长支,然晋厉公父景公虽为长子,其祖父成公为晋文公幼子,不得称为大宗。
⑰瑕:瑕嘉。原:原轸(即先轸)。韩:韩万(曲沃桓叔之子)。魏:毕万,晋献公之臣,封于魏城(在今陕西省芮城县北),故从其国名为魏氏,其子魏犨事文公,魏锜、魏颗、魏颉、魏绛均为其子孙。
⑱先君:指晋悼公。
⑲栾盈:栾黡的儿子,时为晋卿。不获罪:没有犯罪,指栾盈是被母亲诬告的,参见本文注②。
⑳昵:近。
㉑厚箴(zhēn珍):慎重规戒。戒图:戒备其图谋不轨。
㉒灭:诛灭宗族。
㉓厚其外交:指用财货赠送给栾盈寄身的国家。
㉔曲沃:本为晋宗发祥之地,后为栾氏食邑。
㉕授立:授给爵位使当官。
㉖得:访求。之:指功臣之后而未做官的。
㉗栾盈昼入为贼于绛:栾盈到楚后一年又逃到齐国,公元前550年,齐庄公派大夫析归父送栾盈到曲沃,周历四月,栾盈率领其死党在魏舒掩护下进入晋国都城绛作乱,士匄之子士鞅用智谋截住魏舒,栾氏孤立,最终失败退出绛城。事见《左传·襄公二十三年》。
㉘襄公之宫:晋襄公的宫室。因襄公宫室坚固,可以坚守。《左传》言:"奉君以走固宫。"
㉙刺:杀。《左传》:"晋人克栾盈于曲沃,尽杀栾氏之族党。"

## 【今译】

晋平公六年,晋国大夫箕遗及黄渊、嘉父作乱,没有成事就被士匄杀了。晋平公于是驱逐栾氏其余的党羽,对大夫阳毕说:"晋国从穆侯一直到现在,作乱的兵祸从未中止过,人心不满,祸乱不停。使民心涣散而且招来外患,我害怕灾祸落到我身上,该怎么办?"阳毕回答说:"祸乱的根子还存在,枝叶长得越多越茂盛,树根就盘结得越粗越深,所以难以制止啊。现在如果加长大斧的柄,用力砍断它的枝叶,决心除尽它的树根,就可以稍微停息一段时间了。"

晋平公说:"那就请您筹划这件事吧。"阳毕说:"筹划的关键在于要有明确的教令,明确的教令要有权威,树立权威在于君主自己。您选拔世代有功勋于国家而后代衰微的世家子弟,让他们做官,也选择只图个人快意却祸害国君祸乱国家的大臣后代而除掉他,这会提高您的威望而且长远保持君权。百姓畏服您的威望,怀念您的恩德,没有不听从您的。如果百姓顺从,便说明人心是可以培养教导的。培养教导他们的思想便可以了解他的情欲爱憎,谁敢苟且混日子呢?人如果一旦不苟且偷生,就没有人想作乱了。况且栾氏蒙蔽晋国人已经很久了,栾书就是祸败栾氏宗族的祸首,他杀害厉公来加厚栾氏宗族的力量。如果诛灭栾氏,那人们就会畏服君权了。现在我们如果选择瑕、原、韩、魏等功臣的后人,给他们赏赐,让他们为官,那人们就会感念君主的恩德了。树立威望与使人感恩做得恰到好处,那国家就自然安定了,您治国有方而且国家安定,想要作乱的人有谁拥护他呢?"

平公说:"栾书曾拥立我的先君悼公,栾盈也无罪于国家,怎么好诛灭栾氏宗族呢?"阳毕说:"想要矫正国家弊病的人,不应该只注意眼前的权威,执行权力不可以因为私恩而隐恶。只看到眼面前的权威,那百姓就不好训导;执行权力因为私恩而隐恶,那政令就无法推行。政令无法推行,用什么来训导百姓呢?百姓没有人训导,等于没有国君,那只注意眼前的权威与为私恩而隐恶,这反而是祸害国家,并且还操劳自己。请您还是好好考虑吧!如果您真是爱惜栾盈,就公开宣布驱逐栾氏乱党,而且用国家的法纪教训栾盈然后遣送出国,慎重警告他并加强国防来戒备他图谋不轨。他如果只求痛快来报复国君,那他的罪就再大不过了,诛灭他的宗族还嫌轻呢。他如果不敢报复并且远逃异国他邦,就可以给收容他的国家多馈赠财货,勉劝他们多加关照,来报答栾盈的德义,不也是可以的吗?"

晋平公采纳了阳毕的意见,把栾盈的同党全部驱逐出国,并且让祁午与阳毕到曲沃去驱逐栾盈,栾盈逃亡到楚国。晋平公于是向国人发布命令说:"从文公以来有功劳于先君但子孙却没有做官的,要给爵位并且立为大夫,能为朝廷访求到功臣子孙的人加以奖赏。"过了三年,栾盈在大白天进入晋国,到都城绛作乱。范宣子护送平公在襄公的宫里避难。栾盈没有攻入,逃奔到曲沃。晋军攻进曲沃杀死栾盈,灭了栾氏。因此直到晋平公去世再没有发生内乱。

## 2. 辛俞从栾氏出奔

【题解】

栾盈被逐,本无罪于国家,他的家臣辛俞矢志追随,并用事主忠君的巧辩折服了晋平公,谢绝平公的赏赐,这种威武不能屈、富贵不能淫的精神是值得赞赏的。

【原文】

栾怀子之出①,执政使栾氏之臣勿从②,从栾氏者为大戮施③。栾氏之臣辛俞行④,吏执之,献诸公。公曰:"国有大令,何故犯之?"对曰:"臣顺之也,岂敢犯之?执政曰'无从栾氏而从君',是明令必从君也。臣闻之曰:'三世事家,君之⑤;再世以下,主之⑥。'事君以死,事主以勤,君之明令也。自臣之祖,以无大援于晋国,世隶于栾氏⑦,于今三世矣,臣故不敢不君。今执政曰'不从君者为大戮',臣敢忘其死而叛其君,以烦司寇⑧。"公悦,固止之,不可,厚赂之。辞曰:"臣尝陈辞矣,心以守志,辞以行之,所以事君也。若受君赐,是堕其前言⑨。君问而陈辞,未退而逆之⑩,何以事君?"君知其不可得也,乃遣之。

注释

①栾怀子:即栾盈,也称栾孺子。
②执政:指正卿范宣子(士匄)。
③大戮:处死刑。施:陈。此指陈尸示众。

④辛俞:人名,栾氏的家臣。
⑤君之:以之为君,即事奉大夫如国君。
⑥再世:两代。主:大夫称主。主之,以之为主。
⑦隶:属,从。
⑧司寇:主管刑狱的官。
⑨堕:毁坏,即背弃。
⑩逆:反,反悔。

【今译】

栾盈出逃楚国时,执政卿士匄下令栾氏的家臣不许跟从,跟从出逃的人将被处死刑并陈尸示众。栾氏的家臣辛俞出走,被执法官吏抓住了,送到晋平公那里。平公说:"国家发布理过重大的法令,为什么要违犯它?"回答说:"臣下顺从法令,怎么敢违犯它呢?执政的正卿说:'不要跟从栾氏而要跟从君主',这是明确命令必须跟从君主啊。我听说:'三代事奉大夫的家臣,事奉大夫要如国君;两代以下,就是事奉大夫。'事奉君主要不怕死,事奉大夫要勤劳,这是您的命令啊。从臣下的祖辈起,因为在晋国没有大的靠山,世代跟从栾氏做家臣,到我已经三代人了,所以我不敢不把他当君主。现在执政说:'不跟从君主的人要处死刑。'我怎么敢忘记要被处死而背叛君主,来麻烦司寇行刑呢?"平公很喜欢他的仗义,坚决挽留他,辛俞不肯,就送给他许多财物。辛俞辞谢说:"我已经陈述了要走的理由,心志坚定,言行一致,这是事奉君主的原则。如果我接受了国君的赏赐,这是背弃了我先前说的话。国君问我,我陈述了,还没有退下来就反悔,还怎么事奉君主?"平公知道他不会留下,于是放走他。

## 3. 叔向母论叔鱼羊食我之生

【题解】

叔向的母亲是个有见识、有智谋的贵族妇女,刘向《列女传》将她列入《仁智》类,《左传》有关她的记载,都是写她以相人之术而预测吉凶,后来又都应验的。本文所记,《左传·昭公二十八年》也有,阅后,有助于了解古代的相人术。

【原文】

叔鱼生①,其母视之,曰:"是虎目而豕喙②,鸢肩而牛腹③,谿壑可盈④,是不可餍也,必以贿死⑤。"遂不视⑥。

杨食我生⑦,叔向之母闻之,往,及堂,闻其号也,乃还,曰:"其声,豺狼之声,终灭羊舌氏之宗者,必是子也⑧。"

### 注释

①叔鱼:晋国大夫,即羊舌鲋,叔向的同母弟。
②虎目:言其双目虎视耽耽。喙(huì 惠):嘴。豕喙,像猪嘴长而突出。
③鸢(yuān 渊):老鹰。鸢肩,像老鹰的双肩上耸。牛腹:像牛肚两胁鼓胀。
④溪壑:深川壑谷。
⑤必以贿死:一定会因为受贿而死。在《晋语九·叔向论三奸同罪》一文中,叙叔鱼果因受贿而被杀。
⑥不视:不自己喂乳看视。
⑦杨食我:叔向之子。杨,叔向食邑,在今山西省洪洞县东南。杨食我之母为当时著名美人夏姬之女,晋悼公强叔向娶为妻。
⑧晋顷公时,羊舌氏因杨食我为祁盈同党而灭族。事见《左传·昭公二十八年》。

【今译】

叔鱼刚生下来时,他的母亲仔细察看他,说:"这孩子长得虎目猪嘴,鹰肩牛腹,深川沟壑可以填平,他的欲望没有个满足的,将来一定会因受贿而死。"于是就不亲自抚养他。

杨食我刚出生,叔向的母亲听到后,走去看望,走到堂前,听到婴儿的哭声,便抽身往回返,说:"那声音,是豺狼的声音,最终使羊舌氏宗族覆灭的,肯定是这个孩子。"

## 4. 叔孙穆子论死而不朽

【题解】

本文借鲁卿叔孙穆子辨析"世禄"与"死而不朽"的区别,点明"死而不朽"这个成语的真正内涵。

【原文】

鲁襄公使叔孙穆子来聘①,范宣子问焉,曰:"人有言曰'死而不朽',何谓也?"穆子未对。宣子曰:"昔匄之祖,自虞以上为陶唐氏②,在夏为御龙氏③,在商为豕韦氏④,在周为唐、杜氏⑤。周卑,晋继之,为范氏⑥,其此之谓也?"对曰:"以豹所闻,此之谓世禄,非不朽也。鲁先大夫臧文仲,其身殁矣,其言立于后世,此之谓死而不朽。"

### 注释

①鲁襄公(公元前572—公元前542年在位):鲁成公之子,名午。叔孙穆子:即叔孙豹,又称穆叔,鲁卿。叔孙穆子聘晋,见《左传·襄公二十四年》。

②虞:虞舜。陶唐氏:即尧,尧最初住在陶,后来封在唐(今山西太原市南),称陶唐氏,尧为其谥。后禅位于舜,舜封尧子丹朱为王者后,仍称陶唐氏,终虞之世不改,所以说:"自虞以上为陶唐氏。"

③御龙氏:尧的后人刘累驯龙,事奉夏王孔甲,赐氏为"御龙"。今河南省临颖县北十五里有御龙城。

④豕韦氏:国名,在今河南滑县东南。豕韦本为鼓姓国,为商所灭,改封刘累之后,也称豕韦氏。

⑤唐、杜:国名,在今陕西省西安市东南。豕韦氏在商末改国为唐,周武王灭唐,迁之于杜,称唐杜氏或杜氏。

⑥卑:衰微。周卑晋继之,此意为晋虽诸侯,但实为中原诸侯之盟主,所以以晋与虞、夏、商、周并列。范氏:今山东省范县东南三十里有范城,即范氏食邑。周宣王杀杜伯,其子隰(xí 习)叔奔晋,为士师,故为士氏。隰叔之子士茍献公时为晋卿,士茍孙士会(即范武子)辅佐文公、襄公,为晋正卿,食邑于范,遂称为范氏。士匄为士会之孙、士燮之子。

⑦世禄:世代为官受爵禄。

⑧臧文仲:即臧孙辰,鲁庄公、僖公时的贤卿。

⑨其言立于后世:指臧文仲的话仍被后人视为道德准则流传后世。立,树立而不被废弃。

【今译】

鲁襄公派叔孙穆子来晋国聘问,范宣子问他说:"古人有句话说'死而不朽',这话的意思是什么?"穆子没有回答。范宣子又说:"从前我士匄的祖先,从虞舜以上是陶唐氏,在夏代时是御龙氏,在商代是豕韦氏,在周代是唐氏、杜氏。周王室衰微,晋国成为诸侯的盟主,我们叫范氏,大概所说的'不朽'就是这意思吧?"叔孙穆子回答说:"据豹所听到的,这叫做世禄,不叫死而不朽。鲁国先大夫臧文仲,他人死后,他的言论作为准则树立,流传到后世,这才叫做死而不朽。"

# 5. 范宣子与和大夫争田

【题解】

本文叙写晋国正卿范宣子与和大夫争执田界,想动用武力解决,得不到大夫们的支持,最后在家臣訾祏的劝告下,主动让步,平息争端的故事。

文章用富有个性的语言,展现人们各自不同的性格。范宣子身为执政大臣,却为一己之私利与和大夫争闹不休,还想用权势压服对方,虽然由于訾祏的提醒,自惭而让步,但这个人物的狭隘、卑微和自私,也可见一斑了。《左传·襄公十四年》说他"假羽毛于齐而弗归,齐人始贰。"因为贪得而使诸侯对晋国有二心,简直是置国家利益于不顾。回顾前文以世禄来炫耀范氏"不朽",范氏不得人心,至宣子孙范吉射而灭族,前因后果,耐人深思。訾祏用回顾范氏家族的三位先辈,公而忘私,为国家建功立业的事实,来批评范宣子仰赖先辈余荫,安享禄位,却记小怨而忘治国重任,很有说服力,既应证了叔向对他"实直而博"的评价,也切合其家臣室老的身份。其余众大夫的话,也都可以看出他们的为人和品格。

【原文】

范宣子与和大夫争田①,久而无成②。宣子欲攻之,问于伯华③。伯华曰:"外有军,内有事。赤也,外事也④,不敢侵官⑤。且吾子之心有出焉,可徵讯也⑥。"问于孙林甫⑦,孙林甫曰:"旅人⑧,所以事子也,唯事是待。"问于张老⑨。张老曰:"老也以军事承子,非戎,则非吾所知也。"问于祁奚,祁奚曰⑩:"公族之不恭,公室之有回⑪,内事之邪⑫,大夫之贪,是吾罪也。若以君官从子之私,惧子之应且憎也。"问于籍偃,籍偃曰⑬:"偃也以斧钺从于张孟,日听命焉,若夫子之命也,何二之有? 释夫子而举,是反吾子也。"问于叔鱼,叔鱼曰:"待吾为子杀之。"

叔向闻之，见宣子曰："闻子与和未宁⑭，遍问于大夫，又无决，盍访之訾祏⑮？訾祏实直而博，直能端辨之⑯，博能上下比之，且吾子之家老也⑰。吾闻国家有大事，必顺于典刑，而访咨于耇老⑱，而后行之。"司马侯见，曰："闻吾子有和之怒，吾以为不信。诸侯皆有二心，是之不忧，而怒和大夫，非子之任也。"祁午见，曰："晋为诸侯盟主，子为正卿，若能靖端诸侯⑲，使服听命于晋，晋国其谁不为子从，何必和⑳？盍密和㉑，和大以平小乎㉒！"

宣子问于訾祏，訾祏对曰："昔隰叔子违周难于晋国㉓，生子舆为理㉔，以正于朝，朝无奸官；为司空㉕，以正于国，国无败绩。世及武子㉖，佐文、襄为诸侯，诸侯无二心。及为卿，以辅成、景，军无败政。及为成师㉗，居太傅，端刑法，缉训典㉘，国无奸民㉙，后之人可则㉚，是以受随、范㉛。及文子成晋、荆之盟㉜，丰兄弟之国㉝，使无有间隙，是以受郇、栎㉞。今吾子嗣位，于朝无奸行，于国无邪民，于是无四方之患，而无外内之忧，赖三子之功而飨其禄位㉟。今既无事矣，而非和㊱，于是加宠，将何治为？"宣子说，乃益和田而与之和。

> **注释**

①和大夫：晋国和邑的大夫。争田：争田地的疆界。

②成：平息。

③伯华：即羊舌赤，叔向之长兄，其时代父羊舌职为中军尉之佐。

④外事：指军事。

⑤侵官：管理非本职范围的事务，叫侵官。

⑥出：指动用军队，即出兵。征：召。讯：问。

⑦孙林甫：亦作"孙林父"，即孙文子。原为卫国大夫，公元前559年与卫国执政大夫宁殖出兵驱逐卫献公，立卫殇公为君。公元前547年宁殖之子宁喜杀殇公而接纳卫献公复国为君。孙林甫于是在食邑戚地（在今河南省濮阳县北）叛卫事晋，为晋国大夫。

⑧旅人：客居之人。

⑨张老：即张孟，原为中军司马，平公即位后，任上军主帅。

⑩祁奚：晋国大夫，在任中军尉时曾向晋悼公告老退休，平公即位后，复任公族大夫。

⑪回：邪僻，不正当行为。

⑫内事:朝内之事。
⑬籍偃:即籍游,此时任上军司马。
⑭宁:息。
⑮訾祏(zī shí 资石):范宣子的家臣。
⑯端辨:正确地区别。
⑰家老:家臣室老,为家臣之长。
⑱耇(gǒu 苟)老:老年人。
⑲靖:安定。
⑳何必和:意为都将听从您的命令,何止是和大夫呢?
㉑密:亲近。和:和平。
㉒和大以平小:指当以与诸侯和好的大德来平息与和大夫的小怨。
㉓隰叔子:杜伯之子,范宣子的先祖。违:避。避周难,周宣王杀杜伯,隰叔避难出亡到晋。详见前文注⑥。
㉔子舆:即晋献公时正卿士荞。理:司法官。
㉕司空:掌土木宫室营造的官。
㉖世及武子:传世到武子。父死子继叫世,指士荞传给儿子成伯缺,缺传给武子。范武子,即士会,为辅佐晋文公、襄公、灵公、成公、景公五朝的贤臣。
㉗成:当为"景"。师:当为"帅"。景帅,即为晋景公时的中军元帅。公元前600年晋成公去世,晋景公即位后,于公元前593年请示周王,以黼冕赏赐士会并任命为中军元帅,兼任太傅。事见《左传·宣公十六年》。
㉘缉:汇总编次。训典:教导的常规、法则。
㉙国无奸民:《左传》言"(士会为政),于是晋国之盗逃奔于秦。"故坏人无法留藏晋国。
㉚则:准则。
㉛随、范:士会的食邑。随在今山西介休县东。
㉜文子:范文子,士会之子士燮。成晋荆之盟:完成晋和楚的结盟。这是公元前579年晋国派士燮去主持完成的。事见《左传·成公十二年》。荆,楚国。
㉝丰:厚。间隙:隔阂。丰兄弟之国,因晋楚结盟,郑、卫等国受益无兵祸,郑、卫同为姬姓,故称加厚兄弟之国。
㉞郇(xún 旬):晋邑,在今山西省临猗县西南。栎(lì 力):晋邑,在今河北省境,其确地不详。郇、栎为加封给士燮的食邑。
㉟三子:指士荞,士会、士燮。
㊱非:非难,责难,即俗言过不去。

【今译】

范宣子与和邑的大夫争夺田地疆界,长期没有解决。范宣子想动用军队压服,问到伯华。伯华说:"对外有军事行动,对内有国家政事。我羊舌赤,是管军事的,不敢管非本职范围的事。况且您既想出动军队,可以普遍征询别人的意见。"问到孙林甫,孙林甫说:"我是寄居为客的人,是事奉您的,只遵照您的指示去办。"问到张老,张老说:"我张老在军事上服从您的指挥,不是军事行动,就不是我分内的事了。"问到祁奚,祁奚说:"公族中有不恭谨的,公室中有言行邪僻的,朝内办事不公正,大夫贪赃枉法,这是我的罪责。如果拿国君给我的官去给您个人办私事,只怕您表面上答应接受而在内心里憎恨我。"问到籍偃,籍偃说:"我籍偃是跟从张孟执掌刑法的,每天听从他的命令,如果是张老发布的命令,我还有什么二话可讲呢?没有张老的命令就行动,这实质上也是在反对您的前令。"问到叔鱼,叔鱼说:"等我为您去杀了他。"

叔向听到后,去见范宣子说:"听说您与和大夫的争执还没有平息,普遍询问各位大夫,又没有一个决断,您何不去征求訾祏的意见。訾祏朴实直爽而知识广博,朴直使他能正确区分是非,广博使他能古今对比,况且又是您的家臣室老。我听说国家发生大事,必须按照常规去办,并且还要征询老年人的意见,然后才能去执行。"司马侯去见范宣子,说:"听说您对和大夫很生气,我不太相信。诸侯对晋国有二心,您对这个不忧虑,却去恼恨和大夫,这不是您应该做的。"祁午去见范宣子,说:"晋国是中原诸侯的盟主,您是执政的正卿,如果您能使诸侯安定端正各守本分,让他们归服并听从晋国的命令,晋国还有谁不听从您的,何止和大夫会听从呢?何不亲密和平地解决,用与诸侯和好的大德来平息这种小怨吧!"

范宣子问到訾祏,訾祏说:"当初您的先祖隰叔子从周避难来到晋国,生了子舆当了法官,整顿朝廷,朝廷里没有奸臣;当司空后,整顿国家,国家没有败坏的事情。子舆传到武子,武子辅佐文公、襄公称霸诸侯,诸侯对晋国没有二心。以后他当上卿,辅佐成公、景公,军队中没产生过弊端。后来他当景公的中军元帅,又处在太傅的职务上,修正刑法,整理法规,当时晋国没有不守法的百姓,后来的人都以他订立的法规为准则,因此受封随、范二邑。到您的父亲文子,他完成了晋国和楚国的结盟,让兄弟邻国受益,使他们没有了隔阂,因此受封郇、栎二邑。现在您继承了先人的官位,在朝中没有奸邪的行为,在国内没有邪恶的百姓，在这时又没有四方诸侯造成的外患，可说是没有外内之忧，这是您仰赖三位先辈的功劳在享受禄位。现在国家太平无事，您却给和大夫过不去，想借这事增加荣宠，您将怎样来治理国家呢？"范宣子乐意听从，于是多给和大夫田地并且与他和好。

# 6. 訾祏死范宣子勉范献子

【题解】

本文写范宣子借訾祏之死勉励儿子，说明谦虚处事才能免祸。

【原文】

訾祏死，范宣子谓献子曰①："鞅乎！昔者吾有訾祏也，吾朝夕顾焉②，以相晋国，且为吾家。今吾观女也，专则不能，谋则无与也，将若之何？"对曰："鞅也，居处恭，不敢安易③，敬学而好仁，和于政而好其道，谋于众不以贾好④，私志虽衷⑤，不敢谓是也，必长者之由。"宣子曰："可以免身。"

注释

①献子：范宣子之子范鞅，也称士鞅。
②顾：问。
③安：指自己苟安。易：简单。
④贾（gǔ 古）好：求好，买好。贾，谋求。
⑤衷：善。

【今译】

訾祏死了，范宣子对范献子说："鞅啊！过去我有訾祏，我早晚都可以听取他的意见，来辅佐晋国，同时管理我们的家邑。现在我看你啊，独自又办不成事，和人商量又没个贤臣，以后怎么办呢？"回答说："我范鞅，平时恭恭敬敬地办事，不敢图安逸敷衍了事，恭恭敬敬地学习仁德，团结别人处理政事，一切遵循道义，向众人征求意见不是为了讨好，自己的想法虽然好，但不敢自以为是，一定听从长者的意见去办。"范宣子说："你可以免遭祸患了。"

# 7. 师旷论乐

【题解】

晋国名乐师旷,传说能知音而听政。本文写他听了晋平公欣赏的新乐曲,就断定是亡国之音,并认为音乐教化万民,化育山川,对开通国家风化起着重要的作用,可见古人对音乐的重视。

【原文】

平公说新声①,师旷曰②:"公室其将卑乎③!君之明兆于衰矣④。夫乐以开山川之风也⑤,以耀德于广远也。风德以广之⑥,风山川以远之,风物以听之⑦,修诗以咏之,修礼以节之。夫德广远而有时节⑧,是以远服而迩不迁。"

【注释】

①说:同"悦",喜欢。新声:指卫灵公让乐师涓为晋平公演奏的新乐曲,一说指非正声的时尚音乐。《史记·乐书》言:"卫灵公将之晋,宿于濮水之上,闻琴音,召师涓而写之。晋平公置酒于施惠之台,灵公曰:'今者来,闻新声,请奏之。'师涓援琴而鼓之。未终,师旷抚而止之曰:'此亡国之声也,不可遂。'……平公曰:'寡人所好者音也,愿遂闻之。'师涓鼓而终之。"
②师旷:晋国乐师,名旷,字子野,古代乐师皆称师。
③公室:指晋国。卑:衰微。
④明:萌,萌发。
⑤开:通。山川:代指国家。风:风化。
⑥风德:宣扬德行。
⑦风物:化育万物。听之:指万物无不倾耳而听。
⑧时节:指农作物的耕作要遵照农时,人的举止要符合礼节。

【今译】

晋平公喜欢听师涓演奏的新乐曲,师旷说:"晋国大概快要衰败了!国君的喜好已经萌发出衰微的征兆了。音乐是用来开通国家风化的,可以把德行的光耀传布到广漠辽远的地方。音乐宣扬德行到广远的四方,教化全国使它传布更远,化育万物使它们倾耳而听,作诗来咏唱它,制礼来节制它。德政传布到广远的四方,使耕作有农时,使举止有礼节,因此远方的人来归服而近处的人也不迁居。"

# 8. 叔向谏杀竖襄

【题解】

叔向正话反说,用晋的先祖唐叔勇射兕牛而封晋的故事,巧妙地对比出晋平公射雀不死还要杀人的无能,使平公悟出了话中的深意而赦免了竖襄,真是一种绝妙的劝谏方法。

【原文】

平公射鷃①,不死,使竖襄搏之②,失。公怒,拘将杀之。叔向闻之,夕,君告之。叔向曰:"君必杀之。昔吾先君唐叔射兕于徒林③,殪④,以为大甲,以封于晋。今君嗣吾先君唐叔,射鷃不死,搏之不得,是扬吾君之耻者也。君其必速杀之,勿令远闻!"君忸怩⑤,乃趣赦之⑥。

注释

①鷃(yàn 晏):鷃雀,一种小雀。
②竖:宫内未成年的奴仆。襄:此奴仆之名。搏:捉。
③唐叔:周武王的小儿子,名虞,晋的始祖。兕(sì 四):犀牛一类动物,似牛而毛色青,独角,皮坚厚可制铠甲。徒林:森林名。
④殪(yì 义):一箭射死。
⑤忸怩(niǔ ní 扭尼):羞愧的样子。
⑥趣:同"趋",赶快,急速。

【今译】

晋平公射鷃雀,没有射死,叫小内侍襄去扑捉,没有捉到。平公大怒,把襄关押起来还要杀了他。叔向听说了这事,连夜进宫去见平公,平公把这事告诉了他。叔向说:"君主您一定要把他杀掉。从前我们的先君唐叔在徒林射猎兕牛,一箭就射死了,用它的皮做成一副大铠甲,因为才艺出众被封为晋君。现在您继承我们先君唐叔当国君,射只小鹌雀还射不死,扑捉又没捉到,这是在宣扬我们国君的耻辱啊。请您务必赶快杀了他,免得让这件事传到远方去。"晋平公很不好意思,于是命人赶快把小内侍襄放了。

# 9. 叔向论比而不别

【题解】

本文通过叔向解释团结共事与结党营私的区别,说明有道德的人为国事君只能讲团结不能互相勾结。

【原文】

叔向见司马侯之子,抚而泣之,曰:"自此其父之死,吾蔑与比而事君矣①!昔者此其父始之,我终之;我始之,夫子终之。无不可。"籍偃在侧,曰:"君子有比乎?"叔向曰:"君子比而不别②。比德以赞事③,比也;引党以封己④,利己而忘君,别也。"

注释

①比:互相团结,也指互相勾结。
②比而不别:指互相团结而不结党营私。
③赞:辅助。
④引:攀援,即俗谓拉关系。党:同党。封:加厚。

【今译】

叔向看见司马侯的儿子,抚拍着他哭泣,说:"从他父亲死后,就没有人可以和我互相合作事奉君主了啊!过去他的父亲在前倡导,我就在后面完成;我在前面开始,他就在后面完成。没有不可以完成的事。"籍偃在旁边,说:"君子也有同党吗?"叔向说:"君子讲团结不讲结为同党。在道德准则上互相合作共同赞助国事,这是团结;依靠互相攀援用来加强自己的势力,有利于自己而忘了君主,这叫结党营私。"

# 10. 叔向与子朱不心竞而力争

【题解】

两位官员在朝堂上公然动武干仗,这确实不雅相。但叔向正直无私,是为国,只不过方式方法不够讲究;子朱有私心,却要死顾面子:两者还是有本质区别的。师旷认为他们不在心里竞争而动武干仗,是晋公室将要衰微的一种迹象,道出了有识之士对国事的担忧。

【原文】

秦景公使其弟鍼来求成①,叔向命召行人子员②。行人子朱曰:"朱也在此。"叔向曰:"召子员。"子朱曰:"朱也当御③。"叔向曰:"胗也欲子员之对客也。"子朱怒曰:"皆君之臣也,班爵同④,何以黜朱也?"抚剑就之⑤。叔向曰:"秦、晋不和久矣,今日之事幸而集⑥,子孙飨之。不集,三军之士暴骨⑦。夫子员导宾主之言无私⑧,子常易之⑨。奸以事君者,吾所能御也⑩。"拂衣从之⑪,人救之。平公闻之曰:"晋其庶乎⑫!吾臣之所争者大。"师旷侍,曰:"公室惧卑⑬,其臣不心竞而力争⑭。"

注释

①秦景公(公元前576—公元前537年在位):秦穆公之玄孙,秦桓公之子,名后伯车。鍼:景公之弟,《史记·秦本纪》称"后子鍼。"
②行人:官名,负责外交事务。子员及子朱均为行人名。
③当御:当值,当班。
④班爵同:犹言职位级别相同。
⑤就之:跟上叔向。
⑥集:成功。飨:同"享",受。
⑦暴骨:暴露尸骨,指死在战场上。
⑧导:沟通。
⑨易之:改变原意。
⑩奸:邪恶。御:防备。
⑪拂衣《左传·襄公二十六年》杜《注》:"褰裳也。"即撩起裙裳。从之:迎

上去。

⑫救:劝阻。

⑬庶:庶几,差不多。

⑭公室:这里指晋王室。

⑮不心竞:不在心里竞争。

【今译】

　　秦景公派他的弟弟针到晋国寻求结盟友好,叔向命令传召行人子员。行人子朱说:"朱在这里。"叔向说:"传子员来。"子朱说:"朱是当班执行职务的。"叔向说:"我羊舌肸想要子员来接待秦国宾客。"子朱愤怒地说:"都是国君的臣子,职位级别相同,为什么不用朱?"手摸着宝剑面对叔向。叔向说:"秦晋两国不和睦已经很久了,今天结盟的事幸而成功,子孙就托福了。不成功,三军将士就将在战场上暴露尸骨。子员在沟通宾主之间的谈话时没有私心,你却经常窜改原话。用奸邪事奉国君的人,我是要坚决抵制的。"撩起下裳就迎上去,众人劝阻了他们。平公听到这事后说:"晋国大概差不多要大治了吧!我的臣子是在为大事争执。"师旷侍立一旁,说:"晋公室的地位恐怕要卑微了,臣子不在心里竞争却动武干仗。"

# 11. 叔向论忠信而本固

【题解】

　　公元前546年,由于宋国大夫向戌的调停,以晋、楚为首的诸侯国大夫在宋国商丘地方召开弭兵大会。在这次盟会时,楚国本想偷袭晋军,杀其正卿赵武,赵武采纳了元老重臣叔向的主张,凭着忠诚和信用在诸侯中提高晋国的威望,使楚人终于不敢轻举妄动。

【原文】

　　诸侯之大夫盟于宋①,楚令尹子木欲袭晋军②,曰:"若尽晋师而杀赵武,则晋可弱也。"文子闻之,谓叔向曰:"若之何?"叔向曰:"子何患焉。忠不可暴③,信不可犯,忠自中④,而信自身⑤,其为德也深矣,其为本也固矣,故不可抈也⑥。今我以忠谋诸侯⑦,而以信覆之⑧,荆之逆诸侯也亦云⑨,是以在此。若袭我,是自背其信而塞其忠也。信反必毙⑩,忠塞无用⑪,安能害我?且夫合诸侯以为不信,诸侯何望焉。为此行也,荆败我,诸侯必叛之,子何爱于死,死而可以固晋国之盟主,何惧焉?"

是行也,以藩为军⑫,攀辇即利而舍⑬,候遮扞卫不行⑭,楚人不敢谋,畏晋之信也。自是没平公无楚患。

### 注释

①诸侯之大夫盟于宋:公元前546年七月,以晋楚为首的诸侯国大夫在宋国西门外结盟。事见《左传·襄公二十七年》。

②子木:即屈建,当时任楚国令尹(相当于中原各国的卿相)。楚欲袭晋军,即《左传》所言:"楚人衷甲。"在外衣里面穿皮甲,准备袭杀晋国正卿赵武,削弱晋国。

③不可暴:不可用暴力侵凌。

④忠自中:忠诚发自内心。中,即"衷。"

⑤信自身:信义以自身做表率。

⑥捝(yuè月):动摇。

⑦谋诸侯:图谋安定诸侯。

⑧以信覆之:用信义来验证之。

⑨逆:迎。亦云:也如此说,指楚表面上对诸侯也说要弭兵(消灭战争)。

⑩毙:倒下去。

⑪无用:无以用于诸侯。

⑫以藩为军:设篱笆做军队的界限。据《左传》,此次盟会,各国军旅皆用篱笆为界限,晋军、楚军各自驻扎在北、南两边,表示不相戒备。

⑬攀辇:引车,拉车。利:水草便利之处。

⑭候:瞭望哨。候遮,隐蔽的瞭望哨。扞卫:警卫的岗哨。不行:不设。

### 【今译】

诸侯国大夫在宋西门外的那次结盟,楚国令尹子木打算偷袭晋军,说:"如果能全部消灭晋军并杀了赵武,那么晋国就可以削弱了。"晋国正卿赵文子知道了这件事,问叔向说:"怎么办?"叔向说:"您有什么可担心的。忠诚不可用暴力侵凌,信用不能用虚假背弃。如果一个人的忠诚发自内心,信用出于自身,那么他的德行修养很深,他做人的根基也就十分牢固,所以是不可能动摇的。现在我们晋国图谋用忠诚安定诸侯,并且以信用来验证忠诚,楚国人面对诸侯也说要'消灭战争',我们不怕也就在这一点。如果楚国人偷袭我们,是自己背弃信用而且断绝了忠诚。背信弃义一定要倒台,断绝忠诚就不能号召诸侯,怎能危害我们?况且会合诸侯却不讲信用,诸侯还指望什么。这次会盟,楚国要是偷袭我们成功,诸侯一定会背叛它,您怎能舍不得死,一死可以巩固晋国的盟主地位,您怕什么呢?"

这次参加盟会,随行的晋军只设藩篱做界限,引车到水草便利的地方驻扎,白天不设隐蔽的瞭望哨,夜里不设岗哨来警卫,楚国人不敢图谋偷袭,害怕晋国在诸侯中的信用。从这次会盟后,一直到晋平公死,都没有楚国造成的兵患。

# 12. 叔向论务德无争先

【题解】

本文紧接前篇,写在商丘的盟会上,叔向劝赵文子不必与楚国人争先歃血,只有致力于德政,才能压服楚国,使晋国成为真正的盟主。赵文子同意叔向的主张,让楚人先歃血。这次盟会,实质上确立了晋、楚两国同为诸侯霸主的地位。这以后,楚国不敢再冒险北进,专力去对付吴国,晋国也专力于内政,列国之间的战争相对减少了许多。

【原文】

宋之盟①,楚人固请先歃②。叔向谓赵文子曰:"夫霸王之势,在德不在先歃,子若能以忠信赞君,而裨诸侯之阙③,歃虽在后,诸侯将载之④,何争于先? 若违于德而以贿成事,今虽先歃,诸侯将弃之,何欲于先? 昔成王盟诸侯于岐阳⑤,楚为荆蛮⑥,置茅蕝⑦,设望表⑧,与鲜卑守燎⑨,故不与盟。今将与狎主诸侯之盟⑩,唯有德也。子务德,无争先。务德,所以服楚也。"乃先楚人⑪。

注释

①宋之盟:即上文诸侯各国在宋的盟会。

②歃(shù 啥):歃血。古人盟会时,盟者都要在嘴唇抹上牲畜的血,表示诚信。先歃,先于晋而歃血。因为古代结盟歃血,以先为尊,故楚人要争第一。
③裨:补。阙:缺。
④载:拥戴。
⑤岐阳:岐山之南,即今陕西省岐山县治。成王盟诸侯于岐阳,据《左传·昭公四年》:"成有岐阳之蒐",可能是周成王在岐阳检阅军队的同时也大会诸侯。
⑥荆蛮:荆州的蛮人。楚为荆蛮,是表示对楚的蔑视。
⑦茅蕝(jué 绝):古代祭祀盟会时用来过滤酒糟的菁茅束。菁茅为楚国特产,规定要向周王室进纳的贡品。
⑧望表:古时望祭山川时所立的木制牌位。
⑨鲜卑:东方的少数民族国家,又称东胡、东夷。燎:庭燎,在庭中设大烛。
⑩狎:更番轮替。
⑪先楚人:让楚人先歃血。

【今译】

在宋国的那次盟会上,楚国人坚决请求先歃血。叔向对赵文子说:"霸主的权威,是树立在德行而不在于是否先歃血。您如果能用忠诚信义赞助君主,并且补救诸侯的缺失,即使歃血在楚国后面,诸侯也会拥戴您,何必去争先呢?如果您违背了德行而靠财货处理政务,今天就算争到比楚先歃血,诸侯也将背弃您,想争先歃血又有什么意思呢?从前周成王在岐山之阳大会诸侯,那时候楚国还不过是荆州的蛮国,负责摆放过滤酒的茅草束,设立望表,与鲜卑人一起守护庭燎,还没有资格参加盟会。现在楚国却能和晋国轮番主持诸侯的盟会,这是因为它有了德业。您致力于德行,不要去争执先歃血。致力于德行,才能压服楚国。"晋国赵文子于是让楚国令尹子木先歃血。

## 13. 赵文子请免叔孙穆子

【题解】

公元前541年,诸侯国大夫在虢地会盟期间,鲁国违背盟会的宗旨,公然去攻打莒国,为此,楚国人要杀掉鲁国参加盟会的代表叔孙穆子。穆子认为自己一死可以免掉诸侯各国对鲁的讨伐,于是不肯行贿免罪，也不肯逃走。晋卿赵武十分赞赏叔孙穆子为国家利益而不怕死的精神，坚决请求赦免了他。

文中对叔孙穆子为国忘身、临难不苟免的思想行为；赵文子爱憎分明、主持正义的品格和从大处着眼的执政者风度；乐王鲋贪婪索贿、私心报复的小人本相都写得十分出色。

【原文】

虢之会①，鲁人食言②，楚令尹围将以鲁叔孙穆子为戮③，乐王鲋求货焉④，不予。赵文子谓叔孙曰："夫楚令尹有欲于楚⑤，少懦于诸侯⑥。诸侯之故⑦，求治之，不求致也。其为人也，刚而尚宠⑧，若及，必不避也。子盍逃之？不幸，必及于子。"对曰："豹也受命于君，以从诸侯之盟，为社稷也。若鲁有罪，而受盟者逃，鲁必不免，是吾出而危之也。若为诸侯戮者，鲁诛尽矣，必不加师，请为戮也。夫戮出于身，实难，自他及之，何害？苟可以安君利国，美恶一心也⑨。"

文子将请之于楚，乐王鲋曰："诸侯有盟未退，而鲁背之，安用齐盟？纵不能讨，又免其受盟者，晋何以为盟主矣，必杀叔孙豹。"文子曰："有人不难以死安利其国，可无爱乎！若皆恤国如是，则大不丧威，而小不见陵矣。若是道也果⑩，可以教训，何败国之有！吾闻之曰：'善人在患，弗救不祥；恶人在位，不去亦不祥。'必免叔孙。"固请于楚而免之。

【注释】

①虢之会：指公元前541年，诸侯各国在郑国的虢地（故城在今河南省郑州市北古荥镇）会盟，《左传·昭公元年》言为"寻宋之盟也"。即重温在宋国的会盟。

②鲁人食言：指诸侯在虢地会盟期间，鲁国攻打莒国占领郓城，所以莒国向盟会告状，主要是报告楚国，请求制裁鲁国。

③楚令尹围：即楚恭王之子围，令尹是他当时的官职，又称王子围、公子围，后杀其兄麇而代立，即楚灵王。叔孙穆子：鲁卿，即叔孙豹。

④乐王鲋：晋国大夫，又称乐桓子。货：指贿赂。

⑤有欲于楚：在楚国有野心，指公子围想弑王自代为国君。

⑥懦：懦弱。

⑦诸侯之故：诸侯会盟的故事。故事，即老规矩。

⑧尚：喜好。尚宠，喜好自我尊宠。

⑨美恶:美生恶死。"美恶一心也",公序本为"美恶一也。"
⑩果:实施,实行。

【今译】

　　在虢地的那次会盟,鲁国人违背盟会的宗旨去打莒国,楚国令尹公子围打算把鲁国代表叔孙穆子杀掉,晋国大夫乐王鲋向叔孙穆子索取贿赂愿替他说情,叔孙穆子不给他。赵文子对叔孙穆子说:"楚国令尹在楚国有野心,又认为中原诸侯懦弱。诸侯会盟的老规矩,是想求得解决问题,不是只要求到会就行了。楚国令尹的为人,刚愎自用又好抬高自己,如果谁有罪过碰上他,一定是要被杀的。您何不逃走呢?万一有不幸,一定会追究到您头上。"叔孙穆子回答说:"我叔孙豹接受国君的命令,来参加诸侯的会盟,这是为了国家。如果鲁国有罪,参加盟会的代表却逃跑了,鲁国一定不能避免要被征讨,这就是因为我的出逃而危害了国家。如果我被诸侯杀戮,对鲁国的诛讨也就到此为止了,一定不会再用军队了。请求杀了我。被杀是因为自己有罪,那确实难堪,如果是因为其他原因连累到自己,又有什么妨害呢?假如因为我的被杀可以使君主安宁,可以对国家有利,生和死都是一样的。"

　　赵文子将要替叔孙穆子向楚国求情,乐王鲋说:"诸侯会盟还没散,鲁国就背弃了盟约,那还要盟约干什么?纵然不讨伐鲁国,还加上不追究鲁国参加盟会的人,晋国还怎么当盟主,一定要杀叔孙豹。"赵文子说:"有人不难把自己的死用来保证国家的安全,可以不爱惜这样的人吗?如果做臣子的都像这样顾念国家,那大国就不会丧失威望,小国就不会被欺凌了。如果这个道理能实行,就可以用来教训臣民,那还会有什么败亡的国家!我听说:'好人遭到祸患,不去救不吉祥;坏人在位,不离开他也不吉祥。'我一定要救叔孙免难。"赵文子坚决向楚国请求,楚国于是赦免了叔孙穆子。

# 14. 赵文子为室张老谓应从礼

【题解】

　　张老认为正卿赵文子家建房细磨椽头是违礼背义的事情,便用巧妙的方法劝谏他；赵文子从善如流，不但立即修正错误，而且还要以此昭示后人：两人的态度都是值得称许的。

【原文】

赵文子为室，斫其椽而砻之①。张老夕焉而见之，不谒而归②。文子闻之，驾而往，曰："吾不善，子亦告我，何其速也？"对曰："天子之室，斫其椽而砻之，加密石焉③；诸侯砻之④；大夫斫之⑤；士首之⑥。备其物，义也⑦；从其等，礼也⑧。今子贵而忘义，富而忘礼，吾惧不免，何敢以告。"文子归，令之勿砻也。匠人请皆斫之，文子曰："止。为后世之见之也，其斫者，仁者之为也，其砻者，不仁者之为也。"

注释

①斫(zhuó 茁)：砍削。椽(chuán 船)：房顶的檩脊上承受瓦的木条。砻(lóng 龙)：磨。
②谒：见。
③密石：纹理细密的磨石。
④诸侯砻之：即诸侯可以磨椽头，但无密石。
⑤大夫斫之：即大夫家只砍削椽子而不磨。
⑥首：指椽条的头。
⑦备其物：物备得合规矩。
⑧从其等：遵从尊卑的等级。

【今译】

赵文子家营建房屋，砍削房椽条还加以细磨。张老晚上去看到了，没有谒见他就回去了。赵文子听到这事后，连夜驾车去见张老，说："我不好，您老该告诉我，为什么很快就走了呢？"张老说："天子的宫室，要砍削房椽条还加以细磨，而且还要用细磨石；诸侯的椽头要磨；卿大夫家的椽头要细致地砍削；士人建房砍去椽条的头。物备得合规矩，这是义；遵照尊卑上下的等级，这是礼。现在您显贵了却忘记义，富有了却忘记礼，我害怕您不能免祸，怎么敢告诉您呢？"赵文子回到家，命令不要磨房椽头了。工匠来请求全部重新砍掉，赵文子说："不必全部砍。让子孙后代看到这些房椽头，就知道那砍削的，是知礼行仁的人干的；那些细磨过的，是忘礼背仁的人干的。"

# 15. 赵文子称贤随武子

【题解】

本文通过赵文子推许随武子,说明赵文子立身行事的标准是:尊师、重友、忠诚、正直。

【原文】

赵文子与叔向游于九原①,曰:"死者若可作也②,吾谁与归?"叔向曰:"其阳子乎③!"文子曰:"夫阳子行廉直于晋国,不免其身,其知不足称也。"叔向曰:"其舅犯乎④!"文子曰:"夫舅犯见利而不顾其君,其仁不足称也。其随武子乎⑤!纳谏不忘其师,言身不失其友,事君不援而进,不阿而退⑥。"

注释

①九原:晋国卿大夫的墓地。
②作:起。
③阳子:即晋襄公太傅阳处父。
④舅犯:即狐偃子犯,晋文公之舅。见利不顾其君,指文公回国渡黄河时子犯以璧投河,重耳指河为证,誓与舅父同心之事,参见《晋语四》12。
⑤随武子:即范武子,士会。随,邑名,士会的又一封邑。
⑥阿:曲从,曲意逢迎。

【今译】

赵文子与叔向在九原散步,说:"要是死的人可以活过来,我们愿跟谁在一起?"叔向说:"大概是阳子吧!"文子说:"阳子在晋国可算清廉正直的,但不能使自身免遭祸难,他的智慧不值得称道。"叔向说:"那么是舅犯吧!"文子说:"舅犯看到有利可图就不顾君主,他的仁义不足称许。我看还是随武子吧!采纳忠言不忘记他的老师,谈到自己的优点不忘记夸奖自己的朋友,事奉君主不援引自己的私人来推荐所谓的贤才,也不附和君主的好恶黜退所谓的不肖。"

# 16. 秦后子谓赵孟将死

【题解】

本篇从秦后子与赵文子的对话,反映了赵文子挂心国事,及时了解邻国的国情,有当政者的紧迫感,而没有为个人和家族打算的私念。秦后子的说法,实则只能更增加对赵文子的崇敬。

【原文】

秦后子来奔①,赵文子见之,问曰:"秦君道乎②?"对曰:"不识。"文子曰:"公子辱于敝邑,必避不道也。"对曰:"有焉。"文子曰:"犹可以久乎?"对曰:"鍼闻之,国无道而年谷和熟,鲜不五稔③。"文子视日曰:"朝夕不相及④,谁能俟五!"文子出,后子谓其徒曰⑤:"赵孟将死矣!夫君子宽惠以恤后,犹恐不济。今赵孟相晋国,以主诸侯之盟,思长世之德,历远年之数,犹惧不终其身;今忨日而潋岁⑥,怠偷甚矣⑦,非死逮之,必有大咎⑧。"冬,赵文子卒。

注释

①秦后子:秦景公之弟后子鍼来奔:秦后子因怕受景公的迫害,于公元前541年出逃到晋国。事见《左传·昭公元年》。

②道:君道。

③稔(rěn 忍):年,岁。"国无道"二句:意为国君虽无道但年谷和熟,这是有上天赞助,还不会马上灭亡,至少五年不会有亡国之祸。

④朝夕不相及:意为活了早上只怕活不到晚上。

⑤徒:随从。

⑥忨(wán 玩):同"玩",苟安。潋(hé 合):旷废。

⑦怠偷:懈怠苟安。

⑧大咎:大祸。

【今译】

秦后子出逃到晋国,赵文子见到他,问他说:"秦国的国君有道吗?"后子回答说:"不知道。"文子说:"公子屈尊来到我国,一定是为了逃避不行君道的人。"回答说:"有这个意思。"文子说:"那他还可以支撑多久呢?"回答说:"铖听说,国君无道但粮食丰收,至少可以支撑五年。"赵文子看着日影说:"早晨等不了晚上,谁能等五年!"文子出去后,后子对他的随从说:"赵孟大概快要死了!君子应该宽厚仁慈顾念到将来,还惟恐不能建功立业。现在赵孟辅佐晋国,主持诸侯各国的会盟,应该想到树立长久立身行世的德行,盼着有经历多年的寿数,还恐怕不能很好地了结自己的一生;他现在既安于现状又旷废时间,懈怠苟安得太过分了,不是死期快到了,就一定有大祸临头。"这年冬天,赵文子去世。

# 17. 医和视平公疾

【题解】

古人认为治国和治病的道理是一样的,所以有"上医医国,其次疾人"的说法。本文从名医和对晋平公病因、病情、预后的分析判断,暴露出当时上层统治者荒淫靡乱的生活,他们因纵情物欲而丧失意志,给国家带来灾难,也使自己走向灭亡。

阅读本文,还有助于了解古人对"食谷养生"与"摄生养性"之间辩证关系的认识。文中医和用形训的方法解释"虫"、"皿"为"蛊",揭示出"蛊"字的本义,这是我国早期一条很有价值的训诂资料,值得重视。同文也见于《左传·昭公元年》。

【原文】

平公有疾,秦景公使医和视之①,出曰:"不可为也。是谓远男而近女,惑以生蛊②;非鬼非食,惑以丧志③。良臣不生④,天命不祐。若君不死,必失诸侯。"赵文子闻之曰:"武从二三子以佐君为诸侯盟主,于今八年矣,内无苟慝⑤,诸侯不二,子胡曰'良臣不生,天命不祐'?"对曰:"自今之谓。和闻之曰:'直不辅曲,明不规暗⑥,拱木不生危⑦,松柏不生埤⑧。'吾子不能谏惑,使至于生疾,又不自退而宠其政⑨,八年之谓多矣,何以能久!"文子曰:"医及国家乎?"对曰:"上医医国⑩,其次疾人,固医官也⑪。"文子曰:"子称蛊,何实生之?"对曰:"蛊之慝⑫，谷之飞实生之⑬。物莫伏于蛊，莫嘉于谷，谷兴蛊伏而章明者也⑭。故食谷者，昼选男德以象谷明⑮，宵静女德以伏蛊慝⑯，今君一之，是不飨谷而食蛊也，是不昭谷明而皿蛊也⑰。夫文⑱，'虫'、'皿'为'蛊'，吾是以云。"文子曰："君其几何？"对曰："若诸侯服⑲，不过三年；不服，不过十年。过是，晋之殃也。"

是岁也，赵文子卒，诸侯叛晋。十年，平公薨。

### 注释

①医和：秦国名医。医和为晋平公诊病，事见《左传·昭公元年》。
②蛊(gǔ 鼓)：一种毒虫。这里指疾病。
③惑以丧志：被迷惑而丧失意志。
④良臣：指晋平公的辅臣赵武。不生：将死。
⑤苛慝(tè 特)：暴虐邪恶。
⑥直不辅曲，明不规暗：指赵武不能用正直光明来规谏辅佐君主（使他沉迷淫惑，所以上天不保佑）。规，谏诤。
⑦拱木：大树。拱，两手合抱。危：高而险。
⑧埤(pí 脾)：低洼潮湿。
⑨宠：荣宠，尊宠，犹言过高评估。
⑩医国：医治国家，因可以使君主停止淫惑，所以说能医国。
⑪官：犹职。
⑫慝：邪恶，这里指"用邪恶去危害……"。
⑬谷之飞：谷物中的飞虫。
⑭兴：生长。
⑮男德：有德行的男人。以象谷明：以象人吃五谷而产生聪明。
⑯宵：夜晚。女德：有德行的女人。伏：去。宵静女德以伏虫慝，意为夜晚应该安静地呆在有德行的女人身边，用礼义自我节制，来免除自己受益害而生病。
⑰皿蛊：成了蛊的器皿。皿，器皿。
⑱文：字。
⑲诸侯服：诸侯归服，则晋君专于女色。

### 【今译】

晋平公有病，秦景公派名医和给他看病，诊毕出来后，医和说："已经治不好了。这叫做远离男人而亲近女人，迷惑女色所以生蛊病；不是由于鬼神降灾，也不是由于饮食不调，是由于沉迷女色而丧失意志。

良臣将要死去,上天不会保佑。如果君主不死,也肯定要失掉诸侯的拥护。"赵文子听到后说:"我赵武与朝中诸位大夫辅佐国君成为诸侯的盟主,到现在已经八年了,国内没有暴虐邪恶,诸侯拥戴没有二心。您凭什么说'良臣将要死去,上天不会保佑'?"医和回答说:"我指的是从今以往的话。和听说:'正直的人不能辅佐邪曲的人,光明磊落的人不能规谏昏暗迷惑的人,大树不能生长在又高又险的地方,松柏不能生长在低洼潮湿的地方。'您身为执政大臣却不能劝谏迷惑的国君,使他没有节制而得病,自己又不引退,反而自认为国政不错,八年就已经够多了,还怎么能长久!"赵文子说:"医人还要涉及国政吗?"回答说:"上等医生首先能医国,其次才是给人治病,因为医生也是一种官职。"赵文子说:"您说的蛊,是怎么产生的?"回答说:"蛊虫危害了谷物,谷物中的飞虫产生蛊病。万物没有不潜藏着蛊的,万物也没有比谷物更好的,谷物生长的同时蛊就潜伏在里面,这是很明显的道理。所以吃五谷的人,白天选择有德行的男人而亲近他,就像人吃谷物是为了产生聪明一样;晚上安于在有德行的女人身边用礼义节制自己,使自己避免蛊惑。现在贵国君主白天夜晚都一样,那不是在享受五谷而是在吃蛊虫,这就不像吃谷物养生的人那样聪明,而把自己当做接受蛊虫的器皿了。在文字里,'虫'与'皿'合起来是'蛊'字,我所以这样说。"赵文子又问:"我们的国君还能活多久?"医和回答说:"如果诸侯归服不变,沉迷女色不加节制,活不过三年;如果诸侯不归服,不能专于女色,活不过十年。过了这个数字,就是晋国的灾难了。"

这一年,赵文子去世,诸侯纷纷背叛晋国。十年后,晋平公去世。

# 18. 叔向均秦楚二公子之禄

【题解】

官员的俸禄,是根据爵位的高低、功劳的大小而定的,本文写叔向坚持原则,不因为秦、楚二公子贫富悬殊而改变标准,给他们同等的俸禄待遇,表现了叔向的端方正直。

【原文】

秦后子来仕①,其车千乘。楚公子干来仕②,其车五乘。叔向为太傅,实赋禄③,韩宣子问二公子之禄焉④,对曰:"大国之卿,一旅之田⑤,上大夫,一卒之田⑥。夫二公子者,上大夫也,皆一卒可也。"宣子曰:"秦公子富,若之何其钧之⑦?"对曰:"夫爵以建事,禄以食爵,德以赋之,功庸以称⑧,若之何以富赋禄也!夫绛之富商,韦藩木楗以过于朝⑨,唯其功庸少也,而能金玉其车,文错其服⑩,能行诸侯之贿⑪,而无寻尺之禄⑫,无大绩于民故也。且秦、楚匹也,若之何其回于富也⑬。"乃均其禄。

【注释】

①秦后子:见本卷16注①。

②公子干:楚共王的庶子,即子比。公元前541年,楚公子围弑其兄麇(后谥为郏敖),代立为王,即楚灵王,右尹子干出奔晋。以下叔向与执政正卿韩宣子的对话,《左传·昭公元年》记为叔向与赵文子对话,因其时文子未死,至冬十二月过世后,才由韩起接替为正卿。

③实赋禄:掌管俸禄。

④韩宣子:韩厥之子,名起,晋卿。

⑤一旅之田:即五百顷。一旅,五百人。

⑥一卒之田:即一百顷。卒,一百人。

⑦钧:同"均",等同。

⑧称:相称,相副。

⑨韦藩:皮革背心,可遮蔽前胸后背,故称韦藩。木楗:木扁担。

⑩金玉其车:用金玉装饰他的车。文错:交织金缕的花纹。

⑪能行诸侯之贿:言财贿足以交往诸侯。

⑫寻:一寻为八尺。寻尺,极言其少。

⑬回:回护。

【今译】

秦国的后子出逃到晋国做官,跟随的车子有一千辆。楚国的公子干出逃到晋国做官,跟随的车子只有五辆。叔向当时是太傅,掌管官员的俸禄,韩宣子问他秦楚二位公子的俸禄待遇,叔向回答说:"大诸侯国的卿,给五百顷田赋的俸禄;上大夫,给一百顷田赋的俸禄。这二位公子都是上大夫,都给一百顷田赋的俸禄就可以了。"韩宣子说:"秦国的公子富有,为什么把他的俸禄与楚公子等同呢?"叔向回答说:"按照职务授给爵位,根据爵位高低确定俸禄,按照德行给俸禄,功与禄要相称,为什么要依据贫富给俸禄呢。绛都的那些富商,穿着皮背心挑着担子经过朝廷,因为他们对国家没有功劳。他们的富有足可以用金玉装饰自己的车辆,用金镂交织的花纹绣在衣服上,用财富与诸侯交往,但他们却没有一丁点俸禄,这是因为他们对百姓没有功绩的缘故啊。况且秦国、楚国是地位相等的国家,干嘛要偏心那富有的呢。"于是就给他们均等的俸禄。

# 19. 郑子产来聘

【题解】

古人相信梦占,郑国子产为晋平公圆梦而治好他病的故事,就反映出这一习俗。

【原文】

郑简公使公孙成子来聘①,平公有疾,韩宣子赞授客馆②。客问君疾,对曰:"寡君之疾久矣,上下神祇无不遍谕③,而无除④。今梦黄熊入于寝门⑤,不知人杀乎,抑厉鬼邪!"子产曰:"以君之明,子为大政⑥,其何厉之有?侨闻之,昔者鲧违帝命,殛之于羽山⑦,化为黄熊,以入于羽渊⑧,实为夏郊⑨,三代举之⑩。夫鬼神之所及⑪,非其族类,则绍其同位⑫,是故天子祀上帝⑬,公侯祀百辟⑭,自卿以下不过其族⑮。今周室少卑,晋实继之⑯,其或者未举夏郊邪?"宣子以告,祀夏郊,董伯为尸⑰。五日,公见子产,赐之莒鼎⑱。

注释

①郑简公(公元前565—公元前530年在位):郑僖公(郑穆公曾孙)之子,名嘉。公孙成子:即子产,又称公孙侨,郑国的卿,郑穆公之孙,子国之子,为郑国有名的贤臣,死谥成子。

②赞:引导。

③谕：此指祭祀祝告。
④除：除病。
⑤寝门：指卧室。
⑥大政：正卿。
⑦鲧：古时人名，禹的父亲，传说因偷天帝的息壤而被处死，或说因用堙塞治洪水无功而被帝舜放逐处死。殛(jí疾)：杀。羽山：山名。
⑧羽渊：羽山下的深潭。
⑨夏郊：夏代郊祭配享的神。因古时天子郊祭是祭天地，其余神灵为配享。
⑩三代：指夏、商、周。举之：不废除把鲧列为郊祭配享的仪礼。
⑪所：指吉凶所涉及。
⑫绍：继承。同位：指同等地位的。
⑬上帝：指天。
⑭百辟：本指诸侯，这里指有治国平天下的大功勋者，如周公、太公等。辟：君。
⑮族：亲族。
⑯晋实继之：意为晋以盟主的资格继承周室统领诸侯。
⑰董伯：晋国大夫。尸：受祭祀的尸主。古代祭祀时，代死者受祭、象征死者神灵的人称尸，以臣下或死者的晚辈充任。故韦《注》言："神不歆非类，则董伯其犹姓乎。"
⑱莒鼎：出产于莒国的鼎。

【今译】

郑简公派遣子产到晋国聘问，平公有病，韩宣子引导安排子产到客馆。子产讯问平公的病情，韩宣子回答说："寡君生病已经好久了，应该祭祀的天上地下的神明没有不去祝告的，但病始终不见好。今天又说梦见黄熊进了寝宫，不知这梦到底主杀人呢，还是来了恶鬼？"子产说："凭着君主的英明，又有您主持国政，哪会有什么恶鬼？侨听说，从前鲧违背了天帝的命令，被放逐并处死在羽山，他的精灵变化成黄熊钻入羽山下的深潭中。他的儿子禹有天下后开始郊祭鲧，夏、商、周三代也都对鲧举行郊祭。鬼神所涉及的吉凶，不是降给同族，就是降给承继他地位的，所以天子祭祀天帝，公侯祭祀于国于民有大功勋的公侯，从卿大夫以下不过祭祀自己的亲族而已。现在周室逐渐衰微，晋国作为盟主已经继承了它的地位，大概是因为没有举行夏禹开始的郊祭吧？"韩宣子报告了晋平公，便举行对鲧的郊祭，董伯做尸主。五天后,平公接见子产,并赏赐给子产莒国的鼎。

# 20. 叔向论忧德不忧贫

【题解】

韩宣子忧贫,叔向却去祝贺他,并列举栾书节俭贫穷,有德无财,在国内外都有好的影响,杀了国君也没被人怪罪;栾黡巧取豪夺,有财无德,结果累及儿子栾盈被逐;郤氏家族,三卿五大夫,财宏势大,富可敌国,却因骄横奢侈而灭族等实例,勉励宣子应当忧虑的是德行不立,而不应当忧愁钱财不多。这使韩宣子认识到有德无财,可以保家;有财无德,早晚是祸的道理,为家族可以长治久安而向叔向拜谢。

【原文】

叔向见韩宣子,宣子忧贫,叔向贺之。宣子曰:"吾有卿之名,而无其实①,无以从二三子,吾是以忧。子贺我,何故?"对曰:"昔栾武子无一卒之田②,其宫不备其宗器③,宣其德行,顺其宪则④,使越于诸侯⑤,诸侯亲之,戎、狄怀之⑥,以正晋国,行刑不疚⑦,以免于难。及桓子骄泰奢侈,贪欲无艺⑧,略则行志⑨,假货居贿⑩,宜及于难,而赖武之德,以没其身。及怀子改桓之行⑪,而修武之德,可以免于难,而离桓之罪⑫,以亡于楚。夫郤昭子⑬,其富半公室,其家半三军,恃其富宠,以泰于国⑭,其身尸于朝,其宗灭于绛。不然,夫八郤,五大夫三卿⑮,其宠大矣,一朝而灭,莫之哀也,唯无德也。今吾子有栾武子之贫,吾以为能其德矣,是以贺。若不忧德之不建,而患货之不足,将吊不暇,何贺之有?"宣子拜稽首焉,曰:"起也将亡,赖子存之,非起也敢专承之⑯,其自桓叔以下嘉吾子之赐⑰。"

注释

①实:此指财富。
②栾武子:栾书,晋厉公、悼公时为正卿。一卒之田:一百顷田地。一卒,一百人。按,大国的卿,应有一族之田(五百顷),而栾书占有不到一百顷田地,说明其廉洁不贪。
③宗器:祭器。

④宪则:法则。
⑤越:传播。
⑥怀之:归服他。
⑦行刑不疚:指栾书弑杀晋厉公不被国人责难。疚,诟病。
⑧桓子:栾书之子栾黡。艺:极。无艺,无限度。
⑨略:违犯。则:法纪。
⑩假:借。假贷居贿,借放高利贷屯积财富。
⑪怀子:栾黡之子栾盈。
⑫离:同"罹",遭受。
⑬郤昭子:郤至。郤氏被灭族,可参见《晋语六》10。
⑭泰:骄泰,自傲自大到极点。
⑮三卿:指郤锜、郤犨、郤至。
⑯专承:独自承受。
⑰桓叔:即曲沃桓叔,名成师,号桓叔,晋穆侯之少子,晋武公的祖父。桓叔有子名万,封在韩邑,称韩万。所以韩起尊桓叔为韩氏的先祖。

【今译】

　　叔向去见韩宣子,韩宣子正为贫困发愁。叔向却祝贺他,宣子说:"我空有正卿的名义,却没有正卿的实际,没有财富同诸位卿大夫交往,我所以很发愁,您倒来祝贺我,这是什么缘故?"叔向回答说:"从前栾武子身为正卿,却没有一百顷的田地,他家里连祭器都不齐备,但他却能发扬美德,遵循法规,他的名声传遍诸侯各国,诸侯亲近他,戎人、狄人归服他,因此安定了晋国,虽然杀了厉公却没被国人责难,还因此而免遭大难。到他的儿子栾桓子骄横不可一世,奢侈放纵,贪婪得没个限度,触犯法纪任意胡为,借放高利贷屯积财富,本来该遭到祸难,只不过仰赖他父亲栾武子的美德,才得到善终。到他的儿子栾怀子,一改父亲栾桓子的所作所为,而学习祖父栾武子的美德,本来可以免除祸难,却受到桓子罪孽的连累,被迫逃亡到楚国。还有郤昭子,他的财富抵得上晋国公室的一半,三军将帅中倒有一半是郤家的人,仗恃自家的财力和权势,在晋国骄横放肆到极点,结果落得被杀后尸身还放在朝堂上示众,他的宗族也在绛城被灭绝。如果不是这样,八个姓郤的,有五个做大夫三个做卿,他们家的权势可说是很大的了,可是却在一天之内被诛灭,没有一个人哀怜,就因为没有德行的缘故啊。现在您有栾武子的清贫,我认为您也具有他的德行,所以祝贺您。假如不是忧虑德行不能建立,却忧虑财富不够多,我哀吊您还来不及,哪里还会祝贺?"宣子向他下拜并叩头,说:"我韩起将要灭亡了,仰赖您的教导保存了我,不光是韩起独自承受您的恩德,就是从桓叔以下的韩氏列祖列宗都要感激您的恩赐。"

# 卷十五　晋语九

## 1. 叔向论三奸同罪

【题解】

　　羊舌鲋受贿而出卖法律，雍子用女儿收买法官求得官司胜诉，邢侯受屈气愤之下杀了他两个，叔向认为三个人都是犯罪，给予同样的判决。

【原文】

　　士景伯如楚①，叔鱼为赞理②。邢侯与雍子争田③，雍子纳其女于叔鱼以求直④。及断狱之日⑤，叔鱼抑邢侯，邢侯杀叔鱼与雍子于朝。韩宣子患之。叔向曰："三奸同罪，请杀其生者而戮其死者⑥。"宣子曰："若何？"对曰："鲋也鬻狱⑦，雍子贾之以其子⑧，邢侯非其官也而干之。夫以回鬻国之中⑨，与绝亲以买直，与非司寇而擅杀，其罪一也。"邢侯闻之，逃。遂施邢侯氏⑩，而尸叔鱼与雍子于市。

注释

　　①士景伯：即士弥牟，又称士伯，晋国司理官，即管刑法的官。
　　②叔鱼：即羊舌鲋，叔向的同母弟，晋国大夫。赞理：助理。
　　③邢侯：即邢伯，晋国大夫。申公巫臣（原为楚大夫，后奔晋）之子，食邑邢。雍子：晋国大夫，也是楚人而仕晋。争田：争田界。《左传·昭公十四年》言"邢侯与雍子争鄐（chù 处）田。"鄐，晋邑，在今河南温县附近。
　　④直：胜诉。

⑤断狱:判决案件。
⑥戮:陈尸。
⑦鬻(yù 遇)狱:卖狱,即司法官因受贿而不以理法判曲直。
⑧贾(gǔ 古):买。子:女儿。
⑨回:邪曲,即非法。
⑩施:指通缉、逮捕、治罪。韦昭注:"施,劾捕也。"《国语正义》疏:"案,邢侯闻声而逃,故须劾捕,捕得则杀。"

【今译】

士景伯出使楚国去了,由叔鱼代理他司法官的职务。邢侯与雍子争讼田界,雍子把女儿嫁给叔鱼来求得官司胜诉。到判决案子那天,叔鱼压制邢侯,邢侯气愤之下,在公堂上杀了叔鱼与雍子。韩宣子很忧心这件事。叔向说:"三个坏人罪过相同,杀那还活着的人,把死的陈尸示众。"宣子说:"为什么这样处理?"叔向回答说:"羊舌鲋出卖法律,雍子用自己的女儿收买法官,邢侯不是司寇却擅自杀人。用非法的手段出卖国家的法律,与弃绝亲情来买得胜诉,与不是司寇却擅自杀人,他们的罪过都是一样的重。"邢侯听到后,就逃走了。于是搜捕邢侯的全家,并把叔鱼与雍子的尸体在街市上示众。

## 2. 中行穆子帅师伐狄围鼓

【题解】

本文记叙了公元前527年晋卿中行穆子率师攻伐鼓国的一段史实。中行穆子不肯接受出卖鼓城的叛变者,却奖励忠于原鼓君的夙沙釐,着眼点在于维护国家利益赏善罚奸,这种爱憎分明的做人态度和忠于国事的思想行为是值得赞赏的。

【原文】

中行穆子帅师伐狄,围鼓①。鼓人或请以城叛,穆子不受。军吏曰:"可无劳师而得城,子何不为?"穆子曰:"非事君之礼也。夫以城来者,必将求利于我②。夫守而二心,奸之大者也;赏善罚奸,国之宪法也。许而弗予,失吾信也;若其予之,赏大奸也。奸而盈禄,善将若何?

且夫狄之憾者以城来盈愿③,晋岂其无?是我以鼓教吾边鄙贰也④。夫事君者,量力而进,不能则退,不以安贾贰⑤。"令军吏呼城,儆将攻之,未傅而鼓降⑥。中行伯既克鼓,以鼓子苑支来⑦。令鼓人各复其所,非僚勿从⑧。

鼓子之臣曰夙沙釐⑨,以其孥行⑩,军吏执之,辞曰:"我君是事,非事土也。名曰君臣,岂曰土臣?今君实迁,臣何赖于鼓?"穆子召之,曰:"鼓有君矣⑪,尔心事君⑫,吾定而禄爵。"对曰:"臣委质于狄之鼓⑬,未委质于晋之鼓也。臣闻之:委质为臣,无有二心。委质而策死⑭,古之法也。君有烈名⑮,臣无叛质。敢即私利以烦司寇而乱旧法,其若不虞何⑰!"穆子叹而谓其左右曰:"吾何德之务而有是臣也?"乃使行。既献⑱,言于公⑲,与鼓子田于河阴⑳,使夙沙釐相之。

### 注释

①中行穆子:晋卿,即荀吴,又称中行伯,中行偃之子。鼓:国名,国境在今河北晋县,姬姓,白狄的一支,当时属鲜虞。中行伯伐鼓为公元前527年。
②利:此指爵邑禄位等赏赐。
③憾:恨。盈愿:满足愿望。
④边鄙:边城。贰:二心。
⑤安:安逸,此指不经劳苦而获得。贾贰:收买怀二心的人。
⑥傅:附着,此指靠近。
⑦苑支:鼓国国君名,《左传·昭公十五年》写作"鸢鞮(yuān dī 冤低)"。
⑧僚:官。
⑨夙沙釐(xī 僖):人名,鼓君的下臣。
⑩孥(nú 奴):妻室儿女。
⑪鼓有君矣:鼓国已经有新君了,指穆子安排的新君涉沱,详见《左传·昭公二十二年》。
⑫心:公序本作"止"。而:尔,你。
⑬委质:向君主献礼,誓死为臣。委,置,不敢直送于君前,置之于庭。臣拜见君,献上贽礼,卿用羔,大夫用雁。另一说,"质"为形体,指人臣拜见人君时,屈膝而委体于地。
⑭策死:古时人臣开始事奉君主,必先将姓名写在策(即名册)上,表示至死效忠于君。
⑮烈名:英明的美德。
⑯即私利:追求私利。即,就。旧法:即书名于策至死效忠于君的法规。敢即

私利以烦司寇而乱旧法,因为追求私利就是叛君乱旧法,叛君乱法有罪,就得劳烦司寇来行刑。

⑰不虞:没有意料到。

⑱献:献功。

⑲公:晋顷公(公元前525—公元前512年在位),晋昭公之子,名去疾。

⑳河阴:晋国黄河以南之地。

**【今译】**

　　中行穆子率领军队攻打狄人,包围鼓国。鼓国有人请求献出鼓城投降,穆子不接受。他属下的军官们说:"可以不劳苦军队就得到鼓城,您为什么不干?"穆子说:"这不是事奉君主的礼法。出卖城池来投降的人,必定想从我这里得到利益。为君主守城却怀有二心,这是奸邪中最严重的;奖赏善良,惩罚奸邪,这是国家的根本大法。同意他投降却不赏赐他,失掉我的信用;如果赏给他,这是奖赏大奸大恶。大奸却得到爵禄,那良善的怎么看待?况且仇恨狄国的人用出卖城池来满足私愿,晋国难道没有这种人?这等于我用鼓国的例子来教导我们戍守边城的将领怀二心啊。况且事奉君主的人,要量力而行,攻不下来就撤退,不能用贪图安逸去收买人家的叛变者。"于是传令将士向城上呐喊,警告他们晋军要攻城了,还没有靠近城墙,鼓城就投降了。中行伯攻下鼓城后,带着鼓国君主苑支回晋国。临行前命令鼓城的人各安其事,不是执役服事的人不得随行。

　　鼓君有个臣子叫夙沙釐的,带着他的妻子儿女跟从鼓君到晋国,军吏逮捕了他,他解释说:"我事奉君主,不是侍奉国土。所以名义上叫做君臣,岂有叫土臣的?现在我们的君主已经迁走了,我做臣子的留在鼓国仰赖什么呢?"穆子召见他,说:"我已经替鼓国另立了君主,你一心事奉新的君主,我保持你原有的官职俸禄。"回答说:"我是对狄的鼓君致敬称臣的,不是向晋的鼓君致敬称臣的。我听说:向人致敬称臣,就不能怀有二心。致敬称臣,把名字写在名册上效忠到死,这是古时的礼法。君主有英明的美德,臣子就不能背叛当初的致敬称臣。我岂敢追求个人私利而麻烦司寇官来扰乱旧法呢?要是做臣子的都这样,如果晋国遇到意想不到的事那该怎么办呢?"穆子感叹地对左右随从的人说:"我要修什么德,才能得到这样忠心不二的臣子呢?"于是让他同行。回到晋国举行献功礼后,穆子把凤沙釐的事情报告晋顷公,顷公把河阴的田地交给鼓君苑支治理,叫凤沙釐辅助他。

## 3. 范献子戒人不可以不学

【题解】

古人在言谈书写时要避免君父尊亲的名字,这叫避讳。但据文献记载,普遍的避讳是从汉初开始,本文所记鲁人避君主之讳,晋卿范献子出国犯讳,自惭而强调学习的重要一事,可见避讳早在春秋时就已有之。柳宗元《非国语》说:"鲁有大夫公孙敖,鲁之君臣莫罪而更也,又何鄙野之不云具、敖?"可见避讳确实不如汉以后那样看得严重。

【原文】

范献子聘于鲁①,问具山、敖山②,鲁人以其乡对。献子曰:"不为具、敖乎?"对曰:"先君献、武之讳也③。"献子归,遍戒其所知曰:人不可以不学。吾适鲁而名其二讳,为笑焉,唯不学也。人之有学也,犹木之有枝叶也。木有枝叶,犹庇荫人,而况君子之学乎?"

【注释】

①范献子:晋卿,范宣子(士匄)之子,即士鞅、范鞅。
②具山、敖山:鲁国的两座山名。具山,即具茨山,在今河南省密县东。敖山,在今河南省荥阳县东北。
③献:鲁献公,伯禽(周公旦之子)之曾孙,名具。武:鲁武公(公元前825—公元前816年在位),献公之少子,名敖。讳:避讳,指对君主、尊长辈的名字避开不直称,这是我国古代的一种礼制。《礼记·曲礼上》:"入竟而问禁,入国而问俗,入门而问讳。"范献子入鲁未问而犯鲁先君之讳,事后所以羞惭。

【今译】

范献子到鲁国聘问,问到具山、敖山,鲁国人用山所在的乡名回答。范献子说:"不是叫具山、敖山吗?"回答说:"那是敝国先君献公、武公的名要避讳啊。"献子回到晋国,遍告自己所认识的人,说:"人不可以不学习。我出使鲁国却直呼人家避讳的两座山名,惹人见笑,只因为我不学习呀！人有学问，就好比树木有枝叶一样。树木有枝叶，还可以给人遮阴凉，何况君子有学问呢！"

## 4. 董叔欲为系援

【题解】

本文借叔向的幽默，将"系"、"援"二字的意思变为被抓住和捆吊在树上，讽刺一心想通过婚姻关系攀富贵的人，最终是自取其辱。

【原文】

董叔将娶于范氏①，叔向曰："范氏富，盍已乎②？"曰："欲为系援焉③。"他日，董祁愬于范献子曰④："不吾敬也。"献子执而纺于庭之槐⑤，叔向过之，曰："子盍为我请乎？"叔向曰："求系，既系矣；求援，既援矣。欲而得之，又何请焉？"

**注释**

①董叔：晋国大夫。娶于范氏：指娶范宣子的女儿（范献子的妹妹）。

②已：止。

③系援：作为绳梯攀援上去，即通过婚姻关系往上爬。系，联系，这里指联姻。援，攀附。

④董祁：董叔之妻。范氏相传为帝尧之后代，祁姓，周时妇女举姓不举氏，所以称董祁，与栾黡之妻（范宣子之女）称栾祁同。愬：同"诉"。

⑤纺：即今之"绑"字，捆绑。

【今译】

董叔要娶范氏家的姑娘为妻，叔向说："范氏家富贵，何不取消这门亲事呢？"董叔说："我想借联系婚姻攀援。"结婚之后有一天，董祁告诉哥哥范献子说："他不尊敬我们。"范献子把董叔抓来捆在庭中的槐树上，恰好叔向经过那儿，董叔叫喊说："您何不替我去说个人情呢？"叔向说："你想求'系'，这不已经系上了吗？你想求'援'，这不已经绑起来了吗？你想要得到的都得到了，还请求什么呢？"

## 5. 赵简子欲有斗臣

【题解】

赵简子问为什么没有为他效死力的勇士，叔向的回答，说明原因要从主观上去找。

【原文】

赵简子曰①："鲁孟献子有斗臣五人②。我无一，何也？"叔向曰："子不欲也。若欲之，肸也待交捽可也③。"

注释

①赵简子：晋卿，赵武（文子）之孙，赵成（景子）之子，名鞅，后改名志父。
②孟献子：即仲孙蔑，鲁卿。斗臣：指勇士。
③交捽（zuó 昨）：互相揪扯角力。

【今译】

赵简子说："鲁国的孟献子有五个为他效死力的勇士，我一个都没有，这是为什么？"叔向说："您不想要。如果您想要勇士，我羊舌肸都准备去角斗呢。"

## 6. 阎没叔宽谏魏献子无受贿

【题解】

阎没、叔宽借吃饭这事说明人不能贪心不足，来劝谏执政卿魏献子不要受贿，由于讲究了方式方法，结果达到了目的。文中"以小人之腹，为君子之心"这句话，演变为"以小人之心，度君子之腹"而流传下来。

【原文】

梗阳人有狱，将不胜①，请纳赂于魏献子②，献子将许之。阎没谓叔宽曰③:"与子谏乎!吾主以不贿闻于诸侯④,今以梗阳之贿殃之⑤,不可。"二人朝,而不退。

献子将食,问谁在庭,曰:"阎明、叔褒在。"召之,使佐食⑥。比已食,三叹。既饱,献子问焉,曰:"人有言曰:唯食可以忘忧。吾子一食之间而三叹,何也?"同辞对曰:"吾小人也,贪。馈之始至,惧其不足,故叹。中食而自咎也⑦,曰:岂主之食而有不足?是以再叹。主之既已食,愿以小人之腹,为君子之心,属餍而已⑧,是以三叹。"献子曰:"善。"乃辞梗阳人。

### 注释

①梗(gěng 耿)阳:晋地名,魏氏的食邑,今山西省清徐县有梗阳故址。狱:诉讼。不胜:即败诉。《左传·昭公二十八年》:"冬,梗阳人有狱,魏戊(魏舒庶子)不能断,以狱上。"

②魏献子:魏绛之孙,名舒,其时接替韩宣子为晋正卿。

③阎没:又称阎明。叔宽:《左传》作"女宽",又称叔褒,司马侯女齐之子。二人都是晋国大夫。

④主:卿大夫称主,此指魏舒。

⑤殃:病,此为玷污之意。

⑥佐食:陪同进餐。

⑦中食:饭菜吃到一半。自咎:自我责备。

⑧属:恰好。餍:吃饱,引申为满足。

### 【今译】

梗阳地方有个人打官司,将要败诉,请人给魏献子送礼物请他帮忙,魏献子打算应允。晋国大夫阎没对叔宽说:"我和您一起去劝谏吧!我们的执政一向是以不收受贿赂闻名于诸侯的,现在因为梗阳人的送礼玷污名声,可不行。"二人上朝后,退朝时没走。

魏献子将要吃饭,问谁在庭院里,下人回说:"是阎明,叔褒二位大夫。"献子便把他们召来,让他们陪着吃饭。在吃饭时,他们三次叹气。吃饱饭后,献子问他们,说:"人们常说:只有吃饭可以忘掉忧愁。但你们二位在一顿饭中间却三次叹气,这是为什么呢?"二人异口同声地回答说:"我们是小人,很贪心。饭菜刚摆上来时,我们恐怕不够吃,所以叹气。上菜到一半时我们又责备自己,心想:岂有执政卿的饭还有不够吃的? 所以再次叹气。看到您刚吃饱就停止了吃,我们希望自己的肚子能像您作为君子的内心一样,刚刚满足就可以了,所以第三次叹气。"魏献子说:"你们的话说得很好。"于是拒绝了梗阳人的贿赂。

# 7. 董安于辞赵简子赏

【题解】

　　在下邑之役后,赵简子对董安于按功行赏,董安于不接受。因为他认为自己本来在文书工作、协助治理军队和治理百姓中工作出色,应该受赏却遭到轻视;而打内战即使有功,也不过是战争狂人,不该受赏。

　　本文巧妙地谴责了统治阶层争权夺利、重利轻德的弊病。

【原文】

　　下邑之役,董安于多①。赵简子赏之,辞。固赏之,对曰:"方臣之少也,进秉笔②,赞为名命③,称于前世,立义于诸侯,而主弗志。及臣之壮也,耆其股肱以从司马④,苛慝不产。及臣之长也,端委韠带以随宰人⑤,民无二心。今臣一旦为狂疾⑥,而曰'必赏女',与余以狂疾赏也,不如亡!"趋而出,乃释之。

注释

　　①下邑:国都以外的所属城邑称下邑,此指赵鞅的食邑晋阳。下邑之役,公元前497年,赵鞅杀邯郸大夫赵午,赵午之子赵稷在邯郸谋反。赵午之舅荀寅与其婿范吉射相助为乱,围攻赵鞅,赵鞅奔晋阳死守,董安于在此次平乱中有功。董安于:赵简子的家臣,《韩非子》作"董阏于,简子之才臣。"多:指有战功。

　　②秉笔:指做文字书写工作。

　　③赞:助。名命:文告命令。

　　④耆(zhǐ 止):致,致使。股肱:辅佐君主的得力之臣。

　　⑤端委:礼服礼帽,可详见《周语上》14 注⑨。韠(bì 必):皮制的蔽膝,古代官服上的装饰。带:大带。宰人:官名,即冢宰,此泛指主管官员。

　　⑥狂疾:癫狂病,此指参加战争互相残杀如人患疯狂病一样。据《左传·定公十三年》,赵稷在邯郸叛乱,董安于劝赵鞅抢在荀寅、范吉射之前先发制人,故范氏、中行氏围赵鞅住宅。

## 【今译】

在下邑那次战役中,董安于有战功。事后赵简子奖赏他,他推辞不接受。一再要赏他,他回答说:"当我年轻的时候,跟从主上作文书工作,帮助写文告命令,被当世人称誉,诸侯作为行为的标准,但是主上您却不记得。到我壮年的时候,作为您的得力助手跟从掌军法的司马治理军队,没有发生过暴虐邪恶的事件。到我年事已长,我穿戴着礼帽礼服宽袍大带跟从冢宰办事,使晋国百姓没有二心。现在我不过是一时发作癫狂病,参加了内战,您却说:'一定要赏你',与其我因为癫狂病受奖赏,还不如逃走!"于是他快步走出去,赵简子只好放弃了赏他的主意。

# 8. 赵简子以晋阳为保障

## 【题解】

本文与《战国策·齐策》冯谖为孟尝君"市义"颇有异曲同工之妙。尹铎提出治理晋阳可以有两个目标,但二者只能选一。赵简子否定了以收刮钱财为目标,而选择了为长远利益收买民心,使晋阳成为赵氏家族的保护屏障的目标,表现出尹铎的精明,赵简子的远见。

## 【原文】

赵简子使尹铎为晋阳①。请曰:"以为茧丝乎?抑为保鄣乎②?"简子曰:"保鄣哉!"尹铎损其户数。简子戒襄子曰③:"晋国有难,而无以尹铎为少④,无以晋阳为远,必以为归。"

### 注释

①尹铎:赵简子的家臣。晋阳:赵氏的食邑,即今山西省太原市。
②茧丝:这里指赋税。保鄣:障蔽。鄣,同"障"。
③襄子:赵简子之子,名无恤。
④而:同"尔",你。

## 【今译】

赵简子派尹铎治理晋阳。尹铎请示说:"是把晋阳治理为提供财赋的城呢？还是让它成为保护的屏障呢？"赵简子说："当然是作为保护的屏障。"尹铎于是减少晋阳户税的数目。赵简子告诫儿子赵襄子说："晋国一旦有祸难，你不要因为尹铎年轻，也不要嫌晋阳路远，一定要到那里避难。"

## 9. 邮无正谏赵简子无杀尹铎

【题解】

赵简子把晋阳之役中，荀寅与范吉射构筑的军营垒墙当仇敌，因不愿见到而下令毁掉。尹铎治理晋阳时，不但不毁反而增筑，赵简子因此要杀尹铎。尹铎的仇人邮无正出于公心，列举简子之祖文子凭自身的德行修养恢复卿位，父亲景子继承德业、修身教子的史实，劝谏简子不能罚善赏恶，要把这围墙作为一生的鉴戒，才能安定赵氏。简子从谏如流，赏赐了尹铎。

【原文】

赵简子使尹铎为晋阳，曰："必堕其垒培①。吾将往焉，若见垒培，是见寅与吉射也②。"尹铎往而增之。简子如晋阳，见垒，怒曰："必杀铎也而后入。"大夫辞之③，不可，曰："是昭余仇也。"邮无正进④，曰："昔先主文子少衅于难⑤，从姬氏于公宫⑥，有孝德以出在公族⑦，有恭德以升在位⑧，有武德以羞为正卿⑨，有温德以成其名誉，失赵氏之典刑⑩，而去其师保⑪，基于其身⑫，以克复其所⑬。及景子长于公宫⑭，未及教训而嗣立矣，亦能纂修其身以受先业，无谤于国，顺德以学子⑮，择言以教子，择师保以相子。今吾子嗣位，有文之典刑，有景之教训，重之以师保，加之以父兄⑯，子皆疏之，以及此难⑰。夫尹铎曰：'思乐而喜，思难而惧，人之道也。委土可以为师保⑱，吾何为不增？'是以修之，庶曰可以鉴而鸠赵宗乎⑲！若罚之，是罚善也。罚善必赏恶。臣何望矣！"简子说，曰："微子，吾几不为人矣！"以免难之赏赏尹铎⑳。

初，伯乐与尹铎有怨㉑，以其赏如伯乐氏，曰："子免吾死，敢不归禄㉒。"辞曰："吾为主图，非为子也。怨若怨焉。"

### 【注释】

①堕(huī灰):毁坏。垒培:军营的围墙。此围墙是荀寅与范吉射包围晋阳时所构筑,所以赵简子不愿再见到。
②寅:荀寅,中行偃之孙,荀吴之子,又称中行文子,晋卿。吉射:范吉射,范匄之孙,范鞅之子,又称范献子,晋卿。
③辞:请。
④邮无正:晋国大夫,又称邮无恤、邮良伯乐。
⑤文子:赵文子,简子的祖父赵武。衅:犹"罹",遭受。难:指晋景公十七年(公元前583年)赵氏灭族之难。可参见《左传·成公八年》及本书《晋语六》12注④。
⑥姬氏:赵文子之母庄姬,为晋景公之女。
⑦公族:指公族大夫。
⑧在位:指在卿位。
⑨羞:进。
⑩典刑:常法。
⑪师保:即师氏、保氏,古时担任教育贵族子弟的官员。
⑫基:始。
⑬克:能。其所:指其先人的事业。
⑭景子:赵景子,赵文子的儿子,简子之父,名成。
⑮学:教育。
⑯父兄:指同宗族的长辈。
⑰此难:指荀寅、范吉射之乱,见本卷7注①。
⑱委土:指增高围墙这事。委,有付托的意思。
⑲鉴:镜。鸠:安定。
⑳免难之赏:指使君主免于死难的赏格,又称"军赏"。
㉑伯乐:邮无正的字。
㉒禄:指奖赏。

### 【今译】

赵简子派尹铎治理晋阳,说:"一定要毁掉那军营的围墙。我准备到晋阳去,如果看到那围墙,这等于是让我又看见仇人荀寅和范吉射。"尹铎到晋阳后反而增筑了那围墙。赵简子到晋阳去,看见军营的围墙更高了,大怒说:"一定要杀了尹铎我才进城。"大夫们请求赦免尹铎,赵简子不肯,说:"他这么做简直是在显耀我的仇敌来羞辱我。"大夫郤无正进见,说:"从前先大夫赵文子幼年便遭到祸难,跟随母亲姬氏到王宫去,后来因为有孝顺的德行被推为公族大夫,有恭敬的德行又升为卿,有武功的德行进升为正卿,凭着温顺的德行成就了崇高的名声。他因为家族的祸难,没有得到赵氏世袭的常位,从小又失去师氏保氏的教养,但他基于自身的修养,终于能恢复先人的高位。到您的父亲景子,他也是成长在王宫,也没有受到过师保的教养就继承了文子的官位,他也能加强自身的修养继续先辈的德业,在国内没人说他的坏话,他能遵循古德来教子,选择善言来教子,选择好的师保来辅导儿子。现在您继承了先人的官位,有祖父文子的常位,有父亲景子的训教,再加上师保的教导,加上同宗族父兄的帮助,应该能继续先辈的德业,但您却一概疏远了这些,所以遭到这场差点灭族的祸难。那尹铎的意思是说:'想到乐事高兴,想到祸事戒惧,这是人之常情。增筑围墙可以当做师保,我为什么不把它加高呢?'所以增高了围墙,他想这大概可以做为您的一面镜子而安定赵氏宗族吧!如果惩罚他,是惩罚善行。惩罚善行一定会奖赏恶行,我们当臣子的可还有什么指望呢?"赵简子听了很高兴,说:"要不是您,我几乎不能做人了!"于是用免除主难的军功赏格奖赏尹铎。

以前,郤无正与尹铎有个人怨恨,这次尹铎便把赵简子给的奖赏送到郤无正处去,说:"您使我免除被杀,这奖赏怎敢不送给您呢。"郤无正拒绝说:"我是为主上打算,不是为你着想。这仇怨还归仇怨。"

# 10. 铁之战赵简子等三人夸功

【题解】

本文写铁之战后,晋军将帅各自夸功,却认识不到战争的胜利是由于三军将士的奋勇杀敌,这与鞌之战后晋军将帅郤献子等人各推功于下(见《晋语五》11)恰成鲜明的对比。

【原文】

铁之战①,赵简子曰:"郑人击我,吾伏弢衉血,鼓音不衰②。今日之事,莫我若也。"卫庄公为右③,曰:"吾九上九下,击人尽殪④。今日之事,莫我加也。"邮无正御⑤,曰:"吾两鞁将绝⑥,吾能止之。今日之事,我上之次也。"驾而乘材,两鞁皆绝。

### 注释

①铁:卫国地名,在今河南省濮阳县西北五里。铁之战,公元前493年,齐国人给叛逃朝歌的范氏办理送粮食,有支持范氏的郑国大夫罕达、驷弘护送,范吉射前去迎接,赵简子率兵截击,双方在戚地(卫国地名,在今河南省濮阳县北)遭遇,于是发生铁地大战。事见《左传·哀公二年》。

②韔(tāo 滔):弓袋。略血(kè 客):吐血。"郑人击我"三句:铁之战中,郑人击中赵简子的肩膀,简子扑倒在车里,伏在弓袋上吐血却击鼓不绝,战斗终于获胜。

③卫庄公:卫灵公的太子蒯聩(kuǎi kuì 凯愧),因图谋杀灵公夫人南子,事不成而逃亡宋国,后逃到晋国,赵简子收留了他,后来并立他为卫君,即卫庄公。铁之战中,蒯聩给赵简子做车右。

④殪(yì 异):死。

⑤御:驾车。

⑥鞁(bèi 辈):古时套车用的器具,这里指皮革制的马肚带。

### 【今译】

铁之战结束后,赵简子说:"郑国人攻击我们,我受伤伏在弓袋上吐血,但鼓声不绝。今天这场战斗,没有比我功劳大的。"卫庄公当时做赵简子的车右,说:"我在战斗中多次上车下车,攻击的敌人全被杀死了。今天这场战斗,没有人能超过我。"邮无正是给赵简子驾车的,他说:"我战车上的马两根马肚带都快断了,我能继续控制住马。今天的这场战斗,我的功劳仅次于功劳最大的。"他又驾上车装上点木材,两根皮带就全断了。

## 11. 卫庄公祷

### 【题解】

这篇参战前的祷告词写得别致有趣,说明古人对战争的认识,死伤是会有的,只祈求别伤在要害处,也不要死得太惨。

【原文】

卫庄公祷①,曰:"曾孙蒯聩以谆赵鞅之故②,敢昭告于皇祖文王③、烈祖康叔④、文祖襄公⑤、昭考灵公⑥,夷请无筋无骨⑦,无面伤,无败用⑧,无陨惧⑨,死不敢请⑩。"简子曰:"志父寄也⑪。"

【注释】

①祷:指铁之战前向祖先祷祝请求保佑。

②曾孙:自孙之子以下,对先祖都自称曾孙。谆:辅佐。

③文王:周文王,是卫国始封国君康叔的父亲。

④烈祖:始封君主。康叔:卫康叔,名封,周武王同母幼弟,周公平管蔡之乱,灭殷纣王子武庚,以成王命封康叔为卫君。

⑤文祖:继业有文德的祖先。襄公:卫襄公(公元前543—公元前535年在位),名恶,卫献公之子,蒯聩的祖父。

⑥昭考:圣明的父亲。灵公:卫灵公(公元前534—公元前493年在位),名元,襄公之子,蒯聩的父亲。

⑦夷:伤。

⑧用:兵用,指参加战斗。

⑨陨:颠坠。

⑩死不敢请:意即死生由天命,不敢向祖先请求。

⑪志父:赵简子,原名鞅,晋阳之难后改名志父。寄:寄托请求。

【今译】

铁之战前,卫庄公祈祷,说:"曾孙蒯聩因为辅佐赵鞅的缘故,参加这次战斗,谨敢向皇祖文王、烈祖康叔、文祖襄公、圣明的父亲灵公祷告,如果我受伤的话,请求祖先之灵保佑不要让我断筋折骨,不要让我面部受伤,不要让我打败仗,不要让我出现摔到车下的惨状,至于死生概由天命,就不敢请求了。"赵简子说:"志父也拜托卫太子的各位祖先了。"

## 12. 史黡谏赵简子田于蝼

【题解】

史黡用上行下效的方法,巧妙地劝谏赵简子要以身作则,收到了使赵简子纳谏的效果,史黯可说是一个善于提意见的人。

【原文】

赵简子田于蝼①,史黯闻之②,以犬待于门。简子见之,曰:"何为?"曰:"有所得犬,欲试之兹囿。"简子曰:"何为不告?"对曰:"君行臣不从,不顺。主将适蝼而麓不闻③,臣敢烦当日④?"简子乃还。

【注释】

①田:打猎。蝼:晋国国君的猎苑。
②史黯:即史墨,晋国太史官。
③麓:即衡麓,古代掌管山林川泽的官,此指蝼苑守官。
④当日:值日。

【今译】

赵简子到晋国国君的蝼苑打猎,史黯听到后,就牵了一条狗守在园门口。简子问他:"你来干什么?"史黯说:"刚弄到一只猎犬,想到这园里试试。"简子说:"为什么不禀告?"史黯说:"君主出行臣下不跟从,这是没有遵循法规。您到这个园子打猎,给国君守园的官吏却不知道,我怎么敢麻烦您衙门里值班的人呢?"赵简子于是便返回去了。

# 13. 少室周知贤而让

【题解】

本文写赵简子的家臣少室周能知贤而让位,这种精神值得称许。

【原文】

少室周为赵简子之右①,闻牛谈有力②,请与之戏③,弗胜,致右焉。简子许之,使少室周为宰④,曰:"知贤而让,可以训矣。"

【注释】

①少室周:赵简子家臣。右:车右。

②牛谈:赵简子家臣。
③戏:角力,古代以角力为武人比试表演的项目。
④宰:家宰,卿大夫家中的宰臣。

【今译】

  少室周给赵简子做车右,听人说牛谈有勇力,于是请求与他角力比试,结果没胜,他于是主动将车右的职务让给了牛谈。赵简子同意了,又让少室周当了家宰,说:"知道谦让给才能胜过自己的人,就可以训导家臣了。"

# 14. 史黡论良臣

【题解】

  赵简子想得到仇人手下的良臣,史黡用"良臣不背主,背主非良臣"的辩证观点,列举事实,阐明道理,说得赵简子心服口服,只好承认自己说错了。

【原文】

  赵简子曰:"吾愿得范、中行之良臣①。"史黡侍,曰:"将焉用之?"简子曰:"良臣,人之所愿也,又何问焉?"对曰:"臣以为不良故也。夫事君者,谏过而赏善,荐可而替否②,献能而进贤,择材而荐之,朝夕诵善败而纳之。道之以文③,行之以顺,勤之以力,致力以死。听则进,否则退。今范、中行氏之臣不能匡相其君,使至于难④;君出在外,又不能定⑤,而弃之,则何良之为?若弗弃,则主焉得之?夫二子之良,将勤营其君⑥,复使立于外⑦,死而后止,何日以来?若来,乃非良臣也。"简子曰:"善。吾言实过矣。"

【注释】

①范、中行:范氏、中行氏(即荀寅)。
②荐:引进。替:废去。
③道:同"导"。
④匡:正。难:指范氏、中行氏因作乱被逐,攻晋又失败,被迫出逃他国之难。

⑤君出在外:指公元前490年,范吉射、中行寅在朝歌叛乱失败后,又逃亡到齐国。见《左传·哀公五年》。
⑥勤营:辛勤地营谋。
⑦立于外:指在他国能享有爵土以立身。

【今译】

赵简子说:"我希望能得到范氏、中行氏家的良臣。"史黯当时在旁陪侍,说:"您用他们手下的良臣做什么?"赵简子说:"良臣,是人人都希望得到的,又有什么好问的?"史黯回答说:"就因为我认为他们是不良之臣,所以才问您。真正的良臣事奉君主,应该劝谏君主的过失和鼓励他的善行,推荐好人而除去坏人,推荐有用的人才并且进献贤能,选择有才能的人推荐,从早到晚讲述善恶成败的事请求采纳。用文德引导君主,用正面道理指导他的行动,用尽心力为君主效劳,甚至为他献出生命。君主采纳就进谏,君主不听就退下。现在范氏、中行氏两家的臣子,正因为不能匡正辅助他们的君主,才遭到败家离国的祸难;君主出逃到国外,这些臣子又不能安心跟从,反而抛弃他们来跟您,这算什么良臣?如果他们不抛弃旧主,那您又怎么能得到他们?如果真是他们二位的良臣,就该辛勤地为自己的君主营谋,使他们在他国恢复爵位立身于世,效力尽忠一直到死,哪天能来您这儿呢?如果来投奔您的,就不是什么良臣了。"赵简子说:"说得好。我的话确实有错。"

# 15. 赵简子问贤于壮驰兹

【题解】

本文通过壮驰兹的话,从正反两方面说明执政者谦虚下问,访求贤才,是国家兴盛的标志;反之,则国家将要衰亡。

【原文】

赵简子问于壮驰兹曰①:"东方之士孰为愈②?"壮驰兹拜曰:"敢贺!"简子曰:"未应吾问,何贺?"对曰:"臣闻之:国家之将兴也,君子自以为不足;其亡也,若有余。今主任晋国之政而问及小人,又求贤人,吾是以贺。"

**注释**

①壮驰兹:晋国大夫,可能是吴国人出仕于晋。
②东方:指吴越一带,于晋为东。愈:贤。

**【今译】**

赵简子问壮驰兹说:"东方的吴越人士谁最有才德?"壮驰兹立即行礼下拜说:"请让我向您表示祝贺!"赵简子说:"你还没有回答我的问题,贺什么呢?"壮驰兹回答说:"我听说:国家将要兴盛,执政的君子便自认为还不行;国家将要衰亡,执政的人便自以为才德有余。现今您掌握着晋国的政权,还问贤到我这样微不足道的人,还想访求有才能的人,我因此向您表示祝贺。"

## 16. 窦犨谓君子哀无人

**【题解】**

赵简子感叹人不能变化,含有希望长生不死、长盛不衰的意思,窦犨用范氏、中行氏由富贵而贫穷的变化,强调修德的重要,认为君子只应该愁无贤人辅佐,否则人的变化是每天都会发生的。

**【原文】**

赵简子叹曰:"雀入于海为蛤①,雉入于淮为蜃②。鼋鼍鱼鳖③,莫能化,唯人不能。哀夫!"窦犨侍④,曰:"臣闻之:君子哀无人⑤,不哀无贿;哀无德,不哀无宠;哀名之不令,不哀年之不登⑥。夫范、中行氏不恤庶难,欲擅晋国,今其子孙将耕于齐,宗庙之牺为畎亩之勤⑦,人之化也,何日之有!"

**注释**

①蛤(gé 格):蛤蜊(lí 利),一种有介壳的软体动物。
②雉(zhì 致):雉鸡,一种野生禽鸟。淮:淮水。蜃(shèn 肾):大蛤蜊。

③鼋(yuán元):大鳖,背青黄色,头有疙瘩,故俗称癞头龟。鼍(tuó陀):一名鼍龙,即扬子鳄。鳖(biē憋):俗名甲鱼、团鱼。
④窦犨:晋国大夫。
⑤人:指贤才。
⑥登:高。
⑦牺:宗庙祭祀用的纯色牲畜,这里暗喻为宗庙中主祭之人。畎(quǎn犬)亩:田间,田地。

【今译】

赵简子感叹说:"小雀落到海里变成蛤蜊,雄鸡落到淮水就变成大蜃。鼋鼍鱼鳖,没有不能变化的,只有人不能变化。悲哀啊!"窦犨在旁陪侍,说:"我听说:君子只愁没有贤人辅佐,不愁没有财富;发愁没有优良的德行,不愁不得宠爱;发愁名声不美,不发愁年寿不高。那范氏、中行氏不体恤平民百姓的苦难,想要在晋国专权,现在他们的子孙落得在齐国耕田,本来是宗庙祭祀的主人,现在变成在田亩中耕作的农夫,人的变化,哪天没有啊!"

# 17. 赵襄子使新稚穆子伐狄

【题解】

晋卿赵襄子派大夫新稚穆子征伐狄国,当攻城掠地获得胜利的消息传来,他本该喜悦却反而恐惧,因为他认识到侥幸毕竟不是福泽,靠德行修养才会有真正的和乐。

本文虽短,但细节描写生动逼真,使主要人物形神兼备,同时也为下面的话提供了可信的依据。

【原文】

赵襄子使新稚穆子伐狄①,胜左人、中人②,遽人来告③,襄子将食,寻饭有恐色④。侍者曰:"狄之事大矣,而主之色不怡,何也?"襄子曰:"吾闻之:德不纯而福禄并至⑤,谓之幸⑥。夫幸非福,非德不当雍⑦,雍不为幸,吾是以惧。"

【注释】

①赵襄子:赵简子之子,名无恤,此时为晋国执政正卿。新稚穆子:晋国大夫,新稚为复姓,名狗,穆是谥号,新稚狗伐狄事在战国初年。
②左人、中人:狄国的两座城邑。
③遽(jù具)人:驿站的吏卒。
④寻:当为"尃",即"抟"的古体字,详见《经义述闻》卷二十一。抟饭,把饭团成团儿。
⑤纯:纯粹,纯一。
⑥幸:通"悻",侥悻。
⑦当:犹任,承受。雍:和,这里指福禄带来的和乐。

【今译】

赵襄子派新稚穆子率师攻打狄国,得胜并占领了左人、中人两座城邑。驿卒来报捷时,襄子正要吃饭,听到报告后,他手团弄着饭,脸上露出恐惧的神色。侍候的人说:"狗伐狄取两城获得大胜,而主上的面色却不快活,为什么?"赵襄子说:"我听说:德行不纯一但福禄都占有,这叫做侥幸。侥幸毕竟不是福泽,没有德行不能承受福禄带来的和乐,真正的和乐不是靠侥幸能得到的,我所以感到恐惧。"

# 18. 智果论智瑶必灭智宗

【题解】

智果评论智瑶的才能品格,认为他有五大过人的长处,但却不仁德,建议智宣子不要立为继承人,否则会使智氏宗族覆灭,宣子不听,后来果如其言。说明看一个人,德行是第一标准,德行不好,才能愈杰出,为害将愈大。

【原文】

智宣子将以瑶为后①,智果曰②:"不如宵也③。"宣子曰:"宵也佷④。"对曰:"宵之佷在面,瑶之佷在心。心佷败国,面佷不害。瑶之贤于人者五,其不逮者一也⑤。美鬓长大则贤⑥,射御足力则贤,伎艺毕给则贤⑦,巧文辩惠则贤⑧,强毅果敢则贤。如是而甚不仁。以其五贤陵人,而以不仁行之,其谁能待之⑨?若果立瑶也,智宗必灭。"弗听。智果别族于太史为辅氏⑩。及智氏之亡也,唯辅果在。

> [!注释]
> ①智宣子:晋卿,为智䓨后人,智跞(智武子)之子,名甲。瑶:智瑶,智甲之子。后:此指嗣子。
> ②智果:晋国大夫,与智宣子同族,均出于荀氏。
> ③宵:智宵,智宣子之庶子。
> ④佷(hěn 狠):贪残。
> ⑤逮:及。
> ⑥美鬓:鬓发美。
> ⑦伎:通"技"。给:足。伎艺毕给:各种技艺均擅长。
> ⑧巧文:巧于文辞。辩惠:聪慧有应变能力。惠,通"慧"。
> ⑨待:对待,此指宽容对待。
> ⑩智果别族于太史为辅氏:太史掌管国中姓氏,智果向太史呈明,从此与智氏脱离关系,改氏谱自为辅氏,智果后称辅果,目的是为了以后智氏被灭族时自己不受牵连。

【今译】

　　智宣子要立智瑶为继承人,族人智果说:"智瑶不如智宵。"宣子说:"智宵贪残。"智果回答说:"智宵的贪残表现在外面,智瑶的贪残隐藏在内心。内心贪残是要祸败国家的,表面贪残没什么妨害。智瑶有五条超过别人的长处,不及别人的有一条。他鬓发美观身材高大是一大长处,善射驾车又勇力过人是一大长处,各种技艺集于一身是一大长处,巧于言辞聪慧有应变能力是一大长处,刚毅果断有主见是一大长处。他有这五大长处但为人却很不仁德。凭着五大长处欺凌人,而又用不仁德的心思指导行动,有谁能宽容他呢?假如您一定要立智瑶为继承人,智氏宗族一定要被覆灭。"智宣子不听。

　　智果于是到太史那里办理脱离智氏的手续,改为辅氏。到智氏被灭族时,只有辅果一家保存下来。

# 19. 士茁谓土木胜惧其不安人

【题解】

智伯炫耀宫室的华美,却不注重道德修养,他的家臣士茁认为大兴土木,住居过分华丽,会使家族不能长保平安。后来智伯的骄奢果然导致智氏灭族。

【原文】

智襄子为室美①,士茁夕焉②。智伯曰:"室美夫!"对曰:"美则美矣,抑臣亦有惧也。"智伯曰:"何惧?"对曰:"臣以秉笔事君。志有之曰:'高山峻原,不生草木③。松柏之地,其土不肥④。'今土木胜,臣惧其不安人也。"室成,三年而智氏亡⑤。

注释

①智襄子:即智伯瑶,此时已继为晋卿。
②士茁:智瑶的家臣。
③峻原:陡峻的土坡。高山峻原不生草木,因其高险而根不稳固,所以不生草木。
④松柏之地其土不肥:因松柏枝叶茂盛,冬夏都遮阴,所以荫下的土地不肥沃。
⑤三年而智氏亡:公元前459年,韩、赵、魏三家共灭智伯,瓜分了智氏的土地。

【今译】

智襄子建造了一座华美的宫室,家臣士茁晚上去见他。智伯问他:"这宫室够漂亮吧!"士茁回答说:"漂亮倒是够漂亮的,不过我也有些害怕。"智伯说:"你害怕什么呢?"回答说:"我主持文书工作事奉您。古书上有这样的话:'高山峻岭,不生长草木。松柏树下,土质不肥沃。'现在我看用土木建造的宫室这样华丽,我怕它不会让人平安啊。"宫室落成后,只三年智氏被灭亡。

# 20. 智伯国谏智襄子

【题解】

本文记述智襄子骄横自大、目中无人，在宴会上随意羞辱人，他的族兄智国引证晋国历史上郤氏羞辱长鱼矫、赵氏因孟姬进谗、栾盈被母亲诬陷、范氏、中行氏被范皋夷祸害因而灭族的史实，进行劝谏，说明小怨也能酿成大祸。智襄子不听，后来果然就是他在宴会上羞辱的段规首先发难，促成韩、赵、魏三家联合灭智氏，智襄子本人也被杀。

【原文】

还自卫①，三卿宴于蓝台②，智襄子戏韩康子而侮段规③。智伯国闻之④，谏曰："主不备，难必至矣。"曰："难将由我，我不为难，谁敢兴之！"对曰："异于是。夫郤氏有车辕之难⑤，赵有孟姬之谗⑥，栾有叔祁之愬⑦，范、中行有亟治之难⑧，皆主之所知也。《夏书》有之曰⑨：'一人三失，怨岂在明？不见是图。'《周书》有之曰⑩：'怨不在大，亦不在小。'夫君子能勤小物⑪，故无大患。今主一宴而耻人之君相，又弗备，曰'不敢兴难'，无乃不可乎？夫谁不可喜，而谁不可惧？蜹蚁蜂虿⑫，皆能害人，况君相乎！"弗听。

自是五年，乃有晋阳之难⑬。段规反，首难⑭，而杀智伯于师，遂灭智氏。

注释

①还自卫：指公元前464年（晋出公十一年），智伯瑶伐郑，后从卫国回到晋国。
②三卿：指智襄子、韩康子、魏桓子。因伐郑之役，智伯醉辱赵襄子，故赵氏不参与兰台之宴。
③韩康子：晋卿，名虎，为韩厥五世孙，韩庚之子（据《史记·韩世家》）。段规：韩康子的谋臣（据《韩非子·十过篇》）。兰台：地名。
④智伯国：晋国大夫，智伯瑶的族兄。
⑤郤氏有车辕之难：在晋景公后期，郤氏专权，有三卿五大夫，郤犨为卿，与长鱼矫争田，仗势将长鱼矫和他的父母妻子都捉住，绑在车辕上，后来长鱼矫有宠于

晋厉公,在公元前574年主谋杀三郄,灭郄氏。事见《左传·成公十七年》。

⑥赵有孟姬之谗:详见《晋语六》12注④。

⑦栾有叔祁之愬:叔祁即栾黡之妻,栾盈之母,诬谄栾盈致使栾氏族灭事,可参见《晋语八》1注②。

⑧疤治:公序本作"函治",为范皋夷食邑。范皋夷为范氏侧室之子,因无宠于范吉射(士鞅之子),想在族内谋乱,取代范吉射晋卿之位。范吉射与中行寅为姻亲交好,范皋夷就设法驱逐他们,公元前497年,范氏、中行氏灭族。事见《左传·定公十三年》。

⑨《夏书》有之曰:此处所引三句,见《尚书·夏书·五子之歌》。失:过失。明:指明显的时候。不见:指没有显露的时候。

⑩《周书》有之曰:此处所引二句,见《尚书·周书·康诰》,意思是小怨也能惹出大祸难。

⑪能勤小物:能认真对待小事。

⑫蜹(ruì锐):蚊子之类小昆虫。虿(chài拆去声):蝎子类毒虫。

⑬自是五年乃有晋阳之难:兰台之宴后五年,即公元前453年。智伯约韩、魏攻赵,事成三分赵邑,智伯掘水围灌晋阳城,对魏桓子、韩康子说:"我现在才知道水可以灭亡别人的国家。"魏安邑临汾水,韩平阳临绛水,韩、魏都害怕智伯的贪残,于是与赵私下联合共灭智氏。

⑭段规反,首难:在晋阳被围时赵氏谋臣张孟谈缒城而出,到韩营策反,段规力劝韩康子联赵、魏攻智伯,所以说段规首先谋划作难,反以水灌智伯军,导致智伯在军中被擒,智氏灭族。

【今译】

　　智伯带兵伐郑,从卫国回来后,与韩康子、魏桓子一共三个卿在兰台宴饮,智襄子戏弄韩康子并侮辱段规。智伯国知道这事后,进谏襄子说:"您如果不防备,祸难一定临头。"智襄子说:"只有从我这里发难的,我不发难祸害人,谁敢发难祸害我!"回答说:"我的看法和您不一样。郄氏因使长鱼矫家被绑在车辕上受辱而导致灭族,赵氏被孟姬进谗言而遭受祸难,栾氏被叔祁诬陷,范氏、中行氏被范皋夷祸害,这些都是您知道的。《夏书》里说:'一个人得罪了许多人,难道要在怨恨明显时再防范吗?应当在没有显露出来时就防范。'《周书》里也有这样的话:'仇怨不在大,也不在于小。'那些君子能做到认真对待小事,所以才不会遭到大祸。而今您一次宴会就羞辱了人家的君和相,又不作防备,还认为别人'不敢发难',这恐怕不合适吧?从人情上说,谁不能使人高兴？谁又不能让人害怕呢？连蚊虫、蚂蚁、黄蜂、蝎子这些小东西都能伤害人，何况是君和相呢？"智襄子听不进去。

从这以后五年，于是有晋阳的祸难。段规回去后，内心怀恨智伯，在晋阳被围时首先发难，把智伯杀死在乱军中，于是智氏被灭。

# 21. 晋阳之围

【题解】

赵襄子在危难之时，能清醒地认识到自己的不足，下臣的阿谀逢迎和平时的压榨剥削不能保全自己，所以屏弃了逃到长子和邯郸的主张，选择了他父亲曾宽厚爱民的晋阳而死守。后来晋阳虽长期被围，势如累卵，但百姓却没有一个背叛赵氏的，说明了"得民者生，失民者亡"是个普遍的真理。

【原文】

晋阳之围①，张谈曰②："先主为重器也③，为国家之难也，盍姑无爱宝于诸侯乎？"襄子曰："吾无使也。"张谈曰："地也可④。"襄子曰："吾不幸有疾⑤，不夷于先子⑥，不德而贿。夫地也求饮吾欲，是养吾疾而干吾禄也⑦。吾不与皆毙⑧。"襄子出，曰："吾何走乎？"从者曰："长子近，且城厚完⑨。"襄子曰："民罢力以完之⑩，又毙死以守之，其谁与我？"从者曰："邯郸之仓库实⑪。"襄子曰："浚民之膏泽以实之⑫，又因而杀之，其谁与我？其晋阳乎！先主之所属也⑬，尹铎之所宽也，民必和矣。"乃走晋阳，晋师围而灌之⑭，沉灶产鼃⑮，民无叛意。

注释

①晋阳之围：见前文注⑬。

②张谈：赵襄子的家臣之长，即张孟谈，《史记·赵世家》称"张孟同"（司马迁避父"谈"讳）。

③重器：指圭璧钟鼎之类传世之宝器。

④地：赵襄子的家臣名。

⑤疾：这里指个人德行上的毛病。

⑥不夷：不平，即不及。

⑦养:增长,助长。
⑧毙:倒台。
⑨长子:晋县名,在今山西省长治市附近。完:完整。
⑩罢:通"疲"。
⑪邯郸:晋县名,即今河北省邯郸市。
⑫浚(jùn俊):索取,榨取。
⑬先主:指其父赵简子。属:同"嘱"。指赵简子使尹铎治晋阳后,曾嘱咐赵襄子,遇到危难可以晋阳为保障,前往避难。见前《赵简子以晋阳为保障》。
⑭晋师:指智伯和韩氏、魏氏的军队。
⑮沉灶产鼋:锅灶被水淹没生出虾蟆。据《史记·赵世家》:"三国(智、魏、韩)攻晋阳,岁余,引汾水灌其城,城不浸者三版。城中悬釜而炊,易子而食。"《韩非子·十过》则言:"围晋阳三年",显为文学夸张。鼋,同"蛙"。

## 【今译】

赵氏在晋阳被围前,张孟谈说:"先主治备传世的宝器,本意就是为了国家有难时可以救急使用,何不姑且不要吝啬那些宝器,用来贿赂诸侯呢?"赵襄子说:"我没有可派遣出使的人。"张孟谈说:"地这个人可以出使。"赵襄子说:"我个人不幸在德行上有缺失,赶不上先主有威望,不能修德却用先主的宝器去求助于人。地这个人平时迎合我的欲望来求得我养活,这是助长我的毛病来拿我的俸禄啊。我不愿和这样的人一起完蛋。"襄子走出门,说:"我往哪里跑呢?"跟从的人说:"长子城近,而且城墙高厚完整。"襄子说:"使用百姓的劳力精疲力尽完缮城墙,现在又要让他们拼死守城,谁会肯为我卖命?"跟从的人又建议说:"邯郸城仓库库藏充实。"襄子说:"榨取民脂民膏来充实仓库,现在又要让他们去拼杀,谁会肯为我卖命?还是晋阳吧!那是先主嘱咐过的,有尹铎治理时施行的宽厚和民政策,百姓会与我们同心戮力的。"于是逃到晋阳。晋军包围了晋阳很久并掘汾水灌城,城中淹没的锅灶里生出虾蟆,但晋阳百姓始终没有背叛赵氏的意图。

# 卷十六　郑语

## 1. 史伯为桓公论兴衰

【题解】

本文记述周太史伯对郑桓公详论西周末年天下兴衰继替的大局势。

西周幽王(公元前781—公元前771年在位)末期,周王卿士郑桓公眼见王室祸乱迭起,想预谋退路,于是向周太史伯请教避难处所。太史伯对天下形势了若指掌,他分析在成周四围的诸侯国,不是周王的亲戚,便是蛮、夷、戎、狄;南方的荆楚是祝融的后代,国势方兴未艾,都不宜发展。只有济、洛、河、颍之间,可以利用虢、郐二国国君的贪愚,先以寄存妻子、财货为借口,然后乘机灭而代之。太史伯并且认为,由于幽王的荒淫昏聩,他外惑于佞臣虢石父,内宠于美姬褒姒,一心想杀太子宜臼,立褒姒的儿子伯服做太子,这必然会引发太子的外祖父申侯联合西戎、缯国进攻周王的战争,不出三年,周朝必亡,而秦、晋、齐、楚等大诸侯国必兴。后来的历史果然如太史伯所预言,公元前771年申侯勾结西戎攻周,杀幽王于骊山下,西周灭亡,平王东迁洛邑,周王室势力渐衰,齐、晋、秦、楚等大诸侯国代为霸主,控制了春秋战国时期的大局。

太史伯对形势和国家前景的分析,尽管强调天命,并且夹有迷信传奇色彩,但着眼点还是在人事。他论形势,引史事;谈现实,说传奇,阐述详尽而鞭辟入里,有理有据而见解独到,确实颇具逻辑性和说服力。

【原文】

桓公为司徒①,甚得周众与东土之人②,问于史伯曰③:"王室多故④,余惧及焉,其何所可以逃死?"史伯对曰:"王室将卑,戎、狄必昌,不可偪也⑤。当成周者⑥,南有荆蛮、申、吕、应、邓、陈、蔡、随、唐⑦;北有卫、燕、狄、鲜虞、潞、洛、泉、徐、蒲⑧;西有虞、虢、晋、隗、霍、杨、魏、芮⑨;东有齐、鲁、曹、宋、滕、薛、邹、莒⑩;是非王之支子母弟甥舅也⑪,则皆蛮、荆、戎、狄之人也。非亲则顽,不可入也。其济、洛、河、颍之间乎⑫?是其子男之国⑬,虢、郐为大⑭,虢叔恃势,郐仲恃险,是皆有骄侈怠慢之心,而加之以贪冒⑮。君若以周难之故,寄孥与贿焉,不敢不许。周乱而弊,是骄而贪,必将背君,君若以成周之众,奉辞伐罪,无不克矣。若克二邑⑯,邬、弊、补、舟、依、𪏆、历、华⑰,君之土也。若前华后河⑱,右洛左济,主芣、騩而食溱、洧⑲,修典刑以守之,是可以少固。"

公曰:"南方不可乎?"对曰:"夫荆子熊严生子四人⑳:伯霜、仲雪、叔熊、季䌷㉑。叔熊逃难于濮而蛮㉒,季䌷是立,芈氏将起之,㉓祸又不克。是天启之心也㉔,又甚聪明和协,盖其先王㉕。臣闻之,天之所启,十世不替㉖。夫其子孙必光启土,不可偪也。且重、黎之后也㉗,夫黎为高辛氏火正㉘,以淳耀敦大㉙,天明地德㉚,光照四海,故命之曰'祝融',其功大矣。

"夫成天地之大功者,其子孙未尝不章,虞、夏、商、周是也。虞幕能听协风㉛,以成乐物生者也。夏禹能单平水土,以品处庶类者也㉜。商契能和合五教㉝,以保于百姓者也。周弃能播殖百谷蔬㉞,以衣食民人者也。其后皆为王公侯伯。祝融亦能昭显天地之光明,以生柔嘉材者也,其后八姓于周未有侯伯㉟。佐制物于前代者㊱,昆吾为夏伯矣㊲,大彭、豕韦为商伯矣㊳。当周未有。己姓昆吾、苏、顾、温、董,董姓鬷夷、豢龙㊴,则夏灭之矣。彭姓彭祖、豕韦、诸稽㊵,则商灭之矣。秃姓舟人㊶,则周灭之矣。妘姓邬、郐、路、偪阳㊷,曹姓邹、莒㊸,皆为采卫㊹,或在王室,或在夷、狄,莫之数也。而又无令闻,必不兴矣。斟姓无后㊺。融之兴者,其在芈姓乎㊻?芈姓䕫越不足命也㊼。蛮芈蛮矣㊽,唯荆实有昭德,若周衰,其必兴矣。姜、嬴、荆、芈㊾,实与诸姬代相干也㊿。姜,伯夷之后也[51];嬴,伯翳之后也[52]。伯夷能礼于神以佐尧者也,伯翳能议百物以佐舜者也。其后皆不失祀而未有兴者,周衰其将至矣。"

公曰:"谢西之九州[53],何如?"对曰:"其民沓贪而忍,不可因也[54]。

唯谢、郑之间㊺,其冢君侈骄㊻,其民怠沓其君,而未及周德㊼;若更君而周训之,是易取也,且可长用也㊽。"

### 注释

①桓公:郑桓公姬友,郑始封君。为周厉王之少子,周宣王之弟。司徒:官名,主管教化。桓公为周王室司徒在周幽王八年(公元前774年)。

②周众:指西周百姓。东土:指周都镐京(今西安市西南)以东地域。据《史记·郑世家》:"幽王以(桓公)为司徒,和集周民,周民皆悦,河雒之间,人便思之。"

③史伯:即太史伯,周太史。

④故:犹难。西周末年,幽王宠褒姒,多行不道,诸侯纷纷背叛,故言王室多难。

⑤偪:同"逼",迫近。

⑥成周:即西周的东都洛邑,即今洛阳。

⑦荆蛮:即楚国,芈(mǐ米)姓。西周时未封为诸侯,周夷王时,熊渠自称楚王,厉王时,自去王号。公元前740年,熊通自立为楚武王,其后之君皆自尊为王,而中原诸侯始终以蛮夷对待。申、吕:诸侯国名,姜姓。应、蔡、随、唐:诸侯国名,姬姓。邓:诸侯国名,曼姓。陈:诸侯国名,妫(guī龟)姓,传说为舜帝之后。以上各国,均在成周以南的地域。

⑧卫、燕:诸侯国名,姬姓。狄:北狄,古代中国北方的游牧民族。鲜虞:国名,国都故址在今河北省新乐县西南新市故城,韦昭以为是姬姓在北狄之国,又一说为白狄别种。潞、洛、泉、徐、蒲:国名,隗姓,都为赤狄族。以上诸国,均在成周以北的地域。

⑨虞、虢(西虢)、晋、隗、霍、杨、魏、芮:都是姬姓诸侯国,在成周以西的地域。

⑩齐:姜姓诸侯国。鲁、曹、滕:姬姓诸侯国。宋:子姓诸侯国,西周时成王所封,始封君为殷纣王之兄微子启。薛:任姓诸侯国。邹:曹姓诸侯国。莒:己姓,东夷小国。以上各国在成周以东的地域。

⑪支子:按封建宗法制度,嫡长子及继承先祖的嗣子为宗子,其余的儿子为支子。母弟:同母或异母弟。支子母弟,指姬姓各诸侯国。甥舅:指异姓各诸侯国。

⑫济、洛、河、颖:济水、洛水、黄河、颖水。济、洛、河、颖之间,韦《注》:"言此四水之间可逃,谓左济右洛前颖后河也。"后来郑桓公在这一带发展,成为春秋初年实力强劲的较大诸侯国。

⑬子:子爵。男:男爵。

⑭虢:指东虢,故城在今河南荥阳县,姬姓。郐(kuài快):古国名,在今河南睢县境,妘姓。后均为郑武公(桓公之子名掘突)所灭。下面的虢叔、郐仲为当时

东虢与邻国的国君。

⑮贪冒:贪财图利。

⑯二邑:指虢、郐。

⑰鄢:公序本作"鄢",是。《左传·隐公元年》:"郑伯克段于鄢",即此地。鄢为郑武公所灭,春秋时为郑邑,故城在今河南鄢陵县城。弊:公序本作"蔽",地名,未详为今何地。补、依、𣾰:地名,未详为今何地。舟:公序本作"丹",是。陈奇猷《吕氏春秋校释·直谏篇》:"(荆文王)得丹之姬"注⑱:"丹,地名……丹山即巫山"。郑武公时属鄢,战国时为楚邑。𩇞:公序本作"畤",董增龄《正义》以为即"畤",古国名,任姓,在今何地不详。华:据《史记集解》与《索隐》,当为"莘",莘(shēn 身),古国名,即有莘,故址在今河南陈留县东。

⑱前华:据上文,"华"当为"颍"之误。

⑲主芣(fú 俘)騩(guī 规):以芣、騩二山为神主祭。芣、騩,二山名,均在今河南省南境。溱(zhēn 针)洧(wěi 委):二水名,均在今河南境内。

⑳荆子:指楚王。古称蛮夷戎狄之君都叫"子"。熊严:楚王之名。

㉑叔熊、季紃(xún 询):《史记·楚世家》作"叔堪、季徇"。

㉒濮:地名,在汉水以南,为古代西南少数民族(百濮)聚居地。

㉓芈(wěi 委)氏:楚国大夫。

㉔启:开。"是天启之心也",韦《注》以"心"为衍文,是。

㉕盖:超过。

㉖替:废。

㉗重、黎:相传为远古时主管天地的两位大臣。《史记·楚世家》以重黎为一人,认为即帝喾高辛氏掌火官,而《索隐》以"重氏、黎氏二官代司天地,重为木正,黎为火正。"相传楚为重黎之后。

㉘高辛氏:远古传说中帝王喾的号。

㉙淳耀:光明美盛。敦大:敦厚宽大。

㉚祝融:祝,始也。融,明也。

㉛虞幕:舜帝的先祖。协:和。

㉜单:尽。品:高下的等级。庶:众。

㉝契:商的始祖。五教:指父义、母慈、兄友、弟恭、子孝的伦理观念。

㉞周弃:即后稷,周的始祖。

㉟八姓:传说祝融的后代有八姓,即己、董、彭、秃、妘、曹、斟、芈。

㊱佐:助。前代:指夏、商二代。

㊲昆吾:祝融吴回之孙,陆终长子,名樊,己姓,封在昆吾(昆吾城墟在今河南濮阳县西)。

㊳大彭:昆吾之弟,名翦,为彭姓,封在大彭(故址在今江苏省铜山县)。豕

韦:彭姓别封于豕韦(今河南省滑县境),称豕韦氏。

㊴董姓:传说己姓之后董父以驯养龙服事帝舜,赐姓董,称豢(huàn 唤)龙氏,封在鬷(zōng 宗)川。夏兴,别封鬷夷氏。故豢龙氏、鬷夷氏均国名,今河南临颍县有豢龙城,相传即董父封邑。

㊵彭祖、豕韦、诸稽:均为国名。彭祖即大彭,豕韦、诸稽为彭姓别封国,诸稽所在今地无考。

㊶秃姓:彭祖之后别为姓。舟人:国名,今地疑不能明。

㊷妘(yún 云)姓:祝融之孙,陆终第四子求言为妘姓。邬:据《左传・襄公十年疏》及《诗・桧谱疏》引《国语》并作"鄢"。路、偪阳:国名,求言之后别封国,偪阳约在今山东省邳县西北境。

㊸曹姓:陆终第五子名安,曹姓。邹、莒:曹姓小国,在今山东省境内,莒自纪公以下为己姓。

㊹采:指采服,周制"九服"之一,离王都二千五百里的地区为采服,以采地服事天子。卫:指卫服,"九服"之一,离王都三千里的地区,为诸侯国的外卫,故称卫服。采卫往往为大诸侯国的附庸。

㊺斟姓:曹姓别封国,如斟灌、斟寻,据《左传・襄公四年》言为浇所灭,故无后。

㊻芈姓:陆终第六子季连之后。

㊼蕽:当为"夔",《左传・僖公二十六年》"夔子不祀祝融与鬻(yù 遇)熊,楚人让之。"公序本也作"夔",夔越,芈姓别封国。

㊽芈:楚国祖先之姓。蛮芈,叔熊逃难于濮,因从蛮人习俗,被称作蛮芈。

㊾姜:姜姓,指齐国。嬴:嬴姓,指秦国。

㊿代:更替。干:犯。

(51)伯夷:炎帝的后代,尧时为秩宗(主管郊庙的官)。

(52)伯翳(yì 益):即伯益,少皞帝之后,舜时为虞官。

(53)谢:周宣王舅申伯的封国,姜姓,国都在今河南省南阳市境。州:周代民户编制,五党为一州,有二千五百家,谢西有九州。

(54)沓贪:贪黩无厌。因:就,亲近,接近。

(55)谢郏之间:指谢北郏南之间,即虢、郐二国所在地。郏,今河南省三门峡市西北之郏县旧治,春秋初年属郑,后属楚。

(56)冢(zhǒng 肿):大。冢君,即国君。国君侈骄,即上所言"虢叔恃势,郐仲恃险。"

(57)怠沓:怠慢,不尊重。周:忠信。

(58)长用:犹言久处、久居。

**【今译】**

　　郑桓公任周幽王的司徒时,很受西周与京畿以东百姓的爱戴。他问太史伯说:"周王室祸难迭起,我害怕被连累,什么地方可逃避一死?"太史伯回答说:"周王室将要衰微,戎人、狄人肯定会兴盛起来,不可以太靠近他们。在周都洛邑,南面有荆蛮、申、吕、应、邓、陈、蔡、随、唐九个国家;北面有卫、燕、狄、鲜虞、潞、洛、泉、徐、蒲九个国家;西面有虞、虢、晋、隗、霍、杨、魏、芮八个国家;东面有齐、鲁、曹、宋、滕、薛、邹、莒八个国家。这些国家不是周王同姓的子侄母弟和异姓甥舅一类的亲戚,便是蛮、荆、戎、狄一类的人。不是亲戚就是顽民,不能到他们那里去。也唯有济水、洛水、黄河、颍川之间可以居住吧!这一带都是子爵、男爵的小国,其中以东虢、郐国较大些。虢叔仗着国都地势好,郐仲仗恃地形险要,这两位国君都有骄横奢侈懒散疏慢的心,再加上贪财图利的恶习。您如果以周王室祸难为借口,寄存妻子、财货在那里,他们是不敢不应允的。周王室一旦祸难发作而衰败,这些人骄横贪财,一定会背叛您,您如果率领成周的军队,说明是奉天子的命令讨伐有罪的诸侯,没有不成功的。如果攻克了虢、郐二邑,那鄢、蔽、补、丹、依、畴、历、莘八邑,就是您的土地了。前面是颍水,后面是黄河,右边是洛水,左边是济河,主祭芣山、騩山,喝溱水、洧水的水,遵照周公的旧法来守护这块土地,这就可以基本稳固了。"

　　郑桓公说:"南方不可以发展吗?"太史伯回答说:"荆楚国君熊严生了四个儿子:伯霜、仲雪、叔熊、季䋄。叔熊逃难到濮地而随了蛮俗,季䋄立为楚王,大夫芈氏想再立叔熊,有了祸难而没有成功。这是上天在开导他呀,何况季䋄又天性聪明,能和协臣民的心,功德超过他的先王。我听说,上天想要开导的人,十代也不会被废弃。他的子孙一定能光大前人的功业开辟疆土,不可以靠近荆楚。况且楚国是重、黎的后嗣,那黎是高辛氏的火正,以其光明美盛敦厚宽大,使天光大明地生万物,光照四海,所以命名为'祝融',他的功德伟大。

　　"那些成就了天地之间大功的人,他们的子孙没有不显达的,虞、夏、商、周就是这样的。虞幕能听辨和风,用来作育万物,使宜于生长。夏禹能尽治水患,使万物高下各得其所。商契能融汇五教以教化人民,使百姓安处。周弃能播种繁殖百谷菜蔬,供给人民的衣食。所以他们的后代都做了王公侯伯。祝融也是能显耀天地间的光明、温润嘉木五谷的人,他的后代八个姓在周没有做侯伯。其中在前代辅佐治理百物的,昆吾氏曾经在夏时为伯,大彭氏、豕韦氏曾经在商时为伯。在周代没有。己姓的昆吾氏、苏氏、顾氏、温氏、董氏,董姓的鬷夷氏、豢龙氏,那在夏代就灭亡了。彭姓的彭祖氏、豕韦氏、诸稽氏,那在商代就灭亡了。秃姓的舟人氏,则是在周代被灭亡的。妘姓的鄢氏、郐氏、路氏、偪阳氏,曹姓的邹氏、莒氏,都在采服、卫服那些边远地区,有的还从属于周室,有的远在夷、狄地方,没有个确数。而且他们又没有美名,一定不会再兴盛的。斟姓已经没有后嗣。祝融的后代能兴盛的,大概只有芈姓吧?芈姓的夔越氏,不值得受命。芈姓在濮地的已经随了蛮俗,只有荆楚有光明的德行,假如周室衰微,那它肯定会兴盛的。姜姓、嬴姓与荆的芈姓,将与姬姓各国的势力各有消长。姜姓,是伯夷的后代。嬴姓,是伯翳的后代。伯夷能礼敬神明来辅佐尧帝,伯翳能使百物各得其宜来辅佐舜帝。他们的后代都没有废掉祭祀,但也没有兴盛的,周室衰微他们将兴盛起来了。"

桓公问:"谢地以西的那九个州,怎么样?"回答说:"那里的人贪得无厌并且十分残忍,不可以亲近。只有谢地与郏地之间的虢、郐二国,那里的君主奢侈骄横,那里的百姓不尊重他们的君主,还没有具备忠信的德行。假如换个君主而用忠信教导他们,是可以取得好效果的,并且还可以长久安处。"

【原文】

公曰:"周其弊乎①?"对曰:"殆于必弊者也。《泰誓》曰②:'民之所欲,天必从之。'今王弃高明昭显,而好谗慝暗昧③;恶角犀丰盈,而近顽童穷固④。去和而取同⑤。夫和实生物,同则不继。以他平他谓之和⑥,故能丰长而物归之;若以同裨同⑦,尽乃弃矣。故先王以土与金木水火杂⑧,以成百物。是以和五味以调口,刚四支以卫体,和六律以聪耳,正七体以役心⑨,平八索以成人⑩,建九纪以立纯德⑪,合十数以训百体⑫。出千品,具万方,计亿事,材兆物⑬,收经入,行姟极⑭。故王者居九畡之田⑮,收经入以食兆民,周训而能用之,和乐如一⑯。夫如是,和之至也。于是乎先王聘后于异姓,求财于有方⑰,择臣取谏工而讲以多物⑱,务和同也。声一无听,物一无文,味一无果⑲,物不讲。王将弃是类也而与刬同⑳。天夺之明,欲无弊,得乎?

"夫虢石父,谗谄巧从之人也㉑,而立以为卿士,与刭同也;弃聘后而立内妾㉒,好穷固也;侏儒戚施,实御在侧㉓,近顽童也;周法不昭,而妇言是行,用谗慝也;不建立卿士,而妖试幸措,行暗昧也㉔。是物也,不可以久。且宣王之时有童谣曰㉕:'檿弧箕服,实亡周国㉖。'于是宣王闻之,有夫妇鬻是器者,王使执而戮之㉗。府之小妾生女而非王子也㉘,惧而弃之。此人也,收以奔褒㉙。天之命此久矣,其又何可为乎?《训语》有之曰㉚:'夏之衰也,褒人之神化为二龙,以同于王庭㉛,而言曰:"余,褒之二君也。"夏后卜杀之与去之与止之㉜,莫吉。卜请其漦而藏之,吉㉝。乃布币焉而策告之㉞,龙亡而漦在,椟而藏之㉟,传郊之㊱。'及殷、周,莫之发也。及厉王之末,发而观之,漦流于庭,不可除也。王使妇人不帏而譟之㊲,化为玄鼋㊳,以入于王府。府之童妾未既齓而遭之㊴,既笄而孕㊵,当宣王时而生。不夫而育,故惧而弃之。为弧服者方戮在路,夫妇哀其夜号也,而取之以逸,逃于褒。褒人褒姁有狱㊶,而以为入于王,王遂置之㊷,而嬖是女也,使至于为后而生伯服㊸。天之生此久矣,其为毒也大矣,将使候淫德而加之焉㊹。毒之酋腊者㊺,其杀也滋速。申、缯、西戎方强㊻,王室方骚,将以纵欲,不亦难乎?王欲杀太子以成伯服,必求之申㊼,申人弗畀㊽,必伐之。若伐申,而缯与西戎会以伐周,周不守矣!缯与西戎方将德申,申、吕方强,其㤿爱太子亦必可知也㊾,王师若在,其救之亦必然矣。王心怒矣,虢公从矣,凡周存亡,不三稔矣㊿!君若欲避其难,其速规所矣,时至而求用,恐无及也!"

公曰:"若周衰,诸姬其孰兴?"对曰:"臣闻之:武实昭文之功[51],文之祚尽[52],武其嗣乎!武王之子,应、韩不在[53],其在晋乎!距险而邻于小[54],若加之以德,可以大启。"公曰:"姜、嬴其孰兴?"对曰:"夫国大而有德者近兴,秦仲、齐侯,姜、嬴之隽也[55],且大,其将兴乎?"公说,乃东寄帑与贿,虢、郐受之,十邑皆有寄地[56]。

#### 注释

①弊:衰败。
②《泰誓》:《尚书·周书》的篇名。
③王:指周幽王。高明昭显:指德行光明正大的臣子。谗慝暗昧:指邪恶奸险的臣子。

④角犀:额角入发处隆起称角犀。丰盈:指人面颊辅丰满。古时迷信认为这种相貌的人都是贤明的忠臣。顽童:愚昧。穷固:不识礼义。

⑤和:和协,指可否相调济。同:指恶欲相同。

⑥以他平他谓之和:用一物调和另一物叫做和。两个"他"指异味的二物。平,调和。

⑦裨:补凑。以同裨同,用相同的东西补凑相同性质的东西,不会产生新的东西。

⑧杂:掺杂。指用物性相反的东西掺杂调和。

⑨七体:七窍,指耳目口鼻七孔。以役心:为心服役,即目为心视,耳为心听,口为心谈,鼻为心芳。旧时习惯称心为思维的器官,故有此说。

⑩平:正。八索:指人体的八个主要部位,古时用来应和八卦,又称八体,即乾为首,坤为腹,震为足,巽为股,离为目,兑为口,坎为耳,艮为手。

⑪建:立。九纪:九脏,指心、肝、肺、脾、肾、胃、膀胱、肠、胆。

⑫百体:百官的体属。合十数以训百体,用十个等级来训导百官的体属。十等,指王、公、大夫、士、皂、舆、隶、僚、仆、台,古时人的十个等级。

⑬材:通"裁",裁定。兆:数名,古时下数以十亿为兆,中数以万亿为兆,上数以亿亿为兆,极言其多。

⑭姟(gāi该):古代最大的数名,万万兆为姟。姟极,最极限的数。

⑮九畡(gāi该):九州。古代中国设置九个州,《尚书·禹贡》九州为冀、豫、雍、扬、兖、徐、梁、青、荆,后来用九州泛指中国。九州之田,即中国的土地。

⑯和乐如一:和乐如一家。

⑰有方:指有方物进贡的地方。

⑱谏工:谏官。讲:犹"校"。

⑲果:美味。

⑳刲:同"专",专断。

㉑虢石父:虢国君主名,幽王用为卿。巧从:巧于向上献媚而顺从。

㉒聘后:指申后,周幽王王后,为申侯之女,太子宜臼之母。内妾:指褒姒。

㉓侏儒、戚施:矮人、驼背。这里指在宫中供戏耍的艺人,古时常由侏儒、戚施充当。

㉔试:用。幸:同"悻",指佞悻小人。措:置,安置。

㉕宣王:周宣王,名靖,周幽王之父。

㉖檿(yǎn演):木名,柞树,即檿桑,古称山桑。檿弧,山桑木所制的弓。箕:草名。服:这里指箭袋。箕服,箕草编织的箭袋。

㉗戮:侮辱,罪责。

㉘府:指王宫内储藏财物的地方。

㉙褒：国名，夏同姓，姓姒氏，故所献之女称褒姒。“此人也收以奔褒”，公序本于此句下有“褒人有狱而以为入”八字。

㉚《训语》：指《逸周书·训语》。

㉛同：意为“共处”。

㉜夏后：夏君，指夏桀。

㉝漦（chí 池）：涎沫，此指龙的涎沫。

㉞布：陈设。幣：玉帛。策：指写在简策上的祭词。

㉟椟：柜。

㊱传：符信。郊：郊祭。

㊲帏：下裳的正幅。

㊳鼋：通“蚖”，蜥蜴。

㊴龀（chèn 衬）：儿童换牙。

㊵笄（jī 机）：笄年，《礼记·内则》：“女子……十有五年而笄。”古时女子十五岁行加笄（盘发插簪）之礼，表示已为成年。

㊶褒姁（xū 虚）：褒国国君。

㊷置之：赦免褒姁。

㊸伯服：周幽王和褒姒的儿子。

㊹将使候：巴蜀书社《国语正义》影印本为“将俟”。加：遗。之：指褒姒。

㊺酋腊（xī 西）：酒之极毒者。酋，陈酒。腊，极，很。

㊻申：申国，为幽王前王后的母家。缯：国名，姒姓，相传为夏禹之后，春秋时为莒所灭，故城在今山东枣庄市东。

㊼必求之申：指太子必向申投奔求救。

㊽畀（bì 敝）：给予，指交出太子宜臼。

㊾隩：通“奥”，深。

㊿稔（rěn 忍）：谷物成熟，古代谷物一年一熟，因称年为稔。三稔，三年。

(51)武：周武王。文：周文王。

(52)祚：福。

(53)应：应国，相传为周武王之子应叔所封之国，故址在今河南鲁山县东。韩：韩国，周武王之子韩叔封国，故址在今陕西韩城县地。

(54)距险：距守之地险要。邻于小：与小国为邻，指晋国与虞、虢、霍、杨、韩、魏、芮这些小国为邻。

(55)秦仲：周宣王时为大夫，嬴姓，曾奉王命征西戎，秦于是开始强大。齐侯：指齐庄公，名媾，成公之子，公元前794—公元前731年在位。隽：通“俊”，俊秀。

(56)十邑：指谢地与郏地之间的十个小国虢、郐、鄢、蔽、补、丹、依、畴、历、莘。寄地：寄存东西之地。

**【今译】**

郑桓公又问:"周室将会衰败吗?"太史伯回答说:"已经接近于衰败了。《尚书·秦誓》上说:'百姓所期望的,上天一定会听从。'现今我们的王抛弃德行光明的忠臣,喜欢邪恶阴险的奸臣;讨厌正直贤明的臣子,接近愚顽不识德义的人。他舍弃了和协而与坏人相同。和协能生万物,相同就不能发展。用此一物调和彼一物叫做和协,所以能丰富发展而使万民归附;如果是用相同的补凑相同性质的东西,只能是用尽了就丢弃掉。所以先王用土与金木水火掺杂调和,而生成百物。这样,用调和五味来适应口,强健四肢来护卫身,调节六律来聪和耳,端正七窍来为心服务,摆平八体来形成完人,健全九脏来树立纯德,按照调节身体的道理,合共订立十个等级来训导百官的统属关系。于是就出现上千个品类,具备上万个方法,计算上亿的事情,裁定上万亿的物件,接受那些经常的收入,动用极限的数字。所以身为帝王,占有九州的土地,接受经常的收入来养育万民,用忠信教导百姓,百姓和乐如一家人。只有像这样,才是最大的和协。于是先王聘娶异姓的王后,求取财货让四方各以土产方物进贡,在群臣中选取谏官来校正众多的事物,努力摆正和协与相同。声音只有一个调就没什么可听的,颜色都一样就不成文采,味道都一样就谈不上美食,事物都是一类就不能校正。现在天王却要抛弃这和协的办法,而亲近那些专断同欲的人。上天夺去了他的聪明,想使国家不衰败,行吗?

"那个虢石父是个谗言诌笑巧于献媚的人,而王却立他做卿士,这是亲近专断同欲的人;抛弃了聘娶的申后而立内妾褒姒,这是喜好不识德义的人;把侏儒戚施放在身边供取笑逸乐,这是接近愚顽昏昧的人;我周的法制不能施行,而按妇人的话处理国家大事,这是重用邪恶的人;不建立有德行的人做卿士,却用妖孽的臣子占据要职,安置佞悻的人在身边,干一些见不得天日的事。这些作法,是不可能长久的。况且宣王在位时就盛传童谣说:'山桑木弓,箕草箭袋,要灭亡周国。'宣王听到这童谣后便严命追查,有夫妇二人卖桑木弓箕草袋的,宣王派人逮捕他们并示众羞辱。王府里的小妾生了一个女婴却不是天王的骨血,害怕大祸临头就丢弃了女婴。这卖桑弓草袋的人,捡到女婴后投奔褒国。上天命令这事已经很久了,那又怎么可能改变呢?《周书·训语》有这样的话:'夏朝将要衰亡时,有褒人的神变为二龙,同住在王宫中，并且口吐人言说："我们，是褒国的二君。"夏王占卜是杀他们，还是赶走他们，还是留下他们，占卜的结果都不吉利。再占卜说把龙的涎沫收藏起来，卜象吉利。于是就陈设玉帛，用简策书写文辞祭告二龙，二龙离去涎沫还在，就把它装在柜里收藏起来，并且用符信封识，让后人祭祀它。'到殷代及我周都没有打开过它。到厉王末年，打开观看它，涎沫流到庭中无法去除。厉王让妇人不穿下衣在庭中大喊大叫，龙的涎沫变成一只黑鼋进入王宫。宫内一个还没换牙的小女孩遇上了它，到十五岁就怀上孕，一直到宣王时才生产。因为没有丈夫却怀孕生孩子，所以害怕就抛弃了婴儿。当时卖桑弓箭袋的人正在路上被示众羞辱，夫妇二人可怜女婴夜晚啼哭，于是就抱起她逃走，后来逃亡到褒国。褒国君主褒姁犯了罪，就把这个美女献给天王，天王见褒姒美丽就赦免了褒姁，此后就开始宠爱这个女人，以至于立为王后生下伯服。上天育生褒姒很久了，她的毒性特别大，就是为等到腐蚀毒害天王的德行才留下她。毒性最烈的酒，杀人也最快。申、缯、西戎这三个国家正在强盛，周王室正在混乱，天王还要放纵私欲，周王室想要不衰败不也很难吗？天王想杀太子宜臼来立伯服，太子一定会投奔申国，申国人不接受天王的命令，天王一定会讨伐申国。如果讨伐申国，缯国和西戎就会与申国共同攻打周王朝，周室天下就保不住了！缯国和西戎正想交好申国，申国、吕国正在强盛，他们深爱太子也是肯定可以理解的，周的军队如果攻打申国，吕国去救援它也是必然的。天王对申国发怒，虢石父就会跟着发怒，大概周室的存亡，不出三年就可见分晓了！您如果想避开这场祸难，就赶快规划好逃难的地方，祸难到头时才寻找对策，只怕来不及了。"

桓公又问："假如周室衰败，姬姓诸侯国中哪个会兴盛？"太史伯回答说："我听说，武王有光大文王事业的功德，文王留给后代的福泽已经到头了，武王将要继承！武王的子嗣，应国、韩国不在兴盛之列，恐怕在晋国吧！晋国距守险要之地，又邻近弱小的诸侯国，如果施行德政，是可以大大开辟疆土的。"桓公问："姜姓、嬴姓的国家哪个会兴盛？"回答说："那些国土广大而且是有德行的君主统治的，很快就会兴盛。秦仲、齐侯，是嬴姓、姜姓中的俊杰，并且国土广大，大概他们会兴盛起来吧？"郑桓公很赞赏他的话，于是便向东寄放妻儿财货，虢国、邻国接受了。这样一来，虢、邻、鄢、蔽、补、丹、依、畴、历、莘十邑都有桓公寄存的地方。

## 2. 平王之末秦晋齐楚代兴

**【题解】**

本文紧接前篇，概括叙述了西周灭亡，东周平王末期，秦、晋、齐、楚等大诸侯国交替兴盛的历史，以验证太史伯的评论是正确的。

**【原文】**

幽王八年而桓公为司徒，九年而王室始骚，十一年而毙。及平王之末①，而秦、晋、齐、楚代兴，秦景、襄于是乎取周土②，晋文侯于是乎定天子③，齐庄、僖于是乎小伯④，楚蚡冒于是乎始启濮⑤。

**注释**

①平王：周平王（公元前770—公元前721年在位），幽王之子宜臼。公元前771年，申国联合缯、西戎攻幽王，杀幽王于骊山下，西周灭亡。公元前770年，诸侯立太子宜臼为王，即周平王。
②景：当为"庄"，秦仲之子秦庄公。襄：秦襄公，庄公之子。秦庄公有伐西戎功，周宣王赐大骆、犬丘之地。平王东迁洛邑，襄公辅佐有功，平王赐丰、镐之地，始封为诸侯。取周土：周室赐给土地。
③晋文侯：晋穆侯之子姬仇。定：指晋文侯迎接周平王，安排东迁洛邑，平定周室，始为东周之事。
④僖：齐僖公（公元前730—公元前698年在位），庄公之子，名禄甫。
⑤蚡(fén 坟)冒：楚王季绌之孙，若敖之子熊率。

**【今译】**

周幽王八年，郑桓公任司徒，到幽王九年王室开始骚乱，幽王十一年西周灭亡，桓公殉国而死难。到周平王末年，秦、晋、齐、楚交替兴盛，秦庄公、襄公在这时取得周室赐给的土地列为诸侯，晋文侯在这时把周天子安定在洛邑，齐庄公、僖公在这以后小小称霸诸侯，楚王蚡冒也在这时开始扩张国土到濮地。

# 卷十七　楚语上

## 1. 申叔时论傅太子之道

【题解】

　　本文通过楚庄王给太子请老师，贤大夫申叔时阐述如何对太子进行全面教育的理论，说明了古人对教育的重视。

　　申叔时的教育理论，不但包括教育的原则、教育的目的、教育的内容和受教育者应具有的学习态度，还特别强调教育者必须以身作则，讲究方式方法，因材施教，循序渐进，才能取得好的效果，可说是一篇完整的教育理论文章。

【原文】

　　庄王使士亹傅太子箴①，辞曰："臣不才，无能益焉。"王曰："赖子之善善之也。"对曰："夫善在太子，太子欲善，善人将至；若不欲善，善则不用。故尧有丹朱②，舜有商均③，启有五观④，汤有太甲⑤，文王有管、蔡⑥。是五王者，皆有元德也⑦，而有奸子。夫岂不欲其善，不能故也。若民烦⑧，可教训。蛮、夷、戎、狄，其不宾也久矣⑨，中国所不能用也。"王卒使傅之。

　　问于申叔时⑩，叔时曰："教之春秋，而为之耸善而抑恶焉⑪，以戒劝其心；教之世，而为之昭明德而废幽昏焉⑫，以休惧其动⑬；教之《诗》，而为之导广显德，以耀明其志；教之礼，使知上下之则；教之乐，以疏其秽而镇其浮⑭；教之令，使访物官⑮；教之语，使明其德⑯，而知先王之务用明德于民也;教之故志,使知废兴者而戒惧焉⑰;教之训典,使知族类,行比义焉⑱。

"若是而不从,动而不悛⑲,则文咏物以行之⑳,求贤良以翼之。悛而不摄㉑,则身勤之,多训典刑以纳之,务慎惇笃以固之。摄而不彻㉒,则明施舍以导之忠,明久长以导之信,明度量以导之义,明等级以导之礼,明恭俭以导之孝,明敬戒以导之事,明慈爱以导之仁,明昭利以导之文,明除害以导之武,明精意以导之罚,明正德以导之赏,明齐肃以耀之临㉓。若是而不济,不可为也。

"且夫诵《诗》以辅相之,威仪以先后之,体貌以左右之,明行以宣翼之㉔,制节义以动行之,恭敬以临监之,勤勉以劝之,孝顺以纳之,忠信以发之,德音以扬之,教备而不从者,非人也。其可兴乎!夫子践位则退㉕,自退则敬,否则赧㉖。"

### 注释

①庄王:楚庄王(公元前613—公元前591年在位),名旅。士亹(wěi 委):楚国大夫。箴:楚太子名,韦《注》作"审",《左传》与《史记·楚世家》并作"审"。

②丹朱:尧的儿子,名朱,封于丹,今河南淅川县西丹水之北,相传为尧子丹朱的封地。尧因丹朱不肖,禅位于舜,事见《史记·五帝本纪》。

③商均:舜的儿子,舜因商均不肖,禅位于禹,禹封商均于虞。今河南省虞城县,相传为商均封地。

④启:夏禹的儿子。五观:又写作"武观",启的儿子,太康之弟,《竹书纪年上·帝启》:"十一年放王季子武观于西河。"《注》:"武观,即五观也。观国,今顿丘卫县。"因无德故被放逐。

⑤太甲:商汤的孙子,即位后不遵汤的法度,被大臣伊尹放逐到桐宫,后悔过自责,仍为帝,有德政,称太宗。

⑥管、蔡:周文王的儿子管叔鲜与蔡叔度,皆武王之弟。周武王死,成王年幼,周公摄政,管、蔡与殷纣王之子武庚叛乱。

⑦元德:大德。

⑧烦:乱。

⑨宾:臣服。

⑩申叔时:楚国的贤大夫。

⑪春秋:泛指历史著作。《孟子·离娄下》:"晋之《乘》,楚之《梼杌》,鲁之《春秋》,一也。"耸:奖劝。抑:贬谪。

⑫世:世系谱牒。幽昏:昏暗。

⑬休:嘉美。动:行动。
⑭乐:音乐。古人认为音乐修养可以移风易俗,荡涤邪秽。浮:轻浮。
⑮访:议,理论。物:事业。官:百官。
⑯语:指治国的名言警句。
⑰故志:指记载前代兴衰成败的书。
⑱训典:先王的书。族类:同宗亲族,这里指要使同宗亲族宽厚顺从以求繁衍兴旺。比:合。
⑲悛:改。
⑳文:文辞。谏物:这里指用事物打比方进行讽谕。
㉑摄:固。
㉒彻:通达。
㉓齐:一。肃:恭敬。临:临事。
㉔宣:周遍。
㉕夫子:指太子。退:谦退。
㉖赧(nǎn 蝻):忧惧。

【今译】

　　楚庄王命大夫士亹教导太子箴,士亹辞谢说:"我没有才能,不可能对太子有教益。"庄王说:"凭着您的美德教导他学好。"回答说:"学好的关键在于太子,太子想学好,好人就会来到;太子如果不想学好,好的教导他也听不进。所以,尧帝有丹朱那样的不肖之子,舜帝有商均那样的不肖之子,夏启有五观那样的坏儿子,商汤有太甲那样曾经不学好的孙子,周文王有管、蔡那样搞叛乱的儿子。这五个前代帝王,都有大德,但却有坏子孙。他们难道不想让儿孙学好,是儿孙自己不学好的缘故。如果说是百姓反乱,我可以教育训导。蛮、夷、戎、狄那些边民,不臣服已经很久了,我们不能任用他们,也早该训戒了。"庄王最终坚持要士亹教导太子。

　　士亹向大夫申叔时求教如何教育太子,申叔时说:"教他读记载天时人事的历史典籍,让他懂得褒善贬恶的道理,来劝戒他的心;教他读先王世系谱牒,使他懂得有德的人显名,无德的昏君被废弃的道理,来嘉美和控制自己的行动;教他读《诗三百》,宣扬先圣贤王的德业,来开拓他的志向;教他学习礼仪,使他懂得上下尊卑的法则;教他学习音乐,来疏散秽气镇压轻浮;教他学习先王的法令,让他从理论上了解百官的职事；教导他治国的名言警语，光大他的美德，让他知道先王用美德教化人民的道理；教他学习记载前世兴衰成败的史书，让他明白兴衰成败的规律而懂得戒惧；教他学习先王的训典，使他懂得世族兴旺要宽厚顺从的道理，使他的行为合乎道义。

"假如这样教导他却不听从，举动有过错而不改悔，就要用文辞借事物打比方进行讽谕使他改正，征求贤良才俊来辅佐他。如果有所改悔但不稳定，就要不辞辛苦以身作则来带动他，经常用法规教导让他接受，努力谨慎地让他的惇厚诚笃的品格稳固下来。如果稳定了，但做人还不够通达，就教导他忠恕的道理，让他明白怎样施舍；教导他守信用，让他明白怎样长久保持地位；用义理引导他，让他明白度量的方法；用礼节教导他，让他明白等级贵贱；用孝顺教导他，让他明白事亲要恭俭；教导他处事的方法，让他明白敬戒是事情成功的保证；教导他仁德，让他明白对人要有慈爱之心；教导他文事，让他明白利人利己的道理；教导他武艺，让他明白用来除暴攘乱的道理；教导他惩罚的原则，让他明白断案要尽精意顺从民情；教导他奖赏的原则，让他明白不能有偏私；教导他光明处事，让他明白要专一、严肃的道理。如果这样的教导还不能造就他，就不能做老师了。

"吟诵《诗三百》来辅导他，用风度仪态来调教他，用以礼待人接物来影响他，用以身作则来维护他，用制定的节义来约束他的行动，用恭敬的态度监督观察他，用勤勉学习来勉励他，用孝顺的心接纳他，用忠信的言行启发他，用美好的乐音激扬他。这样全面的教导都不听从，就不是一个可以教育的人了。难道还可能造就吗？太子登上王位后你就主动引退，自己主动引退将被尊敬，否则就将常常忧惧。"

# 2. 子囊议恭王之谥

【题解】

子囊能正确评价楚恭王一生的功过，特别是为照顾到楚国的国际声望和影响，不因循苟同，而给君主议定适当的谥号，是一个称职的国相。

【原文】

恭王有疾①，召大夫曰："不谷不德②，失先君之业③，覆楚国之师④，不谷之罪也。若得保其首领以殁⑤，唯是春秋所以从先君者⑥，请为'灵'若'厉'⑦。"大夫许诺。

王卒，及葬，子囊议谥⑧。大夫曰："王有命矣。"子囊曰："不可。夫事君者，先其善不从其过。赫赫楚国，而君临之，抚征南海⑨，训及诸夏⑩，其宠大矣。有是宠也，而知其过，可不谓'恭'乎⑪？若先君善，则请为'恭'。"大夫从之。

注释

①恭王：楚恭王熊审（公元前590—公元前560年在位），即上文的太子审。

②不谷：古代王侯自称的谦词。谷，善。

③先君：指楚庄王。业：霸业。

④覆楚国之师：指公元前575年晋楚鄢陵之战，楚恭王大败之事。见《左传·成公十六年》。

⑤保首领：保全性命，因兵败当受军法刑杀，这里是含有自疚的说法。

⑥春秋：指一年四季的祭祀。从先君：追随先君入祖庙。据《礼记·祭法》，古代诸侯立五庙，即考庙（父庙）、王考庙（祖父庙）、皇考庙（曾祖庙）、显考庙（高祖庙）、祖考庙（始封祖之庙）。死后神主入庙以受祭祀。

⑦为"灵"若"厉"：谥为"灵"或者"厉"。《左传·襄公十三年》杜《注》："欲受恶谥以归先君也。乱而不损曰灵，戮杀不辜曰厉。"

⑧子囊：楚国的令尹，恭王之弟。谥：谥号。古代帝王、诸侯、卿大夫死后，葬前依死者生前事迹议定的称号。

⑨南海：指南方一带。

⑩训：教。

⑪恭：根据谥法，既过能改曰恭。

【今译】

楚恭王病危，召见大夫们说："不谷没有德行，丧失了先君的霸业，在鄢陵一战丧失了楚国的军队，这是不谷的罪过啊。如果获得保全首领而死，唯有这在祖庙中追随先君享受祭祀的位次，请求谥我为'灵'或者'厉'吧。"大夫们答应了。

恭王死了，到安葬时，令尹子囊召集大夫们商量谥号。大夫们说：

"君王有过命令了。"子囊说:"不可以。事奉君主的人,在议定谥号时要首先想到君主的善行,不能从他的过失方面考虑。声威赫赫的楚国,君王在上面治理,安抚征讨南方各国,教令施及中原各诸侯国,是多么大的尊荣啊!有这样大的尊荣,君王又知道自己的过错,还不该谥为'恭'吗?如果考虑的是先君的善行,请谥他为'恭'。"大夫们听从了他的意见。

# 3. 屈建祭父不荐芰

【题解】

本篇写屈建为了遵从封建礼制,不肯满足父亲生前一点小小的嗜好,祭祀时不给献上菱角的故事。

【原文】

屈到嗜芰①。有疾,召其宗老而属之②,曰:"祭我必以芰。"及祥③,宗老将荐芰,屈建命去之④。宗老曰:"夫子属之。"子木曰:"不然。夫子承楚国之政⑤,其法刑在民心而藏在王府,上之可以比先王,下之可以训后世,虽微楚国,诸侯莫不誉。其祭典有之曰:国君有牛享⑥,大夫有羊馈⑦,士有豚犬之奠⑧,庶人有鱼炙之荐,笾豆、脯醢则上下共之⑨。不羞珍异⑩,不陈庶侈⑪。夫子不以其私欲干国之典。"遂不用。

注释

①屈到:楚卿。芰(jì技):古书上指菱。
②宗老:家臣。属:同"嘱。"
③祥:丧祭名,父母死十三个月后祭称小祥,二十五个月后祭称大祥。
④屈建:屈到之子,字子木。
⑤承:主持。
⑥牛享:祭祀时进献牛,即太牢。
⑦羊馈:祭祀时用羊,即少牢。馈,进食,这里指享祭。
⑧豚犬之奠:祭祀时用小猪、狗进献,即馈食。以上三祭参见《大戴礼记·曾子天圆》。
⑨笾豆:礼器,参见《周语中》6注㉑。脯:肉干。醢(hǎi海):肉酱。

⑩羞:进献。
⑪庶侈:众多。

【今译】
　　屈到喜欢吃菱角。他生病时,叫来宗老嘱咐,说:"祭祀我的时候一定要用菱角。"到举行祥祭时,宗老献上菱角,屈建命令拿走它。宗老说:"这是先主嘱咐的。"子木说:"不能这样。先主主持楚国的大政,他定的法令都深入人心,并且收藏在王府,对上可以比附先王,对下可以垂训后世,即使没有楚国的称誉,诸侯各国也没有不称誉的。那祭法上有这样的规定:国君祭祀要有牛进献,卿大夫祭祀要有羊进献,士人祭祀享受小猪和犬,平民百姓受祭有煎鱼献上,其他的笾豆之类礼器、肉干肉酱之类食品就不管上下尊卑都可以享受。不进献珍异的食物,不陈设众多的祭品。先主不能因为自己的个人嗜好而违反国家规定的祭法。"于是便不用菱角祭祀。

## 4. 蔡声子论楚材晋用

【题解】
　　楚材晋用,是古代中国人才外流的概括说法。蔡声子为了帮助出逃外国的椒举回国,向令尹子木讲述了楚国历史上四次人才外流的事,这些人都是由于当权者是非不分,才含冤负屈逃离楚国的,得到晋国的重用,反过来又危害楚国,说明重用人才,国家才能强盛;糟蹋人才,只能给国家带来祸害。说得令尹子木幡然醒悟,召回了椒举。

【原文】
　　椒举娶于申公子牟①,子牟有罪而亡,康王以为椒举遣之②,椒举奔郑,将遂奔晋。蔡声子将如晋③,遇之于郑,飨之以璧侑④,曰:"子尚良食⑤,二先子其皆相子⑥,尚能事晋君以为诸侯主⑦?"辞曰:"非所愿也。若得归骨于楚,死且不朽。"声子曰:"子尚良食,吾归子。"椒举降三拜⑧,纳其乘马,声子受之。
　　还见令尹子木⑨,子木与之语,曰:"子虽兄弟于晋⑩,然蔡,吾甥也,二国孰贤?"对曰:"晋卿不若楚⑪,其大夫则贤,其大夫皆卿材也。若杞梓、皮革焉⑫,楚实遗之。虽楚有材,不能用也。"子木曰:"彼有公族甥、舅,若之何其遗之材也?"对曰:"昔令尹子元之难⑬,或谮王孙启于成王⑭,王弗是,王孙启奔晋,晋人用之。及城濮之役⑮,晋将遁矣,王孙启与于军事,谓先轸曰⑯:'是师也,唯子玉欲之⑰,与王心违⑱,故唯东宫与西广实来⑲。诸侯之从者,叛者半矣,若敖氏离矣⑳,楚师必败,何故去之!'先轸从之,大败楚师,则王孙启之为也。

"昔庄王方弱㉑,申公子仪父为师㉒,王子燮为傅㉓,使师崇、子孔帅师以伐舒㉔。燮及仪父施二帅而分其室㉕。师还至,则以王如庐㉖,庐戢黎杀二子而复王㉗。或谮析公臣于王㉘,王弗是,析公奔晋,晋人用之。实谍败楚,使不规东夏㉙,则析公之为也。

"昔雍子之父兄谮雍子于恭王㉚,王弗是,雍子奔晋,晋人用之。及鄢之役㉛,晋将遁矣,雍子与于军事,谓栾书曰㉜:'楚师可料也,在中军王族而已㉝。若易中下㉞,楚必歆之㉟。若合而臽吾中㊱,吾上下必败其左右㊲,则三萃以攻其王族,必大败之㊳。'栾书从之,大败楚师,王亲面伤㊴,则雍子之为也。

"昔陈公子夏为御叔娶于郑穆公㊵,生子南㊶。子南之母乱陈而亡之,使子南戮于诸侯㊷。庄王既以夏氏之室赐申公巫臣㊸,则又畀之子反㊹,卒于襄老㊺。襄老死于邲㊻,二子争之㊼,未有成。恭王使巫臣聘于齐,以夏姬行,遂奔晋㊽。晋人用之,实通吴、晋㊾。使其子狐庸为行人于吴㊿,而教之射御,导之伐楚。至于今为患,则申公巫臣之为也。

"今椒举娶于子牟,子牟得罪而亡,执政弗是,谓椒举曰:'女实遣之。'彼惧而奔郑,缅然引领南望㉛,曰:'庶几赦吾罪。'又不图也,乃遂奔晋,晋人又用之矣。彼若谋楚,其亦必有丰败也哉㉒!"

子木愀然㉓,曰:"夫子何如㉔?召之其来乎?"对曰:"亡人得生㉕,又何不来为?"子木曰:"不来,则若之何?"对曰:"夫子不居矣㉖,春秋相事㉗,以还轸于诸侯㉘。若资东阳之盗使杀之㉙,其可乎?不然,不来矣。"子木曰:"不可。我为楚卿,而赂盗以贼一夫于晋㉚,非义也。子为我召之,吾倍其室。"乃使椒鸣召其父而复之㉛。

**注释**

①椒举:即伍举,楚国大夫,伍子胥的祖父,因食邑在椒,故称椒举。申公子

牟:楚国贵族,即王子牟,因封于申(楚县名),故称申公。

②康王:楚康王(公元前559—公元前545年在位),名昭,楚恭王之子。

③蔡声子:蔡国大夫,蔡文公之孙,即公孙归生,字子家。

④侑(yòu又):通"宥",劝食。

⑤尚:强自。良食:好好吃饭,即自己保重,努力加餐饭之意。

⑥二先子:指椒举之父伍参与声子之父子朝。《左传·襄公二十六年》:"楚伍参与蔡大师子朝友,其子伍举与声子相善也。"故蔡声子这样说。

⑦晋君:指晋平公。主:盟主。

⑧乘马:四匹马。

⑨令尹子木:即前文中的屈建。

⑩兄弟于晋:指蔡、晋同为姬姓。

⑪晋卿:指当时晋国的执政正卿赵武。

⑫杞梓:杞木、梓木,两种优质木材。

⑬子元:楚文王熊赀的弟弟,他想诱惑文王夫人息妫,被斗班杀死。事见《左传·庄公三十年》。

⑭潛(zèn):说坏话诬陷。启:子元的儿子。成王:楚成王(公元前671—公元前626年在位),名熊恽,《左传》作熊嘽(yūn温),楚文王的儿子。是:审理。

⑮城濮之役:公元前633年晋楚争霸,在城濮大战,楚国大败。

⑯先轸:晋中军元帅,城濮之战中晋军的指挥者。

⑰子玉:楚令尹成得臣的字,城濮之战中的楚军统帅。

⑱王:指楚成王。

⑲东宫:这里指楚太子的卫队。西广:楚军队名。楚王的亲兵编制为两广,左广、右广,即东广、西广。广,大车,楚军兵车三十辆为一广。

⑳若敖氏:指子玉的家族。若敖为子玉的祖父,楚成王的曾祖父。若敖氏有六卒(六百人),是子玉的家族亲兵。

㉑庄王:楚庄王旅,为成王之孙。弱:年轻,古时男子未满二十岁称弱。

㉒子仪父:楚大司马斗克,字子仪,是申公斗班之子,父为尊称。

㉓燮:楚国公子。

㉔师崇:楚国太师潘崇,为庄王之父楚穆王商臣的师傅。子孔:楚国令尹,成得臣之子成嘉,字子孔。舒:国名,偃姓,子爵,相传为少昊氏的后人,有舒庸、舒鸠等,称为群舒,在今安徽省舒城、卢江二县境。

㉕施二帅:施加罪名于二帅。二帅,指潘崇、子孔。室:家资。

㉖庐:楚邑,又叫中庐,在今湖北省宜城县境内。

㉗戢(jí集)黎:庐大夫。二子:指子仪与公子燮。

㉘析公臣:楚国大夫。

㉙规:占有。东夏:指蔡、沈二国。据《左传·襄公二十六年》,公元前585年(鲁成公六年)晋楚绕角之战时,晋军即将撤退,析公臣劝晋中军帅栾书夜袭楚军,栾书采纳了他的意见,楚军败逃,晋军占领蔡、沈二国。

㉚雍子:楚国大夫。父兄:同宗的长辈。雍子父兄诬陷雍子之事,史实已不可考。

㉛鄢之役:即公元前575年晋楚鄢陵之战。

㉜栾书:晋国正卿,鄢陵之战中晋军的统帅。料:预测。雍子参与军事并为栾书出谋划策未见《左传》,而塞井夷灶、中下军互易、四军会萃击楚为苗贲皇对晋平公所言,并见《左传·成公十六年·襄公二十六年》。

㉝王族:指楚王的亲兵。

㉞易中下:变换中军、下军的位置。意思是让楚军误以为兵力强的中军为兵力较弱的下军,牵制楚军的主力,故《左传·襄公二十六年》言:"栾(书)、范(燮)易行以诱之。"

㉟歆:贪图。

㊱合:集中。臽(xiàn陷):陷入。中:指晋中军。

㊲上下:指晋的上军、下军。左右:楚的左广、右广。

㊳萃:集中。三萃,据《左传·襄公二十六年》当为"四萃",即集中上军、下军、新军,还有原已牵制住楚主力的中军,共同攻打楚王的亲兵。

㊴王亲面伤:指鄢陵之战中,楚恭王被晋将吕锜射中眼睛事。

㊵陈:国名,妫姓。公子夏:陈宣公之子。御叔:公子夏之子。为御叔取于郑穆公,给御叔娶郑穆公之女为妻,称夏姬。

㊶子南:御叔之子夏征舒的字。

㊷子南之母乱陈而亡之:夏征舒之父御叔早死,夏姬色美,陈灵公(陈宣公曾孙,名平国)、陈大夫孔宁、仪行父均与她私通,夏征舒羞愤,于公元前599年杀陈灵公,孔宁、仪行父逃亡到楚国,征舒自立为陈侯。次年,楚庄王带兵讨伐陈国,杀夏征舒,立陈灵公之子午为陈侯,即陈成公。

㊸申公巫臣:楚国大夫,字子灵,曾为楚申县尹,故称申公巫臣,楚王的同姓,氏屈,《左传》又称屈巫。

㊹子反:楚国司马公子侧的字。

㊺襄老:楚国连邑的地方官,故称连尹襄老。

㊻襄老死于邲:公元前597年晋楚邲之战,连尹襄老被晋将荀首射死,将尸体带回晋国。

㊼二子:指申公巫臣与公子侧。争之:争娶夏姬。

㊽恭王使巫臣聘于齐以夏姬行:公元前589年,楚恭王派申公巫臣出使齐国,巫臣借口可以帮夏姬寻回连尹襄老的尸体,带着夏姬从郑国逃往晋国。事见《左

传·成公二年》。

㊾实通吴晋:晋国任用巫臣为邢大夫,后来子反杀了巫臣的家族,还分他的家资,巫臣在晋请求出使吴国,受到吴王寿梦的欢迎,沟通了吴晋的关系,并让自己的儿子狐庸为吴行人官。吴开始伐楚。事见《左传·成公七年》。

㊿狐庸:巫臣的儿子。行人:掌管朝觐聘问的官。

㉛缅然:想念的样子。引:申。领:颈脖子。

㉜丰败:大败,惨败。

㉝愀(qiǎo 巧)然:焦愁的样子。

㉞夫子:指蔡声子。

㉟亡人:逃亡的人。

㊱不居:不能过安稳日子。

㊲春秋:指代四季。相:接连不断。

㊳还轸于诸侯:驾着车到诸侯各国聘问。轸,车后的横木。

㊴资:收买。东阳:晋地,泛指晋属太行山以东地区。若资东阳之盗使杀之,若不及时召回椒举,他投奔了晋国,就收买晋国东阳的刺客行刺他。这是蔡声子激子木的话。

㊵贼:残杀。

㊶椒鸣:椒举的儿子。

## 【今译】

椒举娶申公子牟的女儿为妻,子牟犯罪逃亡国外,楚康王认为是椒举让他逃走的,椒举便逃亡到郑国,打算投奔晋国去。蔡国大夫声子出使晋国,正好在郑国遇上,他请椒举吃饭并献上璧玉,说:"您要多加餐饭,我俩的先人在天之灵会护佑您的,您还可以事奉晋国君主使他成为诸侯盟主。"椒举辞谢说:"那不是我的心愿。我只望如果能使自己的尸骨回归楚国,我死了也是甘心的。"声子说:"您努力加餐饭吧,我一定会让您活着回楚国。"椒举走下堂三次拜谢他的好意,送给声子四匹拉车的马,声子接受了他的馈赠。

蔡声子从晋国回来,到了楚国见到令尹子木,子木和他谈话,说:"您虽然和晋国是同姓兄弟,但蔡君是楚国的外甥,您看晋、楚两国的大臣谁更贤能?"声子回答说:"晋国的卿不如楚国,但它的大夫却贤能,这些大夫都是当卿相的人才。就好比名贵的杞木梓木和皮革,是从楚国送去的,虽然楚国有人才,却没有使用他们。"子木说:"晋国也有同宗兄弟,亲戚,为什么您说我们送给他们人才呢?"回答说:"从前令尹子元的祸难发生后,有人就在成王跟前诬谄子元的儿子王孙启,成王不加审理,王孙启逃亡到晋国,晋国人重用他。到城濮之战晋楚交兵,晋国就要撤兵了,王孙启参与了这次军事行动,他对晋军统帅先轸说:'这次作战,只是子玉想打,他与楚王的意见不一致,所以楚王只给他东宫和西广两支部队参战。诸侯跟着来的,背叛子玉的已经上半数,连若敖氏也叛离了他,楚国军队一定会被打败,为什么要撤兵呢!'先轸听从了他的意见,果然大败楚国军队,这就是王孙启干的。

"从前庄王即位时还年青,申公子仪父给他当太师,王子燮给他做太傅,派老太师潘崇、令尹子孔带兵去征伐群舒。王子燮和子仪父合谋捏造罪名诬谄潘崇和子孔,并且瓜分了他们的家产。潘崇、子孔带兵回国,王子燮和子仪父就挟持楚王到庐邑,庐邑守官戢黎杀了这两个叛贼并把庄王送回郢都。有人向庄王诬告大夫析公臣参与了这次叛乱,庄王不加审理,析公逃亡到晋国,晋国人重用他。绕角之战晋楚交兵时,这种谗言的后果使晋国打败楚国,楚国丢掉了东夏,这就是析公干的。

"从前大夫雍子同宗的长辈在恭王面前诬陷雍子,恭王不加审理,雍子只好逃亡到晋国,晋国人重用他。到晋楚鄢陵之战时,晋国本来已经准备撤兵了,雍子参与了这次军事行动,为晋军统帅栾书出谋献策说:'楚国的兵力是可以对付的,它的主力只是中军的楚王亲兵而已。假如晋军对换中军与下军的位置,楚国以为是较弱的下军,一定会贪图便宜攻打它。这时如果楚军集中主力陷入我们的中军,我们的上军、下军就可以出击,一定能打败他们的左军、右军。然后再集中上军、下军、新军的兵力攻打楚的王族中军,一定能打败楚国。'栾书采纳了他的计谋,果然把楚军打得大败,恭王本人眼睛被射伤,这次楚国的失败就是雍子造成的。

"从前陈公子夏给儿子御叔娶了郑穆公的女儿夏姬,生了子南。子南的母亲夏姬淫乱祸害了陈国而且使陈国灭亡,使子南被诸侯所杀。庄王俘虏了夏姬,先把她赏给申公巫臣,接着又赏给子反,最终赏给连尹襄老。连尹襄老在邲之战中阵亡,申公巫臣和子反争夺夏姬,没有争出个结果。恭王派巫臣出使齐国,巫臣就带着夏姬一起走,趁机逃亡到晋国。晋国人重用他,让他沟通吴国和晋国的关系。他让自己的儿子狐庸做吴国的外交官,并且教吴军射箭驾车,引导吴军攻伐楚国,至今还是个大祸害。这些就是申公巫臣干的。

"现今椒举不过是娶了子牟的女儿,子牟获罪逃亡,执政大臣不加审理,对椒举说:'是你放跑他的。'椒举害怕才跑到郑国,但他想念故国,伸长脖子望着南方,说:'也许能够赦免我的罪名吧。'仍不想法挽回,他就会投奔到晋国去,晋国人又会重用他的。假如他帮晋国谋划楚国,也肯定会造成楚国的惨败。"

子木听了十分焦愁,说:"您看该怎么办,招呼他肯回楚国来吗?"蔡声子回答说:"逃命的人得条生路,又怎么不肯回来呢?"子木说:"如果他不来,那该怎么办?"回答说:"那椒举不居于楚,会一年四季奉他国的命令,驾车往返于诸侯各国。当然也可以用钱买通东阳的大盗杀了他,除掉后患,不过您看这样做好吗?不这样,他是不会回来的。"子木说:"那不行。我是楚国的执政卿,却买通大盗去晋国杀一个人,这是不义的行为。拜托您替我召回他,我加倍给他家产。"于是就派椒鸣去请他父亲回楚国,恢复椒举的官职。

# 5. 伍举论台美而楚殆

【题解】

穷奢极侈的楚灵王滥用民力建成章华台,还洋洋得意地对大夫伍举夸耀它的华美。伍举发表了对美的深刻见解,可供观赏悦目的台榭不见得真美,而国君应该以德义治国,像先君楚庄王那样,建造台榭以适用为度,不浪费民力资财,不妨政务,不违农时,能在中原诸侯中提高国家和君主的声望,这才是真美。为满足个人私欲,耗尽民力资财来修造高台是作恶行为,造成百姓叛离,诸侯抗命,不是真美。如果认为这是美,那国家的前途就危险了。

【原文】

灵王为章华之台①,与伍举升焉②,曰:"台美夫!"对曰:"臣闻国君服宠以为美③,安民以为乐,听德以为聪④,致远以为明⑤。不闻其以土木之崇高、彤镂为美⑥,而以金石匏竹之昌大、嚣庶为乐⑦;不闻其以观大、视侈、淫色以为明,而以察清浊为聪⑧。

"先君庄王为匏居之台⑨,高不过望国氛⑩,大不过容宴豆⑪,木不妨守备,用不烦官府,民不废时务,官不易朝常。问谁宴焉,则宋公、郑伯⑫;问谁相礼,则华元、驷騑⑬;问谁赞事,则陈侯、蔡侯、许男、顿子⑭,其大夫侍之。先君以是除乱克敌,而无恶于诸侯。今君为此台也,国民罢焉⑮,财用尽焉,年谷败焉⑯,百官烦焉,举国留之⑰,数年乃成。愿得诸侯与始升焉,诸侯皆距无有至者⑱。而后使太宰启疆请于鲁侯⑲,惧之以蜀之役⑳,而仅得以来。使富都那竖赞焉㉑,而使长鬣之士相焉㉒,臣不知其美也。

"夫美也者,上下、内外、小大、远近皆无害焉,故曰美。若于目观则美,缩于财用则匮㉓,是聚民利以自封而瘠民也㉔,胡美之为?夫君国者,将民之与处;民实瘠矣,君安得肥?且夫私欲弘侈,则德义鲜少;德义不行,则迩者骚离而远者距违㉕。天子之贵也,唯其以公侯为官正㉖,而以伯子男为师旅。其有美名也,唯其施令德于远近,而小大安之也。若敛民利以成其私欲,使民蒿焉忘其安乐㉗,而有远心㉘,其为恶也甚矣,安用目观?

"故先王之为台榭也㉙,榭不过讲军实㉚,台不过望氛祥㉛。故榭度于大卒之居㉜,台度于临观之高。其所不夺穑地㉝,其为不匮财用,其事不烦官业,其目不废时务。瘠硗之地,于是乎为之;城守之木,于是乎用之㉞;官僚之暇,于是乎临之;四时之隙,于是乎成之。故《周诗》曰㉟:'经始灵台,经之营之㊱。庶民攻之㊲,不日成之。经始勿亟㊳,庶民子来。王在灵囿㊴,麀鹿攸伏㊵。'夫为台榭,将以教民利也,不知其以匮之也。若君谓此台美而为之正,楚其殆矣!"

### 注释

①灵王:楚灵王(公元前540—公元前528年在位),楚恭王的庶子,初名围,公元前540年杀楚王郏敖(康王之子熊员)自立为王,更名熊虔。章华之台:即章华之宫,楚王离宫名。故址在今湖北省监利县离湖上。

②伍举:即上文的椒举。

③服宠:即宠服,指因贤德而受天子赐禄。宠,禄。

④听德:任用有德的人治政。

⑤致远:招来远方的人归服。

⑥彤:用来漆涂饰。镂:雕刻。
⑦金石匏(páo 袍)竹:指钟磬笙箫之类乐器。嚣:喧哗。庶:众多。
⑧察:审听。清浊:指宫、商、角、徵、羽五声的清浊。
⑨庄王:楚庄王熊旅,灵王的祖父。匏居:台名。
⑩国氛:古时迷信说法,指预示国家吉凶的云气。
⑪宴豆:这里指宴会上陈设食品。豆,古时盛食品的高脚盘。
⑫宋公、郑伯:指宋、郑两国国君。
⑬相礼:赞礼,引导各位国君朝见楚王的礼节。华元:宋昭公、宋文公时为右师(官名,宋第一卿)。驷騑:即子驷,郑穆公的儿子,郑成公、僖公、简公时为卿。二人均为当时名臣。
⑭赞:佐。陈侯、蔡侯、许男、顿子:指陈、蔡、许、顿各国国君。顿,姬姓小国,又称南顿,故地在今河南省项城县北。
⑮罢:通"疲",疲弊。
⑯败:妨碍。因使用民力耽误农事,故言妨碍年谷的收成。
⑰留:修治,修建。
⑱距:通"拒",拒绝。
⑲大宰:官名。启疆:薳(wěi 纬)启疆,又称薳子,楚卿。鲁侯:指鲁昭公(公元前541—公元前510年在位)。
⑳蜀:鲁国地名,在今山东泰安县西。蜀之役,楚征伐鲁国蜀地的战役。鲁宣公曾派使者到楚求和好,因楚庄王、鲁宣公都在公元前591年相继去世,没能结盟。公元前589年,楚出兵征讨鲁国,到达蜀地,鲁人恐惧求和,这年十一月,鲁成公与楚国公子婴齐及陈、蔡、许、郑、宋、卫、秦等国在蜀地结盟。
㉑富:指容貌漂亮。都:指姿态优雅。那:美好。竖:未成年的男子。
㉒鬣(liè 猎):胡须。长鬣之士,胡须长而浓密的男子。又一说为高大健壮的男子。
㉓缩:敛取。
㉔封:厚富。
㉕迩者:指国内。骚:忧愁。离:叛离。远者:指邻国。
㉖官正:官吏之长。
㉗蒿:耗费。
㉘远心:疏远叛离之心。
㉙台榭:韦《注》:"积土为台,无室曰榭。"
㉚讲:习。军实:指军事。
㉛氛祥:凶气叫氛,吉气叫祥。
㉜大卒:君王的士卒。

㉝稺地:种庄稼的田地。
㉞城守之木:据黄丕烈《校刊明道本韦氏解国语札记》(以下简称《札记》):"依《解》云'城守之余','木'当是'末'字之误也。"
㉟《周诗》:指《诗·大雅·灵台》,是歌颂周文王德行的诗。
㊱经:测量。灵台:台名,故址在今陕西省西安市西北。相传灵台为周文王所造,众民欣然拥戴,努力筑作,很快修成,如神灵所为,故称灵台。
㊲攻:筑造。
㊳亟:急。
㊴灵囿:苑囿名。
㊵麀(yōu 优)鹿:母鹿。攸:语助词。

【今译】

楚灵王建造好章华台后,让大夫伍举陪自己登台观赏,说:"这台真壮美啊!"伍举回答说:"臣听说国君把接受宠服当做美事,把安定百姓当做快乐,把听到有德行的话看作是耳聪,把招致远方的人归服看作目明。没有听说把建造高大壮观的台榭并且雕梁画栋当做美事,把钟磬笙箫组成的庞大乐队演奏喧哗嘈杂的音乐当做快乐;也没有听说把观赏阔绰的排场、眼看奢侈的陈设、沉溺在声色的享受中看作目明,把欣赏音乐的清浊看作耳聪的。

"先君庄王建造的匏居台,高度不超过能观测预兆国家吉凶的云气,面积大小不超过安放杯盘举行宴会,征用的木材不妨碍建筑城郭的守备,费用支出不动用府藏,征用民伕不废弃农时,也不因建台而改变官吏的日常工作秩序。要问是宴请谁,那是宋公、郑伯;要问是谁相礼,那是宋卿华元、郑卿驷騑;要问是谁赞佐宴会的事宜,那是陈侯、蔡侯、许男、顿子,他们的大夫陪侍。先君就是凭着这些,才能平定叛乱战胜敌国,并且没有给诸侯造成恶感。现在君王您建造这座章华台,国民疲于奔命,国库财货枯竭,年谷的收成受影响,官吏们忙于应付差事,全国上下都为建造章华台奔忙,几年才修成。君王又希望诸侯们都来参加落成典礼,诸侯都加以拒绝,没有来的。这之后派太宰芘启疆去请鲁侯,用蜀之战恐吓他,鲁侯才勉强前来。您派一些长相俊美的少年来赞佐宴会的事宜,并且派一个长须美髯的人相礼,我不知这有什么美的。

"那真正称得上美的,是对上对下、对内对外、对小对大、对远对近的各种关系都没有妨害,这才叫做美。如果把满足眼睛的观赏叫做美,那耗费钱财使国库空虚,这等于是搜刮民财来使自己富厚而使老百姓贫穷,有什么美的?当国君的人,是要与百姓一起生存的,百姓被搞贫穷了,国君又从何而富有呢?况且一个人私欲太多,就会使道德仁义寡少;不实行道德仁义,就会使得身边的人忧愁而叛离,远处的人抗拒违命。天子之所以尊贵,只因为他尊公侯为百官之长,让伯、子、男统率军队。他之所以有美名,只因为他对远近都施行美德,使大大小小的诸侯国都得到安定。如果搜刮民财来满足自己的私欲,使百姓耗损财力而得不到安乐,从而产生叛离的念头,这样种下的恶果太严重了,怎么能认为悦目的美就是美呢?

"所以先王建造台榭,榭不过是用来讲习军事,台不过是用来观测云气。因此建造榭的大小只考虑在上面能讲习军事就行,台的高度只考虑能登临观测云气就行。它建造的地方不侵占农田,它的建造不使国家财用匮乏,建造事务不烦扰官吏的日常工作,建造时间不使百姓耽误农时。选择那贫瘠的土地,于是在那上面建造;城防守备富余的木料,于是用来建造;官吏们闲暇的时候,亲临工地照料;趁着四季的农闲,于是把它建成。所以《周诗》说:'从开始建造灵台,测量好后修建它。庶民百姓齐努力,不到几天就落成。开始营建时不急迫,百姓们像儿子来效力。文王来到灵囿中,母鹿悠然伏草丛。'本来建造台榭的作用,就是用它来教民兴利,没有听说反而因为它而使百姓穷困的。如果君王认为这章华台非常华美,还以为自己的认识正确,那楚国就危险了!"

# 6. 范无宇论国为大城未有利者

【题解】

　　古制规定,每个国家都不得建筑太大的城市,大城不得超过国都的三分之一(见《左传·隐公元年》)。公元前534年、531年,楚灵王灭陈、蔡后,在陈、蔡及不羹这三个附属国筑大城,自以为集中三国和楚本身的实力,诸侯就会来归附。范无宇列举各国实例,说明违反古制,修筑大城,只会给国家带来祸害。后来果如其言。

文中范无宇用"尾大不掉"来比喻国都对边城的指挥不灵,后果会十分严重,形象而又生动,很有说服力。

## 【原文】

灵王城陈、蔡、不羹①,使仆夫子皙问于范无宇②,曰:"吾不服诸夏而独事晋何也?唯晋近我远也。今吾城三国,赋皆千乘,亦当晋矣。又加之以楚,诸侯其来乎?"对曰:"其在志也③,国为大城,未有利者。昔郑有京、栎④,卫有蒲、戚⑤,宋有萧、蒙⑥,鲁有弁、费⑦,齐有渠丘⑧,晋有曲沃⑨,秦有徵、衙⑩。叔段以京患庄公⑪,郑几不克,栎人实使郑子不得其位⑫。卫蒲、戚实出献公⑬,宋萧、蒙实弑昭公⑭,鲁弁、费实弱襄公⑮,齐渠丘实杀无知⑯,晋曲沃实纳齐师⑰,秦徵、衙实难桓、景⑱,皆志于诸侯,此其不利者也。

"且夫制城邑若体性焉,有首领股肱,至于手拇毛脉,大能掉小⑲,故变而不勤。地有高下,天有晦明,民有君臣,国有都鄙,古之制也。先王惧其不帅⑳,故制之以义,旌之以服,行之以礼,辩之以名㉑,书之以文,道之以言。既其失也,易物之由。夫边境者,国之尾也,譬之若牛马,处署之既至㉒,虮虱之既多㉓,而不能掉其尾,臣亦惧之。不然,是三城也,岂不使诸侯之心惕惕焉!"

于皙复命,王曰:"是知天咫㉔,安知民则?是言诞也㉕。"右尹子革侍㉖,曰:"民,天之生也。知天,必知民矣。是其言可以惧哉!"三年,陈、蔡及不羹人纳弃疾而弑灵王㉗。

## 注释

①灵王城陈、蔡、不羹(lóng 郎):公元前534年,楚灭陈,灵王任命楚大夫穿封戌为陈公。公元前531年,楚灭蔡,任命公子弃疾(灵王之弟)为蔡公。不羹:杨伯峻《左传·昭公十一年注》:"不羹有二,据《清一统志》,在今河南襄城县东南二十里者为西不羹;在今舞阳县北者,为东不羹。"灵王灭陈、蔡及筑城事见《左传·昭公八年·十一年》。

②仆夫子皙(xī 西):楚国大夫,又称仆皙父。范无宇:楚国大夫,即申无宇。

③志:泛指历史记载。

④京:郑国邑名,郑庄公之弟叔段的食邑。在今河南荥阳县东南。栎:郑国邑名,郑庄公之子突(即郑厉公)的食邑。

⑤蒲:卫国邑名,卫国权臣宁殖的食邑,在今河南省长桓县东。戚:卫国邑名,

卫国权臣孙林父食邑,在今河南濮阳县北。

⑥萧:宋国邑名,在今安徽省萧县西北。蒙:宋国邑名,在今河南商丘县北。均为宋公子鲍(宋襄公之孙)食邑。

⑦弁:疑当为"卞",卞邑,鲁国邑名,在今山东泗水县东五十里。费(bì 必):鲁国邑名,在今山东费县。均为鲁季孙氏食邑。

⑧渠丘:即蔡丘,齐国地名,在今山东临淄市,为齐大夫雍廪的食邑。

⑨曲沃:晋国邑名,曾为栾氏的食邑。

⑩徵:秦国邑名,又称北徵,在今陕西澄城县。衙:即彭衙,秦国邑名,在今陕西白水县东北。均为秦景公之弟公子铖的食邑。

⑪叔段:郑庄公的同母弟,名段。庄公:郑庄公(公元前 743—公元前 701 年在位),名寤生。叔段得母亲姜氏溺爱,受封于京,称为京城太叔,公元前 722 年,叔段以京城叛乱,失败后出奔共(国名,在今河南辉县)。叔段以京患庄公,事见《左传·隐公元年》。

⑫栎人:指郑厉公(即公子突)。郑子:指郑君子仪。公元前 680 年郑厉公从栎城起兵攻打郑都,与郑大夫傅瑕结盟,傅瑕杀子仪而接纳郑厉公复位。事见《左传·庄公十四年》。

⑬献公:卫献公,名衎(kàn 看),公元前 576 年即位为君,公元前 559 年,卫权臣孙林父、宁殖以戚城、蒲城攻献公,献公奔齐,至公元前 547 年始复位。事见《左传·襄公十四年》及《史记·卫康叔世家》。

⑭昭公:宋昭公(公元前 619—公元前 611 年在位),名杵臼,宋成公之幼子,宋襄公之孙。公元前 611 年,公子鲍因用小恩惠收买了民心,又得襄公夫人帮助,杀兄自立为君,即宋卫公。事见《左传·文公十六年》。

⑮襄公:鲁襄公(公元前 572—公元前 542 年在位),名午。公元前 562 年,鲁卿季武子自作三军,与叔孙氏、孟孙氏各统摄一军,削弱鲁国公室的势力。公元前 544 年,又取鲁公室的卞邑自利。事见《左传·襄公十一年·二十九年》。

⑯无知:即公孙无知,齐庄公之孙,襄公的堂兄。公元前 686 年,公孙无知与齐大夫连称、管至父共谋作乱,杀齐襄公而自立为君。公元前 685 年,齐大夫雍廪杀了公孙无知。事见《左传·庄公八年·九年》。

⑰晋曲沃实纳齐师:公元前 551 年,晋卿栾盈奔齐,齐庄公接纳了他。次年,齐庄公帮助栾盈返曲沃,带领甲士进入晋国都绛城,兵败后栾盈在曲沃被杀。齐庄公趁回兵之际,占领晋邑朝歌,派兵戍守郫邵,报复平阴之役(在公元前 555 年)齐国失败的耻辱后才收兵回国。事见《左传·襄公二十三年》。

⑱桓:秦桓公(秦穆公曾孙,公元前 603—公元前 577 年在位)。景:秦景公(公元前 576—公元前 537 年在位),名后伯车,桓公之子。公子铖为秦景公同母弟,得父亲桓公宠爱,食邑北徵、彭衙,富可敌国,在秦国他与景公如二君并列。公

元前541年,公子鍼奔晋,有车一千乘。至景公之子哀公即位,公子鍼才回国。可参见《左传·昭公元年》及《史记·秦本纪》。

⑲掉:动,意为指挥。

⑳帅:遵循。

㉑名:指徽号。

㉒处暑:二十四节气之一,在农历七月。

㉓虺蜼(wéi维):即牛虻,大的叫虺,小的叫蜼。

㉔咫:犹言少。天咫,天道的少部分。

㉕诞:虚。

㉖右尹:楚官名。子革:原郑国大夫,公元前554年奔楚,康王任为右尹,又称郑丹、然丹。

㉗三年:指楚灵王在陈、蔡、不羹筑城后的第三年,即公元前529年。陈、蔡及不羹人纳弃疾而弑灵王:公元前529年,楚公子弃疾(恭王之子、灵王之叔)率陈、蔡、不羹等地的军队攻入楚国,灵王自杀于乾溪,弃疾杀兄公子比自立为王,是为楚平王。事见《左传·昭公十三年》及《史记·楚世家》。

## 【今译】

楚灵王下令修筑陈国、蔡国以及不羹城的城墙,派大夫仆夫子皙去请教芋尹范无宇,说:"我没能使中原各国归附,它们都去事奉晋国,这是为什么呢,只不过因为晋国离它们近而我离它们远而已。现在我在这三国筑城,它们各出千辆兵车,就足可以和晋国抗衡了。又加上楚国原有的兵力,诸侯大概会来归附我国吧?"范无宇回答说:"根据古书记载,国家修筑大城,从来不会有利于本国。从前郑国筑有京城、栎城,卫国有蒲城、戚城,宋国有萧城、蒙城,鲁国有弁邑、费邑,齐国有渠丘城,晋国有曲沃城,秦国有北徵、彭衙城,这些都是他们本国的大城。结果叔段利用京城起兵危害郑庄公,郑国几乎打不过他;栎城的公子突利用大夫傅瑕杀了郑子仪,使他没能保住君位。卫国的蒲城、戚城的人驱逐了卫献公,宋国的萧城、蒙城人杀了宋昭公,鲁国的季孙氏利用弁邑、费邑削弱鲁襄公的势力,齐国食邑渠丘的大夫雍廪杀公孙无知,晋国曲沃的栾盈叛乱招来齐国军队攻打晋国,秦国的公子鍼以北徵、彭衙威胁到桓公、景公的君位。以上的事实,诸侯各国都有记载,这些都是修筑大城不利于国家的例子。

"况且修建城邑好比调理人的身体,人体有头有脖颈,有胳膊有腿，一直到手指毛发血脉，大的部位能指挥小的部位，所以人行动时不觉得劳累。地有高有低，天有暗有明，人有君有臣，国有国都有边城，这是从古以来的规矩。先王耽心后人不能遵循，所以用信义来制约，用车服来表现，用礼仪来推行，用名号来区分，用文字书写下来，用语言来称道。那些已经损失的，就是因为变更适宜的尊卑服物的缘故。那边境地带，好比是国家的尾巴，譬如牛马牲畜，盛夏酷暑来临，牛虻叮在尾巴上的多起来，尾巴大就不方便摇摆，我对这情况是很忧虑的。不然的话，修筑这样大的三座城，难道不会使诸侯有畏惧心理吗？"

子晳向灵王回复命令，灵王说："范无宇这人是懂得一点天道的，但他哪里懂得治理人民的法则？这些话说得荒诞了。"右尹子革在旁陪侍，说："人民，是上天生的。懂得天理，也一定懂得治理百姓。他说的这些话值得警惕啊！"筑城后的第三年，陈、蔡、不羹的人接纳公子弃疾，攻打楚国杀掉了灵王。

# 7. 左史倚相儆申公子亹

【题解】

本文写左史倚相用卫武公年逾九旬，还勤理国政、喜听谏言，保持晚节而终的历史事实，教训元老重臣申公子亹应以国事为重，不能以老自居，贪求安逸。

【原文】

左史倚相廷见申公子亹①，子亹不出，左史谤之，举伯以告②。子亹怒而出，曰："女无亦谓我老耄而舍我③，而又谤我！"

左史倚相曰："唯子老耄，故欲见以交儆子④。若子方壮，能经营百事，倚相将奔走承序，于是不给⑤，而何暇得见？昔卫武公年数九十有五矣⑥，犹箴儆于国⑦，曰：'自卿以下至于师长士⑧，苟在朝者，无谓我老耄而舍我⑨，必恭恪于朝，朝夕以交戒我；闻一二之言，必诵志而纳之，以训导我。'在舆有旅贲之规⑩，位宁有官师之典⑪，倚几有诵训之谏⑫，居寝有亵御之箴⑬，临事有瞽史之导⑭，宴居有师工之诵⑮。史不失书,矇不失诵,以训御之,于是乎作《懿》戒以自儆也⑯。及其没也,谓之睿圣武公⑰。子实不睿圣,于倚相何害?《周书》曰⑱:'文王至于日中昃,不皇暇食⑲。惠于小民,唯政之恭。'文王犹不敢骄。今子老楚国而欲自安也,以御数者,王将何为?若常如此,楚其难哉!"子亹惧,曰:"老之过也⑳。"乃骤见左史。

#### 注释

①左史:官名。晋国、楚国都曾设左史官。倚相:此史官之名。申公:申县尹,楚君自称王,县尹称公。子亹(wěi 委):人名,楚国的元老,又称史老。

②举伯:楚国大夫。

③耄(mào 帽):八十岁称为耄。

④交:通"教"。儆:使人警醒,不犯过错。

⑤给:供给。

⑥卫武公:名和,公元前812—公元前758年在位。他能修卫国始封君康叔的德政,能接纳谏言,在历史上颇有美名。后犬戎杀周幽王,武公佐周平戎有功,周平王封他为公爵。

⑦箴:告诫。

⑧师长:大夫。

⑨舍:指因姑息而不谏诫。

⑩旅贲(bēn 奔):君主出行时担任侍卫的勇力之士。规:规谏。

⑪位:古代宫廷朝堂的左右两侧。宁(zhù 柱):古代宫室的屏门之间叫宁,是君王视朝时站立的地方。位宁,上朝处理政事的意思。

⑫诵训:官名,《周礼·地官》下设诵训,管为王诵述四方之事。

⑬亵:亲近。亵御,指君主身边的小臣。

⑭事:指战争与祭祀,古时认为这是国家最重要的两件大事,故《左传·成公十三年》言"国之大事在祀与戎。"

⑮宴居:退朝以后休息。师:乐师。师工,指由双目失明的人担任的乐师。

⑯懿:通"抑",指《诗·大雅·抑》,据传为卫武公作,讽喻周厉王的昏暴并用来自我警戒的诗篇。

⑰没:死,这个意义后来写作"殁"。睿(ruì 瑞):目光深远,处事通达。据古代谥法,威强睿德曰武。姬和谥为武公,含有褒扬他有佐周平定犬戎之乱的大功和纳谏行德政的美名。

⑱以下引文今本《周书》《逸周书》均无。

⑲日昃(zè 仄):太阳偏西。皇:同"遑",闲暇。

⑳老:子亹的名。

【今译】

　　左史倚相想在朝廷上见申公子亹,子亹不出来,倚相就在人前指责他,楚大夫举伯把倚相的话告诉给子亹。子亹愤怒得出去找倚相,说:"你不要认为我年老了就嫌弃我,而且在背后说我的坏话!"

　　左史倚相说:"正因为您年老,所以我才想见到您来教导警戒您。如果您正在壮年,有经管各种事务的精力,我倚相只能为您奔走效劳,按规矩办事,这样做只怕还不能满足您的要求,又哪有闲空得见呢?从前卫武公九十五岁了,还告诫国人,说:'从卿以下一直到大夫、列士各级官员,只要是在朝中任职的,不要认为我年老就不规谏我。在朝廷上一定要恭敬谨慎地办事,从早到晚不失时机地教导警戒我;哪怕听到一两句指责我的话,一定要背诵记述下来,转告我知道,用来训导我。'这样,卫武公在车舆上有侍卫规谏,在朝内有官长们的法典限制。靠着几案办公有诵训官诵读谏言,在寝宫有近臣劝诫,出兵打仗、郊庙祭祀时有乐太师、太史指导,退朝以后有乐师背诵诗歌讽谏提醒。史官在不停地实录他的言行,乐师在不停地用诵读诗歌讽谏,这样来天天训导进谏,于是他作了《抑》这首诗自我警戒。等到他死后,称他为通达英明的武公。您如果做不到通达英明,对我倚相又有什么损害?《周书》称道说:'文王每天处理政事到太阳偏西,忙得没有空吃饭。他对平民百姓施恩,恭恭敬敬地治理国家。'周文王尚且不敢懈怠。现在您是楚国的元老重臣却想苟且偷安,拒绝各种进谏,您做大臣的是这个样子,那君王又该怎么样呢?如果大家都像您这样,楚国就难以治理了!"子亹听到后很害怕,说:"这是我的过错啊!"就赶紧接见左史。

# 8. 白公子张讽灵王宜纳谏

【题解】

　　楚灵王厌恶进谏的忠臣,想方设法阻止白公子张说话。但白公子张仍然苦口婆心地劝谏,他列举殷王武丁求贤若渴、从谏向善,终于成为一代明君;齐桓公、晋文公喜好善言规谏,时时自我戒惧,终于成为春秋霸主这些历史上的实例,讽喻灵王应该采纳忠言,取信于百姓。灵王把忠言当耳边风,最终落得身死乾溪的可悲下场。

【原文】

灵王虐,白公子张骤谏①。王患之,谓史老曰②:"吾欲已子张之谏,若何?"对曰:"用之实难,已之易矣。若谏,君则曰:'余左执鬼中③,右执殇宫④,凡百箴谏,吾尽闻之矣,宁闻他言?'"

白公又谏,王如史老之言。对曰:"昔殷武丁能耸其德⑤,至于神明,以入于河,自河徂亳⑥,于是乎三年,默以思道⑦。卿士患之,曰:'王言以出令也,若不言,是无所禀令也。'武丁于是作书,曰:'以余正四方,余恐德之不类⑧,兹故不言。'如是而又使以象梦旁求四方之贤⑨,得傅说以来⑩,升以为公,而使朝夕规谏,曰⑪:'若金,用女作砺⑫。若津水,用女作舟。若天旱,用女作霖雨。启乃心,沃朕心⑬。若药不瞑眩,厥疾不瘳⑭。若跣不视地,厥足用伤⑮。'若武丁之神明也,其圣之睿广也,其智之不疚也⑯,犹自谓未乂⑰,故三年默以思道。既得道,犹不敢专制,使以象旁求圣人。既得以为辅,又恐其荒失遗忘,故使朝夕规诲箴谏,曰:'必交修余,无余弃也。'今君或者未及武丁,而恶规谏者,不亦难乎!

"齐桓、晋文,皆非嗣也⑱,还轸诸侯,不敢淫逸,心类德音⑲,以德有国。近臣谏,远臣谤,舆人诵,以自诰也⑳。是以其入也,四封不备一同㉑,而至于有畿田㉒,以属诸侯㉓,至于今为令君。桓、文皆然,君不度忧于二令君,而欲自逸也,无乃不可乎?《周诗》有之曰㉔:'弗躬弗亲,庶民弗信。'臣惧民之不信君也,故不敢不言。不然,何急其以言取罪也?"

王病之㉕,曰:"子复语。不谷虽不能用,吾愁置之于耳㉖。"对曰:"赖君用之也,故言。不然,巴浦之犀、犛、兕、象㉗,其可尽乎,其又以规为瑱也㉘?"

遂趋而退,归,杜门不出。七月,乃有乾溪之乱,灵王死之㉙。

【注释】

①白公:白邑县尹。白邑,楚县名,在今河南息县东。子张:楚国大夫。

②史老:即上文的子亹。

③中:身。

④殇宫:夭死鬼住的地方。殇,夭折而死。

⑤武丁:殷帝王名,盘庚弟小乙之子,任用贤相傅说,使殷国势由衰转盛。《史记·殷本纪》:"武丁修政行德,天下咸欢,殷道复兴。武丁崩……(祖己)立其庙为高宗。"耸:敬重。

⑥河:此指黄河边。徂(cú 殂):往。亳(bó 博):商代都城,在今河南偃师县西。自河徂亳,据《商书·说命下》,帝小乙曾命子武丁居于黄河边,向贤臣甘盘学习。

⑦三年默以思道:据《殷本纪》,"武丁即位,思复兴殷,而未得其佐。三年不言,政事决定于冢宰,以观国风。"

⑧类:善。

⑨象梦:据《经义述闻》卷二一:"'象梦'当为'梦象',谓以所梦见之人作象而使求之也。"

⑩傅说(yuè 悦):人名。武丁梦中的贤人,后为殷相。据《商书·说命序》:"高宗梦得说,使百工营求诸野,得诸傅岩。"

⑪"曰若金用女作砺……厥是用伤",此段文字引自《商书·说命上》。

⑫砺:磨刀石。

⑬乃:你的。沃:浇灌。朕:我的。

⑭瞑眩:头昏眼花。瘳(chōu 抽):病愈。

⑮跣(xiǎn 险):赤脚。

⑯疚:病。

⑰乂(yì 义):治理。

⑱非嗣:不是嫡子。

⑲德音:善言。

⑳诰:告诫。

㉑四封:四面的疆界。备:满。同:地方百里。

㉒畿:地方千里。

㉓属:会合。

㉔《周诗》:指《诗·小雅·节南山》。

㉕病:憎恶。

㉖憖(yìn 印):愿。

㉗巴蒲:地名,《正义》以为即指"巴水之浦。"牦(máo 毛):牦牛。兕(sì 寺):兽名。古书中常用兕与犀牛对举,《尔雅·释兽》认为兕似牛,犀似猪。犀、牦、兕、象,这四种兽的牙角都可以做装饰品。

㉘瑱(tiàn 天的去声):塞耳的玉石。
㉙乾溪:楚国地名,在今安徽亳县东南。乾溪之乱,公元前530年,楚王向东征讨徐国以威胁吴国,驻兵在乾溪,乐而不回楚都。次年春,其弟公子弃疾乘机带兵入郢都,煽动军队叛乱,杀太子禄,灵王自杀,弃疾即位,是为平王。事见《左传·昭公十三年》。

【今译】
　　楚灵王暴虐无道,白公子张多次劝谏。灵王为这事很头痛,对史老说:"我想要制止子张再来进谏,怎么做才好?"史老回答说:"接受他的谏言确实困难,要制止就太容易了。如果他再来劝谏您,您就说:'我左手抓着大鬼,右手制伏住小鬼藏身的地方,凡是告诫劝谏的话,我全都知晓,哪里还用得着听其他劝告?'"
　　白公子张又来劝谏,灵王就照史老教他的话说了。白公子张说:"从前殷王武丁能敬德慎行,和神明相通,就到黄河边向甘盘学习,后来又从黄河边来到亳都,即位三年,沉默不语思考治国之道。卿士们见他这样都很忧虑,说:'天子主宰着整个天下,您的话说出来就是命令,如果不说话,臣下就没有办法禀承您的命令办事了。'武丁于是就写字告诉大家,说:'因为要用我作为天下的仪表法则,我恐怕自己的德行不善,所以就不开口说话。'这以后他把自己梦见的人画成图像,遍求四方的贤人,得到在傅岩版筑做工的傅说。武丁把他升任为上公,让他早晚规谏自己,并说:'我好比是铁器,就把您当做磨刀石。我如果要渡过大河,就把您当做船。如果年岁大旱,就把您当做及时雨。开启您的心,来浇灌我的心田。接受您的忠言好比吃药,如果不眼花心跳那重病就没法治好。如果赤着脚走路不看地下,那脚就会受伤。'像殷王武丁的神明,他的圣德是那样的通达广大,他的智慧是那样的毫无瑕疵,尚且还自认为不能很好治理国家,所以用三年的沉默来思考治国之道。已经知晓为君之道后,他还不敢独断专行,让臣下画图像访求贤圣的人。得到傅说让他辅佐自己,又唯恐自己荒疏遗忘,所以让他早晚教诲规谏,说:'一定要教育告诫我,不要不管我。'现在君王您有的作法赶不上武丁,却厌恶劝告您的人,岂不是难以治国吗!
　　"齐桓公、晋文公,都不是该继承君位的嫡长子,他们奔亡在诸侯各国,不敢放纵自己贪图享乐,一心喜好善言,因为有德而成为国君。

他们为君,是鼓励近臣规谏,不制止远臣指斥朝政,让众百姓用歌谣议论政治的得失,用以上这些来自我告诫。因为这样,他们刚回国为君主时,四邻的疆界还不满百里,后来国力强盛,成为拥有一千里土地的大国,并且用盟主的身份多次会合诸侯,至今被称为杰出的君主。齐桓公、晋文公都是这样,君王您不考虑发愁赶不上这两位贤君,却只想放纵自己,这恐怕不行吧?《周诗》上有这样的话:'君王不以身作则,众百姓不会信任。'臣下恐怕百姓不信任君王,所以不敢不进言。不然的话,何必急切进言招来杀身之祸呢?"

灵王内心憎恶,但也只好说:"您尽管再次进谏吧。我虽然不能采纳您的意见,但我愿意时时把它放在耳边。"白公子张回答说:"我提意见是希望君王采纳,所以才大胆说话。不然的话,巴浦出产的犀、牦、兕、象的牙就可以做上等的瑱,那里用得完呢?又何须拿我规谏的话做塞耳的瑱?"

于是快步退下,回到家中,闭门不出。七月,就发生了乾溪之乱。灵王死在这场叛乱中。

# 9. 左史倚相儆司马期唯道是从

【题解】

司马子期想立小妾为正妻,左史倚相于是危言耸听地列举实例,说明"违背"和"顺从"是相对的,做任何事都要以追随道义为标准,警告他不可违背礼法,子期于是打消了原先的念头。

【原文】

司马子期欲以妾为内子①,访之左史倚相,曰:"吾有妾而愿②,欲笄之③,其可乎?"对曰:"昔先大夫子囊违王之命谥④;子夕嗜芰,子木有羊馈而无芰荐⑤。君子曰:违而道。谷阳竖爱子反之劳也,而献饮焉,以毙于鄢⑥;芋尹申亥从灵王之欲,以陨于乾溪⑦。君子曰:从而逆。君子之行,欲其道也,故进退周旋,唯道是从。夫子木能违若敖之欲⑧,以之道而去芰荐,吾子经营楚国,而欲荐芰以干之,其可乎?"子期乃止。

**注释**

①子期:楚平王(即公子弃疾,即位后改名熊居)之子,即公子结,司马是他的官职,子期是他的字。内子:卿的正妻。

②愿:朴实善良。

③笄(jī 基):女子成年之礼。《礼记·内则》:"(女子)十有五年而笄,二十而嫁。……聘则为妻,奔则为妾。"此言"欲笄之",意为行笄礼后正式聘娶为妻。

④子囊违王之命谥:楚令尹子囊违背恭王的命谥事,可参见本卷《子囊议恭王之谥》篇。

⑤子木有羊馈而无芰荐:子木祭祀父亲献羊而不献父亲生前爱吃的菱角事,可参见本卷《屈建祭父不荐芰》篇。

⑥谷阳竖:《吕氏春秋》称竖阳谷,一个叫谷阳的小臣。子反:楚令尹公子侧,晋楚鄢陵之战中楚军的主帅。据《左传·成公十六年》,公元前575年,晋楚在鄢陵交兵,楚恭王被晋将吕锜射中眼睛次日,恭王召子反,准备再战,因子反的小臣谷阳竖献酒给子反饮,大醉不能见君议事,楚恭王只好连夜撤军,战后子反自杀而死。踣(bó 帛):破,灭。

⑦芋尹:官名,芋县长官。申亥:人名,楚大夫申无宇(即范无宇)之子。芋尹申亥从灵王之欲以陨于乾溪:公子弃疾称王,楚灵王从乾溪沿汉水而下,想到鄢地去,芋尹申亥想到灵王曾两次赦免他父亲的死罪,就在棘围找到灵王并把他带回家,灵王自杀,申亥用自己的两个女儿殉葬。事见《左传·昭公十三年》。

⑧若敖:楚的先祖熊仪称为若敖氏,子孙常执楚政,如子文(孙叔敖)、子玉均是,屈到曾为令尹,故以若敖指他。

**【今译】**

司马子期想要立他的小妾为正妻,去向左史倚相求教,说:"我有个小妾,人很朴实善良,我想要正式聘娶为妻,这事行吗?"左史倚相回答说:"从前先大夫子囊违背恭王要谥自己为'灵'或'厉'的命令,谥王为'恭';令尹子夕喜欢吃菱角,他的儿子子木祭祀他,违背他的遗言只献羊不献菱角。君子说:这种违背是合乎道义的。谷阳竖爱惜子反的辛劳,献酒给他喝,导致子反死在鄢地;芋尹申亥顺从楚灵王的欲望,结果灵王死在乾溪。君子说:这种顺从是违背道义的。君子的行动,应该追随道义,所以对待具体事情不管是违背还是顺从,只能以追随道义为标准。子木能违背父亲子夕的遗愿,根据礼法规定的道义撤去用作祭品的菱角,您在楚国执掌大政,却要像献菱角那样干犯礼法,这难道可以做吗?"子期于是打消了立妾为正妻的念头。

# 卷十八 楚语下

## 1. 观射父论绝地天通

【题解】

本文主要通过楚国大夫观射父解释《周书·吕刑》"重黎绝地天通"这句话,论述了上古人神关系及其发展状况,以及有关鬼神降福、巫觋降神、太祝、宗伯的任命和祭礼的来源、制度,反映出春秋时期的鬼神观念和宗教意识,有较高的史料价值。

【原文】

昭王问于观射父①,曰:"《周书》所谓重、黎实使天地不通者②,何也?若无然,民将能登天乎?"

对曰:"非此之谓也。古者民神不杂③。民之精爽不携贰者④,而又能齐肃衷正,其智能上下比义,其圣能光远宣朗,其明能光照之,其聪能听彻之,如是则明神降之,在男曰觋,在女曰巫⑤。是使制神之处位次主⑥,而为之牲器时服⑦,而后使先圣之后之有光烈,而能知山川之号⑧、高祖之主⑨、宗庙之事、昭穆之世⑩、齐敬之勤、礼节之宜、威仪之则、容貌之崇⑪、忠信之质⑫、禋洁之服⑬,而敬恭明神者,以为之祝⑭。使名姓之后⑮,能知四时之生、牺牲之物、玉帛之类、采服之仪、彝器之量⑯、次主之度⑰、屏摄之位⑱、坛场之所⑲、上下之神⑳、氏姓之出,而心率旧典者,为之宗㉑。于是乎有天地神民类物之官㉒,是谓五官㉓,各司其序,不相乱也。民是以能有忠信,神是以能有明德,民神异业,敬而不渎㉔,故神降之嘉生㉕,民以物享,祸灾不至,求用不匮。

"及少皞之衰也㉖,九黎乱德㉗,民神杂糅,不可方物㉘。夫人作享㉙,家为巫史,无有要质。民匮于祀,而不知其福。烝享无度,民神同位。民渎齐盟,无有严威。神狎民则,不蠲其为㉚。嘉生不降,无物以享。祸灾荐臻㉛,莫尽其气。颛顼受之㉜,乃命南正重司天以属神㉝,命火正黎司地以属民㉞,使复旧常,无相侵渎,是谓绝地天通。

"其后,三苗复九黎之德㉟,尧复育重、黎之后,不忘旧者,使复典之㊱。以至于夏、商,故重、黎氏世叙天地,而别其分主者也。其在周,程伯休父其后也㊲,当宣王时,失其官守,而为司马氏。宠神其祖㊳,以取威于民,曰:'重实上天,黎实下地。'遭世之乱,而莫之能御也。不然,夫天地成而不变,何比之有?"

### 注释

①昭王:楚昭王(公元前515—公元前489年在位),楚平王之子熊轸。"轸",《史记·楚世家》作"珍"。观射父:楚国大夫。

②《周书》:指《周书·吕刑篇》,相传为周穆王之相吕侯所作,吕侯后为甫侯,故古代典籍中又叫做《甫刑》。重、黎:见《郑语》1注㉗。重黎实使天地不通,据《吕刑》:"(颛顼)乃命重、黎,绝地天通。"即让重、黎断绝地民和天神相通。

③民神不杂:指司民、司神的官不相混杂。

④爽:明。携贰:怀有二心。

⑤觋(xí袭):男巫。古时称能以舞交通神鬼的人叫巫。《周礼》称男巫也叫巫。

⑥位:指鬼神的灵位。次主:指尊卑先后的次序。

⑦牲:指祭祀用的牲畜。其毛色、大小,古时均有礼制规定。器:指祭祀时所用的礼器。时服:古时祭祀四时服色不同,故要依时选用。

⑧号:名称。

⑨高祖:指高祖庙。主:先祖。

⑩昭穆:见《周语下》2注㉘。

⑪崇:修饰。

⑫质:诚信。

⑬禋(yīn音)洁:洁净的祭祀。

⑭祝:太祝,掌祝告祭祀的官。

⑮名姓:指旧族中赐给名姓的。

⑯彝:古代青铜制作的祭器。器:指盛祭品的礼器,如俎、豆之类。

⑰次主之度：安排庙主的尊卑、先后、远近的法度。
⑱屏：屏风。摄：形如扇形的屏风。屏摄之位，用屏摄来分隔，以表明尊卑的祭祀的位置。
⑲坛：古代祭祀天神及远祖的土台。
⑳上下之神：上指天及日月星辰，下指山川河谷。
㉑率：通"帅"，遵循。宗：宗伯，掌祭祀礼仪的官。
㉒类物：指所设立的与物相类的官，如掌管车马服饰及匠作工艺之类的官职。
㉓五官：古时指金、木、水、火、土五行之官，此指司职天、地、神、民、类物的五种官职。
㉔渎（dú 毒）：亵渎，轻慢。
㉕嘉生：生长茂盛的谷物，古时认为是政治清明的瑞征。
㉖少暤：传说中古部落首领，名挚，字青阳，黄帝之子，已姓，以金德王，故也称金天氏。另一说为黄帝曾孙高辛氏帝喾之子。
㉗九黎：古代南方的部落名。
㉘方：区别。
㉙夫人：犹言人人。享：祭祀。
㉚狎（xiá 侠）：习惯。嬛（juān 娟）：洁。
㉛荐：重复。臻：至，到来。
㉜颛顼（zhuān xū 专须）：黄帝的孙子，又称高阳氏。
㉝南：指阳位。正：长官。属：委托。
㉞火：韦《注》引唐固说："'火'当为'北'"。北：指阴位。
㉟三苗：古代南方部族名，相传为九黎的后人。
㊱典：从事，司职。
㊲程：国名。伯：伯爵。休父：此陈国君主的名字。
㊳宠：尊崇。

【今译】

楚昭王问大夫观射父说："《周书》上所说的是重、黎使天神与地民不相通，这是怎么回事？假如不这样做，是否地上的人就能上天呢？"

观射父回答说："《周书》上所说的不是这意思。古时治理民事和事奉神明的官是不相混杂的。人类中有那种精明、专一的人，他们对神能一向肃敬内心虔诚，他们的智慧能使天神地民各得其所，他们的道德能光照远方普临大地，他们的眼力能洞察天地，他们的听力能通达一切，像这样的人，神明就下降到他身上，男的叫觋，女的叫巫。使这些人制定神的居处、祭位和尊卑先后的次序，而且规定祭祀时用的牲畜的毛色、大小和当用的礼器、四季祭服的质色，然后让先圣的后人中有光明正直德行的，而且能知晓主祭的山川名号、祖庙的先祖、宗庙的事务、昭穆的顺序，并且庄敬勤勉、礼节合宜，有能为表率的威仪、修饰整肃的客貌、忠信诚笃的内心、洁净的祭服，而且能对神明恭敬虔诚的，任命他们为太祝。让那些有名姓的旧族的后人，能够识别四时生长的作物、懂得祭祀时该用的牲牲、瑞玉和缣帛之类，懂得祭祀时穿着采服的标准、祭器、礼器的大小，懂得调度庙主的尊卑先后远近、用屏摄分隔出表明尊卑的位置、建立祭坛的处所、知晓天神地祇的归属、宗族氏姓的出处来历的，而且能一心遵循古时典则的人，任命他们为宗伯。于是就设立分管天、地、神、民、类物的官，这就是五官，五类官职各负其责各按次序主管，不互相杂乱。这样百姓以忠信为做人的根本，神明也有降福不降灾的德行，人和神的事不同，庄重恭敬各在其位而不怠慢，所以神明福佑，生长出茂盛的谷物，百姓用丰裕的谷物进献神明，祸祟灾害不会降临，百姓的衣食财用也不匮乏。

"到少皞氏的后期，南方的九黎扰乱德政，司民和司神的官互相混杂，不能区别了。人人都可以举行祭祀，家家都自己设立巫史，不再讲求肃敬虔诚。百姓祭祀的东西缺乏，因而也得不到神明的降福。祭祀进献没有个法度，人与神处在同等地位。人们不恭敬地对待神前的盟誓，没有了对神明的敬畏。神明习惯了百姓的祭法，所为也不求洁净。神不降福，谷物生长不好，人们没有丰盛的谷物祭献。祸祟灾难屡屡降临，神和人都缺了生气。颛顼氏承受帝位后，于是命令阳位的长官重主管天事来总摄众神的祭祀，命令阴位的长官黎主管地事来统摄土地民人的治理，使一切又恢复到旧时的常法，不再有神民互相侵扰的事，这就是《周书》上所说的绝地天通。

"这以后，三苗继承了九黎的凶德扰乱天下，尧诛杀了三苗，又再培育重、黎的后代，让他们当中不忘先人事业的，来再次担任主管天地的官。这样一直到夏代、商代。所以重氏、黎氏世代主管天地，分摄天、地、神、人的位次。这样到了周朝，程伯休父作为重、黎的后代，在周宣王时，失掉了世代相袭的官职，而改为司马氏。休父的后代尊崇他们的先祖，用这来在民众中树立威望，说：'重主上天，黎主下地。'后来遭逢幽王、平王的乱世,也没人能抵御他们树立的神威了。不然的话,天地已经形成就不会再变化,哪来天地互相靠近地民可以随意登天的说法呢?"

## 2. 观射父论祀牲

**【题解】**

在古代,祭祀是国家的大事。本文通过问答的形式,详细记叙了古代祭祀用牲的等级制度,各种祭祀中牲畜的种类、大小、祭祀的规模、祭牲豢养的时间、祭祀的规格、供品、形式等,还论述说明祭祀在国家政治生活中所起的重要作用和必要性,并且详细地解释古代圣王大祭中的一些名词,对我们了解古代祭礼和民俗很有帮助,是一篇有价值的原始资料。

**【原文】**

子期祀平王,祭以牛俎于王①,王问于观射父,曰:"祀牲何及?"对曰:"祀加于举②。天子举以大牢,祀以会③;诸侯举以特牛④,祀以太牢;卿举以少牢⑤,祀以特牛;大夫举以特牲⑥,祀以少牢;士食鱼炙,祀以特牲;庶人食菜,祀以鱼。上下有序,则民不慢。"

王曰:"其小大何如?"对曰:"郊禘不过茧栗⑦,烝尝不过把握⑧。"王曰:"何其小也?"对曰:"夫神以精明临民者也,故求备物,不求丰大。是以先王之祀也,以一纯⑨、二精⑩、三牲、四时、五色、六律、七事⑪、八种⑫、九祭⑬、十日⑭、十二辰以致之⑮,百姓⑯、千品⑰、万官、亿丑⑱,兆民经入畡数以奉之⑲,明德以昭之,和声以听之,以告遍至⑳,则无不受休㉑。毛以示物㉒,血以告杀㉓,接诚拔取以献具㉔,为齐敬也㉕。敬不可久,民力不堪㉖,故齐肃以承之。"

王曰:"刍豢几何㉗?"对曰:"远不过三月,近不过浃日㉘。"王曰:"祀不可以已乎?"对曰:"祀所以昭孝息民㉙、抚国家、定百姓也,不可以已。夫民气纵则底㉚,底则滞,滞久而不振,生乃不殖。其用不从,其生不殖,不可以封。是以古者先王日祭、月享、时类、岁祀㉛。诸侯舍日,卿、大夫舍月,士、庶人舍时。天子遍祀群神品物㉜,诸侯祀天地、三辰,及其土之山川,卿、大夫祀其礼,士、庶人不过其祖。日月会于龙㚟㉝,土气含收㉞,天明昌作,百嘉备舍㉟,群神频行。国于是乎蒸尝,家于是乎尝祀㊱,百姓夫妇择其令辰,奉其牺牲,敬其粢盛,洁其粪除,慎其采服,禋其酒醴,帅其子姓,从其时享,虔其宗祝,道其顺辞,以昭祀其先祖,肃肃济济,如或临之。于是乎合其州乡朋友婚姻,比尔兄弟亲戚。于是乎弭其百苛㊲,殄其谗慝㊳,合其嘉好,结其亲暱,亿其上下㊴,以申固其姓。上所以教民虔也,下所以昭事上也。天子禘郊之事,必自射其牲㊵,王后必自舂其粢;诸侯宗庙之事,必自射牛、刲羊、击豕㊶,夫人必自舂其盛㊷。况其下之人,其谁敢不战战兢兢,以事百神!天子亲舂禘郊之盛,王后亲缲其服㊸,自公以下至于庶人,其谁敢不齐肃恭敬致力于神!民所以摄固者也,若之何其舍之也!"

王曰:"所谓一纯、二精、七事者,何也?"对曰:"圣王正端冕㊹,以其不违心,帅其群臣精物以临监享祀,无有苛慝于神者,谓之一纯。玉、帛为二精。天、地、民及四时之务为七事。"王曰:"三事者,何也?"对曰:"天事武,地事文,民事忠信。"王曰:"所谓百姓、千品、万官、亿丑、兆民经入畡数者,何也?"对曰:"民之彻官百。王公之子弟之质能言能听彻其官者,而物赐之姓,以监其官,是为百姓。姓有彻品,十于王谓之千品。五物之官,陪属万为万官㊺。官有十丑,为亿丑。天子之田九畡,以食兆民,王取经入焉,以食万官。"

### 注释

①王:指楚昭王,他是子期同父异母的弟弟。

②加:增多。举:此指古时初一、十五为神、祖上供而杀牲陈设的丰盛供品。

③大牢:即太牢。盛牲的食器叫牢,大的叫太牢,太牢盛放三牲,故宴会或祭祀时并用牛、羊、猪三牲叫太牢,以后也专指牛为太牢。会:三太牢。

④特:牲一头。

⑤少牢:羊叫少牢。

⑥特牲:这里指猪一头。据《大戴礼记·曾子天圆》:"诸侯之祭,牛,曰太牢。大夫之祭,牲羊,曰少牢。士之祭特牲,豕,曰馈食。"

⑦郊禘:祭名,祭天的祭礼。茧栗:像蚕茧和栗子大小。古时祭祀用牛羊以小为贵,兽角初生时如蚕茧、栗子,角尚稚嫩,天地至尊,故郊祭用。《礼记·王制》:"祭天地之牛,角茧栗;宗庙之牛,角握;宾客(孙志祖《读书脞录》云当为"社稷")之牛,角尺。"

⑧烝:冬祭。尝:秋祭。把握:一握,指祭祀的牛角大小不过一握。《礼记·王制》《注》:"握谓长不出肤。"《疏》:"四指曰扶,扶即肤也。"《谷梁传·昭公八年》:"流旁握。"《注》"握,四寸也。"可见牛角一握比茧栗为长,牛已近壮,所以宗庙祭祀用。

⑨一纯:指心念纯洁。

⑩二精:指瑞玉和缣帛。

⑪七事:指天、地、民和四季的事务。

⑫八种:即八音,古时指金、石、土、革、丝、木、匏、竹八类乐器为八音。

⑬九祭:指天下九州助祭。

⑭十日:即十天干,指用甲、乙、丙、丁、戊、己、庚、辛、壬、癸十天干所配的日子。

⑮十二辰:指用十二地支,即子、丑、寅、卯、辰、巳、午、未、申、酉、戌、亥十二个数表示的时辰。以致之:指古时选择吉日良辰祭祀神明。

⑯百姓:指受氏姓的百官。姓表明家族系统,氏表明宗族的称号,有以爵邑、官职、父祖的谥号或字为氏的,古时唯贵族有氏,平民有名无氏,故氏表明贵贱的身份。

⑰千品:千个种类,极言众多,指显达的姓氏。

⑱丑:通"俦",同类。亿丑,因官有十丑(十类),故以亿计。

⑲兆:十亿。经:数名,也作"京",十兆。畡(gāi 该):通"垓",古代天子所管的九州之地,亦称九畡,这里指九州之民,即普天下之民人。

⑳至:指神降临。

㉑休:喜庆。

㉒物:色,颜色。毛以示物,指用祭牲的毛色向神表明是完美的。古时祭祀用牲的毛色是有规定的,故有此言。

㉓血以告杀:用血表明是新杀的牲,以示虔敬。

㉔拔取:将祭牲拔毛取血供献。具:备,齐备。

㉕齐:指精洁。

㉖民力:《国语正义》本作"民功"。肃:疾。承:奉。

㉗刍(chú除):喂牲畜的草,此指吃草的牲畜。豢(huàn 患):喂养牲畜,此指吃粮谷的牲畜。刍豢,统指祭礼用的牲。

㉘远:指牛、羊、豕三牲喂养时间长些。近:指鸡、鱼之类饲养时间短些。浃(jiā 加)日:十日,古时用天干、地支相配以纪日,自甲至癸,十日为一周匝,称浃日,浃,周匝。

㉙息:繁育生息。

㉚底:停滞,闭塞。

㉛月享:又称月祀。时类:又称时享。
㉜品物:各类生物,如古时八蜡所祭的猫、虎、昆虫之类。
㉝㝬(dòu豆):星宿名,即尾宿,因其居东方苍龙七宿之末又称龙尾。日月会于龙㝬,指周历十二月(夏历十月),日月交会在龙尾星。
㉞含收:收缩。
㉟百嘉:指各种收获的农作物。
㊱家:指卿、大夫。
㊲百苛:指各种矛盾纠纷。
㊳殄:灭。谗慝:各种口舌是非邪恶之事。
㊴亿:安。
㊵自射其牲:牲指牛,据《史记·封禅书》《集解》《索隐》均云:"天子射牛,示亲杀也。"
㊶刲(kuī亏):刺杀。击:击杀。
㊷盛:粢盛,盛放在祭器里的黍稷之类谷物。与上分句"粢"同义互文。
㊸缲(sāo搔):同"缫",抽理蚕丝。
㊹端:此指黑色的祭服。
㊺陪属:臣下的臣,指下属的吏员。

【今译】

　　子期祭祀平王,把祭祀的牛肉送给昭王,楚昭王于是问观射父说:"祭祀的牲都用什么?"观射父回答说:"祭祀父兄要比每月初一、十五为神、为祖上供的祭品多。天子初一、十五时供太牢,祭祀时献三太牢;诸侯初一、十五时供一牛,祭祀时献太牢;卿初一、十五时供一羊,祭祀时献一牛;大夫初一、十五时供一猪,祭祀时献一羊;士人初一、十五上供用煎鱼,祭祀时供献一猪;平民初一、十五上供用菜蔬,祭祀时供献煎鱼。按礼制的规定,上下有严格的等级次序,那人们才不敢怠慢。"

　　昭王问:"祭祀的牲畜大小要怎样才合乎礼制?"观射父回答说:"郊祭天地用的牲,角像蚕茧、栗子那么大就可以了;宗庙祭祀用的牲,角不超过一把那么长。"昭王说:"为什么用这样小的呢?"回答说:"神凭着精神明察监临人间,所以只要求祭物全备精洁,不要求丰盛硕大。因此先王的祭祀,用一颗纯洁的心、瑞玉和缣帛这二精、牛羊猪三牲、四季所生的谷物、五种色彩、阴阳六种乐律、天地人和四季的七种事物、金石土革丝木匏竹八类乐器、天下九州助祭,选择吉日良辰请神享用祭品,天下受氏姓的百官、千数的臣僚、万数的官员、亿数的僚属、上十亿百亿九州的民人都向神奉献祭品,用光明的德行来昭示,用和协的乐声使神听到,遍告天地神祇请求降临,这样就没有不来享受吉庆的。用祭牲的毛色向神表明祭物的完美,用祭牲的血表明是新杀的牲,用祈告表明祭祀的诚信,将祭牲拔毛取血完整地供献给神,是那样的精洁恭敬。恭敬的祭祀不能太久,因为民众的物力承受不了,所以祭牲要迅疾地使它长育来奉献。"

　　昭王又问:"那祭祀用的牲畜豢养多久合适?"回答说:"牛羊猪三牲喂养的时间长不超过三月,鸡鱼之类饲养的时间不超过十天。"昭王问:"祭祀不可以废止吗?"回答说:"祭祀神、祖是用来昭明孝敬,使百姓繁衍生息,使国家安定,使臣民安宁的,不可以废止。如果没有祭祀,人们就会放纵,放纵就停滞不前,停滞不前就会闭塞不通,闭塞久了而志气不振作,生物也就不能繁殖成长。不听从上边的命令,又不能使生物繁殖成长,就不能立功封国享受爵邑。所以古时的先王有每日祭祀父、祖的日祭,有每月祭祀高祖、曾祖一次的月祀,有每季祭告始祖一次的时享,有每年大祭远祖、天地之神的岁祀。诸侯舍去每日的祭祀,卿、大夫舍去每月的祭祀,士人、庶民舍去四季的祭祀。身为天子对万物群神都要祭祀,诸侯就只祭祀天地、日月星辰和所在封国的山川,卿、大夫的祭祀按礼法规定,士人和庶民祭祀的不过是自己的家祖。每年当日月交会在龙尾星宿时,土气收敛干爽,天高气清,各种谷物都收获回家,群神一起出行求食。国于是开始举行秋祭和冬祭;卿大夫家也开始举行祭祀,百姓们各家各户也选择好吉日良辰,奉献牺牲,敬供黍稷谷米,打扫清洁,慎重地穿上祭服,准备好精洁的祭酒,率领同姓的子弟,按着良辰举行祭祀,虔诚地随着主持祭祀的宗祝,口念着祈祷的祝辞,呼叫着先祖享用,满堂都是恭敬祭祀的人,就好像有神明监临。在这时远近乡党亲友会合在一起,兄弟亲戚更加亲近。这样就消除了各种矛盾隔阂,平息了各种口舌是非,互相友好,互相接近,上下安宁,来发展巩固同姓的关系。上面用祭祀来教导百姓虔诚,下面用祭祀来表明自己恭敬地事奉亲长。天子在祭祀天地时,一定要亲自射杀牛,王后一定要亲自舂祭献的米谷;诸侯祭祀宗庙时,一定要亲自射牛、割羊、击杀猪,君夫人一定要亲自舂米谷。上面这样的恭敬虔诚,何况是他们治下的人,还有谁敢不战战兢兢,小心恭敬地事奉神明!天子亲自春好祭天的米谷,王后亲自缫丝为天子做祭服,从公卿大夫到庶民百姓,还有谁敢不严肃恭敬地为神效力!百姓就靠祭祀来维系稳固,怎么可以废止祭祀呢?"

昭王又问:"您前面所说的一纯、二精、七事,是什么呢?"回答说:"圣明的君王要穿戴整齐祭服大冠,用一颗纯一虔敬的心,率领着群臣,奉上精洁的祭品,亲自监临祭祀,不能对神有一点邪恶不恭的心思,这就叫纯。瑞玉和缯帛叫二精。天、地、民和四季的事务叫七事。"昭王问:"前面三事的内容是什么呢?"回答说:"是指天的事健武,地的事温文,民的事忠信。"昭王问:"所谓的百姓、千品、万官、亿丑、兆民经入畡数这些话,是什么意思呢?"回答说:"百姓是指能在君主面前显达名姓而做官的人。王公贵族的子弟中资质好,有才干胜任官职的,根据职事赐给姓,让他们世代监守先辈官职,这就是百姓。有姓的百官,他们之下又有僚属,对于王来说十倍于百官,这就叫千品。所设立的管天、地、神、民、类物的五官,官下有吏,吏下有佐,所以叫万官。万官又分十类,这就有亿类。天子管九州的田土,来养活亿万民众,天子收取经数的赋税,来养活万数的官员,这就叫兆民经入畡数。"

## 3. 子常问蓄货聚马斗且论其必亡

【题解】

　　令尹子常身居高位,却像饿狼一样的贪狠,他不顾百姓的死活,拼命搜刮民财,积蓄珍宝和名马。大夫斗且见他如此不择手段,聚敛不厌,断定他一定会自取灭亡。斗且用楚国的前代贤相斗子文,家无积蓄、廉洁爱民的典型事例,与子常作对比,表彰子文"我逃死,非逃富"的说法,认为官吏就应该"庇民",指出子常的"积财"就是在"积怨",在国家政局动荡、人民饥寒交迫的情况下,引起过多的民怨,最终会遭到灭亡。后来果如其言。

【原文】

　　斗且廷见令尹子常①,子常与之语,问蓄货聚马。归以语其弟,曰:

"楚其亡乎！不然，令尹其不免乎。吾见令尹，令尹问蓄聚积实②，如饿豺狼焉，殆必亡者也。

"夫古者聚货不妨民衣食之利，聚马不害民之财用，国马足以行军③，公马足以称赋④，不是过也。公货足以宾献⑤，家货足以共用⑥，不是过也。夫货、马邮则阙于民⑦，民多阙则有离叛之心，将何以封矣⑧。

"昔斗子文三舍令尹⑨，无一日之积，恤民之故也。成王闻子文之朝不及夕也⑩，于是乎每朝设脯一束、糗一筐⑪，以羞子文⑫。至于今秩之⑬。成王每出子文之禄，必逃，王止而后复。人谓子文曰：'人生求富，而子逃之，何也？'对曰：'夫从政者，以庇民也。民多旷者⑭，而我取富焉，是勤民以自封也⑮，死无日矣。我逃死，非逃富也。'故庄王之世，灭若敖氏⑯，唯子文之后在，至于今处郧⑰，为楚良臣。是不先恤民而后己之富乎？

"今子常，先大夫之后也⑱，而相楚君无令名于四方。民之羸馁，日已甚矣。四境盈垒⑲，道殣相望⑳，盗贼司目㉑，民无所放㉒。是之不恤，而畜聚不厌，其速怨于民多矣。积货滋多，蓄怨滋厚，不亡何待？

"夫民心之愠也，若防大川焉，溃而所犯必大矣。子常其能贤于成、灵乎㉓？成不礼于穆，愿食熊蹯，不获而死㉔。灵不顾于民，一国弃之，如遗迹焉㉕。子常为政，而无礼不顾甚于成、灵，其独何力以待之！"期年，乃有柏举之战，子常奔郑，昭王奔随㉖。

**注释**

①斗(kòu 扣)且：楚国大夫。子常：楚昭王时任令尹，即囊瓦，囊瓦是名，子常是字，他是楚恭王弟子囊的孙子，以贪财受贿闻名，可参阅《左传·定公四年》有关文字。

②实：钱财。

③国马：国家向老百姓征收的马，常充作军马用。

④公马：公卿家畜养的军马。赋：指兵赋。

⑤宾献：指公卿用于国事交往的贡献馈赠。宾，以宾客的礼节相接待。

⑥家货：即私币，卿大夫家的私财。

⑦邮：过，此指超过。

⑧封：立国。

⑨斗子文：楚成王时的贤相，即斗谷於菟(wū tú 乌徒)，斗伯比的儿子。

⑩成王：楚成王熊恽。朝不及夕：吃了早饭没晚饭，即俗语"吃了上顿没下

顿"之意。

⑪脯(fǔ府):干肉。糗(qiǔ秋的上声):干粮。

⑫羞:进献食品。

⑬秩:常例。

⑭旷:空,此指因贫穷而家室空旷。

⑮封:富厚。

⑯庄王灭若敖氏:公元前605年,子文的侄子斗椒(即子越椒,字子越,也字伯棼)作乱,与楚庄王战于皋浒,斗椒败,庄王灭子文的宗族若敖氏。

⑰"唯子文之后在"二句:楚庄王灭若敖氏时,子文之孙箴尹(官名)克黄奉命出使齐国,回楚复命后,自动到司法官那里投案。楚庄王思念子文治理楚国的功绩,说:"子文如果没有后代,用什么来勉励人做好事。"让克黄官复原职,克黄的子孙在楚昭王时为郧公。以上史实见《左传·宣公四年》。郧:楚地名,在今湖北省安陆县境。

⑱先大夫:指子囊。

⑲盈:充满。垒:壁垒,军事防御用的堡垒。

⑳殣(jìn仅):道路上掩埋死人的坟。

㉑盗贼司目:意思是子常让盗贼之人(坏人)处在朝廷的官位上,为君王当眼目。

㉒放:依托。

㉓成、灵:楚成王、楚灵王。

㉔"成不礼于穆"三句:楚成王想废掉太子商臣(即后来的楚穆王),立职为太子,商臣带兵围攻成王宫,成王请求吃了熊掌再死,商臣不肯答应,成王自杀。熊蹯(fán凡):熊掌,是很名贵的菜肴。

㉕"灵不顾于民"三句:楚灵王不修君德,奢侈暴虐,大兴土木滥用民力筑陈、蔡、不羹的城墙,建造华丽的章华宫,多次对外用兵,使楚国民生凋敝,三军背叛他,全国人怨恨他,当公子弃疾(后来的楚平王)煽动军队叛乱时,他逃往乾溪山中,当地人都不收留他,最后自杀于芉尹申亥家。所以说遗弃他就像行人遗弃脚迹一样。史实可详见《史记·楚世家》及《左传·昭公十三年》。

㉖柏举:楚地名,在今湖北省麻城县境。柏举之战的起因是,蔡昭侯朝见楚昭王,楚令尹子常想要他的佩玉;唐成公见楚昭王,子常想要他的骕骦名马。他们不肯给,子常就把他们扣留在楚国三年。后来唐国、蔡国的人只好用佩玉和骕骦马贿赂子常,子常放了他们。唐、蔡二君回国后发誓不再朝见楚国,并联合吴国的兵力攻打楚国,于公元前506年在柏举大败楚军,占领郢都。子常奔郑,昭王奔随。随:小国名,在今湖北省随县南。事见《左传·定公三年、四年》。

【今译】

斗且在朝廷上见到令尹子常,子常和他说话,问到怎样积聚财富收藏名马。斗且回来后告诉自己的弟弟,说:"楚国大概要灭亡了吧!如果不灭亡,令尹本人恐怕不能免遭祸患了。我去见令尹,令尹问我怎样积聚财货珠宝,就像饥饿的豺狼一样贪馋,这个人恐怕要死在他的贪财上了。

"古时候的君臣积聚珠宝不妨害百姓穿衣吃饭的利益,收藏名马不损害百姓的财力,国家征用的民马满足行军作战就可以了,公卿畜养的马匹能够抵兵赋就行了,不能超过这个限度。公卿家的珠玉满足礼仪馈赠就可以了,大夫家的财货供给家用就可以了,不能超过这个限度。那珠宝金玉马匹之类聚敛过多,百姓就相对地缺少,百姓生活物资太多的缺少就会产生背叛的念头,那将怎样来保全国家呢?

"从前斗子文曾经三次辞去令尹这高官,他没有一天的积蓄,就是体恤百姓的缘故。成王听说子文吃了早饭就没有了晚饭,于是就在每天上朝时准备一束干肉、一筐干粮送给子文。直到现在,朝廷为令尹准备干肉、干粮成为惯例。成王每次要提高子文的俸禄,子文必定辞官不做,到成王不再提要给他加俸禄然后才回来任职。有人对子文说:'人活在世上,就是求富求贵,而您却逃避富贵,这是为什么呢?'子文回答说:'从政做官的人,应该是保护百姓的。现在百姓大多贫困,而我却榨取财富,这是使百姓劳苦来让自己富裕,那我离死就不远了。我是逃避死,不是逃避富贵。'所以当庄王时,剿灭若敖氏,只有子文的后人得到保存,到今天还让他们住在郧地,世代做楚国的良臣。这岂不是首先体恤百姓然后使自己得到真正的财富了吗?

"现在当政的令尹子常,是名相子囊的后人,他辅佐楚君却在四方没有好名声。百姓贫弱饥饿,一天比一天严重。国境四方到处壁垒森严,外患不断;道路上饿死的人坟冢一个挨一个,官吏为盗贼张目,百姓的生命财产得不到保障。这是不体恤百姓的困苦,却只顾没完没了的积蓄财货,这种作法只会很快招来百姓的怨愤。他积聚的财富越多,积聚的怨愤就越深,不灭亡还等什么呢?

"对待百姓心中的愤怒,就好比要给大河筑堤一样防范,一旦堤防溃决造成的破坏必定是很大的。子常的下场还会比成王、灵王好吗?成王不顾礼法想废掉穆王,临到被杀时想吃了熊掌再死,没有得到实现就被逼自杀了。灵王不顾惜老百姓的苦难,全国的人都鄙弃他,就像行人遗弃脚迹一样抛弃了他。子常执掌楚国大政,而行事不合乎礼法,不顾惜老百姓更超过成王、灵王,他一个人又有什么力量来防止祸患呢!"一年后,就发生了吴、楚柏举之战,楚军大败,吴人占据了郢都,子常逃亡到郑国,昭王逃到随国。

# 4. 蓝尹亹避昭王而不载

【题解】

本文叙写公元前506年的吴、楚柏举之战中的一件事,吴军攻占了楚国的郢都,楚昭王出逃,路遇大夫蓝尹亹,蓝尹亹拒绝载楚昭王逃难,还指责他亡国的过错。昭王复位后,蓝尹亹又来求见,并且义正词严地申明,一切作为都是为了让君王吸取失败的教训,不再重蹈亡国的覆辙。昭王于是让他官复原职。

【原文】

吴人入楚①,昭王出奔,济于成臼②,见蓝尹亹载其孥③。王曰:"载予。"对曰:"自先王莫坠其国④,当君而亡之,君之过也。"遂去王。王归⑤,又求见,王欲执之,子西曰⑥:"请听其辞,夫其有故。"王使谓之曰:"成臼之役,而弃不穀,今而敢来,何也?"对曰:"昔瓦唯长旧怨⑦,以败于柏举,故君及此。今又效之,无乃不可乎?臣避于成臼,以儆君也,庶悛而更乎⑧?今之敢见,观君之德也,曰:庶忆惧而鉴前恶乎?君若不鉴而长之,君实有国而不爱,臣何有于死,死在司败矣⑨!惟君图之!"子西曰:"使复其位,以无忘前败。"王乃见之。

【注释】

①吴人入楚:指公元前506年的柏举之战,楚军大败后,吴军乘胜追击,攻占郢都。吴人,指吴王阖闾(公元前514—公元前496年在位)的军队。
②成臼:水名,即臼水,也名曰臼河,在今湖北省天门县西北。古时此河流入沔水,昭王奔随,于此渡河。
③蓝尹亹(wěi 伟):楚国大夫。孥:妻与子。
④坠:失。

⑤王归:公元前505年,由于秦国出兵与楚合击吴军,吴败退回国,昭王回到郢都。
⑥子西:楚平王的儿子,昭王的庶兄,即公子申,当时任楚国令尹。
⑦瓦:令尹子常的名,即囊瓦。长:积。
⑧悛(quān 圈):悔改。
⑨司败:楚国称司寇为司败。

【今译】

当吴军攻入郢都时,楚昭王出逃,要渡过成白河,看见大夫蓝尹亹正用船载着妻儿渡河。昭王说:"载我渡河。"回答说:"楚国从先王以来没有一个失国的,到您即位却丢了国家,这是您的过失。"说完就丢下昭王自顾走了。后来楚昭王回到郢都,蓝尹亹又来求见,昭王想叫人把他抓起来问罪,令尹子西说:"请您听听他怎么解释,他一定是有意这样做的。"昭王派人对蓝尹亹说:"在成白逃难时,你丢下我不管,现在你还敢来见我,是为什么?"回答说:"当初囊瓦就是因为积累了很多旧怨,才使楚国在柏举的战争失败,所以您才弄到那种地步。现在您又仿效囊瓦积累旧怨,恐怕不妥当吧?我在成白河边避开您不载,是为了儆戒您,您差不多该悔改了吧?现在我敢来见您,正是要观察您的德行修养,我说:您大概该记得失国的可怕而认清以前的过失了吧?您假如还不能认清以前的过失,反而变本加厉,您有国都不懂得珍惜,我又何惜一死,无非是交司法官处死罢了!只希望您能认真考虑我说的话。"子西说:"让他恢复原来的官位吧,借此使我们都不忘记以前兵败失国的教训。"昭王于是召见了蓝尹亹。

# 5. 郧公辛与弟怀或礼于君或礼于父

【题解】

本文写柏举之战中楚昭王出逃遇到的一件事。郧公斗辛的父亲斗成然是被楚平王杀的,斗辛的弟弟斗怀要杀死逃难的楚昭王,为父亲报仇,斗辛坚决保护住昭王。昭王复位后,给这对同胞兄弟同等的奖赏,因为他认为斗氏兄弟一个是对君一个是对父遵从了礼义。楚昭王能不计私仇,表现出一个政治家的大度,所以才能复位强国,成为春秋后期一代比较贤明的君主。

【原文】

吴人入楚,昭王奔郧①,郧公之弟怀将弑王②,郧公辛止之。怀曰:"平王杀吾父③,在国则君,在外则仇也。见仇弗杀,非人也。"郧公曰:"夫事君者,不为外内行④,不为丰约举⑤,苟君之,卑尊一也。且夫自敌以下则有仇⑥,非是不仇。下虐上为弑,上虐下为讨,而况君乎!君而讨臣,何仇之为?若皆仇君,则何上下之有乎?吾先人以善事君,成名于诸侯,自斗伯比以来,未之失也⑦。今尔以是殃之⑧,不可。"怀弗听,曰:"吾思父,不能顾矣。"郧公以王奔随。

王归而赏及郧、怀,子西谏曰:"君有二臣,或可赏也,或可戮也。君王均之,群臣惧矣。"王曰:"夫子期之二子耶⑨?吾知之矣。或礼于君,或礼于父,均之,不亦可乎!"

**注释**

①郧:楚地名,在今湖北省安陆县境。
②郧公:官名,此指郧公斗辛,他是令尹子文的后代斗成然的儿子。怀:斗辛的弟弟。
③平王:楚平王(公元前527—公元前516年在位),名弃疾,即位后改名熊居,楚昭王的父亲。平王杀吾父,斗成然帮助平王杀其兄公子比、令尹子皙而夺得王位,平王任斗成然为令尹,但他贪得无厌,公元前528年平王杀斗成然,而使其子斗辛为郧公,故斗辛之弟斗怀欲报平王杀父之仇。
④外内行:不因在外或在内而改变态度。
⑤丰约:盛衰。举:动。
⑥敌:敌体,即地位相当。
⑦斗伯比:令尹子文的父亲。
⑧殃:祸害。
⑨子期:斗成然的字,《左传》作"子旗"。

【今译】

吴军攻入楚国,楚昭王逃到郧地,郧公斗辛的弟弟斗怀想要杀死昭王,郧公斗辛坚决制止他。斗怀说:"平王杀死了我们的父亲,在国都昭王是国君,在外面他就是杀父仇人的儿子。见到仇人不杀,不是人。"郧公说:"事奉国君,不能因为他在国都外或国都内而改变态度,不能因为他的盛衰而有其他举动,如果已经尊崇他为君,君臣尊卑的道义任何时候都一样。况且要自己与对方地位相等才称得上有仇,不是这样就不能算仇敌。臣下杀掉君父叫弑,君父杀掉臣下叫讨,何况他是我们的君主呢!君上诛讨臣下,有什么仇恨可言?如果都这样去仇恨君主,那还有什么君臣上下的区别呢?我们的先人因为用礼义事奉君主有功,在各国诸侯间享有美名,从远祖斗伯比以来,从来没有过失。现在您想要弑君来祸害我们家族的名声,那可不行。"斗怀不听他的,说:"我想念父亲,顾不了那么多了。"郧公斗辛只好保护着昭王逃奔随国。

  昭王回到国都后,论功行赏时有斗辛、斗怀,子西进谏说:"君王有两个臣子,有一个应该赏赐,有一个却应该杀掉。现在君王等同对待他们,众臣就要恐惧得不知所从了。"昭王说:"您是指子期的两个儿子吗?我知道了。他们中有一个是对君主遵从礼义,有一个是对父亲遵从礼义,同等对待他们,不也是应该的吗!"

# 6. 蓝尹亹论吴将毙

【题解】

  楚国大夫蓝尹亹劝令尹子西不要害怕表面强大的吴国,他拿吴王夫差不惜民力、满足个人私欲、贪图享受、放纵恣肆,与其父亲阖庐的生活俭仆、体恤民艰、礼贤下士、闻过则喜对比,断定今天的吴国已经不具备打败楚国的实力了,吴国是在由强向弱转化,而吴王夫差最终是搞垮自己,说明了修德才能治国的道理。这种分析真是切中肯綮,深刻透辟。

【原文】

  子西叹于朝,蓝尹亹曰:"吾闻君子唯独居思念前世之崇替①,与哀殡丧,于是有叹,其余则否。君子临政思义,饮食思礼,同宴思乐,在乐思善,无有叹焉。今吾子临政而叹,何也?"子西曰:"阖庐能败吾师②。阖庐即世,吾闻其嗣又甚焉③。吾是以叹。"

  对曰:"子患政德之不修,无患吴矣。夫阖庐口不贪嘉味,耳不乐逸声④,目不淫于色,身不怀于安,朝夕勤志,恤民之羸⑤,闻一善若惊,得一士若赏,有过必悛,有不善必惧,是故得民以济其志。今吾闻夫差好罢民力以成私好⑥,纵过而翳谏⑦,一夕之宿,台榭陂池必成,六畜玩好必从。夫差先自败也已,焉能败人。子修德以待吴,吴将毙矣。"

### 注释

①崇替:兴盛衰亡。
②阖庐(公元前514—公元前496年在位):吴国国君,名光,吴王诸樊的儿子。
③嗣:嗣子,指阖庐的继承人吴王夫差。
④逸:淫。
⑤羸(léi雷):疲困。
⑥夫差(公元前495—公元前473年在位):吴国国君,吴王阖庐的儿子。
⑦翳(yì益):掩盖,障蔽。

### 【今译】

　　令尹子西在朝堂上叹息,蓝尹亹说:"我听说君子只有在一人独处时思考前代的兴盛衰亡,或者是哀悼殡殓丧葬时,于是才有叹息,其余的时候从不叹息。君子在处理政事时应当想到义,在饮食时想到礼,在宴会上想到与人同乐,在与人同乐时想到行善,没有什么好叹息的。现在您执掌楚国的大政,在处理政务前叹息,是为什么呢?"子西说:"吴王阖庐能够打败我们楚国的军队,阖庐去世了,我听说他的继承人比他还要厉害。我想到楚国的前景就不由得叹息。"

　　蓝尹亹说:"您应该考虑的是国政和个人的德行没有搞好,不必去担扰吴国的威胁。那吴王阖庐口不贪吃美味嘉肴,耳不喜欢听淫逸的音乐,眼不贪看美色,自己不沉溺在安乐享受中,他早晚都勤勤恳恳地考虑国事,体恤民众的苦难,听到一句好话就受宠若惊,得到一位贤士就好比得到赏赐,有过错就改正,有不完美的地方就引起警觉,所以他能得到民众的拥护来成就了他打败楚国的愿望。如今我听说的吴王夫差,是一个喜欢使用民力到疲困不堪来满足自己私欲的人,他放纵自己的过失,拒绝别人的进谏,哪怕是在一地方暂住一个晚上,楼台亭榭池苑观赏的景物要求布置得妥妥当当,珍禽异兽玩物珠宝也要随时跟上。夫差这样做是先搞垮自己,哪还能打败别人呢?您只管安心施行德政来等待吴国的变化,吴国将很快衰败的。"

# 7. 王孙圉论国之宝

【题解】

把什么看作国宝？这是本文讨论的主题。在晋、楚两大强国的外交场合上，晋卿赵简子最关心的是楚国的名玉，而楚国大夫王孙圉则认为在楚国被看作国宝的首先是人才，其次是对国家和人民有用的东西。他既驳斥了赵简子把玩物当国宝的看法，保持了本国的尊严，又嘲笑了赵简子的骄奢浮华，见识浅陋，于此也就分出了二人的高下。文中对赵简子的骄横气焰，王孙圉在外交场合的机敏从容，侃侃而谈的气度，描写十分出色。

【原文】

王孙圉聘于晋①，定公飨之②。赵简子鸣玉以相③，问于王孙圉曰："楚之白珩犹在乎④？"对曰："然。"简子曰："其为宝也，几何矣⑤？"

曰："未尝为宝。楚之所宝者，曰观射父，能作训辞⑥，以行事于诸侯，使无以寡君为口实。又有左史倚相，能道训典，以叙百物，以朝夕献善败于寡君，使寡君无忘先王之业；又能上下说于鬼神⑦，顺道其欲恶，使神无有怨痛于楚国。又有薮曰云连徒洲⑧，金木竹箭之所生也⑨。龟、珠、角、齿、皮、革、羽、毛⑩，所以备赋⑪，以戒不虞者也⑫。所以共币帛⑬，以宾享于诸侯者也。若诸侯之好币具，而导之以训辞⑭，有不虞之备，而皇神相之⑮，寡君其可以免罪于诸侯，而国民保焉。此楚国之宝也。若夫白珩，先王之玩也，何宝之焉？

"圉闻国之宝六而已。明王圣人能制议百物⑯，以辅相国家，则宝之；玉足以庇荫嘉谷⑰，使无水旱之灾，则宝之；龟足以宪臧否⑱，则宝之；珠足以御火灾，则宝之；金足以御兵乱⑲，则宝之；山林薮泽足以备财用，则宝之。若夫哗嚣之美⑳，楚虽蛮夷，不能宝也。"

注释

①王孙圉（yǔ语）：楚国大夫。
②定公：晋定公（公元前511—公元前475年在位），晋顷公之子，名午。

③赵简子:晋正卿赵鞅的字。鸣玉:指佩玉在人走动时相碰而发声。

④白珩(héng 横):楚国著名的佩玉。古代玉佩,系在玉佩上部的横玉叫珩,下面的称为璜。

⑤几何:几多代?

⑥训辞:指外交辞令。

⑦说:同"悦"。悦于鬼神,与鬼神交往能讨得喜欢。

⑧薮:大湖泊。云连徒洲:即云梦泽,也称云土、云社,大约在今湖南、湖北境内。"云连徒洲"为楚地方言。

⑨箭:箭竹。

⑩龟:龟甲,古代用龟甲卜吉凶。珠:珍珠,古代传说珍珠可以抵御火灾。角:兽角,可以做弓弩。齿:象牙,可以装饰弓,安放在弓的两头,称象弭。羽:鸟羽。毛:旄牛尾。羽毛可以装饰旗子。

⑪赋:指兵赋。

⑫不虞:指没有事先预料到的突发事件。

⑬共:同"供",供给。

⑭好(hào 浩):嗜好。"若诸侯"二句:意为诸侯若过于贪心要礼物,就用外交辞令去说服他。

⑮皇:大。

⑯此句公序本无"明王"、"人"三字。

⑰玉:指祭祀用的璧玉。

⑱宪:显示。臧否:吉凶。

⑲"金足以"句:春秋时兵器多由青铜铸造,所以说金足以御兵乱。

⑳哗嚣:喧哗,这里指佩玉相触发出的叮咚之声。

【今译】

楚国大夫王孙圉到晋国访问,晋定公设宴款待他。晋正卿赵简子佩带着叮咚作响的佩玉赞礼,他问王孙圉说:"楚国著名的白珩还在吗?"回答说:"是的。"简子说:"它作为楚国的国宝,传世有几代了?"

王孙圉说:"我们楚国从未把它当做国宝。楚国视作国宝的,有大夫观射父,他善长外交辞令,能代表楚国交结诸侯,使外人无法拿我们的国君做话把子。还有左史倚相,他精通先王的典籍,来安排各种事务,早晚向我们的国君禀陈前代兴衰的史实,使国君时时不忘记守成先王的事业;又能获得天地鬼神的好感,顺着鬼神的意志行事,使鬼神不对楚国产生怨恨。还有个视作国宝的大沼泽叫云连徒洲,是出产金、木、竹箭的地方。龟甲、珍珠、兽角、象牙、兽皮、犀革、鸟羽、旄牛尾这些物产，都可以供军事用，来防备意外发生的事件。并且用来供给礼物，在接待诸侯时贡献馈赠。如果诸侯过于贪得礼物，就用外交辞令说服他，有了对付意外事件的准备，又有大神保佑，我们的国君就可以不得罪诸侯，而国家和人民也就得到了保全。这些都是楚国的国宝。像那白珩，只不过是先王的玩物，有什么值得当宝贝的呢？

"围听说国家的宝贝有六种。贤王先圣能制创礼法，讨论各种事务，来辅佐治理国家，就把他当国宝；璧玉能庇佑五谷丰登，使国家不受水旱灾害，就把它当国宝；龟甲能显示吉凶，就把它当国宝；珍珠能抵御火灾，就把它当国宝；金属可以用来抵御兵乱，就把它当国宝；山林湖泽的出产能供给财用，就把它当国宝。像那种只能产生喧嚣吵闹声音而只是外表美的佩玉，我们楚国虽然被看作蛮夷，也不把它当宝贝。"

# 8. 鲁阳文子辞惠王所与梁

【题解】

本文写鲁阳文子害怕后世子孙会恃险作乱，辞掉楚惠王封给他的边境要地，真可说是深谋远虑。

【原文】

惠王以梁与鲁阳文子①，文子辞，曰："梁险而在境，惧子孙之有贰者也②。夫事君无憾③，憾则惧偪④，偪则惧贰。夫盈而不偪，憾而不贰者，臣能自寿⑤，不知其他。纵臣而得全其首领以没，惧子孙之以梁之险，而乏臣之祀也。"王曰："子之仁，不忘子孙，施及楚国，敢不从子。"与之鲁阳。

注释

①惠王：楚惠王（公元前488—公元前432年在位），名章，昭王之子。梁：楚国地名，在楚国北境。鲁阳文子：楚平王之孙，司马子期之子，又称鲁阳子。

②贰：二心。

③憾:恨。
④偪(bī 逼):同"逼"。
⑤寿:保。

【今译】
　　楚惠王把梁地封给鲁阳文子,文子辞谢,说:"梁地险要而且在国境线上,我害怕子孙会对楚国产生二心。事奉君主不能有怨恨,有了怨恨就怕会威逼上边,威逼就怕会怀二心。能志得意满而不威逼上边,有怨恨而不怀二心,我能自保,就不知子孙能不能做到。纵使臣自身得保全首领而死,还怕子孙会仗恃梁地的险要产生二心,将来被诛杀连祭祀我的人都没有。"惠王说:"您的仁爱,不忘记保全子孙,而又施恩给楚国,不敢不听从您的意见。"于是封鲁阳给文子做食邑。

# 9. 叶公子高论白公胜必乱楚国

【题解】
　　叶公子高就是成语"叶公好龙"(汉刘向《新序》)里的叶公,但历史上的叶公可不是一个喜欢假货、害怕真龙的人,而是一个有胆有识、卓有远见的政治家,一个不计小怨,以大局为重,平定叛乱的英雄。本文写叶公子高政治生涯中的一件大事。公元前479年,楚令尹子西想召回流亡在吴国的王孙胜,叶公子高知道后,进行劝谏,他认为王孙胜心胸狭隘,会牢记其父太子建被冤杀的仇恨,向楚国的执政者报复,而王孙胜的双重性格就具备有报复的因素,会成为祸乱楚国的种子,并列举历史上因不提防旧怨而遭杀身之祸的实例,警戒子西,力加劝阻。子西不听,召回王孙胜,并安置他在吴、楚边境的白邑。后来白公胜果然因旧怨而作乱,子西本人遭难被杀。叶公子高不计小怨,为令尹子西报仇,率师平乱,杀了王孙胜,安定楚国王室,而自己则不贪荣华富贵,功成身退。

【原文】
　　子西使人召王孙胜①,沈诸梁闻之②,见子西曰:"闻子召王孙胜,信乎?"曰:"然。"子高曰:"将焉用之?"曰:"吾闻之,胜直而刚,欲置之境③。"

子高曰:"不可。其为人也,展而不信④,爱而不仁,诈而不智,毅而不勇,直而不衷,周而不淑。复言而不谋身⑤,展也;爱而不谋长,不仁也;以谋盖人,诈也;强忍犯义⑥,毅也;直而不顾,不衷也;周言弃德,不淑也。是六德者,皆有其华而不实者也,将焉用之。

"彼其父为戮于楚,其心又狷而不洁⑦。若其狷也,不忘旧怨,而不以洁悛德,思报怨而已。则其爱也足以得人,其展也足以复之,其诈也足以谋之,其直也足以帅之,其周也足以盖之,其不洁也足以行之,而加之以不仁,奉之以不义。蔑不克矣。

"夫造胜之怨者⑧,皆不在矣。若来而无宠,速其怨也。若其宠之,毅贪无厌,既能得人,而耀之以大利,不仁以长之,思旧怨以修其心,苟国有衅,必不居矣。非子职之⑨,其谁乎?彼将思旧怨而欲大宠,动而得人,怨而有术,若果用之,害可待也。余爱子与司马⑩,故不敢不言。"

子西曰:"德其忘怨乎!余善之,夫乃其宁。"子高曰:"不然。吾闻之,唯仁者可好也,可恶也,可高也,可下也。好之不偪,恶之不怨,高之不骄,下之不惧。不仁者则不然。人好之则偪,恶之则怨,高之则骄,下之则惧。骄有欲焉,惧有恶焉,欲恶怨偪,所以生诈谋也。子将若何?若召而下之,将戚而惧;为之上者,将怒而怨。诈谋之心,无所靖矣。有一不义,犹败国家,今壹五六,而必欲用之,不亦难乎?吾闻国家将败,必用奸人,而嗜其疾味⑪,其子之谓乎?

"夫谁无疾眚⑫?能者早除之。旧怨灭宗,国之疾眚也,为之关籥蕃篱而远备闲之⑬,犹恐其至也,是之为日惕。若召而近之,死无日矣。人有言曰:'狼子野心,怨贼之人也。'其又何善乎?若子不我信,盍求若敖氏与子干、子皙之族而近之⑭?安用胜也,其能几何?

"昔齐驺马繻以胡公入于具水⑮,邴歜、阎职戕懿公于囿竹⑯,晋长鱼矫杀三郤于榭⑰,鲁圉人荦杀子般于次⑱,夫是谁之故也,非唯旧怨乎?是皆子之所闻也。人求多闻善败,以监戒也。今子闻而弃之,犹蒙耳也。吾语子何益,吾知逃也已。"

子西笑曰:"子之尚胜也。"不从,遂使为白公⑲。子高以疾闲居于蔡⑳。及白公之乱,子西、子期死㉑。叶公闻之,曰:"吾怨其弃吾言,而德其治楚国,楚国之能平均以复先王之业者,夫子也㉒。以小怨置大德,吾不义也,将入杀之。"帅方城之外以入㉓,杀白公而定王室,葬二子之族㉔。

▶ 注释

①王孙胜:楚平王太子建之子,名胜。先是楚佞臣费无极为太子少师,不受宠信,为太子建娶秦女甚美,费无极劝平王自娶秦女(即昭王之母),后又诬陷太子谋反。公元前522年太子建逃亡到郑国,因与晋人同谋袭击郑国,被郑人所杀,胜逃亡到吴国。公元前479年,楚令尹子西派人召他回国。因胜为楚平王嫡孙,故称王孙胜。

②沈诸梁:楚国大夫,为楚庄王曾孙,左司马沈尹戌之子,字子高,因封在叶,称叶公子高。

③境:边境,此指吴楚接壤的边境,即楚国的白邑(在今河南息县东)。据《左传·哀公十六年》:"(子西)召之,使处吴境,为白公。"

④展:诚信。

⑤复言:出口为言,就要让它实践,即实践诺言。

⑥强忍犯义:"《札记》引段玉裁说:"'犯义'二字当是注,误为正文。"

⑦狷:狭隘固执。不洁:指心地不光明。

⑧造胜之怨者:指诬陷太子建的费无极。

⑨职:主,意即承担。

⑩司马:指子西之弟子期。

⑪疾味:指可以致疾病的美味。

⑫眚(shěng省):灾害,病患。

⑬闲:防御。

⑭若敖氏:指楚庄王攻杀的斗椒的后人。子干、子晳:楚恭王的庶子,公元前529年楚平王杀公子比(子干)、令尹公子黑肱(子晳)而自立为王。这些人都是楚王同宗。

⑮邴马繻:齐国大夫。胡公:姜太公的五世孙,名靖,周夷王时为齐侯。具:水名。韦《注》:"胡公虐马繻,马繻弑胡公,纳之具水。"《史记·齐太公世家》则言:"哀公之同母少弟山怨胡公,乃与其党率营丘人袭杀胡公而自立。"《索隐》:"宋忠曰:'其党周马繻人(即邴马繻)将胡公于贝水(即具水)而杀之,而山自立也。'"

⑯邴歜(bǐng chù丙触):《史记·齐世家》作"丙戎",齐国大夫。阎职:齐国大夫。懿公:齐懿公(公元前612—公元前609年在位),名商人,齐桓公之子。齐懿公为公子时,与邴歜之父争田没有获胜,即位后掘开邴歜父亲坟墓命砍断双足,

让邴歜为自己驾车。又夺大夫阎职之妻,命阎职做自己的陪乘。公元前609年,邴歜和阎职趁齐懿公到申池游玩,杀了他把尸体扔到竹林中。事见《左传·文公十八年》。

⑰晋长鱼矫杀三郤于榭:可参见《晋语六·栾书发郤至之罪》及《左传·成公十七年》。

⑱圉(yǔ羽)人:掌管驯牧的官。荦(luò洛):此圉人的名。子般:鲁庄公(公元前693—公元前662年在位)的太子,名般。次:住所。子般当太子时,曾鞭打过调戏他妹妹的圉人荦。公元前662年,子般即位,庄公弟公子庆父与庄公夫人哀姜私通,想自为鲁君,趁子般住在外祖父党氏家时,派圉人荦杀了子般。事见《左传·庄公三十二年》。

⑲白:楚国邑名。白公,白邑县尹。楚君自称王,县邑之长称公。

⑳蔡:地名,原为小国,楚昭王时灭蔡为楚地。

㉑白公之乱:公元前479年,白公胜请求令尹子西讨伐郑国为父报仇,子西答应了,还未发兵,晋国攻伐郑国,楚国援救郑国。白公胜大怒,起兵作乱,杀令尹子西、司马子期,并劫持楚惠王,想立子闾(平王之子)为王,子闾不肯,又杀子闾,后叶公子高平定了这次反乱,事见《左传·哀公十六年》。

㉒夫子:指子西。

㉓方城:山名,在今河南叶县东。据传春秋时楚人曾沿方城山修筑长城,蔡地在方城外,所以说"帅方城之外以入。"

㉔杀白公而定王室:叶公子高率方城山外边的人进入郢都,派箴尹固攻打白公胜,白公胜自缢,叶公在平叛中兼任令尹、司马二职,国家安定后,他让子西的儿子宁做令尹,子期的儿子宽做司马,而自己退居叶地养老。

【今译】

　　令尹子西想要派人召回王孙胜,沈诸梁听到这件事,去见子西说:"我听说您打算召回王孙胜,确实有这事吗?"子西回答说:"有这事。"沈诸梁问:"打算怎么任用他?"子西说:"我听说,胜这个人爽直而刚毅,想把他安排在边境。"

　　子高说:"不能这样。王孙胜的为人,看似守信用实则不忠诚,表面仁爱实则不仁德,他奸诈而不明智,果断但不勇敢,直爽但不正派,言谈周密但心肠恶毒。为实践诺言而不顾自身的利害,叫展;表面仁爱却不为人长远考虑,其实是不仁;用权谋掩盖内心欺骗别人,是奸诈;强硬狠心,这就是他的刚毅;爽直到根本不隐讳,这是不正派;言谈周密而抛弃仁德,这是不善。以上这六种品德,都含有华而不实的成份,怎样任用他呢。

"他的父亲是在楚国受到迫害才被杀的,他的心胸又狭隘而不纯洁。因为他心胸狭隘,不忘杀父之仇,又不能用纯洁的心改变坏德行,一门心思想报父仇而已。那他的表面仁爱足可以得人心,他的守信足以实践诺言,他的奸诈足以图谋叛乱,他的爽直足以统帅部众,他言语的周密足可以掩盖他恶毒的用心,他龌龊的内心足以支配他的行动,再加上他的不仁德,奉行不忠义的信条,如果报仇,没有不成功的。

"那些当初制造王孙胜怨恨的人,都不在了。如果召他来又不宠信,是加速他的愤怒。如果宠信他,他会就此贪得无厌,得到人心,还可以显示更大的利益收买人;用不仁爱的心膨胀他的私欲,不忘旧怨,一意培养自己报仇的恶心,一旦国家有外患内忧,他一定不会安然处之。这个祸患不由您承担,又该谁呢?他念念不忘旧怨而希望向你们寻仇,行动既得人心,想报仇也有办法,如果您召他回来任用,祸患就会到来了。我敬爱您和司马子期,所以不敢不预先提醒您。"

子西说:"我用仁德对待他,他会忘了旧怨吧!我好好对待他,他就不会生事的。"子高说:"不然。我听说,只有仁德的人,可待他好,也可待他坏,可处高位,也可处下位。待他好,他不会威逼上边;待他坏,他不怨恨;处高位,他不骄矜;处下位,他也不忧惧不安。不仁德的人就不然。别人对他好,他就因宠生骄咄咄逼人;对他坏,他就怀恨在心;地位高他就骄矜;地位低他又忧惧不安。骄横就会野心膨胀,忧惧不安他就会憎恨上边,野心、憎恨、怨毒、逼迫,是产生奸诈权谋的原因。您打算怎么对待他呢?如果召来让他处在下位,他将悲愤而忧惧不安;让他处在高位,他将恼怒而怨恨不已。奸诈权谋的心,没有一天得到安宁。有一点不义,尚且会祸败国家,现在一下子有五六点不义,而您还一心想任用他,岂不是很危险吗?我听说国家将要衰败,就会起用奸恶之人,而且偏偏嗜好致命的美味,这大概说的就是您吧?

"哪个人没有灾祸?只有贤能的人会及早除去它。旧怨会灭亡宗邦,这是国家的大灾祸,及早设置关卡、锁钥、修建篱笆围墙来防范它,还恐怕它到来,还得为这天天警惕提防。如果您召他回来处在跟前,离死就没几天了。人们通常爱说:'狼子野心,就是那些怀着仇恨怨毒的人。'他到底又有什么好呢?如果您不相信我的话,何不寻求若敖氏和子干、子皙的族人召到您的跟前呢?又哪里用得着王孙胜,他能安分多久呢?

"从前齐国的驺马繻杀害君主胡公,把他的尸体扔进具水;鲁国的邴歜、阎职杀了齐懿公,把他的尸体扔在竹林里;晋国的长鱼矫在亭榭里杀了三郤;鲁国的围人荦在党氏的住所杀了子般,这些是什么缘故,不都是因为有旧怨吗?这些都是您听到过的。人要经常多听历史上的兴衰成败,来省察警戒自己。现今您听到了不准备采纳,等于蒙着耳朵不听。我给您多讲起什么作用,我只知道对将发生的灾祸躲远点。"

子西笑着说:"您的议论过高估计王孙胜了。"不听叶公子高的意见,召回王孙胜,让他担任白公。子高于是托病闲居在蔡地。到白公胜祸乱楚国,子西、子期都被他杀死。叶公子高听说后,说:"我怨恨他不听我的忠告,但我又感念他治理楚国的功劳,楚国能安定地恢复先王的功业的人,就是他老人家。因为小怨恨而置大功劳不顾,这将是我不义,我一定要带兵攻入国都杀了白公胜。"于是帅领方城山外的人攻入郢都,杀了白公,平定反乱,安宁王室,按礼法安葬了死在这次祸乱中的子西、子期的族人。

# 卷十九　吴语

## 1. 越王勾践命诸稽郢行成于吴

【题解】

　　吴、越两国是春秋末期处在我国东南沿海地区的两个小诸侯国，互相之间常年争战不休。公元前496年，吴王阖庐在吴越携李之战中受伤身死。三年后，吴王夫差为报父仇，起兵伐越，在夫椒打败越军，越王勾践只剩五千士卒退保都城会稽。本文所记，即是公元前494年夫椒之战后吴、越战和的事。

　　危城中的越王勾践知道自己的力量暂时敌不过吴国，目前只能忍辱负重，就听从大臣文种的计谋，派大夫诸稽郢向吴国求和，作为缓兵之计。诸稽郢故意用卑下的言辞，向吴王陈述吴国不应拒绝越国求和的理由。他指出越国不记吴国入侵边境的小怨，吴国不应再伐越；越国用事奉天子之礼事吴，吴国没有理由再伐越；吴国已经扶植越国，如果出尔反尔，灭亡越国，将因小失大，失信于诸侯。一席外交辞令，表面卑下恭顺，实则绵里藏针，正因为其利用了吴王骄傲自大的毛病和一心想北上称霸诸侯的野心，所以求和成功。

【原文】

　　吴王夫差起师伐越①，越王勾践起师逆之②。大夫种乃献谋曰③："夫吴之与越，唯天所授，王其无庸战。夫申胥、华登简服吴国之士于甲兵④，而未尝有所挫也。夫一人善射，百夫决拾⑤，胜未可成也。夫谋必素见成事焉⑥,而后履之,不可以授命⑦。王不如设戎,约辞行成⑧,以喜其民,以广侈吴王之心。吾以卜之于天,天若弃吴,必许吾成而不吾足也,将必宽然有伯诸侯之心焉⑨。既罢弊其民,而天夺之食,安受其烬⑩,乃无有命矣。"

越王许诺,乃命诸稽郢行成于吴⑪,曰:"寡君勾践使下臣郢,不敢显然布币行礼,敢私告于下执事曰⑫:昔者越国见祸,得罪于天王⑬。天王亲趋玉趾⑭,以心孤勾践⑮,而又宥赦之。君王之于越也,繄起死人而肉白骨也⑯。孤不敢忘天灾,其敢忘君王之大赐乎!今勾践申祸无良⑰,草鄙之人,敢忘天王之大德,而思边垂之小怨,以重得罪于下执事?勾践用帅二三之老⑱,亲委重罪⑲,顿颡于边⑳。

"今君王不察,盛怒属兵㉑,将残伐越国。越国固贡献之邑也,君王不以鞭箠使之,而辱军士使寇令焉㉒。勾践请盟:一介嫡女㉓,执箕箒以晐姓于王宫㉔;一介嫡男,奉槃匜以随诸御㉕;春秋贡献,不解于王府㉖。天王岂辱裁之?亦征诸侯之礼也。

"夫谚曰:'狐埋之而狐搰之㉗,是以无成功。'今天王既封植越国㉘,以明闻于天下,而又刈亡之㉙,是天王之无成劳也。虽四方之诸侯,则何实以事吴㉚?敢使下臣尽辞,唯天王秉利度义焉㉛!"

### 注释

①吴王夫差(公元前495—公元前473年在位):春秋末年吴国国君,吴王阖庐之子。越:国名,姒姓,相传始祖为夏少康庶子无余,封于会(guì 贵)稽(今浙江省绍兴市境)。吴王夫差起师伐越,公元前496年,吴王阖庐在吴越携李之战中受伤身死。三年后,夫差为父报仇,起兵伐越,在夫椒打败越军,越王勾践只剩五千士卒退保会稽,后听从文种计谋,向吴请和。本文即叙此次吴越战和之事。另可参见《左传·定公十四年·哀公元年》

②越王勾践(公元前496—公元前465年在位):春秋末年越国国君,越王允常之子。逆:迎战。

③种:文种,字禽,越国大夫。

④申胥:即伍员(yún 云),字子胥,楚太傅伍奢之子。公元前522年楚平王杀伍奢,伍员逃亡到吴国,吴王给他申地为食邑,故又称申胥。华登:宋司马华费逐之子,公元前522年,宋元公杀华氏、向氏,华登逃亡到吴,为大夫。简:选。服:教习。

⑤决:用兽骨做的板指,射箭时套在左手大拇指上,用来钩弦。拾:皮革做的

护臂,套在左臂上,用来笼住衣袖保护臂腕。

⑥素:预先。

⑦授命:送命。

⑧约辞:卑下的言辞。行成:求和。

⑨伯:通"霸",称霸。

⑩烬:灰烬,残余,此指残局。

⑪诸稽郢:越国大夫。

⑫下执事:供役使的人。这是古人说话时自谦的方式,表示不敢直接向吴王陈说,而要请供他役使的人转达。

⑬天王:对吴王的尊称。得罪于天王,吴王阖庐趁越王允常去世攻打越国,在携李(《公羊传》作"醉李",地名,在今浙江嘉兴县南)战中,勾践射伤阖庐至死,故有此言。

⑭玉趾(zhǐ止):犹言尊贵的脚。亲趋玉趾,即亲劳大驾。

⑮孤:弃。心弃勾践,不准勾践求和请降。

⑯繄(yī衣):这是。起死人而肉白骨:使死人复生而白骨生肉,比喻恩同再造。

⑰申祸:再次遭到灾祸,指两次遭到吴国的讨伐。申,重。

⑱用:因此。老:家臣。本句勾践自比为吴王之臣,故己臣只当大夫家的家臣室老,这是故意卑下的说法。

⑲委:归(罪)。

⑳顿颡(sǎng嗓):屈膝下拜,以额触地。颡,前额。边:边境。

㉑属:会,集。

㉒辱:辱没。寇令:抵御寇贼的号令。

㉓一介:一人。嫡:指正妻。

㉔晐(gāi该)姓:纳女于天子。晐,备。姓,指各种姓氏。

㉕槃(pán盘):木盘。匜(yí移):古时洗手注水的用具。古时洗手,用匜筛水,用槃接水,故称奉槃匜,即侍候盥洗。御:宦官一类的近臣。

㉖解:同"懈",懈怠。

㉗搰(hú胡):掘出。狐埋之而狐搰之,狐性多疑,把东西埋藏起来,怕不可靠,马上又掘出来。用来比喻人性多疑。

㉘封:壅土固定树根。植:立。封植,栽培扶植。

㉙刈(yì意):芟草。

㉚实:事实。事:臣事。

㉛秉:执。

## 【今译】

吴王夫差起兵攻打越国,越王勾践率领军队迎战吴军。越国大夫文种向越王献计说:"吴国与越国长年争斗不休,谁存谁亡,听凭天意,大王您不用再继续打下去了。那申胥、华登二人选拔吴国的人教习作战,还从来没打过败仗。吴国人人习武,只要一个人善长射箭,就会有一百个套上板指、护臂仿效他,我们越国要想战胜未必会成功。凡是谋划一件事必须预先估计会成功,然后才去行动,不然就是白白去送命。大王不如设兵防守会稽,派人有意用卑下的言辞去求和,用这种做法让吴国人高兴,来扩张吴王称霸诸侯的野心。我们用占卜问天的旨意,上天如果想抛弃吴国,一定会使求和成功而不认为我们越国是可怕的,吴国一定会宽赦越国而傲然有称霸诸侯的野心。这样等到吴国百姓被战争拖得疲弊不堪,上天降灾使他们粮食歉收,这时我们越国就可以安然来收拾残局,吴国就不再受到上天的保佑,非亡国不可了。"

越王同意文种的计谋,于是命令大夫诸稽郢去向吴王求和,说:"敝国君主勾践派下臣诸稽郢来,不敢公然按外交礼节陈列玉帛礼品向您表示敬意,只敢私下请天王的职事人员转达说:当初越国遭到灾祸,在携李之战中得罪了天王。天王亲劳大驾征讨越国,原本不许勾践求和请降,而最终又宽大赦免了他。君王对于越国天恩高厚,实在是使死人复活而使枯骨生肉啊。勾践我不敢忘记天灾,又哪敢忘记君王的大恩大德呢!现在我勾践一再遭到灾祸,是因为我没有好的德行,我这草野鄙贱的人,怎么敢忘掉天王的大恩大德,而去斤斤计较两国边境上的一些小怨恨,又一次得罪您手下的官员呢?勾践因此帅领几个家臣室老,亲自戴罪求赦,在边境上向您叩头请罪了。

"现在由于君王不了解我们原是在请罪求饶,大怒之下调集军队,打算毁掉越国。越国本来就是向吴王称臣纳贡赋的城邑,天王不拿鞭子狠狠抽打警告他,却屈尊帅领军士像防御敌寇一样来征讨。我勾践知罪,请求缔结盟约。我嫡妻所生的一个女儿,让她手执箕箒打扫王官侍奉您,做您的小妾;我嫡妻所生的一个儿子,让他捧着盥洗用具随着众多的宦竖侍候,做您的小臣;一年四季贡献给天王的贡品,我们要不断地送到您的王府。天王又何必再屈尊制裁我们呢?我们现在要贡献的,也是按天子讨伐诸侯征税的礼制了。

"有谚语说:'狐狸埋藏东西,狐狸又把它掘出来,因此没有成效。'现在天王既然扶植越国,英名远播,天下皆知,却又来灭亡它,这会使天王徒劳而没有成果。就是各国诸侯,想用臣礼事奉吴国又拿什么做榜样呢?勾践派下臣来冒昧地把话说完,希望天王根据利弊用礼义来衡量作出决断好了。"

## 2. 吴王夫差与越荒成不盟

【题解】

本文紧接前篇,写吴王夫差听了越国大夫诸稽郢的求和言辞,因为要北上攻伐齐国,向中原诸侯炫耀武力,于是答应讲和。吴国大臣申胥(伍子胥)通过对吴、越两国情势的分析,指出越国求和是包藏祸心,目的在于利用吴王的骄傲自大,使吴国在征伐中原、称霸诸侯的战争中耗尽国力,最后来灭亡吴国。夫差拒谏不听,竟然凭空口与越国达成和议,没有歃血为盟,被越国牵着鼻子走上错误的道路。

【原文】

吴王夫差乃告诸大夫曰:"孤将有大志于齐①,吾将许越成,而无拂吾虑②。若越既改,吾又何求?若其不改,反行,吾振旅焉③。"

申胥谏曰:"不可许也。夫越非实忠心好吴也,又非慑畏吾兵甲之强也。大夫种勇而善谋,将还玩吴国于股掌之上④,以得其志。夫固知君王之盖威以好胜也⑤,故婉约其辞,以从逸王志,使淫乐于诸夏之国,以自伤也。使吾甲兵钝獘,民人离落⑥,而日以憔悴,然后安受吾烬。夫越王好信以爱民,四方归之,年谷时熟,日长炎炎⑦。及吾犹可以战也,为虺弗摧⑧,为蛇将若何?"

吴王曰:"大夫奚隆于越⑨,越曾足以为大虞乎⑩?若无越,则吾何以春秋曜吾军士⑪?"乃许之成。

将盟,越王又使诸稽郢辞曰:"以盟为有益乎?前盟口血未干⑫,足以结信矣。以盟为无益乎?君王舍甲兵之威以临使之,而胡重于鬼神而自轻也?"吴王乃许之,荒成不盟⑬。

### 注释

①有大志于齐:将要征伐齐国。
②拂:逆,违背。
③振旅:兴兵征讨。
④还:通"环",旋转。玩:玩弄。
⑤盖威:崇尚武力。盖,尚。
⑥离:叛。落:殒落。
⑦炎炎:兴盛的样子。
⑧虺(huǐ 毁):小蛇。
⑨隆:盛。
⑩曾(zēng 增):岂,竟然。虞:忧虑。
⑪春秋:一年有四季而用春秋代表,这里比喻人生中年富力强的阶段。曜(yào 耀):炫耀。
⑫口血未干:极言距前次盟誓的时间之短。古时结盟立誓,要将牲血涂抹在嘴上或含在口中,表示诚意,即歃血为盟。
⑬荒:空。荒成不盟,即凭空答允越国的求和,没有歃血为盟。

### 【今译】

吴王夫差听了诸稽郢求和的话,于是就告诉众位大夫说:"我想要讨伐齐国实现称霸中原的大志,我打算同意越国请和,你们不要违背我的意思。如果越国能改过,我又何必作进一步的要求?如果它不能改过,我从齐国班师回来,再整顿军队去讨伐它。"

申胥进谏说:"不能答应越国的求和。那越国并不是实心忠诚地对吴国友好,也不是害怕我们军队的强悍。越国大夫文种忠勇而且善于谋划,他是把吴国旋转玩弄在大腿和手掌上,来实现最终灭亡吴国的目标。他本来就知道君王喜欢摆威风来争强好胜,所以有意说些恭顺自卑的话,来迎合放纵您的心意,使您对中原各诸侯国逞威风满足自己的狂妄,这样来自取灭亡。使我们吴国军队疲惫,百姓叛离逃亡,让我们的国力一天比一天衰弱,然后来安然收拾我们的残局。那越王勾践的为人讲信用而且爱护民众,四方人心归附,每年五谷丰登,国力一天比一天强盛。趁着现在我们还能打败越国,不然还是小蛇时不打死它,长成了大蛇,我们将怎么对付?"

吴王说:"大夫何必把越国估计得这么强盛,越国竟然值得我们这样严重忧虑吗？真要是没有了越国，那我在年富力强时向谁去炫耀我的武力呢？"于是答应了越国请和。

按常规将举行结盟仪式时，越王又派诸稽郢来推辞说："君王认为盟誓是有益的吗？那么上次结盟时涂在嘴上的血还没干，足够使双方互相信任了。要是认为盟言是无益的吗？君王连甲兵的威势都不必用，就可以直接来监察役使我们，何必那么重视鬼神的监督而轻视了自己的权威呢？"吴王竟然同意这说法，凭空口答应越国的求和，没有歃血结盟。

## 3. 夫差伐齐不听申胥之谏

【题解】

夫差同意与越媾和后，立即准备北上中原攻伐齐国。申胥再次进谏忠言，一针见血地指出越王勾践励精图志，志在雪耻，时时不忘灭亡吴国，越国才是吴国的心腹大患，而齐、鲁远在中原，对吴国构不成威胁，不过是疥癣之疾。又列举楚灵王不修内政，滥用民力，疲弊楚国，最后激成乾溪之乱的实例，并详尽描摹楚灵王最后走投无路，众叛亲离，饥饿自缢前的惨状，用以儆醒夫差，使他以人为镜，知道历史的成败得失。还尖锐地指责夫差纵欲劳民，已经造成人心背离，若再伐齐，后果将不堪设想。夫差不听，兵伐齐国，在错误的道路上走得更远。

【原文】

吴王夫差既许越成，乃大戒师徒①，将以伐齐。申胥进谏曰："昔天以越赐吴，而王弗受。夫天命有反，今越王勾践恐惧而改其谋，舍其愆令②，轻其征赋，施民所善，去民所恶，身自约也，裕其众庶，其民殷众，以多甲兵。越之在吴，犹人之有腹心之疾也。夫越王之不忘败吴，于其心也侙然③，服士以伺吾间④。今王非越是图，而齐、鲁以为忧。夫齐、鲁譬诸疾，疥癣也，岂能涉江、淮而与我争此地哉？将必越实有吴土。

"王其盍亦鉴于人，无鉴于水⑤。昔楚灵王不君，其臣箴谏以不入。乃筑台于章华之上，阙为石郭⑥，陂汉，以象帝舜⑦。罢弊楚国，以间陈、蔡⑧。不修方城之内,逾诸夏而图东国⑨,三岁于沮、汾以服吴、越⑩。其民不忍饥劳之殃,三军叛王于乾谿⑪。王亲独行,屏营仿徨于山林之中⑫,三日乃见其涓人畴⑬。王呼之曰:'余不食三日矣。'畴趋而进,王枕其股以寝于地。王寐,畴枕王以璞而去之⑭。王觉而无见也,乃匍匐将入于棘闱⑮,棘围不纳,乃入芋尹申亥氏焉。⑯王缢,申亥负王以归,而土埋之其室。此志也,岂遽忘于诸侯之耳乎?

"今王既变鲧、禹之功⑰,而高高下下⑱,以罢民于姑苏⑲。天夺吾食,都鄙荐饥⑳。今王将很天而伐齐㉑。夫吴民离矣,体有所倾㉒,譬如群兽然,一个负矢,将百群皆奔,王其无方收也。越人必来袭我,王虽悔之,其犹有及乎?"

王弗听。十二年,遂伐齐㉓。齐人与战于艾陵㉔,齐师败绩,吴人有功㉕。

### 注释

①戒:告。
②愆令:错误的政令。
③忯(chì 敕):警惕,恐惧。
④间:隙。
⑤鉴于人无鉴于水:以前人为镜,可以见成败;以水为镜,只能照见自己的形象。
⑥阙:通"掘",挖掘,穿凿。石郭:即石椁,墓中停放棺材的石室。
⑦陂汉:壅导汉水。以象帝舜:舜葬九疑山,山的四周有水环绕,故楚灵王要壅导汉水环绕自己的墓葬,摹仿帝舜。
⑧以间陈蔡:等候陈国蔡国的机会而灭亡它们。公元前534年,楚灭陈。公元前531年,灭蔡。
⑨东国:指楚国东面的徐、夷、吴、越等国。
⑩沮(jū 居)、汾:二水名,在楚国东部边境乾溪一带。服吴、越:公元前536年,楚令尹子荡帅师伐吴,驻扎在乾溪。事见《左传·昭公六年》。
⑪三军叛王于乾溪:公元前529年,楚公子比、公子黑肱、公子弃疾等率陈、蔡等地的军队攻入楚都,派观从到乾溪瓦解楚灵王的军队,楚王的军队到达訾梁就溃散了。
⑫屏(bīng 兵)营:惶恐无主的样子。
⑬涓人:宫中担任洒扫清洁的小臣,秦、汉时称中涓。畴:此涓人之名。
⑭璞:土块。

⑮棘闱:楚地名。
⑯"入芊尹申亥氏"至"而土埋之其室",楚灵王自杀,申亥埋于其室,可参见《楚语上》注⑦。
⑰变鲧、禹之功:改变了鲧、禹父子相承造福于民的功德。尧帝杀鲧,起用鲧的儿子禹治水患,禹总结鲧治水失败的教训,改埋障为疏导,治水成功,申胥言下之意是夫差改变其父阖庐简朴爱民的仁德作风。
⑱高高下下:使高处更增高,使低处更低下,即高起台榭,低挖池湖。
⑲姑苏:山名,在江苏吴县西南,夫差在山上筑台,名姑苏台。
⑳荐饥:连年发生饥荒。荐,重复。
㉑很:违背,不听从。
㉒倾:伤。
㉓十二年:吴王夫差十二年,即公元前484年。
㉔艾陵:齐国地名,在今山东莱芜县东北境。
㉕齐师败绩,吴人有功:公元前484年,吴国会合鲁国攻打齐国,在艾陵大战,齐军被打败,主帅国书被俘虏,缴获兵车八百乘,斩甲士首三千。事见《左传·哀公十一年》。

# 【今译】

吴王夫差答应了越国求和后,于是下令通告全体将士,准备攻打齐国。申胥进谏说:"以前上天把越国赏赐给吴国,而君王没接受。那天命是有反复的,现今越王勾践因为恐惧我们而改变他的计谋,废去那些错误的政令,减轻全国的赋税,推行百姓喜欢的政令,去除百姓憎恶的做法。他自己生活节俭,却让老百姓富裕,国内人口增长,军队人数更多。越国对吴国来说,就像人有致命的心腹疾病一样。那越王勾践从来不会忘记要打败吴国,他内心在时时警惕着,抓紧操练军队随时在窥伺我们的机会。现在大王不把越国看作应该主要对付的敌人,反而拿远在中原的齐国、鲁国作为忧虑。如果把齐国、鲁国比作人体的疾病,只等于在皮肤上生点疥癣小疮罢了,它们岂能够长途跋涉渡过长江、淮河来与我们争这国土吗?将来必定是越国夺取吴国的土地。

"大王何不把前人作镜子照一照,知道成败得失,千万不要拿水面作镜子,只照见自己的形象。从前楚灵王不行君道,他的臣下忠言劝谏他听不进去。仍然在章华修建高台,挖凿大山为石椁,堵塞引导汉水环绕石椁,来摹仿帝舜在九疑山的坟墓。工程浩大,使楚国民力疲惫不堪,他还要乘机灭亡陈国、蔡国。他不治理方城以内自己的国土,却想越过陈国、蔡国图谋东面的吴国、越国,他用了三年的时间才渡过沮水、汾水来攻打吴国、越国。楚国人民不能忍受这种饥饿疲劳的灾祸,军队在乾溪背叛楚灵王而溃散。灵王孤身一人独自逃出,在山林中六神无主地徘徊,走了三天才碰见当初在宫中洒扫清洁的小臣畴。楚王呼喊着他的名字说:'我已经三天没吃一点东西了。'畴快步走近,楚王饿得拿他的大腿当枕头就躺在地上睡觉。灵王睡熟后,畴用土块给他当枕头而自己却抽身走掉了。灵王醒后不见畴的踪影,就艰难地爬行着想进入棘闱,棘闱的人不按纳他,于是他只好投奔芋尹申亥氏家。灵王自缢身死,申亥背负着他的尸体回来,用土埋在自己家中。这是史籍上清楚记载下来的,难道这么快就在诸侯的耳朵里被忘掉了吗?

"现今大王改变了鲧、禹父子相承治水的功德,一改先王节俭恤民的做法,在高处筑台榭,在低处挖湖池,使吴国的民力在姑苏台的建造中疲惫不堪。上天又夺去我国的粮食,灾害连年,国都和边城一再发生饥荒。现在大王又打算违背天意去讨伐齐国,那吴国的民心背离将不可收拾了。国家受到伤害,就好比一群野兽,只要有一只中箭受伤,那上百只的全体都跟着奔逃,大王将无法把他们收拢来。何况越国人一定要趁机袭击我们,那时大王虽然后悔,还来得及吗?"

吴王夫差听不进去。夫差即位后的第十二年,就攻伐齐国。齐人在艾陵应战,结果齐军大败,吴国大获全胜。

# 4. 奚斯释言于齐

【题解】

本文写吴王夫差在艾陵大胜齐国后,派外交官奚斯与齐国人打交道。奚斯强词夺理,用言辞为吴国的侵略行为辩解,把战争的责任推给齐国,整个一副侵略者贼喊捉贼的无耻嘴脸。

【原文】

吴王夫差既胜齐人于艾陵,乃使行人奚斯释言于齐①,曰:"寡人帅不腆吴国之役②,遵汶之上③,不敢左右,唯好之故。今大夫国子兴其众庶④,以犯猎吴国之师徒⑤,天若不知有罪,则何以使下国胜⑥!"

**注释**

①行人:外交官。奚斯:吴国大夫。释言于齐:以言辞自我解脱,归罪给齐国。
②役:兵。
③汶:水名,在齐国境内。
④国子:即国书,齐国的正卿。
⑤犯猎:侵犯暴虐。
⑥下国:吴国自称。

**【今译】**

吴王夫差在艾陵战胜齐军后,于是派外交官吴国大夫奚斯去对齐国人解释,说:"寡人帅领着不多的吴国兵士,沿着汶水北上,不敢让部下残暴抢掠齐国百姓,只因为对齐国友好的缘故。现在贵国正卿国子却调动众多的士兵,来侵犯暴虐我们吴国的军队,如果上天不认为齐国有罪,那为什么会使吴国获得胜利呢?"

## 5. 申胥自杀

**【题解】**

这篇文章叙写我国历史上有名的忠臣申胥(伍子胥)自杀的悲壮故事。前几篇写他屡次忠言进谏,吴王夫差始终不听。伐齐胜利后,夫差更加狂妄,他凯旋归国,便对申胥横加责难,给他扣上危害吴国的罪名。申胥指出夫差得志而骄,一意孤行,必然给吴国带来大忧。并用先王的任人、决策、救倾与夫差作对比,预见吴国必然会短命而亡。他拼着一死谏君,在自杀前提出"悬目东门,以见越入而吴亡"的要求,表现出他的过人识见和满腔悲愤,而夫差恼羞成怒,派人将他的尸体装入革囊投进长江,更可看出夫差为人的刚愎自用和残忍暴虐。

**【原文】**

吴王还自伐齐,乃讯申胥曰①:"昔吾先王体德明圣②,达于上帝。

譬如农夫作耦③,以刈杀四方之蓬蒿,以立名于荆④,此则大夫之力也。今大夫老,而又不自安恬逸,而处以念恶⑤,出则罪吾众⑥,挠乱百度⑦,以妖孽吴国⑧。今天降衷于吴⑨,齐师受服。孤岂敢自多,先王之钟鼓⑩,实式灵之⑪。敢告于大夫。"

申胥释剑而对曰:"昔吾先王世有辅弼之臣,以能遂疑计恶⑫,以不陷于大难。今王播弃黎老⑬,而孩童焉比谋⑭,曰'余令而不违。'夫不违,乃违也。夫不违,亡之阶也。夫天之所弃,必骤近其小喜,而远其大忧。不若不得志于齐,而以觉寤王心,而吴国犹世⑮。吾先君得之也,必有以取之;其亡之也,亦有以弃之。用能援持盈以没⑯,而骤救倾以时⑰。今王无以取之,而天禄亟至⑱,是吴命之短也。员不忍称疾辟易⑲,以见王之亲为越之擒也。员请先死。"遂自杀⑳。将死,曰:"以悬吾目于东门,以见越之人,吴国之亡也。"王愠曰:"孤不使大夫得有见也。"乃取申胥之尸,盛以鸱鴺㉑,而投之于江。

### 注释

①讯:《考异》卷四根据《说文》《太平御览》所引《国语》,认为是"谇"字之误。谇(suì 岁),责问。

②先王:指吴王阖庐。

③耦(ǒu 偶):耦耕,两人并肩而耕,用来比喻申胥辅佐阖庐。

④立名于荆:指公元前506年,吴王阖庐在柏举打败楚国,主要是伍员辅佐之功。

⑤处以念恶:闲居无事就念念不忘败坏吴国。处,居处。

⑥出则罪吾众:我领兵外出你就归罪于吴国的师众,即上文所说,"吴民离矣"、"体有所倾"之类的话。

⑦挠乱百度:扰乱各种法度。

⑧妖孽吴国:造作妖孽的话诅咒吴国。

⑨衷:福善。

⑩钟鼓:古代公开声讨有罪,军队就鸣钟鼓前进,这里用钟鼓指代军队。

⑪式:用,显示。灵:神灵。

⑫遂:决断。计:考虑。

⑬黎老:老人。

⑭比谋:合谋。

⑮世:继世,世代延续。

⑯援持:继续保持。盈:满,指兴盛的局面。没:去世。
⑰骤:及时。倾:覆亡。
⑱亟:屡次,多次。
⑲辟易:退避。
⑳伍员被赐自杀为公元前484年(鲁哀公十一年)。
㉑鸱鴺(chī yī 痴移):皮革制的口袋。

【今译】

吴王讨伐齐国得胜回朝,召来申胥,责问他说:"从前我们的先王身体力行仁德圣明,通达上帝,就像两个农夫并排耦耕一样,铲除四方的杂草,打败楚国而名扬天下,这是大夫您辅助的功劳。现在大夫您已经老了,还不自己安于享受清静快乐,闲居无事就念念不忘败坏吴国,我领兵外出您就归罪于吴国的军队,扰乱各种法度,造作妖孽的话诅咒吴国。现在上天降福给吴国,齐国军队被我们降服了。我哪敢自夸功劳,这只不过是先王训练有素的军队,得到神灵的保佑。不敢不把这事实告诉大夫您知道。"

申胥解下佩剑回答说:"从前我们的先王世代都有辅佐治国的良臣,因而能决断疑难谋虑险恶,这使吴国不会陷于大灾难。现在大王您却抛弃老臣,而用一些年幼无知的人与您共商国事,说:'我的命令你们不得违背。'不违背您的命令,就是违背了道义。不违背您的命令,也等于走向灭亡的道路。那上天所要抛弃的,一定要多给他一些眼前的小欢喜,但却隐藏了大的忧愁在后面。大王如果北上没有战胜齐国,还可以使大王的心醒悟过来,那么吴国还可以继续传国后世。我们的先君能够取得战胜楚国的成果,必然就有他取得成果的条件;没有这种条件,他也就主动放弃不去勉强。因此能够使吴国保持强盛的局面到他去世,并且多次及时地挽救国家的危亡倾覆。现在大王您并没有具备取得成果的条件,可是上天赐给的福禄却多次降临,这说明吴国的天命很短了。我伍员又不忍心称病避开,免得看见君王成为越国的俘虏。伍员只好请求死在您的前头。"于是用剑自杀。临死时,说"把我的头割下挂在国都的东门,让我的双眼亲自看见越国人进入,看到吴国怎么亡国。"吴王夫差大怒说:"我不让大夫您看见什么。"于是下命把伍员的尸体盛放在皮革口袋里,投入长江。

# 6. 吴晋争长未成勾践袭吴

【题解】

　　吴王夫差伐齐胜利后，野心更加膨胀。他调集民力挖凿邗沟，带兵北上，公元前482年，在黄池与诸侯会盟，与晋国争当霸主。越王勾践乘虚而入，派军队攻伐吴国，一直打到姑苏城。吴王夫差闻报，恐惧万分，召集大臣商量对策，大夫王孙雒认为不会盟就回国或者会盟而让晋国先歃，都对吴国不利，于是提出主动进攻，用兵威压服晋国，达到既会盟而又先晋国歃血的目的，再从容回国的计策。

【原文】

　　吴王夫差既杀申胥，不稔于岁①，乃起师北征。阙为深沟②，通于商、鲁之间③，北属之沂④，西属之济⑤，以会晋公午于黄池⑥。

　　于是越王勾践乃命范蠡、舌庸⑦，率师沿海溯淮以绝吴路⑧。败王子友于姑熊夷⑨。越王勾践乃率中军溯江以袭吴，入其郛⑩，焚其姑苏⑪，徙其大舟⑫。

　　吴、晋争长未成⑬，边遽乃至⑭，以越乱告。吴王惧，乃合大夫而谋曰："越为不道，背其齐盟⑮。今吾道路修远⑯，无会而归，与会而先晋⑰，孰利？"王孙雒曰⑱："夫危事不齿，雒敢先对。二者莫利。无会而归，越闻章矣，民惧而走，远无正就⑲。齐、宋、徐、夷曰⑳：'吴既败矣！'将夹沟而廞我㉑，我无生命矣。会而先晋，晋既执诸侯之柄以临我，将成其志以见天子。吾须之不能㉒，去之不忍。若越闻愈章，吾民恐叛。必会而先之。"

　　王乃步就王孙雒曰："先之，图之将若何？"王孙雒曰："王其无疑，吾道路悠远，必无有二命，焉可以济事。"王孙雒进，顾揖诸大夫曰："危事不可以为安，死事不可以为生，则无为贵智矣。民以恶死而欲贵富以长没也，与我同。虽然，彼近其国，有迁㉓；我绝虑，无迁㉔。彼岂能与我行此危事也哉？事君勇谋，于此用之。今夕必挑战，以广民心。请王励士，以奋其朋势㉕。劝之以高位重畜㉖，备刑戮以辱其不励者，令各轻其死。彼将不战而先我，我既执诸侯之柄，以岁之不获也，无有诛焉㉗,而先罢之,诸侯必说。既而皆入其地,王安挺志㉘,一日惕,一日留㉙,以安步王志。必设以此民也,封于江、淮之间,乃能至于吴。"吴王许诺。

**注释**

①稔(rěn 忍):庄稼成熟。

②阙:凿穿。深沟:指江苏省扬州市西北至淮安县入淮河的运河,古称邗(hán 含)沟,后夫差又增长邗沟沟通沂水与济水。

③商:此指宋国,武王灭纣,封纣之庶兄微子启于宋(今河南省商丘县,辖地在今河南省东部及山东、安徽、江苏三省之间)。

④沂:水名,在鲁国境内。

⑤济:水名,在宋国境内。

⑥晋公午:晋定公(公元前511—公元前475年在位),名午。黄池:地名,在今河南省封丘县南,济水故道南岸。黄池之会在公元前482年。吴、晋黄池盟会争先,可参见《左传·哀公十三年》。

⑦范蠡、舌庸:越国大夫。

⑧溯:逆水而上。

⑨王子友:吴王夫差的太子,名友。姑熊夷:吴国地名,在国都姑苏城的郊外。

⑩郛(fú 扶):外城。

⑪姑苏:即姑苏台。

⑫徙:获取。大舟:指吴王的乘舟。

⑬吴、晋争长未成:在黄池之会上,吴国、晋国争着以盟主的身份先歃血,争斗激烈,久而未决。长,诸侯之长,即盟主。成,定。

⑭遽:驿站的车。

⑮齐:同。

⑯修远:公序本作"悠远。"

⑰先晋:使晋先歃血。

⑱王孙雒:吴国大夫。不齿:不分年齿长幼。

⑲正:合适。

⑳齐、宋、徐、夷:都是国名。徐即大徐,故址在今安徽泗县。夷指淮夷,古代居住在淮河流域的少数民族。

㉑侈(chǐ 侈):也写作"哆",广。侈我,指牵制住我方的兵力,使阵线广大。所以韦昭《注》:"侈,夹击也。"

㉒须:待,等待。

㉓彼:指晋国。迁:转移或退却。
㉔绝虑:犹言断了其他想法。
㉕朋:群。
㉖重畜:指财宝。
㉗诛:讨取。
㉘挺志:放宽心。
㉙惕:快疾。留:徐缓。

【今译】

　　吴王夫差杀掉申胥后,不等谷物成熟,就起兵北上征讨。调集民力挖凿邗沟,把它加长直通宋国、鲁国之间,往北通到沂水,往西通到济水,和晋定公午在黄池会盟。

　　于是越王勾践趁机命令大夫范蠡、舌庸,率领越国军队沿着海边逆淮河而上堵住吴王夫差的归路。在吴都近郊姑熊夷打败吴太子友。越王勾践于是率领主力部队逆吴江而上袭击吴国,进入国都的外城,焚烧它的姑苏台,搬走了吴国的王舟。

　　吴、晋两国在黄池会上争当盟主定不下来,边境上的驿车传来军事情报,报告越国趁机作乱的事。吴王夫差很害怕,于是汇集众位大夫商量对策说:"越国违反道义,背弃了吴越同盟。现在我们回国道路遥远,不在黄池会盟就回国,或者参加会盟却让晋国先歃血,哪样更有利?"大夫王孙雒说:"关系国家安危的事,不分年齿老幼,雒就冒昧先来回答。应该说这两者都不利。不参加会盟就回去,越国的威名就因此而更大,吴国百姓害怕而逃走,我们这么远赶回去却没有一个投奔之处。齐国、宋国、徐国、淮夷会说:'吴国已经败了!'就会一起夹住邗沟从旁边趁机攻击我们,那吴国简直没有活路了。如果会盟却让晋国先歃血,晋国就执掌了诸侯之长的大权来监察我们,将以霸主的名义去朝见周天子。我们既不能等它朝见天子,丢下又不甘心。如果越国的威名越来越大,百姓会恐惧而背叛我们。一定要参加会盟而且先歃血。"

　　吴王走到王孙雒跟前说:"要抢先歃血,该怎样谋划这件事?"王孙雒说:"大王不能犹疑不决,我们回去的道路遥远,一定不能有两个命令,只有赶紧决断出一条良策,才可以成就大事。"王孙雒抢前几步,环顾四周,拜揖诸位大夫说:"遇到危事不能转危为安,遇到死事不能变死为生,就不算是有超群的智慧。一般人的厌恶死亡而想长享富贵高寿,这和我们是一样的。既是如此,那晋国挨近自己的国家,有转圜的可能;我们回国道路遥远,没有转圜的可能。晋国哪能与我们一样做这种危险的事呢?事奉君主要有勇有谋,正是说的这种情况。我们今晚就向晋国挑战,来安定人心。请大王勉励全军将士,来激起大家的斗志。用高官和财宝来奖励努力的人,准备刑杀来惩办那些不努力的人,让他们人人都不怕死。晋国肯定不会应战而让我们先歃血,我们已经执掌诸侯之长的大权,因为年成不收,就不向诸侯讨取贡赋了,而且因为各国诸侯拖疲累了,让他们先回去,诸侯各国会很高兴。等到他们都回到自己的国家,大王您就可以放宽心,一天走快点,一天走慢点,来安安心心地实现您的计划。一定诱使那些努力的人,拿江、淮之间的肥田沃土封给他们,我们就能很快回到吴国。"吴王夫差同意他的计谋并付诸实行。

# 7. 吴晋争长夫差陈兵而得为盟主

【题解】

　　这篇文章记叙了黄池之会的一段史实。写吴王夫差听从王孙雒的计谋,列出战阵,用强大的声势威慑晋国。并且用挟天子令诸侯的伎俩,威逼晋国就范。晋国虽然明知吴国有大忧,才如此虚张声势,但也不愿撄其锋头而受害,为保全自己,提出要夫差去王号的条件,让吴国先歃血当了盟主。

　　本文的第一段描写吴国列出三个万人方阵以炫耀其强大的兵威,浩大的声势。就内容而论,揭示吴王的外强中干、色厉内荏,自有内涵;就语句而言,整齐、重复中见变化,写得来壮观精彩,淋漓尽致。

【原文】

　　吴王昏乃戒,令秣马食士①。夜中,乃令服兵擐甲②,系马舌③,出火灶④,陈士卒百人,以为彻行百行⑤。行头皆官师⑥,拥铎拱稽⑦,建肥胡⑧,奉文犀之渠⑨。十行一嬖大夫⑩,建旌提鼓,挟经秉枹⑪。十旌一将军,载常建鼓⑫,挟经秉枹。万人以为方阵,皆白裳、白旂、素甲、白羽之赠⑬,望之如荼⑭。王亲秉钺,载白旗以中陈而立。左军亦如之,皆赤裳、赤斾、丹甲、朱羽之赠⑮,望之如火。右军亦如之,皆玄裳、玄旗、黑甲、乌羽之赠⑯,望之如墨。为带甲三万,以势攻,鸡鸣乃定。既陈,去晋军一里。昧明,王乃秉枹,亲就鸣钟鼓、丁宁、錞于振铎⑰,勇怯尽应,三军皆哗釦以振旅⑱,其声动天地。

晋师大骇不出,周军饬垒⑲,乃令董褐请事⑳,曰:"两君偃兵接好㉑,日中为期。今大国越录㉒,而造于弊邑之军垒,敢请乱故。"

吴王亲对之曰:"天子有命,周室卑约,贡献莫入,上帝鬼神而不可以告㉓。无姬姓之振也,徒遽来告。孤日夜相继,匍匐就君。君今非王室不平安是忧,亿负晋众庶㉔,不式诸戎、狄、楚、秦㉕;将不长弟,以力征一二兄弟之国㉖。孤欲守吾先君之班爵㉗,进则不敢,退则不可。今会日薄矣,恐事之不集,以为诸侯笑。孤之事君在今日,不得事君亦在今日。为使者之无远也,孤用亲听命于藩篱之外。"

董褐将还,王称左畸㉘,曰:"摄少司马兹与王士五人㉙,坐于王前。"乃皆进,自刭于客前以酬客㉚。

董褐既致命,乃告赵鞅曰㉛:"臣观吴王之色,类有大忧,小则嬖妾、嫡子死,不则国有大难;大则越入吴。将毒㉜,不可与战。主其许之先,无以待危,然而不可徒许也。"赵鞅许诺。

晋乃令董褐复命曰:"寡君未敢观兵身见㉝,使褐复命曰:'曩君之言,周室既卑,诸侯失礼于天子,请贞于阳卜㉞,收文、武之诸侯。孤以下密迩于天子㉟,无所逃罪,讯让日至㊱,曰:昔吴伯父不失㊲,春秋必率诸侯以顾在余一人㊳。今伯父有蛮、荆之虞㊴,礼世不续㊵,用命孤礼佐周公㊶,以见我一二兄弟之国,以休君忧。今君掩王东海,以淫名闻于天子㊷,君有短垣㊸,而自逾之,况蛮、荆则何有于周室?夫命圭有命㊹,固曰吴伯,不曰吴王。诸侯是以敢辞。夫诸侯无二君,而周无二王,君若无卑天子,以干其不祥,而曰吴公,孤敢不顺从君命长弟!'许诺㊺。"

吴王许诺,乃退就幕而会。吴公先歃,晋侯亚之。吴王既会,越闻愈章,恐齐、宋之为己害也,乃命王孙雒先与勇获帅徒师㊻,以为过宾于宋,以焚其北郭焉而过之。

### 注释

① 秣(mò 漠)马:用饲料喂饱战马。

②夜中:夜半。服兵:执持兵器。擐(huàn 换):贯。擐甲即穿上铠甲。
③系马舌:把马舌缚上防备出声。
④出火灶:把火出在灶外灭掉。
⑤彻:通。彻行百行,以百人通排为一行,百行为万人,组成一个方阵。
⑥官师:士一级官员。
⑦拥:抱。铎:金铎,金属铸造的大铃。抱铎,因恐铎有声,故抱好。拱:执。稽:棨(qǐ 起)戟,油漆的木戟,一般用作仪仗。
⑧肥胡:古代一种窄长的旗帜。
⑨文犀:有纹理的犀牛皮。文犀之渠,指用有纹理的犀牛皮做的盾牌。
⑩十行:有一千人。嬖(bì 闭)大夫:下大夫。
⑪经:指兵书。枹(fú 孚):鼓槌。
⑫常:绣绘日月的旗帜。
⑬旂:上绘交龙的旗帜。矰(zēng 曾):短箭。
⑭荼(tú 涂):茅草开的花,白色。
⑮赤旟(yú 鱼):绘有鸟隼的红旗。
⑯玄:黑色。
⑰丁宁:行军作战用的形状似钟而小的铜钲,有柄,用槌敲击时口朝上。錞于:古代军乐器,与鼓声相应,也称"金錞"。
⑱哗钌(kòu 叩):大声欢呼吼叫。钌,朱骏声《说文通训定声》以为通"呴(hǒu 吼)"。
⑲周:绕。饬(chì 赤):整治。
⑳董褐(hè 贺):晋国大夫,韦《注》以为即《左传·哀公十三年》的司马寅。
㉑偃兵:停止战争。接:合。
㉒录:次第。
㉓告:祭告。
㉔亿:安。负:仗恃。
㉕式:因此,就此。
㉖长弟:长幼。一二兄弟之国:指同为姬姓的鲁、卫等国。
㉗先君之班爵:吴王夫差认为吴的始封君太伯是长房,班次在前。太伯是古公亶父的长子,太伯之弟是王季,王季的儿子是文王,故吴王自认为太伯的位次最尊,吴国该当盟主。
㉘左畸:军队的左部。
㉙摄:执。少司马:官名。兹:人名。此少司马兹和王士五人都是罪囚充当的敢死队。
㉚刵(yā 鸦):到。自到,自杀来向晋国示威,表示军士为吴王卖命效忠。

㉛赵鞅:即赵简子,晋国正卿。
㉜毒:荼毒、残暴。
㉝观兵:显示兵力。
㉞贞:指用正意问(龟甲)。阳卜:用火灼龟甲,预测吉凶,问外事叫阳卜,问内事叫阴卜。
㉟密迩:靠近。
㊱讯让:责问。
㊲吴伯父:天子称同姓诸侯为伯父,这是晋转述周天子责问的内容,吴伯父指吴国先君太伯。
㊳余一人:天子自称。
㊴虞:忧患。
㊵礼:朝聘之礼。世不续:不能继世,不得续吴先君诸侯之长的职位。
㊶周公:周的太宰。
㊷淫名:指超越(自己的)位次。淫,越出。
㊸短垣:短墙,指礼仪的界限。
㊹命圭:天子策封诸侯时授给的玉圭。
㊺"许诺",据《考异》卷四据《文选》注引《国语》原文无此二字。
㊻勇获:吴国大夫。徒师:步兵。

## 【今译】

　　吴王夫差在黄昏时下达命令,命令将士们吃饱饭喂饱战马。半夜时,命令将士手持兵器,穿上铠甲,把战马的舌头缚上,把火出在灶外灭掉,然后排列阵式,一百个士兵通排为一行,共排一百行组成一个方阵。每行头一个人都是士一级的官员,抱着金铎,举着木戟,身旁树着一面窄长的旗帜和犀牛皮做的盾牌。十行派一名下大夫统领,树起旌旗带着战鼓,下大夫腋下挟着兵书手上拿着鼓槌。十面旌旗一个方阵,由一位将军统领,树起日月旗,立着战鼓,将军腋下挟着兵书手上拿着鼓槌。这一万士兵组成的方阵,将士全穿着白色的下裳、打着绘有交龙的白旗、披白色的铠甲、背白色羽毛尾的箭矢,整个方阵望去就像一片盛开的白茅草花。吴王自己手拿大钺,身旁树着交绘熊虎的白色大旗,站在方阵的中央。左军也是一万人组成的方阵,都穿着红色的下裳、打着绘有鸟隼的红旗、披着红色的铠甲、背负红色羽毛尾的箭矢,整个方阵望去就如一片熊熊燃烧的火海。右军也是一万人组成的方阵,将士都穿着黑色的下裳、打着黑色的旗帜、披着黑漆的铠甲、背负黑色羽毛尾的箭矢,整个方阵望去就像一派墨黑的汪洋。这样披袍戴甲的三万将士组成的阵式,造成强大的声势,做出进攻的姿态,鸡叫时就列好了阵式。列好的阵式,离晋军营寨一里远近。天还没大亮,吴王就操起鼓槌,亲自鸣钟擂鼓,军中敲击丁宁、錞于和金铎,全军一齐响应,军乐声激昂勇壮,三军将士大声欢呼吼叫向前进发,声势惊天动地。

晋军将士大惊失色,被吴军的声势吓得不敢出来应战,只是绕着军营四周加强防御,晋军主帅命令大夫董褐去阵前打问这事,说:"两国君主停止战争共同友好,约定中午为期举行盟会。现在贵国越过这规定,在敝国的军营前摆出进攻的阵式,大胆请问为什么扰乱约定的缘故?"

吴王在阵中亲自回答说:"周天子有命令,由于王室卑弱,四方的贡品都不交纳,没有祭告天地鬼神的礼品。没有一个姬姓的诸侯来拯救,步行的、乘驿车的都来吴国下达天子的命令。所以孤王夜以继日,不辞辛劳赶来与晋君相会。现在晋国不拿周王室的不平安来忧虑,却平白地仗恃晋国的兵众,不就此去征伐那些对王室不恭顺的戎、狄、楚、秦各国;也不念长幼的礼节,用武力征讨同姓的兄弟国家。孤王只想守住先君太伯的位次,不敢超过先君,但也不敢不跟上先君的位次。现在离会盟的日子越来越近,犹恐大事不成,被各国诸侯耻笑。决定是由孤王事奉贵国在今天,不事奉贵国也在今天。因为贵国使者站得不远,因此孤王亲自到贵军营垒之外来听从贵国的命令。"

董褐刚要回去,吴王呼唤左部军吏,说:"你去把少司马兹和我的五名侍卫带来,坐在我面前。"于是带来的这六个人一齐上前,自杀在董褐面前来谢客。

董褐回营向晋君复命,并告知正卿赵鞅说:"据臣下察看吴王的声色,好像是有大忧虑梗在心中,如果小事可能是爱妾、太子死了,不然就可能是吴国有大祸难;往大的说就可能是越国进攻了吴国。这种情况下,吴王将残暴地荼毒,我国不能与他交战。您不如答应他先歃血,不要承担这种凶险,当然也不可以平白就让他先歃血,要有说辞对付。"赵鞅同意这意见。

晋国于是命令董褐答复吴王说:"敝国君主不敢亲自露面来看贵国显示兵力,派我董褐来回复的命令说:'按先前您的话,说周王室卑弱,诸侯对周天子无礼不再朝贡,贵国要正问龟卜,打算收复周文王、周武王的诸侯去朝贡天子。我国靠近周王室,没有地方逃避罪过,天子的责问天天都接到,说:当初吴伯父不失礼,一年四季必定率领诸侯来朝聘我。如今吴伯父有蛮、荆的后顾之忧,朝聘的礼仪无法世代接续下去,因此命令晋国用礼制辅助周太宰,与一些兄弟国家相见,来解除周天子的忧虑。现在吴国统治了东海一带,在天子那儿有僭号称王超越位次的名声。您有礼仪的界限,却自己超越了它,那么蛮、荆各国对周王室还讲什么礼仪呢?那天子策封诸侯的命圭上就有命令,吴国的君主叫吴伯,不叫吴王。诸侯各国完全可以用这为理由不事奉吴国。诸侯各国不能事奉两个盟主,周王室也没设立两个天子,您如果不这样鄙视天子,犯上招灾,改回来称吴公,那我怎么敢不顺从您命令的先后歃血的次序呢!'请答复这个要求。"

吴王夫差同意改称吴公,于是退下后在幕帐参加盟会。吴公先歃血,晋侯第二个歃血。吴王当上霸主主持盟会后,这时越国的威名越来越大,吴王恐怕齐国、宋国趁机危害自己,就命令大夫王孙雒先与大夫勇获帅领步兵,托辞向宋国说是过路宾客,乘机烧掉宋都北面的外城便走了。

# 8. 夫差退于黄池使王孙苟告于周

【题解】

本文写吴王夫差在黄池会盟争得盟主后,派大夫王孙苟向周天子报功,周敬王表示承认吴国的盟主地位。

【原文】

吴王夫差既退于黄池,乃使王孙苟告劳于周①,曰:"昔者楚人为不道,不承共王事,以远我一二兄弟之国。吾先君阖庐不贳不忍②,被甲带剑,挺铍搢铎③,以与楚昭王毒逐于中原柏举。天舍其衷④,楚师败绩,王去其国⑤,遂至于郢。王总其百执事⑥,以奉其社稷之祭。其父子、昆弟不相能,夫概王作乱⑦,是以复归于吴。今齐侯壬不鉴于楚⑧。又不承共王命,以远我一二兄弟之国。夫差不贳不忍,被甲带剑,挺铍搢铎,遵汶伐博⑨,篸笠相望于艾陵⑩。天舍其衷,齐师还。夫差岂敢自多,文、武实舍其衷。归不稔于岁,余沿江溯淮,阙沟深水,出于商、鲁之间,以彻于兄弟之国。夫差克有成事,敢使苟告于下执事。"

周王答曰⑪:"苟,伯父令女来,明绍享余一人,若余嘉之。昔周室逢天之降祸,遭民之不祥⑫,余心岂忘忧恤,不唯下土之不康靖。今伯父曰:'戮力同德⑬。'伯父若能然,余一人兼受而介福⑭。伯父多历年以没元身⑮,伯父秉德已侈大哉!"

### 注释

①王孙苟:吴国大夫。劳:功。

②贳(shì 是):赦,宽免。

③铍(pī 批):长矛。搢(jìn 晋):振动,摇动。

④衷:善福。

⑤王去其国:公元前506年冬,吴在柏举打败楚军,占领郢都,楚昭王出奔随国。可参见《楚语下》3注㉖。

⑥王:这里指吴王阖庐。

⑦夫概王:阖庐的弟弟。夫概王作乱,柏举之战后,公元前505年秋,夫概带兵先回吴国,自立为王,阖庐回兵与他大战,夫概王夫败后逃到楚国,号为棠溪氏。棠溪,地名,在今河南省遂平县西北。

⑧齐侯壬:即齐简公(公元前484—公元前481年在位),名壬。不鉴于楚:不以楚国的失败为前车之鉴。

⑨汶(wèn 问):水名,在山东省,运河的上游,正流为大汶河。博:邑名,齐的别都,今山东泰安县东南三十里有旧县村,即其地。

⑩篸笠(dēng lì 登历):一种有长柄的笠,可避暑雨。艾陵:齐国地名,在今山东莱芜县东北境。艾陵之战,可参见本卷3注㉕。

⑪周王:指周敬王(公元前519—公元前476年在位),名匄,周景王之子,周悼王之同母弟。

⑫"周室"二句:指王子朝之乱,公元前520年,周景王去世,大臣立景王长子猛为天子(即悼王),景王宠子朝攻杀猛,王室大乱,晋顷公派兵平定子朝之乱,立悼王同母弟匄为天子,是为敬王。事见《左传·昭公二十二年》及《史记·周本纪》。

⑬戮:协同。

⑭介福:大福。

⑮元:善。

【今译】

　　吴王夫差从黄池退兵后,就派大夫王孙苟去向周天子报功,说:"当初楚国人不信守道义,不承担对周天子的贡献,并且疏远我们姬姓的兄弟国家。我们的先君阖庐对这事不能宽赦不能忍受,披甲带剑,率领将士仗着长矛振动金铎,和楚昭王在中原的柏举凶暴地角逐。上天向吴国施舍福善,使楚国军队大败,昭王被迫离开郢都出逃,吴国军队于是占领郢都。吴王阖庐会集百官,恢复楚国的祭祀。由于吴王父子、兄弟之间相处不和睦,夫概王兴起叛乱,于是阖庐又再回到吴国。现今齐侯壬不以楚国的失败为前车之鉴,又不承担对周天子的贡献,疏远我们姬姓的兄弟国家。我夫差也不能宽赦不能忍受,只好披甲带剑,率领将士仗着长矛振动金铎,沿着汶水北上攻打博邑。我不避风雨,带着蓑笠不避暑雨在艾陵与齐军苦战。上天向吴国施舍福善,齐国军队败退。我夫差岂敢自夸功劳,是文王、武王降福善给吴国啊。回国后等不到年谷成熟,我就率领军队沿着三江逆淮河北上,凿通邗沟的深水,把它加长直达宋国、鲁国,来沟通与兄弟国家的关系。我夫差已经取得成功,不敢不派大夫苟来向您报告。"

　　周天子回答说:"苟,吴伯父命令你来,表明他要继承先王,仍然拥戴我,我认为这样做很好。往日周王室遭到上天降祸,王子朝领着一些人作乱,我内心哪能忘掉国家的忧患,不单是忧虑下边诸侯的不安宁。现在伯父说:'愿与王室协力同心。'伯父如果能这样,我个人真是备受了大福泽。愿伯父长寿长福,伯父秉持的德行真是伟大啊!"

# 9. 勾践灭吴夫差自杀

【题解】

　　吴王夫差虽然在黄池盟会上斗争胜利,当上了盟主,但吴国的国力已被夫差的穷兵黩武、好大喜功弄得很虚弱了。这时多年来卧薪尝胆、志在灭吴的越王勾践见时机成熟,就向各方面普遍征询意见,统一布置,于公元前475年将军队集结在北部边境的御儿,然后大举攻吴,经过三次大的战役,吴军大败,越军乘胜追击,进入吴国国都,包围了吴王的姑苏台。吴王夫差的求和遭到越王勾践的严词拒绝,夫差自杀身死,公元前473年冬,吴国灭亡,越王勾践成为春秋末期最后一位霸主。

本文着重描写勾践灭吴前,越国的谋划、布置和笠泽之战的详细经过。越国能取得胜利,在于越王能广开言路,体察民情,军纪严明,讲究战略战术,上下同心,自然战无不胜;而吴国在战争和连年饥荒的重负下,国力疲弊,人心背离,又不作戒备,强敌压境,才匆忙应战,失败是必然的。

【原文】

吴王夫差还自黄池,息民不戒。越大夫种乃唱谋曰①:"吾谓吴王将遂涉吾地,今罢师而不戒以忘我,我不可以怠。日臣尝卜于天②,今吴民既罢,而大荒荐饥,市无赤米③,而囷鹿空虚④,其民必移就蒲蠃于东海之滨⑤。天占既兆⑥,人事又见⑦,我蔑卜筮矣⑧。王若今起师以会,夺之利,无使夫悛。夫吴之边鄙远者,罢而未至⑨,吴王将耻不战,必不须至之会也,而以中国之师与我战⑩。若事幸而从我,我遂践其地,其至者亦将不能之会也已,吾用御儿临之⑪。吴王若愠而又战,奔遂可出⑫。若不战而结成,王安厚取名而去之。"越王曰:"善哉!"乃大戒师,将伐吴。

楚申包胥使于越⑬,越王勾践问焉,曰:"吴国为不道,求残我社稷宗庙,以为平原,弗使血食。吾欲与之徼天之衷⑭,唯是车马、兵甲、卒伍既具,无以行之⑮。请问战奚以而可?"包胥辞曰:"不知。"王固问焉,乃对曰:"夫吴,良国也,能博取于诸侯⑯。敢问君王之所以与之战者?"王曰:"在孤之侧者,觞酒、豆肉、箪食⑰,未尝敢不分也。饮食不致味⑱,听乐不尽声,求以报吴。愿以此战。"包胥曰:'善则善矣,未可以战也。"王曰:"越国之中,疾者吾问之,死者吾葬之,老其老⑲,慈其幼⑳,长其孤㉑,问其病,求以报吴。愿以此战。"包胥曰:"善则善矣,未可以战也。"王曰:"越国之中,吾宽民以子之,忠惠以善之。吾修令宽刑,施民所欲,去民所恶,称其善,掩其恶,求以报吴。愿以此战。"包胥曰:"善则善矣,未可以战也。"王曰:"越国之中,富者吾安之,贫者吾与之,救其不足,裁其有余,使贫富皆利之,求以报吴。愿以此战。"包胥曰:"善则善矣,未可以战也。"王曰:"越国南则楚,西则晋,北则齐㉒,春秋皮币、玉帛、子女以宾服焉,未尝敢绝,求以报吴。愿以此战。"包胥曰:"善哉,蔑以加焉,然犹未可以战也。夫战,智为始,仁次之,勇次之。不智,则不知民之极㉓,无以铨度天下之众寡㉔;不仁,则不能与三军共饥劳之殃;不勇,则不能断疑以发大计。"越王曰:"诺"。

越王勾践乃召五大夫㉕,曰:"吴为不道,求残吾社稷宗庙,以为平原,不使血食。吾欲与之徼天之衷,唯是车马、兵甲、卒伍既具,无以行之。吾问于王孙包胥,既命孤矣;敢访诸大夫,问战奚以而可?勾践愿诸大夫言之,皆以情告,无阿孤,孤将以举大事。"大夫舌庸乃进对曰:"审赏则可以战乎?"王曰:"圣㉖。"大夫苦成进对曰:"审罚则可以战乎?"王曰:"猛。"大夫种进对曰:"审物则可以战乎㉗?"王曰:"辩。"大夫蠡进对曰:"审备则可以战乎?"王曰:"巧。"大夫皋如进对曰:"审声则可以战乎㉘?"王曰:"可矣。"王乃命有司大令于国曰:"苟任戎者,皆造于国门之外。"王乃命于国曰:"国人欲告者来告,告孤不审,将为戮不利,及五日必审之,过五日,道将不行。"

王乃入命夫人。王背屏而立,夫人向屏。王曰:"自今日以后,内政无出,外政无入。内有辱,是子也;外有辱,是我也。吾见子于此止矣。"王遂出,夫人送王,不出屏,乃阖左阖㉙,填之以土,去笄侧席而坐㉚,不扫。王背檐而立,大夫向檐。王命大夫曰:"食土不均,地之不修,内有辱于国,是子也;军士不死,外有辱,是我也。自今日以后,内政无出,外政无入,吾见子于此止矣。"王遂出,大夫送王不出檐,乃阖左阖,填之以土,侧席而坐,不扫。

王乃之坛列㉛,鼓而行之,至于军,斩有罪者以徇㉜,曰:"莫如此以环瑱通相问也㉝。"明日徙舍,斩有罪者以徇,曰:"莫如此不从其伍之令。"明日徙舍,斩有罪者以徇,曰:"莫如此不用王命。"明日徙舍,至于御儿,斩有罪者以徇,曰:"莫如此淫逸不可禁也。"

王乃命有司大徇于军,曰:"有父母耆老而无昆弟者,以告。"王亲命之曰:"我有大事,子有父母耆老,而子为我死,子之父母将转于沟壑,子为我礼已重矣。子归,殁而父母之世。后若有事,吾与子图之。"明日徇于军,曰:"有兄弟四五人皆在此者,以告。"王亲命之曰:"我有大事,子有昆弟四五人皆在此,事若不捷,则是尽也。择子之所欲归者一人。"明日徇于军,曰:"有眩瞀之疾者㉞,以告。"王亲命之曰:"我有大事,子有眩瞀之疾,其归若已。后若有事,吾与子图之。"明日徇于军,曰:"筋力不足以胜甲兵,志行不足以听命者归,莫告。"明日,迁军接和,斩有罪者以徇,曰:"莫如此志行不果。"于是人有致死之心。王乃命有司大徇于军,曰:"谓二三子归而不归,处而不处,进而不进,退而不退,左而不左,右而不右,身斩,妻子鬻。"

于是吴王起师,军于江北㉟,越王军于江南。越王乃中分其师以为左右军,以其私卒君子六千人为中军㊱。明日将舟战于江,及昏,乃令左军衔枚溯江五里以须㊲,亦令右军衔枚逾江五里以须。夜中,乃命左军、右军涉江鸣鼓中水以须。吴师闻之,大骇,曰:"越人分为二师,将以夹攻我师。"乃不待旦,亦中分其师,将以御越。越王乃令其中军衔枚潜涉㊳,不鼓不噪以袭攻之,吴师大北㊴。越之左军、右军乃遂涉而从之,又大败之于没㊵,又郊败之,三战三北,乃至于吴。越师遂入吴国,围王台㊶。

吴王惧,使人行成,曰:"昔不谷先委制于越君,君告孤请成,男女服从。孤无奈越之先君何,畏天之不祥,不敢绝祀,许君成,以至于今。今孤不道,得罪于君王,君王以亲辱于弊邑。孤敢请成,男女服为臣御。"越王曰:"昔天以越赐吴,而吴不受;今天以吴赐越,孤敢不听天之命,而听君之令乎?"乃不许成。因使人告于吴王曰:"天以吴赐越,孤不敢不受。以民生之不长㊷,王其无死!民生于地上,寓也,其与几何?寡人其达王于甬句东㊸,夫妇三百,唯王所安,以没王年。"夫差辞曰:"天既降祸于吴国,不在前后,当孤之身,实失宗庙社稷。凡吴土地人民,越既有之矣,孤何以视于天下!"夫差将死,使人说于子胥曰㊹:"使死者无知,则已矣;若其有知,吾何面目以见员也!"遂自杀。

越灭吴㊺,上征上国㊻,宋、郑、鲁、卫、陈、蔡执玉之君皆入朝㊼。夫唯能下其群臣,以集其谋故也。

### 注释

①唱:倡议。

②日:昔日。卜于天:指夫椒之战后,越大夫文种献计时所说的"天若弃吴,必许吾成,既罢敝其民,天夺之食,安受其烬"的话,参见前《越王勾践命诸稽郢行成于吴》篇。

③赤米:因受潮而发红的陈米。

④囷(qūn逡):古代一种圆形的谷仓。鹿:同"簏",一种竹编的方形谷仓。

⑤蒲:植物名,生长在水边,初生名蒻(ruò弱),可食。蠃(luǒ裸):蛤蚌一类

的水生小动物。

⑥兆:现。

⑦人事又见:指吴民疲弊而产生怨诽。

⑧蔑:无。

⑨罢:归。

⑩中国:这里指吴的国都。

⑪御儿:越地名,在越国北部边境,《史记》《汉书》均作"语儿",在今江苏嘉兴县南有语溪,即其地。

⑫奔:公序本作"幸"。

⑬申包胥:即王孙包胥,楚国大夫,《战国策·楚策一》作"棼冒勃苏",棼冒为楚武王之兄,申包胥当为他的后人。曾与伍子胥(即申胥)友善,伍子胥因家仇藉吴国军队覆亡楚国,申包胥哭秦庭七日,秦哀公发兵帮助恢复楚国。事见《左传·定公四年·五年》。

⑭徼:通"邀",要求。

⑮行:等于说"用"。

⑯取:指向诸侯取讨贡赋。

⑰觞:酒器名。豆:古代盛食的木制高脚盘。笾:盛饭的竹编器具。

⑱致:尽,极。

⑲老其老:前"老"为动词,作"尊敬"解。

⑳慈:爱。

㉑长:抚育成长。

㉒"南则楚"三句:南、西、北不是指土地接壤,而是举三个轮流为霸主的强大的诸侯国。

㉓极:中,即"衷",内心,心意。

㉔铨:衡量。

㉕五大夫:指舌庸、苦成、文种、范蠡、皋如这五位越国大夫。

㉖圣:通。

㉗物色:指旌旗、徽帜等的颜色。

㉘声:指用来指挥军队进退休止的钲、鼓、金铎、木柝等的声音。

㉙阖:门扇。阖左阖,关上左侧的门。古时以左主阳,右主阴,闭阳启阴表示幽闭。

㉚去笄(jī机):去掉簪子一类的头上饰物。笄,簪子。

㉛坛列:筑坛在野外。坛是用来向将士发布命令、誓师的场所。

㉜徇:向众宣示。

㉝环:指璧玉之类饰物。瑱:塞耳的玉饰。通:指行贿赂而漏泄军情。问:遗

(wèi味),馈赠,这里指行贿。

㉞眃瞀(mào冒):眼睛昏花,视物不清。

㉟江:指松江,水名,即吴淞江。古称笠泽,一名松陵江。

㊱私卒君子:指越王所亲近而又有志报国的志士。

㊲衔枚:枚即筷子状的小木棍,行军时横衔在口中,以禁止喧嚣出声。须:待命。

㊳潜涉:偷渡。

㊴北:"背"的古字,军败溃逃以背向追兵,故称兵败为败北。

㊵没:地名,今地名无考。

㊶王台:指姑苏台。公序本作"王宫"。

㊷民生:人生。

㊸甬句东:越国东境地名,即《左传·哀公二十二年》之"甬东",甬东又名翁州,即今浙江舟山群岛。句,语助词。

㊹说:告。

㊺越灭吴:越王勾践于公元前475年进攻吴国,围姑苏台,于公元前473年冬灭吴,首尾三年。

㊻上国:中国,这里指中原各诸侯国。

㊼玉:圭璧。

## 【今译】

吴王夫差从黄池退兵回到吴国后,便休兵不战也不防御戒备。越国大夫文种于是向越王倡仪说:"我还以为吴王回兵后会来攻打我国,现今他休兵而且不戒备好像忘掉了我们,我们越国却决不可以懈怠。当初臣下曾经卜问过天意,现在果然是吴国百姓疲弊厌战,加上空前的天灾连年饥荒,市上连发红的陈米都没有,而且大小粮仓都空虚,吴国的百姓一定会迁移到东海边上拣吃嫩蒲、蛤蚌活命。上天已有了预兆,百姓的情况也表现出来,我看不用再卜筮了。大王如果现在起兵和吴国交战,争夺这有利的时机,不要使吴王有改悔的机会。那吴国边境上的防守的士卒,因为疲弊不堪来不及赶回来救援,吴王将以不应战为羞耻,一定等不到边兵来会合,而用国都的军队与我军作战。假如事情果真如我所料,我军就能攻入吴国,吴国边境的士兵即使赶回来也不能与国都的兵卒里应外合,我们用御儿的驻军对付他们。吴王如果恼怒又与我国交战,我们趁机就可以赶走他们。如果他不再应战而求结盟讲和,大王就可以坐享其成,提出苛刻的条件放过他。"越王说:"好啊!"于是就传令军队,准备讨伐吴国。

  楚国大夫申包胥出使到越国,越王勾践问他,说:"吴国不实施道义,多次想灭亡我的社稷宗庙,把越国毁为平地,不让我们的祖先享用祭祀的牲血。我想与他用战争途径要求上天的公正裁决,只是这车马、兵甲、队伍都已经齐备,却没有用上它们的条件。请问您,如果作战越国凭什么才可以取胜?"包胥辞谢说:"我不懂得。"越王再三问他,才回答说:"那吴国,是一个强大的国家,能够向诸侯各国收取贡赋。不敢请问君王您打算凭什么与它交战?"越王说:"在孤王周围的人,一杯酒、一盘肉、一篮子饭食,从来不敢不分给大家享用。我的饮食不敢享受美味佳肴,我听音乐不敢享用美妙的声音,我想用这报复吴国。希望靠这个能战胜。"包胥说:"好倒是好啊,但还不可能凭它战胜吴国。"越王说:"在越国之中,有疾病的我慰问他,死了人我安葬他,尊敬百姓的老人,爱抚百姓的幼孩,抚养百姓的孤儿,经常询问他们的疾苦,我想用这报复吴国。希望靠这个能战胜。"包胥说:"好倒是好啊,但还不可能凭它战胜吴国。"越王说:"在越国之中,我宽厚地对待百姓就像对待儿女一样,忠诚慈惠地善待他们。我修整政命放宽刑法,实施人民欢迎的政令,去掉人民憎恶的政令,鼓励他们积极向善,掩盖并从轻发落他们的过失,我想用这报复吴国。希望靠这个能战胜。"包胥说:"好倒是好啊,但还不可能凭它战胜吴国。"越王说:"在越国之中,富庶的我让他们安居,贫困的我救济他们,补充他们的不足,多余的取作国家税收,使贫富都得到利益,我想用这报复吴国。希望靠这个能战胜。"包胥说:"好倒是好啊,还不可能凭它战胜吴国。"越王又说:"越国南边是强大的楚国,西边是霸主晋国,北边是强大的齐国,一年四季进献给他们财货、玉帛、美女表示臣服,从来没有断绝,我想用这报复吴国。希望靠这个能战胜。"包胥说:"好啊,好得无以复加了,但是还未必能战胜它。作战,智谋是首要的条件,其次是仁爱,再其次才是勇武。没有智谋,就不能了解民心,也就不能衡量出天下人心的向背;不仁爱,就不能和三军将士共同分担饥寒劳累的痛苦;不勇武,就不能正确判断疑难来决定战略战术。"越王说:"好的。"

  越王勾践于是召来五位主管大夫,说:"吴国不实施道义,多次想灭亡我的社稷宗庙,把越国毁为平地,不让我们的祖先享用祭祀的牲血。我想与他用战争途径要求上天的公正裁决,只是这车马、兵甲、队伍已经齐备,却没有用上它们的条件。我曾请教过王孙包胥,他已经告诫过我了;我再咨询各位大夫,请教诸位,如果作战越国凭什么才可以取胜?我勾践希望各位大夫都谈谈,都把内心话告诉我,不要曲从我的心意,因为我准备要与吴国打大仗。"大夫舌庸于是上前回答说:"奖赏要慎重就可以战胜吧?"越王说:"是个通达的办法。"大夫苦成上前回答说:"刑罚要慎重就可以战胜吧?"越王说:"可以使士卒勇猛作战。"大夫文种上前回答说:"明确旌旗,徽识的颜色就可以战胜吧?"越王说:"能辨别,行军作战时才能纪律严明。"大夫范蠡上前回答说:"审慎地防御就可以战胜吧?"越王说:"能机巧,就不会被攻破。"大夫皋如上前回答说:"明确军队进退的钲鼓声音就可以战胜吧?"越王说:"使军众不困惑,可以。"越王勾践于是命令主管官员通令全国说:"应征的将士,都到国都城门外集中。"越王又向国人下命令说:"大家有什么好计策或不能应征入伍想来报告的,可以来报告我。报告了如果欺诈不实的,我将用刑罚制裁他。请在五天之内考虑周全,超过五天,好计策就用不上了。"

越王于是进后宫命令夫人。越王背向宫门当门的屏风站立,夫人面对屏风站立。越王说:"从今天以后,内宫的事务不准出外,朝廷的国事不准入内。宫内事务造成耻辱,这是你的责任;朝廷的国事有差错,这是我的责任。我只能在这里见见你了。"越王于是走出,夫人送越王,不越过门屏,于是关上左侧的门扇,用土填实。夫人去掉头上的笄钗等饰物,侧身坐着,从此不再洒扫。越王背向房檐站着,大夫面向房檐站着。越王命令留守的大夫说:"土地分配不平均,田土治理得不好,国内政事有差错,这是你们的责任;军士不拼死杀敌,对外作战造成耻辱,这是我的责任。从今天以后,国内政事不准传外,外政事务不准进内,我只能在这里见见你们了。"越王于是走出,留守大夫送越王不超出房檐,就关上左侧的门扇,用土填实,侧身坐着,从此不再洒扫。

越王于是去到点兵台,击鼓进发,一直到军营中,在军前杀有罪的人向全军宣告,说:"不准像他们这样用金玉珠宝行贿刺探军情。"次日,全军迁到新地方驻扎,在军前杀有罪的人向全军宣告,说:"不准像他们这样不服从军令。"次日又迁到新地方驻扎,在军前杀有罪的人向全军宣告,说:"不准像他们这样不听从王的命令。"次日,又行军到新地方驻扎,一直到达北部边境的御儿,在军前杀有罪的人向全军宣告,说:"不准像他们这样放纵不遵守军纪。"

越王命令主事官员向全军宣告,说:"家中有父母老人而没有兄弟赡养的,报告上来。"越王自己告诉这些人说:"我有军国大事,你们有父母老人,如果你们效力而死,你们的父母老人就没人养老送终,你们为我离开父母,这尽忠于君的礼已经够重了。你们回去,给你们的父母养老送终。以后如果国家有事,我再与你们共同效力。"次日,又向全军宣告,说:"有兄弟四五个都从军参战的,报告上来。"越王自己告诉这些人说:"我有军国大事,你们弟兄四五个都在军中,战争如果打不赢,我们将全部牺牲。你们商量选一个想回去的,让他回家。"次日,又向全军宣告,说:"军中有头晕眼花这种病的人,报告上来。"越王自己告诉这些人说:"我有军国大事,你们有头晕目眩的病,就请回去吧。以后如果国家有大事,我再与你们共同效力。"次日,又向全军宣告,说:"有体弱不能胜任冲锋陷阵的,智力差、行动迟缓无法听从军令的人,让他们回去吧,不用报告上来。"次日,全军集中转移,杀有罪的人宣示全军,说:"不准像他们这样,前怕狼后怕虎地下不了杀敌死国的决心。"这样,全军将士人人都有为国杀敌不怕牺牲的决心。越王于是命令主管官员向全军宣告,说:"如果有的人让回去不回去,留下来又不安心;命令前进不前进,让他撤退也不听;让他向左不向左,让他向右不向右,这样的人斩首,他的妻儿官卖为奴。"

在这种情况下,吴王夫差只好发兵应战,驻军在松江北岸,越王勾践帅领军队驻扎在松江南岸。越王于是把军队平分为左军、右军,把自己亲近的又敢于拼死的六千人编为中军。约定次日在松江水战,当天将近黄昏,越王命令左军人马衔枚,逆松江而上行五里待命,又命令右军人马衔枚渡江,下行五里待命。半夜时,就传命左军、右军击鼓渡江,在水面上待命。吴国军队听到鼓声震天,吓得心胆俱落,纷纷喧嚷说:"越国人分兵两路,要从上下游来夹攻我军了。"于是等不得天明,吴王也把军队平分为左军、右军,打算分别抵御越军。越王于是命令中军部队衔枚偷偷渡江,不击鼓,不喧哗,偷袭吴军。吴国军队溃败。越国的左军、右军就此渡江而追击吴军,又在没地把吴军打得大败,一直追击到吴国都城郊外,又大败吴军。三次战役吴军三次大败,越军长驱直入吴国。进入吴国国都,重重包围了吴王的姑苏台。

吴王夫差恐惧万分,派大夫去请求讲和,说:"当初我先听命于越君,您告诉我愿意讲和,并且把官中的男女派到吴国来服役。我考虑到越国先君的友好,害怕上天怪罪,不敢灭绝越国宗庙祭祀,同意与您讲和,两国友好一直维系到现在。如今因为我不好,得罪了君王,君王不惜屈尊亲自降临敝国。孤王请求讲和,国中的男女全都臣服,都是您的仆御。"越王说:"从前上天把越国赏赐给吴国,而吴国不接受;现在上天把吴国赏赐给越国,孤王敢不听从上天的命令,反而听从君王的命令吗?"于是坚决不同意求和。就此派人告知吴王夫差说:"上天拿吴国赏赐给越国,孤王不敢违逆天意而不接受。人生在世生命并不长久,请吴王不要死!人生在大地上,就好比暂时寄居一样,能有多少时日?我将把吴王送到甬句东居处,派夫妇三百人随从,只希望吴王挑选能与您安居的,让他们陪伴到您去世。"夫差辞谢说:"上天既然降灾祸给吴国,不在我之前,也不在我之后,正好将亡国惨祸降临到我头上,实际上是我丢了吴国的宗庙和社稷。所有吴国的土地和人民,越国已经占有了,孤王拿什么脸去面对天下人!"夫差将自杀前,派人去告祭伍子胥说:"假如死的人一无所知,倒也罢了;假如死而有知,我拿什么脸去地下见忠臣伍员啊!"于是自杀而死。

至此越国灭亡了吴国,又北上征伐中原各诸侯国,兵威之下,宋、郑、鲁、卫、陈、蔡等国的君主都奉着圭璧来朝拜越王。越王勾践之所以能这样,那是他能对群臣谦恭有礼,并广泛采纳群臣意见的缘故啊。

# 卷二十　越语上

## 勾践灭吴

【题解】

　　这篇文章叙写越王勾践报仇雪耻，灭亡吴国的故事。

　　公元前494年，越国在吴越夫椒之战中惨败，越王勾践为保存生力量，以图将来报仇雪耻，任用文种等有识之士共商大计。文种以杰出的外交才能使吴国同意与越议和，为越国争得了喘息的机会。议和后，越王勾践发奋图强，励精图治，执行正确的政策，得到人民的拥护，"十年生聚，十年教训"，富国强兵，终于一举灭亡吴国，雪了会稽之耻。

【原文】

　　越王勾践栖于会稽之上①，乃号令于三军曰："凡我父兄昆弟及国子姓②，有能助寡人谋而退吴者，吾与之共知越国之政③。"大夫种进对曰："臣闻之，贾人夏则资皮④，冬则资絺⑤，旱则资舟，水则资车，以待乏也。夫虽无四方之忧，然谋臣与爪牙之士⑥，不可不养而择也。譬如蓑笠，时雨既至，必求之。今君王既栖于会稽之上，然后乃求谋臣，无乃后乎⑦？"勾践曰："苟得闻子大夫之言⑧，何后之有？"执其手而与之谋。

　　遂使之行成于吴，曰："寡君勾践乏无所使，使其下臣种，不敢彻声闻于天王，私于下执事曰：寡君之师徒不足以辱君矣⑨，愿以金玉、子女赂君之辱⑩,请勾践女女于王,大夫女女于大夫,士女女于士。越国之宝器毕从,寡君帅越国之众,以从君之师徒,唯君左右之⑪。若以越国之罪为不可赦也,将焚宗庙⑫,系妻孥⑬,沉金玉于江,有带甲五千人将以致死,乃必有偶⑭。是以带甲万人事君也,无乃即伤君王之所爱乎⑮?与其杀是人也,宁其得此国也,其孰利乎?"

夫差将欲听与之成,子胥谏曰:"不可。夫吴之与越也,仇雠敌战之国也。三江环之⑯,民无所移,有吴则无越,有越则无吴,将不可改于是矣。员闻之,陆人居陆,水人居水。夫上党之国⑰,我攻而胜之,吾不能居其地,不能乘其车。夫越国,吾攻而胜之,吾能居其地,吾能乘其舟。此其利也,不可失也已,君必灭之。失此利也,虽悔之,必无及已。"

越人饰美女八人,纳之太宰嚭⑱,曰:"子苟赦越国之罪,又有美于此者将进之。"太宰嚭谏曰:"嚭闻古之伐国者,服之而已。今已服矣,又何求焉。"夫差与之成而去之。

勾践说于国人曰:"寡人不知其力之不足也,而又与大国执仇⑲,以暴露百姓之骨于中原⑳,此则寡人之罪也。寡人请更㉑。"于是葬死者,问伤者,养生者,吊有忧,贺有喜,送往者,迎来者,去民之所恶,补民之不足。然后卑事夫差,宦士三百人于吴㉒,其身亲为夫差前马㉓。

勾践之地,南至于句无㉔,北至于御儿㉕,东至于鄞㉖,西至于姑蔑㉗,广运百里㉘。乃致其父母昆弟而誓之曰:"寡人闻,古之贤君,四方之民归之,若水之归下也。今寡人不能,将帅二三子夫妇以蕃㉙。"令壮者无取老妇,令老者无取壮妻。女子十七不嫁,其父母有罪;丈夫二十不娶㉚,其父母有罪。将免者以告㉛,公令医守之㉜。生丈夫,二壶酒,一犬;生女子,二壶酒,一豚㉝。生三人,公与之母㉞;生二人,公与之饩㉟。当室者死㊱,三年释其政;支子死㊲,三月释其政。必哭泣葬埋之,如其子。令孤子、寡妇、疾疹、贫病者㊳,纳宦其子。其达士㊵,絜其居㊶,美其服,饱其食,而摩厉之于义㊷。四方之士来者,必庙礼之㊸。勾践载稻与脂于舟以行,国之孺子之游者㊹,无不餔也㊺,无不歠也㊻,必问其名。非其身之所种则不食,非其夫人之所织则不衣,十年不收于国,民俱有三年之食。

国之父兄请曰:"昔者夫差耻吾君于诸侯之国,今越国亦节矣㊼,请报之。"勾践辞曰:"昔者之战也,非二三子之罪也,寡人之罪也。如寡人者,安与知耻?请姑无庸战⑱。"父兄又请曰:"越四封之内⑲,亲吾君也,犹父母也。子而思报父母之仇,臣而思报君之雠,其有敢不尽力者乎?请复战。"勾践既许之,乃致其众而誓之曰:"寡人闻古之贤君,不患其众之不足也,而患其志行之少耻也。今夫差衣水犀之甲者亿有三千⑳,不患其志行之少耻也,而患其众之不足也。今寡人将助天灭之。吾不欲匹夫之勇也㉑,欲其旅进旅退㉒。进则思赏,退则思刑,如此则有常赏㉓。进不用命,退则无耻,如此则有常刑。"果行,国人皆劝㉔,父勉其子,兄勉其弟,妇勉其夫,曰:"孰是君也,而可无死乎?"是故败吴于囿㉕,又败之于没㉖,又郊败之。

　　夫差行成,曰:"寡人之师徒,不足以辱君矣。请以金玉、子女赂君之辱。"勾践对曰:"昔天以越予吴,而吴不受命;今天以吴予越,越可以无听天之命,而听君之令乎!吾请达王甬句东,吾与君为二君乎。"夫差对曰:"寡人礼先壹饭矣㉗,君若不忘周室,而为弊邑宸宇㉘,亦寡人之愿也。君若曰:'吾将残汝社稷,灭汝宗庙。'寡人请死,余何面目以视于天下乎?越君其次也㉙!"遂灭吴。

### 注释

　　①越王勾践栖于会稽之上:指公元前494年,吴国在夫椒之战中打败越军,越王勾践只剩五千士卒退保会稽。参见《吴语》。会稽,山名,在今浙江绍兴县东南十二里。

　　②国子姓:国君的同姓,此泛指老百姓。

　　③知:主持,参与。

　　④贾(gǔ古)人:商人,古时做生意买卖的人,行则叫商,坐则叫贾。资:取,这里指买进。

　　⑤绤(chī痴):质地精细的葛布,可做夏衣。

　　⑥爪牙之士:勇猛的武士。

　　⑦后:晚。

　　⑧子:古人称呼对方时冠上的敬称,如"子墨子"、"子范子"等,子大夫,犹言"贤大夫。"

　　⑨师徒:军队。

　　⑩君之辱:即"君之辱临。"

　　⑪左右:在此用作动词,调遣,处置。

　　⑫焚宗庙:把宗庙焚毁,表示誓死抵抗。

⑬系:用绳缚住。系妻孥,把妻和子女一同缚住,以求死生共命,如果失败,也不让吴国人俘虏。

⑭偶:双数,这里作"加倍"解。

⑮伤君王之所爱:这是恭维吴王的话,意思是越民和越器都为吴王钟爱,如果越人决一死战,越民和越器遭到损失,伤害到吴王推恩于越国的爱心。

⑯三江:指吴江、钱塘江、浦阳江。

⑰上党:晋国地名。上党,旧有两解:一、上,高;党,毗邻。言与天同高而毗邻,所以命名"上党"。二、党,处所。"上党"即"地势高的地方"。此处"上党之国",举黄土高原的上党,代表中原多陆少水的诸侯国,如晋、郑等,与水多陆少的越国相对而言。

⑱太宰:官名,又称冢宰,相当于其他诸侯国的正卿。嚭(pǐ 匹):伯,《吴越春秋·阖闾内传》作"白喜",原楚国大夫伯州犂之子,《左传·定公四年》言为"伯州之孙"。公元前541年伯州犂被楚灵王杀害,伯嚭逃到吴国,伍员力荐,吴王阖闾任他为太宰。

⑲执仇:结仇。

⑳中原:等于说"原野之中",即战场上。

㉑更:改变。

㉒宦:宦竖,宫中的小臣仆。士:指士人。

㉓前马:韦《注》:"前驱在马前也。"其身亲为夫差前马,即勾践本人亲自给吴王夫差做马前卒。

㉔句(gōu 勾)无:越地名。今浙江省诸暨县南五十里有句无亭,即其地。

㉕御儿:地名。见《勾践灭吴夫差自杀》注⑪。

㉖鄞(yín 银):越邑名,在今浙江省宁波市境。

㉗姑蔑:越地名。《吴越春秋·勾践归国外传》作"姑末",《逸周书·王会》作"姑妹。"故城在今浙江衢县境。

㉘广运百里:方圆百里。指当时越国的疆域面积有一百里。韦《注》:"东西为广,南北为运。"

㉙帅:同"率"。蕃:滋生繁殖,此指繁殖人口。

㉚丈夫:指男性。

㉛免:同"娩",分娩。

㉜守:守生,即接生。

㉝豚(tún 屯):小猪。

㉞母:乳母。

㉟饩(xì 细):粮米,指给养。

㊱当室者:指嫡长子。

㊲政:徭役。

㊳支子:嫡长子以外的儿子。

㊴疹:同“疢(chèn 趁)”,疢即热病。疾疹,泛指患疾病的人。

㊵达士:知名人士。

㊶絜:同“洁”,整洁。

㊷摩厉:同“磨砺”,相互切磋。义:指事物的正当道理。

㊸庙礼:在庙堂之上以礼接待。

㊹孺子:指年轻人。流:在外漂流。

㊺餔(bù 布):通“哺”,给人吃。

㊻歠(chuò 啜):同“啜”,给人水喝。

㊼节:有节度,即已具规模。

㊽姑:姑且,暂时。庸:用。

㊾四封:此指四境之内。封,疆界。

㊿衣(yì 义):穿衣。水犀:动物,犀牛的一种,其皮坚韧厚固,可做甲铠。亿:此指十万。

(51)匹夫之勇:指一般人的血气之勇。

(52)旅:俱。

(53)常赏:合于常规的、一定的赏赐。

(54)劝:劝勉,勉励。

(55)囿:吴国地名,即笠泽。

(56)“又败之于没,又郊败之”及后“达王甬句东”事均可参见《吴语》9。

(57)壹饭:犹言“小小的恩惠”。礼先壹饭,清汪中《经义知新记》:“礼先壹饭,言昔尝有恩于越,谓会稽之事也。”意谓我在礼节上先款待过您了,即先赦过你,望你也赦了我。因退保会稽地,吴王夫差曾同意越国求和,故言礼先壹饭。

(58)为弊邑宸宇:给吴国留下像屋檐下那么一点点地方,意即希望不要灭亡吴国。宸宇,屋檐下。

(59)次:舍,指居住。

【今译】

越王勾践退守在会稽山上,对三军发出号令说:“凡是越国的父老兄弟和所有的老百姓,有人能协助寡人出谋划策退了吴兵,我就和他共同掌管国家的政权。”大夫文种向前回答说:“臣下听说,做生意买卖的人在夏天收购皮货作准备,冬天收购夏布作准备,在行旱路时就预先求取船只准备水路用,在行水路时就预先求取车辆准备旱路用,这些都是为等待物质缺乏时预备的。一个国家,即使在四邻各国没有对本国进攻之时,那文的谋臣和武的将士之类人才,不能不培养来准备选择录用。就好比蓑衣斗笠,雨天来了,是必须寻求使用的。现在君王已经兵败退守到了会稽山上,才想起来寻求谋臣,未免太迟了吧?"勾践说:"如果能听到贤大夫您的话,也不算太迟吧?"就拉着他的手和他商量退吴的计策。

于是派遣文种到吴国去求和,说:"我们的国君勾践缺乏人才,没有其他人可以派遣,现在派遣了下臣文种,我不敢高声讲话,把意见直接传达给天王,只敢低声下气地请求您的手下人传话说:我们国君的军队不值得屈尊您来讨伐了,我们愿意把金珠宝玉、美女作为礼物奉献给君王,来酬谢您屈尊讨伐我国。请您允许勾践的女儿给您当婢妾,让越大夫的女儿给吴大夫当婢妾,让士的女儿给吴国士人做婢妾。把越国的宝物也随同着完全进贡给吴国,我们国君率领全国的臣民投降君王的军队,听凭天王任意处置。如果认为越国的罪过是不能赦免的,不同意求和,那么我们将烧掉宗庙,捆缚妻子儿女,连同金珠宝玉沉入江里;我们现在还有带甲的精兵五千人,都愿意为国家拼死效命,那就会有加倍的勇气,也等于是有带甲的精兵一万人和您作战了。那样拼死一战,岂不等于损害了君王所喜爱的吗?与其由于作战而杀死这些人,还不如坐享其成得到越国,这样岂不比较有利吗?"

夫差听信了文种的话,要与越国讲和。伍子胥进谏说:"不可!吴国和越国,从来就是互相仇视、互相敌对、互相征战的国家。有吴江、钱塘江、浦阳江环绕吴、越两国,两国人民无论怎样迁移都出不了三江流域一带,有吴国就没有越国,有越国就没有吴国,决定了这种势不两立不可改变的形势。我伍员听说:陆地上的人习惯住在陆地上,水乡的人习惯住在水乡。像上党那样地势高的中原各国陆地,我们即使攻打并且战胜他们,我们既不能居住在他们的土地上,也不能乘坐他们的兵车作战。对于那越国,我们一旦攻打并且战胜他们,我们能居住在越国的土地上,我们能乘坐他们的战船。这是关系我国的利益,机会可不能失掉啊,君王一定要坚决灭亡越国。错失了这次有利的时机,即使后悔,也肯定来不及了。"

越国人盛妆打扮八名美女进献给吴国太宰伯嚭,说:"您倘若能帮助赦免越国的罪过,还有比这几个更美的进献给您。"太宰伯嚭于是向吴王进言说:"我伯嚭听说古代征伐别国的人,使对方投降驯服就可以了。现在越国已经驯服了,又何必作进一步的要求呢?"吴王夫差终于与越人讲和而撤兵。

勾践向越国人民解释说:"寡人过去不知道自己力量不足,而去和大国结下仇怨,因此使越国百姓的尸骨暴露在原野之中,这是寡人的罪过啊!我请求改正。"于是埋葬战死的人,慰问受伤的人,抚恤活着的人;百官庶民凡有丧事的去致吊唁,凡有喜事的去致庆贺;礼送离开越国的人,礼迎前来越国的人;摈弃人民嫌恶的,弥补人民缺乏的。安定国内后,勾践就自居于卑贱的地位去侍奉夫差,派遣三百个士人到吴国去做他们的臣仆,勾践本人亲自给吴王夫差充当马前卒。

勾践的国土,南境到达句无,北境到达御儿,东境到达鄞,西境到达姑蔑,东西南北疆域面积百里。于是召集越国的父老兄弟发誓,说:"寡人听说,古代贤明的君主,四方的人民归顺他,就像水一样自然地归往下流。现在寡人还没达到,将率领着你们先努力增殖人口。"法令规定壮年男子不许娶老妇,老年男子不许娶青年妇女。女子到十七岁还不出嫁,她的父母有罪;男子到二十岁不娶媳妇,他的父母有罪。妇女快要分娩的人家要报告官府,官府就派医生去看护孕妇生产。生男孩,官府奖赏二壶酒、一只狗;生女孩,官府奖赏二壶酒、一头小猪。生三胞胎的,官府给请乳母;生双胞胎的,官府供给饮食必需。当家的长子死了,官府免除他家三年的徭役;长子以外的儿子死亡,官府免除他家三个月的徭役,一定要哭泣葬埋如像嫡子死亡一样。法令还规定,孤儿、寡妇、有病的、贫困无依的人,把他们的儿子送入官府,由官府加以教养并且供给口粮。对社会贤达和知名人士,官府整洁他们的住居,让他们穿华美的衣服,吃丰盛的食品,越王亲自和他们探讨事物的道理。对于到越国来的四方知名人士,一定在庙堂上宴享,表示尊重他们。勾践用船装载着稻米油脂经常到各地巡行,遇到在国内流荡的年轻人,没有不供给他们饮食吃喝的,必定问清他们的名姓,这是为了以后国家要用他们。勾践本人不是自己种的谷物不吃,不是自己的夫人织的布就不穿。官府十年不向人民收赋税,这样民间普遍储藏有三年的口粮。

国中的父老兄弟向勾践请求说:"当初夫差使国君在诸侯各国面前受到羞辱,现在我们越国的一切都走上正轨,请允许我们为君报仇雪耻吧!"勾践推辞说:"当初战争失利,不是你们的罪过,是寡人的罪过啊。像寡人这样不自量力,哪儿懂得什么叫受了耻辱?请大家暂且不要提和吴国作战吧!"国中的父老兄弟又要求说:"越国的四境以内,亲近我们的君王,就如亲近父母一样。做人子的想为父母报仇,做臣民的想为国君报仇,哪敢有不竭尽心力的呢?请求再与吴国决一死战!"勾践答应了他们的要求,就召集民众举行誓师大会,说:"寡人听说古代贤明的君主,不忧虑兵力不足,只忧虑兵士们的志向操行少廉寡耻。现在夫差有穿水犀盔甲的兵士十万三千人,不忧虑兵士的志向操行寡廉少耻,却只怕兵员还不够多。现在寡人将协助上天灭亡他。我不想让兵士仿效一般人的血气之勇,我要求兵士行动必须有纪律,一同前进,一同后退。作战勇敢向前的给奖赏,贪生怕死临阵退缩的处刑罚,这样才有合于常规的赏赐。向前进军时不服从命令,临阵退缩还不知耻辱的,就都有了合乎常规的刑罚。"军队出发,国中的人民都互相勉励,作父亲的勉励儿子,作兄长的勉励弟弟,作妻子的勉励丈夫,说:"哪有这样贤明的君主,我们不替他卖命的?"因此,越国在囿地打败吴军,又在没地再次打败,又在吴都近郊大败吴军。

夫差只好派人求和,说:"寡人的军队已经不值得屈尊君王来攻打了。请允许我用金玉、美女,酬谢您屈尊光临敝国。"勾践回答说:"从前上天把越国给吴国,吴国不听从上天的命令;如今上天把吴国给越国,我们越国难道可以不听从上天的命令,反而听从君王的命令吗?我请求把您护送到甬句东一带,我同您仍像两个国君一样,您认为怎么样?"夫差回答说:"寡人从前在礼节上优待过您了。君王如果念在吴国是周王室的同姓,而把吴作为您的保护国,这也是寡人的愿望啊!君王如果说:'我一定要残害你的国家,毁灭你的宗庙。'寡人请求死去,我还有什么脸面去见天下人呢?请越君尽管来吴国长期居住吧!"越国于是灭亡了吴国。

# 卷二十一　越语下

## 范蠡佐勾践灭吴

【题解】

　　本卷叙写越国谋臣范蠡辅佐越王勾践灭吴的事迹。

　　这篇文章在内容上与《吴语》9、《越语上》有重复之处，写的是同一场灭国战争，但叙写的角度不同，侧重点也不同。《吴语》9是从吴国历史的角度，承上从夫差黄池回兵写到亡国自杀，侧重写越王勾践可与吴王夫差形成鲜明对比之处。《越语上、下》是从越国历史的角度来写，只是上卷侧重写越王勾践的发奋图强，依靠人民报仇雪耻；下卷写越国谋臣范蠡佐勾践灭吴。

　　文章的结构完整，从勾践三年伐吴兵败，退守会稽写起，直到灭吴为止。突出叙写范蠡在勾践灭吴事业中所起的重要作用。范蠡提出的三个治国方略，开头勾践违背了"持盈"的方针，导致夫椒兵败，会稽蒙耻；后来听从了"定倾"的谋略，求和成功，转危为安；以后在范蠡"节事"的方针指导下，越国休养生息，富国强兵，积蓄起打败吴国的实力。勾践报仇心切，范蠡四次劝他等待天时人事的变化，等待时机成熟，表现出范蠡的深谋远虑，诡诈多智；起兵伐吴，范蠡论战，表现出范蠡杰出的军事才能；吴人兵败求和，范蠡不为所动，坚持穷寇猛追，不留后患，表现范蠡的政治远见；灭吴后功成身退，泛舟五湖，表现范蠡顺应自然的道家思想。通篇叙写范蠡，可以说是我国历史著作中最早的名臣录之一。

【原文】

越王勾践即位三年而欲伐吴①,范蠡进谏曰:"夫国家之事,有持盈②,有定倾③,有节事④。"王曰:"为三者,奈何?"对曰:"持盈者与天,定倾者与人,节事者与地。王不问,蠡不敢言。天道盈而不溢⑤,盛而不骄⑥,劳而不矜其功⑦。夫圣人随时以行⑧,是谓守时,天时不作⑨,弗为人客⑩;人事不起⑪,弗为之始。今君王未盈而溢,未盛而骄,不劳而矜其功,天时不作而先为人客,人事不起而创为之始,此逆于天而不和于人。王若行之,将妨于国家,靡王躬身。"王弗听。

范蠡进谏曰:"夫勇者,逆德也⑫;兵者,凶器也;争者,事之末也。阴谋逆德,好用凶器,始于人者,人之所卒也;淫逸之事,上帝之禁也⑬。先行此者,不利。"王曰:"无是贰言也,吾已断之矣!"果兴师而伐吴,战于五湖⑭,不胜,栖于会稽。

王如范蠡而问焉,曰:"吾不用子之言,以至于此,为之奈何?"范蠡对曰:"君王其忘之乎?持盈者与天,定倾者与人,节事者与地。"王曰:"与人奈何?"对曰:"卑辞尊礼,玩好女乐,尊之以名。如此不已,又身与之市⑮。"王曰:"诺。"乃命大夫种行成于吴,曰:"请士女女于士,大夫女女于大夫,随之以国家之重器。"吴人不许。大夫种来而复往,曰:"请委管籥⑯,属国家⑰,以身随之,君王制之⑱。"吴人许诺。王曰:"蠡为我守于国。"对曰:"四封之内,百姓之事,蠡不如种也。四封之外,敌国之制,立断之事,种亦不如蠡也。"王曰:"诺。"令大夫种守于国,与范蠡入宦于吴。

三年,而吴人遣之。归及至于国,王问于范蠡曰:"节事奈何?"对曰:"节事者与地。唯地能包万物以为一⑲,其事不失⑳。生万物,容畜禽兽,然后受其名而兼其利㉑。美恶皆成,以养其生。时不至,不可强生;事不究㉒,不可强成。自若以处,以度天下,待其来者而正之㉓,因时之所宜而定之。同男女之功㉔,除民之害,以避天殃。田野开辟,府仓实,民众殷。无旷其众㉕,以为乱梯。时将有反,事将有间㉖,必有以知天地之恒制㉗,乃可以有天下之成利。事无间,时无反,则抚民保教以须之㉘。"

王曰:"不穀之国家,蠡之国家也,蠡其图之!"对曰:"四封之内,百姓之事,时节三乐㉙,不乱民功,不逆天时,五谷睦熟,民乃蕃滋,君臣上下交得其志,蠡不如种。四封之外,敌国之制,立断之事,因阴阳之恒㉚,顺天地之常,柔而不屈,强而不刚,德虐之行㉛,因以为常;死生因天地之刑㉜,天因人,圣人因天;人自生之㉝,天地形之,圣人因而成之。是故战胜而不报,取地而不反,兵胜于外,福生于内,用力甚少而名声章明,种亦不如蠡也。"王曰:"诺。"令大夫种为之㉞。

四年㉟,王召范蠡而问焉,曰:"先人就世㊱,不谷即位。吾年既少,未有恒常㊲,出则禽荒㊳,入则酒荒。吾百姓之不图,唯舟与车。上天降祸于越,委制于吴㊴。吴人之那不谷㊵,亦又甚焉。吾欲与子谋之,其可乎?"对曰:"未可也。蠡闻之,上帝不考㊶,时反是守㊷,强索者不祥。得时不成,反受其殃。失德灭名,流走死亡。有夺,有予,有不予㊸,王无蚤图。夫吴,君王之吴也,王若蚤图之,其事又将未可知也。"王曰:"诺。"

又一年㊹,王召范蠡而问焉,曰:"吾与子谋吴,子曰'未可也'。今吴王淫于乐而忘其百姓,乱民功,逆天时;信谗喜优㊺,憎辅远弼㊻,圣人不出㊼,患臣解骨㊽;皆曲相御㊾,莫适其非㊿,上下相偷。其可乎?"对曰:"人事至矣,天应未也。王姑待之。"王曰:"诺。"

又一年,王召范蠡而问焉,曰:"吾与子谋吴,子曰'未可也'。今申胥骤谏其王,王怒而杀之㈠,其可乎?"对曰:"逆节萌生㈡。天地未形,而先为之征,其事是以不成,杂受其刑㈢。王姑待之。"王曰:"诺。"

又一年,王召范蠡而问焉,曰:"吾与子谋吴,子曰'未可也'。今其稻蟹不遗种㈣,其可乎?"对曰:"天应至矣,人事未尽也,王姑待之。"王怒曰:"道固然乎,妄其欺不谷邪?吾与子言人事。子应我以天时;今天应至矣,子应我以人事,何也?"范蠡对曰:"王姑勿怪。夫人事必将与天地相参㈤,然后乃可以成功。今其祸新民恐㈥,其君臣上下,皆知其资财之不足以支长久也,彼将同其力,致其死,犹尚殆。王其且驰骋弋猎,无至禽荒;宫中之乐,无至酒荒;肆与大夫觞饮㈦,无忘国常。彼其上将薄其德,民将尽其力,又使之望而不得食㈧,乃可以致天地之殛㈨。王姑待之。"

**注释**

①勾践即位的第三年,据《左传》即鲁哀公元年(公元前494年)。

②持:保持住。盈:满,这里指已有的成业。

③定:稳定。倾:倾覆。

④节:制。事:这里指政治措施。

⑤天道盈而不溢:天的规律是充盈而不过度。以月而言,月圆是盈满的象征,但月到最圆就逐渐亏缺,所以说"盈而不溢"。溢,过分。

⑥盛而不骄:意为大气充塞宇宙太空,无所不在,万物皆赖以生存,但天不因此而骄傲。盛,指天的元气,即大气。

⑦劳而不矜其功:指天道,如日月四时,运行不息,虽极勤劳,但并不自以为功。

⑧随:顺。时:天时。

⑨天时不作:指没有自然灾异,如水、旱、地震之类的情况发生。作,起。

⑩人客:去攻伐他国,即居于客位。

⑪人事:这里指国内发生的意外变化。

⑫勇者:这里指兴师攻夺别国的土地而言,实质上是恃勇而逆德者。

⑬淫逸:指过分的举动。

⑭五湖:指太湖东岸的五个小湖,即菱湖、游湖、莫湖、贡湖、胥湖。

⑮身与之市:犹言"把身体也卖给他"。市,做买卖。

⑯管籥(yuè 越):此指国库锁钥。

⑰属:管理。

⑱制:主宰,控制。

⑲一:整体。

⑳失:缺失,遗漏。

㉑受其名而兼其利:地承担受载万物之名,而万物之利终归于地。

㉒究:终极,此指人事变化的转折点。

㉓正:正常,此指把不正常的局面改变为正常。

㉔功:工作。男女之功,指男耕女织本职范围的事。

㉕旷:空,此作"浪费"解。

㉖反:同"返",还。间:空隙。

㉗恒制:常度,常规。成利:有利的成果。

㉘须:等待。

㉙三乐:指勉励百姓在春、夏、秋三个农忙季节乐业。

㉚阴阳之恒:指万物由阴阳二气化生的常规。恒,常。

㉛德:指使人生存的德。虐:指杀人。

㉜因:随顺。刑:同"形",征兆。

㉝之:此指吉凶善恶。

㉞为之:此指治理内政。

㉟四年:指勾践从吴回越的第四年,即公元前486年(鲁哀公九年)。

㊱先人:指勾践之父越王允常。就世:去世。

㊲恒常:恒心,定性。

㊳禽荒:指沉迷于田猎。荒,迷乱。

㊴委制:归顺并接受约束。

㊵吴人之那不谷:吴人之于不谷。那,犹"于"。

㊶考:成,引申有"帮助"、"支持"之意。

㊷时:指天时。守:等待。

㊸"有夺"三句:此指上天对于各国的几种不同情况。夺,指授予后又夺回。

㊹又一年:指勾践返国后的第五年,即公元前485年(鲁哀公十年)。

㊺优:俳优,倡优,指宫中演歌舞杂技的艺人。

㊻辅、弼:指辅佐君王的大臣。在君主身边拾遗补缺,匡正劝谏,左边的叫辅,右边的叫弼。

㊼圣人:指智者。不出:隐居不仕。

㊽解骨:解体,即送掉性命。

㊾御:逢迎。

㊿適:同"嫡",专主,此指主张正义、坚持己见的大臣。

(51)申胥骤谏被杀:事见《吴语》5 及《左传·哀公十一年》。伍子胥多次劝谏吴王。太宰伯嚭又进谗言,公元前484年,夫差赐申胥属镂之剑(剑名),命他自杀。

(52)逆节:反常现象。

(53)杂:通"帀(今写作"匝")",周而复始,犹口语"反而"。

(54)稻蟹不遗种:极言吴遇天灾,禾稻与可吃的虾蟹都一干二净,毫无剩余了。

(55)参:三。古人认为天、地、人三合,才可以成大功。

(56)祸新:指吴国稻蟹不遗种只是刚发生的灾祸。

(57)肆:放纵。觞饮:举杯痛饮。

(58)望:怨望,怨恨。

(59)殛:诛,即"严惩"之意。

【今译】

越王勾践即位的第三年,就想兴兵征伐吴国。越国大夫范蠡进言劝谏说:"治理国家的措施,应该是:在国势昌盛繁荣时,考虑如何长期保存下去;遇到国家有倾亡覆灭的危险时,考虑如何使国势稳定,转危为安;在平时采取适当的有节制的政治措施,使一切井然有序。"越王说:"怎么样才能做到这三点?"范蠡回答说:"保持国势强大,要效法天道;稳定局势、转危为安,要效法人道;在平时为使一切井然有序,要效法地道。君王如果不问,我范蠡是不敢说的。那天道充盈但不过分;大气充满宇宙,万物无不包容,但天不因此而自骄;日月四时,运行不息,天虽勤劳但并不自以为功。帝王随顺天时行动,这叫守时。当敌国的天时没有意外灾害时,我们是不宜轻举妄动的;当敌国的人事没有产生变乱时,我们不能作为祸首去挑起衅端。现在君王在国力还没达到殷实富强时,就产生了过分的野心;国家还并不繁荣昌盛,就已经自高自大;敌国并没有发生天灾,就想主动进攻;内乱人祸也没有发作,就想要挑衅首开战端:这些都是违逆天意不顺人情的。您假如真的要去进攻吴国,将会妨害国家,不是大王一身就能承担这灾难。"越王勾践不采纳范蠡的意见。

范蠡再次进言劝谏说:"勇于攻战,掠夺别国的土地,是违背德让的反常行为;兵器,是杀人害人的器械;战争,是人事解决的最后手段。暗中策划、违背德让、喜欢动用兵器,首先发动战争的人,别人最终会对你不利的;纵欲放荡的越轨行为,是上天禁止的。首先发动战争,肯定没好处。"越王说:"我没有你说的这两种情况,我已经决定了!"果然起兵攻打吴国,在五湖交战,被吴军打败,退守会稽山上。

越王召见范蠡,对他说:"我因为不采纳您的意见,所以落到今天这个地步,该怎样应付这个局面呢?"范蠡回答说:"君王难道忘记从前的话了吗?保持昌盛要效法上天,扶危定倾要效法人事,措施有节制要效法大地。"越王说:"效法人事该怎么样做呢?"范蠡回答说:"用谦卑的言辞,尊敬的礼节去求和,用金玉玩器、歌舞女乐贡献给吴王,并且用最尊敬的'天王'来称呼他。如果这样做,吴王还是不依,那只有把自身也卖给他当奴隶了。"越王说:"好吧。"于是派大夫文种向吴国求和,说:"我们请求把越国士的女儿给吴国的士做婢妾,把大夫的女儿给吴国的大夫做婢妾,并随着把越国的宝器贡献给吴国。"吴国人不答应。大夫文种回到越国复命,又到吴国说:"请允许我们把越国国库的锁钥交付吴国,整个越国也请天王管理,越王委身吴国侍侯天王。一切都请天王控制。"吴国同意了。越王说:"范蠡留下替我守住国家。"回答说:"在越国四境之内,治理百姓的事,我范蠡不如文种大夫。但在四境之外,对付敌国的办法,应该当机立断作出决定的事,文种大夫就不如我范蠡了。"越王说:"就这样办吧。"于是就命令大夫文种留守越国,越王自身与范蠡到吴国去做臣仆奴隶。

勾践在吴国住了三年后,吴国人放他们回到越国。勾践君臣回国后,越王问范蠡说:"措施有节制该怎么做?"回答说:"采取政治措施要看相宜的地理条件。只有大地包容万物成为一个整体,任何事物都不遗漏。大地生长万物,畜养飞禽走兽,大地承受了容载万物的名,同时也兼得了万物的利。对万物不论美恶,大地都一视同仁使它们生长,而人类就依赖这万物养生。时令不到,万物不能勉强生长;人事不到最终的转折点,也不可能勉强完成。效法地道处在世上应当顺应自然,对天下的事有个适当的估价、预测,等到机会到来时,就把这种不利的局面矫正过来,根据当时对自己最适宜的情况,把扭转的局势加以稳定巩固。男耕女织共同劳动,去除危害百姓的政令,来避免上天动怒降灾。要开辟田土山野,使国库的财货和粮食充足,使百姓的生活也殷实富厚。不要使民众有虚度的时日,否则旷时废业将成为导致他们叛乱的阶梯。国家的命运会有好转的机会,吴国的事情将有隙可乘的,必须要懂得掌握天地变化的必然规律,才可以得到天下大事成功的有利条件。如果吴国的人事一时还无隙可乘,天时也还没有反复,就要抚恤民众,教育保护好他们,等待天时人事适当的时机。"

越王说:"我的国家,就是你范蠡的国家,你考虑该如何治理就怎样办吧!"回答说:"四境之内,治理百姓的事,在春夏秋三个农事季节让农人安居乐业,不扰乱他们的生产劳动,不违背农时,使五谷按节气生长收获,人口繁殖增多,君臣上下彼此都感到满意,这方面我不如文种。但在四境之外,和敌国交涉,当机立断的军国大事,根据阴柔阳刚的自然规律,顺应天地的常规,应付强国表面柔顺而骨子里不屈服,内里坚强而外表不过分刚硬,使人生的德行和让人死的虐行,都要根据天地为常法;生杀大权要按天地所表现的征兆为依据,上天是依据人的善恶降祸福,圣人自然要依据上天指示的道理去办事;人的吉凶祸福自然发生,天地显现出征象,圣人依据天地的预兆去行事就可以取得成功。因此把敌国战胜之后,让它再没有报复的机会;把敌国的土地夺取过来,它再没有收复的可能;军队在国外打胜仗,就会给自己的国家带来福音;花费的力量很少,却使名声很大,在这方面文种不如我范蠡。"越王说:"说得对。"于是命令大夫文种治理越国的内政。

越王由吴回国后四年,召见范蠡询问他,说:"先王去世后,我登上君位。当时我年纪轻,没有恒心,没有常性,在外边沉迷于打猎,在朝内沉溺于饮酒。我不为百姓着想,只想乘船坐车出去嬉游。上天对越国降下灾祸,战争失败只好接受吴国的管制。吴国人对于我,也够狠的了。我想同您共同谋划对付吴国,这可以吗?"范蠡回答说:"还不到时候啊。我范蠡听说,天时不到,上帝是不会成全的,只有等待时机好转再说。不看天时,勉强去求成事不吉祥。天时已得而不抓紧时机成事,反而要受到灾祸。那既会失去好德行,又弄得身败名裂,结果不是流亡出奔就是身死国亡。上天有给予又夺回的时候,有给予的时候,也有不给的时候,君王千万不要过早地图谋吴国。那吴国,迟早是您的吴国,如果您过早图谋夺取,军事上的胜负可就难说了。"越王说:"好。"

又过了一年,越王召见范蠡询问,说:"我以前和您商量对付吴国,您说'还不到时候'。现在吴王沉迷在声色享乐中,忘掉了他的百姓,扰乱百姓的农功,违背时令;听信谗言喜欢倡优,憎恶疏远拾遗补缺、劝善规过的大臣,明智通达的人不愿出仕做官,忠臣良将产生离叛之心;他周围的人都对王曲意逢迎,再没有敢主持正义的去劝谏他,君臣上下都苟且偷安。大概可以讨伐吴国了吧?"回答说:"吴国的内部变化表现出人事到了,但上天的感应还没有表现出来。君王暂且耐心等待时机吧。"越王说:"好的。"

又过了一年,越王又一次召见范蠡,问他说:"我与您商量攻伐吴国,您说'还不到时候。'现在吴国大臣伍子胥屡次劝谏吴王,吴王恼怒而杀了他,是否可以攻伐吴国了?"范蠡回答说:"反常的迹象虽然已经在吴国开始出现了。但天地还没有明显的征兆示警,而我们如果先去攻伐它,灭亡吴国不但不能成功,反而会和吴一起受害。君王暂且耐心等待时机吧。"越王说:"好吧。"

又过了一年,越王又召见范蠡,问他说:"我几次与您商量攻伐吴国,您总说:'还不到时候。'现在吴国遭到荒年,稻谷和可充饥的虾蟹吃得连种都不剩,攻伐吴国的时机该到了吧?"范蠡回答说:"上天的感应已经出现,但吴国人事的内部变乱还没达到顶点。大王暂且再耐心等待吧。"越王恼怒地说:"是道理果真如此呢?还是您一再用假话欺骗我?我与您谈人事变乱,您应付我说天时不到;现在上天的感应出现了,您又说人事变乱不到顶点。这是怎么回事?"范蠡回答说:"大王暂且不要怪罪。那人事必须要与天时、地道三者结合，然后才可以凭借这些条件取得成功。现今吴国新遇上荒年灾祸，民心十分恐慌，他们君臣上下，都知道国内的资财是不够长久支撑的，他们将同心合力，拼死支撑这个局面。大王目前去攻伐吴国还是有危险的。大王不如故意到外面去驰马射猎，只要实际上不是沉溺在田猎中；在宫中也不妨饮酒作乐，只要不是沉迷难返；也可以放纵地和大夫们举杯痛饮，只要不至于耽误管理国家的政事。继续制造假象，让吴国的上层继续不修德行而放纵胡为，他们的民力被耗尽，百姓既恨怨他们的君主又没有食物吃，那才可以使吴王招到天地的严惩。君王还是耐心等待时机成熟吧！"

【原文】

至于玄月①，王召范蠡而问焉，曰："谚有之曰：'觥饭不及壶飧②。'今岁晚矣，子将奈何？"对曰："微君王之言，臣故将谒之。臣闻从时者③，犹救火、追亡人也，蹶而趋之④，唯恐弗及。"王曰："诺。"遂兴师伐吴，至于五湖。

吴人闻之，出而挑战，一日五反。王弗忍，欲许之。范蠡进谏曰："夫谋之廊庙⑤，失之中原，其可乎？王姑勿许也。臣闻之，得时无怠，时不再来，天予不取，反为之灾。嬴缩转化⑥，后将悔之。天节固然⑦，唯谋不迁。"王曰："诺。"弗许。

范蠡曰："臣闻古之善用兵者，嬴缩以为常⑧，四时以为纪，无过天极⑨，究数而止⑩。天道皇皇⑪，日月以为常，明者以为法，微者则是行⑫。阳至而阴，阴至而阳⑬；日困而还，月盈而匡⑭。古之善用兵者，因天地之常，与之俱行。后则用阴⑮，先则用阳⑯；近则用柔⑰，远则用刚⑱。后无阴蔽，先无阳察⑲。用人无艺⑳。往从其所，刚强以御，阳节不尽，不死其野。彼来从我，固守勿与㉑。若将与之，必因天地之灾，又观其民之饥饱劳逸以参之。尽其阳节㉒，盈吾阴节而夺之㉓。宜为人客，刚强而力疾㉔；阳节不尽，轻而不可取。宜为人主，安徐而重固㉕；阴节不尽，柔而不可迫。凡陈之道，设右以为牝㉖，益左以为牡㉗，蚤晏无失，必顺天道，周旋无究㉘。今其来也，刚强而力疾，王姑待之。"王曰："诺。"弗与战。

居军三年，吴师自溃㉙。吴王帅其贤良，与其重禄㉚，以上姑苏㉛。

使王孙雒行成于越,曰:"昔者上天降祸于吴,得罪于会稽。今君王其图不谷,不谷请复会稽之和。"王弗忍,欲许之。范蠡进谏曰:"臣闻之,圣人之功,时为之庸㉜。得时不成,天有还形㉝。天节不远,五年复反。小凶则近,大凶则远㉞。先人有言曰:'伐柯者其则不远㉟。'今君王不断,其忘会稽之事乎?"王曰:"诺。"不许。

使者往而复来,辞愈卑,礼愈尊,王又欲许之。范蠡谏曰:"孰使我蚤朝而晏罢者,非吴乎?与我争三江、五湖之利者,非吴耶?夫十年谋之,一朝而弃之,其可乎?王姑勿许,其事将易冀已㊱。"王曰:"吾欲勿许,而难对其使者,子其对之。"范蠡乃左提鼓,右援枹㊲,以应使者,曰:"昔者上天降祸于越,委制于吴,而吴不受。今将反此义以报此祸,吾王敢无听天之命,而听君王之命乎?"王孙雒曰:"子范子,先人有言曰:'无助天为虐,助天为虐者不祥。'今吴稻蟹不遗种,子将助天为虐,不忌其不祥乎?"范蠡曰:"王孙子,昔吾先君固周室之不成子也㊳,故滨于海之陂㊴,鼋鼍鱼鳖之与处㊵,而鼃黾之与同渚㊶。余虽靦然而人面哉㊷,吾犹禽兽也,又安知是谂谞者乎㊸?"王孙雒曰:"子范子将助天为虐,助天为虐不祥。雒请反辞于王。"范蠡曰:"君王已委制于执事之人矣㊹。子往矣,无使执事之人得罪于子。"

使者辞反。范蠡不报于王,击鼓兴师以随使者,至于姑苏之宫,不伤越民,遂灭吴。

反至五湖,范蠡辞于王曰:"君王勉之,臣不复入越国矣。"王曰:"不谷疑子之所谓者何也?"对曰:"臣闻之,为人臣者,君忧臣劳,君辱臣死。昔者君王辱于会稽,臣所以不死者,为此事也㊺。今事已济矣,蠡请从会稽之罚。"王曰:"所不掩子之恶,扬子之美者,使其身无终没于越国。子听吾言,与子分国。不听吾言,身死,妻子为戮。"范蠡对曰:"臣闻命矣。君行制,臣行意㊻。"遂乘轻舟以浮于五湖,莫知其所终极。

王命工以良金写范蠡之状而朝礼之㊼,浃日而令大夫朝之㊽,环会稽三百里者以为范蠡地,曰:"后世子孙,有敢侵蠡之地者,使无终没于越国,皇天后土、四乡地主正之㊾。"

**注释**

①玄月:即九月,公元前479年(鲁哀公十六年)九月,越伐吴。

②觥(gōng工):本为古代的一种盛酒器,此作"大"解。觥饭,指丰盛的肴馔。壶飱:水泡饭用壶盛放,意即少量的食物(但能及时救饥)。

③从时:抓紧时机。

④蹶(guì桂):行步急切的样子。

⑤廊庙:指朝堂。

⑥嬴缩:进退,取舍。转化:变化。

⑦天节:天的规律,即天道。节,规律。

⑧嬴缩以为常:意思是根据金星的方位来作为用兵的常法。古代天文学家认为太白金星是主兵象的。嬴缩,进退,在此专指金星出没的方向,金星早出为嬴,晚出为缩;与太阳的方向一致为嬴,不一致为缩。参见《汉书·天文志》。

⑨过:超越,引申为"违反"之意。

⑩究:尽。数:定数,天意。

⑪皇皇:明显的样子。

⑫明:指日月光辉的出现。微:指日月光辉的隐微不显。"明者以为法,微者则是行",即根据日月的出没作为用兵的依据。

⑬阳:代表主动、积极、刚强、进取、占人上风等意义。阴:代表被动、消极、柔弱、退让、避人气焰等意义。

⑭困:尽。匡:亏。

⑮后:指居下风的被动地位。用阴:用沉着、柔顺、谦退的策略。

⑯先:指占上风的主动地位。用阳:用迅疾、强硬、进攻的策略。

⑰近则用柔:对逼近己方之敌用柔,意在麻痹敌人,使其轻敌冒进。

⑱远则用刚:对远距离的敌人用刚,使敌不敢冒然进犯。

⑲阴蔽:退缩不前。阳察:公开显露。

⑳人:众。用众,即用兵。无艺:无常,无一定之规。

㉑与:指两军相对接战。

㉒尽:消耗。阳节:刚强的气势。

㉓盈:积蓄。夺:攻打。

㉔为人客:指采取攻势的一方。

㉕为人主:指采取守势的一方。安徐:从容不迫。重固:沉着稳固。

㉖牝(pìn聘):雌性,属阴,这里作为"虚"解。设右以为牝,即把右翼军队(古代右军是主力)陈设得表面严整,实则虚的。

㉗牡:雄性,属阳,这里作"实"解。益左以为牡,即把左翼军队(非主力)配备得很充足,成为实在的力量。

㉘周旋:循环往复。

㉙居军三年吴师自溃:鲁哀公二十年(公元前475年),越王勾践率师围吴,

在军中三年,至鲁哀公二十二年(公元前473年)冬十一月,灭吴。《左传》载勾践栖会稽为鲁哀公元年(公元前494年),至灭吴首尾二十二年,故有"十年生聚,十年教训"的话,下文范蠡言"夫十年谋之,一朝而弃之",当是与《越语上》"十年不收于国"相照应,故举成数而言之。

㉚贤良:左右亲近之臣。重:指国宝。

㉛姑苏:指姑苏台。

㉜时为之庸:善于利用天时。时,天时。庸,同"用"。

㉝还:返。形:同"刑",惩罚。

㉞凶:犹言"祸"。

㉟柯:斧柄。则:榜样,法则。伐柯者其则不远,出自《诗·豳风·伐柯》:"伐柯伐柯,其则不远。"意思是:伐木做斧柄,榜样就近在眼前,因为手中旧斧的柄可做新伐斧柄的榜样。

㊱冀:希望。已:通"矣"。

㊲援:拽住。桴(fú浮):鼓槌。

㊳不成子:不成国的子爵。意谓越地小爵卑,不足备于周室诸侯之列。据《史记·正义·越世家》引《舆地志》言:"越侯传国三十余叶(世),历殷至周敬王时,有越侯夫谭,子曰允常,拓土始大,称王,《春秋》贬为子,号为於越。"则越从未受周室册封。

㊴故:往昔,过去。滨:邻近。陂(bēi杯)岸。

㊵鼋(yuán元):癞头龟。鼍(tuó驼):鳄鱼,俗称猪婆龙。鳖(biē鳖):甲鱼,团鱼。

㊶蛙:同"蛙"。黾(měng猛):金钱蛙,为蛙的一种。

㊷觍(tiǎn舔)然:面目具备的样子。

㊸伐伐(jiàn贱):巧言善辩。

㊹执事之人:范蠡自称。

㊺此事:指灭吴报仇的事。

㊻制:作制约、专断解。意:意志。

㊼良金:好的金属,疑即是铜。写:摹仿。

㊽浃(jié节):周匝。从甲日到甲日叫"浃",即每隔十天。

㊾四乡地主:四方的土地神。正之:作这事的见证。

【今译】

这样一直到九月,越王再一次召见范蠡,问他说:"有谚语这样说:'佳肴盛馔不如常有能充饥的水泡饭。'今年已经快过完了,您有什么想法吗?"范蠡说:"即使没有君王这番话,我本来也要见您请求出兵了。我听说善于抓住时机的人,就要像救火或追赶逃亡者一样疾速行动,急急忙忙去追赶,还只怕赶不上,哪能顾虑年近岁末呢!"越王说:"太对了。"于是就发动军队攻打吴国,进驻五湖。

吴国人听到越国进攻,就出兵来挑战,挑战者情绪激昂,一天往返五次。越王忍耐不住愤怒,打算同意与吴人交战。范蠡进言劝止说:"我们在朝堂上谋算了多年的计策,现在一旦在战场丢掉,这可以做吗?君王暂且息怒,不能同意与吴人交战。臣听说,得到了时机千万不可懈怠,因为时机不会再来;上天给予的不接受,反而会变成灾祸。用兵的进退取舍,变化多端,如果不沉着应敌,以后会后悔的。天道本来是如此的,一旦计划定妥就不可更动了。"越王说:"好。"于是没有应战。

范蠡说:"臣听说古时善于用兵的人,都根据金星的方位来做为用兵的常法,用四时的运行做为用兵的规律,指挥作战的艺术不能违反天的准则,只能尽自然规律的一定变化,到达一定程度就要适可而止。天道是极明显的,日月的出没是常存的天象,日月明耀的时候,我们以它们为用兵的依据;日月隐微不显时,我们也依据它们来行事。阳达到极限就是阴,阴达到极限就是阳;太阳走到天尽头,接着又周而复始,月亮圆满后就开始了亏缺。古时善于用兵的人,就是遵循了天地的法则,参照它们来指挥作战的。当处于被动防守时就用阴柔的战术,处于主动进攻时就用阳刚的战术;对逼近己方的敌人用柔顺的办法,对远距离的敌人就用刚猛的办法。处于被动地位虽用柔但不可过分退缩不前,处于主动地位虽用刚但不可过分显露。总之,用兵是没有陈法常规的。进攻敌人的阵地时,会遭到勇猛的抵御,敌人阳刚之气还没用尽,善用兵的人在这时不同它作正面冲突,以免死在敌人的阵地上,做无谓的牺牲。敌人来进攻我方时,一定要坚守阵地,不与它交战。假如打算与他们交战,一定要趁对方自然灾害严重时,同时还要观察敌方百姓的饥饱逸劳作参考条件。耗尽敌方表面的刚猛士气,积蓄我方的内在力量,然后再去攻打它。用兵刚猛迅疾,宜于做攻击的一方。采取攻势的一方强猛的兵力未耗尽时,看来似乎容易取胜,实则不可贸然进取。用兵从容不迫沉着稳定,宜于做守势的一方。坚守的一方,内在力量还未耗尽时,虽表面柔弱,实则也不可贸然进逼。大凡用兵布阵要讲究虚虚实实,有意把右军表面上布置得森严壁垒,实在是虚的;把左军配备得很充足,成为坚实的力量。早晚都不可疏忽大意,一定要顺应天道,把兵力布置得谨严周密,循环往复,无懈可击。现在吴国人来挑战,正是他们刚强猛烈而有力量的时候,君王姑且耐心等待,看情况再说吧!"越王说:"听您的。"于是就不与吴国交战。

越王勾践的军队围困吴国三年,吴国军队不战自败。吴王夫差带领着左右亲近的臣子和吴国国宝,登上姑苏台避越军。派大夫王孙雒向越王乞和,说:"从前上天降灾祸给吴国,曾在会稽得罪了君王。现在君王报复了我们,我想请求也依照越王退保会稽时的情况讲和。"越王勾践听了这谦卑的话于心不忍,想同意吴国的请求。范蠡劝谏说:"臣听说,圣人的建功立业,是善于利用天时的。得到有利的时机不抓紧把事业完成,上天是会反过来降灾祸的。天道循环往复,为期不会很远,一般是五年就反复一次。小的凶祸,日子近些,转为大祸,日子就远些。前贤有这样的话:'伐木做斧柄,旧斧柄就是新斧柄的榜样。'现在君王不果断行事,难道是忘掉了会稽的耻辱吗?"越王说:"好的。"于是不同意吴国的请和。

吴国的使者回报吴王后又回来求和,言辞更加谦卑,礼节更加尊崇,越王又想同意讲和算了。范蠡再次进言说:"难道多年来使大王绝早上朝很晚下朝勤理国事的原因,不是为了报复吴国吗?与我越国争夺三江五湖利益的,不是吴国吗?这样大的复仇计划十年才谋划成,现在一个早晨就前功尽弃,难道是可以的吗?大王暂且不要答应他们求和,灭亡吴国的希望就在眼前了。"越王说:"我本不想同意吴王的求和,但难于找话回绝使者,还是您去对付他吧。"范蠡于是左手提着鼓,右手拿着鼓槌,前去回复吴国使者,说:"当年上天降大祸给越国,让吴国统治越国的土地,但吴国违逆天意不接受。现今我们要与你们的错误做法相反,灭亡吴国,来报复过去所受的祸难。我们君王哪敢不听从上天的命令,而反过来听吴王的命令呢?"吴国大夫王孙雒说:"范先生,前人有句话说:'不要帮助上天做坏事,帮助上天做坏事的人不吉祥。'现在的吴国食粮虾蟹连种子都没剩下了,您先生还在帮助上天做坏事,不顾忌自身的不吉祥吗?"范蠡回答说:"王孙大夫!当初我们越国的先君,本来就不是周室正式册封的诸侯,是不成国的子爵,所以被中原诸侯摈弃,居住在东海沿岸,与鼋鼍鱼鳖做邻居,与蛙黾之类同住在水边沙洲。我们虽自愧面目具备是人的模样,但中原诸侯还是拿我们当禽兽对待,我们又哪里懂得您这些巧言善辩的说话呢?"王孙雒说:"范先生是铁了心要帮上天做坏事了,您帮上天做坏事会不吉祥的。我王孙雒请求面见越王,把吴王的请求报告他。"范蠡说:"这大可不必了,君王已经把这事全权交给我这办事人员处理了。您还是回去吧,不要让我这具体的办事人员得罪您了。"

使者回去将情况报告吴王。范蠡于是不再回禀越王,径自击鼓进兵跟随吴国使者,一直进占姑苏宫,越国军民没有多少伤亡,就灭亡了吴国。

越人回兵到五湖,范蠡向越王告辞说:"君王以后自勉自励吧!臣不再进入越国了。"越王说:"我不懂您所说的话是什么意思?"范蠡回答说:"臣听说:做人臣子的,君王有忧患,臣下要尽自己的辛劳;君王受耻辱,臣下应以身殉国。当初君王在会稽山蒙受耻辱时,臣之所以没有以身殉国,是想帮君王灭吴报仇。现在这事已经办成了,我范蠡请求接受在会稽之耻中就应该受到的处罚。"越王说:"我如果不掩盖您以后可能有的过失,不宣扬您的伟大功绩,让我抛骨异乡,不能死在自己的故国。您相信我的话跟随我回越国,我与您平分越国;不听我的话要随意而行,我要杀了你,连你的妻室儿女也杀掉。"范蠡回答说:"我听从命运的安排。您用君主的权力行事,臣下按自己的意志行事。"终于坐着一只小船离开越国,在五湖间泛游,没有人知道他的最后下落。

越王命令工匠用优质金属铸造了范蠡的像,每天供奉礼拜,命令大夫们每隔十天要向范蠡像朝拜一次,把环绕会稽三百里的土地划为范蠡的封地,说:"我的后代子孙,有谁侵占范蠡的封地的,就把他逐出越国,让他死在异国他乡,皇天后土和四方的神灵都可以为我这誓言作证明。"

# 国语解叙

韦 昭

昔孔子发愤于旧史,垂法于素王,左丘明因圣言以摅意,托王义以流藻,其渊原深大,沉懿雅丽,可谓命世之才,博物善作者也。其明识高远,雅思未尽,故复采录前世穆王以来,下讫鲁悼、智伯之诛,邦国成败,嘉言善语,阴阳律吕,天时人事逆顺之数,以为《国语》。其文不主于经,故号曰"外传",所以包罗天地,探测祸福,发起幽微,章表善恶者,昭然甚明,实与经艺并陈,非特诸子之伦也。遭秦之乱,幽而复光,贾生、史迁颇综述焉。及刘光禄于汉成世始更考校,是正疑谬。至于章帝,郑大司农为之训注,解疑释滞,昭晰可观,至于细碎,有所阙略。侍中贾君敷而衍之,其所发明,大义略举,为已憭矣,然于文间时有遗忘。建安、黄武之间,故侍御史会稽虞君、尚书仆射丹阳唐君皆英才硕儒,洽闻之士也,采摭所见,因贾为主而损益之。观其辞义,信多善者,然所理释,犹有异同。昭以末学,浅暗寡闻,阶数君之成训,思事义之是非,愚心颇有所觉。今诸家并行,是非相贸,虽聪明疏达识机之士知所去就,然浅闻初学犹或未能祛过。切不自料,复为之解,因贾君之精实,采虞、唐之信善,亦以所觉,增润补缀。参之以《五经》,检之以"内传",以《世本》考其流,以《尔雅》齐其训,去非要,存事实,凡所发正,三百七事。又诸家纷错,载述为烦,是以时有所见,庶几颇近事情,裁有补益,犹恐人之多言,未详其故,欲世览者必察之也。

图书在版编目(CIP)数据

国语全译/黄永堂译注.—贵阳:贵州人民出版社,2008.12(2017.2重印)

(中国历代名著全译丛书)

ISBN 978-7-221-08384-5

Ⅰ.国… Ⅱ.黄… Ⅲ.①中国-古代史-春秋时代-史籍②国语-译文 Ⅳ.K225.04

中国版本图书馆CIP数据核字(2008)第180212号

| | | |
|---|---|---|
| 书　　名 | 国语全译 | |
| 译　　注 | 黄永堂 | |
| 责任编辑 | 李万寿 | |
| 特约编辑 | 黄涤明 | |
| 装帧设计 | 余强 | |
| 出版发行 | 贵州人民出版社 | |
| 地　　址 | 贵阳市中华北路289号 | |
| 印　　刷 | 三河市明华印务有限公司 | |
| 版　　次 | 2009年3月第1版 | |
| 印　　次 | 2017年2月第2次印刷 | |
| 开　　本 | 787×1092mm　　1/16 | |
| 字　　数 | 572千字 | |
| 印　　张 | 38.75 | |
| 定　　价 | 96.00元 | |